중국대중문화, 그 부침의 역사

대중문화 담론과 중국지식인의 변주

중국대중문화, 그 부침의 역사
대중문화 담론과 중국지식인의 변주

초판 1쇄 2012년 7월 25일 | 출판등록·제300-2008-40호
지은이·안인환 | 펴낸이·김기창 | 펴낸곳·도서출판 문사철
표지디자인·정신영 | 본문디자인·최은경
주소·서울 종로구 명륜동 2가 93번지 두리빌딩 206호 | 전화·02-741-7719
팩스·0303-0300-7719 | 홈페이지·www.lihiphi.com | 이메일·lihiphi@lihiphi.com
ISBN·978-89-93958-52-2

* 값은 뒤표지에 있습니다.

안인발 지옥

머리말

지난 몇 년간 한국 사회에서 가장 뜨겁게 회자되는 표현 가운데 하나가 바로 '포퓰리즘(populism)'이라는 단어일 것이다. '대중영합주의' 정도로 번역될 수 있는 이 단어에서 '대중'은 온갖 부정적 의미가 압축된 형상이라 할 수 있다. 반면, '대중민주주의'라는 표현은 우리에게 정반대의 의미를 보여준다. 민주주의의 주체이자 그 발전을 담당하는 '대중'은 포퓰리즘의 그것과 확연히 다른 긍정적 형상으로 다가온다. '대중'을 둘러싼 이러한 극과 극의 해석들은 여전히 우리 주위에서 흔하게 볼 수 있는 현상이다.

그 '대중'에 '문화'를 덧붙인 '대중문화' 역시 그러하다. 요즘 한류가 전 세계적으로 유행해서 그런지 한국에서 대중문화의 이름값은 예전에 비해 상당히 높아졌다. 하지만 얼마 전까지 대중문화는 온갖 사회 부조리의 온상으로 치부되었다. 저급하고 저속한 문화 또는 퇴폐적이고 타락한 문화의 대명사로서 사람들의 입에 오르내린 것이다. 그래서인지 아직까지도 우리는 대중문화에 종사하는 사람들을 비하할 때 '딴따라'라는 표현을 쉽게 사용하곤 한다. 그때나 지금이나 직업에 귀천이 없다고들 하지만 그와 같은 편견은 우리 사회 곳곳에 여전히 남아 있는 듯하다.

대중문화와 관련된 이러한 현상은 비단 한국 사회에서만 찾아볼 수 있는 것은 아니다. 서구에서도 그러하다. 대중문화로 번역되는 영어 표현에 'mass culture'와 'popular culture'가 있기 때문이다. 전자와 후자는 각각 부정적 의미와 긍정적 의미의 대중문화를 뜻한다. 이처럼 '대중'과 '대중문화'의 함의를 둘러싼 혼란스러운 시각들은 현재진행형이며, 지금까지도 그것에 대한 개념적 합의가 이루어지지 못하고 있다.

이 책은 악마와 천사를 넘나드는 '대중'과 '대중문화'에 대한 극단적 평가를 과연 어떻게 보아야 하는가라는 문제의식에서 출발한다. 그 연구성과는 「중국 현(現)대중문화 담론의 역사적 연속과 단절-대중과 대중문화 담론의 개념적 접근을 중심으로」(2011)라는 저자의 박사논문에 담겨져 있다. 따라서 이 책은 그 박사논문을 다듬어 출판한 것이다. '대중'과 '대중문화'를 둘러싼 상반된 평가가 전 세계적인 현상이라 할 수 있다면, 이 책은 주로 중국 대중문화 담론에 초점을 맞추고 있다. 중국의 현대사에서 지식인들의 대중문화 담론은 그 이데올로기 투쟁만큼이나 복잡다단한 역정을 드러낸다. 왜냐하면 사회주의 중국이라는 시기를 역사적으로 공유한 지금의 중국 지식인들에게 대중문화는 무엇이고, 그것을 어떻게 바라봐야 하는가는 여전히 뜨거운 감자로 남아 있기 때문이다.

이 책의 장점을 간략히 소개하자면 다음과 같다.

첫째, 중국의 대중문화 담론 지형을 전체적으로 조망하면서도 비판적으로 접근하고 있다. 한국에서 중국 대중문화 담론에 관한 논의는 크게 부족한 상황이라 할 수 있다. 여전히 번역 출판 등 단순한 소개 차원에 머물러 있는 실정이다. 따라서 이 책은 대중문화에 대한 중국 지식인들의 시각 차이를 설명해 줄 뿐만 아니라 한국에서도 관련 논의를 활성화시키는 데 많은 도움을 줄 것이다.

둘째, 중국에서 대중문화는 개혁개방 이후 새롭게 출현한 문화 현상이 아니다. 그것은 중국 현대사, 특히 1920·30년대에 현재의 대중문화와 동일한 문화적 양식이 존재했기 때문이다. 따라서 대중문화는 사회주의 중국의 전후시기를 함께 살펴보아야 그 담론의 구체적 성격이 드러나게 된다. 최근 한국에서도 1920·30년대 일제식민지 시기의 대중문화 관련 연구성과들이 나오고 있다는 점을 고려한다면, 동시대의 중국 관련 담론들을 통해 당시 한국과 중국의 대중문화 담론 추이를 살펴보는 것도 매우 유의미한 일이다.

셋째, 대중 또는 대중문화 담론을 둘러싼 대중과 지식인의 현실관계에 초점을 맞추고 있다. 지식인들의 생산한 각종 담론에는 그들의 시각과 의도가 그 내부에 깊숙이 개입되어 있다. 이 책에서는 이것을 '지식인 중심성'과 '대중 중심성'이라는 기본시각으로 구별한다. 이 같은 접근 방식은 비단 중국과 한국뿐만 아니라 서구의 대중문화 담론에 대해서도 적용가능하다는 특징을 보인다.

저자가 한국을 떠나 북경에서 생활한 지도 벌써 8년이 되었다. 중국의 발전이 전 세계의 이목을 끈 것은 어제오늘의 일이 아니다. 하지만 그러한 외적 변화만큼 저자가 중국 사회 내부에서 체험한 중국의 변화 또는 매우 큰 것이었다. 아마도 더 이상 '세계화'라는 단어가 유행하지는 않을 것 같다. 왜냐하면 '세계화'라는 단어가 필요치 않을 정도로 우리 일상생활은 이미 한국이라는 국가 경계를 넘어서 있기 때문이다. 곳곳에 마주하는 수많은 외국 이주민들은 어느덧 우리 안에 들어와 '우리'가 되었으며, 그 '우리'는 함께 '우리들의 일상'을 만들어가고 있다. 그것은 '한국사람'과 '중국사람'이라 불리는 사람들뿐만 아니라 세계 모든 사람들에게 공통적으로 나타나는 현상인 것이다.

올해로 한중 수교 20주년을 맞이했다. 한중 수교 이전, 우리에게 중국은 '자유중국'이라 불리던 현재의 타이완이었다. 그리고 수교 이후 우리가 중공이라 부르던 나라(?)가 다시금 중국이 되었다. 그리고 지금, 우리 스스로 천박한 문화로 경멸하던 우리의 대중문화가 '한류'라는 옷으로 바꿔 입고 중국을 포함한 전 세계에 다가가고 있다. 앞으로 20년 뒤 '한류'는 지금처럼 여전히 자신의 생명력을 갖추고 있을까? 아니면 새로운 문화적 흐름이 출현해 전 세계 사람들에게 '한류'와는 다른 차원의 즐거움을 주고 있을까? 책을 쓰는 동안 이 고민이 머릿속을 떠나지 않았다. 중요한 것은 '한류'나 새로운 문화 흐름이나 자신의 생명력을 지속적으로 갖추기 위해서는 그 문화를 향유하는 (또는 향유하려는) 지역 사람들에 대한 인문학적 이해가 요구된다는 사실이다. 부디 이 책이 앞으로의 20년을 준비해가는 과정에 작은 디딤돌이 되었으면 하는 마음 간절하다.

이 책과 함께 감사드릴 분들이 계시다. 먼저 저자에게 '대중'과 '대중문화'라는 화두를 던져주신 성균관대학교 동양철학과 신정근 선생님께 감사의 말씀을 드린다. 그 분이 계시지 않았다면 이 책이 세상에 모습을 드러낼 일은 처음부터 없었을 것이다. 언제나 묵묵하게 자신의 길을 가고 계신 선생님의 뒷모습은 저자에게 인생과 학문의 바로미터와 같은 역할을 하고 있다. 선생님이 평소 강조하시는 '냉정과 열정 사이'는 어느덧 저자 자신의 생활 자세가 되었다.

또한 중국 현대사상 분야에서 늘 새로운 아젠다를 제시하시는 연세대학교 국학연구원의 조경란 선생님께도 감사의 말씀을 드린다. 선생님과의 만남은 늘 저자에게 중국 현대사상의 핵심과 접근 방식을 되돌아보는 시간들이었다. 저자의 지적 성장에 큰 밑거름이 되어 주신 선생님의 가르침에 다시 한 번 고개를 숙인다.

그리고 저자가 마음으로 의지하는 동학 한 분이 계시다. 바로 임종수 선생님이다. 선생님은 저자가 타지 생활을 하면서 생긴 한국 관련 일들을 자신의 일처럼 도맡아 처리해주셨다. 선생님이 계시지 않았다면 저자의 박사논문도 완성되지 못했을 것이다. 임종수 선생님 뿐만 아니라 저자의 개인적인 일 때문에 동분서주하신 '곧은뿌리' 여러 선생님들에게도 이 자리를 빌려 감사의 말씀을 전한다.

 이 책이 출판되는데 아마도 가장 큰 역할을 해주신 분은 문사철의 김기창 사장님일 것이다. 김 사장님의 출판제안이 없었다면 이 책의 원고는 여전히 파일 형태로 남겨져 저자와 가끔 한 번씩 만나는 과거의 기억에 불과했을 것이다. 김 사장님께 진심으로 감사드린다. 저자의 게으름으로 약속된 시간을 넘겨 출판이 이루어진 것에 대해서도 이 자리를 빌려 죄송하다는 말씀을 전한다.

 마지막으로 칠순을 넘기신 아버지와 저자의 버팀목인 가족들에게 이 책을 바친다. 20여 년 홀로 지내시며 부족한 자식에게 용기와 격려를 잊지 않으셨던 아버지께 아무쪼록 이 책이 작은 기쁨이 되길 바라마지 않는다.

2012년 초여름 북경의 작은 모퉁이에서
안인환

■ 차례

머리말　5
들어가는 말　13

제1장 대중과 대중문화, 그리고 지식인

1　'대중' 개념의 변천과 양가兩價적 해석　54

'대중' 담론의 변화 양상과 지식인의 가치지향 54 ▪ 부정적 형상으로서 '군중' 63 ▪ 긍정적 형상으로서 '대중' 81 ▪ 대중의 또 다른 이름, '다중' 103

2　'지식인 중심'적 대중문화 담론　123

문화적 소수를 위한 대중문화 담론 123 ▪ 프랑크푸르트 학파의 대중문화 담론 134 ▪ 현대적 '지식인'과 '지식인 중심성' 143

3　'대중 중심'적 대중문화 담론　151

'문화'에서 '대중문화'로 151 ▪ 피스크의 대중문화 담론 160

제2장 1920·30년대 중국 지식인의 대중/대중문화 담론

1　중국적 '대중' 담론의 형성　210

대중 개념의 중국적 변천 과정 210 ▪ 대중 개념의 발전과 계몽주의적 지식인 216 ▪ 대중 개념을 둘러싼 지식인의 위기 229

2　중국적 '계급대중'과 사회주의적 혁명문화 담론　253

'계급대중'과 타자화된 지식인 253 ▪ 사회주의 혁명문화 담론의 형성과 혁명적 지식인 286

3 현대적 '대중'과 '대중문화' 담론 314

　현대적 '대중' 출현의 중국적 의의 314　■　현대적 '대중문화' 담론의 양상 349

제3장 개혁개방 이후 중국 지식인의 대중문화 담론

1　연속되는 대중문화 경계境界 담론　395

　대중문화와 민간문화, 그리고 통속문화 395　■　중국 대중문화의 개념적 경계 399

2　'중국적 비판이론' 패러다임의 지식인 중심성　424

　프랑크푸르트 학파 '비판이론'의 중국 유입 424　■　'인문정신'과 비판이론 패러다임 426　■　'중국적 비판이론'과 중국 대중문화연구의 토착화 447

3　'신좌파新左派' 패러다임의 지식인 중심성　465

　'신좌파'의 형성과 계급적 대중문화 담론의 재출현 465　■　'신좌파' 패러다임의 자기모순 479　■　'정치주의'와 '반문화' 정서 497

4　'현대화이론' 패러다임과 대중 중심성　519

　'세속정신'의 중국적 의의 519　■　'현대화이론' 패러다임의 대중문화 담론 531　■　'역사적 맥락' 중시의 대중문화 담론 비판 548　■　'학술경제'와 탈현대적 대중문화 담론 562

마치며　595

참고문헌　607
찾아보기　618

들어가는 말

이 책에서는 중국의 현대[1] 대중문화 담론에 대한 역사적 이해를 기반으로 그것의 연속 또는 단절적 성격을 규명하고자 한다. 이것이 지향하는 바는 바로 중국 현대사에서 '자본주의적 대중과 대중문화를 어떻게 볼 것인가'에 맞춰져 있다. 개혁개방 이후 중국 사회에 유입된 자본주의 질서는 그 이전과 이후를 명확하게 구분할 수 있을 정도의 거대한 사회적 변화를 야기한다. 이러한 변화 가운데 가장 두드러진 것이 바로 자본주의적 대중문화의 형성과 발전이다. 이른바 '신계몽

---

[1] 중국에서 역사 시기 구분은 일반적으로 '근대'를 크게 송나라에서 청나라까지 보는 견해와 1840년 청말 아편전쟁으로부터 1911년 신해혁명(또는 1919년 5·4운동)까지 보는 견해로 나뉜다. 반면 '현대'는 신해혁명(또는 5·4운동)으로부터 1949년 중화인민공화국 건국까지, '당대'는 1949년부터 현재까지로 구분한다. 그리고 개혁개방 이후를 강조하기 위해 '당대'와 '신시기'를 구분하기도 한다. 이러한 시기 구분에 많은 이견이 존재하고 있다. 특히 역사학계와 문학계의 시기 구분 방식은 큰 차이를 보인다. 이 책에서는 현재 운위되고 있는 '근대' 또는 '현대' 개념에 사실상 차이가 존재하지 않고, '근대' 개념을 사용할 경우 '탈근대'와 '현대'의 관계가 모호하다는 판단 아래 '근대'와 '탈근대'를 각각 '현대'와 '탈현대'로 표기한다. 또한 '현대'와 '탈현대'의 구분은 탈마르크스주의자들이 제기한 자본주의 재구조화라는 이해 방식을 따른다. 이와 같은 구분이 자본주의라는 연속적 측면의 접근 방식이기는 하지만, '현대'와 '탈현대'는 질적으로 구분된 특징을 갖는다. 이 시각은 네그리와 하트가 유럽의 1968년 혁명을 기점으로 '현대'와 '탈현대'를 구분한 것과 그 궤를 같이 한다. 이 책에서 '현대'와 '현대성', 그리고 '현대화'는 각각 'modern', 'modernity', 'modernization'에 해당하고, 중국에서 사용되고 있는 '當代'는 '현재'로 해석한다. 참고로, 진관타오도 '근대'를 'pre-modern', '현대'를 'modern', '당대'를 'contemporary'로 파악하고 있다. 金觀濤/이기윤 번역, 「중국 사회 근대적 전환의 역사단계 - 키워드 중심의 관념사 연구」, 『개념과 소통』, 한림대학교 한림과학원, 2009, 제4호: 133쪽 참조.

의 시대'로 평가받는 1980년대[2]와 다르게 1990년대는 정치적·경제적 민주주의 요구가 거세된, 경제 발전만이 유일한 사회적 목표로 확립된 시대였다. 중국 사회현실의 변화는 1990년대 이후 대중의 문화생활 공간에 보다 직접적이고 광범위한 영향을 미치게 된다.[3] 이러한 사회문화적 변동은 2000년 중국의 WTO 가입을 거쳐 더욱 강화된 형

---

2 이욱연은 1980년대 중국 지식인들의 특징을 다음과 같이 설명한다. "1980년대 중국 지식인들의 반전통적 성향은 '중국의 전통을 버리고 서구의 과학과 민주를 전면적으로 받아들여 중국을 현대국가로 전환시키는 길만이 중국이 살 길이다'라는 5·4 신문화운동의 전통을 계승하고 있다는 점에서 '신계몽주의'라 불린다. 1980년대 신계몽주의는 5·4 신문화 운동과 마찬가지로 사상적 급진성을 보인다. 당시 지식인들은 '중국의 전통적 사회주의 계획경제'는 비이성적이며 비합리적인 것으로 배척의 대상이 되었고, 반면 '서구의 현대적 자본주의 시장경제'는 이성적이며 합리적인 것으로 찬양된다. 서구 자본주의 현대성을 유일하면서 보편적인 것으로 받아들여 그것의 실현과 이식에 몰두한다." 이욱연, 「세기말 중국 지식계의 새로운 동향-'신좌파'를 중심으로」, 『실천문학』, 1999년/가을호, 통권55호: 207쪽. 이러한 경향은 1990년대 대중문화연구가 대부분 프랑크푸르트 학파의 비판이론에 기초하고 있다는 사실에서도 드러난다.

3 다이진화(戴錦華)는 대중의 변화된 생활공간에 대해 다음과 같이 묘사한다. "이미 중국에서는 도시와 농촌의 일반가정이 소유한 TV 수신기 보유대수가 놀랄 만큼 증가했고 TV 프로그램은 시간과 공간, 그 권한의 범주 내에서 끊임없이 그 영역을 넓혀가고 있다. 서점가는 늘 새롭고 재미있는 시리즈물과 제목들로 넘쳐나고, 사람들은 끊임없이 영화계와 극장가, 스타들의 이야기에 재미를 느낀다. TV에서는 많은 생방송 프로그램을 새로 제작하고 시청자를 위해 수많은 전용 콜센터를 운영한다. TV 광고의 낭랑한 목소리는 이미 귀에 익숙해졌고, 포스터·네온사인·간판과 쇼핑센터로 발걸음을 유혹하는 버스 광고판을 흔히 볼 수 있다. 진부한 고대, 식민지, 현대, 포스트모던의 건축양식으로 지어진 새 건물들이 도시의 스카이라인을 변화시키고 교외에는 리조트와 별장이 마냥 늘어만 간다. 물론 아직도 길거리 신문 가판대 위에는 각종 심심풀이식의 신문과 스포츠·군사·청년·여성 관련 통속주간지가 놓여 있고, 도시풍의 옷들이 걸려 있고, 소리 없이 퍼져나가는 유명브랜드, 각종 전문점들이 어디에나 있다. 도시 거주지역마다 거실 인테리어와 주장을 개조하는 '키친혁명'의 연장소리와 공사 먼지가 끊이지 않는다. 어찌 이것들뿐이겠는가?" 戴錦華, 『隱形書寫: 九十年代中國文化硏究』(南京: 江蘇人民出版社, 1999;2004): 1~2쪽.; 戴錦華/오경희 외 옮김, 『숨겨진 서사-1990년대 중국대중문화 읽기』(서울: 숙명여자대학교, 2006;2007): 41~42쪽. 리퉈(李陀) 또한 1990년대 이후의 현대 중국문화 양상을 다음과 같이 평가하고 있다. "문화의 상품화는 현재[當代] 중국의 '사회 변화'라는 역사과정의 중요한 구성요소다. 1990년대, 문화 상품화의 필연적 결과인 대중문화는 세상에 빠른 속도로 나타나고 있을 뿐만 아니라 놀랍도록 [빠른] 성장을 하고 있다. 각종 대중문화 상품은 순간 들판에 번지는 불길과 같이 사회의 각 방면과 구석구석을 뒤덮고 있다. 실제 10여년이라는 짧은 시간 동안의 이러한 역사 발전은 이미 중국의 문화 양상을 완전히 바꿔놓았다" 戴錦華, 『隱形書寫: 九十年代中國文化硏究·序』(南京: 江蘇人民出版社, 1999;2004): 4~5쪽.; 戴錦華/오경희 외 옮김, 같은 책, 2007: 19~20쪽.

태로 지금까지 진행되고 있다.

 이처럼 대중문화의 빠른 번창과 함께 나타난 일상생활의 놀랄만한 변화는 하나의 중요한 사회적 현상으로 등장하면서, 중국 지식인들에게 대응의 필요성을 각인시킨다.[4] 1990년대의 이른바 '인문정신' 논쟁과 '신좌파' 논쟁으로 이어지는 중국 지식인들의 대응은 바로 이러한 과정에서 출현한다. 그 중심에 '대중문화'가 위치한다. 하지만 중국 현대사에서 자본주의 대중과 대중문화가 출현한 것은 개혁개방 이후에 한정되지 않는다. 1949년 사회주의 중국이 수립되기 이전의 시기에도 중국에서는 자본주의적 대중과 대중문화가 존재했을 뿐만 아니라 그에 관한 당시 지식인의 담론들이 생성되었기 때문이다.[5]

 따라서 당시 지식인들이 상대한 대중도 단지 봉건적 대중에만 국한되지 않으며, 상하이 지역을 위시한 일부 대도시에서 출현한 자본주의적 대중이 포함된다. 조계지였던 1920·30년대 상하이 지역은 보다 특수한 의미를 갖는다. 조계지는 당시 혼란한 중국 내부의 정세에서 비교적 안전한 거점으로 기능하였고, 이러한 이유로 1925~1927년 국민혁명운동[6]의 실패 이후 중국의 대다수 지식인들은 상하이로 집결하게 된다. 상하이는 자본주의의 발달과 함께 당시 중국에서 가장 발전한 상공업·금융업·출판업의 중심 도시이자 새로운 문화 중심

---

4 陳立旭,「重估大衆的文化創造力 - 約翰·費斯克文化哲學理論硏究」, 復旦大學外國哲學專業博士學位論文, 2007: 7쪽 참조.
5 李歐梵/장동천 외 옮김,『상하이 모던』(서울: 고려대학교출판부, 2007)은 당시 상하이를 중심으로 자본주의적 대중의 형성과 대중문화의 관계를 다루고 있다.
6 1925년 상하이의 일본 방직공장에서 파업을 하던 중국인 노동자가 피살된 사건으로부터 시작된 5·30 운동을 가리킨다. 공산당은 상하이에서 노동자와 학생 등을 조직하여 불평등조약의 철폐와 사건의 해결을 요구한다. 또한 5·30 운동은 국민당의 지원을 받으며 진행된다. 이 운동은 국민당과 공산당을 정치적 핵심으로 해서 노동자 계급이 선두에 서고, 중소자산가 계급과 농민이 참가한 국민혁명으로 불린다. 유홍준·김지훈,『현대 중국 사회와 문화』(서울: 그린, 2005): 31~32쪽 참조.

지로 부상한다. 이른바 '소비대중'과 '대중문화'가 출현했다는 사실과 대부분 지식인들의 논쟁이 이 지역을 중심으로 전개되었다는 사실은 서로 무관치 않다.[7] 이런 맥락에서 1993년 이후 본격화된 중국 지식인들의 대중문화 담론은 중국 현대사에서 자본주의 경제시스템의 '재출현'과 연관되어 있다.

이를 위해 연구 범위는 중국의 1920·30년대와 개혁개방 이후의 대중/대중문화 관련 담론, 그리고 서구의 그것에 맞춰진다. 연구 범위를 이와 같이 설정한 의도는 1920·30년대와 1990년대로부터 현재에 이르기까지 중국 대중문화 담론의 연속과 단절관계를 다루는데 서구 논의가 밀접한 상관관계를 맺고 있기 때문이다.[8] 서구의 대중문화 담론은 크게 자본주의적 '대중문화' 자체에 대한 긍·부정적 평가를 중심으로, 비(또는 전)자본주의 사회의 '민간문화'와 사회주의 이데올로기에 기초한 자본주의 사회 내부의 '민중문화'(또는 '노동계급문화')라는 관계로부터 생산된다.

이와 같은 현상은 중국 현대사의 대중문화 담론들에서도 유사한 형태를 보인다. 오히려 서구와 중국의 논의 가운데 큰 차이를 보이는 지점은 바로 중국 현대사에서 하나의 역사적 맥락을 이루는 사회주의 중국 시기의 '혁명문화'다. 다시 말해서 중국의 대중문화 담론은

---

[7] 吳曉黎, 「作爲關鍵詞的'大衆': 對二三十年代中國相關討論的梳理」, 『思想文綜』1999年第1期: 105쪽 참조.

[8] "서구나 중국의 상황을 막론하고 문화연구의 직접적인 '산파(産婆)'는 대중문화의 발전이다. 영국의 버밍엄 [대학교] 현대문화연구소의 창시자들(윌리엄스·호가트·톰슨)은 바로 서구의 상업적 대중문화(특히 미국의 대중문화)가 노동자계급 문화에 [끼친] 심각한 영향을 목도하면서 문화연구를 시작하였다. 서구의 상황과 유사하게 현재 중국의 문화연구도 줄곧 대중문화의 발전을 직접적인 동력으로, 또한 대중문화를 연구의 중심으로 삼고 있다. 이 때문에 현대 중국의 문화비판을 정리하기 위해 우선 관심을 가져야 할 것은 당연히 현재 중국의 대중문화 비판이다." 陶東風·徐艶蕊, 『當代中國的文化批評』(北京: 北京大學出版社, 2006): 60쪽.

서구의 대중문화 담론과 다르게 사회주의적 혁명문화와 직간접적인 영향 관계 아래 형성된다. 그것은 서구 지식인들이 자본주의 사회 내부에서 사회주의 사회의 '혁명문화'를 주된 경험적 논의 대상으로 삼지 않았다는 점에서, 그와 관련된 논의는 중국적 담론의 특징을 이룬다. 이것이 본 연구의 의의에 해당한다.

이처럼 비(또는 전)자본주의 사회의 '민간문화'·자본주의 사회 내부의 '민중문화'와 자본주의적 '대중문화'가 맺는 관계로부터 서구의 대중문화 담론을 조망할 수 있다면, 중국 대중문화 담론은 서구 담론 지형의 요소들을 포함하면서도 사회주의적 '혁명문화'와 자본주의적 '대중문화'라는 직접적인 대립관계를 중심으로 구성된다. 이것은 두 가지 차원의 유의미한 논의를 끌어낸다. 첫째, 개혁개방 이후 사회주의적 혁명문화를 '혁명적'으로 해체한 자본주의적 대중문화 담론과 1920·30년대 그것의 연속을 규명하는 것이다. 왜냐하면 사회주의 중국의 혁명문화가 중국 현대사에서 그 연속 관계를 역사적으로 단절시켰기 때문이다. 둘째, 이로부터 사회주의적 혁명문화와 민간문화의 특수한 관계가 부각된다. 다시 말해서 서구 사회에서 자본주의적 대중문화가 비(또는 전)자본주의적 민간문화를 대체하며 등장했다면, 중국에서는 반자본주의를 그 내재적 성격으로 하는 혁명문화의 형성과정에 비자본적 성격의 민간문화가 깊숙이 개입하는 특징을 보인다. 따라서 중국에서 대중문화의 연속과 단절을 이해하기 위해서는 자본주의적 대중문화와 사회주의적 혁명문화의 긴장관계로부터 출발해야 한다.

현재 중국의 대중문화 연구자들은 그 근거를 분명하게 밝히지 않으면서 1920·30년대와 지금의 대중문화를 다른 것으로 규정한다.[9] 이처럼 대중문화의 역사적 단절을 강조하는 시각은 분명 사회주의적 혁명문화의 현실적 근거가 되는 사회주의 중국, 그리고 그것에서 정당성을 확보하고 있는 현재의 중국 정치시스템과 연관된다. 물론 이 책은 중국에서 자본주의라는 경제시스템의 연속성을 증명하는 데 목적이 있지 않다. 오히려 1920·30년대의 대중문화 담론과 현재의 대중문화 담론의 연속성과 불연속성을 규명해 그 사이에 존재했던 사회주의적 혁명문화에 대한 평가의 단초를 마련하려는 것이다. 이러한 시도가 여전히 유효한 것은 바로 현재의 자본주의적 대중문화가 사회주의적 혁명문화와 맺고 있는 긴장관계를 완전히 벗어나지 못했기 때문이다. 중국에서 현재 운위되고 있는 '사회주의적 대중문화' 또는 '사회주의적 정신문명'이라는 언표는 이러한 긴장관계를 반영한다.

　본 연구목적을 달성하기 위한 접근방법으로, 대중문화 담론의 직접적 생산자인 지식인과 그 담론 내부에서 형상화되어 있는 대중(또는 대중문화)의 관계를 논의의 중심에 놓고자 한다. 그 이유는 중국 지식인들의 다양한 대중문화 담론들이 발생시키는 사회적 효과가 그들 자신의 사회적 위치와 기능이라는 문제와 본질적으로 연결되어 있다는 판단 때문이다. 예를 들어, 사회주의적 혁명문화가 함의하는 사회주의 중국, 특히 '문화대혁명'(이하 문혁)과 그 시기의 '인민대

---

9 아직도 많은 중국 지식인들은 자본주의적 대중문화가 1920·30년대와 개혁개방 이후에서 연속된다는 견해를 부정한다. 寧逸,「大衆文化'硏究槪述」,『文藝報』1995年3月25日, http://www.lw23.com/paper_144996571(이 글은『人民大學複印資料·文藝理論』1995年第5期에도 실려 있다).; 李陀,「'文化硏究'硏究誰?」,『讀書』1997年第2期: 16~17쪽.; 陶東風·徐艶蕊,『當代中國的文化批評』(北京: 北京大學出版社, 2006): 60~61쪽을 참조할 것. 그 이유는 두 시기의 연속성이 곧 사회주의 중국이라는 정체성의 부정을 의미하기 때문이다. 하지만 이와 다르게 추상적인 수준에서 그것의 연속성을 감안하려는 고민의 흔적도 엿보인다. 戴錦華,『隱形書寫: 九十年代中國文化硏究』(南京: 江蘇人民出版社, 1999; 2004): 9~10쪽.; 戴錦華/오경희 외 옮김,『숨겨진 서사-1990년대 중국대중문화 읽기』(서울: 숙명여자대학교, 2006;2007): 50~51쪽 참조.

중'이라는 부정적 형상은 개혁개방 이후 중국 지식인들에게 공통적으로 각인되어 있다. 다시 말해서 무산계급으로서 '인민대중' 개념에 기초한 지식인의 정체성 부정이 문혁 시기에 절정에 이르렀다면, 그것을 거부한 개혁개방의 1980년대는 지식인의 사회적 위치와 기능이 다시 복구된 시기에 해당한다. 하지만 1990년대는 중국의 체제 전환이 안정화 단계로 접어든 시기일 뿐만 아니라 본격적으로 토착적 중국 대중문화가 출현한 시기로서, 대중문화가 또 다른 맥락에서 지식인의 집단적 정체성을 위협하는 상황을 연출한다. 이것은 1980년대 중국 지식인이 국가권력과 맺었던 일종의 '공모' 관계가 1989년 '천안문' 사건을 계기로 붕괴된 사실을 전제로 한다.

지식인의 사회적 위치와 기능의 문제는 대중문화 담론에서 때론 은폐된 형태로 때론 공개된 형태로 유지되고 있다. 사회적 위치와 기능을 스스로 보장받으려는 지식인의 이러한 시도는 필연적으로 자신의 대중문화 담론 안에서 '대중'(또는 '대중문화')을 상당 정도 또는 일정 정도 타자화하는 경향으로 나아간다. 이와 같은 지식인의 시각과 태도를 '지식인 중심성'으로 정의할 수 있다. '지식인 중심성'(엘리트주의를 포함한)은 지식인이라는 동일자의 사회적 정체성, 즉 동일성 유지를 위해 '대중'의 타자화를 요구하는 것을 가리킨다. 따라서 그것은 지식인이라는 사회적 위치와 기능을 보장받기 위해 사용된 이분법적 인식체계를 의미한다. 다시 말해서 대중문화 담론 내부에서 '대중'을 부정적 형상으로 묘사하면 할수록 '지식인'의 형상은 더욱 긍정적 존재로 부각될 수밖에 없는 이분법적 구도가 이에 해당한다.

대중에 대한 부정적 형상화는 단지 양적인 측면에서 다수와 소수라는 구분뿐만 아니라 질적인 측면에서도 저급한 다수와 우수한 소수라는 형태로 나타난다. 소수를 위해 다수에 극단적 타자화를 강요하는 엘리트주의적 태도, 지식이나 권위 또는 권력을 중심으로 약자와 강자를 구분하는 태도 등이 여기에 포함된다. '위(또는 밖)에서 아래(또는 안)로의 접근' 방식을 취하는 이러한 시각과 태도는 지식인과 대중의 사회적 계서(階序) 구조를 그대로 반영하고 있으며, 1920·30년대뿐만 아니라 개혁개방 이후의 중국 지식인이 생산한 담론에도 동일하게 등장한다. 이와 같은 '지식인 중심성'은 객관성 또는 보편타당성이라는 이름으로 현재까지 지속되고 있다. 하지만 주의해야 할 것은 대중문화 담론에서 드러나는 이러한 '지식인 중심성' 또는 '대중'의 타자화가 비단 중국에만 국한된 현상이 아니라는 점이다. 서구와 한국에서도 이러한 경향이 존재하며[10], 그 인식론적 유제는 여전히 다양한 방식으로 사회적 영향력을 행사하고 있다. 계몽주의와 사회주의 이데올로기를 포함해 다양하게 제기되고 있는 탈현대 담론들 또한 이러한 '지식인 중심성'에서 자유롭지 않다는 사실에 주목할 필요가 있다.

따라서 여기에서는 '지식인 중심성'이 개입된 대중문화 담론을 극복하는데 초점을 맞춘다. 그것은 '대중 중심성'을 대중문화 담론에서 이론적으로 정립하는 문제와 직결되어 있기 때문이다. '대중 중심성'의 기본적 인식 형태는 '문화연구'[11] 계열의 지식인들에 의해 제기된

---

10 대표적으로 프랑크푸르트 학파의 비판이론, 특히 문화산업 개념을 들 수 있다.
11 따라서 '문화연구'는 앞서 언급한 '버밍엄 학파(현대문화연구소, Centre for Contemporary Cultural Studies ; CCCS)'를 가리킨다. 리퉈는 피스크(John Fiske)의 『Understanding Popular Culture』 중국어 번역본 서문에서 다음과 같이 밝히고 있다. "이로부터 문화연구는 글자 그대로 이해하는 '문화'에 대한 토론 또는 각종 미디어학과의 이름과 같이 발전되어온 일반적 의미의 커뮤니케이션 이론이 아니라, 영국의 '버밍엄 학파'의 제창으로부터 최근 몇십년간 발전된 학제 간 연구를 가리킨다. 다시 말해서 이 연구는 20세기의 자본주의적 문화 생산뿐만 아니라 현대 자본주의적 이데올로기 구조와 새로운 구조적 억압의 형성, 그리고 그것들과 문화·경제적 생산 사이의 복잡한 관계를 포괄한다. 문화연구는 이미 사람들이 자신의 생활 가운데서 진행하는 현대사회에 대한 반성과 사유의 가장 비판적인 인식

바 있다. 다시 말해서 대중문화를 대중이 창조하는 문화로 정의하는 것에서부터, 대중을 의미 생산의 능동성과 창조성을 갖춘 존재로 파악하는 견해를 포괄한다. 이처럼 '대중 중심성'은 '지식인 중심성'과 상반된 시각을 가리킨다. 그럼에도 불구하고 이러한 '대중 중심성' 개념이 기존 사회주의 이데올로기에서 운위되던 그것과 일정하게 중첩되고 있다는 점이 문제로 부각된다.

하지만 사회주의 이데올로기가 주창한 '대중 중심성'(예를 들어, 프롤레타리아 당파성과 같은)은 사회주의적 '계급관념'을 통해 특정 계급을 중시하면서 기타 계급의 타자화를 지속적으로 요구한다. 따라서 그것은 '지식인 중심성'의 이분법적 생성 원리와 유사하다. 이와 다르게 자본주의적 대중과 대중문화를 연구 대상으로 하는 '문화연구' 계열의 '대중 중심성'에는 이러한 이분법이 적용되지 않는다. 왜냐하면 자본주의적 '대중'은 비대중(예를 들어, 지식인과 같은)의 자기동일성 확보로부터, 즉 대중을 '호명(interpellation)'하는 사람들로부터 규정되기 때문이다. 다시 말해서 자본주의적 대중은 자신의 동일성 유지를 위해 비대중을 타자화하는 과정을 거치지 않는다. 이 지점이 자본주의적 '대중'의 다양성을 설명할 수 있는 단서가 된다. 따라서 사회주의 이데올로기의 그것과 구분되는 '대중 중심성'은 다양한 사회적 범주가 교차되는 지점으로부터 사회적 개인 또는 집단의 행위를 중심에 놓는 가치판단의 인식체계를 뜻한다.

대중문화 담론을 둘러싼 '지식인 중심성'과 '대중 중심성'이라는 대립적 시각으로부터 다음과 같은 두 가지 사실이 드러난다. 첫째,

---

활동이 되었다." John Fiske/王曉珏·宋偉杰 譯, 『理解大衆文化』(北京: 中央編譯出版社, 2001;2006): 2쪽.

'대중문화'에 대한 지식인의 다양한 긍·부정적 평가는 모두 '대중'에 대한 긍·부정적 태도와 연결되어 있다는 점이다. 즉 대중문화에 대한 부정적 태도는 대중에 대한 부정적 태도로 이어지며, 대중문화에 대한 긍정적 태도는 대중에 대한 긍정적 태도로 담론화된다. 둘째, '지식인 중심성'과 '대중 중심성'이라는 시각과 태도는 앞서 언급한 것처럼 단지 서구와 중국이라는 시공간을 뛰어넘어 지식인이 생산한 대중문화 담론에서 공통적으로 나타난다. 이것은 지식인과 대중의 관계 맺기가 서구와 중국이라는 그 역사적 맥락 차이에 불구하고 통시적·공시적 차원에서 하나의 일반적인 사회적 현상으로 연속되고 있다는 사실을 알려준다. 이로부터 대중 또는 대중문화 담론의 일반성이 획득된다. 다시 말해서 서구나 중국의 지식인이 생산한 대중문화(또는 대중) 담론들 간의 상이한 맥락적 차이에도 불구하고 '지식인 중심성'과 '대중 중심성'이 일관된 형태로 개입되어 있다.

따라서 이 책에서는 지식인이 생산한 대중문화 담론을 화자(話者)의 일정한 발화라는 방식으로 대상화시켜 문제시하고자 한다. 지식인들이 어떠한 이데올로기적 입장을 견지하든 간에 그들의 담론이 사회적으로 어떤 실천적 의의를 갖는지, 구체적으로 대중과 어떠한 영향 관계를 맺고 있는지를 밝혀 궁극적으로 지식인의 존재 자체를 문제시하려 한다. 이 과정은 궁극적으로 '대중 중심성'의 사회적 확립이라는 문제에 해당한다. 또한 이 시도는 대중문화 담론 자체에 대한 기존의 평가 방식(예를 들어, '진보'와 '보수'라는 프레임)에서 지식인이 생산한 대중문화 담론과 대중이 맺는 관계 중심으로 그 평가 기준을 전환시킨다는 점에서 의의가 있다. 대중 또는 대중문화에 대한 지식인의 다양한 담론에는 대중의 사회적 위치와 기능이라는 문제뿐만 아니라 결국 발화자 자신인 지식인의 사회적 위치와 기능에 대한 평가가 결부되어 있기 때문이다. 이로부터 지식인이 담론을 통해 대중문화를 어떻게 바라보는가가 중요한 것이 아니라 그러한 관점이 사회적으로 대중과 지식인 자신의 관계를 어떻게 규정하고 있는가가 관건으로 부각된다.

지식인과 대중을 하나의 연관된 사회적 관계로 파악하려는 이유는 양자의 관계가 지식인과 사회, 대중과 사회라는 평면적 관계로 나열된 것이 아니기 때문이다. 다시 말해서 사회라는 공간 안에서 지식인과 대중은 서로 그 사회적 경계(즉 사회적 위치의 관계)를 맞대고 있으며, 그 경계는 양자가 갖는 사회적 힘의 크기 확장(또는 감소)에 따라 끊임없이 유동적으로 변화하는 반비례 관계에 놓여 있다. 이와 같은 접근은 대중문화를 둘러싸고 진행되는 지식인의 실천 방식(담론 생산과 같은)과 대중의 실천 방식(문화상품의 소비를 통한 대중문화의 생산), 그리고 그 양자가 맺고 있는 사회적 관계를 이해하는 데 많은 도움을 준다.

제1장에서는 서구에서 진행된 대중 개념의 변천사를 중심으로 그 변화 양상을 고찰한다. '대중영합주의'와 '대중민주주의'와 같이 '대중'은 현재까지도 극단적인 양가(兩價)적 해석이 가능한 문제적 어휘에 해당한다. 예를 들어, 대중의 부정적 형상화에 해당하는 '군중', 그것을 능동적·창조적 어의로 재구성한 '대중', '대중' 개념을 민주주의와 연관시켜 더욱 발전시킨 최근의 '다중' 개념 등이 있다. 여기에서는 대중과 관련된 다양한 해석이 자본주의의 출현으로부터 등장한 대중의 단계별 발전 양상을 보여주고 있다고 인정하기보다는, 오히려 지식인들의 담론에 의해 이와 같은 양가적 해석과 평가가 이루어졌다는 점을 논증한다. 다시 말해서 대중 개념의 변천사는 지식인

들의 '지식인 중심성'과 '대중 중심성'이 개입된 긍·부정적 시각이나 태도에 의해 구성된 것으로 이해된다. 또한 이러한 시각과 태도가 대중 개념과 내재적 상관성을 맺고 있는 대중문화 담론에 어떻게 개입되어 있는지를 검토한다. 이것은 대중과 지식인의 관계를 중심으로 기존의 대중문화 담론을 재해석하는 과정에 해당한다.

제2장에서는 1920·30년대에 전개되었던 중국 지식인들의 대중과 대중문화 담론을 비판적으로 검토한다. 영어 어휘인 'the people'과 'the masses'에 해당하는 중국어 번역 어휘인 '대중(大衆)'은 서구의 개념 변천사와 다른 양상으로 진행된다. 그럼에도 불구하고 1920·30년대 중국 지식인들은 서구의 논의와 직접적 연관성을 맺으며 '중국적' 대중 개념에 천착한다. 이로부터 '평민'·'국민'·'민중' 등의 어휘가 대중 개념으로 사용된다. 하지만 이 같은 대중담론에도 '지식인 중심성'이 깊숙이 개입되어 있다는 점을 밝힌다.

한편, 사회주의 이데올로기의 영향으로부터 '인민대중'이라는 어휘가 주류적 위치를 차지하게 된다. '인민대중' 또는 '무산계급 대중'이라는 계급 담론은 여타의 계급을 타자화하는 이분법에 기초하지만, 그것은 사회주의 사회라는 미래적 상상에 의해 현실에서 긍정된다. 다시 말해서 '인민대중'은 비(또는 전)자본주의 사회와 자본주의 사회를 관통하는 '초역사적 피지배계급'의 형상으로 주조되어 봉건적 대중과 자본주의적 대중 모두를 지양하는 기능을 담당한다. 이러한 계급 담론은 동일한 맥락에서 사회주의적 혁명문화를 긍정하는 반면, 자본주의적 대중문화를 소자산계급의 문화로 배척한다.

'대중어' 운동의 지식인들을 포함한 현대적 '대중' 개념의 주창자들은 대도시의 자본주의적 대중을 현재적 존재로 긍정하면서, '대중 중심'적 시각과 태도를 정립한다. 다시 말해서 계급 담론과 다르게 이들은 현실 속의 구체적 사람들이 맺고 있는 관계로부터 대중에 대한 개념적 정의를 시도한다. 이러한 시각은 대중문화를 인류의 일반 문화 발전이라는 측면에서 긍정적으로 이해하게 만든다.

제3장에서는 1990년대 이후 중국 지식인들로부터 정립된 3대 패러다임에 대한 비판적 독해를 통해 1920·30년대로부터 연속된 '지식인 중심성'과 '대중 중심성'의 문제를 다룬다. 3대 패러다임은 프랑크푸르트 학파의 직접적 영향을 받은 '중국적 비판이론'과 '신좌파', 그리고 '현대화이론' 진영을 가리킨다. '인문정신' 논쟁을 주도한 인문정신 진영은 지식인의 특권인 추상적 도덕주의와 심미주의를 옹호하기 위해, 그리고 '세속정신'으로 대표되는 자본주의적 대중문화를 비판하기 위해 프랑크푸르트 학파의 비판이론을 방법론적으로 차용한다.

또한 '신좌파'는 개혁개방 이후 사라졌던 '계급 분석'이라는 방법론적 틀을 한 축으로 하면서, 자본주의적 대중문화를 비판하기 위해 '중국적 비판이론' 진영과 마찬가지로 프랑크푸르트 학파의 비판이론을 자신들의 또 다른 논리 축으로 끌어들인다. 하지만 이들의 자본주의적 대중문화 비판은 1920·30년대 혁명적 지식인들이 수행했던 비판과 크게 다르지 않다. 따라서 자본주의적 대중문화에 대한 양자의 시각과 태도는 신좌파 지식인들의 의도와 무관하게 연속되고 있는 것이다. 반면, 1920·30년대 혁명적 지식인들이 계급 담론으로부터 지식인이라는 사회적 정체성을 부정하고 있다면, 신좌파는 지식인의 사회적 정체성(스스로를 대중과 구분하는)을 그대로 유지한다는 차이를 보인다. 이처럼 '중국적 비판이론' 패러다임과 '신좌파' 패러다임은 모두 '지식인 중심성'을 체현하고 있다.

'현대화이론' 진영은 문혁의 후과인 일체화된(또는 총체화된) 독단주의를 극복하는 데 자본주의적 대중문화가 결정적 역할을 담당했다는 점에서 공통된 인식을 보인다. 또한 대중문화를 자본주의적 대중의 문화로 규정하면서, '대중 중심성'을 확립하고자 한다. 이로부터 그들의 담론은 1920·30년대 현대적 '대중' 담론과 연속된 관계에 서게 된다. 마지막으로 이 같은 '대중 중심성'의 역사적 연속 관계를 강화하기 위해, 그리고 그것의 지속적인 사회적 확장을 도모하기 위해 지식인 담론의 생산 구조가 자족적인 '학술경제' 구조에서 벗어날 필요가 있다. 이 책에서는 지식인의 '학술경제'가 대중의 일상생활을 구성하는 '문화경제'에 보다 직접적으로 개입할 수 있는 탈현대적 대중문화 담론의 창출을 제안한다.

기존에 진행된 연구성과들에 이 책의 문제의식을 비판적으로 투영시키면, 세 가지 방향에서 그 논점이 추출된다. 1) 중국 대중문화의 연속과 단절이라는 관계 문제다. 다시 말해서 개혁개방 이후 중국에서 크게 유행하고 있는 현(現)대중문화를 어떠한 맥락에서 이해해야 하는가? 그것을 중국 현대사의 연속과 단절이라는 측면에서 해석해야 할 필요성은 어디에 근거하는가? 연속과 단절의 한 축을 구성하는 1920·30년대 대중문화와 그 담론들은 현재 어떤 의미를 갖는가? 2) 대중문화 담론의 '지식인 중심성'과 '대중 중심성'에 관한 문제다. 대중문화 담론의 초점을 구성하는 대중과 대중문화의 상관관계는 어떤 사회 현실을 반영하는가? 그것의 중국적 의미는 무엇인가? 그리고 이로부터 다양한 대중문화 담론들의 평가 기준은 무엇이 되어야 하는가? 3) 중국에서 탈현대적 대중문화 담론 생산이 갖는 의의다. 다시 말해서 대중문화 담론의 기본성격이 크게 '지식인 중심성'과 '대중 중심성'으로 구분된다면, 탈현대적 조건에서 더욱 요청되는 '대중 중심'적 대중문화 담론의 지속적 생산은 어떠한 경로를 통해 가능한가? 또한 그것은 중국 현대사에서 어떤 의의를 갖는가? 결론적으로 말해서, 이와 같은 문제의식을 전체적으로 담아낸 연구는 아직까지 부재하다고 볼 수 있다.

중국 대중문화의 연속과 단절

우선 현(現)대중문화를 어떻게 이해할 것인가라는 문제는 '대중문화'의 중국적 의의 및 중국에서 대중문화가 정의되는 방식과 연관된다. 대부분의 중국 지식인들은 개혁개방 이후의 대중문화를 자본주의적(또는 상업적·소비적) 대중문화로 규정한다. 하지만 이 규정은 두 가지 측면에서 보다 특수한 의미를 갖는다. 하나는 개혁개방 이전을 구성하는 역사적 맥락, 즉 사회주의 중국 시기의 사회주의 혁명문화로부터 자본주의적 대중문화는 필연적으로 그것과 대립된 성격을 부여받는다는 점이다. 다른 하나는 개혁개방 이후의 자본주의적 대중문화가 1949년 '신중국', 즉 사회주의 중국이 출현하기 이전에 존재했던 자본주의적 대중문화와 맺고 있는 역사적 연속성으로부터 사회주의 혁명문화가 '문제시'된다는 점이다.

중국 대륙에서 개혁개방 이후는 크게 1980년대와 1990년대 이후로 구분된다. 1980년대가 홍콩과 타이완의 대중문화가 유행했던 시기라면, 1990년대는 토착적인 대중문화가 출현한 시기에 해당한다. 대중문화에 대한 중국 지식인들의 본격적인 반응은 토착적 대중문화의 등장과 맞물려 이른바 '인문정신' 논쟁[12]으로 표출된다. 왜냐하면 이 논쟁을 거치며 중국 지식인들의 입장이 담긴 다양한 대중문화 담론들이 제기되기 때문이다. 타오둥펑(陶東風)은 「현재 중국 대중문화연구의 3대 패러다임」에서 '인문정신' 논쟁 이후의 대중문화 담론 지형을 개괄한다.[13] 여기에서 '3대 패러다임'은 바로 '중국적 비판이론'·'신좌파(新左派)'·'현대화(즉 자유주의)이론' 진영의 기본시각을 가리킨다.

'중국적 비판이론'은 '인문정신' 지식인들이 자본주의적 대중문화를 비판하기 위해 프랑크푸르트 학파의 비판이론[14]을 차용한 이론적 형태[15]다. 중국의 '인문정신'과 프랑크푸르트 학파의 비판이론이 결

---

12 '인문정신' 논쟁 관련 저서로는 王曉明 編, 『人文精神尋思錄』(上海: 文匯出版社, 1996)가 있으며, 한국어 번역본인 백원담 편역, 『인문학의 위기』(서울: 푸른숲, 1999)에는 원본의 주요 내용만이 선별적으로 게재되어 있다. 그리고 이정훈, 「90년대 중국 문학 담론의 확장과 전변」, 서울대학교 박사학위논문, 2005에서는 인문정신 논쟁의 전개 과정이 비교적 상세히 소개되어 있다.

13 陶東風·徐艷蕊, 『當代中國的文化批評』(北京: 北京大學出版社, 2006)에서 특히, 제2장 「當代中國大衆文化硏究的三種範式」 부분을 참조할 것. 이 책에서 타오둥펑의 글에 주목하는 이유는 크게 두 가지 점을 고려한 것이다. 첫째, 그가 개혁개방 이후, 특히 1990년대 이후의 중국 대중문화 담론 지형을 전체적으로 포괄하면서 자신의 관점을 드러내고 있다는 점, 둘째, 현재 한국에 알려진 중국 대중문화 담론은 戴錦華·王曉明 등 주로 '신좌파' 지식인들의 연구성과에 국한되어 있을 뿐만 아니라 그것도 번역을 통한 소개 수준에 머물러 있다는 점 때문이다. 타오둥펑은 대표적인 중국 대중문화 연구자로 알려져 있으며, '역사적 맥락의 전환'이라는 구조주의적 접근법을 중국 대중문화에 적용시켜 일반화한 인물로 유명하다.

14 중국 대륙에서 프랑크푸르트 학파의 주요 저술인 『계몽의 변증법』은 1990년 처음으로 번역되었다. Theodor W. Adorno and Max Horkheimer/洪佩郁·藺月峰 譯, 『啓蒙辨証法』(重慶: 重慶出版社, 1990)와 Theodor W. Adorno and Max Horkheimer/渠敬東·曹衛東 譯, 『啓蒙辨証法』(上海: 上海人民出版社, 2006) 참조. 타오둥펑은 『계몽의 변증법』을 다룬 1990년대의 대중문화 관련 저서들을 다음과 같이 소개하고 있다. "陳剛, 『大衆文化的烏托邦』, 作家出版社, 1996年.; 肖鷹, 『形象與生存-審美時代的文化理論』, 作家出版社, 1996年.; 黃會琳 主編, 『當代中國大衆文化硏究』, 北京師範大學出版社, 1998年.; 王德勝, 『擴張與危機-當代審美文化硏究』, 中國社會科學出版社, 1996年.; 姚文放, 『當代審美文化批判』, 山東文藝出版社, 1999年 등. 특히 『啓蒙辨証法』 가운데 '문화산업' 관련 부분의 인용이 가장 많다."고 평가한다. 陶東風, 「批判理論與中國大衆文化批評-兼論批判理論的本土化問題」, 『東方文化』 2000年 第5期, http://www.studa.net/2003/4-30/2003430140638.html. 이로부터 대부분의 중국 지식인들이 대중문화를 부정적으로 인식하고 있다는 사실을 알 수 있다.

15 '중국적 비판이론' 패러다임에 기초한 논의로는 陶東風, 「慾望與沈淪-大衆文化批判」,

합된 것으로, 추상적인 도덕주의와 심미주의에 기초해 자본주의적 대중문화를 '세속정신'으로 비판한다. 다시 말해서 중국적 비판이론은 1990년대 시장경제의 급속한 확장과 더불어 발전한 중국 대중문화가 중국 지식인들에게 심각한 위기감을 불러일으켰으며, 지식인들은 이러한 위기감을 돌파하려는 심리적 또는 이론적 무기로 프랑크푸르트 학파의 비판이론을 요청하게 된 것이다.[16] 이것이 '중국적 비판이론' 패러다임 형성의 배경에 해당한다. 하지만 중국 현대사에서 이러한 자본주의적 대중문화 비판은 개혁개방 이후로 한정되지 않는다. 정확하게 1920·30년대 계몽주의적 지식인들에 의해 유사한 비판이 진행된 바 있기 때문이다. 이 지점에 바로 중국 대중문화를 연속과 단절의 시각에서 접근해야 할 필요성이 존재한다.

또한 1990년대 후반에 등장한 '신좌파'는 자본주의적 대중문화 비판을 위해, 한편으로 '중국적 비판이론' 진영과 마찬가지로 프랑크푸르트 학파의 비판이론을 활용하면서도, 다른 한편으로 중국 사회에서 이미 사라진 '계급 분석'이라는 방법론을 복원시킨다.[17] 따라서 이

『文藝爭鳴』1993年第6期. ; 金元浦,「試論當代的文化工業」,『文藝理論研究』1994年第2期. ; 張汝綸,「論大衆文化」,『復旦大學學報』1994年第3期. ; 尹鴻,「爲人文精神守望: 當代中國大衆文化批評導論」,『天津社會科學』1996年第2期. ; 尹鴻,「大衆文化時代的批判意識」,『文藝理論研究』1996年第3期. ; 姚文放,「文化工業: 當代審美文化批判」,『社會科學輯刊』1999年2期. ; 于閩梅,「意義欠失的大衆化時代的藝術」,『文藝理論研究』2001年第3期. ; 童慶炳,「人文精神與大衆文化」筆談-人文精神: 爲大衆文化引航」,『文藝理論研究』2001年第3期 등이 있다.

16 陶東風·徐艶蕊,『當代中國的文化批評』(北京: 北京大學出版社, 2006): 76쪽.

17 '신좌파'의 대중문화 비판에서 戴錦華,『隱形書寫: 九十年代中國文化硏究』(南京: 江蘇人民出版社, 1999;2004)가 가장 대표적인 텍스트로 알려져 있다. 한국어 번역본으로는 戴錦華/오경희 외 옮김,『숨겨진 서사 - 1990년대 중국대중문화 읽기』(서울: 숙명여자대학교, 2006;2007)가 있다. 그 밖에 신좌파의 대중문화 담론으로는 韓少功,「哪一種'大衆'?」,『讀書』1997年第2期. ; 李陀,「'文化硏究'研究誰?」,『讀書』1997年第2期. ; 曠新年,「作爲文化想象的'大衆'」,『讀書』1997年第2期. ; 戴錦華,「大衆文化的隱形政治學」,『天涯』1999年第2期. ; 曠新年,「文化硏究這件'弔帶衫'」,『天涯』2003年第1期 등을 참조할 것. 또한 신좌파로 분류되지는 않지만 유사한 견해를 피력한 글로는 薛毅,「文化硏究的陷穽」,『天涯』2003年第

들의 계급 비판 역시 1920·30년대 중국 사회에서 혁명적 지식인들이 제창했던 사회주의 '계급 담론'의 연장선상에 위치하고 있다. 이러한 맥락에서 개혁개방 이후의 사회변화를 그 이전의 역사와 단절적으로 이해하려는 태도는 사회주의 중국이라는 역사적 시기만을 전제로 한다. 다시 말해서 그것은 중국 현대사에서 사회주의 중국이 건립된 1949년 이전의 역사를 간과하게 만들 뿐이다. 1920·30년대 대중문화 담론의 현재적 성격과 의의는 이로부터 제기된다.

한편, '현대화이론' 패러다임은 자본주의적 대중문화에 대립성·비판성·진보성을 부여한다.[18] 현대화이론 진영은 다양한 이론적 스펙트럼을 보이는데, 크게 두 가지 형태로 구별된다. 하나는 사회주의 혁명문화와 자본주의적 대중문화를 대립적으로 파악하면서 대중문화를 통해 혁명문화를 비판한다. 다시 말해서 혁명문화에서 대중문화로의 전환은 역사적 진보에 해당한다고 보는 견해이며, 진위안푸(金元浦)가 대표적이다. 또 다른 하나는 자본주의적 대중문화의 대립성·비판성·진보성을 1980년대에 국한시켜 인정하는 견해다. 타오둥펑이 대표적으로 거론되며, 이 견해는 1990년대, 특히 후반에 들어 중국 자본주의가 세계 자본주의 체제에 안착하면서 대중문화의 그러한 긍정적 기능이 부정적으로 전환되었다고 본다. '중국 자본주의의 안착화'가 의미하듯, 이것은 '역사적 맥락의 전환'으로부터 야기된 결과다. 이 두 시각의 차이는 대립성·비판성·진보성을 대중문화의

1期 등이 있다.
18 관련 논의로는 金元浦, 「試論當代的文化工業」, 『文藝理論研究』 1994年 第2期. ; 李澤厚 等, 「關於文化現狀與道德重建的對話」, 『東方』 1994年 第5期. ; 秦晉, 「關注與超越」, 『作家報』 1995年 6月 7日. ; 汪政, 「立場的選擇與闡釋的介入」, 『上海文學』 1998年 第1期. ; 祖朝志, 「對大衆文化批判的批判」, 『社會科學』 1998年 第4期. ; 金元浦, 「重新審視大衆文化」, 『中國社會科學』 2000年 第6期(『當代作家評論』 2001年 第1期에도 수록되어 있다). ; 金民卿, 「大衆文化:一種新的文化生産方式」, 『安徽大學學報(哲社版)』 2002年 第4期 등이 있다.

내재적 속성으로 인정할 수 있는가에 있다.

여기에서는 이러한 현대화이론 패러다임의 연구성과 가운데 대립성과 비판성을 대중문화의 내재적 속성으로 이해하는 흐름에 주목하고자 한다. 왜냐하면 이 시각이 중국 현대사에서 자본주의적 대중문화 담론의 1920·30년대와 개혁개방 이후를 연속시키는 관건적 사안에 해당하기 때문이다. 이것은 1920·30년대 중국에서 자본주의(또는 현대)적 대중문화가 존재했다는 사실, 그리고 당시 지식인이 생산한 담론 가운데 그러한 자본주의적 대중문화 담론이 주류적 위치를 차지했다는 스저춘(施蟄存, 1905~2003)의 지적에 의해 뒷받침된다.[19] 따라서 중국의 자본주의적 대중문화와 대중문화 담론을 이해하기 위해서는 사회주의 중국을 포함한 연속과 단절의 관계로부터 중국 현대사에 접근해야 한다.

하지만 개혁개방 이후 논의된 1920·30년대 관련 담론들을 살펴보면, 그와 같은 시도는 보이지 않는다. 우선 우샤오리(吳曉黎)는 중국 현대사에서 '대중'은 개혁개방 이후의 새로운 문화 개념이 아니라 역사적으로 다수의 유사한 '대중' 개념이 존재했다고 평가하면서, 1920·30년대 상하이를 중심으로 한 '대중' 및 '대중문화' 담론에 주목한다.[20] 이러한 접근은 그가 암묵적으로 1920·30년대와 개혁개방 이후의 자본주의적 '대중'과 '대중문화'를 연속적 관계로 이해한 고민의 흔적을 보여준다. 그럼에도 불구하고 그 논의가 문학사 내부 논쟁에만 국한되어 있을 뿐만 아니라 당시 지식인들의 입장을 정리하는 수

---

19 스저춘은 당시 지식인 사회에서 혁명적 지식인들의 '혁명 문학'이 아니라 '모더니즘 문학'이 문학의 주류였다고 회고한다. 李歐梵/장동천 외 옮김, 『상하이 모던』(서울: 고려대학교출판부, 2007): 11쪽.
20 吳曉黎, 「作爲關鍵詞的'大衆': 對二三十年代中國相關討論的梳理」, 『思想文綜』1999年 第1期 참조.

준에 머물러 있다는 점에서 아쉬움을 드러낸다. 그런 측면에서 리어우판(李歐梵) 역시 1920·30년대 자본주의적 대중문화의 존재 양상을 풍부하게 제시[21]하고 있음에도 불구하고, 그것을 1920·30년대와 개혁개방 이후라는 연속적 관점에서 다루지 않고 있다.

    이와 다르게 원구이량(文貴良)은 1920·30년대와 개혁개방 이후를 연속적 시각에서 접근한다. 그는 항일전쟁 시기에 형성된 '전쟁문화 심리'[22]를 밝히기 위해 1930년대 '대중' 담론을 논의한다.[23] 사회주의 중국이 전쟁문화 심리와 맺는 관계로부터 중국에서 사회주의 이데올로기 자체를 문제시하는 것이다. 여기에서 언급된 대중은 항일 전쟁을 실질적으로 담당했던 '농민'이 주요 대상이 된다. 이러한 시도는 궁극적으로 무산계급, 즉 '계급대중' 개념에 내재한 지식인의 정체성 부정을 거부하면서 지식인의 정체성을 다시금 복원시키는 것을 목적으로 한다. 다시 말해서 대중에 대한 그의 접근은 사회주의 중국으로부터 부정된 지식인의 연속성에 맞춰져 있다. 이것은 결국 담론이라는 형식을 통해 현실 대중과 지식인의 관계를 역사적으로 재조정하려는 지식인의 의도를 반영한다. 따라서 1920·30년대와 개혁개방 이후 중국 대중문화의 연속과 단절을 관계를 규명하기 위해서는 필

---

21 李歐梵/장동천 외 옮김, 『상하이 모던』(서울: 고려대학교출판부, 2007) 참조.
22 '전쟁문화 심리'는 내재적 접근법의 대표적 연구성과로 천쓰허에 의해 제기된 것이다. 여기에서 천쓰허는 비평 중에 나타나는 수많은 군사 용어, 문학 창작 가운데 가득 차 있는 전쟁 의식 등 전쟁이 현대 문학의 각 방면에 후유증을 남겼다고 평가한다. 그리고 현대문학의 관념 가운데 전쟁문화 심리의 특징을 1) 명확한 목적성과 공리성으로 인한 문학의 선전 기능과 문학의 진실성 간의 충돌 2) 이분법적 사유의 습관적 남용으로 인한 유사한 문학 제작 양식의 출현 3) 영웅주의와 낙관주의적 기조에 인한 사회주의 비극의 제거로 분류한다. 陳思和, 「當代文學觀念中的戰爭文化心理」, 『上海文學』1988年第6期 참조. 참고로, 이 글은 『鷄鳴風雨』, 學林出版社, 1996에도 실려 있다.
23 文貴良, 「大衆話語: 生成之史-三四十年代的文藝大衆化描述之一」, 『中國現代文學研究叢刊』2002年第3期 참조.

연적으로 대중과 지식인의 관계 변동을 포함하게 된다.

'지식인 중심성'과 '대중 중심성'

이것이 앞서 제시한 두 번째 문제의식, 즉 대중문화 담론의 초점을 구성하는 대중과 대중문화의 상관관계 및 대중문화 담론을 평가하는 기준의 문제로 연결된다. 따라서 '대중문화'와 관련된 중국적 논의는 두 가지 논의 영역을 필요로 한다. 하나는 대중문화를 둘러싼 대중과 지식인의 관계 정립 및 변동의 문제이고, 다른 하나는 자본주의적 '대중문화'가 비(또는 전)자본주의적 '민간문화' 또는 사회주의적 '혁명문화'와 맺는 관계의 문제다.

  대중문화 담론으로부터 대중과 대중문화, 그리고 지식인의 관계를 전체적으로 고찰하기 위해서는 두 가지 상이한 시각이 전제된다. 그것은 바로 '지식인 중심성'과 '대중 중심성'에 관한 이해다. 이 두 가지 시각의 대중문화(또는 대중) 담론은 세계적으로 일반화된 형태로 등장한다는 특징을 보인다. 우선 '지식인 중심성'은 대중 또는 대중문화를 부정적으로 형상화하는 담론을 통해 드러나며, 모두 '결핍(또는 열등)된 대중'과 '보충(또는 우등)으로서 지식인'이라는 도식을 유지한다는 공통점을 보인다. 이것은 현실적으로 담론의 직접적 생산자인 지식인 자신의 사회적 위치와 기능을 안정화시키는 이데올로기적 효과를 낳고 있다.

  앞서 거론한 1990년대 이후의 '중국적 비판이론'·'신좌파' 진영뿐만 아니라 1920·30년대 '평민문학(또는 평민문예)'[24]·'민중문학'[25] 등을 제창한 계몽주의 진영 등이 포함된다. 또한 서구의 아널드(Matthew

Arnold, 1822~1888)[26]·오르테가(Jose Ortega y Gasset, 1883~1955)[27]·리비스 부부(Frank Raymond Leavis, 1895~1978 ; Queenie Dorothy Leavis, 1906~1981)[28] 등과 이른바 '좌파'로 분류되는 프랑크푸르트 학파[29]·알튀세르(Louis Pierre Althusser, 1918~1990) 계열의 구조주의 진영[30] 등이 이러한 흐름에 속한다. 이들은 모두 대중 또는 대중문화를 부정적으로 형상화하면서 지식인의 집단적 정체성을 강조한다는 점에서 공통된다. 반면, '중국적 비판이론'·'평민문학(또는 평민문예)'·'민중문학'·아널드·오르테가·리비스 부부 등이 지식(또는 교양)의 유무로부터 저급한 대중문화(또는 대중)에 부정적 태도를 견지한다면, '신좌파' 및 서구 좌파 계열 등은 사회주의가 지닌 반자본주의적 태도로부터 그것을 부정한다는 점에서 차이를 보인다.

이와 다르게 '대중 중심성'은 대중문화가 '대중의 문화'라는 관점에 기초한다. 대중이 능동적으로 자신의 문화를 창조하는 과정 자체

---

24 周作人,「人的文學」,『新青年』1918年第5卷第6號. ; 仲密,「平民文學」,『每週評論』1919年第5期(第三版). ; 鐘流,「由平民文藝說到Nationalism」,『潔茜』1932年第1卷第1期. ; 仲侃,「平民文藝的原則提領」,『潔茜』1932年第1卷第1期. ; 坦克,「到三叉路口去」,『潔茜』1932年第1卷第1期 등 참조.

25 『時事新報·文學旬刊』第19·26·27期(1921年 11月, 1922年 1月, 1922年 2月). ; 賈植芳 等 編,「關於民衆文學的討論」,『文學研究會資料(上)』(鄭州: 河南人民出版社, 1985): 209~ 240쪽 참조.

26 Matthew Arnold/윤지관 옮김,『교양과 무질서』(파주: 한길사, 2006) 참조.

27 Jose Ortega y Gasset/황보영조 옮김,『대중의 반역』(서울: 역사비평사, 2005;2008) 참조.

28 F. R. Leavis, *The Common Pursuit* (London: Hogarth, 1984) 등 참조.

29 Theodor W. Adorno and Max Horkheimer/김유동 옮김,『계몽의 변증법』(서울: 문학과지성사, 2001;2008) 참조.

30 하윤금,「문화연구의 패러다임 위기」,『진보평론』, 2002년/겨울호, 제14호 참조. 이 글은 서구 대중문화 담론의 이론적 대립관계를 간단명료하게 정리하고 있다. 서구 '좌파'(엄밀한 의미에서, 자본주의 사회의 '좌파') 내부는 마르크스주의 또는 사회주의의 기본 전제들에 대한 해석 차이로부터, 알튀세르의 구조주의와 톰슨(Edward Palmer Thompson, 1924~1993)의 문화주의(또는 주의주의)로 분열된다. 이들 간의 논쟁 이후 영국의 '문화연구'(또는 버밍엄 학파) 진영은 기존의 좌파적 시각에서 벗어나게 된다.

가 바로 대중문화에 해당한다. 따라서 이 시각은 대중과 대중문화의 관계를 직접적으로 인정한다는 특징을 드러낸다. 중국에서 1930년대의 '대중어' 운동 진영[31], 특히 푸둥화(傅東華, 1893~1971)의 관점[32]이 두드러지며, 량더쒀(梁得所, 1905~1938)의 『소설(小說)』[33]과 정보치(鄭伯奇, 1895~1979)의 『신소설(新小說)』[34] 등이 여기에 속한다.[35]

푸둥화는 'the masses'에 대한 새로운 해석을 통해 당시 혁명적 지식인들의 '계급' / '계급의식'과 완전히 다른 현대적 '대중' / '대중의식'이라는 개념을 정초한다.[36] 여기에서 '계급의식'은 '차별의식', '대중의식'은 '평등의식'을 의미한다. 또한 그러한 의식을 갖춘 사람들이 각각 '계급'과 '대중'으로 구분된다. 이로부터 그는 '대중의 문화'를 인

---

31 胡愈之,「關於大眾語文」, 『申報·自由談』, 1934.6.23(上海圖書館影印, 『申報自由談』下, 1981). ; 葉聖陶,「雜談讀書作文和大眾語文學」, 『申報·自由談』, 1934.6.25(上海圖書館影印, 『申報自由談』下, 1981). ; 任白戈,「大眾語底建設問題」, 『新語林』1934年第1期(上海書店影印, 『新語林』, 1982). ; 陳望道,「大眾語論」, 『文學』1934年第3卷第2期(大成老舊刊全文數據庫, http://www.dachengdata.com) 등 참조.

32 傅東華,「大眾語文學解」, 『文學』第3卷第3期, 1934.9(文學社編輯, 『文學』第3卷, 1934年7月~12月, 生活書店發行) 참조.

33 「創刊旨趣」, 『小說』1934年第1期. ; 「編輯室」, 『小說』1934年第2期 참조. 참고로 이 글들은 楊若,「小市民文藝讀物的岐路」, 『文學』1934年第3卷第2期(文學社編輯, 『文學』第3卷, 1934年7月~12月, 生活書店發行)와 吳曉黎,「作爲關鍵詞的'大眾': 對二三十年代中國相關討論的梳理」, 『思想文綜』1999年第1期, 暨南大學出版社에서 각각 재인용한 것임을 밝혀둔다.

34 「作者, 讀者和編者」, 『新小說』1935年第1卷第2期. ; 平,「通俗的和藝術的」, 『新小說』1935年第1卷第3期. ; 樂游,「通俗和媚俗」, 『新小說』1935年第1卷第3期. ; 華尚文,「通俗小說的形式問題」, 『新小說』1935年第1卷第4期. ; 鄭伯奇,「小說的將來」, 『新小說』1935年第1卷第5期. ; 「編輯室往來」, 『新小說』1935年第2卷第1期(通號第6期) 등 참조. 참고로 이 자료들은 모두 大成老舊刊全文數據庫, http://www.dachengdata.com에서 볼 수 있다.

35 이 책에서는 지식인이 생산한 담론을 분석 대상으로 삼기 때문에 당시 禮拜六派 또는 鴛鴦蝴蝶派 작품들에 대한 분석은 제외하기로 한다.

36 'the masses'에 관한 푸둥화의 재해석이 서구 논의에 기반하고 있다면, 리진시(1890~1978)는 중국적 맥락에서 한자어 '大眾'의 어원을 밝힌다. 黎錦熙,「序(一)論大眾語(釋名)」, 『國語運動史綱』(上海; 商務印書館, 1934). ; 黎錦熙,「大眾語眞詮」上·下, 『申報·自由談』, 1934.9(上海圖書館影印, 『申報自由談』下, 1981) 참조. 이들은 각기 다른 해석의 과정을 거치지만 모두 '대중의식'이 '평등의식'이라는 결론을 도출한다.

류 문화의 발전과정 위에 위치시킨다. 이와 같은 시도는 아(雅)문화(또는 고급문화)만이 인류의 문화를 대표할 수 있다는 기존의 해석방식에서 그 무게중심을 다수의 대중문화로 전이시켰다는 의의를 갖는다.

또한 량더쒀는 '대중문예'를 하나의 '간식'에 비유하면서, 계몽주의적 '문예대중화' 운동과는 다른 기준을 제시한다. 그에게 '대중문예'는 '대중에 다가가는 문예'·'대중을 변화시키는 문예'가 아닌 '대중의 문예'라는 의미를 갖는다. 이와 같은 인식은 바로 자본주의적 현실 대중을 논의의 전제로 삼고 있다는 점에서, 또한 문화상품을 매개로 문화기업과 대중을 연결시킨다는 점에서 여타의 시각과 구분된다. 따라서 '대중문예' 작품은 대중이 자신의 여가시간을 활용해 감상(또는 소비)하는데 필요한 것일 뿐이다. 이로부터 그는 대중의 유관성(relevance)을 확보하기 위해 내용(또는 스토리) 중심의 '대중문예'를 제창한다.

계몽주의적 지식인으로 분류되던 정보치는 『신소설』을 통해 새로운 실험을 감행한다. 그것은 '통속문학'을 통해 지식인의 '예술'과 대중의 '통속'이라는 이원적 대립관계의 해소를 지향하는 데 있다. 이것은 통속과 예술이라는 대립적 관념에 대한 도전이자 지식인과 대중의 결합방식에 관한 문제다. 그는 『신소설』을 통해 작가·독자·편집자의 안정적인 소통 구조를 확립하고자 한다. 이 과정에서 '지식인 중심성'과 '대중 중심성'이 각각 지식인과 대중의 유관성을 중심으로 형성되고 있다는 사실이 드러난다. 또한 그는 당시 기술발전이 가져온 현대사회의 급격한 사회 변동에 주목하면서, '통속화'라는 이론적 모색을 보다 근본적인 차원에서 재구성해야 할 필요성을 제기한다. 기술발전과 맞물려 진행된 대중의 사회적 성장이 현대와 탈현대를 가로질러 현 시점까지 연속되고 있다는 점에서 그의 미래사회 전망은 여전히 유효하다.

이들의 기본시각은 개혁개방 이후 '현대화이론' 진영과 연속되어 있을 뿐만 아니라 이 책에서 제안한 '유보된 대중 중심성'('유보된 계몽'의 재추진이 아닌)의 사회적 확립이라는 문제에 근거를 제공한다. 하지만 현재 중국에서 '대중의 대중문화'라는 논의의 연속과 단절 문제는 변화된 사회적 조건, 즉 탈현대적 자본주의 사회에 기초해야 한다는 점에서 이전 논의들과 구분되는 새로운 재해석이 요구된다. 이와 관련되어 검토해야 할 서구 대중문화 담론의 '대중 중심성'은 영국 버밍엄 학파와 피스크를 위시한 미국 문화연구 계열을 아우르는 '문화연구' 진영에서 나타난다.[37] 여기에서 피스크의 『대중문화의 이해(Understanding popular culture)』[38]는 매우 중요한 이론 자원에 해당한다.[39]

---

[37] 신광현, 「'문화연구'의 전개와 특징: 개괄적 설명」, 『비평04』, 2001년/상반기(서울: 생각의 나무, 2001) 참조.

[38] John Fiske, *Understanding popular culture* (Boston: Unwin Hyman, 1989) 참조. 한국어와 중국어 번역본으로는 John Fiske/박만준 옮김, 『대중문화의 이해』(서울: 경문사, 2002;2005)와 John Fiske/王曉珏·宋偉杰 譯, 『理解大衆文化』(北京: 中央編譯出版社, 2001;2006)가 있다.

[39] 피스크 이론을 다룬 중국의 저서(소개를 포함한 부분적 논의)로는 "徐賁, 『走向後現代與後植民』, 中國社會科學出版社, 1996年.; 單世聯, 『現代性與文化工業』, 廣東人民出版社, 2001年.; 蕭俊明, 『文化轉向的由來』, 社會科學文獻出版社, 2004年.; 陳龍, 『在媒介與大衆之間:電視文化論』, 學林出版社, 2001年.; 于文秀, 『'文化硏究'思潮導論』, 人民出版社, 2002年.; 莫少群, 『20世紀西方消費社會理論研究』, 社會科學文獻出版社, 2006年.; 陸揚·王毅, 『文化研究導論』, 復旦大學出版社, 2006年.; 姜華, 『大衆文化理論的後現代轉向』, 人民出版社, 2006年 등"이 있고, 관련 논문으로는 "陶東風, 「超越精英主義與悲觀主義 - 論費斯克的大衆文化理論」, 『學術交流』1998年第6期.; 魯哲, 「意義的生産與流通 - 費斯克『電視文化』述評」, 『新聞與傳播硏究』1998年第4期.; 劉海龍, 「從費斯克看通俗文化硏究的轉向」, 『國際新聞界』2002年第4期.; 孫長軍, 「西方大衆文化辯護理論的辨析」, 『湖北大學學報(哲學社會科學版)』2003年第4期.; 吳兆章, 「西方大衆文化硏究的發展軌迹」, 『南京政治學院學報』2003年第3期.; 嚴功軍, 「兩種經濟'理論與西部電視文化産業建設」, 『社會科學硏究』2003年第2期.; 王昕, 「英國人如何'理解電視'-從『理解電視』說起」, 『現代傳播』2003年第6期.; 薛毅, 「文化硏究的陷穽」, 『天涯』2003年第1期.; 陸曄, 「中國傳播學:世紀之交的探索與前瞻 - 第六次全國傳播學研討會綜述」, 『新聞大學』2000年第1期.; 陸道夫, 「狂歡理論與約翰·費斯克的大衆文化硏究」, 『外國文學硏究』2002年第4期.; 陸道夫, 「電視觀衆:意義和快感的生

피스크는 '대중문화'를 '대중의 문화', 즉 대중이 그 의미를 창조하는 과정으로 설명한다. 다시 말해서 문화기업은 단지 대중의 문화창조를 위해 그 소재만을 제공할 뿐이지, 대중문화 자체를 만드는 것이 아니다. 이러한 견해는 그의 독특한 '2중 경제론'으로 연결된다. 재정경제와 문화경제라는 2중 경제는 그가 자본주의 경제시스템과 대중문화의 상관관계를 설명하기 위해 끌어들인 이론적 틀이다. 문화기업은 재정경제 영역에서 문화상품을 생산하지만, 대중은 문화경제 영역에서 그것을 선택하고 소비하는 과정을 거치게 된다. 바로 그러한 소비과정이 곧 문화창조의 과정과 일치한다. 이로부터 현대적 또는 탈현대적 자본주의 대중문화의 기본성격이 규정된다. 하지만 그의 '2중 경제론'은 대중과 대중문화의 관계에 주목한 이론적 성과로서, 지식인이 생산한 대중문화 담론 자체를 하나의 문화상품으로 보고 있지 않다는 점에서 일정한 한계를 드러낸다. 이것은 대중과 지식인의 사회적 경계변동이 급격하게 이루어지는 탈현대적 자본주의 경제시스템에서 보다 확장된 이론적 검토, 즉 '학술경제'를 포함한 '3

産者-試論約翰·費斯克兩種經濟的電視文化理論」, 『廣東技術師範學院學報』2004年第1期.; 陸道夫, 「析約翰·費斯克的兩種經濟電視理論」, 『河南社會科學』2004年第2期 등"이 있다. 陳立旭, 「重佔大衆的文化創造力-約翰·費斯克文化哲學理論研究」, 復旦大學外國哲學專業博士學位論文, 2007: 22쪽. '지식인 중심'적 대중문화 담론과 현격한 차이를 보이는 피스크 이론이 중국에 본격적으로 소개된 것은 중국어 번역본이 나온 2001년이다. 하지만 천리쉬는 피스크 이론이 중국에 소개된 후 중국 대중문화 담론에 끼친 영향은 미비하다고 평가하면서, 프랑크푸르트 학파의 비판이론으로 경도된 중국 대중문화 담론에 피스크 이론은 이론적 보완 차원에서 매우 중요하다고 역설한다. 陳立旭, 같은 글, 2007: 2쪽. 천리쉬의 이러한 문제의식은 상당 부분 타오둥펑의 연구성과에 기반하고 있다. "피스크의 연구성과, 특히 그의 이론적 색깔이 분명한 『대중문화의 이해』를 소개하는 것은 중국 대중문화연구에 새로운 문제의식과 깊이 있는 시각을 제공할 것이다." 陶東風, 「超越精英主義與悲觀主義-論費斯克的大衆文化理論」, 『學術交流』1998年第6期: 92쪽. 지금까지도 중국에서는 피스크를 부정적으로 평가하는 흐름이 지배적이다. 이와 같은 현실은 역으로 지식인의 대중문화 담론 생산에서 '지식인 중심성'과 '대중 중심성'의 대립적 성격이 더욱 분명히 드러나는 근거가 된다.

중 경제론'의 필요성을 요구한다.

 대중과 대중문화의 관계설정에서 검토해야 할 또 다른 주요 개념은 '대중 중심성'과 직접적인 상관성을 맺고 있는 '다중(multitude)'이다. '다중' 개념은 네그리(Antonio Negri)와 하트(Michael Hardt)에 의해 제기된 것으로,[40] 한국에서도 2008년 진행된 '촛불 시위'와 관련되어 현재까지 매우 논쟁적인 개념으로 남아 있다.[41] 그들은 '다중'과 '민중' 또는 '노동계급'의 개념적 차이에 대해 주의하면서, '대중'을 '다중'으로부터 또 다시 구분한다.[42] 하지만 주목해야 할 것은 네그리와 하트가 '대중' 개념을 'the masses'로 파악한다는 점이다. 이미 '문화연구' 진영에서 '군중(the masses)'과 '대중(the popular)'의 개념적 구분이 이루어졌다는 점을 감안한다면, 그들의 '대중(the masses)'과 '다중(the multitude)'이라는 구분 또한 사실상 동일한 개념적 대립구도를 형성한다.

---

[40] Michael Hardt and Antonio Negri/조정환·정남영·서창현 옮김, 『다중』(서울: 세종서적, 2008) 참조. 참고로 네그리와 하트의 공동 저서인 『제국』과 『다중』의 영문판은 각각 2000년과 2004년에 출판되었다. 중국어 번역본은 현재 『제국』만이 출판되어 있다. Michael Hardt and Antonio Negri/楊建國·范一亭 譯, 『帝國-全球化的政治秩序』(南京: 江蘇人民出版社, 2003) 참조. 이 중국어 번역본에서 'multitude'는 '民衆'으로 번역되며, 기타 논문들에서는 '諸衆'·'群衆' 등의 어휘가 사용되고 있다. 따라서 아직까지 중국에서도 'multitude'에 대한 개념적 어의가 확정되지 못한 상황이라 할 수 있다.

[41] 조정환은 '촛불 시위'를 '촛불 봉기'로 명명하면서 그 의의를 설명한다. "시민들, 네티즌들, 국민들, 민중들로 불리는 다양한 사회적 존재들의 촛불 봉기는, 한편에서는 권력을 일자의 지배로 환원하는 위계적 중앙집권적 국가권력 대신에 다양한 존재들인 그들 스스로가 완전히 새로운 유형의 권력(실제로는 권력이 아닌 권력으로서의 준권력)으로서 삶의 모든 현장에서 그 권력을 직접 행사함으로써, 그리고 그 행사되는 권력들의 연결망을 구축하는 방향으로 나아감으로써 그 생명력을 확산시킬 수 있다는 것을 보여주었던 반면 그 지향에서는 이렇게 국가권력의 표상에 묶인 상태에서 출발했다." 조정환, 「2008년 촛불봉기: 다중이 그려내는 새로운 유형의 혁명」, http://jayul.net/print_page.php?a_no=1198. 이 글은 『자율평론25 - 촛불특집호』, 2008. 9. 19에 실려 있다.

[42] "대중(mass)은 온갖 유형들과 종류들로 구성되어 있다. 그러나 실제로 우리는 다양한 사회적 주체들이 대중을 구성한다고 말하지 말아야 한다. 대중의 본질은 무차별성이다. 모든 차이들은 대중 속에 가라앉아 익사한다. …… 대중들은 일치해서 움직일 수 있다. 왜냐하면 그들은 무구별적인 동형의 집합체를 형성하기 때문이다." Michael Hardt and Antonio Negri/조정환·정남영·서창현 옮김, 같은 책, 2008: 19쪽.

그들의 '대중'(엄밀한 의미에서 '군중')과 '다중' 개념에는 각각 현대와 탈현대가 조응한다. 다시 말해서 서구에서 현대와 탈현대를 구분하는 역사적 사건인 '68혁명'이 그러한 구획의 기준이 되며, 대중과 다중을 개념적으로 단절시키는 근거로 기능한다. 그들에게 '다중'은 '제국의 질서'를 전복할 주체로서, 자본주의적 '대중'의 저항성과 혁명성을 극대화시킨 개념이다. 따라서 부정적인 형상의 '군중'을 극복해 가는 과정에서 '문화연구' 진영의 '대중' 개념이 제기되었다면, '다중'은 그러한 긍정적 '대중' 형상이 도달할 수 있는 최고지점에 해당한다.[43]

하지만 여기에서는 자본주의적 '대중'이 현대와 탈현대를 직접적으로 연속시키고 있다는 문제의식으로부터 '대중' 개념을 통해 '다중'의 문제의식을 드러내고자 한다.[44] 여기에는 두 가지 이유가 있다. 하

---

[43] 하지만 여전히 지식인의 담론에서 '대중 중심성'은 광범위한 지지를 얻지 못하고 있다. 이것은 '지식인 중심성'과 다르게 '대중 중심성'이 지식인 담론 영역에서 명확한 형태로 정립되지 못했다는 점과 관련된다. 피스크 역시 변형된 '지식인 중심성' 또는 불완전한 '대중 중심성'을 부분적으로 드러내고 있다. John Fiske, *Understanding popular culture*(Boston: Unwin Hyman, 1989), pp. 172~173. ; John Fiske/박만준 옮김, 『대중문화의 이해』(서울: 경문사, 2002;2005): 253쪽. 따라서 '대중 중심성'의 사회적 확립은 탈현대적 자본주의라는 조건으로부터 그 의미가 더욱 부각된다. '다중' 개념의 의의를 이런 시각에서 평가할 수 있다.

[44] 이러한 시각으로부터 자본주의의 재구조화 과정으로서 탈현대적 자본주의 사회는, '지식' 중심의 '탈자본주의 사회(Post-Capitalist Society)'를 제기한 드러커(Peter Ferdinand Drucker, 1909~2005)의 문제의식과 일정한 관련을 맺고 있다. 드러커는 제2차 세계대전 이후 출현한 탈자본주의 사회로부터 그간 결정적 생산 요소로 기능하던 자본·토지·노동이 지식에게 그 자리를 내주었으며, 지식 노동자와 서비스 근로자라는 새로운 계급이 현대 자본주의의 자본가와 프롤레타리아 계급을 대체했다고 주장한다. Peter Ferdinand Drucker/이재규 옮김, 『자본주의 이후의 사회』(서울: 한국경제신문, 1993; 2007): 26~27쪽. 또한 탈자본주의 사회라는 "새로운 사회는 '반(反)자본주의 사회'가 되지는 않을 것이다. 더욱이 그것은 '비(非)자본주의 사회'가 되지도 않을 것이며 …… 지식 사회의 주도적 사회집단은 '지식 노동자'일 것이다. 마치 생산적인 곳에 자본을 배분할 줄 아는 자본가처럼 생산성 있는 곳에 지식을 배분할 줄 아는 지식경영자 즉 지식전문가, 지식피고용자들이 지식 사회의 주역이 될 것이다." Peter Ferdinand Drucker/이재규 옮김, 같은 책, 2007: 28~29쪽. 그는 이처럼 탈현대사회를 자본주의 체제의 연장선상에 위치시키면서도 '지식'(네그리와 하트의 '비물질노동'에 해당하는) 중심의 새로운 사회관계에 주목한다. 그의 기본시각은 적대적 계급관계의 현대 자본주의 사회와 비적대적(또는 상호 협조적) 계급관계의 새로운 탈

나는 문화적 측면에서 'the multitude'와 'the popular'의 차이가 분명하게 드러나지 않기 때문이고,[45] 다른 하나는 '다중' 개념이 현대와 탈현대의 명확한 분리를 전제로 하면서 현대적 '대중' 개념의 폐기와 탈현대적 '다중' 개념을 요청하기 때문이다. 세계화의 진전이 탈현대적 조건의 세계적 확산에 많은 기여를 한 점은 사실이지만, 이것이 '다중' 개념의 필요성을 증명하지는 않는다. 오히려 비(또는 전)현대와 현대, 그리고 탈현대적 조건이 공존하는 환경으로부터 '대중' 개념에 주목할 필요가 있다.

'대중 중심성'의 중국적 논의에서 이론적 어려움으로 남는 것이 바로 '사회주의' 담론이다. 이른바 '사회주의' 담론은 '대중' 개념의 발전사에서 사회적 '대중'을 긍정적 존재로 인정한 대표적인 흐름이기 때문이다.[46] 사회주의적 '인민대중' 또는 '대중문화'(즉 '혁명문화') 개념

자본주의 사회라는 대립적 인식에 기초한다. 바로 그러한 '비적대성'이 투영된 개념이 바로 탈자본주의 사회의 '지식 노동자'이다. 여기에서 과연 현대 자본주의 사회가 적대적 계급관계로만 이루어진 사회였는가라는 문제가 제기된다. 왜냐하면 자본만이 현대와 탈현대 자본주의에서 연속되는 것이 아니라 자본주의적 대중 또한 연속되고 있기 때문이다. 이것은 자본주의의 구조적 변동으로부터 현대적 '프롤레타리아'와 탈현대적 '지식 노동자'를 구분하는 것이 아니라 그러한 '적대성' 또는 '비적대성'으로 대중을 구획한 '계급 담론'과 현실 대중을 구분하려는 시각이다. 따라서 '자본가 없는 자본주의'를 주장한 드러커 역시 현대 자본주의 사회를 '계급적 착취' 사회로 인정한다는 점에서 마르크스와 동일한 인식 기반을 드러낸다. 그의 대립적 인식은 결과적으로 탈자본주의 사회에서 지식인의 형상으로 새롭게 등장한 '지식 자본가'와 '지식 노동자'의 관계를 분석하기 어렵게 만든다. 왜냐하면 자원 분배 등을 둘러싼 '지식 자본가'와 '지식 노동자'의 불균등한 사회적 권력관계는 때로는 협력의 방식으로 때로는 갈등의 방식으로 표출되고 있기 때문이다. 따라서 탈자본주의 사회가 곧 '현대 자본주의 사회의 극복'을 의미하지 않는다.

45 네그리와 하트가 'the masses'와 구분되는 'the multitude'의 특징으로 '특이성'과 '차이'를 거론하고 있는 이상, '문화연구' 진영에서 사용하는 'the popular'와 다르지 않다. '특이성'은 "그 차이가 동일성으로 환원될 수 없는 사회적 주체, 차이로 남아 있는 차이"다. Michael Hardt and Antonio Negri/조정환·정남영·서창현 옮김, 『다중』(서울: 세종서적, 2008): 147쪽. 따라서 "특이성들이 공통적으로 공유하고 있는 것을 기초로 해서 행동하는 다중은 능동적인 사회적 주체를 나타낸다. 다중은 내적으로 차이[가 나는, 다양한 사회적 주체다." Michael Hardt and Antonio Negri/조정환·정남영·서창현 옮김, 같은 책, 2008: 148쪽.

46 윌리엄스(Raymond Williams, 1921~1988)는 서구의 '대중' 개념에 대해 "보수적 사상에서

이 '대중 중심성'을 표방하지만, 그 '대중 중심성'은 사회주의 이데올로기를 인정한 '대중'에 한정된다. 사회주의 이데올로기를 거부(또는 회피)하는 '대중'은 여전히 부정적 형상으로 남아 있을 수밖에 없기 때문이다. 중국 현대사에서 사회주의 이데올로기(구체적으로 '마오쩌둥주의')에 기초한 '인민대중'은 그 내부로부터 지속적인 타자화를 진행시키는, 다시 말해서 개념 내부적으로 타자화를 전제해야만 '인민대중'의 동일성이 확보될 수 있는 것이다.[47]

여기에서 주의해야 할 점은 이러한 '대중'의 개념 정의(定義)가 그 문화적 양식과 직접적 상관성을 맺고 있다는 사실이다. '2중 경제론'으로 '대중'과 '대중문화'의 관계를 정식화시킨 피스크는 자본주의적 '대중문화'와 비(또는 전)자본주의 사회의 '민중'에 의한 '민간문화'의 비교를 통해 두 문화의 차이를 분명하게 드러낸다.[48] '민간문화'와 '대중문화'의 가장 큰 차이는 문화창조에 필요한 문화자원의 생산주체가 다르다는 점에 있다. 다시 말해서 '민간문화'가 '민중' 스스로 창조한 문화자원을 통해 만들어진다면, '대중문화'는 '대중'이 그 문화자원을 생산하지 않고 대신 '상품'이라는 문화자원의 이용을 통해 만들

는 경멸의 개념이지만 대부분의 사회주의적 사상에서는 긍정적 개념이다. 다수의 사람들을 경멸하는 개념은 길고도 풍부한 역사를 가지고 있다."고 평가한다. Raymond Williams/劉建基 譯,『關鍵詞: 文化與社會的詞滙』(北京: 三聯書店, 2005): 281쪽.

47 毛澤東,「在延安文藝座談會上的講話」, 北京大學 等主編,『文學運動史料選』4(上海: 上海教育出版社, 1979). ; 李建軍,「現代中國'人民話語'考論-兼論'延安文學'的'一體化'進程」, 華中師範大學文學院博士學位論文, 2006. ; 毛澤東,「中國社會各階級的分析」,『毛澤東選集』1(北京: 人民出版社, 1991;2009). ; 毛澤東,「五四運動」,『毛澤東選集』2(北京: 人民出版社, 1991;2009). ; 毛澤東,「青年運動的方向」,『毛澤東選集』2(北京: 人民出版社, 1991; 2009). ; 毛澤東,「新民主主義論」,『毛澤東選集』2(北京: 人民出版社, 1991;2009). ; 毛澤東,「整頓黨的作風」,『毛澤東選集』3(北京: 人民出版社, 1991;2009). ; 毛澤東,「論人民民主專政」,『毛澤東選集』4(北京: 人民出版社, 1991;2009) 등 참조.

48 John Fiske, *Understanding popular culture*(Boston: Unwin Hyman, 1989): pp. 169~177. ; John Fiske/박만준 옮김,『대중문화의 이해』(서울: 경문사, 2002;2005): 249~259쪽 참조.

어진다는 것이다.

이 지점이 바로 '대중문화'를 '자본주의적 대중문화'로 정의해야 하는 근거가 된다. 따라서 '대중문화'는 '문화기업'·'문화상품'('문화시장'을 포함한)·'대중'이라는 자본주의적 경제시스템의 요소를 필연적으로 전제하는 문화 양식에 해당한다. 이러한 '대중문화' 정의는 중국적 논의에서 매우 중요한 함의를 지닌다. 바로 사회주의 중국 시기에 사회주의 '혁명문화'가 존재했기 때문이다. 따라서 중국에서 '대중문화'와 '혁명문화'의 차이는 곧 현(現) 대중문화의 이해로 직결되는 사안이다.[49]

이런 측면에서 베넷(Tony Bennett)의 「대중성과 대중문화의 정치학」[50]은 하나의 의미 있는 시각을 제공한다. 그는 사회주의 이데올로기가 존립할 수 있는 것은 그것이 미래적 상상(또는 요청)에 기초했기 때문이라고 지적한다. 여기에서 상상된 미래의 사회주의는 현실적으로 과거와 현재를 재단하는 기능을 담당한다. 다시 말해서 사회주의 이데올로기는 완성된 미래(즉 사회주의 사회)로부터 출발하여 역으로 그것을 완성하기 위해 과거와 현재의 '사람들'을 계급적으로 구

---

[49] 이러한 시도가 유의미한 점은 비단 대중문화와 사회 체제의 관계로부터 대중문화의 특질을 끌어낸다는 측면뿐만 아니라 각기 상이한 사회 체제에서 대중문화의 기능 및 대중문화에 대한 체제 내부의 지식인들이 태도가 어떠한가라는 문제를 포함하기 때문이다. 예를 들어, 자본주의 체제 내부의 좌파 지식인들이 자본주의적 대중문화에 비판적 태도를 견지한다면, 사회주의 체제 내부의 우파 지식인들은 그것의 긍정적 기능을 인정하고 있다. 다시 말해서 자본주의 사회의 좌파와 사회주의 사회의 좌파는 엄밀히 구분되며, 각각 '진보'와 '보수'라는 의미로 해석된다. 좌파와 우파가 사회주의와 자본주의라는 체제 논리와 연관되어 있다면, 보수와 진보는 기존 체제에 대한 저항 여부로 구분된다. 따라서 좌파=진보, 우파=보수라는 구도는 사실상 현실적으로 큰 의미가 없는 것이다. 이것은 현대성이 구축한 직선적 역사 관념이 붕괴하면서 초래된 개념상의 혼란일 뿐이다. 이와 같은 사실은 사회주의 이데올로기의 '계급 분석'에 기초한 중국의 '신좌파'가 과연 '진보'로서 체제 저항적인가를 살펴보면 확연히 드러난다.

[50] Tony Bennett/김창남 옮김, 「대중성과 대중문화의 정치학」, 박명진 외 편역, 『문화, 일상, 대중: 문화에 관한 8개의 탐구』(서울: 한나래, 1996;2007) 참조.

분할 뿐만 아니라 이러한 계급 구분을 통해 창조된 '피지배계급'은 과거와 현재, 그리고 미래를 통일적으로 연속시키는 주체에 해당한다. 그리고 사회주의 이데올로기는 그러한 '계급대중'과 그들의 '혁명문화'에 역사적 정당성을 부여한다. 따라서 그는 사회주의 이데올로기로부터 자본주의적 '대중'과 '대중문화'를 평가해서는 안 된다고 주장한다. 왜냐하면 사회주의 이데올로기에서 현재의 자본주의적 '대중'과 '대중문화'는 아무런 가치도 없는 존재에 불과하기 때문이다.

1920·30년대 중국의 『현대문학(現代文學)』·『결천(潔茜)』의 지식인들 또한 유사한 문제의식을 드러낸다.[51] 그들은 공통된 인식은 비(非)사회주의 사회(즉 자본주의 사회나 봉건주의 사회)에서 사회주의 투쟁을 위한 '혁명문화'가 가능할 수 있다면, 사회주의가 실현된 사회주의 사회(또는 계급 대립이 해소된 무계급사회)에서 '혁명문화'가 존재할 수 있는가라는 점이다. 그들은 사회주의적 '혁명문화'의 정체성을 문제시한다. 그 이유는 '혁명문화'가 반자본주의 또는 반봉건주의적 성격으로 규정되고 있기 때문이다.[52] 즉 '혁명문화'의 정체성이 비(非)사회주의 사회에서 현재와 미래를 연속시키는 사회주의 투쟁으로 구성될 수밖에 없다면 결국 사회주의가 실현된 뒤 그러한 정체성은 소멸되고 말 것이라는 주장이다.

그 뒤 사회주의적 '혁명문화'의 정체성 논쟁은 '중국적' 혁명문화

---

51 尹若, 「無産階級文藝運動的誤謬」, 『現代文學』1928年創刊號. ; 莫孟明, 「革命文學評價」, 『現代文學』1928年創刊號. ; 謙弟, 「革命文學論的批判」, 『現代文學』1928年創刊號와 鐘流, 「由平民文藝說到Nationalism」, 『潔茜』1932年第1卷第1期. 仲侃, 「平民文藝的原則提領」, 『潔茜』1932年第1卷第1期. ; 坦克, 「到三叉路口去」, 『潔茜』1932年第1卷第1期 等 參照. 참고로 『現代文學』의 글들은 모두 李何林 編, 『中國文藝論戰』(西安: 陝西人民出版社, 1984)에 실려 있다.
52 중국 사회주의 혁명의 성격 논쟁에 관해서는 김대환·백영서 편, 『중국사회성격논쟁』(서울: 창작과비평사, 1988)을 참조할 것.

의 건설이라는 방향으로 전개된다. 여기에 '민족형식' 논쟁이 위치한다.[53] '민족형식'은 중국 사회주의 혁명문화의 '형식'을 가리킨다. 당시 혁명적 지식인들은 내용이 형식을 결정한다는 변증법적 원리로부터 사회주의 이데올로기의 '내용'과 '민간형식', 즉 비(또는 전)자본주의적 '민간문화의 형식'을 결합시켜야 한다고 주장한다. 자오지빈(趙紀彬/向林冰, 1905~1982)이 대표적이며, 그는 '민간형식'의 비판적 운용을 통해 사회주의 중국의 '민족형식'을 건설하고자 한다.[54] 이에 후펑(胡風, 1902~1985)은 내용과 형식의 통일이라는 관점에서 '민간형식'에 '봉건주의적 내용'이 담겨 있다고 비판하면서, '민간형식'이 아닌 새로운 문화형식의 창출을 제기한다.

이로부터 1949년 사회주의 중국의 등장은 중국 사회주의 혁명문화가 바로 이러한 '민간형식'에 기초해 있다는 사실을 알려준다. 이것이 사회주의 중국의 '혁명문화'가 '봉건주의'와 결합되었다는 비판의

---

53 毛澤東,「中國共産黨在民族戰爭中的地位」, 北京大學 等主編,『文學運動史料選』4(上海: 上海教育出版社, 1979).; 何其芳,「論文學上的民族形式」, 北京大學 等主編,『文學運動史料選』4(上海: 上海教育出版社, 1979).; 向林冰,「舊形式的新評價」,『全民週刊』1938年第2卷第2期(大成老舊刊全文數據庫, http://www.dachengdata.com).; 向林冰,「論'民族形式'的中心源泉」,『大公報・戰線』, 1940.3.24.; 向林冰,「封建社會底規律性與民間文藝底再認識-再論民族形式的中心源泉之一」,『新蜀報・蜀道』第101期, 1940.4.21.; 向林冰,「民間形式的運用與民間形式的創造」,『中蘇文化』1940年第6卷第1期(大成老舊刊全文數據庫, http://www.dachengdata.com).; 郭沫若,「民族形式'商兌」,『中國文化』1940年第2卷第1期(大成老舊刊全文數據庫, http://www.dachengdata.com).; 胡風,「論民族形式問題」,『胡風評論集(中)』(北京: 人民文學出版社, 1984) 참조. 이 중 向林冰,「論'民族形式'的中心源泉」,『大公報・戰線』, 1940.3.24. 그리고 向林冰,「封建社會底規律性與民間文藝再認識－再論民族形式的中心源泉之一」,『新蜀報・蜀道』第101期, 1940.4.21의 관련 부분은 徐迺翔 編,『中國文學史資料全編現代卷-文學的'民族形式'討論資料』(北京: 知識産權出版社, 2010)에서 볼 수 있다.

54 '옛(또는 낡은) 형식'의 활용 문제는 취추바이(1899~1935) 등에 의해 이전부터 제기된 바 있다. 瞿秋白,「大衆文藝的問題」(初稿片斷),『街頭集』.; 宋陽,「大衆文藝的問題」,『文學月報』1932年第1卷第1期(大成老舊刊全文数据庫, http://www.dachengdata.com) 등 참조. 참고로, 瞿秋白의 글은 丁易 編,『大衆文藝論集』(北京: 北京師範大學出版部, 1951)에도 실려 있다.

지점이 된다.[55] 중국 현대사에서 자본주의적 대중문화의 연속 문제는 이처럼 그것이 비(또는 전)자본주의적 민간문화 또는 사회주의 혁명 문화와 맺는 긴장관계를 반영한다. 지식인들이 생산한 대중문화 담론 또한 이러한 관계의 영향 아래 놓여 있는 것이다.

탈현대적 담론 생산의 현재적 의의

이와 같은 중국적 조건은 세 번째 문제제기로 이어진다. 대중문화 담론의 기본성격이 크게 '지식인 중심성'과 '대중 중심성'으로 구분된다면, '지식인 중심성'과 '대중 중심성'이 각각 중국 현대사에서 드러내는 연속과 단절관계는 보다 분명한 형태로 '대중 중심성'의 사회적 확립을 요구한다. '대중 중심성'의 요구는 탈현대사회에서 더욱 중시되는 사안으로 민주주의의 문제와 직결된다. 왜냐하면 대중은 현대와 탈현대를 가로질러 자신의 사회적 힘을 지속적으로 확장시켜 나가고 있기 때문이다. 이 지점에서 대중과 지식인의 경계변동이 야기되며, 대중문화 담론 내부의 '지식인 중심성'은 사회적으로 극복해야할 과제로 부각된다.

대중문화 담론 영역에서 '지식인 중심성'의 극복과 '대중 중심성'의 사회적 확립이라는 문제를 논하기 위해서는 우선 대중문화 담론이 자본주의적 경제시스템과 맺는 관계로부터 시작해야만 한다. 자본주의 경제시스템에서 대중문화 담론은 다른 문화상품과 마찬가지로 하나의 문화상품으로 간주되며, 이러한 접근은 지식인과 그들이

---

55 李澤厚/김형종 옮김, 『중국현대사상사론』(파주: 한길사, 2005): 156쪽.

생산하는 대중문화 담론의 관계를 또 다른 차원에서 규정하게 만든다. 즉 문화상품의 생산주체가 문화기업인 것처럼, 대중문화 담론의 생산주체인 지식인 역시 그러한 기업가적 속성을 갖기 때문이다.

슬래터(Sheila Slaughter)와 레슬리(Larry Leslie)의 『학술 자본주의: 정치, 정책과 기업형 대학(Academic Capitalism : Politics, Policies, and the Entrepreneurial University)』[56]에서 제기된 '학술 자본주의' 개념은 이와 같은 시각에 현실적 타당성을 부여한다.[57] '학술 자본주의'는 세계화의 급진전이 야기한 대학사회의 변화된 기능, 특히 학술연역의 변화 양상을 설명하기 위해 제출된 개념이다. 이것은 대학의 학술연역 역시 자본주의 경제시스템에서 더 이상 자유로울 수 없다는 측면에서, 네그리와 하트가 언급한 자본의 실질적 포섭과정을 의미한다. 학술 자본주의는 탈현대적 자본주의 사회의 주요 특징을 구성할 뿐만 아니라 현대적 지식인을 탈현대적 지식 자본가와 지식 노동자로 분화시킨다.

학술 자본주의 개념은 대중의 '문화경제'와 학술연역의 대중문화 담론을 보다 직접적으로 연결시킬 필요성과 그 가능성을 함께 제시했다는 점에서 의의를 갖는다. 하나의 상품으로서 '대중 중심'적 대중문화 담론이 지속적으로 생산되고 소비되는 과정은 바로 대중의 문화경제가 활성화된다는 의미와 아울러 '대중 중심성'이 사회적으로

---

56 Sheila Slaughter · Larry Leslie/梁驍 · 黎麗 譯, 『學術資本主義: 政治 · 政策和創業型大學』 (北京: 北京大學出版社, 2008) 참조.

57 '학술 자본주의' 관련 논의로는 반상진, 『고등교육경제학(아산재단 연구총서 제252집)』 (파주: 집문당, 2008). ; 丁安寧, 「當代美國高等教育研究理念」, 『高等教育研究』2005年第11期. ; 王正青 · 徐輝, 「論學術資本主義的生成邏輯與價值衝突」, 『高等教育研究』2009年第8期. ; 김누리, 「주식회사 유니버시티」, 『안과밖(영미문학연구)』, 영미문학연구회, 2009, 제27호. ; 김누리, 「영혼을 팔아버린 대학」, 『안과밖(영미문학연구)』, 영미문학연구회, 2010, 제28호 등을 참조할 것.

확립되어가는 과정을 뜻한다. 따라서 중국 현대사를 통해 '대중 중심'적 대중문화 담론의 역사적 연속성을 확보하고 강화해야 할 필요가 여기에 있다. 중국 대중의 지속적인 사회적 힘의 확장, 즉 중국 민주주의는 과거와 현재, 그리고 미래의 문제이기 때문이다.

    본문에서는 대중(또는 대중문화) 담론의 검토를 통해 대중과 대중문화, 그리고 양자의 관계를 일반론적으로 정의하고, 이를 통해 중국 대중문화 담론의 연속과 단절이 갖는 공시적·통시적 의미를 구체적으로 밝히고자 한다.

제1장

대중과 대중문화, 그리고 지식인

일반적으로 '대중'과 '대중문화'는 각각 'the masses', 'the popular', 'the people', 'the public' 등과 'mass culture', 'popular culture', 'working-class culture', 'folk culture' 등의 번역어에 해당한다. 본 장에서는 대중 및 대중문화 담론에서 드러나는 지식인의 두 가지 관점, 즉 군중과 대중 또는 군중문화와 대중문화라는 시각을 살펴보려 한다. 대중문화에 대한 지식인들의 긍·부정적 평가는 그것을 그들 스스로 의식하든 의식하지 않든 간에, 대중과 대중문화 사이의 개념적 상관성이 전제되어 있다. 다시 말해서 대중문화에 대한 긍·부정적 평가는, 대중문화와 직접적으로 연관되어 있는 대중의 긍·부정적 평가를 수반한다. '군중'의 문화로서 '군중문화', 그리고 '대중'의 문화로서 '대중문화'라는 평가는 그 자체로 지식인의 가치지향을 담고 있는 것이다.

'군중문화'라는 가치 폄하(貶下)적 함의는 자연스럽게 부정적인 군중담론으로 연결되고, '대중문화'라는 가치 우월적 함의는 긍정적이고 적극적인 대중담론으로 이어진다.[1] 물론 현재 '다중'이라는

---

[1] '대중문화'에 해당하는 영어 어휘 가운데, 'popular culture'가 아닌 'mass culture'를 사용해야 한다고 가장 먼저 제기한 지식인은 미국의 문화비평가인 맥도널드(Dwight Macdonald, 1906~1982)로 알려져 있다. 그는 "A Theory of Mass Culture"(1944)에서 '대중(mass)'을 개성 없고, 서로 간에 정신적 유대를 상실한 우매한 백성으로 형상화한다. 陸揚·王毅, 『大衆文化與傳媒』(上海: 上海三聯書店, 2000): 20~21쪽 참조. 맥도널드의 이 글은 Rosenberg B. and

새로운 대중 개념이 제출되었지만 긍정적 대중담론은 이전부터 존재해왔다. 다중 개념이 대중 개념이 가진 부정적 요소의 대립적 측면에서 출현했다는 점은 주지의 사실이다. 대중 또는 대중문화와 관련된 다양한 영어 어휘들은 역사·문화·정치·사회 등 다양한 맥락 속에서 매우 복잡한 함의를 가지고 있다. 따라서 대중문화 연구에 지식인들이 어떠한 어휘를 선택하는가는 그 대상(대중이든 대중문화든 간에)을 인식하고 비판하는 데 서로 다른 관점과 이론구조를 선택한다는 의미와 동일하다.[2]

대중문화에 대한 상이한 담론은 대중과 지식인의 사회적 위치변동과 밀접한 상관관계를 맺고 있다. 대중과 대중문화에 대한 부정적 태도는 기본적으로 위에서(우리가 그들에게) 이루어지는 담론 체계로부터 생산된다. 바로 우리(지식인)와 그들(대중)을 구분하는 이분법적 도식에는 뿌리 깊은 역사적 이해의 근원이 존재한다. 서구의 경우, 이러한 부정적 태도에는 크게 보수주의적 진영과 프랑크푸르트 학

White D. M. (eds.), *Mass Culture*(New York: Free Press, 1964)에 실려 있다.

[2] 리튐의 언급은 이와 같은 관계를 잘 보여준다. "일반적으로 지금 우리가 말하는 대중문화는 영어의 'popular culture'를 번역한 것이지만 어떤 이들은 그것을 '민간문화'라고 번역하기도 한다. 그리고 'mass culture'를 대중문화라 하기도 하고 누구는 그것을 '군중문화'라 하기도 한다. 이처럼 서로 다른 번역은 관련 영어 개념에 대한 이해 차이뿐만 아니라 문화 연구의 서로 다른 입장에서 나온 이론적 갈래로서 진지하게 파헤쳐보면 문제는 상당히 복잡하다." 戴錦華, 『隱形書寫: 九十年代中國文化研究·序』(南京: 江蘇人民出版社, 1999;2004): 9쪽. ; 戴錦華/오경희 외 옮김, 『숨겨진 서사-1990년대 중국대중문화 읽기』(서울: 숙명여자대학교, 2006;2007): 24쪽. 대표적인 사례로 들 수 있는 것이 바로 중국에서 번역된 스토리(John Storey)의 *An Introduction to Cultural Theory and Popular Culture*라는 서명의 번역이다. 중국에서 그의 책은 양주산 등에 의해 1991년 『문화이론과 통속문화입문』라는 제목으로 번역·소개되었다. John Storey/楊竹山·郭發勇·周輝 譯, 『文化理論和通俗文化導論』(南京, 南京大學出版社, 1991;2006) 참조. 하지만 타오둥펑은 그것을 자신의 관점에서 『문화이론과 대중문화입문(文化理論和大衆文化導論)』라는 제목으로 고쳐 사용하고 있다. 陶東風·徐艷蕊, 『當代中國的文化批評』(北京: 北京大學出版社, 2006): 116~117쪽 주3·4 참조. 이 문제는 제3장에서 논의하도록 하겠다. 이처럼 '통속문화'와 '대중문화'라는 어휘 선택이 갖는 가치 함의는 매우 다른 것이다. 참고로 이 책은 John Storey/박모 역, 『문화연구와 문화이론』(서울: 현실문화연구, 1994;1995)이라는 이름으로 한국에 소개되어 있다.

파가 포함된다. 또한 대중과 대중문화에 긍정적인 담론은 아래에서 (우리가 우리에게) 이루어진다는 특징을 보이며, 크게 사회주의적 진영과 영미권을 중심으로 한 '문화연구' 진영으로 구분할 수 있다. 물론 이 분류는 우파와 좌파, 또는 보수와 진보라는 패러다임에 따른 것이다.

본 장에서는 기존 시각의 재구성을 통해 위의 분류 체계와 전혀 다른 관점과 내용을 마련하고자 한다. 주된 논의의 초점은 지식인들의 사회적 인식체계를 거친 다양한 대중 또는 대중문화 담론, 그 가운데 '군중과 군중문화'와 '대중과 대중문화'라는 상반된 담론의 생산 과정에 있다.

1 '대중' 개념의 변천과 양가兩價적 해석

'대중' 담론의 변화 양상과 지식인의 가치지향

'대중' 개념의 변천 과정에서 주목해야 할 점은, 일반적으로 사회적 담론 생산을 담당하고 있는 지식인의 시각과 태도가 그것에 깊숙이 개입되어 있다는 사실이다. 홀(Stuart Hall)은 '대중'을 호명하는 자에 의해 그것이 언제든 상반된 해석을 야기할 수 있다고 주장한다.

> 그러나 '대중성'이라는 용어, 게다가 그것을 지칭하는 집단적 주체—'대중'—는 대단히 문제적이다. 대처(Margaret Thatcher) 여사가 '우리는 노동조합의 힘을 제한해야 한다. 대중이 그것을 원하므로'라는 식의 말을 할 수 있다는 것이 이 용어들을 문제적으로 만든다. 이는 내게 '대중문화'의 범주를 고정된 내용으로 정의할 수 없듯이 '대중'이라는 주체 역시 고정될 수 없다는 생각을 갖게 한다.[1]

홀의 이 같은 언급은, '대중'에 대한 정의에 필연적으로 그것을 정

---

[1] Stuart Hall, "Notes on Deconstructing 'the Popular'," in R. Samuel (ed.), *People's History and Socialist Theory*(London: Routledge & kegan Paul, 1981), pp. 238~239.

의하는 자의 의도가 포함된다는 점을 알려준다. 하지만 이러한 정의는 단순히 사회적 세력으로서 '대중'에 대한 독립적인 형태의 정의만을 의미하지는 않는다. 다시 말해서 그 개념적 정의에는 지식인을 포함한 사회 세력 간의 경계를 재조정하고 재설정하는 과정을 동반하게 된다. 예를 들어, '대중'을 'the masses'와 'the popular' 중 어느 것으로 정의하는가에 따라 지식인의 사회적 위치와 함께 그 사회적 기능이 설정되는 것이다. 이러한 상호 관계는 '대중'뿐만 아니라 '대중문화'에 대한 정의에도 동일하게 적용된다.

윌리엄스는 『키워드(Keywords)』(1976)를 통해 서구 '대중(mass)'[2] 개념의 어원을 추적한다.[3]

그에 의하면, 대중(mass)은 15세기부터 어원상 프랑스어 masse와 라틴어 massa - 주형되거나 주조될 수 있는 물질 덩어리(어원은 아마 밀가루 반죽일 것이다)와 그 의미가 확장된 어떤 거대한 물질 덩어리 - 에서 그 의미가 유래되었다. 이것은 구체적으로 '무정형적이고 구별 불가능한 것', 그리고 '밀집한 집합체'라는 두 가지 의미로 발전한다. 여기에서 '무정형적이고 구별 불가능한 것'이라는 대중(mass)의 초기 의미는 '전체적으로(in the mass)'라는 표현으로 이어지면서 적절한 구

---

[2] 여기에서는 'the masses'를 '대중'으로 번역하고 있으나 '대중' 개념이 명확하게 부정적 개념과 긍정적 개념으로 구분된다는 측면에서, 이후 'the masses'를 '군중', 'the popular'를 '대중', 그리고 'the people'을 '사람들'로 번역한다. '군중'은 지식인들이 대중과 지식인의 경계로부터 대중을 타자화하는 과정에서 생산된 허구적 개념이다. 반면, '대중'은 자본주의적 경제시스템과 밀접한 상관관계를 맺고 있다. 다시 말해서 그것은 비(또는 전)자본주의 사회의 '민중(the folk)'과 구분되는 개념이며, '민중'과 '대중'은 바로 '사람들'을 통해 연속된다. '사람들'은 비(또는 전)자본주의 사회에서 '민중'이라는 특수한 존재로 드러나며, 자본주의 사회에서는 '대중' 형상으로 구현된다. 따라서 그런 차원에서 '민중'과 '대중'은 단절된다. 이에 관해서는 다시 다루도록 하겠다.

[3] 윌리엄스가 서구의 the masses 개념의 어원을 추적하고 있다면, 중국에서 the masses의 번역 어휘에 해당하는 '大衆'은 상이한 어휘 여행을 거친다. 리진시는 1934년 『國語運動史綱』을 통해 '대중'의 중국적 어원을 추적한다. 이에 대해서는 제2장을 참조할 것.

분이나 식별이 가능하지 않다는 의미를 획득한다. 이와 다르게 '밀집한 집합체'라는 표현에는 사회적으로 긍정적인 의미가 부여된다. 다시 말해서 '무정형적이고 구별 불가능한 것'이라는 의미가 드러내는 불필요한 구분을 극복한 '통일성'이라는 의미를 포함하고 있다.[4]

또한 16~17세기에 '다수 대중(다중; multitude)'은 정치적 경멸이나 공포를 나타내는 개념으로 사용된다. 여기에서 '다수 대중'은 '많은 머리의 괴물(many-headed monster)'를 뜻한다. '많은 머리'라는 측면에서 '다수 대중'은 수적인 의미를 포함하며, 많은 숫자에 대한 강조는 이후 대중 개념의 발전에 큰 영향을 미치게 된다. 이러한 '다수 대중'의 개념은 18세기에 들어 '패거리(mob)'로 대체되기도 하는데, 19세기 이후에도 그와 같은 의미가 여전히 남아 있다.[5]

윌리엄스는 여기에서 현대적 의미의 'masses(대중들)'와 'mass(대중)'를 구분한다. 우선 'masses'는 두 가지 의미, 즉 그것은 현대적 어휘로서 '많은 머리의(many headed)' 또는 '패거리(mob)'(하층·무식·불안정)라는 의미와 함께, 긍정적인(또는 잠재적으로 긍정적인) 사회 세력으로 간주된다. 반면 'mass'는 20세기 들어 매우 복잡한 양상을 보인다. 그것은 1920년대 미국에서 유래된 '대량 생산(mass production)'이라는 표현의 영향을 받아 의미 변형이 일어난다. 'mass'는 'masses'의 첫 번째 의미에서 구매력을 갖는 '많은 머리의 다수 대중(many-headed multitude)'라는 의미로 변형을 일으키면서, 원래 '공고한 집합체'라는

---

[4] Raymond Williams/劉建基 譯, 『關鍵詞: 文化與社會的詞滙』(北京: 三聯書店, 2005): 283~285쪽 참조.

[5] Raymond Williams/劉建基 譯, 같은 책, 2005: 282~283쪽 참조. 네그리와 하트는 서구의 '68 혁명'을 기점으로 현대적 '대중' 개념이 가지고 있는 무정형성과 구별 불가능성에 주목하면서 탈현대적 '다중(multitude)' 개념을 제출한다. 여기에서 '다중'은 개체성과 독립성을 강조하면서도 그 무리성(또는 연대성)을 유지하고 있는 존재다.

의미(긍정적 또는 부정적인 의미를 포함해서)로부터 '하나의 무리 또는 많은 수의 사물이나 사람들'라는 의미로 발전하게 된다. '대단히 많은 수'라는 의미로 고정화된 'mass'는 매스커뮤니케이션과 매스미디어의 예에서 알 수 있듯이 집결한 개인들이 아니라 상대적으로 고립된 수많은 개체적 대중을 그 대상으로 하고 있다.[6]

하틀리(John Hartley) 역시 그것과 유사한 해석을 하고 있지만, 윌리엄스와는 다르게 '대중'과 '대중문화'의 어휘에 각각 'the popular'와 'popular culture'를 대응시킨다. 그는 대중문화를 "일반 사람들의, 일반 사람들을 위한, 일반 사람들이 아주 좋아하는(Of people in general; for people in general; well liked by people in general)"[7] 것이라고 규정하면서, 옥스포드 영어사전을 활용해 '대중' 개념을 설명한다.

> 현재 '대중(popular)'이라는 어휘는 일상 언어생활에서 일반적으로 '좋다' 와 같은 의미로 사용되지만 예전부터 그 어휘는 부정적 의미를 가지고 있었다. 어원적으로 대중(popular)은 '일반 사람들(people in general)'을 가리킨 것이 아니라 사람들의 덩어리(the mass of the people)라는 의미로 귀족계급·부유한 계급·지식인 계급과 구별되었다. 의심할 바 없이, 이러한 주제를 토론할 수 있는 대부분의 작가들이 후자의 세 계급에 [속하는] 사람들이거나 귀족에 예속된 평민들(clients)[8]이라는 [사실로]부터 대중

---

[6] Raymond Williams/劉建基 譯, 『關鍵詞: 文化與社會的詞滙』(北京: 三聯書店, 2005): 286~287쪽 참조.

[7] John Fiske et al, *Key Concepts in Communication and Cultural Studies*(London and New York: Routledge, 1994), p. 231. ; John Fiske et al, 李彬 譯注, 『關鍵概念: 傳播與文化研究(第二版)』(北京: 新華出版社, 2004): 212쪽. 이 표현은 링컨의 게티스버그 영어 연설 중에 나오는 "of the people, by the people, and for the people"을 변형한 것이다. 이에 대한 중국식 표현은 쑨원(1866~1925)의 1919년 「文言本三民主義」와 1921년 「三民主義之具體辦法」에서 찾아볼 수 있다. 孫文은 게티스버그의 연설을 인용하면서 "of the people, by the people, and for the people"을 "民有·民治·民享"으로 번역한다.

(popular)이라는 어휘는 저속·저열·비천·비속·평범·조야·보통·싸구려 등과 같은 [부정적] 의미가 되었다.[9]

하지만 "19세기 이후 대중이라는 용어가 민주정치 영역에서 사용되기 시작하면서 최초의 부정적 용법은 어느 정도 '탈식민화(decolonized)' 되었다고 할 수 있다."[10] 하틀리는 이처럼 '대중' 개념의 역사적 긍·부정성을 함께 논하면서도, 19세기 민주주의의 진전과 더불어 그 의미가 긍정적으로 전환되었다고 주장한다. 그도 지적하고 있지만, '대중'과 관련된 주제를 토론하는 주체는 역설적으로 '대중'이 아니라 대중을 계급적으로 대상화시키는 또 다른 계급에 의해서 진행되고 있다는 점이다. 이 지점이 기존의 대중문화 담론을 평가하는 데 필요한 근거를 제공한다. 그 이유는 여전히 대중문화 담론이 지식인의 생산 영역에 속해 있다는 점 때문이다.

이와 같이 대중(mass 또는 masses) 개념(그것과 내재적 연관성을 갖는 대중문화 역시)은 초기 부정적 가치 평가로부터 대중의 사회적 성장 과정과 더불어 긍정적 가치를 갖는 개념으로 발전한다. 즉 19세기 산업화와 도시화 과정을 거치면서 '대중'은 사회적 하층으로서 불안정하고 무식한, 마치 폭도와 같은 부정적 의미에서 점차 긍정적 의미를 획득해 나간다. 이것은 서구 사회가 비(또는 전)자본주의 사회에서 자본주의(또는 현대) 사회로 전환되는 과정과도 중복된다. 바로 그 개

---

8 귀족의 도움 아래 정치적 또는 군사적 역할을 담당한 이들을 가리킨다.
9 John Fiske et al, *Key Concepts in Communication and Cultural Studies*(London and New York: Routledge, 1994), p. 231. ; John Fiske et al/李彬 譯注, 『關鍵概念: 傳播與文化研究(第二版)』(北京: 新華出版社, 2004): 212쪽.
10 John Fiske et al, 같은 책, 1994, p. 231. ; John Fiske et al/李彬 譯注, 같은 책, 2004: 212쪽.

념 변천의 끝자락에 현재의 '다중'이 위치한다. 그럼에도 불구하고 현재까지도 '대중' 개념은 실생활에서 긍·부정적 의미가 혼재된 양가(兩價)적 개념으로 사용되고 있다. 그것은 여전히 대중의 사회적 위치와 기능이 명확하게 정립되지 못했다는 사실로부터 대중 개념이 온전하게 그 긍정적 의미를 획득하지 못했다는 점을 반증한다.[11]

이러한 '대중' 개념을 지식인의 해석과 결부시켜 살펴보면, 아널드·오르테가·리비스 부부 등으로 대표되는 지식인들은 '문화'를 위협하는 대립적 존재로 '대중'을 형상화한다. 왜냐하면 그들에게 '문화'는 사회적 '소수'에 의해서만 유지될 수 있기 때문이다. 반면, 사회주의 이데올로기를 견지한 지식인[12]에게 산업 도시에서 집단화된 노동자들은 이른바 혁명적·민주주의적 지위를 획득한 사회정치적 집결체로 묘사된다.

윌리엄스도 지적하고 있지만 이러한 차이에도 불구하고, '대중' 개념의 긍·부정적 태도에는 지식인들이 대중을 "대상으로서의 대중들 또는 지속적으로 노동해야 하는 물질 요소로서의 덩어리(mass)"[13]로 이해한다는 공통점이 보인다. 다시 말해서 대상화 과정을 통해 '대중'은 구별되거나 식별되지 않는 무정형의 덩어리로서 지배질서에 위협적 존재이거나 자본주의(또는 사회주의) 프로젝트를 실질적으로 담당하는 세력이라는 밀집된 집합체로 주조된다.

---

11 하나의 사례로, '대중영합주의'와 '대중민주주의'에서 사용되고 있는 '대중'은 완전히 극단적인 어의상의 대립을 보여준다.
12 이 책에서는 사회주의 이데올로기를 견지한 지식인들을 '혁명적 지식인'과 '사회주의적 지식인'을 구분한다. 혁명적 지식인은 비(非)사회주의 사회에서 사회주의적 혁명을 지향하는 지식인들을 가리키며, 사회주의적 지식인은 사회주의가 실현된 사회에서의 지식인들을 의미한다. 이러한 접근 방식은 사회주의 이데올로기를 공통분모로 하는 사회주의 사회의 '혁명문화'와 자본주의 사회 내부의 '민중문화'를 구분하려는 의도로부터 설정된다.
13 Raymond Williams/劉建基 譯, 『關鍵詞: 文化與社會的詞滙』(北京: 三聯書店, 2005): 288쪽.

여기에서 주의해야 할 것은 지식인들의 대중(또는 대중문화) 담론에 그 담론의 주체인 지식인의 사회적 위치와 기능이 존재론적으로 보장(또는 은폐)되고 있다는 점이다. 지식의 객관성과 보편타당성으로 포장되어 있는 지식인의 담론에 바로 그러한 보장(또는 은폐)의 기능이 숨겨져 있다. 리춘핑(李春萍)은 그 점을 비판한다.

> 현대 지식 생산에서 강조되는 객관성은 구체적이고 잡다한 것과 저급한 지식의 합법성을 박탈했다. 이러한 지식 배타주의는 여전히 지식인이 모든 사회 계층을 압도하는 보편적인 지식 관점을 생산하게 하는 데 용이하다. 현대 지식 형태의 불관용, 전공화된 권위와 사회민주적인 정책 결정 사이에는 사실 심각한 모순이 존재하기 때문에, 지식인이 여러 복잡한 당파·단체·개인이익을 초월하여 천하의 일을 자신의 소임으로 자처할 수 있을지라도 그 입법자적 이미지는 쉽게 간과할 수 없는 사회의 정치·경제·문화적 결과를 야기하게 된다.[14]

이처럼 대중 개념의 경계에는 그 설정의 주체인 지식인 자신이 대중과 맺고 있는 경계를 마찬가지로 드러낸다. 따라서 대중에 대한 긍정적 또는 부정적 언술은 지식인 자신이 대중과 어떠한 상관관계를 맺어야 하는가와 지식인의 사회적 위치와 기능이 무엇인지를 담론 내부에 포함할 수밖에 없는 것이다. 하틀리는 이러한 대중과 지식인의 경계가 대중에 대한 입장과 관점으로부터 분명해진다고 본다.

> 그것[대중]은 지금까지도 여전히 다의적 용어라는 분명한 역사적 흔적을

---

14 李春萍,「學者·知識分子·知識工作者」,『學術研究』2006年 第10期: 121쪽.

가지고 있다. 다시 말해서 어떤 것의 대중성이라고 하는 것은 그 긍정적 가치 또는 부정적 가치를 암시하는 것으로 여겨지는데, 이것은 '사람들(the people)'에 대한 당신의 관점[alignment]에 달려 있다.[15]

여기에서 언급되고 있는 '당신'은 바로 대중문화 담론의 실질적 생산주체인 '지식인'을 가리킨다. 이처럼 지식인은 대중 개념에 특정한 가치를 투영시켜 자신의 '지식인 중심성'을 완성한다. '지식인 중심성'은 지식인이 생산한 대중(또는 대중문화) 관련 담론들이 그 본래적 의도가 무엇이든 간에, 지식인의 사회적 위치 또는 정체성 유지라는 효과를 발생시키는 개념에 해당한다. 다시 말해서 '지식인 중심성'에는 지식인이라는 동일자의 동일성 유지하기 위해 비지식인, 즉 대중을 타자화시키는 과정이 필연적으로 동반된다. 따라서 '지식인 중심성'이라는 시각은 기본적으로 '위(또는 밖)에서 아래(안)로'라는 태도로 나타난다.

또한 그것은 하나의 이데올로기적 기능을 갖추고 지식인을 넘어서 대중에게까지 파급된다. 즉 지식인이 대중과 관계 맺는 방식의 문제만이 아니라 대중과 대중 사이에서도 작동하고 있는 것이다. 지식인이 '대중'을 호명하면서 스스로를 대중으로부터 분리시키듯이, '지식인 중심성'을 채택한 대중은 마찬가지로 '대중'을 호명하면서 스스로를 대중과 분리하는(또는 차별화하는) 효과를 발생시킨다. 이 과정은 다른 이데올로기가 그런 것처럼 '자연화'라는 방식을 통해 사회적으로 구성되고 완성된다. 따라서 '지식인 중심성'이 확립된 사회에서

---

[15] John Fiske et al, *Key Concepts in Communication and Cultural Studies*(London and New York: Routledge, 1994), p. 231. ; John Fiske et al/李彬 譯注, 『關鍵概念: 傳播與文化研究(第二版)』 (北京: 新華出版社, 2004): 212쪽.

'대중'의 사회적 힘은 지식인의 그것에 비해 열등하게 나타날 수밖에 없다.[16]

지식인들이 담론의 형식으로 드러내는 대중(또는 대중문화)에 대한 태도는 크게 두 가지 지점에서 결정된다.

> 첫째, 대중문화(popular culture)가 일반 사람들에 (미디어 회사나 국가 기구에 의해) 영향을 끼치는가 아니면 그들 자신의 경험·기호·습관 등으로부터 나오는 것인가다. 둘째, 대중문화가 단지 무기력하고 종속적인 계급의 위치를 표현할 뿐인가 아니면 지배적 문화나 공인된 문화에 저항할 수 있는 자율적이며 잠재적 해방 기능의 원천으로서의 인식과 실천의 대체 방식인가다.[17]

이처럼 두 지점은 지식인이 그것에 대해 부정적 또는 긍정적 태도를 취하는가로 나뉘게 된다. 대중과 대중문화에 부정적 태도를 취하

---

[16] '대중'은 "특정한 태도를 가진 관찰자가 어떤 현상을 가리키면서 자신을 제외한 다른 존재를 대상화하기 위해 쓰는 용어다. 현대의 앎은 현실 그 자체에서 독립한 (것처럼 보이는) 현상에 대한 객관적 관찰의 공간을 만들어낸다. (독자적인) 비평과 관찰, (자율적인) 분석과 해석의 환각을 형성해낸다. 이러한 위치를 갖고 있다고 (스스로) 생각하는 어떤 주체들은 자신(과 몇몇 동료)을 제외한 모두를 상투적으로 '대중'이라 부른다. 즉 대중은 모두에서 자기를 뺀 거대한 차집합의 이름이다. 이 상투적 호명의 효과는 흥미롭다. 자신을 대중에서 분리하는 것은 자신을 현실로부터 분리해낸다. 그리고 자기가 지닌 지식의 일부를 통해 '엘리트'나 '지식인' 혹은 '전문가'라는 존재와 동일시하게 한다." 천정환, 『대중지성의 시대』(서울: 푸른역사, 2008): 108쪽. 참고로 원문에서는 '현대'를 '근대'로 표기하고 있다. 이처럼 '대중'에 대한 호명은 현실적으로 지식인의 자기 정체성을 정립하는 효과를 발생시킨다. 하지만 이것이 곧 '대중'이 단지 호명된 존재라는 단선적인 형태로 이해되지 않는다. 다시 말해서 다수의 일반 사람들은 구체적으로 호명된 '대중'을 탈접합(disarticulation)시켜 다시 자신에게 재접합(rearticulation)시키는 과정을 통해 스스로를 '대중'으로 구성한다.

[17] John Fiske et al, *Key Concepts in Communication and Cultural Studies*(London and New York: Routledge, 1994), p. 232. ; John Fiske et al/李彬 譯注, 『關鍵概念: 傳播與文化硏究(第二版)』(北京: 新華出版社, 2004): 212~213쪽.

는 입장에서 대중문화는 문화산업의 산물인 '대량문화(mass culture)'[18]로 정의될 뿐만 아니라 그와 연관된 대중은 그 대량문화를 수동적·기계적으로 수용하는 '군중'으로 형상화된다. 반면, 그것에 긍정적 태도를 취하는 입장은 대중문화를 자발적 또는 능동적 대중이 창조하는 문화로 정의하면서, 대중의 사회적 역할을 중시한다. 대중문화 담론 안에서 지식인들에 의해 묘사된 군중과 대중, 그리고 군중문화(또는 대량문화)와 대중문화는 그들의 서로 다른 가치 지향을 드러내고 있는 것이다.

부정적 형상으로서 '군중'

'대중'과 지식인이 맞대고 있는 사회적 경계, 다시 말해서 지식인이 담론을 통해 대중을 규정하는 방식에서 주목해야 할 첫 번째가 바로 '군중(the masses)'이라는 부정적 형상이다. 네이버(naver) 백과사전의 '군중' 정의를 살펴보면 다음과 같다.

> 공통적인 규범이나 조직성이 없다는 점에서 사회 집단과 구별된다. 군중은 사람들이 공통적인 관심의 대상을 가짐으로써 성립되지만 그 관심의 대상은 어디까지나 일시적인 것이며, 그것이 없어지면 자연히 소멸한다.

---

[18] 'mass culture'는 '대량문화'와 '군중문화'로 번역될 수 있다. '대량문화'가 문화산업적 측면에서 그 복제성과 대규모성을 강조하고 있다면, '군중문화'는 그 대량문화에 의해 양산된 수동적·기계적 군중의 문화를 가리키고 있다. 대표적으로 프랑크푸르트 학파의 대중문화관이 이에 해당한다. 대량문화와 군중문화는 내용적으로 서로를 포함하면서도 각각 그 맥락적 이해에 따라 구분된다. 따라서 본문에서는 문맥에 따라 대량문화와 군중문화를 번갈아 사용하기로 한다.

특정 목적에 따라 결합되어 있는 것이 아니라 얼마간 우연적 요소로 결합되어 있으므로, 사람들은 군중 틈에서 익명성(匿名性)을 가지며 무책임하고 맹목적인 행동을 취하기 쉽다. 이러한 점에서 군중 특유의 '군중심리(群衆心理)'가 형성되는 것이다.[19]

'군중'은 이처럼 무규범성·무조직성·무목적성·무책임성을 지닌 존재이며, 일시적인 관심 대상에 따라 결합하면서 익명성에 기대서 맹목적인 행위를 일삼는다는 특징을 보인다. 이것이 '대중'을 해석하는 하나의 방법으로 제기된 '군중' 개념이다.

이와 같은 '군중' 개념은 '지식인'과의 관계로부터 그 의미가 더욱 분명하게 드러난다. 개념상에서 역사적 변천 과정을 거친 "군중은 '소수의 지적(知的) 귀족'과 대립되는 '지각없는 인간 집합'으로, 범죄적인 폭도이기도 하였다."[20] 또한 "군중은 '열성심성(劣性心性)'의 소유자이며, 군중심리는 '행동적·격앙적(激昂的)·경신적(輕信的)·맹동적(盲動的)·피암시적(被暗示的)'이다. …… 이는 19세기 말의 변동기에 일어난 사회 불안을 반영하여 군중에 대한 공포와 군중심리에 대한 불신을 나타낸 것으로, 그 배후에는 대중을 무지몽매하고 암시에 부화뇌동하기 쉬운 존재로 보는 보수적인 견해가 깔려 있다."[21] 이 관점에 서게 되면 문명은 소수의 지적 귀족에 의해 창조(또는 지도)되는 것이며, 사회 발전과정에서 지식인의 역할이 강조된다는 결론으로 이어진다.

소수의 지적 귀족, 즉 지식인과 그 대립물로 설정된 '군중'이라는

---

19 http://100.naver.com/100.nhn?docid=23642.
20 같은 곳.
21 같은 곳.

논리 구조는 마치 '서양'에 의해 창조된 '동양'이라는 오리엔탈리즘적 이분법과 매우 흡사하다. 대중을 타자화시키며 형상화된 군중, 그에 투사된 다양한 부정적 가치 평가는 역으로 지식인에게 정반대의 긍정적 평가를 부여하기 때문이다. 다시 말해서 '결핍된 대중으로서 군중'과 '그것을 지도(또는 교육)하기 위해 존재하는 지식인'이라는 이분법은 후자의 동일성 유지를 위해 전자인 대중을 '군중'으로 드러내는 것이다.

대중문화 담론 영역에서 대중을 '군중'으로 파악하는 견해로는 프랑크푸르트 학파의 비판이론이 대표적이다. 그들은 '대중'을 소외된, 일차원적인(one dimensional), 기만당하는, 원자화된 개체들의 집합으로 파악한다. 호르크하이머(Max Horkheimer, 1895~1973) · 아도르노(Theodor W. Adorno, 1903~1969) · 마르쿠제(Herbert Marcuse, 1898~1979) 등이 이에 해당한다. 우선 프랑크푸르트 학파라는 지식인 집단이 설정한 대중, 즉 '군중' 개념을 이해하기 위해서는 스페인의 오르테가가 제기한 '군중사회 이론(mass society theory)'에 대한 검토가 필요하다. 왜냐하면 오르테가가 '군중(the masses)'을 이해하는 방식이 프랑크푸르트 학파, 예를 들어 아도르노의 '군중' 개념 또는 마르쿠제의 '일차원적 인간' 개념 등과 대단히 유사한 경향을 보이기 때문이다.

오르테가는 1930년에 출판된 『La rebelion de las masas[The Revolt of the Masses]』[22]에서 제1차 세계대전 이후 유럽 각국의 대도시에 큰 무리의 낯선 사람들이 출현했다고 주장한다.

---

22 한국어 번역본으로는 Jose Ortega y Gasset/황보영조 옮김, 『대중의 반역』(서울: 역사비평사, 2005;2008)이 있다.

오늘날 유럽의 사회생활에 나타난 가장 중요한 사실 하나는 대중이 완전한 사회세력으로 등장했다는 것이다. 대중은 개념상 사회를 통치할 수 없음은 물론, 자신의 실존도 조율할 수 없고 또 그렇게 해서도 안 된다는 점을 감안할 때, 이는 유럽이 이제 어느 민족이나 어느 국가, 어느 문화도 겪어보지 못한 가장 심각한 위기에 처하게 되었음을 의미한다.[23]

여기에서 그가 언급한 대중이 바로 '군중'이다.[24] 이처럼 오르테가는 대중의 급격한 사회적 성장을 20세기 초 유럽 대도시의 보편적 현상으로 파악하면서, 유럽 사회가 다수의 '군중(the masses)'과 '선택된 소수(selected minorities)'로 분화하는 과정에 있다고 보았다. "사회는 언제나 소수와 대중이라는 두 요소로 구성된 역동적 통일체다. 소수는 특별한 자격을 갖춘 개인이거나 개인들의 집단이고, 대중은 그런 자격을 갖추지 못한 사람들의 집합이다."[25] 언급된 '선택된 소수'는 전통 사회의 세습 귀족과 구분된다. "사회적 귀족은 '사회'의 이름을 자처하면서 자칭 '상류사회'라고 부르는, 초청의 유무로만 살아가는 소수 집단과는 아무 상관이 없다."[26] 다시 말해서 '소수'는 일련의 특별한 훈련과 교육을 거쳐 군중과 다른 신분과 자격을 갖춘 사회적 귀족, 바로 '지식인'을 가리키고 있다.

---

23 Jose Ortega y Gasset/황보영조 옮김, 『대중의 반역』(서울: 역사비평사, 2005;2008): 15쪽.
24 여기에서 오르테가는 자신의 사회관을 매우 솔직하게 진술하고 있다. "나는 지금까지 인간 사회는 원하든 원치 않든 본질적으로 언제나 귀족적이며, 심지어 귀족인 한에서 사회이고 비귀족화되는 순간 사회이기를 포기하는 것이라고 말해왔고, 날이 갈수록 더 큰 확신을 갖고 그렇게 생각하고 있다." Jose Ortega y Gasset/황보영조 옮김, 같은 책, 2008: 28~29쪽. 대중의 등장에 대한 오르테가의 이와 같은 태도는 엘리트주의의 전형에 해당한다.
25 Jose Ortega y Gasset/황보영조 옮김, 같은 책, 2008: 19쪽.
26 Jose Ortega y Gasset/황보영조 옮김, 같은 책, 2008: 29쪽.

사회를 대중과 선택된 소수로 구분하는 것은 사회 계급이 아니라 인간의 우수성으로 나누는 것이므로, 상·하층의 서열과 일치하지 않을 수 있다. 물론 상층에서 대승(大乘)의 길을 선택하는 사람들을 찾을 가능성이 더 많은 반면, 하층은 대개 자질 없는 사람들로 구성되어 있는 것이 사실이다. 그러나 엄밀히 말하면 각 사회 계급 안에는 대중과 진정한 의미에서 선택된 소수가 동시에 존재한다고 할 수 있다.[27]

소수와 다수, 즉 지식인과 군중이라는 이분법적 도식을 활용하는 오르테가에게 다수라는 수적 개념은 단지 양적 특성만을 갖추고 있는 것이 아니라 이처럼 자질 없는 하층이라는 질적인 특성까지 포괄한다. 다시 말해서 군중은 다수라는 양적 특성과 아울러 저급함이라는 질적 특성을 갖춘 일련의 사람들을 가리킨다.

지금 세계가 보여주는 것은 마치 어린 아이들의 풍경과 같다. 학교에서 누군가가 선생님께서 나가셨다고 알려주면 아이들은 일어나 난장판을 벌인다. 모두들 선생님의 존재가 준 압박감에서 해방되어 규칙의 멍에를 벗어 던지고 길길이 날뛰며 자기 운명의 주인이 된 것 같은 기쁨을 만끽한다. 어린 아이들에게는 공부와 일을 규제하는 규칙이 없기 때문에 본래의 일과 형식적인 일, 연속적이고 체계적인 의미 있는 일이 없어진다. 그래서 그들은 오로지 난장판을 벌이는 일밖에 할 게 없다.[28]

여기에서 어린 아이는 군중, 선생님은 소수의 지식인 집단을 비

---

[27] Jose Ortega y Gasset/황보영조 옮김, 같은 책, 2008: 22쪽.
[28] Jose Ortega y Gasset/황보영조 옮김, 같은 책, 2008: 184쪽.

유한다. 학생과 선생님이라는 관계는 사회적 지도와 교화가 필요한 군중, 그리고 그것을 담당한 지식인이라는 관계와 논리적으로 연결된다. 그럼에도 불구하고 오르테가의 부정적 대중관은 대중의 사회적 출현이 갖는 역사적 의의를 명확하게 인지한 기반 위에 서 있다. 다시 말해서 그는 대중의 역동성이 소수의 사회적 지위를 위협하면서 소수와 다수가 맺었던 전통적 질서가 동요되거나 와해될 것을 우려한다. 이러한 우려는 나아가 대중이 미래사회의 주인으로 자신의 권력을 조직할 수도 있다는 불안감으로까지 확장된다.

> 오늘날 대중은 과거에 소수의 전유물로 여겨진 것과 대부분 일치하는 중대한 역할들을 행사하고 있다. …… 그와 동시에 대중은 소수에게 온순하지 않다. 이들은 소수에게 복종하지도 않고 따르지도 않으며 존경하지도 않는다. 반대로 소수를 밀어내고 그들을 대신한다.[29]

오늘날 세계는 심각한 타락 현상을 보이고 있다. 여러 가지 징후들 가운데서도 대중의 터무니없는 반역이 두드러진다. 이 반역의 기원은 유럽의 도덕적 타락에 놓여 있다. 이 도덕적 타락을 불러일으킨 요인은 다양하다. 그 주요 요인 가운데 하나는 유럽 자신과 그 외부 세계에 대해 행사해 오던 유럽의 권력이 사라졌다는 것이다. 유럽의 지배가 불확실해지고 나머지 세계의 피지배도 불확실해졌다. 역사적인 주권이 흩어져버렸다. 이제 19세기처럼 명백하게 예정된 확실한 미래를 상정하는 '시대의 충만함'이란 없다. 19세기에는 사람들이 내일 무슨 일이 일어날지를 안다고 생각했다. 그러나 지금은 새로운 미지의 방향을 향해 지평선이 펼쳐진다. 누가

---

29 Jose Ortega y Gasset/황보영조 옮김, 『대중의 반역』(서울: 역사비평사, 2005;2008): 31쪽.

지배할지, 지상의 권력이 어떻게 조직될지를 모르기 때문이다.[30]

21세기에도 대중 사회나 대중 참여와 같은 긍정적 의미의 '대중' 개념이 여전히 사회적으로 확산되고 있다는 사실은 그의 우려가 결국 기우로 끝나지 않았다는 점을 알려준다. 엄밀히 말해서, 오르테가가 규정한 '군중적 의미의 대중'이 미래사회의 권력을 차지한 것이 아니다. 오히려 자본주의 체제로부터 출현한 '대중'이 자신의 사회적 힘을 지속적으로 확대시켜왔다고 보는 것이 더 타당하다. 바로 이 지점에서 대중의 사회적 힘의 확장과 민주주의의 상관성이 존재한다. '민주주의'는 '진보적 민주주의' 또는 '보수적 민주주의'로 규정되지 않으며, 그것은 대중이 실질적으로 자신의 힘을 행사할 수 있는 사회적 공간의 확보 과정에서 결정된다.

또한 오르테가의 '군중' 개념은 그 내부로부터 차이를 갖지 않는, 즉 질적 동일성을 유지하고 있다는 특징을 보인다.

> 대중을 단순히 '노동대중'으로만 이해해서는 안 된다. 대중이란 '평균인(el hombre medio[the average man])'이다. 이처럼 단순히 양적인 의미의 군중이 이제 질적 특성을 지닌 존재, 곧 공통의 자질과 사회적 무소속성을 특징으로 하는 존재, 자신을 타인들과 구별하지 않고 오히려 일반적 유행을 되풀이하는 사람으로 전환된다. 이와 같은 양질전화를 통해 우리가 얻은 것은 무엇인가? 대답은 간단하다. 그 덕분에 우리는 양의 기원을 이해할 수 있다. 군중이 정상적으로 형성된 경우에, 군중을 구성하는 개인들의 욕망과 사상, 삶의 양식이 일치했기 때문이라는 것은 두말할 나위 없이 명백하다.[31]

---

30 Jose Ortega y Gasset/황보영조 옮김, 같은 책, 2008: 249~250쪽.

그는 군중을 구성하는 개인들이 '공통 자질'·'사회적 무소속성'·'무구별성'이라는 질적 특성으로부터 그들의 욕망과 사상, 그리고 삶의 양식을 일치시켜 나간다고 평가한다. 개인 간의 차이를 부정하는 '군중' 개념은 앞서 윌리엄스가 대중 개념의 특징으로 지적했던 '구별 불가능성'에 해당한다.[32] 이처럼 '구별 불가능성'이 군중사회 이론의 한 축을 담당한다면, 군중적 개인의 폐쇄성에 기초한 '원자화된 군중' 형상은 또 다른 축을 구성한다.[33]

---

[31] Jose Ortega y Gasset/황보영조 옮김, 『대중의 반역』(서울: 역사비평사, 2005;2008): 19쪽.

[32] 'the masses'의 '구별 불가능성'이 네그리와 하트에게 탈현대적 '다중(multitude)' 개념을 선택하게 만든 원인 가운데 하나가 된다. 그들은 '차이와 특이성에 기반한 다중' 개념을 위해 현대 담론인 '구별 불가능한 군중' 개념을 폐기한다. 이러한 인식 태도는 마치 리오타르(Jean-Francois Lyotard, 1924~1998)가 현대의 산물인 '입법적 지식인'을 탈현대사회에서 부정하는 방식과 유사하다. 하지만 현대적 'the masses' 개념의 폐기와 탈현대적 'multitude' 개념의 생산보다 더욱 중요한 문제는 현대와 탈현대를 연속시키는 '대중' 담론의 정립에 있다. 왜냐하면 자본주의 출현 이후 '대중'은 그 내적 모순성을 자신의 역동성으로 삼아 현대와 탈현대를 연속시키고 있기 때문이다. 그것은 '다중'의 민주주의를 단지 탈현대사회에 국한시킬 수 없는 이유이기도 하다.

[33] 군중사회 이론을 퇴니에스(Ferdinand Toennies, 1855~1936)의 이론과 연결시켜 살펴보는 것도 유의미하다. 퇴니에스는 군중의 질적 특징을 『공동체와 사회(Gemeinschaft und Gesellschaft)』에서 구체적으로 묘사하고 있다. 전통적 농촌 사회는 '공동 사회'이고, 현대적 도시 사회는 '이익 사회'로 구분된다. '공동 사회'는 친밀한 유대 관계를 바탕으로 공동의 이익을 위해 함께 노동할 뿐만 아니라 공동의 이해와 목표, 그리고 언어를 함께 공유한다는 특징을 지닌다. "[공동체 재산에 대한] 소유와 향유 의지는 바로 [공동체에 대한] 보호와 방어의 의지다. 공동의 재산 또는 재난, [그리고] 친구 또는 적이 [있을 뿐이]다." Ferdinand Toennies/林榮遠 譯, 『共同體與社會』(北京: 商務印書館, 1999): 76쪽. 반면, '이익 사회'인 현대적 도시 사회는 '공동 사회'와 확연히 다른 문화 형태로 간주된다. 즉 '공동 사회'가 지닌 '집단적 생활 방식'이 '이익 사회'에서는 '개체적인 생활 방식'으로 전환된다. '공동 사회'는 문화적으로 '우리'라는 정체성을 포함한다면, '이익 사회'에서는 '이해타산'에 기초한 사회적 관계만이 형성되어 있을 뿐이다. '이익 사회'의 사람들, 즉 군중은 '공동 사회'의 그것과 다르게 개별화·고립화되어 있으며, 경우에 따라 상호 대립적 양상을 보인다. 이러한 차원에서 군중사회 이론의 군중은 바로 퇴니에스의 '이익 사회'라는 공간에 위치한다고 볼 수 있다. 참고로, 퇴니에스와 다르게 폽킨(Samuel Popkin)은 *The Rational Peasants*(Berkeley: University of California Press, 1979)에서 '합리적 농민' 개념을 제시한다. 마을은 재분배 기능을 갖고 있지 않으며, 농민을 공동체 지향적 의식이 아니라 개인적인 이익을 추구하는 합리적 행위자로 가정했을 때, 농민 봉기가 더 잘 설명된다는 주장이다. 신광영, 『한국의 계급과 불평등』(서울: 을유문화사, 2004): 23쪽 참조. 퇴니에스와 폽킨의 인식 차이는 바로 전(또는 비)현대사회와 현대사회의 연속과 단절에 있다.

평균인은 본래의 습성을 따라 자기 세계 속으로 들어가 문을 닫아버렸다. 그 결과 우리가 목격하는 대중은 그 어느 시대보다도 강력한 대중이긴 하지만, 전통적인 대중과는 달리 자기 자신 속에 틀어박혀 자족한 채 아무 일에도 그 누구에게도 관심을 기울이지 않는다. 한마디로 고집불통의 대중이다. …… 그 이유는 마음의 근본 구조가 폐쇄성과 고집불통으로 이루어져 있기 때문이고, 사물이든 사람이든 자신과 거리가 먼 것에 대해 관심을 기울이는 기능이 천성적으로 결여되어 있기 때문이다. 누군가를 추종하고 싶어도 그럴 수 없으며, 누군가의 말을 듣고 싶어도 자신이 귀머거리임을 발견한다.[34]

이러한 '원자화된 군중'이 바로 '군중 사회'를 구성하며, '군중 사회'는 '원자화된 군중'이 번식(?)하는 토양에 해당한다. 스트리나티(Dominic Strinati)는 의미와 도덕을 '결핍'한 존재로서 군중적 개인을 묘사하면서, 그들은 사회적으로 원자화·개별화되어 있을 뿐만 아니라 그들 간의 관계도 형식적·계약적일 뿐이라고 평가한다.

군중 사회는 이런 사람들이 구성하는 것이다. 다시 말해서 그들은 물리적 또는 화학적 구성물의 원자와 마찬가지로 단지 서로 연관되어 있을 뿐이다. 군중 사회는 원자화된 사람들이 만든 것으로, 그들 상호 간에는 의미가 있으면서 도덕적으로도 긴밀한 관계가 부족하다. 이 사람들을 단지 고립된 원자로 간주할 수 없다[할지라도] 그들의 관계는 [분명] 계약적·개별적이면서 서로 가깝지 않다. [즉] 결합 상태가 그다지 좋지 않은 집단일 뿐이다.[35]

---

34 Jose Ortega y Gasset/황보영조 옮김, 같은 책, 2008: 92~93쪽.

'원자화된 군중' 개념은 프랑크푸르트 학파에서도 동일하게 나타난다.[36] 여기에서는 프랑크푸르트 학파와 관련되어 있으면서도 그 '외부'에 존재했던 벤야민(Walter Benjamin, 1892~1940)과 아도르노의 '군중' 개념을 살펴보고자 한다. 그것은 오르테가와 함께 그들의 군중 개념이 현대적 '대중' 개념과 일정한 연관을 맺기 때문이다. 벤야민은 '군중'의 등장을 다음과 같이 묘사한다.

> 그것은 부담 없이 익숙하게 읽어낼 수 있는 계층이 광범위한 시민[公衆]의 형상으로 이미 출현했다는 것을 의미한다. 그들은 고객으로 변했다. 즉 그들 스스로 소설에 묘사되길 희망하는데, 마치 후원자가 중세 회화에서 [그림의 대상으로] 그려졌던 것과 같다. 금세기에서 가장 성공한 작가들은 스스로의 내재적 요구와 무관하게 이와 같은 요구에 봉착했다.[37]

그는 이처럼 19세기 작가의 대상으로 떠오른 군중의 '문제적' 출현을 지적하면서, 작가인 지식인이 어떤 형태로든 대중을 표현할 수밖에 없는 시대적 상황에 봉착했다고 평가한다. 또한 빅토르 위고(Victor Hugo, 1802~1885)·으젠느 쉬(Eugene Sue, 1804~1857)·엥겔스(Friedrich Engels, 1820~1895) 등과 함께 마르크스(Karl Heinrich Marx, 1818~1883)를 언급하면서, 오직 마르크스만이 "일찍부터 [아직] 형태를 갖추지 못한 군중을 강철 같은 무산계급으로 주조하는 것이 자신의 임무라고 자

---

35 Dominic Strinati/閻嘉 譯, 『通俗文化理論導論』(北京: 商務印書館, 2001): 11~12쪽.
36 몰리는 프랑크푸르트 학파의 지식인들을 '군중사회 이론'이라는 계보에 포함시키고, 프랑크푸르트 학파의 비판이론을 '비관적인 군중사회 이론'으로 평가한다. David Morley/史安斌 主譯, 『電視·受衆與文化硏究』(北京: 新華出版社, 2005): 52쪽.
37 Water Benjamin/張旭東·魏文生 譯, 『發達資本主義時代的抒情詩人』(北京: 三聯書店, 2007): 140~141쪽.

각했다."³⁸고 언급한다.³⁹

마르크스가 자본주의적 대중을 계급적 관점에서 새로운 역사 주체로 재구성하고자 했다면, 그는 군중이라는 '무리'를 도시 구성의 기본 요소로 이해한다. "그들은 계급이나 어떤 집단을 위해서 생존하는 것이 결코 아니다. 다시 말해서 그들은 단지 거리의 사람들이고 무정형의 오고가는 무리일 뿐이다."⁴⁰ 그의 군중 인식은 호르크하이머에게 '보들레르(Charles Pierre Baudelaire, 1821~1867)'에 관한 그의 집필 구상을 밝힌 부분(1938년 4월 16일자 편지)에서도 드러난다.

무리(the crowd)는 파리의 변화에 지대한 영향을 끼쳤다. 무리는 마치 빈둥거리는 자들 앞에 놓인 하나의 장막과 같다. 다시 말해서 고독한 개인이 [쉽게] 취할 수 있는 최신 마취제이다. 또한 무리는 개인의 모든 흔적을 지워버렸다. 즉 그것은 부랑자들의 마지막 피난처이자, 사람들의 개성뿐만 아니라 범죄의 증가까지도 허용한다. 마지막으로 무리는 도시의 미로[처럼] 새롭고 그 깊이를 알 수 없는 것이다. 그것은 과거에 알 수 없었던 은폐되고 신비한 특징들(unknown chthonic features)을 도시의 경계 위에 스스로 아로새겼다.⁴¹

---

38 Water Benjamin/張旭東·魏文生 譯, 같은 책, 2007: 141쪽.
39 대중 개념의 변천 과정에서 부정적 형상의 대중이 점차 긍정적 형상으로 바뀌는 데 마르크스의 역할은 지대하다. 그는 당시 지식인들이 공유하던 '위에서 아래로의 접근' 태도를 '아래에서 위로의 접근'으로 대체하면서, 지식인과 대중의 階序적 질서를 수평적 관계로 전환시킨다. 하지만 그가 인정한 '대중'은 자본주의적 대중이 아닌 미래 공산주의 사회의 대중이었으며, 계급적 구분을 통해 확정된 프롤레타리아트 개념은 현실 대중의 일부분만을 긍정한다. 이로부터 자본주의적 대중은 이데올로기적 기준에 따라 타자화되는 과정을 거친다.
40 Water Benjamin/張旭東·魏文生 譯, 같은 책, 2007: 140쪽.
41 Gershom Scholem and Theodor W. Adorno (eds.), *The Correspondence of Walter Benjamin 1910-1940*(Chicago and London: The University of Chicago Press, 1994), p. 557.

벤야민에게 군중은 계급으로 구분되지 않는 존재로서, 단지 도시를 가득 채우고 있는 원자화된 무리일 뿐이다. 그는 이처럼 군중 사회 이론에서 드러나는 군중 개념의 주요 특징들을 공유하면서도 그것을 자본주의 체제와 결부시켜 해석하고자 한다. 다시 말해서 그는 군중이라는 부정적 형상과 자본주의 경제시스템의 상관관계에 주목한다.

> 그들은 구체적인 실체적 형상으로 출현했지만, 사회적 의미에서 또는 고립된 자기 이익이라는 측면에서 그들은 여전히 추상적이다. 상점의 고객이 바로 그들의 [존재] 양식이다. 이 사람들은 각각 자신의 이익을 생각하며 시장에 모여들어 그들의 '공통 목표'[만]을 에워싼다. 이 무리는 대부분 단지 수학적 존재일 뿐이다. [또한] 이 존재는 사람들 곁에 하나의 거대한 괴물을 숨기고 있는데, 모두 사리사욕[이라는 괴물]이 집중적으로 [표현]된 개체인 것이다.[42]

군중적 개인은 '사리사욕'이라는 괴물을 가진 존재로, 자본주의 경제시스템에서 고객(소비자)의 모습으로 나타난다. 이것은 그가 '원자화된 군중'과 함께 사리사욕만을 추구하는 소비자의 형상으로 자본주의(또는 현대)적 '대중'을 이해하고 있다는 사실을 알려준다. 다시 말해서 '군중'은 자본주의적 기제에 어떠한 통제력도 지니지 못한, 따라서 사회적으로 생산적이고 창조적인 역할을 조금도 할 수 없는 원자화·획일화된 소비자일 뿐이다.[43]

---

[42] Water Benjamin/張旭東·魏文生 譯,『發達資本主義時代的抒情詩人』(北京: 三聯書店, 2007): 80쪽.
[43] Tony Bennett/김창남 옮김,「대중성과 대중문화의 정치학」, 박명진 외 편역,『문화, 일

벤야민이 이처럼 자본주의적 체제로부터 군중 개념을 이해한다면, 아도르노의 군중 개념은 이러한 이해를 보다 확장된 형태로 제시한다. 아도르노에게 '군중'은 파시스트 정치선동이 조성한 군중과 자본주의적 체제가 배양한 군중이라는 의미를 동시에 갖추고 있다. 그는 우선 프로이트(Sigmund Freud, 1856~1939)의 '동일시(identification)' 개념을 통해[44] 파시즘과 개체의 상관관계, 즉 '원자화된 군중'에 접근한다. 이 관점에 서게 되면 군중은 선동가(또는 지도자)를 자신의 이상이나 규범으로 간주하면서 그것을 자신의 인격 구조 안에 투영시키는 존재가 된다. 따라서 군중과 지도자는 기본적으로 동일한 심리 구조를 갖는다.

> 오늘날의 파시스트적인 지배자들은 초인이 아니다. 다만 무수한 사람들이 만드는 똑같은 목소리를 하나의 초점에 응결시키는 특유한 선전 장치가 초인을 만들어내는 기능을 할 뿐이다. 대중심리학에서 총통은 가부장적인 모습이라기보다는 개개의 인간들이 지닌 무력한 자아가 만들어낸 과장된 '집합적 투사(投射)'로서 실제의 많은 지도자상들은 이러한 투사에 의해 만들어진 것이다. …… 그들은 인간이 지닌 고유한 인격의 파괴를 모면한 예외적 인물이 아니라 인격의 해체를 승리로 전화시키거나 최소한 어느 정도 해체에 대한 보상을 얻어낸 자들이다. …… 지도자들은 지도자의 역할을 연기하는 배우들이다.[45]

상, 대중: 문회에 관한 8개의 탐구』(서울: 한나래, 1996;2007): 264쪽.
44 프로이트의 '동일시' 개념은 "한 사람과 다른 사람의 감정 관계를 나타내는 초기 표현 형식으로, 오이디푸스(Oidipous) 콤플렉스라는 초기 단계에서 일정한 기능을 담당하는 것이다." Sigmund Freud/徐洋·何桂全·郭敦福 譯, 『論文明』(北京: 國際文化出版公司, 2000): 190쪽. '동일시'는 일종의 자기 방어기제로서, 개인이 스스로 숭배하는 사람이나 집단의 특징을 자신의 특징으로 간주함으로써 자신의 약점을 은폐하는 태도를 가리킨다.

개인은 인격적 차원의 개성을 상실하고 지도자와 자신을 동일시하는 군중으로 전락한다. 이것이 파시즘의 사회 심리적 기초에 해당한다. 아도르노에게 이러한 해석은 자본주의 문화산업에도 그대로 적용된다. 그가 지도자를 배우에 비유하고 있는 것처럼, 파시스트적 지배자와 대중스타는 군중적 개인에게 모두 동일시의 대상이다. 파시즘의 정치선동과 자본주의 문화산업은 위에서 아래로의 조정과 통제 과정을 거친다. 정치선동이 지도자에 대한 군중의 동일시를 야기한다면, 문화산업은 군중의 무의식에 지배이데올로기를 끊임없이 주입하면서 통제된 수동적 군중을 양산한다.

> 문화산업은 소비자의 모든 욕구가 실현될 수 있는 것처럼 제시하지만 그 욕구들은 문화산업에 의해 사전 결정된 것이다. 소비자는 자신을 영원한 소비자로서, 즉 문화산업의 객체로서 느끼게 되는 것이 체계의 원리다. 문화산업은 자신이 행하는 기만이 욕구의 충족인 양 소비자들을 설득하려 들 뿐만 아니라 이를 넘어 문화산업이 무엇을 제공하든 소비자는 그것에 만족해야 한다는 것을 소비자에게 주입시킨다.[46]

소비자로서 군중적 개인의 선택은 사실상 위로부터의 조종에 의해 사전에 만들어지고 통제되는 것에 불과하다. 문화산업의 반복성과 표준화, 그리고 동질화는 군중의 자발적 순응을 적절하게 유도한다. 문화산업은 이윤 추구를 목적으로 하고 있기 때문에 예술의 창조성을 제거할 뿐만 아니라 하나의 표준화된 형식을 만들어낸다. 광고

---

[45] Theodor W. Adorno and Max Horkheimer/김유동 옮김, 『계몽의 변증법』(서울: 문학과 지성사, 2001;2008): 351~352쪽.
[46] Theodor W. Adorno and Max Horkheimer/김유동 옮김, 같은 책, 2008: 215쪽.

와 문화산업의 상품은 파시즘의 정치선동과 마찬가지로 개인을 원자화된 군중으로 하향 평준화시키고 표준 규격화시키고 있을 뿐이다.

이처럼 부정적 형상으로서의 '군중' 담론은 자본주의(또는 현대)적 산업 사회와 함께 출현한 '대중'에 대한 지식인의 반응이라 할 수 있다. 오르테가를 비롯한 수많은 지식인들이 공유하고 있듯이, '대중'은 지식인에게 사회적 공포를 야기하는 부정적 대상이다. 하틀리는 군중담론이 드러내는 지식인의 군중 인식을 다음과 같이 묘사한다.

[군중은] 모두 원자화되고 고립화된, 전통적인 지연(地緣)과 혈연의 유대가 없는 개인[들]이다. 그들은 단순 반복, [즉] 특별한 기술이 요구되지 않는 추세로부터, [또한] 임금관계(화폐관계)와 심한 시장변동의 제약에 의해 노동과 함께 소외당한다. 이러한 개인은 (1) 전체주의라는 이데올로기와 선동의 지배, 그리고 (2) 매스미디어(당시 새롭게 출현한 영화와 라디오)의 영향에 완전히 맡겨져 있다. …… 그것은 찰리 채플린(Charles Spencer Chaplin, 1889~1977)의 영화 〈모던 타임즈〉(1936) 안에 간결하게 정리되어 있다.[47]

---

[47] John Fiske et al, *Key Concepts in Communication and Cultural Studies*(London and New York: Routledge, 1994), p. 173. ; John Fiske et al/李彬 譯注, 『關鍵概念: 傳播與文化硏究(第二版)』(北京: 新華出版社, 2004): 159쪽. 이 인용문은 피스크가 공동 작업한 *Key Concepts in Communication and Cultural Studies*의 'mass society/mass society theory'편에 들어있는 것이다. 중국어 번역본에서는 'mass society/mass society theory'를 '大衆社會/大衆社會理論'으로 번역하고 있다. 하지만 이 책의 문제의식에 따르면, 이것의 적절한 번역은 '군중사회/군중사회이론'이 된다. 현재 중국에서 'the masses'는 일반적으로 '群衆'과 '大衆'으로 번역된다. 특히 '群衆'은 한국어 어휘 '군중'과 다르게 부정적 함의를 갖지 않는 중성적 의미로 사용되고 있다. 즉 '群衆'은 중국 공산당에 가입하지 않은 비당원과 일반 사람들을 지칭하는 어휘에 해당한다. 반면, '大衆'이라는 어휘는 사회주의 중국을 포함한 중국 현대사를 경과하면서 도덕적 정당성이 부여된 긍정적 함의로 사용된다. 戴錦華, 『隱形書寫: 九十年代中國文化硏究』(南京: 江蘇人民出版社, 1999;2004): 9쪽. ; 戴錦華/오경희 외 옮김, 『숨겨진 서사 - 1990년대 중국대중문화 읽기』(서울: 숙명여자대학교, 2006;2007): 50쪽 참조. 따라서 한국어와 중국어 어휘인 '군중'과 '群衆'의 차이에 주목한다면, 이것은 한국과 중국 사회에 확립된 '지식인 중심성'이 역사적 퇴적물로 각각 어휘에 반영된 결과다.

이렇듯 '대중'의 부정적 형상인 군중은 지식인의 가치지향과 밀접한 상관관계를 맺고 있다. 이로부터 다수이지만 질적으로 열등한 존재로서 그려진 군중의 형상과 그것을 반영한 군중담론이 역으로 지식인의 사회적 위치와 기능을 보장한다는 사실이 드러난다. 왜냐하면 '대중'이 군중으로 부정되면 될수록 지식인의 존재가 사회적으로 요청되기 때문이다. '대중'에 관한 지식인의 담론을 사회적 의미 맥락에서 해석해야 하는 이유가 여기에 있다. 이것이 '지식인 중심성'의 기본을 구성한다.

지식인이 '지식인 중심성'을 통해 군중의 형상을 생산하면서 자신을 긍정적 형상으로 드러낸다면, 여기에서 살펴보아야 할 것이 바로 그러한 긍정적 형상을 구현한 '지식(또는 문화)엘리트'와 그것과 연동된 '엘리트주의'다.[48] '대중'을 일정한 형태가 없으며 구별할 수 없는 무리 또는 조밀한 집합체로 간주하는 과정으로부터 정확히 그만큼 엘리트의 분별력과 판단력이 부각된다. 하지만 엘리트는 단지 군중이라는 부정적 평가로부터 유추되는 자신들의 긍정적 평가에 머무르지 않는다. 더 나아가 그러한 평가 기준을 하나의 이데올로기로서 광범위하게 사회에 유포시킨다.[49] 다시 말해서 지식(또는 문화)엘리트

---

[48] 엘리트(elite)의 사전적 정의는 다음과 같다. "사회 구조 내에서 지배 계층에 속하는 소수로서, 그들은 그들만이 가지고 있다고 여겨지는 우수한 품성(excellence)으로 사회와 문화에 대해 그 주도권을 행사하거나 공헌한다는 일련의 가정에 기초해 있다. 일반적으로 문화 영역의 엘리트가 말하는 우수한 품성은 지력·창조력·예술적 감수성이다. 그들은 늘 다른 사람들보다 분별력과 판단력이 뛰어나다고 일컬어진다. 그래서 이 용어[엘리트]는 어떤 관계, 즉 일반적으로 엘리트와 군중(엘리트가 그들에 대해 주도권을 갖는다고 주장한)의 관계를 가리킨다." John Fiske et al, *Key Concepts in Communication and Cultural Studies*(London and New York: Routledge, 1994), p. 103. ; John Fiske et al/李彬 譯注, 『關鍵概念: 傳播與文化研究(第二版)』(北京: 新華出版社, 2004): 93~94쪽. 이 '엘리트'는 바로 오르테가가 주창한 사회적으로 '선택된 소수'에 정확히 일치하는 개념이다. 이들은 특별한 훈련과 교육을 거쳐 군중과 다른 어떤 신분이나 자격, 또는 군중과 다른 어떤 지향이나 태도를 갖춘 사람들인 것이다.

는 자신들과 자신들의 사회적 특권을 당연히 군중이 숭배해야 한다는 '엘리트주의'를 끊임없이 생산한다.[50]

엘리트 자신에 의해 일방적으로 설정된 이러한 지도-피지도 관계와 그것의 자연화 과정은 실상 엘리트와 군중의 사회적 힘의 차이(그래서 계급적 차이라 할 수 있는)를 은폐시키거나 완화시키는 기능을

---

[49] "그들 자신[엘리트]은 잘못 이끌려가고 있는 군중과 다를 뿐만 아니라 [오히려] 그들의 지도자라고 주장한다." John Fiske et al, 같은 책, 1994, p. 173. ; John Fiske et al/李彬 譯注, 같은 책, 2004: 159쪽. 이에 피스크는 문화엘리트에 의해 군중으로 묘사된 '대중'이 그렇게 통제받거나 조종당하는 '문화적 멍청이'(cultural dope)가 아니라고 주장한다. "그들은 경제·문화·정치적으로 산업 우두머리의 통제 아래 있는 것도 아니며, 분별없고 수동적인 군중은 [더욱] 아니다." John Fiske, *Television Culture*(London and New York: Methuen, 1987), p. 319. 오히려 피스크는 엘리트를 포함한 권력 집단(the power-bloc)에 저항하는 대중에 주목하면서, "사회는 갖가지 차별성의 축(계급·성·인종·연령 등)이 이루는 복합적인 기반을 중심으로 구성된다. 그리고 이들은 각기 하나의 힘의 영역을 확보하고 있다. 힘의 차별성이 없다면 사회적 차별성은 존재하지 않는다. 홀(Stuart Hall)과 같이 대중(the popular)을 '권력 집단'에 대한 저항성으로부터 정의하는 방식이 있을 수 있다." John Fiske, *Understanding popular culture*(Boston: Unwin Hyman, 1989), p. 30. ; John Fiske/박만준 옮김, 『대중문화의 이해』(서울: 경문사, 2002;2005): 39쪽. 다시 말해서 그는 권력의 집중과 배제라는 방식이 다양한 사회적 범주 내에서 사회적 차별성을 야기하고 있다고 평가한다. 이로부터 사회적 권력으로부터 배제된 대중의 힘은 집중적으로 이루어지는 집단의 규율과 통제에 저항(또는 전복, 회피 등)하는 방식으로 나타나게 된다. "대중(the popular)과 권력 집단(the power-bloc)은 [전체로서의] '계급 대 계급'이라기보다는 이를 둘러싸고 문화적 지형의 양극화가 이루어지는 모순의 경계선"이다. John Fiske, 같은 책, 1989, p. 28. ; John Fiske/박만준 옮김, 같은 책, 2005: 37쪽. 따라서 '대중의 문화'인 '대중문화' 또한 이러한 대중과 권력 집단 사이에 형성된 다양한 대립관계를 중심으로 조직된다. John Fiske, 같은 책, 1989, p. 163. ; John Fiske/박만준 옮김, 같은 책, 2005: 239쪽 참조. 이처럼 대립관계가 발생시킨 저항적 측면은 헤게모니 투쟁의 형태로 진행된다. "이러한 저항의 공통적인 요소는 종속적인 대중(subordinated people)이 어느 정도 자신의 생활, 특별히 그들의 문화를 통제하려는 시도다. 권력 집단에 반대하는 투쟁은 곧 권력 집단의 사회적·문화적 통제에 대한 반대 투쟁"에 해당한다. John Fiske, 같은 책, 1989, p. 164. ; John Fiske/박만준 옮김, 같은 책, 2005: 240쪽.

[50] 이데올로기로서 '엘리트주의'가 이처럼 노골적으로 엘리트와 군중의 관계를 설정하고 있다면, '지식인 중심성'은 지식인과 대중의 관계를 때로는 직접적으로 때로는 은폐된 방식으로 드러낸다는 측면에서 둘은 구분된다. 엘리트주의와 다르게 '지식인 중심성'은 앞서 언급했던 것처럼, 지식인과 대중의 관계에서만 나타나는 것이 아니라 대중 사이에도 작동하고 있기 때문이다. 예를 들어, 한국 사회에서 과거 대중의 의식에 뿌리 깊게 남아 있던 '엽전의식' 또는 '냄비의식' 등의 대중의 자기비하적 이데올로기가 여기에 속한다. 따라서 '지식인 중심성'은 엘리트주의보다 광의의 개념에 해당하지만, 양자가 담당하는 사회적 기능은 결과적으로 동일하다.

담당하게 된다. 이에 하틀리는 "군중과 엘리트라는 어휘를 계급[적 범주]에서 보자면, [양자의 계급적 차이를] 자연스럽고 간편하게 '삭제'하거나 완곡하게 [변형한] 표현"[51]이라고 주장한다. 따라서 "군중과 엘리트라는 두 개의 어휘는 쉽게 오해될 수 있는데, 그것이 마치 정치적 논쟁처럼 엄격하지 않은 분석"[52]에 기초한다는 점이다.[53] 하틀리의 이와 같은 인식은 부르디외(Pierre Bourdieu, 1930~2002)의 계급 분석과 그 궤를 같이 한다.[54]

---

[51] John Fiske et al, *Key Concepts in Communication and Cultural Studies*(London and New York: Routledge, 1994), p. 173. ; John Fiske et al/李彬 譯注,『關鍵概念: 傳播與文化硏究(第二版)』(北京: 新華出版社, 2004): 159쪽.

[52] John Fiske et al, 같은 책, 1994, p. 103. ; John Fiske et al/李彬 譯注, 같은 책, 2004: 94쪽.

[53] 이로부터 그는 엘리트라는 어휘를 "하나의 중성적 서술의 범주로 간주하거나 사용해서는 안 된다."고 경고한다. John Fiske et al, 같은 책, 1994, p. 104. ; John Fiske et al/李彬 譯注, 같은 책, 2004: 94쪽. 여기에서 대중에 대한 엘리트의 기본 인식과 태도를 지적한 스트리나티의 언급은 시사하는 바가 크다. 그는 우선 엘리트가 현대사회에서 진행한 대중교육을 사례로 평가한다. 현대사회에서 이루어진 교육의 보급과 민주화가 모든 사람들의 일반적인 문화적 기호를 전통적 엘리트들이 가지고 있던 그 정도로 가치 있고 존중받을 수 있게 만들었다고 이해해서는 안 된다. 모든 사람들이 충분히 문화적 활동에 종사할 수 있도록 이루어진 읽기·쓰기·분별·요구·인식·이해 등의 능력 배양은 그 형식적인 면에서만 의의를 찾을 수 있다. 사실 문화엘리트주의 입장에서 현대사회의 민주주의와 대중교육은 군중 사회의 비정상적 현상만을 조장한 것으로 간주된다. 왜냐하면 문화가 평가절하되고 천박한 방향으로 나아가는 이유는 바로 대중의 감상력과 분별력이 본래 결핍되어 있기 때문이다. 문화엘리트는 자신의 감상력 또는 분별력과 대중의 그것 사이에는 본질적 차이가 존재하기 때문에, 대중의 감상력을 문화엘리트의 수준에 맞추는 것보다 차라리 문화엘리트의 감상 수준을 대중의 그것에 맞추는 것이 더 현실적이라고 판단한다. Dominic Strinati/ 閻嘉 譯,『通俗文化理論導論』(北京: 商務印書館, 2001): 13~14쪽 참조. 이 진단은 1920·30년대 계몽주의적 대중담론을 통해 드러난 중국 지식인들의 인식과 정확히 일치한다.

[54] 부르디외의 지식인 정의는 매우 중요한 사실을 알려준다. "예술가와 작가, 또는 보다 추상적으로 말해서, 지식인은 사실 지배 계급에서의 피지배 계급(또는 지배 계급에서의 피지배 분파)의 일부분이다. 그들은 권력을 가지고 있으며, 특히 문화 자본을 점유하고 있기 때문에 어떤 특권을 제공받고 있다. 그들 중 일부는 보다 많은 문화 자본을 점유하고 있기 때문에 문화자본에 권력을 행사할 수도 있다. 이러한 차원에서 보자면 그들은 지배성을 갖추고 있다. 하지만 작가와 예술가는 정치권력과 경제권력을 가지고 있는 사람들과 비교하자면 [그들의] 피지배자들인 것이다." Pierre Bourdieu / 包亞明 譯,『文化資本與社會鍊金術:布爾廸厄訪談錄』(上海: 上海人民出版社; 1997): 85쪽. 지식인을 '지배 계급에서의 피지배 분파'로 파악하는 부르디외의 정의로부터 우리는 지식인의 이중성을 읽어낼 수 있다. 다시 말해서 대중과 유사한 구조적 종속성(하지만 대중과 철저하게 구분되는 종속성)을

하지만 보다 중요한 문제는 현재의 자본주의적 '대중'이 이러한 지식인의 부정적 대중담론과 무관하게, 또는 그것을 뛰어넘어 자신의 사회적 힘을 더욱 확장시키고 있다는 점이다. 다시 말해서 대중의 사회적 힘이 증대되는 과정으로 '민주주의'를 정의할 수 있다면, '대중 중심성'은 곧 민주주의라는 문제로 직결된다.[55] 따라서 '군중' 담론은 대중의 민주주의 확립이라는 사회적 과정에서 평가되어야 한다. 왜냐하면 군중담론의 지속적 생산이 발생시키는 사회적 효과는 바로 '지식인 중심성'(엘리트주의를 포함한)의 사회적 강화를 의미하기 때문이다.[56]

긍정적 형상으로서 '대중'

오르테가의 부정적인 대중관을 논외로 한다면, 대중의 사회적 출현에 대한 그의 묘사는 매우 탁월하다. 특히 그는 당시 서구 지식인과 대중의 관계를 다음과 같이 평가한다.

> 오늘날 자신이 오래 연구해온 주제에 관해 글을 쓰려고 펜을 드는 작가는,

공유하면서도 그 지배계급적 속성을 벗어날 수 없다는 점이다.
55 여기에서 민주주의와 사회 체제 간의 상관성이 부각된다. 다시 말해서 대중의 사회적 힘의 확장으로 '민주주의'를 규정할 경우, 자본주의적 대중의 민주주의와 사회주의적 인민의 민주주의가 하나의 문제 영역으로 설정된다. 자본수의적 대중과 사회주의적 인민 개념 모두 '대중 중심성'을 유지하는 긍정적 대중담론 안에 위치하기 때문이다.
56 피스크는 군중사회 이론과 엘리트주의의 관계에 주목한다. "군중사회 이론은 이미 역사적 근거에 의해 폐기되었지만 일종의 이데올로기로서 아직까지 지속되고 있다. 그 원인은 군중(mass)에 대립하는 계층, 즉 엘리트가 군중에 대해 관심을 갖고 있기 때문이다." John Fiske et al, 같은 책, 1994, p. 173. ; John Fiske et al/李彬 譯注, 같은 책, 2004: 159쪽.

다음과 같은 사실을 염두에 두어야만 한다. 즉 일반 독자들은 그 주제에 전혀 관심도 없으며, 그들이 그것을 읽는 이유는 뭔가를 배우기 위해서가 아니라, 그들의 머릿속에 들어 있는 평범한 사실들과 작가의 의견이 일치하지 않을 경우, 작가를 비판하기 위해서라는 점이다. 만일 대중을 이루는 개인들이 스스로 전문적 자질이 있다고 생각할지라도, 그것은 개인적 착오에 불과한 것이지 사회학적 반박이 아니다. 우리 시대의 특징은 평균인이 자신이 평범하다는 사실을 알면서도 당차게 평범함에 관한 권리를 주장하면서 그것을 어디서든 실현시키려는데 있다. …… 물론 이 '모든 사람'은 '모든 사람'이 아니다. '모든 사람'은 본래 대중과 전문적인 소수의 복합체였다. 그러나 이제 '모든 사람'은 대중일 뿐이다.[57]

이러한 언급은 역설적으로 대중과 지식인의 사회적 관계를 잘 보여준다. 여기에서 오르테가가 취한 '위에서 아래로의 접근' 방식을 '아래에서 위로의 접근' 방식으로 바꿔 이 인용문을 해석하면 매우 중요한 사실이 추출된다.

첫째, 지식인의 관심과 대중의 관심이 다르다는 점이다. 하지만 대중의 관심은 지금까지도 지식과 교양의 부재라는 측면에서 평가절하 되어온 것이 사실이다. 여기에는 가치 평가의 질적 서열화라는 기제가 존재한다. 다시 말해서 이른바 경지(境地)의 차이 또는 수준의 차이 등으로 표현되는, '다름'이 곧 '차별'을 의미하는 경우다. 대중의 관심은 대부분 지식인들에 의해 감각적이어서 저급한, 또는 이해타산적이라는 부정적 평가를 받고 있다. 이 역시 '대중' 개념에 대한 가치 평가와 연동되어 있는 것이다.

---

57 Jose Ortega y Gasset/황보영조 옮김, 『대중의 반역』(서울: 역사비평사, 2005;2008): 25쪽.

둘째, 대중이 자신의 권리 주장을 할 수 있을 정도로 사회적인 세력이 되었다는 점이다. 이것은 시장 경제라는 사회적 조건의 출현과 밀접한 관계를 맺고 있다. 봉건 귀족의 후원을 받으며 그들을 위해 글을 써야 했던 작가(지식인)들은 이제 시장 경제 안에서 대중(독자)을 상대로 글을 쓰게 된 것이다. 작가의 작품은 시장 경제 안에서 대중의 판단과 선택을 받을 수밖에 없으며, 지식인에 대한 대중의 자기 표현이 공개적인 방식으로 나타나는 것이다.

이로부터 또 다른 '대중' 개념의 규정, 즉 부정적 함의를 가진 '군중'과 다르게 긍정적·적극적으로 '대중'을 해석하는 견해에 주목하고자 한다. 우선 영국의 '문화연구'의 전통을 잇고 있는 미국 문화연구자 그로스버그(Lawrence Grossberg)는 '대중'과 '문화연구(또는 대중문화연구)'의 관계를 다음과 같이 설명한다.

'대중(the popular)'은 문화연구의 필연적인 초점과 공헌에 대해 규정하는 것이다. 정치적 공헌으로서 대중성은 반[反]엘리트주의적이다. 반엘리트주의는 우리가 군중(the masses)으로부터 완전히 분리되어 있는 것이 아니라는 사실을 요구한다. 우리는 과거와 마찬가지로, 항상 역사를 통한 자신의 행보에 영향을 미치려고 노력하는 사람들(the people)의 일부다. 이것은 '사람들'이 항상 일련의 내재적 속성에 의해 정의되는 화석화된 범주로 존재한다는 것을 가정하지는 않는다. 이는 역사적으로 구성된 사회적 범주로서 구체적 호명으로 접합되는 투쟁의 영역으로서 '사람들'을 의미한다. 문화연구는 결국 종속이 조작 같은 것이 아닐뿐더러 전체적 복종도 아니라는 점을 인식하고 있다. 사람들은 복잡하고, 모순적이고, 능동적인 방식으로 자신들의 입장을 살려나간다. 그들은 자신들의 종속을 재생산하기도 하고 종속에 저항하기도 한다. 그들은 그들 자신의 상상적 가능성과 자원에 따라서 자신들의 위치를 변형시키고 개선시키는 방법을 추구한다. 그들은 자신들의 생활에 대한 다소간의 통제를 획득하고, 자기 자신들과 자원들을 확장하기 위해 자신들에게 주어진 것들 중에 최선의 것을 추구하면서 종속된 채로 살아가기도 하고, 종속 내에서 살기도 하며, 종속에 저항하면서 살아나가기도 한다. 이것은 그들이 항상 투쟁하고 있다거나 또는 그들이 투쟁할 때 그것이 항상 효과적이고 승리적이었다는 것, 심지어는 그 승리가 진보적일 것이라고 말하는 것이 아니다. 사람들이 항상 자신들의 입장에 의해 몇 가지 방식에서 권력을 부여받았다고 말하는 것은 권력의 부여를 투쟁·저항·대립과 동등하게 다룰 것을 요구하는 것이 아니다. 그것은 단지 사람들이 자신들의 삶을 영위하는 데 있어서의 실질적 복잡성을 인식할 것을 요구하는 것이다. 뿐만 아니라 그것은 사람들이 때로는 조작당하고, 잘못 이끌리고, 정보를 잘못 제공받고, 미혹된다는 것을 부정하라고 요구하는 것도 아니다. 그러나 우리는 전체성이나 사람들의 구성화된 본성에 대해 수동적인 입장을 취할 수는 없다. 우리는 종속·권능·즐거움·저항·투쟁이 일련의 복잡한 국부적 효과에 대해 설명하고 있다는 것과 그들 사이의 관계가 결코 미리 보장될 수 없다는 것을 인식해야 한다. 오직 혼란스러운 영역에서만 우리는 사람들이 자기 자신과 세계를 대중문화 실천 내에서, 그리고 그것을 통하여 어떻게 인식하고 변형시키는지에 대해 정리할 수 있다. 이와 같이, 우리는 어떻게 대중문화의 특수한 양식들, 다양한 즐거움을 생산하는 양식들 및 다양한 방식으로 수용자들에게 힘을 실어주는 방식들이 보다 큰 역사적으로 특수한 정치적 프로젝트에 투쟁하고 접합되는가에 대해 설명할 필요가 있다.[58]

---

[58] Lawrence Grossberg, 「문화 연구의 순환」, John Storey 엮음/백선기 옮김, 『문화 연구란 무엇인가?』(서울: 커뮤니케이션북스, 2000): 380~381쪽. ; John Storey (ed.), *What is cultural studies?: a reader*(London: Arnold, 1996), pp. 184~185. 참고로, 이 책에서는 대중(the popu-

그로스버그의 이 설명은 문화연구가 '지식인 중심성'이 아니라 '대중 중심성'을 견지해야 하는 이유를 사람들(the people)과 우리(즉 지식인)의 관계로부터 제기하고 있다. 그는 문화연구자로서의 지식인을 그 연구대상인 '종속적인 사람들'의 일부로 포함시켜 접근한다. 이처럼 '우리'가 '우리'에게라는 '대중 중심'적 관점을 제시하고 있다는 점에서, 그의 시각은 분명 아널드와 리비스 부부처럼 고급문화를 옹호하는 엘리트주의적 전통과 명확하게 구별된다.

여기에서는 그로스버그와 같은 미국 내 대중문화연구자인 피스크의 견해를 주되게 다루고자 한다. 그 역시 스스로를 일반 대중의 전형으로 분류하면서 대중의 입장에서 자신의 이론을 정립한다.

> 나는 한 사람의 학문적 이론가(academic theorist)이기도 하지만 또한 대중문화의 팬이기도 하다. 나는 아주 저속한 취향을 가지고 있으며, 학문적 연구 때문에 대중문화에 대한 즐거움과 참여를 억누르지 않는다. 예컨대 내가 텔레비전 게임 쇼를 시청하는 주된 이유는 나에게 엄청난 재미를 안겨주기 때문이며, 두 번째로 그것들이 나의 이론적 관심과 호기심을 불러일으키기 때문이다. 나는 그 쇼에서 내면적으로는 한 사람의 팬으로서, 그리고 비판적 거리를 갖는 한 사람의 학자(an academic)로서 두 가지 모두를 경험한다. …… 그럼에도 불구하고 나는 내가 자본주의 시스템에 의해 기만당하고 있다고 생각하지 않는다. 왜냐하면 나는 그 속에서 엄청난 즐거움을 느끼고 있기 때문이다. …… 나의 즐거움은 그들[지배 시스템]의

lar)과 사람들(the people)을 구분하여 번역한다. 그 이유는 대중(the popular)이 자본주의 사회와 직접적인 상관을 맺고 있는 반면, 사람들(the people)은 전(또는 비)자본주의 사회의 '민중'과 자본주의 사회의 '대중'을 연속시키는 개념으로 설정되기 때문이다. 즉 자본주의 사회의 '사람들'이 곧 '대중'이다.

자원들로부터 내가 독자적으로 만들어낸 것이라는 인식이 그 즐거움에 포함되어 있는 것이다. …… 그리고 바로 이런 점 때문에 나는 내 자신을 일반대중의 전형인 한 사람이라고 믿는다.[59]

피스크는 자신이 대중문화를 연구하는 학자이자 그것을 즐기는 대중이라고 자평한다. 이것은 타오둥펑이 개인적인 경험 판단이라는 전제 아래, 역사 진보의 차원에서 "대중문화의 정치적 의미를 긍정하는 학자들도 심미 취향의 방면에서 대중문화를 아주 좋아하는 [이들은] 매우 적다. 오히려 그들의 심미 취향은 여전히 상당히 고전적이라고 말하는 편이 더 나을 것이다. 이것이 그들과 젊은 대중문화 마니아 세대 [사이에] 중대한 차이가 된다."[60]고 강조하는 것과 선명한 대비를 이룬다. 다시 말해서, 대부분의 지식인들이 자신의 지적 관심사와 일상생활의 문화 취향 사이에 불일치를 경험하고 있다면, 이와 다르게 피스크는 자신의 생활에서 그것을 하나로 일치시켰다고 주장한 것이다.

우선 피스크는 "'사람들(the people)'이란 하나의 고정된 사회학적 범주가 아니다. 이는 경험적 학문으로 취급될 수도 없거니와 또한 그런 학문에 속할 수도 없다. 왜냐하면 그것은 객관적 실체로 존재하는 것이 아니기 때문"[61]이라고 평가한다. 이것은 대중이 끊임없이 변화

---

[59] John Fiske, *Understanding popular culture*(Boston: Unwin Hyman, 1989), pp. 178~179. ; John Fiske/박만준 옮김, 『대중문화의 이해』(서울: 경문사, 2002;2005): 261~262쪽.
[60] 陶東風·徐艷蕊, 『當代中國的文化批評』(北京: 北京大學出版社, 2006): 121쪽 주52.
[61] John Fiske, 같은 책, 1989, p. 24. ; John Fiske/박만준 옮김, 같은 책, 2005: 30쪽. 이처럼 피스크는 '대중'을 묘사하는데 'the people'과 'the popular'를 함께 사용한다. 피스크는 'the people'을 통해 비(또는 전)자본주의 사회의 'the folk'와 자본주의 사회의 'the popular'를 연속시킨다. 다시 말해서 'the people'은 비(또는 전)자본주의 사회와 자본주의 사회에서 각각 'the folk'와 'the popular'라는 특수한 존재 방식을 취한다. 따라서 'the folk'와 'the popu-

하는 가변적 대상이자 사회적 관계의 표현이라는 점을 알려준다. 그렇다면 과연 '대중', 즉 자본주의 사회를 살아가고 있는 '사람들'은 어떻게 정의되는가?

> '대중(the popular)'은 그것이 언제나 지배적 힘들에 대한 반동을 통해 형성되는 한, 지배적 힘들에 의해 결정된다.[62]

> '사람들(people)'의 개념이 가리키는 것은 상대적으로 말해서 권력이 없는 사회적 집단이다. 또한 어쩌면 그들이 소비자와 같은 행위를 하지 않을지라도, 전형적으로 소비자로 간주되거나 호명되는 집단이다.[63]

그는 지배적 힘의 대항관계로부터 형성된 '종속적 지위의 사람들'을 '대중'으로 설명한다. 다시 말해서, 정치권력·경제권력·문화권력 등을 소유한 자들에 의해 호명되는 존재가 바로 '대중'인 것이다. 이처럼 대중은 권력관계로부터 확정된다. 구체적으로 말해서 자본주의 사회에서 권력을 갖지 못하고 상품을 소비하는 집단적 존재가 바로 '대중'에 해당한다.[64]

---

lar'는 단절되면서도 'the people'에 의해 연속된다. 또한 그는 대중문화와 관련되어 '대중' 개념에 적극적 의미를 부여할 경우에도 'the popular'를 사용하고 있다.

[62] John Fiske, 같은 책, 1989, pp. 45~46. ; John Fiske/박만준 옮김, 같은 책, 2005: 63쪽.

[63] John Fiske, *Television Culture* (London and New York: Methuen, 1987), p. 310.

[64] 하지만 피스크는 이러한 정의가 대중을 수동적 존재로 규정하는 것이 아니라고 주장한다. "지배자는 사람들(the people)이 구성하는 의미와 그들이 형성하는 사회적 충성의 종속관계를 완전히 통제할 수는 없다. 사람들(the people)은 저항할 수 없는 이데올로기적 시스템의 무기력한 주체들이 아니다. 또한 그들은 자유의지의 소유자들도 아니거니와 생물학적으로 결정된 개인들도 아니다." John Fiske, *Understanding popular culture*(Boston: Unwin Hyman, 1989), pp. 45~46. ; John Fiske/박만준 옮김, 『대중문화의 이해』(서울: 경문사, 2002;2005): 63쪽.

피스크는 이러한 대중의 개념적 정의로부터, 대중이 갖는 사회적 속성을 다음과 같이 제시한다.

> 사람들(the people), 대중(the popular), 대중의 힘(the popular forces)이란 일련의 가변적인 충성[의 종속관계]이며, 이는 모든 사회적 범주를 가로지르고 있다(a shifting set of allegiances that cross all social categories). 서로 다른 시간대에 서로 다른 대중의 층(formations; 層理)[65]에 속해 있는 다양한 개인들은 자주 그것[층]들 사이를 유동적으로 옮겨 다닌다.[66]

여기에서 '대중의 층(formations)'은 대중의 고정불변성과 수동성, 즉 대중을 구조적으로 인식하려는 일체의 시도를 부정하는 개념이다. 이것은 오르테가의 '다수' 개념과 프랑크푸르트 학파의 '군중' 개념이 가진 '구조'적 측면의 규정성과 근본적으로 구별된다. 유동성을 특징으로 하는 '대중의 층'은 '구성 또는 형성되는' 것이지 '구조적으로 결정된' 것이 아니다. 그런 차원에서 대중은 객관적 실체가 아니다. 다양한 개인은 서로 다른 시간대에 서로 다른 대중의 층에 종속될 수 있고(가변적인 사회적 충성의 종속관계가 생성되는), 모든 사회적 범주를 가로지르며 각각의 층 사이를 원활하게 옮겨 다닐 수 있는 것이다. 이와 같은 경계 설정은 대중의 모순성을 이해하는데 적절한 이

---

65 'formation'은 피스크의 주요 개념 중 하나다. 그것은 대중의 구성 방식으로, 마치 넓게 분포한 地層과도 같다는 의미에서 사용된다. 이러한 대중의 구조 방식 또는 분포 양태는 서로 다른 사람들이 형성한 서로 다른 분리층이다. 이러한 분리층은 고정불변한 것도 아니고, 완전히 수동적인 것도 아니다. 그것은 일정 정도의 유동성을 가지고 있다. 여기에서 'formation'을 '층'이라고 번역하는 것은 대중의 구성 방식이 지층의 분포와 유사하다는 점을 표현하기 위한 것이다. John Fiske/王曉珏·宋偉杰 譯,『理解大衆文化』(北京: 中央編譯出版社, 2001;2006): 49~50쪽 참조.
66 John Fiske, 같은 책, 1989, p. 24. ; John Fiske/박만준 옮김, 같은 책, 2005: 30쪽.

해를 제공해주고 있다. 예를 들어 이념적 진보와 일상적 보수라는 모순 관계, 군중과 대중 개념이 맺고 있는 모순 관계 등을 현실적 맥락에서 설명할 수 있게 된다.

이처럼 개인은 자신의 직접적 필요에 의해 자신의 사회적 충성의 종속관계를 재조정하거나 다른 대중의 층으로 자신을 편입시킬 수 있다.

> 그 또는 그녀라는 한 사람이 사회적 층(formations)에서 운동할 때, 다른 시간대에서 다른(결코 모순적이지 않은) 사회적 그룹에 대해 문화적 충성의 종속관계를 형성할 수 있다. 나는 자기 일상생활의 서로 다른 영역에 대응시키고 [그것을] 이해하기 위해 나 자신은 분명하게 다른 문화적 충성의 종속관계를 만들 수 있다. 예를 들어 연령 축이 결정적인 경우의 내 충성의 종속관계[와] 다른 시간대의 성별 축·계급 축·인종 축에 대한 충성의 종속관계가 더 타당하다고 여겨질 경우 [그 충성의 종속관계들은] 모순될 수 있다.[67]

지적해야만 하는 문제가 바로 군중과 대중의 관계다. 피스크의 이 관점에 따르면, 군중과 대중은 구분되는 사회적 실체가 아니기 때문에 대중 가운데 일부분이 군중을 이루고, 일부분은 다중을 이루는 것이 아니다. 한 사회에서 이른바 '비(또는 전)현대와 현대, 그리고 탈현대가 공존한다'는 표현은 바로 대중이 맺고 있는 사회적 종속관계

---

[67] John Fiske, 같은 책, 1989, p. 30. ; John Fiske/박만준 옮김, 같은 책, 2005: 39쪽. 다시 말해서 "동일한 사람이 다른 계기에 주도적으로 자신의 사회적 충성의 종속관계를 바꾸면서 공모자 또는 저항자가 될 수 있"다. John Fiske, 같은 책, 1989, p. 45. ; John Fiske/박만준 옮김, 같은 책, 2005: 62쪽.

의 가변성과 유동성을 가리키는 것이다.[68] 여기에서 진보적 노동조합 간부가 가정에서 가부장적 가장일 수 있다는 사례가 적절한 이해를 제공한다. 즉 한 남자는 가정에서 봉건적 가치인 가부장제에 사회적 충성의 종속관계를 형성하면서도 동시에 진보적 노동조합의 간부로서 진보적 가치에 사회적 충성의 종속관계를 형성하는 경우를 가리킨다.

문제는 그러한 대중의 모순성 자체에 도덕적 잣대를 들이대기 보다는 '역동성'의 원천으로서 '모순성'을 이해해야 한다는 점이다. 이른바 '기회주의'에 대한 해석은 가변적인 사회적 충성의 종속관계가 가지고 있는 '모순성'을 잘 보여주는 어휘에 해당한다.[69] 사회적 충성

---

[68] 피스크의 이러한 시각은 다음의 지적과 연관성을 갖고 있다. "대중은 모든 사람도 아니고 사회 내의 노동계급과 같은 특정 집단도 아닌 동태적인 것이며, 또한 계급적 위치, 그들이 벌이고 있는 특정 투쟁 같은 몇 가지 점에서 차이를 보이기도 하는 다양한 사회 집단들을 의미한다. 그러나 그들은 사회 내에서 정치적, 문화적으로 권력을 가지고 있는 집단과 구별되기 때문에 그들의 개별적인 투쟁이 연결될 수만 있다면 잠재적으로 통합가능하고 대중 대 파워 블록(power bloc)의 관계로 조직될 수 있는 집단들이다. 즉 대중은 정의될 수 있는 것이 아니라 상황에 따라 달리 조직될 수 있는 대상이라고 보는 것이다." 박명진 외 편역, 『문화, 일상, 대중: 문화에 관한 8개의 탐구』(서울: 한나래, 1996;2007): 15쪽.

[69] 강준만은 '기회주의'에 대한 새로운 해석을 내놓고 있다. 그는 『한국 현대사 산책』과 『한국 근·현대사 산책』 완간 기념 강연회에서 "기회주의를 아전인수격 개념으로 보면 그 본질은 유연성 아닌가, IT시대 한국의 유연한 적응력 이런 것도 기회주의와 관련 있다." 또한 "기회주의를 중립적 개념으로, 자기 상황에 적응하는 것으로 본다면 한국의 역동성"이라고 주장한다. 「좌우가 아닌 엘리트와 투쟁해야 한다」, http://www.ohmynews.com/nws_web/view/at_pg.aspx?CNTN_CD=A0000371264, 2006.11.07. ; 「진보세력, 대한민국 자부심 문제 소홀, 긍정 역사의식 보수에 넘겨준 건 실수」, http://www.ohmynews.com/NWS_Web/view/at_pg.aspx?CNTN_CD=A0001021837, 2008.11.29 참조. 이러한 해석은 안철수의 '회색분자' 발언에서도 드러난다. "학문과 산업에서조차, '네 편, 내 편'을 나누는 버릇은 어리석은 짓이다. 전형적인 흑백논리일 뿐이다. 하지만 우리 사회에서는 이런 관행이 아주 견고하다. '회색분자'라는 말이 안 좋은 어감으로 통하는 데서도 드러나는 사실이다. 참 궁금하다. '회색분자'가 왜 나쁜가." 「회색분자가 왜 나쁜 말이죠?」, http://www.pressian.com, 2008.8.6 참조. 강준만과 안철수의 이와 같은 '역발상'은 조금 다른 맥락에서 진보 진영에 대한 문제제기로 이어진다. 조국은 '오마이뉴스 10만인클럽 특강②'에서 "인권이, 민주주의가 밥 먹여 주냐고 하는 사람들에게 '밥보다 중요한 게 있다'는 오답 대신 '진보가 밥을 먹여준다'는 답을 내놓아야 진보적 가치를 국민적 가치로 만들 수 있다."고 주장한다. 「욕 많이 먹는 MB 지지율이 오르는 이유는? '진보도 밥 먹여준다'는 답 내놔야 희망 있다」, http://www.

의 종속관계에 대한 대중의 유동성은 정치적 측면에서 보자면, 때로는 독재추종적인 형태로[70], 때로는 민주주의 투쟁의 형태로 표출된다. 이것은 '개념(또는 생각) 없는' 대중의 기회주의적 행태가 아니라 주어진 사회적 조건 속에서 대중의 선택과 소비 방식이 특수한 경로로 드러난다는 점을 알려준다. 다시 말해서 '기회주의'는 도덕적 판단기준에서 부정적 가치를 포함하지만 현실 속에서는 오히려 보다 더 나은 상황을 개척하기 위한 '역동성'으로 해석될 수 있을 뿐만 아니라 그러한 역동성은 대중의 선택과 소비라는 일상 속에서 구현되는 것이다.

따라서 기존의 '진보 - 보수'라는 프레임에서 '대중 중심'적 시각으로의 전환이 요구된다. 왜냐하면 기존의 진보 또는 보수라는 잣대로 대중의 사회적 행동을 평가하는 것은 그 '사회적 행동' 자체가 갖는 사회 공간적 의미, 즉 민주주의가 실질적으로 담보될 수 있는 특수한 공간의 문제를 간과하게 만들기 때문이다. 예를 들어 한국에서 누가 대통령이 되었는가가 진보와 보수적 관점에서 상이한 평가를 받을 수 있다면, '대중 중심'적 시각에서는 대통령을 뽑는 선거라는 기제가 대중의 사회적 행동과 어떠한 유관성을 맺고 있는가에 주목한다.[71]

---

ohmynews.com/nws_web/view/at_pg.aspx?CNTN_CD=A0001205751, 2009.8.28 참조. 여기에서 '진보가 밥을 먹여준다'는 주장은 진보 진영이 자본주의 경제를 활성화시켜 경제 성장을 주도해야 한다는 의미로 해석된다. 이러한 주장 역시 기존 진보 진영의 자본주의적 관점과 명확하게 구분된다.

70 이와 같은 인식은 임지현의 '대중독재' 개념과 밀접하게 연관된다. "소수의 사악한 가해자 대 다수의 선량한 희생자라는 이분법을 고집하는 민중적 도덕주의가 결국에는 '반도덕적'인 섯노 이 때문이다. 그것은 희생자 의식의 자기 연민에 빠져 독재의 과거에 대한 성숙하고 책임감 있는 사회적 기억을 거부하기 때문이다. 대중독재 체제를 살아내야만 했던 동시대인들을 '집합적 유죄'라는 틀로 재단하지 않으면서, 그 과거를 반성적으로 성찰하는 사회적 기억을 만들어내는 것, 그것이 '대중독재' 프로젝트의 지향점이다." 임지현, 「'대중독재'의 지형도 그리기」, 임지현·김용우 엮음, 『대중독재 - 강제와 동의 사이에서』(서울: 책세상, 2004): 54~55쪽.

피스크는 나아가 특수한 시점과 맥락으로 구성되는, 따라서 모순적일 수 있는 대중의 실천적 측면을 강조하면서 구조주의를 비판한다.

> 다양한 대중의 층들은 복종하는 주체로서가 아니라 능동적인 행위자(agents)로서 활동하며 사회적 범주들을 가로지른다. 또 그것들은 별다른 긴장감 없이 선택적으로 아니면 그것들 가운데 동시적으로 대립적 입장을 취할 수 있다. 이러한 대중의 충성의 종속관계는 일반화하기 어려우며 또 연구하기도 어렵다. 왜냐하면 그것은 내부로부터, 다시 말해서 그것은 특수한 시점에 특수한 맥락(contexts) 속에서 사람들에 의해 만들어지기 때문이다. 그것은 구조의 산물이 아니라 맥락과 시점에 근거하고 있다. 그것은 실천의 문제이지 구조의 문제가 아니다.[72]

대중의 사회적 충성의 종속관계가 특수한 시점, 그리고 특수한 맥락에서 대중에 의해 만들어진다는 주장은 '대중' 개념을 경제결정론 또는 계급결정론으로부터 벗어나게 해준다. "계급은 지배-종속의 유일한 축이 아니다. 계급 안에는 사람들(the people)의 다양한 층

---

[71] 이 문제를 중요하게 다루어야 하는 이유는 중국의 경우, 현재 대중의 사회적 행동이 어떠한 사회 공간적 맥락에서 드러나고 있는가와 연동되어 있기 때문이다. 중국은 분명 한국과 다른 정치 시스템을 가지고 있으며, 한국의 그것을 가지고 중국을 평가하는 것은 현실적으로 큰 의미를 갖지 못한다. 현재 중국 대중의 사회적 행동은 국가 권력과의 관계로부터 암묵적 또는 명시적 형태로 인정되고 있는 열린 공간 안에서, 구체적으로 말해서 '민족주의'라는 특수한 방식으로 표출되고 있다. 단순히 중국 공산당 정권을 독재라고 평가하는 현상적 진단보다 대중의 일상과 그것이 조직화되는 경로, 다시 말해 중국 대중의 사회적 힘의 확장이 현재의 중국 상황에서 어떠한 특수한 경로를 밟고 있는가가 중요하다. 이 점에 대해서는 제3장에서 다시 다루도록 하겠다.
[72] John Fiske, *Understanding popular culture*(Boston: Unwin Hyman, 1989), pp. 24~25. ; John Fiske/박만준 옮김, 『대중문화의 이해』(서울: 경문사, 2002;2005): 31쪽.

(formation)들이 존재한다. 계급과 문화 사이에 밀접한 상호관계를 인식해야 하지만, 우리는 결코 하나를 다른 것 위에 결정론적으로 도식화해서는 안 된다. 프롤레타리아와 대중(the popular)은 겹쳐져 있지만 동일한 개념이 아니다."[73] 이로부터 피스크의 탈현대적 인식을 엿볼 수 있다.[74]

이처럼 피스크는 전통적인 계급 구분의 시각에서 벗어나 계급과 성, 그리고 인종 등 다양한 사회적 범주를 포괄하면서도 지배적 힘과 종속적 힘의 역학관계, 즉 불균등한 사회적 힘의 크기에 주목한다.

계급·성·인종이라는 축을 따라서, 그리고 우리가 사회적 차별을 이해하기 위해 사용하는 여러 가지 범주의 축을 따라서 권력(power)이 불평등하게 분배되는 사회들에서 대중문화는 매우 모순적이다. 대중문화는 종속되고 권력을 빼앗긴 이들의 문화이[기 때문에] 항상 그 안에는 권력관계의 흔적들, 그리고 우리의 사회적 시스템과 사회적 경험의 중심을 이루는 지배와 종속이라는 힘(force)들의 자취를 가지고 있다. 마찬가지로 대중문화는 이러한 힘에 저항하거나 회피하는 흔적들을 드러내고 있다. 대중문화는 그 자체로 모순적이다.[75]

이것은 사회적 충성의 종속관계가 계급 또는 다른 사회적 범주와

---

[73] John Fiske, 같은 책, 1989, p. 46. ; John Fiske/박만준 옮김, 같은 책, 2005: 63쪽.
[74] 다커의 평가는 피스크의 대중문화 이론이 탈현대주의 영역에 존재한다는 사실을 일깨워준다. "[그는] 자유로운 사람으로 가끔 놀라운 입장상의 변화를 보여준다. 20세기 1970년대와 1980년대 초까지 그는 전통적 마르크스주의적 현대성을 주장했지만 1980년대 말에 이르러 그는 탈현대성 이론으로부터 새로운 생명을 얻었다." John Docker/吳松江 譯, 『後現代主義與大衆文化』(遼寧: 遼寧敎育出版社, 2001): 222쪽.
[75] John Fiske, *Understanding popular culture*(Boston: Unwin Hyman, 1989), pp. 4~5. ; John Fiske/박만준 옮김, 『대중문화의 이해』(서울: 경문사, 2002;2005): 6~7쪽.

연관성을 가질지라도 그것에 어떠한 필연성이 존재하고 있지 않다는 점을 알려준다. 자본주의 사회의 '사람들', 즉 '대중'은 자주 그러한 범주와 모순되거나 범주를 무시한다.

> 그래서 내가 말하는 '사람들(the people)'은 바로 이 가변적인 일련의 사회적 충성의 종속관계를 의미하며, 따라서 계급·성·연령·인종·종교와 같은 외면적인 사회적 요소들로 기술되기보다는 사람들이 느끼는 집단성(people's felt collectivity)으로 기술되는 것이 더 나을 것이다. 이러한 충성의 종속관계는 계급 및 다른 사회적 범주들과 부합할 수도 있으나 반드시 그런 것은 아니다. 왜냐하면 때로는 그것이 이러한 범주들을 파괴할 경우도 있고, 때로는 아예 그것들을 무시하기 때문이다. 그러므로 사회적 시스템의 구조와 문화적 충성의 종속관계 사이에 상호연관성이 있는 것은 분명하지만, 그것들은 결코 경직된 관계가 아니다.[76]

여기에서 우리는 다음과 같은 질문을 할 수 있다. 과연 현대 자본주의 사회에서 '노동계급'이 대중을 대표했는가하는 점이다. 결론적으로 말해서 노동계급이 대중 전체를 대표한 것이 아니다. 노동계급의 중요성은 사회주의 이데올로기에 기초한 변혁적 주체의 설정에 다름 아니기 때문이다. 자본주의적 산업 사회의 출현 이후, '대중'이 등장한 것은 틀림없는 사실이지만 자본주의 체제의 직접적 대항 세력으로서 노동계급을 설정하고, 그 밖의 '대중'을 동맹군 또는 제휴 대상으로 구획한 것은 지식인의 담론으로부터 비롯된 것에 불과하다.

'아래에서 위로의 접근' 내지 '대중 중심성'에 기초해서 보자면, 지

---

76 John Fiske, 같은 책, 1989, p. 24. ; John Fiske/박만준 옮김, 같은 책, 2005: 30~31쪽.

식인의 다양한 이분법적 논리에 의해 구획된 대중은 현대사회에서 탈현대사회로의 진전에 따라 자신의 실질적 사회적 위상을 회복해 나가는 과정에 위치한다. 사회주의 이데올로기를 견지한 지식인들에 의해 추동된 사회주의 운동(그 이념과 의도의 진정성을 인정하더라도)은 역사적으로 '대중' 개념의 긍정적 의미를 획득하는데 일정한 기여를 하였지만 그것은 자본주의 국가권력을 전복하고 지식인들이 구상한 미래적 상상의 유토피아를 실현하기 위해 대중을 동원한 또 다른 '입법적 야망' 실현의 시도였다고 평가될 수 있다.

이와 같은 시각은 하나의 중요한 사실을 우리에게 알려주고 있다. 그것은 현대와 탈현대를 단절적으로 파악하는 관점과 탈현대를 현대의 보충으로 파악하는 관점 모두에 대한 재검토가 필요하다는 점이다. 우선 단절적으로 파악하는 관점의 경우, 대중의 연속적 측면을 놓치게 된다. '아래에서 위로의 접근'이라는 관점을 채택하고 있지만 현대적 '대중'을 '군중'과 동일시하면서, 현대적 대중 개념 자체를 폐기하고 탈현대적 다중 개념을 채택하고 있는 다중론이 대표적인 사례다.

또한 탈현대 담론을 현대성의 보충으로 파악하는 관점은 자본주의 체제의 연속성을 강조하지만, 그 자본주의 체제 내부로부터 성장하고 있는 '대중'과 그 대중이 위치한 현재의 탈현대적 조건을 간과하게 된다. 다시 말해서 이른바 '현대화' 논리 내부에 자리 잡고 있는 직선적 시간관념은 여전히 도달해야 할 그 무엇을 설정하고 있으며, 자본주의 사회 내부에서 작동하고 있는 비(또는 전)현대성·현대성·탈현대성이라는 다양한 사회적 층과 현재적 '대중'의 관계를 놓치고 있다. 따라서 피스크가 서구 자본주의를 '백인 가부장적 자본주의'로 규정하고 있는 것은 매우 의미심장하다.[77]

한편, 유동적인 사회적 충성의 종속관계가 야기한 모순성은 현실 속에서 수동적인 형태로 귀결되기 보다는 저항과 차이를 중심으로 보다 능동적인 형태로 드러난다. 다시 말해서 대중은 사회적 영역 내에서 사회적 행위자(agents)에 의해 형성되는 일련의 사회적 충성의 종속관계들로 필연적으로 사회적 범주를 가로지르는 유동성과 유목적 주관성(nomadic subjectivities)을 갖기 때문이다.

일상생활의 여러 문제들은 부득이 매우 치밀하게 조직된 사회 구조 안에서 처리될 수밖에 없는데, 이와 같은 불가피한 상황으로 말미암아 그 조직망을 맴도는 극히 유동적인 유목적 주관성이 생겨나게 된다. 그리고 이는 일시적 필요에 따라 그의 사회적 충성의 종속관계를 다른 층의 대중 속으로 재편하기도 한다. 이렇듯 층을 바꾸는 것은 모든 권력관계의 구조 안에서 이루어지며, 모든 사회적 충성의 종속관계는 '누구와 더불어'라는 의미뿐만 아니라 '누구와 대립한다'는 의미도 함께 갖는다. 사실 이 말에서 내가 주장하려고 하는 것은 저항과 차이라는 의미가 유사성과 계급 정체성보다 더 결정적인 요소가 된다는 점이다. 왜냐하면 치밀하게 조직된 사회에서 사람들(the people)이 갖는 특징이 곧 유동성인데, 저항과 차이가 바로 이 유동성을 야기하는 대립(antagonisms)을 공유하고 있기 때문이다.[78]

이 대목은 들뢰즈(Gilles Deleuze, 1925~1995)의 유목주의 - 전쟁기계

---

[77] John Fiske, *Understanding popular culture*(Boston: Unwin Hyman, 1989), p. 29. ; John Fiske/박만준 옮김, 『대중문화의 이해』(서울: 경문사, 2002;2005): 38쪽. 피스크는 서구 자본주의를 백인 중심의 인종적 자본주의, 가부장이라는 봉건적 남성의 자본주의로 규정한다. 이 관점은 자본주의 사회 내부의 비(또는 전)현대성에 주목하는 것이다. 여기에서 비(또는 전)자본주의 사회의 봉건성과 자본주의 사회의 봉건성이 질적으로 동일하지 않다는 이해가 필요하다.

[78] John Fiske, 같은 책, 1989, p. 24. ; John Fiske/박만준 옮김, 같은 책, 2005: 31쪽.

와 네그리의 다중 개념을 연상시키는 부분이다. 이처럼 피스크는 저항과 차이를 사회적 종속관계가 드러내는 공모와 대립의 측면으로부터 유동성과 연관시켜 파악한다. 따라서 대중은 개개인의 차이를 전제로 한 공존과 대립의 방식으로 사회적 충성의 종속관계를 형성하게 되며, 이로부터 대중은 '모순적 유동성' 또는 '역동적 모순성'을 갖추게 된다. 이와 같은 피스크의 대중 개념은 오르테가 및 프랑크푸르트 학파의 군중 개념과 명확하게 구별된다.

또한 여기에서 대중 개념의 또 다른 한 축으로서 긍정적 담론을 형성했던 사회주의 이데올로기를 검토하는 것은 매우 중대한 의미를 갖는다. 그것은 '또 다른 현대화' 내지 '현대화를 뛰어넘는' 프로젝트로서 설정된 사회주의적 대중 개념이 자본주의적 '대중' 개념과 어떠한 상관성을 맺고 있으며, 그것에 대한 평가 기준은 무엇이어야 하는가의 문제를 포함하기 때문이다. 이러한 문제의식은 이 책이 다루고자 하는 1920·30년대와 1990년대 이후(사회주의 중국의 전후 역사에 해당하는)의 중국 대중담론과도 직결된다.

우선 베넷은 너무나도 강력히 '대중성'의 개념을 필요로 하는 사회주의자들에게 그 개념은 조심스럽게 사용되어야 한다고 주장한다. 왜냐하면 대중 개념의 사용을 둘러싼 수많은 기만의 역사(계급투쟁의 역사)가 길고도 복잡했기 때문이다. 따라서 그는 대중 개념을 생산적으로 사용하기 위해서는 앞서 브레히트(Bertolt Brecht, 1898~1956)가 주장했던, 대중 개념에 부과하던 탈역사적·고정적·비발전적 성격과 맞서야 한다고 제안한다.[79]

---

[79] Tony Bennett/김창남 옮김,「대중성과 대중문화의 정치학」, 박명진 외 편역,『문화, 일상, 대중: 문화에 관한 8개의 탐구』(서울: 한나래, 1996;2007): 252쪽 참조.

'대중'과 '대중성'에 대한 마르크스주의적 구성은 한편으로, 맥루언 (Marshall McLuhan, 1911~1980)의 표현을 빌리자면, 놀랄 정도의 '후시경주의 (백미러주의, rearview mirrorism)' 경향을 드러낸다. 즉, 역사적으로 사라진 형식들 속에서 '대중'을 재발견함으로써 미래로 뒷걸음치고 현재 행위에 대한 가이드를 제공하는 경향이다. 이런 경향은 '이상적 미래주의(ideal futurism)'의 경향에 의해 균형을 맞추게 된다. 이상적 미래주의에서 '대중' 은 아직 형성되고 있는 것, 즉 사회주의 미래 속에서 이상적으로 통합된 대중이다. 가끔 문화 발전의 역사주의적 개념 속에서 이 두 경향은, 미래 의 이상적 대중은 과거의 이상적 대중으로의 지양(Aufhebung, 부정과 초월) 의 관계를 갖는다는 의미에서 연결되기도 한다. 즉, 역사 발전의 더 높은 단계에서 과거 대중의 한계를 배제하면서 동시에 긍정적 성격을 유지한 다는 것이다. 그러나 어떤 경향이 지배적이든, 그런 조합의 패턴이 어떤 것이든 그 효과는 상당히 유사하다. '대중'은 어떤 형식으로든, 부족하고 과거의 대중에서 타락한 존재로 간주된다. 그런 이론적 개념에서 나온 문 화 전략이 '대중'의 변화하는 구성을 반영하지도 못하고 그 변화에 기여하 지도 못한 것은 놀라운 일이 아니다. 그런 개념들은 이상적 과거 혹은 미 래의 자신에 대한 장밋빛 상을 통해서가 아니면 대중과 결합할 어떤 수단 도 가지고 있지 못했기 때문이다.[80]

요청된 미래의 이상적 대중(즉 사회주의적 대중 또는 역사발전의 주 체로서 대중)이 가지고 있는 긍정적 형상은 필연적으로 과거의 대중 (즉 '피지배계급'으로 상상된)을 긍·부정적 형상으로 분리하게 되고, 그 양자는 '지양'의 과정을 통해 통일된다. 이로부터 봉건적 악습에 빠져

---

80 Tony Bennett/김창남 옮김, 같은 글, 같은 책, 2007: 252~253쪽.

있는 과거의 부정적 대중 형상과 자본주의에 탐닉하는 현실의 부정적 대중 형상은, 사회주의가 목적의식적으로 구현해야 할 미래의 이상적 대중과 대립하게 된다. 이러한 대중 구획은 전위와 대중(이것의 이론적 형태인 자생성과 목적의식성)[81], 선진대중과 후진대중, 투사('남성'적 형상의)와 대중('여성'적 형상의), 노동계급과 기타 계급 등과 같은 이분법을 동반하게 된다. 이로부터 '바로 여기에' 존재하는 구체적인 현실 대중, 즉 봉건적 또는 자본주의 이데올로기에 감염된 '후진적'(?) 대중은 사상 개조(또는 투쟁, 교육)의 대상이 된다.[82]

문제는 베넷도 지적하고 있듯이, 사회주의 이데올로기가 주조한 대중관은 자의적으로 해석된 이상적 과거와 함께 아직 실현되지 않은 이상적 미래를 요청한다는 점이다. 사회주의적 미래의 긍정, 그로부터 형성된 과거의 긍·부정적 구획은 하나의 총체적 이데올로기로서 현재에 개입하는 기능을 담당하고 있다. 다시 말해서 사회주의 이

---

[81] 베넷은 이것을 루카치(Georg Lukacs, 1885~1971)가 『역사와 계급의식』에서 주장한 '계급의식'과 '부여된(imputed) 계급의식'으로 설명한다. 여기에서 계급의식은 프롤레타리아가 경험적으로 획득하는 것이며, 부여된 계급의식은 프롤레타리아가 자신의 상황을 정확히 이해할 때 획득되는 것을 가리킨다. Tony Bennett/김창남 옮김, 같은 글, 같은 책, 2007: 258쪽. 부여된 계급의식의 전달 주체가 지식인인 것은 자명하다.

[82] 이진경 역시 이러한 문제점을 지적한다. "'전위와 대중의 변증법'[은 …… 근대적 이분법에 기초하고 있다. 즉 이성적인 부분과 비이성적인 부분, 깬 부분과 깨이지 못한 부분이란 계몽주의적 이분법. 그리고 여기서 이성적인 부분, 깬 부분, 선진적인 부분의 중심성은 이미 처음부터 이분법 자체에 함축되어 있는 것이다. 따라서 전위적 부분의 판단과 대중들의 판단이 서로 빗나갈 때 전자가 후자를 비판하고 비난하는 것이 아무 근거 없고 부당한 것만은 아닌 셈이다. 이런 일들은 프랑스와 독일, 러시아의 혁명 과정에서 무수히 나타났으며, 그에 대한 정당한 비판은 대개 정치적 직관에 의존하고 있을 뿐이었다." 이진경, 『맑스주의와 근대성』(서울: 문화과학사, 1997;2005): 58~59쪽. 나아가 그는 이러한 입론이 사회주의 사회에서 더욱 체계화되었다고 평가하면서, "노동조합을 비롯한 대중조직들은 당이란 전위의 판단과 실천을 대중들에게 전달해주는 '전도벨트'(스탈린[Joseph Vissarionovich Stalin, 1878~1953])로 정의되고, 대중운동 자체는 전위적 결정의 올바름을 확인하고 지지하기 위한 시위로 전환된다. 교육하는 자와 교육받는 자의 이분법을 뛰어넘는 '혁명적 실천'은 교육하는 자를 지지하는 동원운동으로 대체된 셈이다." 이진경, 같은 책, 2005: 59~60쪽.

데올로기가 설정한 초역사적 '피지배계급' 개념은 미래적 상상으로부터 비(또는 전)자본주의 사회의 '민중(the folk)'과 자본주의 사회의 '대중'을 긍·부정적으로 재단하면서, 그것을 '이데올로기적(또는 의식화된) 민중'83으로 통합시키는 기능을 담당한다.84

83 따라서 비(또는 전)자본주의 사회와 자본주의 사회의 '민중'에 대한 개념 구분이 요구된다. 왜냐하면 그러한 구분으로부터 사회주의 이데올로기에 의해 설정된 초역사적 개념틀을 벗어날 수 있기 때문이다. 여기에서 언급된 '이데올로기 민중'은 자본주의 사회 내부에서 자본주의적 '대중'의 일차적 규정을 받으면서도 스스로 사회주의 이데올로기의 지향을 갖는 '사람들'을 가리킨다. 중국 현대사에서 이것은 '인민대중'으로 형상화된다.

84 위키피디아(wikipedia)는 '민중' 개념의 한국적 사용을 다음과 같이 소개한다. "민중은 한국에서 국가나 사회를 구성하는 피지배 계급의 보통 사람들을 일컫는 말이다. 진보주의, 또는 좌파에서 자주 사용한다. 한반도에서 일제 시기가 끝난 뒤, 좌파 세력은 영어의 '피플'(the people)을 번역한 말로 '인민'을 즐겨 썼다. 그래서 좌파의 일부였던 김일성파가 한반도 북부에 건국한 나라 이름이 조선민주주의인민공화국이고, 이 나라의 군대 이름은 조선인민군이 된다. 인민이라는 말이 공산주의에서 말하는 계급혁명적인 의미를 내포하게 되자, 한반도 남부에 대한민국을 수립한 우파 세력은 이 말을 쓰는 것을 금지시키고 탄압했다. 또 한반도 남부의 좌파 역시 북부의 조선민주주의인민공화국은 수령절대주의 독재 국가로, 국명과 달리 민주주의 국가도 공산주의 국가도 아니라고 생각했기 때문에 이들과 구분되는 새로운 말의 필요성을 느꼈다. 그래서 '인민대중'에서 한 글자씩을 딴 '민중'이라는 조어가 만들어졌다. 특수한 조건에서 탄생한 말이었기 때문에, 민중은 본디 한자로는 '많은 사람들' 정도의 뜻밖에 없음에도 불구하고 으레 좌파 이념을 담은 말로 쓰이게 되었다. 즉 민중이란 사회 구성원 중에서도 정치적으로는 탄압받고, 경제적으로는 착취당하고, 사회적으로는 소외되는 이들을 주로 가리킨다. 또 좌파가 아니더라도 군사독재에 저항하여 민주주의를 쟁취하고자 한 운동 세력 역시 이 말을 즐겨 썼다. 한편 민중은 사회 구성원을 성별·인종 등에 관계없이 포괄할 수 있는 말이기 때문에, 좌파 진영 내부에서도 특히 민족주의에 반대하는 이들이 적극적으로 사용했다." http://ko.wikipedia.org/wiki/%EB%AF%BC%EC%A4%91 참조. 이 설명은 한국에서 '인민'과 구분되는 '민중' 개념이 사용되는 방식을 보여준다. 한편, 현재 중국에서 'the people'은 '民衆'이 아닌 '人民'으로 번역된다. "고대에서 '人'과 '民'은 하나의 개념이 아니었다. '인'은 사람의 생물적 개체와 사상·문화·교육적 개체를 가리켰으며, '민'은 사회적 기층을 의미했다. '민'과 유사한 개념으로는 '衆'·'庶'·'黎'등이 있다. 그것들은 모두 사회 기층의 대중 백성을 가리킨다. 사실상 '인민'의 본래 의미는 일반 백성으로, 과거 우리가 흔히 말하던 '인민군중'이다. 이 계층은 영원히 '인민' 개념의 외연적 경계 범주를 넘어설 수 없다. '인민' 개념 안에서 백성보다 더 높은 계층이나 계급을 포함할 수 있는가는 그 계층 또는 계급이 궁극적으로 일반 백성의 이익을 진정으로 대변하고 있는가에 있다." http://baike.baidu.com/view/2193.htm 참조. 이와 같은 이유로 이 책에서는 사회주의 사회의 '인민대중'(또는 '인민')과 자본주의 사회의 '이데올로기적 민중'을 구분하여 기술하도록 하겠다. 하지만 모두 초역사적 계급 분류에 기초한 개념이다.

궁극적으로 세계적이고 초역사적이며 과거, 현재, 미래의 모든 주체를 감싸는 것이며 모든 주체를 아직 달성되지 않은 주체 - 스스로와의 직접적이고 매개되지 않은 통합의 관계 속에서 생산되는 - 의 총체적 지배에 종속시키는 것이다.[85]

앤더슨(Benedict Richard O'Gorman Anderson)의 표현을 빌리자면, '이데올로기적 민중'이라는 '상상된 민중' 개념이 통합된 하나의 이상적 역사 주체로서 자본주의 사회를 포함한 모든 사회에 투영된 것이다. 또한 이러한 이데올로기적 현실 재단은 지식인과 대중의 관계를 근본적으로 재구성하게 되며, 지식인과 대중은 그 이데올로기에 대한 동의 여부로부터 긍정적 또는 부정적 존재로 분류된다. 다시 말해서 사회주의 이데올로기에 대한 동의는 곧 선진대중과 혁명적 지식인이 될 수 있는 유일한 방식이며, 그것에 대한 회피(또는 거부)는 곧 후진대중과 비(또는 반)혁명적 지식인을 의미할 뿐이다. 이데올로기의 순수성은 미래를 선취한 이들(주되게 '전위당')에 의해 현실 속에서 승인되고, 바로 그들에게 후진대중과 비혁명적 지식인의 사상을 개조시킬 임무가 부여된다. 사회주의 이데올로기는 이처럼 대중과 지식인 일반을 구획하고 있을 뿐만 아니라 대중과 지식인 자신에 대한 자기 검열의 기제로 작동하는 것이다.[86]

---

85 Tony Bennett/김창남 옮김, 「대중성과 대중문화의 정치학」, 박명진 외 편역, 『문화, 일상, 대중: 문화에 관한 8개의 탐구』(서울: 한나래, 1996;2007): 259쪽.
86 왕웨이궈는 사회주의 중국에서 이러한 계급적 '대중담론'이 중국 현대 문학의 발전을 강하게 제약했다고 평가한다. "1942년[연안 담화] 이후 중국의 문학 창작은 제재·소재·인물·담론 등의 방면에서 거대한 변화가 일어난다. 이러한 변화의 근본 원인은 문학 담론의 전환, 즉 지식인의 '계몽 담론'이 무산계급의 '대중담론'으로 전환된 것이다. 봉건주의에 대항하는 계몽적·개성적·비판적 문학의 기능은 약화되고, 계급적·대중적·찬미[歌頌]적 요구가 그것을 대체했다. 혁명사업의 승리를 위해 행동일치가 요구된 것이다. [사회주의적] '대중담론'은 본질적으로 강제성과 배타성을 지닌 일종의 권력 담론이다. …… 그것은 또

지식인과 대중의 관계가 사회 구조의 '계급'적 관계를 일정하게 반영하고 있다면, 사회주의 이데올로기에서 양자의 계급 관계는 공동의 미래지향적 목적을 설정함을 통해 해소된다. 하지만 여전히 그 지식인(이라는 범주)의 사회적 기능과 역할은 유지되고 있다. 다시 말해서 도덕적·미학적으로, 또는 정치적으로 현재적 대중을 부정적 존재로 형상화하는 데 지식인이 주요한 역할을 담당하게 된다.

이처럼 대중의 '결핍'을 '보충'하는 지식인의 역할은 사회주의 이데올로기에서도 여전히 유지된다.

> 실제로 [사회주의 문화담론에서] '대중'은 스스로의 타락에 책임이 없다. 미디어·자본주의 이데올로기 등 그런 것들이 주된 범인으로 지목되었다. 그러나 그런 미묘한 이분법은, '대중'을 단지 순진무구하고 그래서 자본주의적 음모에 무분별하게 마취당하는 존재로밖에 보지 못하는 그런 식의 담론에 숨겨진 반대중적 독침을 감출 수 없는 것이었다.[87]

바로 그러한 '반대중적 독침'을 생산하고 있는 것이 사회주의 지식인들의 대중담론이다. "대중이 이미 외부의 체계에 의해 완전히 타락해서 – 이상적 구성물로서가 아니라 불가피하게 자본주의 문화에서 구축된 현실 속의 존재로서 – 과거의 '진정한' 대중의 이미지로 개조되어야 할 대상 이외의 무엇이 될 수 있는 담론적 여지가 만들어질 수 없"[88]는 것이라는 관점은 프랑크푸르트 학파의 그것과 공통의 기

한 '대중담론'의 규범에 부적합한 문학의 추구를 배제시켜 문학 창작에 있어서 정치지상주의·소재의 빈곤·등장인물의 획일화·작품 성격의 단순화를 노정시켰다." 王維國, 「大衆話語'의 轉換與生成」, 『河北學刊』第24卷2004年第6期: 127쪽.

[87] Tony Bennett/김창남 옮김, 「대중성과 대중문화의 정치학」, 박명진 외 편역, 『문화, 일상, 대중: 문화에 관한 8개의 탐구』(서울: 한나래, 1996;2007): 256쪽.

반을 갖는다.

이와 같이 사회주의 이데올로기적 대중관은 형식적으로 '대중 중심성'을 표방하고 있다하더라도 실질적으로 담론적 '계급대중'의 동일성 유지를 위해 현실 존재로서 대중과 지식인을 그 내부로부터 '타자화'시킨다. 여기에서 '대중'은 '살아있는 대중'이 아니며, 그저 탈역사적이고 이상적인 대중에 대한 희망사항이자 대역 배우에 지나지 않기 때문이다.[89] 이로부터 사회주의 이데올로기 또한 그 본래 의도와 무관하게 기존의 부정적 '대중' 담론과 일정하게 연관되어 있다는 점을 알 수 있다.

대중의 또 다른 이름, '다중'

'대중' 개념과 관련하여 검토해야 할 또 하나의 개념이 바로 '다중(multitude)' 개념이다. 앞에서도 밝혔듯이 이 개념은 네그리와 하트에 의해 제기된 것이다. 네그리와 하트는 다중과 유사한 개념들을 비교하면서 다중 개념을 정식화고 있다. 여기에서는 우선 현대 담론 영역에 속하는 '국민(또는 인민)'·'노동계급'과 '다중'의 차이를 살펴본 뒤, 탈현대 담론 영역에서 '대중'과 '다중' 개념이 맺는 관계를 논하도록 하겠다.

---

[88] Tony Bennett/김창남 옮김, 같은 글, 같은 책, 2007: 256~257쪽.
[89] Tony Bennett/김창남 옮김, 같은 글, 같은 책, 2007: 259쪽 참조.

① **국민(또는 인민)과 다중**

국민(또는 인민; people) 개념은 "하나(일재[一者])다."[90] 그 내부는 수없이 다양한 개인들과 계급들로 구성되어 있지만 "국민(또는 인민)은 이 사회적 차이들을 하나의 정체성으로 종합하고 환원한다."[91] "국민(또는 인민)의 구성 부분들은 무차별적으로 통일되어 …… 자신들의 차이들을 부정하고 단념함으로써 하나의 정체성이 된다."[92] 이로써 하나의 주권적 권위를 갖는 국민(또는 인민) 개념은 "획일적인(undifferentiated) 통일성"[93]을 드러낸다. 반면, 다중(multitude)은 "통일되어 있지 않으며 복수적이고 다양한 상태로 남아 있"[94]는 "특이성들의 집합으로 구성되어 있다."[95] 여기에서 "특이성은 그 차이가 동일성으로 환원될 수 없는 사회적 주체, 차이로 남아 있는 차이"[96]인 것이다. "특이성들이 공통적으로 공유하고 있는 것을 기초로 해서 행동하는 다중은 능동

---

[90] Michael Hardt and Antonio Negri/조정환·정남영·서창현 옮김, 『다중』(서울: 세종서적, 2008): 19·147쪽. 여기에서 'people'을 '국민(또는 인민)'으로 번역하는 이유는 그것이 가지고 있는 주권적 권위가 국민 또는 인민 모두에 적용된다고 보기 때문이다. 『다중』의 한국어 번역본에서는 이것을 '민중'으로 번역하고 있는데, 이것을 이 책의 취지에 따라 고쳐 적용한다. 참고로, 네그리와 하트의 또 다른 저서인 『제국』의 한국어 번역본은 'people'을 '인민', 'multitude'를 '대중'으로 번역하고 있다. 이 책의 옮긴이인 윤수종은 'people'에 대해 다음과 같이 설명한다. "지배 장치 아래 포괄되어 있는 지배 대상 주민들을 일컫는다. 국민보다는 좀 더 피지배계급의 성격을 강조하는 개념이다. 대중[multitude]이 개별자들의 고유성을 강조하고 그들의 역능을 강조하는 개념인데 비해서, 인민[people]은 피지자 대중을 의미한다. 자본주의 국가권력은 국민을 지배하고, 사회주의 국가권력은 인민을 지배한다고 할 수 있을 것이다." Michael Hardt and Antonio Negri/윤수종 옮김, 『제국』(서울: 이학사, 2001;2007): 537쪽. 여기에서는 윤수종의 해석에 따라 다중 관련 논의에서 'people'을 '국민(또는 인민)'로 고쳐 서술한다.
[91] Michael Hardt and Antonio Negri/조정환·정남영·서창현 옮김, 같은 책, 2008: 147쪽.
[92] Michael Hardt and Antonio Negri/조정환·정남영·서창현 옮김, 같은 책, 2008: 147쪽.
[93] Michael Hardt and Antonio Negri/조정환·정남영·서창현 옮김, 같은 책, 2008: 147쪽.
[94] Michael Hardt and Antonio Negri/조정환·정남영·서창현 옮김, 같은 책, 2008: 147쪽.
[95] Michael Hardt and Antonio Negri/조정환·정남영·서창현 옮김, 같은 책, 2008: 147쪽.
[96] Michael Hardt and Antonio Negri/조정환·정남영·서창현 옮김, 같은 책, 2008: 147쪽.

적인 사회적 주체를 나타낸다. 다중은 내적으로 차이[가] 나는, 다양한 사회적 주체다."[97] 이처럼 다중은 "하나의 통일성이나 단일한 동일성으로 결코 환원될 수 없는 수많은 내적 차이로 구성되어 있"[98]는 것이다.

네그리와 하트에게 국민(또는 인민)은 '획일성·통일성·무차별성·동일성'의 개념이며, 다중은 그 반대의 함의, 즉 '특이성[99]과 공통성·복수성·능동성·차이[100]'를 갖는 개념으로 설정된다. 이들의 이러한 인식은 사실 현대와 탈현대라는 시대 구분으로부터 형성된다. 탈현대라는 '새로운 시기'에 적합한 '새로운' 개념, 즉 기존의 현대적 개념과 명확한 단절성을 갖는 '다중'이 요청된 것이다. 이러한 시대 구분은 또 다른 현대적 개념인 '노동계급'에도 적용된다.

② 노동계급과 다중

우선 네그리와 하트는 노동계급 개념이 '자본계급'과 노동계급을 구분할 뿐만 아니라 노동계급과 '노동하는 다른 사람들'도 구분하는 기능을 갖췄다고 비판한다. "노동계급은 일차적으로 생산적인 계급이며 자본의 지배를 직접적으로 받는 것으로, 그래서 자본에 맞서 효과적으로 행동할 수 있는 유일한 주체로 간주된다."[101] 하지만 그들은

---

97 Michael Hardt and Antonio Negri/조정환·정남영·서창현 옮김, 같은 책, 2008: 148쪽.
98 Michael Hardt and Antonio Negri/조정환·정남영·서창현 옮김, 같은 책, 2008: 19쪽.
99 "특이성은 오히려 일반적 법칙 또는 보편적인 구조의 관념을 허물어뜨리고 특정한 시기와 특정한 장소에서 특정한 사회적 실천을 둘러싸고 구성되는 고유한 가치만을 인정한다. 그러한 실천의 장 및 관계에 고유하고 유일무이한 것이 특이성이다." Michael Hardt and Antonio Negri/윤수종 옮김, 『제국』(서울: 이학사, 2001;2007): 542쪽.
100 여기에서 '차이'와 '동일성'은, "서로 보완적인 '공통성-특이성'과는 달리 서로 모순적인 관계에 있는 개념쌍이다." Michael Hardt and Antonio Negri/조정환·정남영·서창현 옮김, 같은 책, 2008: 528쪽.

이러한 개념적 정의에 근본적인 배제의 논리가 개입되어 있다고 판단한다.

가장 좁은 의미로 사용될 때, 이 개념은 오직 산업 노동자만을 지칭한다. 이때 이 개념은 산업 노동자들을 농업 노동자와, 서비스 노동자 그리고 여타 부문에서 일하는 노동자에게서 분리시킨다. 가장 넓은 의미로 사용될 때, 노동계급은 모든 임금 노동자를 지칭한다. 이때 그 개념은 임금 노동자를 빈민들, 임금을 받지 못하는 가내 노동자들 그리고 임금을 받지 못하는 여타의 모든 사람들에게서 분리시킨다.[102]

이로부터 노동계급의 당파성은 다른 피지배계급을 계급적 지도의 대상으로 종속시키는 결과가 발생한다. "다른 피착취계급들도 또한 자본에 맞서 투쟁할 수 있지만 노동계급의 지도에 종속될 뿐이다."[103] 따라서 네그리와 하트는 배제에 의해 특징지어지는 노동계급이라는 현대적 개념 대신 개방적이고 확장적인 탈현대적 개념, '다중'을 통해 그 노동계급의 당파성을 폐기하고 '다양성'을 확보하고자 한다.

이[다중] 개념은 노동의 형식들 사이에는 어떠한 정치적인 우열이 존재하지 않는다는 주장에 의거한다. 오늘날에는 모든 노동 형태들이 사회적으로 생산적이다. 모든 노동 형태들이 공통적으로 생산하고, 또한 자본의 지배에 저항할 공통적인 잠재력을 공유한다. 그것을 저항의 동등한 기회

---

[101] Michael Hardt and Antonio Negri/조정환·정남영·서창현 옮김, 『다중』(서울: 세종서적, 2008): 156쪽.
[102] Michael Hardt and Antonio Negri/조정환·정남영·서창현 옮김, 같은 책, 2008: 19~20쪽.
[103] Michael Hardt and Antonio Negri/조정환·정남영·서창현 옮김, 같은 책, 2008: 156쪽.

로 생각하자. 명확히 해두어야 할 것은, 이것이 산업 노동자들이나 노동계급이 중요하지 않다고 말하는 것이 아니며 다만 그들이 다중 내부의 다른 계급들에 비해서 어떠한 정치적 특권도 가지고 있지 않음을 말할 따름이라는 것이다. …… 다중은 프롤레타리아 개념에 가장 풍부한 규정, 즉 자본의 지배 아래에서 노동하고 생산하는 모든 사람들이라는 규정을 부여한다.[104]

이로부터 탈중심화된 노동계급은 '다중'의 이름으로 다른 피지배계급과 동등한 자신의 자리를 갖게 된다. 물론 여기에는 네그리가 자본주의의 '휴지(caesura)'[105]라고 일컬었던 패러다임의 전환[106]이 존재한다. 그것은 마르크스가 언급했던 자본의 형식적 포섭에서 실질적 포섭으로의 전환을 가리킨다.

마르크스는 '형식적 포섭'이라는 용어를 자본이 자신의 영역 외부에서 발생한 노동 실행들을 자기 자신의 생산관계 아래로 합병하는 과정을 명명하는데 사용한다. 형식적 포섭과정들은 그래서 자본주의적 생산 영역과 자본주의 시장의 확대와 본질적으로 관련되어 있다. 어떤 지점에서는, 자본주의적 팽창이 자신의 한계에 도달함에 따라서, 형식적 포섭과정이 더 이상 중심적인 역할을 할 수 없다. 자본 아래에서의 노동의 실질적 포섭

---

104 Michael Hardt and Antonio Negri/조정환·정남영·서창현 옮김, 같은 책, 2008: 156쪽.
105 휴지는 "원래 그리스의 시 작법에서 시의 한 행 중간에 잠깐 쉬는 지점을 의미하지만, 네그리는 휴지를 파열·단절·불연속의 지점, 혹은 패러다임 전환이 일어나는 지점을 나타내는 용어로 사용한다." 정남영, 「안또니오 네그리: 정치의 새로운 문법을 위하여〈1강〉」, 『자율평론』, 2009, 27호, http://jayul.net/print_page.php?a_no=1259.
106 Michael Hardt and Antonio Negri/윤수종 옮김, 『제국』(서울: 이학사, 2001;2007): 370~372쪽 참조.

과정은 외부에 의존하지 않으며, 동일한 팽창 과정을 포함하지 않는다. 실질적 포섭을 통한 노동의 자본에의 통합은 조방적(extensive)이기보다는 집약적(intensive)이게 되며, 사회는 자본에 의해 훨씬 더 완전하게 모양이 갖춰진다.[107]

여기에서 실질적 포섭은 "사회의 경제적 차원이나 문화적 차원뿐만 아니라 사회적 생체(bios)[삶] 자체에 스며드는 것"[108]을 뜻한다. 이처럼 네그리와 하트는 "오늘날의 생산 형식들은 경제적 현상들에 한정되지 않으며 오히려 소통, 지식, 정동(affect)을 포함하는 사회적 삶의 모든 측면들을 포함하기에 이르렀다."[109]고 진단한다.

따라서 현대적 자본주의와 명백하게 구분되는 탈현대적 자본주의는 이제 주권적 권위로서 사회 위에 초월적으로 군림하여 자신의 질서를 부여하는 '삶권력(biopower)'의 위상을 갖게 된다. 삶권력은 사회적 삶의 모든 측면들을 생산하고 재생산하면서 삶을 지배하는 방식이다. 바로 그 삶권력에 대해, 사회의 내재적이며 협동적인 노동 형태들을 통해 사회적 관계들과 형식들을 창조하는 다중의 '삶정치적 생산'이 대립하는 것이다.[110] 현대적 자본과 노동은 이와 같이 탈현대적 삶권력과 삶정치적 생산으로 대체된다. 하지만 자본과 삶권력, 그리고 노동과 삶정치적 생산이 단절적 관계 위에서 정립된 것이 아

---

[107] Michael Hardt and Antonio Negri/윤수종 옮김, 『제국』(서울: 이학사, 2001;2007): 341쪽. 형식적 포섭과 실질적 포섭에 관한 논의는 마르크스의 『자본』에서 다루어진다.
[108] Michael Hardt and Antonio Negri/윤수종 옮김, 같은 책, 2007: 55쪽.
[109] Michael Hardt and Antonio Negri/조정환·정남영·서창현 옮김, 『다중』(서울: 세종서적, 2008): 149쪽.
[110] Michael Hardt and Antonio Negri/조정환·정남영·서창현 옮김, 같은 책, 2008: 143~144쪽 참조.

니라 오히려 현대적 자본의 외연이 더욱 확장된 모습, 그래서 자신의 외부를 남기지 않는 형태로 진행된 것이다. 자본과 삶권력의 내재적 연속성은 이러한 맥락에서 구성된다.

　이로부터 다음과 같은 질문이 가능해진다. 자본의 연속성이 현대와 탈현대라는 단절성(즉 자본주의 재구조화 과정으로서) 속에서도 여전히 담보되는 것이라면 대중(또는 국민·인민·노동계급)과 다중의 연속성은 존재하지 않는 것인가 하는 점이다. 네그리와 하트의 대답은 이렇다. "과거에 이것[노동계급과 다른 피지배계급이 맺고 있는 지도와 종속의 문제]이 사실이었건 그렇지 않건 간에, 다중 개념은 그것이 오늘날에는 옳지 않다는 사실에 의거한다."[111] '다중'을 규정하는 계급성은 통일적으로 연속되면서도 노동계급의 당파성은 피지배계급 전체에서 탈중심화 되었으며, 또한 그것에 대한 승인을 요구한다. 다시 말해서 다중 개념을 입증하기 위해 "다양한 노동 유형들이 소통하고 협력하고 공통적이 될 수 있는 조건들이 존재한다는 것을 확증해야 한다."[112]는 하나의 정치적 기획이 요구된다. 정치적 기획으로서 다중의 요청은 "다중을 충분히 이해하기 위해서는 경험적 관점에서만 보아서는 안 되고 그것이 현재의 집합적 투쟁에 의해 조건 지어지는 측면이나 미래의 기획을 제시하는 측면과 같은 정치적 형성 요소들과 함께 파악해야 한다."[113]는 주장으로 정리된다.

　이처럼 다중 개념은 현재의 변화된 조건과 요청된 미래의 기획 속에서 과거와의 단절과 연속을 매개하는 기능을 담당하고 있다. 따

111　Michael Hardt and Antonio Negri/조정환·정남영·서창현 옮김, 같은 책, 2008: 156쪽.
112　Michael Hardt and Antonio Negri/조정환·정남영·서창현 옮김, 『다중』(서울: 세종서적, 2008): 157쪽.
113　Michael Hardt and Antonio Negri/조정환·정남영·서창현 옮김, 같은 책, 2008: 559쪽.

라서 다중이라는 '계급'은 "공통적으로 투쟁하는 집합체이며 그런 집합체일 수밖에 없다는 점에서 정치적 개념"[114]이자 "구성적(constituent) 배치이며 기획"[115]인 것이다. 하지만 연속성을 담지하고 있는 '계급'과 다르게, 네그리와 하트의 담론 구조에서 '대중'은 '국민 또는 인민'과 함께 부정적 형상으로 그려지고 있다.

그들의 이러한 이론적 시도는 사실 '대중' 개념에도 동일하게 적용될 수 있다. 이를 위해 대중 개념을 중심으로 현대와 탈현대사회를 연속적으로 파악하려는 접근이 필요하다. 그것은 자본주의 출현과 함께 등장한 대중에 대해 지식인들이 시도했던 다양한 구획을 거부하는 것으로부터 출발해야 한다. 또한 그러한 구획에 대해 지금까지도 끊임없는 저항과 불인정을 진행하고 있는 자본주의적 '사람들', 즉 현재적 '대중'에 대한 이해가 필요하다. 이 과정은 대중 개념에 대한 '기만의 역사'와의 싸움이자, 그 과정이 곧 민주주의의 정립과 확장이기 때문이다.

③ 대중과 다중, 그리고 지식인

다중 담론에서 국민(또는 인민)이 주권적 권위로부터 형상화된 '획일성·통일성·무차별성·동일성'의 개념이라면, '대중'은 다양한 개체성이 인정되면서도 여전히 국민(또는 인민)의 형상과 동일한 특징을 가진 개념으로 분류된다.[116] "대중[the masses]은 온갖 유형들과 종류들

---

114 Michael Hardt and Antonio Negri/조정환·정남영·서창현 옮김, 같은 책, 2008: 153쪽.
115 Michael Hardt and Antonio Negri/조정환·정남영·서창현 옮김, 같은 책, 2008: 153쪽.
116 네그리와 하트는 이것을 '一者性'으로 해석한다. Michael Hardt and Antonio Negri/조정환·정남영·서창현 옮김, 같은 책, 2008: 147쪽. 비르노도 이와 같은 시각을 따른다. Paolo Virno/김상운 옮김, 『다중』(서울: 갈무리, 2004): 251쪽.

로 구성되어 있다. 그러나 실제로 우리는 다양한 사회적 주체들이 대중을 구성한다고 말하지 말아야 한다. 대중의 본질은 무차별성이다. 모든 차이들은 대중 속에 가라앉아 익사한다. …… 대중들은 일치해서 움직일 수 있다. 왜냐하면 그들은 무구별적인 동형의 집합체를 형성하기 때문이다."[117] 즉 대중은 복수적 집합 개념에 불과한 것이다.

다중 개념은 "패거리(the mob), 군중(the crowd), '대중(the masses)' 관념들과 대비되어야 한다. 패거리, 군중, '대중'은 정말 복수성들이지만 수동적 주체들이다. 사실상 그들은 수동적이고 그래서 아주 쉽게 조종되기 때문에 바로 위험한 것으로 종종 생각된다."[118] 프랑크푸르트 학파의 부정적 대중담론을 떠올리게 하는 이와 같은 주장은 다중 개념에 보다 강한 긍정적 의미를 부각시키기 위한 시도로 보인다.

다중 개념은 "반대로 …… 능동적인 복수성이고 따라서 자율적일 수 있고 결국 민주주의적일 수 있다."[119] 다중이 변화된 현실 조건과 함께 하나의 정치적 기획(그래서 미래적인)으로 제기된 개념이라면, 사회주의 이데올로기가 이상적 미래주의에 입각해 프롤레타리아트, 즉 노동계급을 추출한 그 논리 구조와 사실 동일한 것이다. 따라서 미래로부터 이상적인 대중의 형상을 현재 요청하는 것은 필연적으로 과거와 현재를 관통하는 초역사적인 '피지배계급'을 논리적으로 상정해야만 그 역사적 연속성, 또는 현재의 물질적 조건을 구성할 수 있게 된다.

---

117 Michael Hardt and Antonio Negri/조정환·정남영·서창현 옮김, 같은 책, 2008: 19쪽.
118 Michael Hardt and Antonio Negri/윤수종 옮김, 『제국』(서울: 이학사, 2001;2007): 13쪽. 윤수종은 multitude를 대중으로, the masses를 '대중'으로 번역한다. 여기에서는 그대로 인용하고 있다.
119 Michael Hardt and Antonio Negri/윤수종 옮김, 『제국』(서울: 이학사, 2001;2007): 13쪽.

하지만 네그리와 하트에게 초역사적 피지배계급의 설정은 결과적으로 노동계급과 다중의 연속성만을 강조하게 되는 논리적 모순에 빠질 위험이 존재한다. 그래서 그들은 탈현대적 단절을 통한 다중의 존재성을 위해서 또 다른 피지배계급의 형상을 요청한다. 그것이 바로 '가난한 자'다.

> 모든 역사 시기에 항상 현존하며 어디에서나 동일한 사회적 주체는, 종종 부정적이지만 그럼에도 불구하고 절박하게, 공통의 삶의 형식 주변에서 확인된다. 이러한 형식은 권력자들과 부자들의 형식이 아니다. 즉 그들은 단지 부분적이고 국지화된 인물들, 양적인 모습일 뿐이다. 모든 시대에 유일하게 국지화할 수 없는 순수한 차이의 '공통 이름(common name)'은 가난한 자(빈민)라는 공통 이름이다. 가난한 자는 빈곤하며, 배제되고, 억압받고, 착취당한다. 그러나 여전히 살아 있다! 가난한 자는 삶의 공통분모이며, 다중(multitude)의 토대다. …… 탈현대화 과정에서, 가난한 자는 종속되고 착취당하는 형상이지만, 그럼에도 불구하고 생산의 형상이다. 여기가 바로 새로움이 놓여 있는 곳이다. 오늘날 모든 곳에는 가난한 자라는 개념 및 공통 이름을 기초로 하여 어떤 생산관계가 존재한다.[120]

이처럼 '가난한 자'는 기존의 노동계급과 대중담론을 뛰어넘어 다중의 형상까지도 아우르는 공통적인 것으로 설정된다. 그것은 현대와 탈현대에 대한 단절적 이해로부터 제기된 다중 개념이 그 내부로부터 배제할 수밖에 없는 계급 담론을 다시금 흡수하는 기능을 담당한다. 사회주의 이데올로기가 설정하고 있는 초역사적 피지배계급

---

120 Michael Hardt and Antonio Negri/윤수종 옮김, 같은 책, 2007: 216~217쪽.

과 그들의 다중이 다른 것은 바로 자본주의적 '현실 대중'을 승인하고 있다는 점이다. 다시 말해서 네그리와 하트의 '가난한 자'라는 다소 추상적인 개념의 차용은 제국의 출현과 동시에 형성된 다중의 존재를 역사 속에서 완전히 단절시키지 않으면서도 자본주의적 현실 존재로서 인정하려는 이론적 시도에 해당한다.

여기에서 고려해야 할 지점은 네그리와 하트의 다중 개념이 국민/인민 또는 대중 개념과 명확하게 구분될 수 있다하더라도 그것이 담론의 영역을 벗어나 '현실 대중'과 어떠한 상관관계를 가지고 있느냐 하는 것이다. 다시 말해서 담론이 현실과 맺는 차이의 문제다. 이에 대해 천정환은 다음과 같이 묻고 있다. "오늘날 네티즌과 '촛불'의 주체들은 1987년 6월 항쟁과 1980년 광주 항쟁의 주역들과 서로 다른 존재인가? 비슷한 존재인가? 또는 1960년 4·19 민주혁명 또는 1987년 6월 항쟁의 주역들은 동학 농민전쟁이나 3·1 운동의 주역들과 비슷한 존재인가? 다른 존재인가?"[121] 이 질문은 분명 '현실 대중'의 시각에서 '다중' 담론을 평가하려는 것이다.

하지만 네그리의 '다중'이 하나의 담론 영역에서 기능하고 있다는 점을 이해해야 한다. 그는 "기본적으로 다중은 대중 속에 내재한 복수의 존재성을 구제하기 위한 개념"이자 "현실의 새로운 경향과 운동 주체를 재구성하기 위한 기획을 담고 있는 인식 범주다. 이는 새로운 주체에 관한 중요한 논점을 제시하며, 역사를 재해석할 수 있는 여지를 넓힌다."[122]고 밝힌다. 나아가 다중 개념이 담론의 영역에서 기존 현대적 담론과 결별하기 위한 것이라는 점을 명확히 한다.

---

121 천정환, 『대중지성의 시대』(서울: 푸른역사, 2008): 16쪽.
122 Antonio Negri/영광 옮김, 「다중의 존재론적 정의(定義)를 위하여」, 『자율평론』, 2003, 제4호, http://jayul.net/view_article.php?a_no=180&p_no=1.

대중과 서민은 종종, 비합리적이고 수동적인, 쉽게 조종될 수 있기 때문에 폭력적이고 위험스러운 사회 세력을 기술할 때 사용되는 용어였다. 반면, 다중은 활동적인 사회적 행위자이며, 활동하는 다양성이다. 민중과 달리 다중은 통일체가 아니다. 그렇지만 우리는 그것을, 대중이나 서민과 반대로, 조직화된 무언가로 볼 수 있다. 사실 다중은 자기조직화의 활동적 행위자다. 그러므로 다중 개념의 매우 큰 이점은, 그것이 '다수의 횡포'나 '대중에 대한 공포'를 전제로 하는 모든 현대 담론들, 그리고 우리로 하여금 노예상태를 받아들이도록 (가끔은 심지어 요구하도록) 강제하는 협박으로서 종종 기능해 온 담론들을 추방한다는 것이다.[123]

그렇다면 문제는 '대중인가 다중인가'에 있지 않다. 그 개념들은 모두 담론의 영역에서 운영되는 것이며, 그 개념들의 차이 역시 담론 영역에서만 구분될 수 있기 때문이다. 보다 중요한 문제는 그와 같은 개념들이 현실 영역에서 모두 지식인들에 의해 주창되었으며, '현실 대중'을 직접적으로 구획하고 있다는 점이다.

'계몽(또는 교육) 대상으로서 대중', '국민 또는 인민으로서의 대중', '노동계급으로서의 대중' 등은 자본주의적 산업 사회의 출현 이후 등장한 '대중'에게 행해진 수많은 지식인의 구획 가운데 일부일 뿐이다.[124] 이와 같은 허위적 구별짓기(La Distinction)는 대중에 대한 명명

---

[123] Antonio Negri/영광 옮김, 같은 글, 같은 곳, 2003.
[124] 천정환은 오르테가를 예로 들며 지식인의 대중 혐오를 비판한다. "오르테가 이 가세트는 대중을 '원시인'에 비유한다. '평균인'으로서의 '대중'은 건강하고 강한 건강을 소유했을 수 있지만 역사적 사명감도 없고 오직 생존 기술만을 습득하며 성장하는 존재이며, '지성'이 폐쇄되어 자신의 견해를 만들 수 없는 존재다. 이들의 글을 보며, '무식한 대중'에 대한 혐오가 얼마나 오랜 시간 동안 지배계급 엘리트의 심리적 위안물로 반복 사용되어 왔는가를 알 수 있다." 천정환, 『대중지성의 시대』(서울: 푸른역사, 2008): 116쪽. 이처럼 지식인에게 대중은 단지 혐오의 대상이거나 그들의 이상을 실현시킬 대상으로만 남아 있다. '대중 중심성'의 사회적 확립은 바로 이러한 인식을 극복해가는 과정에 해당한다.

(또는 호명)으로부터 발생하는 지식인의 사회적 존재 보증과 밀접한 상관관계를 맺고 있다.

> 대중이라는 명명법은 복잡하고 모순된 맥락을 가지고 있다. …… 한편으로는 전[前]현대의 귀족과 그 문화로부터, 다른 한편으로는 새롭게 발전한 현대 지식의 합리적 체계로부터 나타난 중산층 이상의 지식 계층이 이러한 명명법의 주인이 되었다. 지'식인'과 '대중'의 구별은 사회로부터 거리를 유지하는 독립된 (것으로 간주되는) 지성이 갖는 '전체성'의 환각 그리고 정치와 경제, 정치와 종교 등의 분립으로부터 만들어진 공론장의 환각이 만들어낸 것이다. 물론 이 환각은 단지 환각이나 계급적 자의식만이 아니라, 수없이 많은 문맹자와 제국주의에 의해 발견된 '야만'에 의해 부추겨진 것이다.[125]

대중에 대한 명명 또는 호명으로부터 형성된 대중과 지식인의 관계는 지식인에게 계몽과 교육의 주체, 이데올로기적 전위라는 사회적 영역을 허용하면서 현대 시기를 통과해 현재에 이르고 있다. 현재 제기되고 있는 다양한 지식인 관련 담론 역시 '결핍된 대중에 대한 보충'이라는 관점을 유지하고 있는 이상, 그것은 지식인의 사회적 역할을 요구하고 있는 현대적 지식인상의 변종에 불과하다.

하지만 네그리의 다중론을 포함한 탈현대 담론들이 제기하고 있는 현대와 탈현대의 단절은 대중과 지식인 관계의 근본적 변화를 요구한다. 더 이상 '결핍된 대중의 보충'으로서 지식인의 역할을 대중이 요구하지 않는다는 사실이다. 물론 이 주장이 현대 시기 대중이 지식

---

[125] 천정환, 같은 책, 2008: 110~111쪽. 원문에서는 '현대'를 모두 근대로 표기하고 있다.

인의 사회적 역할을 요구했다는 것을 의미하지 않는다. 오히려 현대와 탈현대 시기를 관통해 대중은 "상식적인 의미의 진보와 보수의 궤도와 무관하게 행동"[126]해왔으며, 앞으로도 그럴 것이기 때문이다. 이로부터 '진보-보수'라는 프레임 자체가 문제로 남는다. 대중의 사회적 행동은 늘 진보 또는 보수와 무관하게 진행되고 있으며, 관건은 각기 상이한 사회적 조건에 처해 있는 대중이 어떠한 구체적 경로를 통해 자신의 사회적 행동을 구성하고 있는가에 있다.[127]

다중론이 여전히 지식인 사회의 담론으로 남아있다는 사실이 지식인의 담론과 대중의 일상생활 사이의 간극을 보여주는 좋은 사례가 된다. 다시 말해서 '현실 대중'이 '다중'에 대한 자각으로부터 '다중의 삶정치적 생산'을 영위하는(또는 영위할 수 있는) 존재가 아니라, 현대든 탈현대든 간에 그 자본주의적 일상을 영위하는 '현실 대중'에 대한 긍정으로부터 다중론이 생성되었다는 점에 주목해야 한다. '문화연구'와 피스크의 이론적 경향뿐만 아니라 탈현대 담론의 일상생활과 대중에 대한 관심 또한 이러한 맥락에 위치한다.[128]

---

[126] 천정환, 『대중지성의 시대』(서울: 푸른역사, 2008): 138쪽.

[127] 2008년 한국에서 뜨거운 쟁점으로 떠올랐던 이른바 '촛불시위'의 집단지성(또는 무리지성, 대중지성 등)과 '미네르바'와 같은 인터넷 논객의 출현, 그리고 2010년 미국 정치계에 불었던 풀뿌리 유권자 조직인 '티파티(Tea Party)'의 보수적 선거 운동은 대중의 사회적 행동과 함께 지식인의 사회적 위상에 근본적인 재고를 요청한 상징적인 사건에 해당한다. 참고로, 미국의 '티파티' 운동에 대해서는 http://www.sisainlive.com/news/articleView.html?idxno=8511 참조할 것. 또한 한국 사회에서 '지식인의 죽음'이 하나의 담론으로 형성되고 있는 사회적 현상은 이러한 흐름과 직접적인 관계를 맺고 있다. 경향신문 특별취재팀, 『민주화 20년, 지식인의 죽음』(서울: 후마니타스, 2008) 참조.

[128] 강수택은 '일상생활'에 대한 학문적 관심과 새로운 논의가 20세기 서구에서 이루어진 일상생활의 파괴 혹은 왜곡에 대한 대중적 경험, 그리고 그 경험의 원인에 대한 근본적 반성을 배경으로 하고 있다고 진단한다. 강수택, 『일상생활의 패러다임』(서울: 민음사, 1998): 19~20쪽 참조. 그는 이러한 '일상생활'의 관점이 지닌 특징을 다음과 같이 정리하고 있다. 1) 총체적인 생활의 논리와 생활의 주체인 인간을 강조하는 관점이다. 따라서 일상생활을 경제·정치 등 특정한 활동이나 체계, '사회 구조'의 주변 영역·잔여 영역·종속 영역 등으로 간주하는 태도는 거부된다. 2) 영웅·전문가 등 비범한 사람의 생활 대신 시민·

위의 '다중' 논의로부터 하나의 문제가 부각된다. 그것은 '대중'을 통일적 존재 또는 복수적 존재로 볼 것인가다. 이것은 다중의 특이성과 공통성의 문제와도 연관된다.

경제적 계급에 대한 이론들은 전통적으로 통일성과 복수성(plurality) 사이에서 선택을 강요받는다. 통일성 쪽은 보통 마르크스와 관련된다. 즉 자본주의 사회에서는 계급 범주들의 단순화가 이루어져 모든 노동형태들이, 자본과 대면하는 하나의 통일된 주체인 프롤레타리아로 합병되는 경향이 있다는 그의 주장과 관련된다. 복수성 쪽은 사회계급들의 불가피한 복수성을 주장하는 자유주의적 논의들에 의해 가장 분명하게 설명된다.[129]

네그리와 하트는 계급의 통일성에 대해서는 자본주의 사회가 자본과 노동의 분할에 의해 재산의 소유여부가 분할된다는 점, 그리고 노동의 조건과 무산자들의 삶의 조건이 공통적인 특징을 보인다는 점에서 그 타당성을 인정한다. 또한 계급의 복수성에 대해서는 현대 사회의 잠재적으로 무한한 수의 계급들, 즉 경제적 차이뿐만 아니라

민중 등으로 불리는 범상한 사람, 보통 사람의 일상생활에 더 큰 관심과 의미를 부여한다. 보통 사람들의 상식적인 지식이 갖는 중요성을 강조하며 일상적인 실천의 의미에 주목하기 때문에 '아래로부터'의 관점으로 묘사된다. 3) 사람들의 생활을 외부에 있는 관찰자의 관점으로부터가 아니라 참여자 개인들 스스로의 관점으로부터 파악한다. 따라서 '내부 시각' 혹은 '안으로부터'의 관점이라고 불리며, 외면적인 측면을 중심으로 현실을 파악하려는 소위 객관주의적 연구를 비판한다. 4) 일상생활의 주체인 개인의 주관성을 동태적이고, 사회적인 맥락에서 파악한다. 동태적인 파악이란 시간적인 차원의 분석을, 사회적 맥락에서의 파악이란 사회적 환경과의 상호 작용에 대한 분석을 중시한다는 것을 의미한다. 따라서 개인과 사회(또는 역사), 주관과 객관 등 대립적 범주의 설정을 거부한다. 5) 기존의 학제 간 경계를 넘어선 종합적 연구의 필요성을 강조한다. 강수택, 같은 책, 1998: 25~28쪽 참조.

[129] Michael Hardt and Antonio Negri/조정환·정남영·서창현 옮김, 『다중』(서울: 세종서적, 2008): 152쪽.

인종·민족·지리·젠더·섹슈얼리티 등의 차이에 의해 구성된 현실적 계급들의 존재를 인정해야 한다는 점이다.[130] "이 모순적으로 보이는 두 입장이 모두 옳다는 점은, 양자택일 자체가 틀릴 수 있다는 것을 가리킬 것이다. 통일성과 복수성 중 하나를 선택하라는 명령은 계급을 마치 경험 개념인 것처럼 다루는 것이며, 계급 자체가 정치적으로 규정되는 정도를 고려하지 못하는 것이다."[131]

따라서 그들은 이 모순 관계를 다중 개념에 '특이화의 과정 그 자

---

[130] Michael Hardt and Antonio Negri/조정환·정남영·서창현 옮김, 같은 책, 2008: 152쪽 참조. 스스로를 마르크스주의 전통 안에 위치시키고 있는 라이트(Erik Olin Wright) 역시 기존의 계급분석틀에 대한 종합화를 시도한다. 우선 그는 자신의 관점을 '실용주의적 실재론'으로 규정하면서 기존의 계급분석틀을 크게 3가지 분류한다. 첫째, 계층연구 접근법은 계급을 개인들의 삶의 물질적 조건들 및 특질들로 파악하면서 개인들이 각각의 위치들에 배정되는 과정에 초점을 맞춘다. 둘째, 베버주의적 관점은 계급을 특정 개인들의 사회적 위치를 통한 경제적 자원에 대한 통제의 방식으로 이해한다. 이 관점은 사회적 폐쇄 과정, 즉 배제 메커니즘과 연관된다. 셋째, 마르크스주의 전통은 계급을 지배와 착취의 메커니즘으로 파악한다. 즉 경제적 위치가 사람들의 삶과 행위에 대한 권력 행사의 요인으로 상정되고 있다. 계급분석에 대한 이와 같은 세 가지 접근법은 다음과 같은 특징을 가지고 있다. 계층연구 접근에서는 사람들의 경제적 삶의 조건은 물론 그들의 행위조차도 사회적 관계를 직접적으로 반영하지 않는다. 베버주의 접근에서는 사람들의 경제적 조건을 배제 관계를 통해 형성된 것으로 보지만 계급이 행위들 속에서 구체화되는 관계들로 밝혀지지 않고 있다. 마르크스주의 접근은 경제적 조건과 행위들 모두에 있어서 착취와 지배의 구조화 효과에 주목한다. Erik Olin Wright, "Understanding Class: Towards an Integrated Analytical Approach", *New Left Review* 60 Nov/Dec, 2009 참조. 이 글은 http://blog.jinbo.net/doors/?pid=81 에서 그 번역문을 볼 수 있다. 이를 통해 그는 개인의 특질을 중시하는 "계층연구가들은 착취의 문제를 전적으로 무시해왔고, 기껏해야 '불이익'에 대해 이야기하는 정도였으며, 그들의 접근법에는 지배조차도 빠져 있다. 착취와 지배를 계급분석의 중심축으로 인정한다는 것은 사회적 위치들을 점하고 있는 개개인들과는 구별되는 사회적 위치들의 구조의 중요성을 인정한다는 것인데, 이것 또한 계층연구와는 꽤나 거리가 멀다."고 비판한다. Erik Olin Wright, 같은 글, 2009. 그러면서 "베버주의자들은 항상 사회구조 내에서의 권력의 중요성을 강조해왔으며, 개인들과 구조화된 위치들을 구분하는 데에도 어려움이 없었다. 물론 베버주의 계급분석 내에서 착취가 중심적인 위치를 차지하지는 않지만, 베버주의 범주들의 논리에는 근본적으로 착취 개념을 포괄하는데 근본적인 장벽이 놓여 있지는 않다."고 평가하고 있다. Erik Olin Wright, 같은 글, 2009. 이와 같은 그의 태도는 착취 개념에 대한 승인을 전제로 한 전통적인 마르크스주의적 구조주의 입장으로부터 베버주의적 계급분석으로의 전환 가능성을 열어놓고 있는 것이다. 하지만 그는 왜 '계급적 착취' 개념을 논의 중심에 놓아야 하는지에 대해 설명하지 않고 있다.

[131] Michael Hardt and Antonio Negri/조정환·정남영·서창현 옮김, 같은 책, 2008: 152~153쪽.

체가 공통된 것(the common)의 생산'이라는 논리를 끌어들임으로써 해소한다.[132] "특이성들은 공통된 것을 토대로 해서 사회적으로 상호작용하고 소통하며 그리고 그 사회적 소통이 이번에는 공통된 것을 더욱 확대하여 생산하기 때문이다. 다중은 매개를 필요로 하는 어떠한 모순도 포함하지 않는 특이성과 공통성 사이의 역설(paradox) 관계를 바탕으로 출현하는 주체성"[133]으로 정의된다.

네그리와 하트에게 공통성과 특이성이 대립적 관계가 아니라 공통된 것의 생산이라는 하나의 '과정'으로 설정된다면, 피스크는 대중의 대립성·다양성·저항성·창조성을 인정하면서도 그것의 개별화·고립화 경향을 해결하기 위해 지식인에 의한 '공공 방향으로의 전환'을 요청한다. 다시 말해서 피스크의 '공공의 방향'은 '다중' 개념의 '공통성' 또는 '공통적인 것'에 상응한다. '다중'의 내재적 특성으로 공통성이 설정된다면, 피스크의 '대중' 개념은 그 지점을 지식인의 역할로 돌리는 것이다.[134]

> 문화비평에서 가장 생산적인 역할들 중 하나는 의식(consciousness)과 행동의 사회문화적 수준들 가운데 [그것의] 이행을 촉진하고 장려하는 것이다. 이론은 내재적 또는 환상적 저항 안에서 사회적 태도를 계발하는데 도움

---

132 "다른 어떤 것으로도 환원되지 않으며 계속적으로 변이하는 창조적 활력을 지닌 것으로 파악된 모든 개체가 특이성이다. 공통성은 이 특이성들이 이루는 상호협동의 네트워크가 가진 속성을 말한다." Michael Hardt and Antonio Negri/조정환·정남영·서창현 옮김, 같은 책, 2008: 526쪽.

133 Michael Hardt and Antonio Negri/조정환·정남영·시창현 옮김, 같은 책, 2008: 560쪽.

134 물론 '다중'의 공통성도 현실적으로 실현된 것이 아니라 정치적 기획으로서 그것을 '다중'에 요청한다는 점에서 여전히 이론적 문제로 남아 있다. "다중 개념에 의해 제기된 도전은 사회적 다양체가 내부적으로는 다르게 남아 있으면서도 공동으로 소통하고 공동으로 활동하는 것이 성공할 수 있는가 하는 문제다." Michael Hardt and Antonio Negri/조정환·정남영·서창현 옮김, 『다중』(서울: 세종서적, 2008): 19쪽.

을 줄 뿐만 아니라, 이러한 저항들을 다른 사람들이 공유하고 있는 사회적 경험과 연결시켜 그것들이 개인화 경향으로 흐르는 것을 막아줄 수 있다. 그리고 이론은 일상생활의 특수성을 그들의 정치적 태도에 대한 인식을 강화시키는 개념적 틀 안에 위치시킬 수 있다. 그것[이론]은 이렇게 보다 강화된 공동 의식으로 전환을 촉진시키며, 이것은 또한 더욱 강화된 공동의 사회적 실천으로 전환된다.[135]

이처럼 피스크는 공적인 것과 사적인 것이라는 대립관계에서 접근한다. 피스크와 네그리의 서로 다른 해법은 각각 또 다른 문제들을 파생시키게 된다. 그것은 피스크의 '대중 중심성'에 개별성과 공공성이라는 대립적 설정이 야기한 지식인 존재의 요청이다. 왜냐하면 '공공성을 결여한 대중'과 '공공성을 이미 체현한 지식인'이라는 도식이 여전히 존재하기 때문이다. 이 시각의 문제점은 대중을 결핍된 존재로 설정하는 것, 그리고 공공성을 체현한 존재로서 지식인을 설정하는 구도 자체가 타당한가에 있다. 또한 그러한 구도를 인정할 수 있다하더라도 결핍된 대중이 지식인에 의해 그 결핍을 채우고 있는가 하는 점 역시 문제로 남는다.

---

[135] John Fiske, *Understanding popular culture*(Boston: Unwin Hyman, 1989), pp. 172~173. ; John Fiske/박만준 옮김, 『대중문화의 이해』(서울: 경문사, 2002;2005): 253쪽. 피스크는 여기에서 대중문화 이론과 대중의 저항적 실천이라는 관계에서 이론의 중요성을 역설한다. 대중의 개별적 저항 경험을 일반화시킨 이론은 그 자체로 타당성을 갖는다. 하지만 그 이론화 작업의 주체로 문화 이론가, 즉 지식인을 설정하려는 시도는 그의 인식이 여전히 '결핍된 대중'과 '보충으로서 지식인'이라는 이분법적 태도에 머물러 있다는 반증이다. 이와 같은 이분법은 개인화와 공공화를 대립적 관계로 파악하고 있다는 데 근원한다. 피스크와 마찬가지로 스스로를 대중으로 분류하고 있는 그로스버그에게서도 보이듯이, 이러한 그들의 인식은 결과적으로 대중 중심성 내부에서 지식인을 존재론적으로 긍정하는 또 다른 의미 구조를 갖는다. 따라서 문화연구 진영 내부에서도 변형된 '지식인 중심성' 또는 불완전한 '대중 중심성'이 지속적으로 지식인의 사고 내에서 작동하고 있다는 것을 알 수 있다. 이와 유사한 시각과 태도가 1930년대 중국의 '대중어' 운동 주창자들에게서도 드러나고 있다. 한편, '다중' 개념에서 이러한 '결핍'과 '보충'의 관계는 '차이'로 설명가능하다.

한편, 네그리와 하트의 다중 개념에도 다중의 대립가능성, 즉 사회적 이슈를 둘러싸고 형성될 수 있는 다중 내부 이견에 대한 해소방안이 부재하다는 점이 존재한다. 특히 상이한 관점의 대립이 폭력을 수반할 경우 매우 심각한 사회적 문제가 발생할 수 있기 때문이다. "대중이 하나의 이념이나 우상에 자발성을 양도하는 것, 전쟁과 파괴에 역동성을 동원당하는 것이 '대중의 죽음'이다. …… 파시즘은 가장 비극적인 실례였다. …… '현대성' 속에, 또 대중 자신들 속에 전체를 향한 힘도 내장되어 있다."[136]는 지적은 타당하다. 이로부터 대중의 모순성은 개인화와 공공화라는 두 차원의 영역을 모두 포함하게 된다.

하지만 여기에서 대중의 모순성을 개인화와 공공화라는 대립적 범주로 파악해야 하는가라는 근본적인 질문이 필요하다. 왜냐하면 그와 같은 접근은 마치 기회주의와 원칙주의로 대중의 모순성을 해석하는 것과 마찬가지 경우이기 때문이다. 다시 말해서 그와 같은 이분법적 도식은 긍정적 개인화, 부정적 개인화, 긍정적 공공화, 부정적 공공화 모두의 경우가 존재할 수 있다. 또한 좋은 기회주의, 나쁜 기회주의, 좋은 원칙주의, 나쁜 원칙주의 역시 모두가 존재할 수 있는 것과 같다. 문제는 그와 같은 가치판단의 준거가 역사적으로 변화되어 왔다는 점에 있다.

대중은 현대와 탈현대를 가로질러 강준만의 기회주의 해석과도 같이 시대마다 상이한 '공공성'과 때로는 공모하고 때로는 대립하며 자신의 모순적 역동성을 드러낸다.[137] 다시 말해서 지식인이 대중의

---

136 천정환, 『대중지성의 시대』(서울: 푸른역사, 2008): 107쪽.
137 강준만은 상이한 기준에 따라 '기회주의'를 긍정적 기회주의·부정적 기회주의·거시적 기회주의·소극적 기회주의·적극적 기회주의 등으로 분류할 수 있다고 평가한다. 강

사회적 행동을 비(또는 반)공공적이라고 판단할지라도 대중의 모순적 역동성은 시대의 주류 가치와 끊임없이 충돌하며 대중의 사회적 성장을 추동한다. 피스크가 '가변적 사회적 충성의 종속관계'를 야기하는 대중 층의 유동성으로 대중의 모순적 역동성을 표현했다면, 네그리와 하트는 내부의 차이와 특이성 자체가 공통화 과정이라는 논리적 설정으로 그것을 대신했다는 점에서 구분될 뿐이다. 오히려 그들의 차이는 피스크가 '대중(the popular)'의 모순성을 통해 현대와 탈현대의 연속성을 확보하고 있다면[138], 네그리와 하트는 다중을 통해 그것을 단절시켰다는 점에 있다.

준만, 『한국 현대사 산책 – 1960년대편』 1(서울: 인물과사상사, 2004;2008): 11쪽.

[138] 천정환 역시 현대와 탈현대의 질적 전환을 변화로 인정하더라도, 권력과 자본주의의 영토화에 완전히 동화되지 않는 현대적 대중의 모순적 측면은 그것들과의 대립관계로부터 대중의 특이성과 차이가 재생산되고 있다고 주장한다. 천정환, 『대중지성의 시대』(서울: 푸른역사, 2008): 135쪽 참조.

2 '지식인 중심'적 대중문화 담론

문화적 소수를 위한 대중문화 담론

앞서 살펴본 '지식인 중심성'과 '대중 중심성'은 동일한 방식으로 대중문화 담론에서도 재현된다. 스토리는 현대 대중문화연구가 아널드로부터 시작되었으며, 그가 제시한 문화적 명제가 1860년대부터 1950년대까지의 서구 지식인 사회에 큰 영향을 끼쳤다고 평가한다.[1] 여기에서 주목해야 할 점은 아널드에게 'Culture'는 지금의 '교양' 개념에 해당한다는 것이다. 'Culture'는 산업혁명 이전 '경작하다' 또는 '재배하다'라는 의미로서 그 어원은 라틴어(colore)에서 유래한다.[2] 초기 농업 활동과 관련된 'Culture'가 산업혁명 이후, '교육 활동'의 결과를 묘사하는 '교양' 개념으로 어의 변용을 일으킨다.[3] 이 지점에 아널드가 위치한다. 그에게 '교양'으로서 'Culture'는 '탁월함과 가치'를 배우고 퍼뜨리는 것을 의미하며, 그 배우고 퍼뜨리는 과정이 바로 '교육'

---

[1] John Storey/박모 역, 『문화연구와 문화이론』(서울: 현실문화연구, 1994;1995): 38~39쪽 참조.
[2] 김창남, 『대중문화의 이해』(파주: 한울, 1998;2005): 16쪽.
[3] 강수택, 『다시 지식인을 묻는다』(서울: 삼인, 2001;2004): 163쪽 주14 참조. 바우만은 이 시기부터 지식인들이 새로운 의미의 문화적 역할을 수행하는 '정원사'로 형상화되었다고 주장한다.

에 해당한다.

이런 맥락에서 윤지관은 아널드의 『Culture and Anarchy』(1869)를 『교양과 무질서』로 번역하면서, 아널드 이후 'Culture'에 다시 한 번 어의 변용이 발생했다고 진단한다. 그것이 현재 운위되고 있는 '문화' 로서 'Culture'다. 윤지관은 윌리엄스의 표현을 빌려 그것의 역사적 의의를 설명한다.

> 영어의 'Culture'가 우리말로 '교양'이라는 의미보다 좀 더 중립적인 '문화' 라는 의미로 바뀌게 된 것은 대개 아널드 이후, 특히 '삶의 전체적인 방식' 이라는 인류학적인 의미가 점차 자리 잡으면서다. 이러한 의미 변환의 과정에는 가속되는 현대성의 강화라는 역사적 배경이 깔려 있다. 즉 윌리엄스가 그러한 것처럼, 'Culture'가 더는 특권계급이나 지식인의 전유물이 아니라 노동계급이나 하층계급의 것이기도 하다는 문화의 민주화에 대한 요구와 인식이 생겨났다. 또한 현대적인 국가들의 형성과정에서 다양한 나라의 서로 다른 '문화'에 대한 민족적인 의미가 부과되기 시작했으며, 대중매체의 발전과 더불어 대중이 사회의 중요 변수로 등장하면서 대중문화의 성격과 기능에 대한 관심이 고조되었던 것이다. 이와 같은 사정은 문화를 소수의 전유물이자 특권이 아니라, 크게는 다수에게로 확장해나가는 민주주의의 경향을 대변하며, 이것이 윌리엄스가 말하는 '기나긴 혁명'(the long revolution)으로서의 문화혁명의 한 축을 이룬다.[4]

이로부터 'Culture'는 초기 농업 활동과 관련된 의미에서 '교양'으로, 그리고 다시 현재 사용되고 있는 '문화'라는 의미로 여행을 거친

---

4 Matthew Arnold/윤지관 옮김, 『교양과 무질서』(파주: 한길사, 2006): 40~41쪽.

어휘라 할 수 있다. 'Culture'가 '교양'에 해당한다면, 'Anarchy'은 교양에 대립하는 '무질서' 상태가 된다. 스토리는 아널드가 '대중문화'라는 표현을 사용하지 않았지만 의미 맥락상 '무질서' 상태와 '대중문화(즉 군중문화)'가 동의어라고 주장한다. 따라서 아널드에게 '무질서 상태'와 '교양'은 정치적 개념으로 분류된다.[5]

> 노동계급의 저 거대한 부분, 거칠고 채 개발되지 않았으며 오랫동안 가난과 누추함 속에 반은 묻혀 있었지만, 이제 그 은신처에서 나와서 내키는 대로 하는 영국인의 천부의 특권을 주장하는, 그리고 행진하고 싶은 곳으로 행진하고 만나고 싶은 곳에서 만나고 외치고 싶은 것을 외쳐대고 부수고 싶은 것을 부숨으로써 우리를 당혹시키는 그 부분 - 이 거대한 나머지에게, 우중(愚衆, Populace)이라는 이름을 부여하는 것이 무척 합당할 것이다.[6]

이처럼 아널드에게 '문화'가 추구해야할 '교양'의 의미라면, 군중의 '무질서' 상태는 그 '문화(또는 교양)'가 사회적으로 부재한, 즉 타락한 상태를 가리킨다. 따라서 그의 '문화' 개념은 전형적인 '지식인 중심성'에 해당한다. 그는 '문화(또는 교양)'를 다음과 같이 정의한다.

> 교양은 그 기원이 호기심에 있는 것이 아니라 완성에 대한 사랑에 있다고 하는 것이 적절할 것이다. 교양은 완성에 대한 공부다. 교양은 순수한 지

---

[5] John Storey/박모 역, 『문화연구와 문화이론』(서울: 현실문화연구, 1994;1995): 40쪽 참조.
[6] Matthew Arnold/윤지관 옮김, 같은 책, 2006: 125~126쪽. 여기에서 '우리'는 바로 아널드가 주장하는 교양 있는 문화적 소수를 가리킨다. 그는 '야만인'·'속물'이라는 표현을 통해 그의 '교양' 개념을 더욱 부각시키는 서술 방식을 채택하고 있다.

식을 향한 과학적 정열로만, 또는 주로 그런 정열로만 움직이는 것이 아니라, 선을 행하려는 도덕적·사회적 정열의 힘으로도 움직인다.[7]

만약 교양이 완성에 관한 공부라면, 그리고 조화로운 완성, 일반적인 완성에 관한 공부며 그 완성이 무언가를 가지는 것이 아니라 무언가가 되는 것에, 외적인 환경이 아니라 정신과 영혼의 내적인 조건에 존재하는 것이라면, 교양은 …… 경박하고 쓸데없는 것이기는 커녕 인류가 실현해야 할 매우 중요한 기능이다.[8]

아널드에게 '문화'는 '과학적 정열'·'도덕적 정열'·'사회적 정열'을 통해 구현된 조화로운 '완성' 상태를 의미한다. 다시 말해서 '문화'는 '완성' 그 자체이며, 그것의 추구 과정이기도 하다. 또한 '완성'으로서 '문화'는 '순수한 지식' 또는 '정신'과 '영혼'이라는 최선의 경지를 표현한다. 그는 이 정의를 보다 구체적인 형태로 제시한다. "내가 말한 교양이란 독서와 관찰 그리고 사고로 이성과 신의 뜻에 도달하려는 노력"[9]이다. 다시 말해서 '문화'는 '이성과 신의 뜻'이고, '독서·관찰·사고'를 통해 도달할 수 있으며 그 실천 과정을 포함하는 개념인 것이다.

하지만 이 '문화'는 단지 개인적인 차원에 머물지 않는다. "빛과 완성은 그냥 머물러 있기(resting and being)가 아니라 자라나 형성되기(growing and becoming)에 있고, 아름다움과 지혜에서 영원히 진전하기 때문"[10]에 '문화'에는 스스로 배우는 과정과 그것을 사회적으로 퍼뜨

---

7 Matthew Arnold/윤지관 옮김, 『교양과 무질서』(파주: 한길사, 2006): 55쪽.
8 Matthew Arnold/윤지관 옮김, 같은 책, 2006: 59쪽.
9 Matthew Arnold/윤지관 옮김, 같은 책, 2006: 108쪽.
10 Matthew Arnold/윤지관 옮김, 같은 책, 2006: 109쪽.

리는 과정(즉 교육이나 계몽)이라는 의미가 동시에 존재한다.

> 이때의 교양이란 이성과 신의 뜻을 널리 퍼뜨리는 일을 믿으며, 완성을 믿는다. 그것은 완성에 대한 공부이자 추구 자체다. 그리고 무엇이든 새로운 것이면 완고하고 완강하게 배제해버림으로써 새로운 것의 사상을 새롭다는 그 한 가지 이유만으로 받아들이지 않는 식의 것이 더 이상 아니다. 교양에 대한 이러한 시각이 확보되는 순간, 교양이 사물을 있는 그대로 보려는 노력으로서뿐 아니라 - 이 세상에 의도되고 목표된 듯 보이는 보편적인 질서, 인간이 그와 함께 있으면 행복하지만 그에 맞서면 비참하게 되는 그런 질서에 대한 지식으로 이끌리려는 노력으로서뿐 아니라 - 한마디로 신의 뜻을 배우려는 노력, 즉 교양이 단지 이 뜻을 보고 배우려는 노력으로만이 아니라, 그것을 퍼뜨리려는 노력으로 보이게 되는 순간, 교양의 도덕적·사회적·선행(善行)적 성격은 분명해지게 된다.[11]

여기에서 주의해야 할 것은 '문화'를 '널리 퍼뜨리는' 과정이 필연적으로 그 전달 주체와 대상을 전제한다는 점이다. 따라서 교육의 주체와 대상은 다름 아닌 지식인과 군중을 가리키며, 일상적인 '독서·관찰·사고'가 가능한 지식인은 그렇지 못한 군중에 대한 교육의 임무를 갖는다. 아널드에게 지식인과 군중의 사회적 관계는 소수와 다수로 표현된다. 그는 다수에 대한 소수의 교육을 통해 그가 바라는 이상적 사회 문화를 상상한다.

---

11 Matthew Arnold/윤지관 옮김, 같은 책, 2006: 57쪽.

교양은 한 가지 위대한 열정을 가지고 있으니, 단맛과 빛[12]을 향한 열정이다. 그것은 훨씬 더 위대한 것 - 즉 그것들을 퍼뜨리려는 열정이 있다. 그것은 우리 모두 완전한 인간이 될 때까지 만족하지 않는다. 그것은 소수의 단맛과 빛은 인류의 거칠고 빛을 보지 못한 다수가 단맛과 빛에 접촉하기까지는 불완전할 수밖에 없음을 안다. 우리는 광범한 토대를 가져야 하고 가능한 한 많은 사람을 위한 단맛과 빛을 가져야 한다는 말도 서슴없이 하겠다. 나는 국민적인 삶과 사유의 불꽃이 타오를 때, 사회 전체가 아름다움에 민감하고 지혜롭게 살아 있는 사유에 가장 충만하게 젖어들 때, 그때야말로 인류가 행복한 순간이며, 한 민족의 삶의 획기적인 시기며, 문학과 예술과 모든 천재의 창조적인 힘이 꽃피는 시절임을 거듭 주장해 왔다.[13]

'문화적 소수'의 아름다움과 지혜가 충만한 사회가 바로 그가 염원하는 이상 사회이자 문화적 형태다. 스토리는 아널드의 이러한 인식이 1867년 당시, 도시 남성 노동계급이 정식으로 정치에 진입하면서 발생한 영국의 정치적 위험 상황에 영향을 받았다고 평가한다.[14] 따라서 문화적 소수가 진행하는 교육의 기능은 다시금 다수가 소수에게 복종하고 소수를 존경하게 만드는 데 있다.

---

[12] 아널드는 '단맛과 빛(sweetness and light)'이라는 표현을 스위프트(Jonathan Swift, 1667~1745)의 『책들의 전투(The Battle of the Books)』(1704)에서 인용한 것이라고 밝힌다. Matthew Arnold/윤지관 옮김, 『교양과 무질서』(파주: 한길사, 2006): 65쪽.
[13] Matthew Arnold/윤지관 옮김, 같은 책, 2006: 84쪽.
[14] John Storey/박모 역, 『문화연구와 문화이론』(서울: 현실문화연구, 1994;1995): 40쪽. 여기에서 언급된 '정치적 위험'은 1867년에 있었던 영국의 제2차 선거법 개정을 가리킨다. 이 개혁을 통해서 도시 노동계급에게도 선거권이 부여되면서 실질적인 대중 민주정치와 대중 정당의 시대가 시작되었다고 평가된다. 이 선거법 개정과 관련된 당시 대중의 움직임(즉 하이드 파크 사건)은 아널드에게 하나의 큰 충격으로 다가온다. 관련 내용은 Matthew Arnold/윤지관 옮김, 같은 책, 2006: 16~19쪽을 참조할 것.

오랫동안 복종과 존경이라는 강한 봉건적인 습관이 노동계급에게 계속 영향을 미쳤다. [하지만] 현대정신은 이제 거의 완전히 그런 습관을 와해시켰고, 자유를 그것 자체로서 숭배하는, 기계 장치를 미신으로 믿는 무질서적인 경향이 매우 명백해지고 있다. …… 온 나라에 걸쳐 이 사람 저 사람 그리고 이 집단 저 집단은 날이 갈수록 더욱더 자기 내키는 대로 한다는, 영국인의 권리를 주장하고 실천하기 시작했다. 자기 내키는 대로 행진하고 내키는 곳에서 회합하고 내키는 곳으로 들어가고 내키는 대로 야유하고 내키는 대로 위협하고 내키는 대로 부수는 것이다. 이 모든 것은 무질서를 향하고 있다고 나는 말하겠다.[15]

이처럼 그에게 '무질서'는 군중이 '자기 내키는 대로' 표출하는 그들의 문화적 행태를 표현한다. 하지만 이것은 역설적으로 다수 '대중'의 사회적 힘이 급속하게 확장되는 과정을 반영한다. 따라서 아널드는 그러한 '무질서' 상태를 극복하기 위해, 즉 군중의 이러한 '멋대로 문화'를 '문화(또는 교양)'으로 대체하기 위해 문화적 소수에게 '교육'과 '교양의 완성'을 요구하는 것이다. 그런 차원에서 아널드의 '교육'과 '교양의 완성'은 결국 현실적으로 문화적 소수의 사회적 권위와 질서를 회복하는 것일 뿐만 아니라 '대중'을 통제해 그들을 다시 문화적 소수에게 복종시킨다는 의미를 가질 뿐이다.

19세기에 아널드가 있었다면 20세기에는 리비스주의가 그 엘리트주의적 문화관을 계승해 나간다. F. R. 리비스(Frank Raymond Leavis, 1895~1978)는 문학 비평과 대중문화 비평에서 부정적 '대중문화' 담론을 '리비스주의'라는 하나의 전통으로 발전시킨다. 스토리는 아널드

---

15 Matthew Arnold/윤지관 옮김, 같은 책, 2006: 93쪽.

와 리비스의 관계를 다음과 같이 규정한다.

> 리비스는 아널드의 문화정치학을 도입하여 1930년대의 소위 '문화적 위기'에 적용하였다. 리비스와 리비스주의자들에게 있어서 20세기는 점차 뚜렷해지는 문화적 쇠퇴의 시기로 규정될 수 있다. 19세기에 아널드에 의해 모습을 드러낸 것이 20세기에 계속되고 더욱 누적된 것이다.[16]

여기에서 언급된 '아널드에 의해 모습을 드러낸 것'은 다름 아닌 "평준화와 하향화"[17]된 소수의 문화인 것이다. 리비스주의는 "소수가 항상 문화를 유지해왔다."[18]고 이해한다.[19]

> 소수만이 과거에 있었던 최선의 인간 경험을 이용할 수 있는 능력을 갖고 있으며 바로 이들이 전통의 가장 미묘하고 연약한 부분들을 살려서 유지한다. 그들에게 한 시대를 사는 훌륭한 생활의 질서를 세우는 무언의 기준이 달려있다. 즉 이것이 저것보다 가치 있다는 혹은 이쪽보다는 저쪽으로 가야한다는 혹은 중심을 저기보다는 여기에 두어야 한다는 감각에 달려있는 것이다.[20]

---

[16] John Storey/박모 역, 『문화연구와 문화이론』(서울: 현실문화연구, 1994;1995): 45쪽.

[17] F. R. Leavis & D. Thompson, *Culture and Environment*(Westport, CT: Greenwood Press, 1933;1977), p. 3. ; John Storey/박모 역, 같은 책, 1995: 45쪽 재인용.

[18] F. R. Leavis & D. Thompson, 같은 책, 1977, p. 26. ; John Storey/박모 역, 같은 책, 1995: 47쪽 재인용.

[19] 이와 같은 인식은 1920년대 중국의 '민중문학' 진영 내부에서도 그대로 드러나고 있다. 제2장을 참조할 것.

[20] F. R. Leavis & D. Thompson, 같은 책, 1977, p. 5. ; John Storey/박모 역, 같은 책, 1995: 46쪽 재인용.

하지만 '대중'의 등장은 이러한 소수의 위상을 변화시킨다. "문화적 권위가 도전받지 않거나 문화적 복종을 요구하는 것은 이제 더 이상 불가능해진 것이다."[21] 이러한 사회적 현상에 대해 리비스의 부인인 Q. D. 리비스(Queenie Dorothy Leavis, 1906~1981)는 아널드와 마찬가지로 소수의 전통적 권위의 붕괴가 대중 민주주의의 발흥과 동시에 형성된 것이라고 주장한다.[22] 즉 전통적 권위의 붕괴와 함께 등장한 대중 민주주의가 문화적 소수를 억압하는 사회적 조건이라고 평가한다. 이처럼 그들의 인식은 '대중'과 사회적 경계를 맞대고 있는 지식인의 사회적 위치변동을 극명하게 보여준다.

이와 같은 사회적 위기의식은 위기 발생 이전인 전통 시대의 문화에 대한 동경으로 이어진다. F. R. 리비스는 문화적 황금시기를 갈구하며 전원 속의 신화적인 과거, 즉 문화가 몰락한 19세기 그 이전을 상업적 이해관계에 의해 오염되지 않은 문화가 공유되었던 시기로 본다.[23] "17세기 민중(the people)의 진실한 문화"[24]만이 "풍요로운 전통 문화"[25]였지만, 이제는 "민중의 일상생활 속에서 사라져버린 긍정적인 문화"[26]일 뿐이다. 그 긍정적인 문화가 결국 산업혁명과 대중의 등장으로 모두 파괴된 것이다.[27]

---

[21] John Storey/박모 역, 같은 책, 1995: 46쪽.
[22] "권력을 쥔 자들[대중은 더 이상 지적 권위와 문화를 대표하지 못한다." Q. D. Leavis, *Fiction and the Reading Public*(London: Chatto and Windus, 1978), p. 191. ; John Storey/박모 역, 같은 책, 1995: 47쪽 재인용.
[23] John Storey/박모 역, 같은 책, 1995: 50쪽.
[24] F. R. Leavis, *The Common Pursuit*(London: Chatto and Windus, 1952;1972), p. 188.
[25] F. R. Leavis, 같은 책, 1972, p. 189.
[26] F. R. Leavis, 같은 책, 1972, p. 208.
[27] 피스크는 이러한 과거 회귀적 관점, 즉 '대중문화'의 대안으로 '민간문화'를 제시하는 태도를 "한 민족의 문화적 삶을 지식인(highbrow)이 아닌 대중 속에 위치시킨 엘리트적 휴머니즘의 민주주의적 변형"이라고 비판한다. John Fiske, *Understanding popular culture*(Boston:

리비스의 이러한 인식은 퇴니에스의 '공동 사회'와 유사함을 드러낸다. 다시 말해서 리비스는 산업사회가 가져온 '이익 사회'의 문화가 아닌 '공동 사회'의 문화를 이상화시킨다.

우리가 잃은 것은 유기적 공동체와 그것이 구현하는 살아있는 문화다. 민속음악, 민속춤, 오두막집과 수공예품들은 어떤 더 큰 것을 표현한 것이며, 이것은 자연 환경과 한 해의 리듬에 맞춰 기억할 수 없을 때부터의 경험에서 자라난 삶의 예술이며, 상호관계의 약호, 서로의 반응에 적절히 맞추어가는 적응, 사회적 예술을 포함하는 질서 있고 정돈된 삶의 방식이다.[28]

산업혁명과 대중의 출현이 이러한 살아있는 문화를 소수의 문화와 다수의 대량문명으로 분리시킨 것이다. 소수의 문화는 '사고와 표현의 정수'라는 가치를 기준으로 교육받은 소수가 향유하는 문화를 가리킨다. 이것은 문학적 전통과 같은 분야로 구분되지만, 반면 대중문화는 '교육받지 않은' 다수에 의해 소비되는 대량문화이자 상업문화인 것이다.[29] 리비스는 과거 노동자들은 노동 속에서 살았으나 현재 그들은 노동에서 벗어난 삶을 누리기 위해 일하고 있다고 본다. 이런 상황에서 사람들이 보상과 수동적 위안을 위해 대량문화에 관심을 돌리는 것은 그다지 놀라운 일이 아니다. 결국 군중은 마약과도

Unwin Hyman, 1989), p. 20. ; John Fiske/박만준 옮김, 『대중문화의 이해』(서울: 경문사, 2002;2005): 26쪽.

28 F. R. Leavis & D. Thompson, *Culture and Environment*(Westport, CT: Greenwood Press, 1933;1977), pp. 1~2. ; John Storey/박모 역, 『문화연구와 문화이론』(서울: 현실문화연구, 1994;1995): 51쪽 재인용.

29 John Storey/박모 역, 같은 책, 1995: 47~48쪽.

같은 대량문화에 몰두하는, 대리인생을 탐닉하는 상습복용자의 다른 이름인 것이다.[30]

리비스주의는 이러한 상황을 치유하기 위해 '문화적 선교단'의 조직, 즉 문학적 지식인들의 소수 정예부대를 조직해 대량문화의 일반적 야만성과 전쟁을 수행해야 한다고 주장한다. 이를 통해 문학적 권위가 다시 확립된다고 하더라도 과거의 유기적 공동체로 복귀하지는 못하겠지만, 최소한 대량문화의 확장을 조절하여 문화 전통의 연속성을 보존하고 지속시킬 수 있다고 본 것이다.[31]

아널드와 리비스주의의 문화적 소수를 위한 대중문화 담론은 소수와 다수의 대립구도로부터 소수의 사회적 정체성과 기능을 명확히 하는 엘리트주의를 반영한다. 그들 스스로도 밝히고 있지만, 자본주의와 함께 출현한 '대중'은 사회적 다수라는 의미에서 뿐만 아니라 그 사회적 힘의 확장 과정, 즉 민주주의라는 측면에서도 소수의 정체성을 위협하는 존재로 형상화된다. 이러한 시각은 앞서 살펴본 오르테가와도 그 궤를 같이 한다. 그들이 인정할 수 있는 '민주주의'는 다수의 군중이 소수의 지식인과 유사한 '교양'을 습득한, 다시 말해 지식인의 '평준화와 하향화'가 아니라 대중의 '수준 제고'를 통해 가능한 것이다.[32]

---

30 John Storey/박모 역, 같은 책, 1995: 51~52쪽 참조.
31 John Storey/박모 역, 같은 책, 1995: 52쪽.
32 이것은 '계몽'의 궁극적 목적에 해당한다. 이러한 태도는 1920년대 중국의 계몽주의 지식인들에게서도 동일한 형태로 등장한다.

프랑크푸르트 학파의 대중문화 담론

이처럼 아널드와 리비스주의자들이 소수의 문화적·사회적 권위에 위협을 가하는 존재로 대중문화를 보았다면, 프랑크푸르트 학파는 오히려 대중문화가 사회적 질서를 유지시키는 역할을 담당한다고 평가한다. 그들은 문화산업이 '규격화·상투성·보수성·허위·조작된 소비상품' 등의 특징을 지니고 있는 문화를 생산함으로써 노동계급의 정치성을 희석시키고, 억압적이고 착취적인 자본주의 사회의 틀 안에서만 얻을 수 있는 정치·경제적 목표에 노동계급의 지평을 제한하고 있다고 주장한다.[33] 즉 문화산업은 군중이 현재의 한계 이상을 생각하지 않도록 조장한다.[34] 프랑크푸르트 학파에게 대중문화는 이처럼 단지 상업적 기제에 의해 생산과 분배가 이루어지는 대량문화(mass culture)에 불과할 뿐이다.[35]

아도르노와 호르크하이머에게 '문화산업'의 역할은 '계몽'을 가장한 '대중 기만'이다. 이들은 문화산업과 예술의 본질적 차이를 서술하면서 문화산업의 기만성을 폭로한다.

> 문화산업은 그들의 소비자에 대해 자신이 끊임없이 약속하고 있는 것을

---

33 John Storey/박모 역, 『문화연구와 문화이론』(서울: 현실문화연구, 1994;1995): 149~150쪽.
34 John Storey/박모 역, 같은 책, 1995: 150쪽.
35 이에 대해 베넷은 대량문화(또는 군중문화)에 각각 타락과 결핍이 동시에 존재하고 있다고 평가한다. "'대중'이 좀 더 직접적으로 참여하여 만들어내고 그를 통해 스스로를 문화적으로 재창조할 수 있었던 초기의 문화 생산 단계로부터의 타락이면서, 이른바 대중문화의 표준화되고 미리 포장된 총체성은 또한 전통 부르주아 고급문화가 가진 보다 비판적이고 개인적인 성격의 결핍"이다. Tony Bennett/김창남 옮김, 「대중성과 대중문화의 정치학」, 박명진 외 편역, 『문화, 일상, 대중: 문화에 관한 8개의 탐구』(서울: 한나래, 1996;2007): 264쪽.

끊임없이 기만한다. 줄거리나 겉포장이 제공하는 즐거움을 계속 바꾸어 가면서 '약속'은 끝없이 연장된다. 모든 사람의 필수 요건인 약속은 유감스럽게도 사물의 정곡에 도달하지 못하는 기만적인 것으로서 손님은 배를 채우기보다는 단순히 메뉴판을 읽는 것으로 만족해야 하는 것이다. 화려한 이름과 화보들이 관람의 욕구를 자극하지만 기껏 제공되는 것은 사람들이 빠져나가고 싶어 하는 우울한 일상생활의 찬양이다. 물론 성적인 충동을 노출시킨다고 예술 작품이 되는 것은 아니다. 예술 작품은 거세당한 충동을 부정적인 것으로 형상화하며, 충동이 굴욕을 당하게 하기보다는 내부로 철수시켜, 거세당한 것을 매개된 것으로 만듦으로써 구제한다. 이것이 심미적 '승화'의 비밀이다. 그것은 즉 약속의 좌절을 실현으로 보는 것이다. 문화산업은 충동을 승화시키는 것이 아니라 억압한다. 문화산업은 착 달라붙은 스웨터 속의 가슴이나 스포츠 영웅의 벌거벗은 상반신과 같은 욕망의 대상을 끊임없이 노출시킴으로써 승화되지 않은 전희(前戱)를 자극하지만, 실제로는 성적 충동의 현실적 충족 불능을 습관화시킴으로써 결국에는 그러한 전희를 마조히스트적인 것으로 불구화한다. 넘어서는 안 되는 선을 넘고 싶은 충동을 건드리지 않고도 암시와 격정을 일으키는 에로틱한 상황이 거기에는 없다.[36]

문화산업은 예술 작품의 '승화'를 갖추지 못했으며, 끊임없이 군중을 향해 감각적인 욕망을 자극한다. 예술과 대립되는 문화산업은 소비자의 모든 욕구가 실현될 수 있는 것처럼 '약속'하지만 실상 그 욕구들도 문화산업에 의해 사전 결정된 것일 뿐이다. 이렇듯 문화

---

36 Theodor W. Adorno and Max Horkheimer/김유동 옮김, 『계몽의 변증법』(서울: 문학과 지성사, 2001;2008): 212쪽.

산업은 문화의 생산주체로서 대중문화의 전 과정을 통제하고 관리한다.

이로부터 대중은 필연적으로 문화산업의 객체인 소비자, 즉 수동적이고 무비판적인 군중을 전락하는 것이다. "소비자는 자신을 영원한 소비자로서, 즉 문화산업의 객체로서 느끼게 되는 것이 체계의 원리다. 문화산업은 자신이 행하는 기만이 욕구의 충족인 양 소비자를 설득하려 들 뿐만 아니라 이를 넘어 문화산업이 무엇을 제공하든 소비자는 그것에 만족해야 한다는 것을 소비자에게 주입시킨다."[37] 수동적인 군중은 문화산업이 생산하는 대중문화를 매개로 지배 체제에 결합 내지 포섭된 대상에 불과하다. 아도르노에게 진정한 저항성은 군중으로부터 나오는 것이 아니라 카프카(Franz Kafka, 1883~1924)·베케트(Samuel BarcRay Beckett, 1906~1989)·쇤베르크(Arnold Schoenberg, 1874~1951) 등으로 대표되는 현대주의 예술로부터 나오는 것이다.[38] 대중문화와 '예술'의 대립은 그가 여전히 문화적 소수(자신을 포함한)의 고급문화를 긍정하고 요청한다는 사실을 반영한다.[39]

---

[37] Theodor W. Adorno and Max Horkheimer/김유동 옮김, 『계몽의 변증법』(서울: 문학과지성사, 2001;2008): 215쪽.

[38] Theodor W. Adorno, *The Culture Industry: Selected Essays on Mass culture*, edited by J. M. Bernstein(London: Routledge, 1991), p. 2.

[39] 그의 예술 인식은 19세기 독일 낭만주의 미학 전통에 근거한다. 한편, 왕후이는 이러한 '서구 현대성'을 일종의 시간관념이자 역사적 서사의 기교라고 평가하면서 현대성과 중국 현대문학의 관계를 설정한다. "'현대'라는 개념은 [중국에서] 1920년대 이후 유행하기 시작했다. 그러나 그 이전, 청말에서 현대에 이르기까지 이미 '新'이라는 표현이 수많은 문학과 비문학의 출판물들에서 특수한 가치 관념으로 사용되었다. 현대/모던이라는 어휘가 함께 사용되었다는 [사실은] 이 개념과 서구 언어인 modern이라는 단어의 밀접한 관계를 증명하고 있다. …… 현대성(modernity)은 하나의 복잡한 함의를 갖는 서구 개념이다. 그것은 먼저 일종의 시간관념, 앞으로 나아가는 직선, 반복될 수 없는 역사적 시간 의식을 가리킨다. 이러한 시간 의식의 형성은 유럽 역사의 세속화 과정, 즉 자본주의화 과정과 내재적인 연관성을 갖고 있다. 하지만 시간 의식에 대해서 말하자면, 현대성 관념은 기독교의 종말론적 세계관과 관련되어 있다. 그것은 반복될 수 없다는 특징을 갖는 시간 의식이다. 고대/현대라는 습관적 대비는 르네상스 시기에 형성되었지만 18세기에 들어 현대 개

념은 기본적으로 건축·의상·언어의 유행이라는 부정적인 의미로 사용되었다. 현대 개념의 이러한 부정적 용법은 19세기에 들어, 엄밀하게 말해서 20세기에 비로소 근본적인 변화를 보인다. 예를 들어 헤겔[Georg Wilhelm Friedrich Hegel, 1770~1831]에 의해 현대성 개념은 '신시대(new age)'가 [곧] 현대(modern)라는 하나의 시대 관념[을 획득하게] 된다. 1,500년 정도의 역사 시대로부터 출현한 '신세계'의 발견·르네상스·종교개혁 등은 현대와 중세를 구분하는 기준이 되었다. 현대/중세/고대라는 역사 구분은 단지 편년사적 의미에서 구분된 것이 아니라 고대와 중세가 '新'시대의 대립물로서 출현했다는 [사실의] 의미한다. '현대' 개념에는 미래가 이미 시작되었다는 신념을 포함하고 있다. 즉 이것은 하나의 미래를 위해 생존하는 시대, 하나의 미래를 향한 '새로움'을 펼치는 시대다. …… 수많은 서구 학자들이 현대성 문제를 논의할 때, 현대성은 하나의 통일적 개념이 아니라 그 안에 모순이 가득하다는 점을 제기한다. 이 때문에 서로 다른 영역과 서로 다른 시기에 현대성의 본질은 매우 다를 뿐만 아니라 모순되기까지 한다. 18세기의 계몽주의에 대해 언급하자면, 현대성은 하버마스[Jurgen Habermas]가 지적한 것처럼 하나의 '기획(project)'으로서 '객관적 과학, 보편적 도덕과 법률, 그 내재적 논리를 추구하는 독자적 예술의 발전' 등을 포함하고 있다. [여기에서] 가장 중요한 특징은 '주체적 자유'다. 사회 영역에서 이러한 '주체적 자유'의 실현은 민법이 보장하고 있는 자기 이익 추구의 합리적 공간이며, 국가 영역에서는 원칙적으로 정치 의지의 형성 과정에 참여하는 평등 권리이고, 개인 영역에서는 윤리적 자주성과 자아실현이며, 개인 영역과 관련된 공공 영역에서는 공공의 견해와 공공문화의 형성을 통해 사회적·정치적 권력의 민주화를 촉진시키는 것이고, 국제 영역에서는 현대 민족국가의 주권 확립이며, 예술 영역에서는 예술의 자주성 실현 등이다. '주체적 자유'를 특징으로 하는 현대 프로젝트의 내부에는 긴장과 모순이 가득하다. 이러한 모순은 자본주의의 정치경제적 세속화 과정과 그 과정에 대해 첨예한 비판을 [수행하는] 문학예술 사이에서 분명하게 드러나고 있다. 자본주의의 정치경제적 세속화 과정이 진보적 시간관념에 대한 신앙, 과학기술에 대한 확신, 시장과 행정체제에 대한 신뢰, 이성의 힘과 주체적 자유에 대한 숭배 등을 드러내고 있다면, 현대주의[모더니즘]적 미학의 현대성은 오히려 격렬한 반자본주의적 세속화 경향을 갖는다. 사실상 자본가 계급의 탐욕적 이윤추구에 대한 미학의 비판은 독일 낭만주의의 주된 특징이다. 19세기 유럽 현실주의 문학의 비판 구조는 전통/현대라는 이분법에 속해 있지 않으며 현대 자체에 대한 비판적 안목을 갖추고 있다. 19세기 중반 마르크스와 엥겔스는 이러한 미학 비판을 이데올로기 비판과 정치적 비판의 도구로 전환시킨다. 그로부터 '혁명적'과 '탐욕적 (이윤추구)'라는 명확한 대립적 전형을 만들어 낸다. 예술의 자주성 관념과 예술을 위한 예술이라는 기치는 미학의 현대성이 탐욕적 이윤추구의 현대성에 대한 반발의 결과다. …… 현대성 문제는 유럽 자본주의의 형성을 따라 발전하였고, 자본주의가 전 세계에 전파되고 확장되면서(초기에 식민주의라는 수치스러운 형식을 사용하면서) 중국인의 문화와 역사에 개입하게 된다. 19세기 후반, 이러한 과정을 거쳐 유럽 자본가 계급의 이데올로기와 가치 관념은 중국 사회의 정치·경제·사상·문화에 큰 영향을 미친다. 이 때문에 현대성은 일종의 관념이자 역사적 敍事이고, 이러한 새로운 역사적 서사는 조금의 물질적 기초도 가지고 있지 못하다. 우리가 문학의 현대성 문제를 문학의 서사적 기교로 간주하고, 이러한 현대성 문제를 현대사회와 문화 변천의 일부분으로 파악한다면 중국 문학의 현대성 문제는 잠재력이 매우 큰 연구 과제가 된다. 내가 강조하려는 것은 현대성 문제는 하나의 중요한 과제이지만 현대성을 수용한 역사적 서사와 동일하지 않다는 점이다. 반대로 우리가 정확히 살펴보아야 할 것은 현대성이 일종의 역사적 서사로서 어떻게 역사(문학의 역사를 포함해서 문학의 주제가 되고, 문학의 형식을 규제하는 등) 과정에 개입하는가라는 점에 있다." 汪暉, 「我們

프랑크푸르트 학파는 '왜 마르크스의 예견대로 서구에서 혁명이 일어나지 않는가'를 설명하려는 근본 목적을 가지고 있다. 따라서 혁명 부재 상황을 규명하려는 시도로부터 사회적 지배 형태를 분석하는 데 그 초점을 맞추게 된다. 하지만 결과적으로 혁명의 부재는 지배 체제의 능동성에 대한 연구로 이어지고, 지배 체제가 급진적 정치 운동을 저지하고 수용하는 능력(또는 사회를 안정시키는 강제력)에 과도한 의미를 부여하게 된다.[40]

이처럼 비판이론은 사회 변혁의 궁극적 주체일 수밖에 없는 대중을 이론 내부로터 부정한다. 여기에는 당시 파시즘의 출현과 이에 대한 대중의 동의라는 시대 상황이 존재하며, 그러한 부정적 대중 인식이 그들의 '문화산업' 담론에 그대로 반영된 것이다.[41] 따라서 비판이론은 사회 변혁을 위해 지배 체제의 능동성에 대한 심화된 연구를 촉구했다는 점에서 그 기본 의의를 찾을 수 있다. 하지만 바로 그 지배 체제의 능동성 강조가 초래한 수동적·기계적 대중 형상은 지배 체제에 맞설 수 있는 변혁 주체의 실종이라는 역설을 만들게 된다.[42]

如何成爲'現代的'?」, 張頤武 主編, 『現代性中國』(開封: 河南人學出版社, 2005): 30~32쪽. 이 글은 원래 『中國現代文學硏究叢刊』1996年第1期에 실린 것이다.
40 피스크는 프랑크푸르트 학파의 비판이론이 지배 권력의 힘을 지나치게 강조하여 자본주의적 대중을 조금의 가능성도 없는 무기력한 집단으로 전락시켰다고 비판한다. John Fiske, *Understanding popular culture*(Boston: Unwin Hyman, 1989), p. 20. ; John Fiske/박만준 옮김, 『대중문화의 이해』(서울: 경문사, 2002;2005): 26~27쪽 참조.
41 "전 세계는 문화산업이라는 필터를 통해 걸러진다." Theodor W. Adorno and Max Horkheimer/김유동 옮김, 『계몽의 변증법』(서울: 문학과지성사, 2001;2008): 191쪽.
42 "전체적으로 동일한 개인의 덩어리, 의사 개인성조차도 유사하며, 그리고 어떤 타자, 어떤 사회적으로 위치된 세계관-문화산업의 요구에 맞게 재단된 것이 아닌-에도 뿌리를 두지 못한 개인의 덩어리라는 것이다." Tony Bennett/김창남 옮김, 「대중성과 대중문화의 정치학」, 박명진 외 편역, 『문화, 일상, 대중: 문화에 관한 8개의 탐구』(서울: 한나래, 1996;2007): 264~265쪽. 당시 프랑크푸르트 학파 지식인들의 역사적 경험과 유사한 형태를 1990년대 중국 지식인들에게서도 찾아볼 수 있다. 즉 '문혁'과 인민대중에 대한 강한 거부감, 그리고 1989년 이른바 '천안문' 사건에서 중국 정부가 보여준 적극적 정치 탄압과 좌절

프랑크푸르트 학파와 함께 앞서 거론한 '문화적 소수'의 지식인들은 일반적으로 '좌파'와 '보수'로 분류된다. 하지만 이들의 대중문화 담론은 공통적으로 '군중'의 형상이 전제된 '지식인 중심성'을 체현하고 있다. 이로부터 '지식인 중심성'은 지식인의 사회적 위치와 기능을 안정적으로 유지(또는 강화)하는 현실 효과를 발생시킨다. 문화적 소수를 위한 대중문화 담론에서 군중에 대한 공포감과 함께 직접적 언술을 통해 '문화적 소수', 즉 지식인 자신의 사회적 위치와 기능을 긍정한 반면, 프랑크푸르트 학파의 대중문화 담론은 무기력한 수동적·기계적 '군중' 형상을 통해 지식인 자신의 사회적 위치와 기능을 은폐된 방식으로 요청한다는 점에서 양자는 구분된다.

따라서 '좌파와 우파', 또는 '진보와 보수'라는 현대적 패러다임을 뛰어넘는 새로운 담론의 평가 기준이 요구된다. 왜냐하면 이 패러다임으로는 지식인과 대중이 맺는 사회적 관계와 그 경계변동을 전혀 파악할 수 없기 때문이다. 또한 '진보와 보수'(또는 '좌파와 우파')라는 프레임은 '대중'의 입장에서 지식인과 지식인이 생산하는 담론을 대상화시켜 평가할 수 없게 만들 뿐만 아니라 그 자체로 '지식인 중심성'을 사회적으로 용인하게 만드는 근거가 되기 때문이다. 다시 말해서 그 프레임을 새로운 프레임으로 대체하지 않는 이상, 그 앞에 어떠한 수식어(예를 들어, '중도'·'합리적'·'건강한' 등)를 붙이더라도 그것이 발생시키는 현실 효과는 동일한 것이다.

'진보와 보수'(또는 '좌파와 우파')에서 '대중 중심성과 지식인 중심

은 지금까지도 중국 지식인들의 의식상 기저를 이룬다. 이로부터 프랑크푸르트 학파의 지식인들과 1990년대 중국 지식인들은 상이한 역사적 맥락에도 불구하고 지배 체제의 능동성과 부정적 대중 형상이라는 기본 정서를 공유하게 된다. 1990년대 초 중국 대중문화 담론의 출발이 프랑크푸르트 학파의 비판이론으로부터 시작되었다는 사실은 이러한 해석에 타당성을 부여한다. 자세한 내용은 제3장의 관련 부분을 참조할 것.

성'이라는 프레임으로의 전환 필요성은 역사적·현실적 이유로부터 제기된다. 앞에서도 살펴보았듯이, '지식인 중심성'이 현대적 자본주의 사회와 그 역사를 함께 해왔다는 사실뿐만 아니라 '대중 중심성'의 사회적 확립을 요구하는 탈현대적 자본주의 사회의 '대중'이 그 전환을 강제하기 때문이다. 따라서 '대중 중심성과 지식인 중심성'이라는 프레임으로의 전환은 단지 '지식인 중심성'을 비판하기 위해서가 아니라 '대중 중심성'을 사회적으로 확산(또는 강화)시킨다는 목적으로부터 설정된다. 좌파 지식인들과 '문화연구'의 이론적 대립과 논쟁을 이러한 시각에서 평가할 수 있다.

사회주의 이데올로기의 정치경제학적 관점을 고수하는 '좌파(또는 진보)' 지식인들이 '문화연구'의 '대중 중심'적 담론을 비판하는 지점은 바로 '신사회 운동'과 '능동적 소비자론' 등이 의미하듯, '문화연구' 진영이 '노동계급 당파성'을 폐기하고 우파의 '소비자 주권론'으로 전향했기 때문이다. 만약 이들의 비판이 타당하다면 마땅히 그것은 현실적 파급력을 가져야만 할 것이다. 하지만 그 비판들은 단지(여전히) 좌파 지식인 사회에서만 유효할 뿐이다.[43] 지식인 사회 밖에 위치한 현실의 자본주의적 대중에게 그들의 비판은(어쩌면 그 논쟁 자체가)

---

[43] '노동계급의 정치학'과 '정체성의 정치학', '상부구조에 대한 토대의 규정성'과 '상부구조와 토대의 분리' 등은 여전히 이론적 논란거리로 남아 있으며, 좌파 지식인 사회 또한 그 분화가 가속화되고 있다. 이에 대한 맥로비의 지적은 여전히 타당하다. "문화연구는 환원주의와 경제주의에 반대하는, 토대 – 상부구조의 은유에 반대하는, 허위의식의 개념에 저항하는 급진적 질문의 형태로 생겨났다. …… 프레데릭 제임슨(Fredric Jameson)과 데이비드 하비(David Harvey)와 같은 비판가들에 의해 지적된 전-포스트모던 마르크스주의로 되돌아가는 것은 지지할 수 없는 것이다. 왜냐하면 이렇게 되돌아가는 것은 문화적, 정치적 관계를 기계적이고 회고적인 역할로 위치 지움으로써 문화와 정치에 대한 경제적 관계와 경제적 결정의 우선성을 단정 짓는 것이기 때문이다." Angela McRobbie, "Post-marxism and cultural studies: A Post-script", in L. Grossberg, C. Nelson & P. Treichler (eds.), *Cultural Studies*(New York: Routledge, 1992), pp. 719~720. ; 하윤금, 「문화연구의 패러다임 위기」, 『진보평론』, 2002년/겨울호, 제14호, http://jbreview.jinbo.net/maynews/readview.php?table=organ&item=&no=339 재인용.

그렇게 큰 의미로 남아 있지 않다. 따라서 그 비판들은 지식인들만의 자족적인 논쟁에 불과하며, '좌파(또는 진보)'가 실천적으로 무능하다는 평가의 원인이 된다. 이것은 단지 서구 사회나 중국 사회에만 국한된 현상이 아니라 전 세계적으로 공통된 것이라 할 수 있다.[44]

따라서 '대중 중심'적 태도가 자본주의적 현실에 대한 무조건적인 승인에 불과하다는 좌파 지식인들의 주장은 여전히 그들이 '좌파와 우파'라는 프레임 안에 갇혀 있다는 반증이며, 결과적으로 그 안에서 자신의 사회적 위치와 기능만을 도모한다는 '역설'(그들의 본래 의도가 그렇지 않다는 의미에서)을 피할 수 없다. 그들이 간과하고 있는 것은 지식인이 생산하는 담론의 성격과 방향이 '대중'에 의해 결정되고 있다는 사실이다. 다시 말해서 '문화연구' 진영의 '대중 중심성'은 바로 현대와 탈현대를 가로질러 자신의 사회적 힘을 지속적으로 확장시키고 있는 자본주의적 '대중'의 영향을 받아 출현한 것이다. 왜냐하면 지식인의 담론은 현실 변화에 따른 일상생활의 요구, 즉 그 일상생활을 채우는 대중의 요구(또는 유관성)와 무관할 수 없기 때문이다.

좌파 지식인들이 '문화연구' 진영에 가하고 있는 '신수정주의(new revisionism)'[45] 또는 '주의주의(voluntarism)적 기회주의'라는 비판을 이런

---

[44] 여기에는 보다 근원적인 문제가 개입되어 있다. '대중 중심성'을 견지한 '문화연구' 지식인들의 담론 역시 이로부터 자유롭지 않기 때문이다. 이를 위해서는 탈현대적 자본주의 사회의 지식인 형상과 지식인이 존립할 수 있는 물적 기반에 대한 이해가 요구된다. 관련 내용은 제3장의 '학술경제' 부분을 참조할 것.

[45] 대표적으로 맥기건은 '신수정주의'를 '신그람시주의'에서 전환된 것으로 평가하면서, 그것을 '무비판적 대중영합주의(populism)를 향한 전환'이라고 주장한다. "현재 문화연구에 나타나고 있는 패러다임의 위기, 즉 무비판적 대중영합주의를 향한 전환의 조짐은 이미 확실하게 드러났다. 그것은 신그람시주의적 헤게모니 이론의 내재적 모순과 서로 연관된다. [다시 말해서] 신그람시주의의 헤게모니 이론과 이 하나의 영역[무비판적 대중영합주의]은 긴밀하게 결합되어 정치경제학적 견해와 대립한다." Jim McGuigan, *Cultural Populism* (London and New York: Routledge, 1992), p. 5. 또한 그는 문화적 대중영합주의를 "보통 사람들의 상징적 경험과 실천이 대문자 C를 사용하는 '문화(Culture)'보다 분석적으로나 정

맥락에서 평가할 수 있다. 이처럼 대중문화 담론 역시 '대중'과 대중의 문화로서 '대중문화'가 하나의 되돌릴 수 없는 사회적 힘으로 부각되면서 그것의 기본성격이 규정된다. 바로 '대중 중심'적 대중문화 담론은 '대중'이 드러내는 사회적 힘의 문화적 양태를 표현하기 때문이다. 따라서 이론적 차이를 둘러싼 서구 좌파와 '문화연구' 진영의 분화는 지식인이 대중과 관계 맺는 방식의 변화를 반영한다. 이것은 지식인 사회의 분화가 특히, 탈현대적 자본주의 사회를 거치면서 더욱 격화된 형태로 진행될 것을 암시한다.

'지식인 중심성'은 이처럼 '대중 중심성'과 대립적 긴장을 유지하며, 좌파와 우파(또는 진보와 보수)를 넘나들며 지금까지도 지식인들

치적으로나 더욱 중요하다고 간주하는 대중문화 연구자들의 지적 가정(assumption)"이고, "'문화(Culture)'나 '예술(Art)'과 같이 대문자를 사용한 어휘가 영어 가운데 문화엘리트주의를 직접적으로 [의미하는 글자의 기호적 상징이 되었다(독일어에는 이러한 일이 없다할지라도)."고 평가한다. Jim McGuigan, 같은 책, 1992, p. 4. 이처럼 맥기건은 '문화연구'의 정치경제학적 관점의 폐기가 필연적으로 수정주의로 흐를 수밖에 없다는 점과 '문화연구'가 취하는 문화적 대중영합주의 태도로 인해 대중문화 이외의 문화적 관점은 단지 문화엘리트만의 것이 되었다고 주장한다. 그가 신수정주의자로 지목하는 이들이 바로 피스크와 윌리스(Paul Willis)다. 맥기건은 두 사람을 지적하면서 그들의 무비판적 대중영합주의 경향을 비판한다. "보통 사람들이 현 상황에서 의미 있는 행위를 하기 위해 사용가능한 상징 자원을 쓴다는 것은, 신수정주의에 의해 수없이 주장되었다. 그래서 인간을 이런 곤경에서, 스스로 곤경에 처한 것을 알든 모르든, 해방시키기 위한 프로젝트도 이 근본적 직관에 의해서 문제화되었다. 경제적 착취·인종 문제·성 차별과 억압 등이 존재하는 것은 사실이지만, 피착취자·소외 집단·억압된 자들은 이에 충분히 대처하고 있으며, 존 피스크나 폴 윌리스의 주장을 믿으면, 더구나 자신들의 세계에 잘 맞는 생각을 갖고, 주어진 것에서 많은 즐거움을 취하며 아주 잘 꾸려나간다는 것이다. 분명히, 이러한 일상생활의 미시정치학에는 너무 많은 사건이 일어나고 있어서, 한 때 대중문화 비판자들에게 매혹적이었던 더 나은 세계에 대한 유토피아적 약속이 그 신뢰를 잃어버린 것이다." Jim McGuigan, 같은 책, 1992, p. 171. 여기에서 언급된 '신그람시주의'는 계급 개념과 이에 따른 계급정치학을 부정하는 푸코(Michel Foucault, 1926~1984)의 '편재하는 권력', 그리고 그람시(Antonio Gramsci, 1891~1937)의 다원화된 권력 간의 헤게모니 투쟁 개념에 기초한 것이다. 신그람시주의는 이후 노동자계급의 당파성과 급진성을 반성하고 '신사회 운동'으로 발전하게 되는데, 그 비판자들(주로 정치경제학적 관점을 고수하는)에 의해 '신수정주의'로 비판받는다. 다시 말해서 운동의 중심성 상실, 운동의 주체 및 운동의 대상에 대한 통일성의 결여 등이 핵심 문제로 부각된다. 하윤금, 「문화연구의 패러다임 위기」, 『진보평론』, 2002년/겨울호, 제14호, http://jbreview.jinbo.net/maynews/readview.php?table=organ&item=&no=339 참조.

에게 광범위한 영향을 미치고 있다. 이러한 '지식인 중심성'은 '현대적 지식인'이라는 형상의 출현과 밀접하게 관련되어 있다. 그것은 현대적 지식인이 그들의 사회적 위치와 기능을 안정적으로 확보하려는 시도, 즉 국가권력과 함께 추구했던 '입법자적 야망'에 기원하기 때문이다. 이로부터 '지식인 중심성'에 대한 역사적 접근의 필요성이 제기된다.

현대적 '지식인'과 '지식인 중심성'

바우만(Zygmunt Bauman)은 '19세기 말'에 등장한 지식인(intellectuals)을 "언론인·소설가·시인·예술가·대학 교수 등 민족의 정신과 정치 지도자의 행위에 영향을 줌으로써 정치적 과정에 직접 개입하는 것을 자신들의 도덕적 책임이자 집합적 권리로 느낀 자"[46]들로 규정한다. 그러면서 당시 '지식인'이라는 단어가 사용되기 시작한 이유를 "정치적 영향력을 상실하게 된 지식인이 지식의 생산 및 보급과 결부된 폭넓은 관심과 사회에서의 중심적 위상을 되찾고자"[47] 하는 것과 "지식인 기능의 통일"[48]적인 추구에서 찾는다.

17세기에 서구에서 출현하여 19세기에 최종적 형태를 획득한 '현대성'은 세계 자체라기보다는 세계 인식으로 이해되며, 그 세계 인식은 계몽주의 시대를 거치면서 전현대적인 것으로부터 현대적인 것으로 전환된다. 이 과정에서 이성적이며 보편적인 인식의 추구가 가

---

[46] 강수택,『다시 지식인을 묻는다』(서울: 삼인, 2001;2004): 160쪽.
[47] 강수택, 같은 책, 2004: 160쪽.
[48] 강수택, 같은 책, 2004: 160쪽.

장 중요한 특징으로 부각되는데, 그것은 이성에 대한 믿음과 궁극적인 성공에 대한 확신에 기초하기 때문이다. 바우만은 그러한 확신이 "지식인에게 문화적 자신감과 서구 사회 질서의 객관적 우월성에 대한 확신을 제공하"[49]고 있으며, 이러한 경향성으로부터 정치적 입장이나 계급적 성향이 다른 지식인들이 하나의 사회적 집단으로 간주된다고 평가한다.[50] 다시 말해서 대중과 구분되는 문화적 우월감 또는 서구 질서에 대한 우월한 가치 부여가 바로 서구 사회에서 지식인이라는 '집단적 정체성'(보수와 진보라는 구분 없이)의 근거로 기능한다.

바우만은 지식인의 형성이 현대 국가 권력의 필요성에 의해 배태되었다고 본다. 즉 현대 국가는 당시 대중의 충성심을 필요로 했으며, 옛 정치 세력에 대한 이들의 충성심을 돌리기 위해 새로운 가치관의 정립과 보급이 요구된다. 이를 가능하게 할 수 있는 세력이 바로 새로운 전문 지식과 기술을 갖춘 지식인 집단이다. 하지만 이것이 국가만의 일방적인 필요에 의해 만들어진 것이 아니라 지식인 집단 역시 동일한 이상을 꿈꾸고 있었으며 결국 양자의 필요가 상호 결합된 것이다.[51] 다시 말해서 국가 권력과 지식인은 "공통적으로 혼란을 발견한 후 이를 통제하고 질서로 대체하고자 하였던 것이다. 이들이 끌어들이고자 하였던 질서는 합리적 법칙에 호소하는 설계에 의존한 것이었다. 그리고 자신들에 반대되는 모든 것에 대해서는 [그] 정당성을 부인하는 것이었다."[52] 이 과정을 통해 사회적 설계라는 야망

---

49 강수택, 『다시 지식인을 묻는다』(서울: 삼인, 2001;2004): 161쪽.
50 강수택, 같은 책, 2004: 161쪽 참조.
51 강수택, 같은 책, 2004: 161~162쪽 참조.
52 강수택, 같은 책, 2004: 162쪽.

을 갖춘 국가권력과 지식인은 자신을 '설계자' 혹은 '입법자'로 인식하며, 이로부터 형성된 '위로부터 아래로의 접근'이라는 시각과 태도를 공유한다. 다시 말해서 지식인이 어떤 이데올로기를 견지하든 간에 이러한 시각과 태도는 현재까지도 지식인의 내재적 속성으로 작용하게 된다.[53]

이에 대해 바우만은 계몽주의적 지식인과 이데올로기적 지식인을 구분한다. 우선 당시의 계몽주의적 지식인들은 "분명하고 합리적 사유와 정보가 갖추어진 의사 결정을 할 능력을 발전"[54]시키는 '계몽'과, "설계된 합리적 사회가 가장 필요로 하는 기술, 즉 명령을 따라서 시민이 행할 본능과 의지를 가르치는"[55] '교육'이라는 두 가지 기능을 수행한다. 여기에서 계몽은 계몽 군주 또는 입법자를 대상으로, 교육은 백성들을 대상으로 하는 것을 의미한다. 이러한 계몽주의적 지식인들의 활동은 주되게 네 가지 측면에 맞춰져 있다. 1) 국가의 권력과 야망의 확장, 2) 과거 교회의 목양(牧養)적 기능을 국가로 이전, 3) 사회 질서의 재생산을 계획·설계·관리하는 기능을 통한 국가의 재조직화, 4) 백성의 생활을 규제·조직하기 위한 새로운 규율적 사회

---

[53] 리춘핑 역시 동일한 시각에서 중국 지식인들을 평가한다. "지식-권력의 공생 현상은 계몽 시대에 확립된 것이며, 지식인들이 연출한 사회적 양심이라는 주연은 그들의 어떤 '중심 콤플렉스'[로부터 표출된 것이다. 중국의 적지 않은 지식인들이 이른바 '제갈량 콤플렉스'를 가지고 있으며, 그들의 기능은 노신의 표현대로 '幇忙'과 '幇閑'에 불과하다. [그들은] 지식인 [자신]이 주변화되고 사회생활의 탈정치화가 진행되는 오늘날에도 여전히 주변부에 위치하면서 중심 문제를 사고하는 이른바 '정치적 논평만을 일삼는 선비들'인 것이다." 李春萍,「學者·知識分子·知識工作者」,『學術研究』2006年第10期: 121쪽. 여기에서 '방망'과 '방한'은 바쁨을 돕고 한가함을 돕는다는 의미이다. 루쉰(1881~1936)은 중국의 전통 문인들을 평가하며, 그들의 문학은 황제의 공무를 돕거나 소일거리를 거들어주는 幇忙文學과 幇閑文學 밖에 없었다고 비판한다. 魯迅,「從幇忙到扯談」,『魯迅全集』6(北京: 人民文學出版社, 2006): 336~337쪽 참조.; 魯迅,「幇忙文學與幇閑文學」,『魯迅全集』7(北京: 人民文學出版社, 2006): 408~410쪽 참조.
[54] 강수택, 같은 책, 2004: 163쪽.
[55] 강수택, 같은 책, 2004: 163쪽.

기제의 설계다.[56] 다시 말해서 그들의 활동은 주되게 입법화와 사회를 조직하고 규제하는 것에 맞춰진다.[57]

이처럼 백성, 즉 비(또는 전)자본주의 사회의 '민중'에 대한 지식인의 부정적 인식과 묘사는 사실 역사적으로 매우 견고한 형태로 지속되고 있다. 그것은 대부분 지식과 교양의 유무로 지식인 자신과 구별(또는 차별)되는 대중이다. 따라서 대중은 교육을 통해 변화시켜야 하는 대상에 불과하다. 하지만 이러한 지식인과 국가권력의 상호 공존적 관계는 현대 국가의 체제 안정화와 발전과정을 거치면서 균열 양상을 드러낸다. 규칙과 통제의 사회적 감시 체계를 확립한 국가권력은 더 이상 대중 통제를 위해 지식인과 공조해야만 할 필요성이 사라졌다. 뿐만 아니라 국가권력은 지식인과 구분되는 '전문가'를 체제 내로 흡수하면서 지식인 집단을 자신의 정치적 파트너로 인정할 필요도 없어졌다. 감시 권력과 시장 경제가 입법적 야망이 없는 전문가를 양성시키는 기제로 작동하고 있는 것이다. 국가권력이 지식인의 이데올로기적 정당화에 의존하지 않게 되면서 양자의 밀착 관계는 종식된다. 하지만 지식인들은 여전히 입법적 야망을 버리지 않고 정치적 영향력을 행사하기 위해 노력한다.[58]

바우만은 지식인들이 사회적 가치 생산과 함께 그 사회를 유지시킬 능력과 의지가 없는 통치자를 비판하면서, 자신들에게 그러한 사회적 역할과 임무를 부여하는 과정에서 지식인이라는 정체성이 만

---

[56] 강수택, 『다시 지식인을 묻는다』(서울: 삼인, 2001;2004): 163쪽 참조.
[57] 바우만은 특히 네 번째 측면과 관련하여 당시 계몽주의적 지식인들은 "절대주의 국가에 의해 구성되었던 백성에 대한 부정적인 이미지를 대체로 전수하였기 때문에 교육을 훈련과 규제로서 이해하는 경향이 있었다."고 평가한다. 강수택, 같은 책, 2004: 163쪽 주14.
[58] 강수택, 같은 책, 2004: 165~166쪽 참조. 1989년 '천안문' 사건 이후, 중국 지식인들도 유사한 상황에 처하게 된다.

들어졌다고 주장한다.[59] 다시 말해서 지식인이라는 집합적 자의식, 즉 그들의 정체성은 사회 질서를 관리하는 통치자에 대한 비판적 태도로부터 형성된다. 이와 같은 지식인의 정체성은 이데올로기적 지식인의 형상으로 연결된다. 이데올로기적 지식인은 계몽주의적 지식인과 다르게 "자신들의 과학·이데올로기·전문 지식 등을 제시하면서 '좋은 사회'의 생산 및 재생산의 책임을 국가라고 하는 세속적 정치권력의 소유자로부터 자신들, 즉 이성의 전문적 대변자들에게로 이전시키"[60]고 있다. 다시 말해서 국가 권력에 속해 있던 입법자적 기능을 자신들에게 돌리려 하는 것이다. 이로부터 국가 권력과 갈등 관계에 들어가게 된다.

여기에서 현대적 지식인들의 내재적 속성인 설계자적 기능(또는 권력 향유의 욕구) 또는 권력 비판 기능의 역사적 맥락을 이해할 수 있다.[61] 이로부터 하나의 중요한 사실이 드러난다. 그것은 국가권력과 지식인이 맺었던 '공모' 관계의 파열로부터 지식인들은 대중적 권위 확보를 통해 자신의 '입법자적 야망'을 실현시키고자 한다는 점이다.

---

[59] 강수택, 같은 책, 2004: 164쪽 참조.
[60] 강수택, 같은 책, 2004: 163쪽 주14.
[61] 지식인의 권력 비판이 가능할 수 있었던 물적 토대가 대학이라는 점은 주지의 사실이다. 현대 학문의 제도화 과정에 대한 백영서의 언급으로부터 지식인과 대학의 관계를 유추해 볼 수 있다. "현대 학문이 발달한 과정을 돌아보면, 17세기경 서구에서 새로운 학문 전달의 매체로 학술지가 발명되면서 대체로 주석과 편찬을 위주로 했던 그전까지의 학문이 현대적인 학문으로 이행했다. 그런데 잡지는 어디까지나 새로운 학문 패러다임의 첨병 역할을 한 것이고, 학회가 출현함으로써 이 패러다임은 전문가 집단 속에서 지위를 얻었으며, 대학이란 교육기관 속에 자리 잡음으로써 재생산이 가능해져 결국 학문의 제도화는 일단락된 셈이다. 이 경과를 보면 결국 현대 학문을 지탱해준 제도는 대학, 학회, 그리고 학술지임을 알 수 있다." 백영서, 「인문한국학이 나아가야 할 길 : 이념과 제도」, 『한국학연구』, 인하대 한국학연구소, 2007, 제17집: 51~52쪽. 참고로, 원문에서 '현대'가 '근대'로 표기되어 있다. 이처럼 현대 학문이 제도화될 수 있었던 환경이 대학과 학회, 그리고 학술지에 있었다는 그의 평가로부터 지식인의 생존 환경이 그것과 일치하고 있음을 알 수 있다. 그것들은 여전히 지식인의 사회 비판 또는 입법자적 활동을 가능케 하는 물적 토대로 기능한다.

바로 그 지점에 다수 대중의 대중문화가 존재한다. 다시 말해서 국가권력이 지배 체제의 공고화를 위해 대중문화에 대한 경계심을 늦추지 않는다면,[62] 지식인은 자신의 대중적 권위 확보를 위해(사회적 책임감이라는 명분과 함께) 자신들의 문화인 고급문화(또는 엘리트문화)보다도 대중문화에 더 큰 관심을 보인다. 따라서 대중문화 담론에 투영된 지식인의 '입법적 야망'은 국가권력의 그것과 마찬가지로 대중문화를 조정과 규제의 대상으로 바라보게 만든다. 결과적으로 이러한 '지식인 중심'적 대중문화 담론은 지식인들의 의도(예를 들어, 좌파 지식인들의 체제 비판과 같은)와 다르게 지배 체제에 대한 또 다른 동의로 기능하게 만든다.[63]

이처럼 현대적 지식인의 이러한 설계자적 또는 권력 비판적 기능은 모두 지식인이라는 사회적 존재를 중심에 놓는 시각을 반영한다. 다시 말해서 지식인이라는 사회적 위치와 기능을 전제로 할 때만이 그 현실적 존재의 타당성이 부여된다. 이로부터 '지식인 중심성'이 배태된다. '지식인 중심성'은 지식인 집단을 사회 구성의 필수 요소로 간주하게 만들 뿐만 아니라 지식인의 담론을 통해 그들의 사회적 위치와 기능을 정당화시키는(공개 또는 은폐된 형태로) 역할을 담당한다. 따라서 대중문화 담론 역시 담론 내부로부터 지식인의 본래 의도와 무관하게, 그들의 사회적 위치 또는 정체성 유지를 도모한다. '결핍된 대중'과 '보충으로서 지식인'이라는 이분법적 논리가 대표적

---

62 "다수의 대중문화는 항상 소수 권력층의 관심거리였다. 정치권력을 쥔 자들은 항상 권력이 없는 자들의 문화를 정치적 불안의 징후로 보고, 보호와 간섭을 통해 끊임없이 조정하고 규제해야 한다고 생각했다." John Storey/박모 역, 『문화연구와 문화이론』(서울: 현실문화연구, 1994;1995): 37쪽.
63 이러한 평가는 '반문화', 즉 '반자본주의적 문화' 담론이 자본주의 체제를 극복하기 보다는 오히려 그것의 강화에 기여한다는 히스와 포터의 문제의식과 그 궤를 같이 한다. Joseph Heath and Andrew Potter/윤미경 옮김, 『혁명을 팝니다』(서울: 마티, 2006;2009) 참조.

사례다.

반면, 앞서 살펴본 것처럼 '대중 중심성'은 그러한 '지식인 중심성'과 상반된 시각을 가리킨다. 여기에서 반드시 지적해야만 할 것은 이러한 '대중 중심성' 개념이 기존 사회주의 이데올로기에서 운위되던 그것과 일정하게 중첩된 이미지를 갖는다는 점이다. 따라서 긍정적 대중 형상에 기초하면서도 현실적으로는 다양한 이분법을 통해 '대중'을 구획하는 사회주의적 대중담론에 대한 엄밀한 분석이 요구된다. 사회주의 이데올로기가 주창한 '대중 중심성'(정확하게 말해서, '이데올로기적 대중 중심성')은 사회주의적 '계급관념'에 내장된 특정 계급 중시로부터 여타 계급의 타자화를 요구한다. 다시 말해서 사회주의 이데올로기에서는 '프롤레타리아트' 또는 '무산계급'의 이름으로 지식인뿐만 아니라 현실 대중(봉건적이든 자본주의적이든 간에)에 대한 타자화를 진행한다. 이것은 '계급대중' 담론이 생산한 이데올로기의 물질화 과정, 즉 '동일성' 또는 '일자성(一者性)' 구축에 해당한다.

이와 다르게 자본주의적 대중을 대상으로 한 '대중 중심성'에는 이러한 이분법적 정의가 적용되지 않는다. 만약 자본주의적 대중의 '대중 중심성'에 이분법적 논리를 적용하려면, 대중 자체에 동일자의 동일성이 전제되어야 할 뿐만 아니라 비대중(지식인과 같은)의 타자화가 동반되어야 한다. 왜냐하면 이분법이 동일자의 동일성 유지를 위해 비동일자의 타자화를 요구하는 논리이기 때문이다. 다시 말해서 자본주의적 대중은 그러한 동일성을 포함하지 않는데, 그것은 '대중'이 비대중의 자기동일성 확보로부터, 즉 대중을 호명하는 사람들로부터 규정되는 개념이기 때문이다. 예를 들어 사회에서 개개인은 대중의 이름으로, 즉 '나는 대중이다' 또는 '나는 대중이니까'라는 언술을 통해 행위를 하지 않기 때문에 그 실체성이 부정되는 것이다.

따라서 여기에서 언급된 '대중 중심성'은 다양한 사회적 범주가 교차되는 지점으로부터 사회적 개인 또는 집단의 행위를 중심에 놓는 가치판단적 인식체계를 가리킨다고 할 수 있다.

3 '대중 중심'적 대중문화 담론

'문화'에서 '대중문화'로

대중 개념과 마찬가지로 대중문화의 정의도 매우 복잡한 양상을 보인다. 우선 '대중'('the people', 'the popular', 'the masses'에 상관없이)과 함께 검토되어야 할 개념이 바로 '문화(culture)'다. 앞서 언급했던 다의적 대중 개념은 '문화' 개념과 결합되어 또 다른 맥락의 다의성을 구성하기 때문이다. 다시 말해서 '대중문화'는 '대중'과 '문화'라는 서로 같지 않은 의미의 조합으로 이루어져 있고, 대중이라는 어휘와 마찬가지로 문화 역시 복잡한 의미망을 가지고 있다.

따라서 '문화'에 대한 정의 및 '대중문화'에 대한 정의, 그리고 그 상관성에 대한 담론은 매우 다양하게 드러나게 된다. 문화연구(또는 대중문화연구) 역시 그와 같은 다양성을 직접적으로 반영하고 있다. 이것은 인류학적 문화연구에 자본주의 문화라는 특정한 생활방식을 연구대상으로 하는 '문화연구'가 포함된다는 것을 의미한다.

여기에서는 주되게 윌리엄스(Raymond Williams)의 문화 정의에 대해서 살펴보려 한다. 그 이유는 그의 정의가 많은 문화 정의 가운데 가장 대표적이라는 점, 문화 정의와 대중문화 정의에 상관성을 부여하고 있다는 점, 그리고 '문화연구'를 기초한 사람이라는 점 때문이다.

윌리엄스는 『키워드』에서 이러한 인류학적 문화 정의를 포함하여, 크게 세 가지 형태로 문화를 정의하고 있다. 1) 지적·정신적·미학적 발전의 일반적 과정 2) 지적인 작품이나 실천행위, 특히 예술적 활동 3) 한 시대의 집단 또는 전 인류의 특수한 생활방식이 그것이다.[1]

이 정의들은 그의 『기나긴 혁명(The Long Revolution)』도 보인다. 첫째, 위의 1)은 문화의 '이상(理想)'적 정의다. "문화는 절대적이거나 보편적인 가치의 견지에서 인간의 완성 상태 혹은 완성의 과정"[2]으로서 인류의 완벽한 상태를 의미한다. 이 정의에 따르면, "문화 분석은 본질적으로 삶과 작품들 속에서 영원한 질서를 구성하는 것으로 보이는, 혹은 보편적인 인간 조건에 대해 영속적인 관련을 갖는 가치들을 발견하고 묘사하는 것이"[3] 된다. 따라서 이 정의는 아널드와 리비스주의의 '문화적 소수'와 관련된다.[4]

둘째, 위의 2)는 문화의 '문헌'적 정의다. 이것은 문화를 기록된 텍스트와 실천행위 활동으로 파악한다. "문화는 세밀한 방식으로 인간의 생각과 경험을 다양하게 기록하는 지적이고 상상력이 깃든 작품의 총체."[5] 이 정의에서의 문화비평은 '인간의 완성 상태 혹은 완성의 과정'을 다루는 분석과 유사한 형태를 띠게 되며, 그것은 결국 아널드의 '단맛과 빛'을 발견할 때까지 비판이 이루어지는 작업을 뜻한다.[6]

셋째, 위의 3)은 문화의 '사회적' 정의다. 여기에서 "문화는 예술이

---

[1] Raymond Williams/劉建基 譯, 『關鍵詞: 文化與社會的詞滙』(北京: 三聯書店, 2005): 106쪽 참조.
[2] Raymond Williams/성은애 옮김, 『기나긴 혁명』(파주: 문학동네, 2007): 83쪽.
[3] Raymond Williams/성은애 옮김, 같은 책, 2007: 83쪽.
[4] John Storey/박모 역, 『문화연구와 문화이론』(서울: 현실문화연구, 1994;1995): 81쪽.
[5] Raymond Williams/성은애 옮김, 같은 책, 2007: 83쪽.
[6] John Storey/박모 역, 같은 책, 1995: 81쪽.

나 학문에서뿐만 아니라 제도나 일상적 행위에서 어떤 의미나 가치를 표현하는 특정한 삶의 방식을 묘사하는 것이다."[7] 이 정의에 따르면 "문화의 분석은 특정한 삶의 방식, 특정한 문화 내에서 명시적으로 혹은 암시적으로 드러나는 의미와 가치들을 해명하는 것"[8]이 된다. 따라서 이 '사회적' 정의에 입각한 문화 분석은 "문화에 대한 다른 정의를 추종하는 사람들에게는 결코 '문화'가 아닌 삶의 방식의 요소들"[9]을 포함시킨다. 다시 말해서 특정한 삶의 방식으로서의 문화, 특정한 삶의 방식이 표현된 문화, 그리고 이 특정한 삶의 방식을 재구성하는 방법으로서의 문화 분석이 여기에 해당한다.[10]

이러한 세 가지 정의로부터 '문화연구'의 근간이 이루어진다.[11] 이처럼 문화의 '사회'적 정의를 포함한 윌리엄스의 문화 개념은 이제 리비스주의의 그것과 명확하게 구별된다. 왜냐하면 차별과 복종의 위계적 문화 질서를 요구한 리비스주의와 다르게 윌리엄스는 문화를 '평범한' 사람들의 '살아있는 경험'으로 인정하기 때문이다.

---

7 Raymond Williams/성은애 옮김, 같은 책, 2007: 84쪽.
8 Raymond Williams/성은애 옮김, 같은 책, 2007: 84쪽.
9 Raymond Williams/성은애 옮김, 같은 책, 2007: 84쪽.
10 John Storey/박모 역, 같은 책, 1995: 82쪽.
11 윌리엄스는 이 문화의 정의를 통일적으로 인식한다. 그에게 세 가지 문화 정의는 모두 나름의 가치가 있으며, 이 정의들이 지향하는 영역을 모두 포괄해야만 적절한 문화 이론이 될 수 있기 때문이다. "이 세 종류의 정의에 대해서는 각기 의미 있는 지시 대상이 있는데, 우리의 주목을 끄는 것은 그것들 사이의 관계일 것이다. 문화에 대한 적절한 이론이라면 이 정의들이 지시하는 사실의 세 가지 영역들을 포괄해야만 하며, 반대로 이러한 범주들 중 어떤 것 내부에서 만들어진 특수한 정의라도 다른 나머지 것들에 대한 지시 관계를 배제한다면 부적합한 이론이다. …… 우리는 그것이 실제로 아무리 어려운 일이라 해도 그 과정을 전체로서 보고, 우리의 특수한 연구들을 적어도 명시적으로는 아니더라도 궁극적인 준거에 의해 실제적이고도 복잡한 조직에 연관시키도록 노력해야 한다." Raymond Williams/성은애 옮김, 같은 책, 2007: 86~87쪽. 여기에서 윌리엄스가 인류학적 문화담론을 받아 안으려는 노력을 엿볼 수 있다.

일요신문이나 추리소설, 연애소설에 대한 분석들은 …… 우리에게 매우 친숙하다. 그러나 당신 자신이 그러한 독자계층 출신일 때, 즉 아직도 그런 것들에 끌리고 있다고 느낄 때, '교육받은 소수, 저질의 군중'이라는 과거의 공식을 달가워할 리가 없다. 당신은 대부분의 '대중문화'가 얼마나 나쁜지는 알고 있다. 그렇지만 당신은 동시에, 버크(Edmund Burke, 1729~1797)가 빛과 지식을 짓밟아버릴 것이라고 예언했던 '돼지 같은 다수'의 분출이 실은 당신이 버리려고 해도 결코 버릴 수 없는, 당신과 같은 사람들에게 어느 정도의 힘과 정의로서 다가오고 있음을 알 수 있다.[12]

윌리엄스는 지식인이 생산한 '교육받은 소수'와 '저질의 군중'이라는 이분법을 비판하면서 대중의 문화를 '일반문화(common culture)'로 긍정한다. '빛과 지식'을 지키는 소수의 지식인은 '돼지 같은 다수'라는 대중의 사회적 성장 앞에서 무력해질 수밖에 없으며, 문화는 더 이상 소수의 전유물이 아니라 일반 사람들의 것이 되었다. 이처럼 그는 문화의 경계를 확장시켜 소수의 고급문화로부터 다수의 대중문화, 즉 '대중의 문화'로 문화를 재정의한다. 이로부터 소수 지식인의 고급문화(또는 엘리트 문화)에서는 인정될 수 없었던, 예를 들어 텔레비전·영화와 같은 대중문화도 문화의 영역으로 진입할 수 있는 근거를 갖추게 된다.

홀(Stuart Hall)은 윌리엄스의 문화 개념을 다음과 같이 정식화한다.

문화를 그 사회의 공통된 경험을 이해하고 반영할 수 있게 해주는 가능한

---

[12] John Storey/박모 역, 『문화연구와 문화이론』(서울: 현실문화연구, 1994;1995): 86쪽 재인용.

모든 기술(記述) 체계들 전체와 연관시킨다. 이 정의는 '관념'을 강조했던 예전의 입장을 받아들인 것이지만, 그것을 철저하게 재구성한다. [따라서] '문화'의 개념 그 자체는 민주화되고 사회화된다. 문화란 더 이상 '지금까지 생각하고 말해 왔던 것 가운데 최고의 것'을 모은 것도 아니고, 성취된 문명의 정상이나 예전에 사용되던 때에는 모두가 열망하던 그러한 완벽함의 이상으로 여겨지던 그러한 것도 아니다. 예전의 틀에서는 최고의 가치를 지닌 문명의 시금석으로서 특권적 지위를 부여받았던 '예술'조차 이제는 일반적인 사회과정에서 단지 하나의 특수한 형태로서 다시 규정된다. 그러한 사회 과정이란 의미를 주고받는 것, 그리고 '공통된' 의미, 즉 공통문화를 점진적으로 발전시키는 것을 말한다. 이런 특수한 의미의 '문화'는 (윌리엄스가 자신의 일반적 입장을 널리 이해하기 쉽도록 하기 위해 만들어낸 도식의 하나를 빌리자면) '일상적인' 것이다. …… '만일 예술이 사회의 일부라면, 그것 외부에는 우리가 제기하는 질문의 형식에 따라 우선권을 주어야할 만한 확실한 실체라고는 전혀 없다. 예술은 생산·거래·정치·가족 양육과 더불어 하나의 활동으로서 존재한다. 그 관계들을 적절히 연구하기 위해서 우리는 그것들을 적극적으로 파악하고, 모든 활동들을 인간 에너지의 특수하고 현대적인 형태들로 보아야 한다.'[13]

홀은 윌리엄스의 문화 개념이 소수의 고급문화가 지닌 우월한 가치를 배제하면서 일상적인 '공통문화', 즉 대중에 의해 인증되고 주도되는 문화로 가치 전환을 이루었다고 평가한다. 따라서 이 전환 과정은 민주화 과정일 뿐만 아니라 사회화 과정에 해당한다. 또한 홀은

---

13 Stuart Hall, "Cultural Studies: Two Paradigms", *Media, Culture and Society*, 1880, 2, p. 59. ; Stuart Hall/임영호 편역, 『스튜어트 홀의 문화 이론』(서울: 한나래, 1996): 207~208쪽.

윌리엄스의 문화 개념이 관념과 실천이라는 두 가지 방식에서 문화 개념을 재구성하고 있다고 지적하면서, 그의 문화 개념이 "일반적으로 분리되어 있는 요소들이나 사회적 실천들 사이에 능동적이고 떼낼 수 없는 관계를 설정"[14]한 것에 그 주된 의의가 있다고 설명한다. 이로부터 문화는 "모든 사회적 실천들의 내부에서, 혹은 그 저변에서 …… 볼 수 있는, 인간 에너지의 조직 형태이며 인간 에너지의 특징적인 형태"[15]가 된다.

여기에서 문화이론의 정의와 문화연구의 의의가 마련된다. 즉 문화이론은 "'총체적인 삶의 방식 안에 있는 요소들 사이에 존재하는 관계에 관한 연구'로 정의"[16]될 수 있으며, 문화연구의 의의는 "어떤 특정한 시기에 이러한 모든 실천과 유형 사이의 상호 작용들 전체가 어떻게 체험되고 경험되는가를 파악하려는 것"[17]에 있다. 홀은 이러한 문화연구를 통해 윌리엄스가 언급한 해당 시기의 '감정의 구조(structure of feeling)'를 이해할 수 있다고 본다.

하지만 문화 개념의 사회적 표현은 문화행위자로서 구체적 '대중'과 분리될 수 없는 것이다. 그것은 위에서 지적하고 있는 '모든 사회적 실천들', '총체적인 삶의 방식', '어떤 특정한 시기에 이러한 모든 실천과 유형 사이의 상호작용들 전체'의 중심에 바로 '대중'이 위치한다고 보기 때문이다. 초역사적 고급문화의 위상을 역사적 변천 과정의 일부로 전환시키려는 윌리엄스의 시도는 바로 당시 대중의 사회

---

[14] Stuart Hall, "Cultural Studies: Two Paradigms", *Media, Culture and Society*, 1880, 2, pp. 59~60. ; Stuart Hall/임영호 편역, 『스튜어트 홀의 문화 이론』(서울: 한나래, 1996): 208쪽.
[15] Stuart Hall, 같은 글, 1880, p. 60. ; Stuart Hall/임영호 편역, 같은 책, 1996: 209쪽.
[16] Stuart Hall, 같은 글, 1880, p. 60. ; Stuart Hall/임영호 편역, 같은 책, 1996: 208쪽.
[17] Stuart Hall, 같은 글, 1880, p. 60. ; Stuart Hall/임영호 편역, 같은 책, 1996: 209쪽.

적 성장과 밀접한 상관관계를 맺고 있다. 다시 말해서 '저질의 군중'이 생산하거나 향유하고 있는 문화를 하나의 공식적인 '일반문화' 개념으로 드러낸다.[18] 고급문화가 소수의 문화라고 정의될 수 있다면 대중문화는 다수의 문화가 된다. 이로부터 '대중문화'는 다수 대중의 문화라는 의미를 갖는다.

그로스버그(Lawrence Grossberg)는 "그렇기 때문에 '대중(the popular)'은 하나의 초점을 규정하게 된다. 왜냐하면, 그들에게 새로운 가능성을 제공하기 위해서, '대중'이 자신들 스스로를 그들의 문화적 실천을 통해서 구성되는 방식들을 제공하기 위해서, 사람들(people) 자신의 삶의 영역으로 문화 연구가 들어가지 못한다면 문화 연구의 개입이 성공하지 못할 것이기 때문이다."[19]고 주장한 것이다. 언뜻 당연하게 보이는 이 명제가 중요하게 다루어져야만 하는 이유는 바로 '대중'과 '대중문화'의 역사적 성격과 그것을 어떻게 정의할 것인가라는 가치 판단의 문제가 개입되어 있기 때문이다.

윌리엄스는 『문화와 사회(Culture and Society)』 서문에서 '문화'의 현대적 성격을 구체적으로 밝히고 있다. "이 책의 주된 원칙은 문화라는 개념과 그 어휘가 현대적(modern)으로 사용된 방식이, 우리가 보편적으로 산업혁명이라 부르는 시기에 영어권에서 형성되었다는 것에 기반을 두고 있다."[20] 다시 말해서 현대적 문화라는 개념과 어휘

---

[18] 이러한 인식은 1930년대 중국 '대중어' 운동의 지식인들, 특히 푸둥화에게서 분명한 형태로 정식화된다. 傅東華, 「大衆語文學解」, 『文學』1934年第3卷第3期(文學社編輯, 『文學』 第3卷, 1934年7月~12月, 生活書店發行) 참조.
[19] Lawrence Grossberg, 「문화 연구의 순환」, John Storey 엮음/백선기 옮김, 『문화 연구란 무엇인가?』(서울: 커뮤니케이션북스, 2000): 381쪽 ; John Storey (ed.), *What is cultural studies?: a reader*(London: Arnold, 1996), p. 185.
[20] Raymond Williams, *Culture and Society 1780~1950*(Harmondsworth: Penguin Books, 1963; 1982)(orig.1958), p. 11.

가 18세기 말에서부터 19세기 초에 이르는 산업혁명 기간 동안 영어권에서 형성되었으며, 그것에는 광범위한 생활상의 변화가 반영되어 있다. 이 해석은 문화(즉 대중문화)가 자본주의 시장경제, 그리고 산업화와 도시화라는 특수한 시대상과 밀접하게 연관되어 있다는 것을 알려준다.[21]

이와 같은 관점은 이전의 '문화'와 '대중문화'를 구분하여 파악하게 만든다. 스토리는 19세기 초 영국의 맨체스터를 예로 들며, 산업화와 도시화의 의미를 설명한다. "첫째로 도시는 계급에 의한 주거분리의 명확한 경계를 유발시켰다. 둘째로 그러한 주거분리는 산업자본주의의 새로운 노동관계에 의해 일어났다. 세 번째로, 생활과 노동관계의 변화라는 바탕 위에서 문화적 변화가 일어났다."[22] 다시 말해 "맨체스터의 노동계급에게는 지배계급의 직접적인 간섭으로부터 어느 정도 벗어나 독자적인 문화를 개발할 공간이 주어졌던 것이다. …… 이제 역사상 처음으로 도시와 산업중심지의 피지배층만이 갖는 분리된 문화가 존재하게 된 것이다."[23]

이로부터 스토리는 지배 집단의 고급문화와 구분되는 당시 '피지배 집단의 대중문화' 특징을 다음과 같이 언급한다. "첫째, 새로운 문화기업들이 영리를 위해 제공하는 문화였으며, 둘째, …… 급진적인 예술가들과 새로운 도시노동계급, 중산층 개혁론자들이 정치선동을 위해 그리고 이러한 정치선동에 의해서 만들어진 문화다."[24] 물론 이것을 한 도시의 사례로 간주할 수도 있지만 여기에서는 두 가지 점에

---

21 John Storey/박모 역, 『문화연구와 문화이론』(서울: 현실문화연구, 1994;1995): 31쪽 참조.
22 John Storey/박모 역, 같은 책, 1995: 37~38쪽.
23 John Storey/박모 역, 같은 책, 1995: 38쪽.
24 John Storey/박모 역, 같은 책, 1995: 38쪽.

주목해야 한다. 하나는 산업자본주의의 출현으로부터 형성된 '대중'과 '대중문화'의 관계이고, 다른 하나는 '대중문화'가 이데올로기적 지식인과 대중의 연결 매개로 설정된 '노동계급문화'(또는 '민중문화')와 맺는 관계다.

우선 산업자본주의의 새로운 노동관계로부터 이른바 자본주의적 대중이 새롭게 출현했다면 바로 그 대중은 산업자본주의 사회 이전의 '민중(사회주의 이데올로기의 규정을 받지 않는)'과 명확하게 구분되는 존재가 된다. 다시 말해서 비(또는 전)자본주의 사회의 '민중'과 자본주의 사회의 '대중'에는 각각 그 문화 양식으로서 '민간문화'와 '대중문화'가 조응한다. 따라서 '민간문화'가 '민중'의 문화라면 '대중문화'는 '대중'의 문화가 된다. '대중문화'의 실질적 주체가 '문화산업'(프랑크푸르트 학파가 주장한)이 아니라 자본주의적 '대중'이라는 해석은 피스크의 핵심 주장이기도 하다.

이로부터 '대중문화'와 '민중문화'(또는 '노동계급문화')의 관계는 '대중문화'의 성격을 규정하는 데 매우 중요한 의미를 갖는다. 두 문화 양식은 모두 자본주의 사회 내부에 존재한다는 특징을 갖지만 스토리도 언급하고 있듯이, '민중문화'는 피지배 집단의 문화라는 점에서 비(또는 전)자본주의 사회의 '민간문화'와 유사한 문화 양식을 드러낸다. '민중문화'가 '민간문화'와 구분되는 지점은 베넷이 지적했던 사회주의 이데올로기의 개입 여부에 있다. 다시 말해서 앞서 살펴본 것처럼, 사회주의 이데올로기의 계급관념이 과거의 '민중'을 '피지배계급'으로 형상화함으로써 자본주의 사회 내부에 존재했던(또는 존재하는) '이데올로기적 민중'을 창조한 것이다. 따라서 '민중문화'는 '민간문화'와 구분된 자본주의 사회의 '이데올로기적 민중의 문화'로 정의된다. 자본주의 사회 내부로부터 '대중문화'와 '민중문화'를 구분하는 이유는 이것이 사회주의 사회의 '혁명문화'와도 직접적인 연관성을 맺고 있기 때문이다. 이 문제는 다음에서 다룰 피스크의 대중문화 담론과 연결된다.

피스크의 대중문화 담론

앞서 살펴본 것처럼, 긍정적인 대중담론 또한 다양한 형태를 취하며 그 담론이 의도하는 목적과 현실적 층위에서 그것이 드러내는 의미 구성도 일정한 차이를 동반한다. 하지만 긍정적 대중문화 담론이 담론 내부로부터 긍정적 대중담론을 포함한다는 점에서 그것은 논리적 연속성을 갖는다. 여기에서는 긍정적 대중담론을 제기했던 피스크의 대중문화 담론을 살펴보고자 한다. 그의 대중문화 담론은 자본주의적 '대중'에 의한 '대중문화'에 집중된다.

피스크는 우선 문화 정의로부터 대중문화(popular culture)[25] 정의를 도출해내고 있다. 그는 레비스트로스(Claude Lévi-Strauss, 1908~1991)의 신화 분석에 기초하여 '문화'는 인위적인 것을 자연스럽게 만드는 것이라고 정의한다.

---

[25] '대중'에 'the masses'가 아니라 'the popular'(또는 'the people')라는 어휘를 대응시킨 피스크는 마찬가지로 '대중문화'에 'popular culture'라는 어휘를 대응시킨다. 다시 말해서 피스크는 'mass culture(군중문화)'·'working - class culture(노동계급문화)'·'folk culture(민간문화)'와 구분된 'popular culture(대중문화)'라는 어휘를 채택한다. 이로부터 그의 대중문화 담론이 능동적·창조적 '대중' 개념에 기초해 있다는 사실을 알 수 있다. 참고로 윌리엄스는 'popular culture'의 'popular'를 1) 많은 사람들이 좋아하는 것 2) 열등한 것 3) 사람들의 기호에 일부러 맞춘 것 4) 갑자기 터져 나온 활동이라는 의미로 파악한다. Laymond Williams/劉建基 譯, 『關鍵詞: 文化與社會的詞滙』(北京: 三聯書店, 2005): 355~357쪽.

이때 문화는 이중적인 자기모순을 드러내는데, 일체의 문화는 자연을 지배하고자 하는 인간 노력의 결과라는 점에서 자연으로부터 '구별짓기'가 그 기본 동력이었다고 할 수 있다면, 이렇게 추구된 목표에 따라 형성된 인공적이고 비자연적인 문화가 자기 모습을 갖는 그 순간 문화는 다시 자기 정당성을 자연적인 질서에서 찾고, 스스로를 자연과 동일시하려는 노력을 부단하게 견지한다는 것이다.[26]

바로 이와 같은 인위적 문화의 '자연화' 과정이 자본주의 상품에서부터 우리 사회 전반에 걸쳐 침투해 있다고 주장한다.[27] 더 나아가 '문화'를 "우리의 사회적 경험이 갖는 의미를 생산하는 지속적 과정, 그리고 이러한 의미가 영향을 미치는 사람들이 창조한 사회적 정체성"[28]으로 규정한다. 문화는 반드시 의미의 생성 과정에 존재해야 하며, 이러한 생성 과정은 반드시 사회적 권력의 분배 과정과 연결된 정치적 성격을 갖는다. "어떠한 사회적 시스템도 의미에 대한 문화적 시스템이 요구된다. …… 문화(및 그 의미·즐거움·정체성)는 사회적 실천의 지속적인 과정으로, 그것은 내재적 정치성을 갖고 있을 뿐만 아니라 주로 다양한 사회적 힘의 분배와 재분배에 영향을 미친다."[29]

이처럼 피스크는 일상생활과 사회적 경험으로부터 문화 개념을

---

[26] John Fiske/강태완·김선남 옮김, 『커뮤니케이션학이란 무엇인가』(서울: 커뮤니케이션북스, 2001): 8~9쪽.

[27] 피스크는 이러한 이중적 메커니즘의 대표적 사례로 광고를 언급한다. "상품을 사회적으로 매개하는 기능을 맡고 있는 광고는 상품에 내재된 일체의 인위적인 흔적(노동을 통한 자연의 가공과정)을 지우는 역할을 수행함과 동시에 광고에 제시된 모델 등과 같은 가공의 이미지를 무수한 반복 노출을 통해 자연스럽게 만드는 메커니즘이라 할 수 있다." John Fiske/강태완·김선남 옮김, 같은 책, 2001: 9쪽.

[28] John Fiske/楊全强 譯, 『解讀大衆文化』(南京: 南京大學出版社, 2001;2006): 1쪽.

[29] John Fiske/楊全强 譯, 『解讀大衆文化』(南京: 南京大學出版社, 2001;2006): 1쪽.

끌어내고 있다. 이와 같은 문화관은 윌리엄스가 문화를 정의하는 방식과 동일한 맥락에 서 있다. 다만 피스크와 윌리엄스의 차이는 피스크가 문화를 '생성', 즉 일상생활과 관련된 '생산'의 관점에서 파악한다는 점에 있다.

> 대중문화는 소비가 아니다. 그것은 문화다. 다시 말해서 대중문화는 사회 시스템 안에서 이루어지는 의미와 즐거움의 능동적인 창조 및 순환 과정이다. 비록 산업화되어 있을지라도 상품의 구매라는 측면에서 문화를 설명하는 것은 불가능하다.[30]

그는 대중에 의한 문화상품의 소비와 대중문화의 창조를 명확한 형태로 구분한다. 다시 말해서 소비되는 것은 문화상품이지 문화 자체가 아니다. 여기에서 대중문화를 자본주의적 문화산업이 생산한다는 관점은 부정된다. 대중은 문화상품을 소비하면서 끊임없는 대중문화를 창조하며 의미와 즐거움을 생산해내고 있다. 이러한 그의 시각은 뒤에서 다룰 '2중 경제론'으로 연결된다. 피스크의 대중문화 담론은 이 책의 문제의식과 관련해 크게 네 가지 측면에서 그 주된 특징이 드러난다. 첫째, '대중성'의 해석, 둘째, 고급문화와 구분되는 '대중문화', 셋째, 대량문화의 부정, 넷째, '민간문화'와 구분된 '대중문화'다. 이것은 그가 자본주의적 대중문화 담론과 직간접적 관계를 맺고 있는 여타 대중문화 담론들에 대한 평가 과정을 통해 '대중문화'를 정의하기 때문이다.

---

30 John Fiske, *Understanding popular culture*(Boston: Unwin Hyman, 1989), p. 23. ; John Fiske/ 박만준 옮김, 『대중문화의 이해』(서울: 경문사, 2002;2005): 29~30쪽.

① 피스크의 '대중성' 해석

일반적으로 '많은 사람들이 폭넓게 좋아하는 척도로서' 대중성을 언급할 수 있다면, 피스크의 '대중성'은 대립적·저항적 관점에서 정의된다. "대중성 문제를 살펴보려면, 반드시 그 가운데 [존재하는] 대립적 힘을 고려해야만 한다."[31] 다시 말해서 대중성은 대중으로부터 나오며, 문화기업[32]이 제공하는 상품(텍스트로서)에 대한 대중의 저항적 읽기로부터 나오는 것이다. 따라서 대중의 '대중성'을 고려하지 않는 문화상품은 존재하지 않으며, 수많은 문화상품들이 '대중성'을 갖추기 위해 경쟁하다가 대부분 실패한다. 대표적으로 문화기업의 핵심적 기능을 담당하고 있는 광고 산업을 예로 들 수 있다.

> 광고 산업은 그 자체의 용역을 팔기 위해 제조업자나 도매업자를 설득하는 것에 있어서 확실하게 성공하고 있다. 그러나 특정한 생산품을 사도록 소비자들에 대한 설득이 성공할 수 있느냐는 의심의 여지가 있다. 이를테면 광범위한 광고에도 불구하고 새로운 생산품의 80% 내지 90% 가량은 실패하고 있다. [그리고] 수많은 영화가 고액의 광고비용에도 불구하고 흥행순위에서 실패하고 있다는 점도 또 다른 사례[에 해당한]다. 30초짜리 텔레비전 상업광고가 50분짜리 프로그램을 만드는 것과 맞먹는 비용이 투입된다는 사실은, 정작 그 [투입된] 생산가격에 걸맞게 소비자의 무의식을 조작하거나 조종할 수 있다면, [아마] 정신적 공황상태가 초래될 것이다.[33]

---

[31] John Fiske, *Television Culture*(London and New York: Methuen, 1987), p. 310.
[32] 여기에서 '문화기업'은 프랑크푸르트 학파의 '문화산업' 개념과 의도적으로 구분하기 위해 설정된 표현이다.
[33] John Fiske, *Understanding popular culture*(Boston: Unwin Hyman, 1989), pp. 30~31. ; John Fiske/박만준 옮김, 『대중문화의 이해』(서울: 경문사, 2002;2005): 40쪽.

모든 광고는 일반적으로 소비주의를 선전하는 동시에 특별히 하나의 상품을 선전한다. 광고의 상품화 전략은 의심할 여지없이 단 하나의 효과만[을 고려한다]. 우리는 소비 사회의 생활과 상품화의 힘으로부터 빠져나가는 우리의 방식에 대한 경험을 가지고 있다. 상품화 광고들은 모두 천편일률적이다. 그것들은 전복, 회피, 또는 저항에 대해 면역되어 있지 않은 것처럼 어떤 다른 전략적 힘에 대해서도 면역되어 있지 않다. 만약 어떤 상품이 대중문화의 일부가 되었다면, 그것은 반드시 저항하거나 회피하거나 읽을 수 있는 기회를 제공해야만 한다. 그리고 그 기회들은 반드시 받아들여져야 한다. 이러한 기회의 생산은 재정적 [경제의 측면에서] 상품 생산자들의 통제를 벗어나 문화적 경제[의 측면]에서 상품 이용자들의 대중적 창조성에 달려 있는 것이다.[34]

상품은 대중의 소비를 전제로 하며, 상품의 광고는 소비 대중의 선택을 효과적으로 유도하는데 그 일차적 의의가 있다. 다시 말해서 자본주의는 기업의 광고를 통해 대중의 선택을 끌어내기 위해 소비주의를 조장한다. 하지만 만약 프랑크푸르트 학파와 같은 군중사회 이론의 논리를 따른다면, 수동적·기계적 대중은 사회적으로 생산되고 광고되는 모든 상품을 소비해야만 할 뿐만 아니라 그로 인해 모두 '정신적 공황 상태'를 맞이하게 될 것이다. 하지만 현실에서 대중의 상품 선택(또는 회피)과 소비과정은 그렇게 단순하지 않다.

대중은 개인의 유관성을 중심으로 다양하게 상품에 반응한다. 다시 말해서 문화기업의 상품이라는 텍스트와 대중의 일상생활은 바로 대중의 유관성(relevance)으로 연결되어 있으며, 대중의 분별력

---

34 John Fiske, 같은 책, 1989, p. 32. ; John Fiske/박만준 옮김, 같은 책, 2005: 42쪽.

(discrimination)은 그 유관성으로부터 작동하는 것이다.

> 대중의 분별력은 질적 측면에서 텍스트들 사이나 그 내부에서 작동하는 것이 아니라, 오히려 텍스트와 일상생활이 적절히 연결되는 그 유관성에 대한 확인이나 선택 속에서 작동한다. 이것은 독자들이 다양한 사회적 충성의 종속관계들에 [위치하고] 있는 것과 마찬가지로 어떤 텍스트라도 최소한 잠재적으로는 이에 못지않은 유관성을 제공할 능력이 있다는 것을 의미한다.[35]

이것은 대중의 분별력이 문화상품의 대중성을 평가하는 기준이 된다는 사실을 의미한다. 이와 같은 시각은 대중의 유관성을 확보하는, 즉 대중성을 획득하는 과정이 매우 복잡하다는 사실을 드러내준다. 예를 들어 일부 중국 지식인들이 대중의 유관성을 단순하게 '천현이동(淺顯易懂)', 즉 '평이하고 분명해서 이해하기 쉽다'라는 측면에서 평가한다.[36] 물론 '평이하고 분명해서 이해하기 쉽다'는 요소가 대중의 유관성을 구성하는 데 필요할 수 있다는 점에서 타당성을 갖지만 그것만으로 대중의 유관성 전체를 설명할 수는 없다. 만약 그렇다면 자본주의 사회에서 광고 산업이 현재와 같이 발전할 필요도 없었을 것이며, 수많은 문화상품이 대중으로부터 외면당하지도 않았을 것이다. 오히려 여기에서는 그러한 지식인의 시각을 문제 삼아야 한다. 지식인들의 '평이하고 분명해서 이해하기 쉽다'는 평가에는 지식인의 가치 추구가 '복잡하고 불분명해서 이해하기 어려운' 문제에 맞

---

35 John Fiske, 같은 책, 1989, p. 131. ; John Fiske/박만준 옮김, 같은 책, 2005: 190쪽.
36 제3장의 대중문화와 민간문화 부분 중, 특히 통속문화 관련 논의를 참조할 것.

춰져 있다는 사실과 함께 그것으로부터 지식인의 사회적 위치와 기능을 보장받으려는 지식인 자신의 의도가 개입되어 있다. 이것이 '지식인 중심성'의 전형적인 형태에 해당한다.

이러한 맥락에서 대중문화는 문화기업이 제공하는 상품을 이용해서 대중이 스스로 자신의 문화를 창조하는 것이지, 문화산업이 강요하는 것을 그대로 수용하는 소비과정이 아닌 것이다. 광고가 대중의 기호를 쫓기보다는 통제하면서 새로운 트랜드를 선점하고 있다는 주장조차도 대중의 기호, 즉 '대중성(popularity)'을 전제로 한다는 점에 주목할 필요가 있다. 따라서 '대중성'을 군중사회 이론에서와 같이 단순히 동질화된 형태의 군중적 특성으로 파악하려는 시도는 더 이상 적합하지 않다. 왜냐하면 대중과 대중의 문화는 사회적 권력의 상이한 분포를 반영한 사회적 다양성의 형태로 드러나기 때문이다. 자본주의 사회에 다양한 하위문화(sub-culture)가 존재하고 있다는 사실은 이미 대중성이 매우 복합적 개념이 되었다는 것을 보여준다.

물론 대자본의 상품이 소자본의 상품에 비해 더 강한 경쟁력을 갖추고 있으며, 대중의 선택을 받을 가능성이 높다고 할 수 있다. 하지만 이 역시 확률상의 문제일 뿐이다. 대자본의 상품이 언제나 대중의 선택을 받는 것은 아니기 때문이다. 피스크는 바로 이 지점에 주목한다. 이러한 맥락에서 대중문화의 대중성을 단순히 많은 사람들이 폭넓게 좋아하는 문화로만 정의하는 것은 대중성을 단지 통계 숫자로만 보게 만들 뿐 대중의 유관성을 중심으로 한 대중문화의 주요 특징, 즉 대립·저항적 요소를 배제시키는 위험성을 가지고 있다.

② 고급문화와 구분되는 대중문화

대중의 유관성은 고급문화에 반영된 비대중(사회적 힘의 크기가 대중보다 우월한)의 유관성을 전제로 한다. 여기에서 대중과 비대중의 유관성은 각각 '기능성'과 '(고급의) 질' 중시라는 대립적 설정으로부터 대중문화와 고급문화로 구분된다.

> 대중의 분별력은 학교 교육이나 대학이 고상한 텍스트의 질을 평가하기 위해 권장하는 비판적 혹은 미학적 분별력과는 판이하게 다르다. 대중의 분별력은 질보다는 기능성에 유의한다. 왜냐하면 대중의 분별력은 일상생활에서 텍스트가 어떻게 사용될 수 있을까에 대해, 즉 텍스트의 잠재적인 이용 가능성에 유의하기 때문이다.[37]

> 유관성의 기준은 미학적 기준과 다르게 독자의 사회적 상황을 고려한다. 텍스트 속에서 유관성의 기준은 단지 가능성으로 남아있는 것이지 하나의 질이 아니다. 유관성의 기준은 특정한 읽기의 순간에 그 질이 결정되고 활성화된다. 즉 미학적 관점과 다르게 유관성은 시간적·공간적 경계의 제약을 받는다.[38]

텍스트의 내재적 가치를 중시하는 '미학'은 사회적 차별성으로부터 문화적 차이가 발생한다는 사실을 인정하지 않는다. 따라서 미학은 텍스트의 의미와 반응을 근본적인 차원에서 통제한다.

피스크의 이와 같은 시각은 부르디외의 그것과 정확히 일치한다. "미학 담론의 투쟁목표, 그리고 그 담론이 본래의 의미에서 인간적인 것의 정의(definition)를 부과하려는 투쟁목표는 결국 인간성의 독점에

---

[37] John Fiske, *Understanding popular culture*(Boston: Unwin Hyman, 1989), p. 129. ; John Fiske/박만준 옮김, 『대중문화의 이해』(서울: 경문사, 2002;2005): 187쪽.
[38] John Fiske, 같은 책, 1989, p. 130. ; John Fiske/박만준 옮김, 같은 책, 2005: 189쪽.

다름 아니다."[39] 다시 말해서 이러한 미학적 관점은 곧 '위대한' 예술을 감상할 수 있도록 가르치는 공식적인 교육과정을 통해 획득된다. 이처럼 미학은 하나의 규제체계이며, 부르주아가 지배하고 있는 재정경제 영역 못지않게 대중의 문화경제 영역에 대해서도 동등한 지배권을 행사하려는 시도라고 할 수 있다.[40]

미학의 현실적 존재 의의가 문화경제에 대한 부르주아의 통제력 강화에 있다고 파악한 피스크는 나아가 대중문화와 고급문화가 하나의 형식화된 제도로 발전하고 있다고 진단한다.

> 대중문화(popular [culture])와 고급문화(high culture)의 차이에 대한 논쟁은 전통적으로 줄곧 기호(taste)와 예술적 가치에 집중되었다. 예를 들어 '순수(serious)' 음악이나 '유행(pop)' 음악과 같은 구분은 자주 전체 라디오 네트워크(마치 영국의 라디오 3과 라디오 1 같이)의 형식으로 제도화된다는 평가를 포함하고 있다. 또한 창조적 정신(고급문화)과 상업화된 소비(대중문화)의 구분도 이와 마찬가지다.[41]

이러한 형식적으로 제도화된 구분은 최초 각 양식(type)과 관련되어 작품의 '질'로부터 유래한 것 보인다. "예를 들어 모차르트가 작곡한 음악이 순위에서 앞서가는 팝 그룹[의 음악]보다 '더 좋다'거나, 모

---

[39] Pierre Bourdieu/최종철 옮김, 『구별짓기: 문화와 취향의 사회학(下)』(서울: 새물결, 2006): 882쪽.
[40] John Fiske, *Understanding popular culture*(Boston: Unwin Hyman, 1989), p. 130. ; John Fiske/박만준 옮김, 『대중문화의 이해』(서울: 경문사, 2002;2005): 188~189쪽 참조.
[41] John Fiske et al, *Key Concepts in Communication and Cultural Studies*(London and New York: Routledge, 1994), p. 232. ; John Fiske et al/李彬 譯注, 『關鍵概念: 傳播與文化硏究(第二版)』(北京: 新華出版社, 2004): 213쪽.

차르트의 음악은 시대적·민족적·계급적 제한을 받지 않는 [것처럼] – 그것은 보편적인 인류의 정신으로 표현되는 것처럼 보인다. 다시 말해서 서로 다른 문화상품에 대한 공인된(또는 적어도 확립된) 평가는 자연화된 것이다."[42] 바로 고급문화의 '자연화' 과정인 것이다.[43]

부르디외 또한 부르주아 문화와 대중문화는 각기 자신의 계급적 '취향'에 따른 것이며, 그것은 질적으로 구분된다고 주장한다.

> 서커스나 멜로드라마가 무용이나 연극보다 더 '대중적인' 이유는 단지 덜 형식화되고, 따라서 덜 완곡하게 표현되는 이것들이 한층 더 직접적이고 즉각적인 만족감을 주기 때문만은 아니다. 이것은 동시에 무대장식의 눈부신 화려함과 휘황찬란한 의상, 흥을 불러일으키는 음악과 생생한 율동, 그리고 열정적인 배우 등 집단 축제적인 분위기를 불러일으키고 화려한 구경거리를 제공함으로써 모든 형태의 코믹물 특히 '위대한 사람들'을 풍자하고 패러디함으로써 희극적인 효과를 만들어내는 모든 형태의 희극들과 마찬가지로 흥청망청 마시고 놀거나 허심탄회하게 웃는 취향을 즐기는 사람들에게도 커다란 만족감을 주며 다시 이것이 사회 세계를 전복시키고 실천과 예의범절을 뒤집어버림으로써 사람들을 자유롭게 해주기 때문이다.[44]

---

42 John Fiske et al, 같은 책, 1994, pp. 232~233. ; John Fiske et al/李彬 譯注, 같은 책, 2004: 213쪽.
43 피스크는 자연화된 평가 자체가 이데올로기적 전략이며, 이로부터 계급 관계(지배와 종속) 역시 자연적 차이로 '존재(lived)'하고 있다고 파악한다. 따라서 '자연화'라는 이데올로기적 전략은 필연적으로 대중문화 담론의 특징을 규정하게 된다. John Fiske et al, 같은 책, 1994, p. 233. ; John Fiske et al/李彬 譯注, 같은 책, 2004: 213쪽 참조.
44 Pierre Bourdieu/최종철 옮김, 『구별짓기: 문화와 취향의 사회학(上)』(서울: 새물결, 2006): 77쪽.

'대중문화'는 '대중'과 '문화'라는 역설적인 말들이 결합되어 통용되고, 바라든 바라지 않던 지배자 측에 의해 문화의 정의가 부과되는 것인데, 이런 문화의 존재를 믿는 사람들은, 만약 그들이 보고자 한다면 …… 계급의 아비투스의 기본원리에 따라 선택·재해석되고 그 아비투스가 생성하는 통일적 세계관 속에 통합되어 있는 단편들밖에는 찾을 수 없다는 것을 각오해야 한다. 달리 말해서 그들이 요구하는 대항문화, 즉 지배적 문화에 실제로 대립되고, 어떤 지위의 상징 혹은 남들과 분리된 생활의 선언으로서 의식적으로 요구되는 문화를 발견할 수는 없다.[45]

부르디외와 피스크의 이러한 관점은 앞서 언급한 것처럼 중요한 사실에 기반해 있다. 즉 고급문화의 정통적 계승자로 분류되는 지식인의 분별력과 고급문화 이외의 대중문화를 전유하는 대중의 분별력이 근본적 차원에서 구별된다는 점이다. 대중이 텍스트를 평가하는 기준은 지식인의 비판적 또는 미학적 분별력과는 그 '질'을 달리한다. 이에 대해 피스크는 "대중의 예술은 '임시변통(making do)'의 예술[46]"이라고 주장하며[47], 대중의 유관성에 기초한 '대중 예술'의 영역

---

[45] Pierre Bourdieu/최종철 옮김, 『구별짓기: 문화와 취향의 사회학(下)』(서울: 새물결, 2006): 713~714쪽.

[46] 타오둥펑은 'the art of making do'라는 표현이 중국에서 '주위를 맴도는 예술', 또는 '그런대로 때우는 예술', '자신이 사용하는 예술', '있으면 사용하는 예술' 정도로 번역될 수 있다고 주장한다. 그리고 그것을 유연하게 문화자원을 선택하는 방식 또는 전략이라고 평가한다. "'주위를 맴도는 것'은 급진적인 저항이나 거부도 아니고, 전반적인 인정과 굴복도 아니다. [그것은] 투쟁 중에 타협하고, 나아가면서 물러나고, 나아가는 중에 물러나고, 물러나는 중에 나아가고, 자유롭게 나아가고 물러난다. 毛澤東[1893~1976]이 말한 '게릴라 전술'과 상당히 유사하다. 즉 강력한 군사적 힘(지배 시스템)에 직면했을 때, 흩어져 유연하게 자신의 힘을 사용하는 것이다. 그것은 약자의 예술이며, 그것은 공개적이고 적극적이지 않게 지배자에게 도전하고, 지배 질서의 내부에서 '기습'을 감행한다. 타협하면서 급진적이지 않은 저항 전략은 대중문화(주의해야 할 점은 여기에서 '대중문화'는 특별히 의미 생산 과정을 가리킨다)의 모순적 성격을 결정하고 있다. 인민대중이 문화기업의 상품을 읽고 수용할 때, 필연적으로 지배 이데올로기의 내용을 부분적으로 남기거나 수용하지만

을 제기한다. 이처럼 지식인과 대중이라는 사회적 관계에 기초한 고급문화와 대중문화의 구별, 그리고 그러한 구별의 자연화 과정은 사회적 경계의 이해관계가 문화 일반에 투영된 이데올로기적 전략으로 평가된다.

하지만 탈현대 자본주의 사회에서 고급문화와 대중문화의 경계는 사실상 해체되는 방향으로 나아가고 있다. 다시 말해서 대중의 유관성이 '기능성'을 중시하는 특징을 가지고 있다하더라도 그것 역시 고급스러운 질을 추구하고 있으며, 파바로티(Luciano Pavarotti, 1935~2007)의 클래식과 같이 대중적인 고급문화가 출현하고 있다. 따라서 고급문화와 대중문화에 대한 구분은 다시금 '대중성'을 중심으로 논의되어야 한다. 대중성과 관련되어 양적인 지표 자체가 대중문화를 보증하지 않지만 '대중성'이 다수 대중의 지지를 의미한다면, 그것은

동시에 저항 또는 회피의 의미를 표현할 수도 있다. 예를 들어 [유니폼인] 작업복은 대단히 유행하는 대중적 패션이자 대중문화의 텍스트다. 그것은 현대 산업체계가 제공한 상품으로서 당연히 일체화된 것이지만, 인민은 주위를 맴도는 예술을 통해 그것으로 저항 의식을 표현할 수 있다. [즉] 어떤 방식을 사용해서 그것을 변형(disfigurement)하는 것이다. 만약 바뀔 수 없는 작업복이 표현하는 것이 일종의 단일한 의미라고 말할 수 있다면, 바뀐 다음의 작업복은 본래 상품의 형태를 남기고 있으면서도 교묘하게 그 밖의 함의를 덧붙인 것이다. 이러한 개조 행위의 가장 주된 의미는 상품 체계가 제공하는 자원으로부터 자신의 문화적 권리 창조에 대한 인정이다. 이것은 비교적 전형적인 '있으면 사용하는' 예술로, 그것은 철저한 반역이나 저항이 결코 아니다. 그것과 상반되게, 변형된 작업복은 모순적 의미를 가지고 있는데, 대중문화의 근본적인 특징이 바로 그것의 모순성이다. 그것은 지배와 피지배, 권력과 반권력이라는 동시적 표현으로 드러난다. 한편으로 문화상품에서 중심화된, 동질화된 요구를 구체적으로 표현하고 있으며, 그것은 현존 사회 질서의 규율적인(disciplinary, 규범성) 이데올로기적 요구와 서로 일치한다. 다른 한편으로 그것과 상대적인 것이 인민의 문화적 요구다. 인민은 한 번 만들어지면 변하지 않는 이미 만들어진 상품을 소극적으로 수용하는 것이 아니라 그것이 제공하는 의미와 즐거움을 확대시키고, 그 규율적인 힘을 약화시키거나 억제하며, 그 동질성과 연관성을 분쇄시킨다(게릴라식 전투의 갑작스러운 기습을 통해). 그래서 '대중문화 전체는 하나의 투쟁 과정이 되는 것이다.' 통제되고 저항하는 모순 운동이 대중문화의 본질이다." 陶東風·徐艷蕊,『當代中國的文化批評』(北京: 北京大學出版社, 2006): 70~71쪽.

47 John Fiske, *Understanding popular culture*(Boston: Unwin Hyman, 1989), p. 28. ; John Fiske/ 박만준 옮김,『대중문화의 이해』(서울: 경문사, 2002;2005): 36쪽.

자본주의 사회에서 '상업성'과 맞물려 매우 중요한 판단 기준이 된다. 비단 경제적 영역에서 뿐만 아니라 정치적 영역 등 거의 모든 영역에서 이러한 기준은 더욱 확장된 형태로 적용되고 있다. 그 원인은 대중의 사회적 힘의 크기가 지속적으로 증대되고 있다는 데 기인한다.

그렇다면 문제는 고급문화인가 대중문화인가에 있지 않고 무엇이 대중의 유관성에 기초하고 있는가에 있다. 피스크도 지적하고 있듯이, 문화기업의 상품이라는 텍스트와 대중의 일상생활은 바로 이 유관성에서 연결되어 있으며, 대중의 분별력은 그 유관성에서 작동하고 있다. 다시 말해서 이른바 대중적 '유행'과 같이 '대중성'을 상징하는 사회적 현상은 대중의 유관성이 극대화된 형태로, 대중의 분별력이 광범위하게 하나의 텍스트에 공통의 선택 내지 지지의 형태로 분출된 것이다.

주의해야 할 점은 텍스트의 공급 측면에서 '유행'이 대중의 '동일한 반응' 형태로 나타난다는 것이다. 하지만 텍스트의 소비 측면에서 '유행'은 외형적인 동질성에도 불구하고 개별 주체의 상이한 소비과정으로 드러나게 된다. 즉 하나의 텍스트가 유행이라는 사회적 현상으로 등장했을 때, 그 텍스트를 소비하는 개별 주체의 인식의 틀은 모두 상이하다는 점을 전제로 한다. 그것은 독자의 다양한 해석 가능성을 인정하는 것이다. 전자의 시각을 반영한 것이 '지식인 중심성'이고, 후자가 '대중 중심성'에 해당한다. '지식인 중심성'과 같은 지식인 집단의 가치지향은 전통적으로, 그리고 지금까지도 대중적 '유행'이라는 사회 현상에 대해 매우 특수한 해석을 가하고 있다. 하나의 상징적인 사례가 바로 텍스트를 '상업성'(대중문화) 또는 '예술성'(고급문화)으로 파악하는 이분법적 접근 방식이다. '상업성'은 '대중성'의 또 다른 표현이며, '예술성'은 '상업성'과 무관한(또는 무관해야 하는) 독자적 영역으로 이해된다. 물론 '예술성'이 '상업성'을 전적으로 배제하지는 않는다. 오히려 '예술성', 즉 예술적 가치를 인정한 전제에서 '상업성'은 인정될 수도 있다.

이로부터 다음과 같은 질문이 가능하다. 첫째, 텍스트에 대한 '상업성'과 '예술성'이라는 구분은 누구에 의해 판단되고 규정되는가? 둘째, 그와 같은 판단과 규정에 어떠한 가치지향이 개입되어 있는가? 그 가치지향은 대중과 대중문화에 어떠한 태도를 견지하는가? 셋째, '상업성' 또는 '대중성'에는 '예술성'이 존재하지 않는가? 만약 존재한다면 그 '또 다른 예술성'은 '상업성'과 '예술성'이라는 이분법적 기준에서의 평가와 어떤 측면에서 구별되는가? 그러한 '또 다른 예술성'은 어떻게 가능한가?

이와 같은 '상업성'과 '예술성'이라는 이분법 자체가 다름 아닌 지식인 중심성의 반영인 것이다. '예술성'은 소수만이 가지고 있는 특별한 '유관성'에 기초한 '미적 감각'의 표현에 불과하다. 따라서 이러한 이분법적 구도에서 '상업성' 또는 '대중성'은 '예술성'이 배제된 그 무엇이고, 반면 '예술성'은 '상업성' 또는 '대중성'을 초월한 그 무엇이다. 또한 '예술성'은 대중이 공통적으로 추구해야 할 하나의 지향이라는 의미를 갖는다.

하지만 이러한 '예술성'을 부르디외의 '계급적 취향'으로부터 해석하자면, 소수의 지식인과 다수의 대중은 각각 자신만의 '취향'에 기반한 '예술성'을 갖추고 있다는 의미가 된다. 물론 대중을 하나의 가치 취향이 동질적인 집단으로 이해할 필요는 없다. 다양한 대중의 '예술성'은 마찬가지로 텍스트와 일상생활을 연결하는 '유관성' 속에 위치한다. 예를 들어 앞서 언급한 파바로티와 일반 랩 가수 음악의 대중적 유행은 지식인 중심의 이분법이 근본적으로 적용되지 않는 영역이며, 지식인의 가치 평가와도 무관한 것이다. 파바로티 음악이 대중의 이른바 '교양' 수준을 향상시키는 바람직한 현상도 아니며, 일반 랩 가수의 음악이 대중의 교양 수준을 떨어뜨리는 부정적 현상도 아니다. 고급문화가 만약 대중성을 획득했다면 그 고급문화는 더 이상 소수가 향유했던 문화가 아닌 대중에 의해 재창조된 대중문화에 해당한다. 대중은 문화적 소수의 고급문화와 다수의 대중문화라는 이분법과 근본적으로 무관하게 자신의 영역에서 자신의 문화, 즉 대중문화를 창조한다.

③ 대량문화(또는 군중문화)의 부정

자본주의적 대중문화를 대량문화로 이해하는 시각은 앞서 살펴본 것처럼, 프랑크푸르트 학파의 비판이론이 대표적이다. 프랑크푸르트 학파의 군중사회 이론에서 지배적 힘의 강조는 대중문화를 수동적·기계적 군중을 양산하는 도구로 전락시킨다. 따라서 대중이 창조하는 대중문화라는 문화적 형태는 이 관점에서 근본적으로 존재하지 않으며, 지배적 힘을 갖춘 문화산업의 대량문화와 그것을 수동적으로 수용하는 군중문화만이 동전의 양면처럼 존재한다.[48]

---

[48] 이 관점이 형성된 역사적 배경에 주목해야 한다. 여기에는 당시 히틀러(Adolf Hitler, 1889~1945)의 선전선동 앞에 열광했던 독일 사람들, 즉 대중의 능동성과 창조성을 발견할 수 없었던 역사적 맥락이 존재한다. 앞서 언급했던 '동일시' 개념은 프랑크푸르트 학파가 바로 이러한 비이성적 사회 현상을 분석하기 위한 것이었다. 하지만 흥미로운 점은 널리 알려졌다시피 군중만이 나치즘에 열광한 것이 아니라 당시 유명한 독일의 지식인, 예를 들어 하이젠베르크(Werner Karl Heisenberg, 1901~1976)와 하이데거(Martin Heidegger, 1889~1976)와 같은 이들도 나치즘에 적극 동조했다는 사실이다. 따라서 '결핍된 군중'과 '완전한 지식인'이라는 이분법으로 '대중'을 구획한 프랑크푸르트 학파의 군중담론은 그 자체로 한계를 드러낸다. 한편, 타오둥펑은 프랑크푸르트 학파가 나치즘을 평가하는 시각과 그들이 미국으로 도피한 뒤 대중문화를 평가하는 시각이 정확히 일치한다고 지적하면서, 그것이 경험적 오류에 해당한다고 설명한다. "프랑크푸르트 학파가 대중문화에 관심을 집중한 것은 이 학파의 구성원들이 미국에 간 이후로, 그것이 연구·비판하는 대상은 당시(1940년대) 독점자본주의 시대의 미국 대중문화다. 그러나 위에서 언급한 것처럼 프랑크푸르트

이처럼 프랑크푸르트 학파가 자본주의적 문화산업을 대중문화의 생산주체로, 대중을 수동적·기계적 객체로 설정하고 있다면 피스크는 그러한 견해에 명확히 반대한다. 그는 내부로부터 또는 아래로부터 형성되는 문화의 고유한 속성에 주목한다.

> 문화는 살아있는 능동적 과정이다. 즉 그것은 오로지 내부로부터 발전될 뿐이지, 결코 외부로부터 또는 위로부터 강요될 수 없다. 군중문화(대량문화, mass culture) 이론가들의 걱정은 현실에서 검증되지 않았다. 왜냐하면 군중문화라는 단어 자체가 모순적이어서 존재할 수 없기 때문이다. 외부에서 생산된 동질적 문화가 군중(the masses)에게 그 자체로 팔리는 것이 결코 아니다. 문화는 단순히 그렇게 작동하는 것이 아니다.[49]

피스크가 보기에 일상생활의 사람들은 그들이 주장하는 군중의 모습과 일치하지 않을 뿐만 아니라 '군중의 문화'라는 군중문화 역시 성립 불가능한 논리일 뿐이다. 결국 존재하지도 않는 군중문화를 존재하는 것으로 가정하는 '대량문화' 또는 '군중문화' 담론은 결국 하나의 이데올로기에 불과하다.

[학파의 대중문화 이론은 전체 사회비판 이론 [가운데] 일부분으로, 이 사회비판 이론은 그 초기 형성 과정에서 나치 독일의 파시즘을 주된 경험 자원으로 하고 있다. 문제의 핵심은 프랑크푸르트 학파가 다양한 전체주의의 공통점만을 보고, 그것들의 차이점에 대해서는 관심이 부족했다는 것이다. …… 미국을 대표로 하는, 상품경제 시스템을 핵심으로 하는 자유자본주의 사회의 대중문화 등을 그것[파시즘]과 같다고 한다면, [그것은] 의심할 나위 없이 경험적 '오류'다. 이처럼 아도르노는 파시스트 집권 통치와 상품경제 시스템이라는 매우 중요한 문화적 차이를 혼동했다." 陶東風, 「批判理論與中國大衆文化批評－兼論批判理論的本土化問題」, 『東方文化』 2000年 第5期, http://www.studa.net/2003/4-30/20034 30140638.html.

49 John Fiske, *Understanding popular culture*(Boston: Unwin Hyman, 1989), p. 23. ; John Fiske/ 박만준 옮김, 『대중문화의 이해』(서울: 경문사, 2002;2005): 30쪽.

대중문화는 결코 대량문화(mass culture)가 아니다. '대량문화'라는 용어를 사용하는 사람들은 문화산업을 통해 생산되고 분배되는 문화상품들이 모든 사회적 차별성[의 의식]을 제거하고 있[을 뿐만 아니라], 문화산업이 수동적이고 소외된 집단에게 획일적인 문화를 대중에게 강요한다고 믿고 있다. 실제 대량문화는 존재하지 않지만, [만약] 존재한다고 한다면 그것은 반문화적이고 반대중적일 것이다. 대량문화는 의미와 즐거움의 생산과 유통의 과정으로 이해되는 문화의 안티테제일 뿐 아니라 비타협적이고, 저항적이고, 스캔들의 전파를 즐기는 하나의 세력으로서 이해되는 대중의 안티테제다. 이른바 대량문화라고 하는 것은 결코 존재하지 않는다. 존재하는 것은 쓸데없는 걱정들만 늘어놓는 비관적인 대량문화의 이론들 뿐이다. 이러한 이론들은 기껏해야 권력집단의 산업적 수요 또는 이데올로기적 수요를 설명하고 있을 뿐, 문화적 과정에 대해서는 아무것도 밝히지 못한다.[50]

이처럼 피스크는 "대중문화(popular culture)는 대중에 의해 만들어지는 것이지 문화산업에 의해 만들어지는 것이 아니"[51]라고 주장한다. 오히려 그는 자본주의가 제공하는 문화자원의 생산물과 일상생활이 만나는 그 경계에서, 대중에 의해 대중문화가 형성된다고 이해한다.[52] "대중문화는 대중에 의해 만들어지는 것이지 그들에게 강요되는 것이 아니다. 그것은 안으로부터 그리고 아래로부터 생겨나는 것이지 위로부터 강요될 수 있는 것이 아니다."[53] 즉 대중문화는 상품

---

50 John Fiske, 같은 책, 1989, pp. 176~177. ; John Fiske/박만준 옮김, 같은 책, 2005: 259쪽.
51 John Fiske, 같은 책, 1989, p. 24. ; John Fiske/박만준 옮김, 같은 책, 2005: 30쪽.
52 John Fiske, 같은 책, 1989, p. 25·129. ; John Fiske/박만준 옮김, 같은 책, 2005: 33·188쪽 참조.

과 상품을 소비하는 일상생활의 지점에서 대중에 의해 창조되는 것이다. 이 때 상품은 문화자원의 의미를 갖는다. 이것은 대중이 상품, 즉 문화자원을 직접 생산한다는 의미가 아니다.[54]

> 사람들(the people)이 자신의 상품을 생산하거나 순환시킬 수 없다고 해서 대중문화가 존재하지 않는다는 의미가 아니다. …… 사람들이 소유하는 것은 문화 산업(그리고 다른 [산업])의 생산물이며, 그들은 자신들이 가지고 있는 것을 단지 사용할 뿐이다. 대중문화의 창조성은 상품 생산에 있는 것도 아니고 산업 상품의 생산적인 사용에 있는 것도 아니다. …… 일상생활의 문화는 자본주의가 제공하는 자원들에 대한 창조적이고 분별력 있는 사용에 있다.[55]

여기에서 그는 자본주의적 대중문화의 본질적 성격을 규정한다. 즉 대중문화는 대중이 직접 문화자원을 생산하는 것이 아니라 자본주의가 제공하는 문화자원을 사용하는(그리고 사용할 수밖에 없는) 문화인 것이다. 대중에 의한 문화자원의 사용 과정에 대중의 분별력과 창조성이 개입되면서 문화로서의 대중문화가 만들어진다. 따라서 대중문화는 문화산업이 생산하는 문화가 아니다.

> 대중문화(popular culture)는 대중에 의해 만들어지는 것이지 문화산업에 의해 만들어지는 것이 아니다. 문화산업이 할 수 있는 것은 다양한 대중

---

53 John Fiske, 같은 책, 1989, p. 25. ; John Fiske/박만준 옮김, 같은 책, 2005: 33쪽.
54 문화자원을 '사람들'이 직접 생산·전유하는 방식이 바로 '민간문화'의 주된 특징에 해당한다.
55 John Fiske, *Understanding popular culture*(Boston: Unwin Hyman, 1989), pp. 27~28. ; John Fiske/박만준 옮김, 『대중문화의 이해』(서울: 경문사, 2002;2005): 36쪽.

의 층(formations)을 위해, 대중이 대중문화를 만들어내는 과정에서 [대중이 그것을] 사용하거나 거부할 수 있도록 텍스트의 레퍼토리를 만들거나 문화자원을 생산하는 일이다.[56]

왜냐하면 대중이 대중문화를 생산하는 과정에서 문화기업의 상품을 사용할 것인가 거부할 것인가를 스스로 결정하기 때문이다. 대중이 텍스트를 선택하고 소비하는 과정은 문화 생산의 과정일 뿐만 아니라 문화 비판의 과정이기도 하다. 따라서 대중문화는 대중이 일상생활의 경험에 기초해 문화자원을 이용하고 활용하는, 대중의 창조적·능동적 문화의 생산 과정에 해당한다. 이로부터 '대중의 문화'로서 대중문화라는 생산주체의 규정이 마련된다.

피스크가 문화 생산 과정을 상품 소비과정과 일치시킨 주장은 많은 논란을 야기한다.[57] 피스크의 이론적 맥락에서 대중은 자본주의적 문화기업이 생산하는 문화자원을 활용해 자신의 문화, 즉 대중문화를 창조하기 때문에 문화자원의 활용이 곧 문화자원인 상품의 소비

---

[56] John Fiske, 같은 책, 1989, p. 24. ; John Fiske/박만준 옮김, 같은 책, 2005: 30쪽.
[57] 맥기건은 "피스크가 의도하는 것들 가운데, '사람들(the people)'에게 상품을 제공하는 구체화된 괴물이 주는 고통이나 [그것의] 부정이 조금도 존재하지 않는다. 사실 피스크의 '기호학적 민주주의'와 자유시장 경제의 '소비지상주의' 이론 사이에는 놀랄 정도의 유사성이 존재한다. 그가 경제학자들의 [그러한] 추론에 극도의 반감을 가지고 있을지라도 [말이다]." Jim McGuigan, *Cultural populism*(London and New York: Routledge, 1992), p. 72. 또한 몰리도 피스크의 '수용 연구(reception studies)'가 수용자의 자주성과 주류 미디어의 텍스트를 낙관적으로 해석하게 만든다고 밝히면서, "수용자의 즐거움에 대한 숭배는 문화상대주의를 너무 쉽게 야기한다."고 비판한다. David Morley/史安斌 主譯,『電視·受衆與文化研究』(北京: 新華出版社, 2005): 30쪽. 이들의 비판은 정도의 차이는 있지만 모두 피스크의 입장이 문화적 대중영합주의(cultural populism)라는 점에 있다. 다시 말해서 피스크가 대중과 대중문화를 무비판적으로 찬양만 하고 있다는 것이 비판의 요지다. 하지만 피스크의 이론적 초점이 대중문화의 사회적 기능과 역할을 통해 일상생활의 미시정치와 사회변혁의 거시정치의 결합을 추구한다는 점에서, 피스크에 대한 비판은 그들 자신이 상응하는 대안을 제시하지 못한다면 실효성이 없는 것이다. John Fiske, 같은 책, 1989, pp. 187~194. ; John Fiske/박만준 옮김, 같은 책, 2005: 275~284쪽 참조.

과정과 일치하게 된다. "후기 자본주의 소비 사회에서는 모든 사람이 소비자다. 소비는 그것이 물질적-기능적인 것(음식·의복·교통수단)이든 아니면 기호적-문화적인 것(미디어·교육·언어)이든 간에 삶의 자원을 획득하는 유일한 방법이다."[58]

이처럼 그는 자본주의 사회에서 모든 사람이 소비자일 수밖에 없으며, 소비 행위는 자본주의를 강화시켜주는 부정적 행위가 아니라 사람들의 삶을 지탱시켜주는 유일한 방법이라고 주장한다. 따라서 '최소한의 소비'가 미덕이 아니라 문제는 소비 행위를 통해 창조되는 문화와 그 의미에 있다.

> 분배되고 있는 것은 완벽하게 완성된 상품이 아니라, 일상생활의 자원들이며, [그것은] 대중문화가 문화를 구성하기 위한 원료들이다. 모든 소비 행위는 문화적 생산 행위다. 왜냐하면 소비는 언제나 의미를 생산하기 때문이다. 상품을 판매하는 그 순간에 분배적 경제에서의 그 역할은 끝나지만, 바로 그 순간에 그것의 문화적인 기능이 시작된다. 자본주의의 전략으로부터 분리되면, 보스(자본가)를 위한 기능은 완결되고, 이제 상품은 일상생활의 문화자원이 된다. 소비의 생산성은 부 또는 계급과 무관하다.[59]

이를 위해 피스크는 자본주의적 소비과정과 문화적 의미 생산 과정을 이론화하는 작업으로 나아간다. 자본주의 경제를 '재정경제'와 '문화경제'라는 두 가지 영역을 구분하는 '2중 경제론'은 그의 대중문화 담론의 핵심적인 내용으로, 대중문화를 문화기업과 일상생활의

---

[58] John Fiske, 같은 책, 1989, p. 34. ; John Fiske/박만준 옮김, 같은 책, 2005: 46쪽.
[59] John Fiske, *Understanding popular culture*(Boston: Unwin Hyman, 1989), p. 35. ; John Fiske/박만준 옮김, 『대중문화의 이해』(서울: 경문사, 2002;2005): 46~47쪽.

경계에 위치시키기 위한 이론적 시도다. 현대적(또는 탈현대적) 자본주의 사회는 이윤을 추구하는 상품경제, 즉 재정경제 영역만 존재하는 것이 아니라 상품의 문화적 활용이라는 영역도 함께 존재한다. "소비 사회에서 모든 상품은 기능적 가치뿐만 아니라 문화적 가치도 가지고 있다. 이것을 모델화하기 위해서는 경제 개념을 문화경제까지 함축할 수 있도록 확장할 필요가 있다."[60] 여기에서 설정된 문화경제는 대중이 대중문화를 창조하는 공간이 된다.

> 문화경제에서는 순환이 화폐의 순환이 아니라 의미와 즐거움의 순환이다. 여기에서는 수용자(audience)가 상품이 되는 것에 그치지 않고 [오히려] 생산자, [즉] 의미와 즐거움의 생산자가 된다. 문화경제에서 본래의 상품(그것이 텔레비전 프로그램이든 청바지이든 간에)은 하나의 텍스트이며, 잠재적 의미와 즐거움들로 구성되어 있는 산만한 구조물이다. [그리고] 그것들이 대중문화의 주요한 자원이 된다. 문화경제에서 소비자란 존재하지 않으며, 의미의 순환만이 있을 뿐이다. 왜냐하면 상품화될 수도 없고 또 소비될 수도 없는 그 과정의 유일한 요소가 바로 의미이기 때문이다. 의미는 우리가 문화라고 부르는 끊임없는 과정에서 생산, 재생산, 순환될 뿐이다.[61]

피스크는 이처럼 2중 경제론을 통해 상품을 생산하는 재정경제 영역과 상품을 소비하는(또는 문화를 창조하는) 문화경제 영역으로 구분한다. 이로부터 그의 이론은 프랑크푸르트 학파의 그것과 명확하

---

[60] John Fiske, 같은 책, 1989, p. 27. ; John Fiske/박만준 옮김, 같은 책, 2005: 35쪽.
[61] John Fiske, 같은 책, 1989, p. 27. ; John Fiske/박만준 옮김, 같은 책, 2005: 35쪽.

게 구별된다. 다시 말해서 피스크에게 '대중문화'는 이처럼 '자본주의적 대중문화'로 정의되지만, 프랑크푸르트 학파의 '자본주의적 대량문화'와 질적으로 구분된 개념이다. 왜냐하면 재정경제 영역에 속한 문화산업으로는 대중의 기호학적 의미 생산 과정을 포함할 수 없기 때문이다.[62] 그는 이러한 자본주의적 문화경제 개념을 바탕으로 군중사회 이론이 제창한 '통제된 사회' 또는 '동질화된 사회(homogeneous society)'라는 관념을 비판한다.[63] 나아가 자본주의 체제의 사회 동질화 전략이 사실상 실패했다고 평가한다.

> 백인 가부장적 자본주의는 거의 두 세기에 걸친 경제적 지배(성 또는 인종에 대한 지배는 더 길다)에도 불구하고 문화 생산자들의 주체적 사고를 동질화하는데 실패했다. 우리 사회는 줄기차게 다양화되고 있으며, 또 그 다양성은 갖가지 동질화 전략에 아랑곳하지 않는 대중과 그 문화적 힘을 통해 유지된다. 물론 자본주의도 다양성을 요구하지만, 이것은 어디까지나 통제된 다양성, 다시 말해서 자본주의적 생산양식의 필요에 의해 제한되거나 규정된 다양성을 요구할 뿐이다.[64]

그는 자본주의 체제가 구사하고 있는 동질화 전략과 무관하게 대중문화는 대중에 의해 더욱 다양한 형태로 발전하고 있다고 진단

---

[62] 스토리는 피스크의 대중문화가 세르토(Michel de Certeau, 1925~1986)의 대중문화 개념과 푸코의 권력 개념을 이론화한 것이며, 그람시의 헤게모니(hegemony) 개념을 '기호학적'으로 사용한 것이라고 평가한다. "대량문화가 연극의 상연목록이라면 대중문화는 그 목록을 통해 만들어내고 실제로 관계를 맺는 그 무엇이다." John Storey/박모 역, 『문화연구와 문화이론』(서울: 현실문화연구, 1994;1995): 29쪽.

[63] John Fiske, *Television Culture*(London: Methuen, 1987), p. 319.

[64] John Fiske, *Understanding popular culture*(Boston: Unwin Hyman, 1989), p. 29. ; John Fiske/박만준 옮김, 『대중문화의 이해』(서울: 경문사, 2002;2005): 38쪽.

한다. '문화 생산자'인 '대중'은 군중사회 이론에서 주장하는 자본주의 체제의 '원자화된 대중' 또는 '동질화된 대중', 즉 '군중'적 형상과 완벽하게 구별되는 존재다. 따라서 문화 생산자인 대중이 추구하는 사회적 다양성과 자본주의가 추구하는 통제된(통제하고자 하는) 다양성은 근본적으로 구분된다. 대중의 사회적 다양성은 자본주의나 인종차별적 사회, 또는 가부장적 사회의 요구를 넘어서고 있지만, 자본주의 체제의 요구는 단지 통제된 형태의 다양성에 머물러 있기 때문이다.[65]

여기에는 재정경제와 문화경제의 긴장관계가 투영되어 있다. 두 영역은 자본주의 경제시스템을 공유하지만 각기 다른 사회적 요구에 기초한다. 다시 말해서 재정경제 영역에 자본가의 이윤추구라는 요구가 집중적으로 반영되었다면, 문화경제 영역에는 대중의 문화생산(또는 창조)라는 요구가 개입되어 있다. 이처럼 재정경제는 이윤추구라는 목적으로부터 문화경제를 끊임없이 통제하고자 한다. 그것은 필연적으로 사회 주체 사이에 권력의 집중과 배제라는 방식으로 표면화된다.

> 자본의 소유자들은 그들이 누리는 사회 질서가 법적·정치적·교육적·문화적 시스템을 만들어냈다는 단 한 가지 이유 때문에 그 지위를 유지한다. 그리고 이러한 시스템들은 그 자체의 영역 안에서 경제적 시스템이 요구하는 사회적 주체성을 재생산한다.[66]

---

[65] 예를 들어 "가부장적 사회는 성적 차별성을 요구하고 육성하지, 페미니즘을 요구하지 않는다. 다시 말해서 여자들이 결혼하지 않고도, 혹은 아버지라는 존재가 없어도 아이의 양육권을 자유롭게 선택할 수 있는 사회를 요구하지는 않는다." John Fiske, 같은 책, 1989, p. 29. ; John Fiske/박만준 옮김, 같은 책, 2005: 38쪽. 이처럼 페미니즘과 자유로운 양육권은 대중의 사회적 다양성을 반영한다.

따라서 대중문화는 이러한 대중과 권력집단, 그리고 문화경제와 재정경제의 요구라는 다양한 대립관계를 중심으로 조직된다. 다시 말해서 대중의 저항성과 창조성은 모두 대중이 사회적 약자라는 그들만의 지위로부터 생산되는 것이며, 바로 그 지점에 대중문화가 위치한다.

④ 민간문화와 구분되는 대중문화

피스크는 비(또는 전)자본주의 사회의 '민중'의 '민간문화(folk culture)'와 자본주의 사회의 '대중'의 '대중문화(popular culture)'의 유사점과 차이점을 검토한다. 그는 우선 "대중문화와 민간문화의 사회적 맥락은 [서로] 다르지만 모두 'the people'의 문화로 존재"[67]하고 있다고 평가한다. 다시 말해서 '대중문화'와 '민간문화'의 유사점은 내부로부터 또는 아래로부터 존재하는 '사람들의 문화'라는 점에 있다. 따라서 'the people'의 개념적 경계 확정, 즉 '민중' 또는 '대중'이라는 어휘의 선택은 필연적으로 '민간문화'와 '대중문화'라는 서로 다른 문화 양식과 연동되어 규정된다.[68]

그는 "'the people'이라는 개념이 [보다] 효과적이려면 지속적으로 변화하면서, 상대적으로 짧은 [시간적] 층이어야만 한다. 그것은 하나

---

[66] John Fiske, 같은 책, 1989, p. 29. ; John Fiske/박만준 옮김, 같은 책, 2005: 38쪽.

[67] John Fiske, *Understanding popular culture*(Boston: Unwin Hyman, 1989), pp. 176~177. ; John Fiske/박만준 옮김, 『대중문화의 이해』(서울: 경문사, 2002;2005): 259쪽.

[68] 그는 이처럼 'the popular'와 'the folk'를 'the people'로 연속시킨다. "산업사회에서 대중의 대중문화와 비산업사회에서 민중의 민간문화 사이에는 유사점이 존재한다. 산업사회와 비산업사회 사이에 커다란 차이가 있을지라도 그 사회적 거리를 가로지르는 사람들(the people)[이라는] 의미가 있다." John Fiske, 같은 책, 1989, p. 171. ; John Fiske/박만준 옮김, 같은 책, 2005: 252쪽. 따라서 비(또는 전)자본주의 사회의 '민중'과 자본주의 사회의 '대중'은 각각 the folk(또는 the people)과 the popular(또는 the people)로 규정된다. 이 정의에 따르면 '대중문화'뿐만 아니라 '민간문화'의 생산주체 역시 'the people'로 설정된다.

의 통일되지 않은 불안정한 개념이자, 지배계급과 변증법적인 관계로 지속적인 재정의[를 필요로] 한다."⁶⁹고 주장한다. 역사적으로 연속적 개념인 'the people'이 지배집단과의 관계에서 정의되는 두 가지 측면, 즉 '민중'과 '대중'이라는 어휘를 불연속적으로 접합(articulation)시키는 것이다. 이를 통해 '민중'의 'the people'에서 '대중'의 'the people'로 개념 전환을 시도한다.

퇴니에스의 '공동 사회'와 '이익 사회'처럼, 피스크도 유사한 방식으로 '민간문화'와 '대중문화'를 구분한다. "민간문화는 사회적 문화다. 사회 속에서 생산되며, 개인의 경험보다 사회적 경험이 더 중요하다. 일반적으로 집단에 의해 (재)생산된다. 민간문화의 사회적 조건들은 단결과 결속을 장려하고 북돋는 방향으로 민간문화를 유도한다."⁷⁰ 이처럼 피스크의 '민간문화'는 '공동 사회'의 문화 특징을 공유하며, 이 지점에서 퇴니에스와 피스크는 일치한다.⁷¹

하지만 피스크와 퇴니에스의 인식 차이는 바로 '이익 사회'로 분류되는 현대적(또는 탈현대적) 자본주의 사회에서 드러난다.

> 대중문화를 생산하는 현대 사회적 조건들은 그것이 가능하지 않다. 따라서 …… 대중문화의 개인화[privatization]에 대항해 그것의 타당성을 부정하는 것이 아니라 대중문화가 이미 가지고 있는 사회적 가능성을 강화함을 통해, 다시 말해서 개인으로부터 공공의 방향으로의 전환을 촉진할 필

---

69 John Fiske, *Television Culture*(London and New York: Methuen, 1987), p. 310.
70 John Fiske, 같은 책, 1989, p. 173. ; John Fiske/박만준 옮김, 같은 책, 2005: 254쪽.
71 피스크는 실(Graham Seal)을 인용하면서 또 다른 민간문화의 특징으로, 민간문화의 전달 과정은 전달자와 수용자가 명확하게 구별되지 않는 비공식성을 지닌다는 점과 민간문화는 사회 제도의 외부에서 작동한다고 점을 지적한다. John Fiske, 같은 책, 1989, p. 173. ; John Fiske/박만준 옮김, 같은 책, 2005: 254~255쪽 참조.

요가 있기 때문이다.[72]

퇴니에스의 '이익 사회'가 개별화·고립화되고 상호 대립적인 '군중'으로 구성된다면, 피스크의 '대중'은 그러한 개인화(또는 개별화) 경향이 고정적 실체로 간주되지 않는다. 오히려 개인화를 공공의 방향으로 전환시키는 방식을 통해 '대중문화' 개념을 재구성한다. 다시 말해서 대중문화의 사회적 가능성, 즉 대립성·다양성·저항성·창조성은 '공공성'이라는 하나의 방향으로 수렴된다.[73] 이 시각은 '이익 사회'를 문제시하며, 그것의 대안으로 '공동 사회'를 요청한 리비스주의와 근본적으로 배치된다.[74]

이로부터 피스크는 '민간문화'와 '대중문화'의 결정적 차이를 비(또는 전)자본주의 사회와 자본주의 사회라는 상이한 사회 시스템에서 찾는다. 다시 말해서 상이한 문화자원의 생산주체로부터 '민간문화'와 '대중문화'는 서로 다른 문화창조의 경로를 거치게 된다.

> 민간문화와 달리 대중문화는 그 대중문화를 형성하는 문화자원의 생산자가 대중문화를 이용하는 사회 구성단위와 일치하지 않는다. 즉 사회 구성단위인 대중은 문화자원을 이용하고 있지만 대중문화의 문화자원을 직접

---

[72] John Fiske, 같은 책, 1989, p. 173. ; John Fiske/박만준 옮김, 같은 책, 2005: 254쪽.
[73] 피스크는 '공공성'의 실현을 위해 문화이론가인 지식인들의 역할을 요청한다. 이처럼 그는 대중의 '개인화'와 지식인의 '공공성'을 대립적으로 파악하고 있다.
[74] 리비스주의가 문화적 위기의 대안으로 과거 '공동 사회'로의 회귀를 주장한다면, 프랑크푸르트 학파는 그것의 대안으로 아직 실현되지 않은 미래(사회주의 사회가 아닌)를 설정한다는 점에서 차이를 보인다. John Storey/박모 역, 『문화연구와 문화이론』(서울: 현실문화연구, 1994;1995): 23~24쪽 참조. 이들의 공통된 인식은 바로 자본주의적 '대중'과 '대중문화'의 부정에 있다. 따라서 '대중'의 현재적 인정과 '대중문화'의 저항성이라는 측면에서 피스크의 관점은 그들과 대립한다.

적으로 생산하는 것이 아니다. 대중문화는 산업을 통해 생산되고 분배되는 상품들로[부터] 형성되고, 이러한 상품들은 경제적으로 독립적이며 그렇기 때문에 생명력을 가질 수 있다. 상품들은 다양한 사회 조직에 다양한 문화적 가능성을 제공해야만 한다.[75]

우리는 산업 사회에 살고 있다. 그러므로 우리의 다른 모든 자원들이 그렇듯이 우리의 대중문화도 산업화된 문화다. 내가 말하는 '자원'이란 기호적 또는 문화적 자원과 물질적 자원-재정경제와 문화경제의 상품 - 모두를 의미한다.[76]

'민간문화'가 '민중' 스스로 생산한 문화자원을 통해 창조된다면, '대중문화'는 '대중'이 그 문화자원을 생산하는 것이 아니라 자본주의적 '상품'이라는 산업화된 문화자원을 통해서만 창조된다. 따라서 비(또는 전)자본주의 사회의 '민간문화'는 문화자원의 생산주체와 그 이용 주체가 일치하지만, 자본주의 사회의 '대중문화'라는 문화 양식은 양자의 분리를 특징으로 한다. 왜냐하면 가변적 유동층인 '대중'은 문화상품을 이용해 '대중문화'를 생산(또는 창조)할 뿐이지,[77] 대중문화의 문화적 소재인 문화자원을 직접 생산하지 않기 때문이다. 이러한 피스크의 해석은 '대중문화'와 '민간문화'의 차이를 드러내면서도 '대중문화'와 '대량문화'를 구분하는 효과를 발생시킨다. 그의 시각에서

---

[75] John Fiske, *Understanding popular culture*(Boston: Unwin Hyman, 1989), p. 170. ; John Fiske/박만준 옮김,『대중문화의 이해』(서울: 경문사, 2002;2005): 250쪽.
[76] John Fiske, 같은 책, 1989, p. 27. ; John Fiske/박만준 옮김, 같은 책, 2005: 35쪽.
[77] 하나의 상징적인 사례로 들 수 있는 것이 바로 핸드폰과 스마트폰이라는 '문화상품'이 '대중'에 의해 각각 상이한 '대중문화'를 창조하고 있다는 사실이다.

'대량문화의 문화산업'은 '대중문화'를 생산(또는 창조)하는 것이 아니라 단지 '문화상품'을 생산할 뿐이다.

자본주의적 '대중문화'의 생산 구조를 밝힌 '2중 경제론'이 그의 대중문화 담론에서 핵심을 이루는 이유가 여기에 있다. '대중문화'는 자본주의적 경제시스템을 통해 생산(또는 분배)되는 상품을 매개로 형성되기 때문에, 이러한 '문화상품'은 경제적으로 독립된 영역(즉 '재정경제')을 갖는다. 하지만 이윤창출을 목적으로 재정경제 영역에서 생산된 문화상품은 대중의 문화경제 영역에서 '대중문화'를 생산하는 데 필요한 '문화자원'으로 기능한다. 왜냐하면 문화경제 영역에서 '대중'은 문화자원에 대한 다양한 읽기 과정을 통해 자신의 '대중문화'를 창조하기 때문이다. 따라서 앞서 살펴본 것처럼, 문화자원의 '읽기 과정'은 두 가지 측면을 동시에 갖는다. 그것은 재정경제 영역에서 문화상품의 '소비과정'이 곧 문화경제 영역에서 문화자원의 이용을 통한 대중문화의 '생산 과정'이 된다는 점이다.

또한 문화자원이 갖는 '상품'이라는 성격으로부터 '대중문화'는 '민간문화'와 다르게 다양한 사회 범주를 뛰어넘어 전(全) 사회적으로 순환되는 특징을 드러낸다.[78]

> 문화를 이루는 자원들은 사회적 차별성의 범위를 뛰어넘어 순환되고 있다. 대중문화는 중심과 주변의 사이에서, 종속집단에 비해 상대적으로 통일된 사회적 충성을 가지고 있는 권력집단과 대중의 다양화된 구조 사이

---

[78] 피스크는 '민간문화'가 비교적 안정적인 전통 질서의 산물이며, 사회적 관습 또는 의식(ritual)을 통해 사회적 차별성을 통제·조절하면서 궁극적으로 사회적 대립의 조화가 가능하다는 형식(즉 '사회적 합의' 모델)을 취한다고 평가한다. John Fiske, *Understanding popular culture*(Boston: Unwin Hyman, 1989), p. 20·169. ; John Fiske/박만준 옮김, 『대중문화의 이해』(서울: 경문사, 2002;2005): 26·249쪽.

에서, 단일한 텍스트와 다양한 읽기 사이에서 발생하기 때문에 대중문화는 일련의 협상을 필요로 한다. 권력집단의 결속된 이익은 경제적이면서도 이데올로기적이다. 그것은 지속적으로 작동하는 전략적 이익이지만 저항과 회피를 반복하는 대중 자체의 이질적이며 상호 충돌적인 이익과 만나게 된다. [따라서] 대중문화는 일종의 충돌적인 문화이며 이러한 의미에서 그것은 민간문화와 같지 않다.[79]

이처럼 '대중문화'는 특정 사회적 범주에 국한되지 않고 그 사회적 경계를 넘나들면서 지배집단의 전략적 이익(통제 또는 동질화 전략)과 대립하는 문화적 특징을 보인다. 따라서 '대중문화'는 지배와 종속이라는 사회적 대립관계에서 그 지배 권력(또는 지배 이데올로기)에 저항하거나 회피하는 문화 양식으로 형상화된다.[80] 이것은 자본주의적 경제시스템으로부터 부여된 '대중문화'의 내재적 속성에 해당한다. 왜냐하면 자본주의적 '대중문화'는 서로 다른 사회적 힘의 크기가 발생시키는 사회적 차별성, 그로부터 형성된 이질적이고 대립적인 읽기 방식에 근거할 수밖에 없기 때문이다.

---

[79] John Fiske, 같은 책, 1989, pp. 170~171. ; John Fiske/박만준 옮김, 같은 책, 2005: 250~251쪽. 그는 여기에서 민간 가요를 사례로 들어 '민간문화'의 특징을 부연한다. 집단적 창작을 통해 만들어진 노래들은 민간문화에 속하며, 이 노래들은 노래를 부르는 과정을 통해 생산과 재생산되는 지역사회 특유의 산물이다. 물론 이 노래들은 다른 사회 조직에서도 불릴 수 있지만 이러한 경우 노래들이 가지고 있는 즐거움은 다른 사람의, 낯선 사람의 즐거움이다. 민간문화가 그것을 생산한 사회 구조를 벗어나 '유통'되면, 그것은 그 본래의 생소함(이국적 정취)을 포함하게 된다. 다시 말해서 민간문화는 그것을 생산한 사회적 조건을 벗어나더라도 여전히 그것을 생산한 자들의 것이지만, 대중문화는 그 문화자원이 문화기업의 상품이라는 근본적 소외성을 가지더라도 대중의 것이라 할 수 있다. John Fiske, 같은 책, 1989, p. 171. ; John Fiske/박만준 옮김, 같은 책, 2005: 251쪽 참조.
[80] "대중문화는 언제나 권력 관계의 일부다. 그러므로 그것은 언제나 지배와 종속 사이에서, 권력과 그것에 저항하거나 그것으로부터 회피하려는 다양한 형식들 사이에서, 그리고 군사 전략과 게릴라 전술 사이에서 [벌어지는] 끊임없는 투쟁의 흔적을 담고 있다." John Fiske, 같은 책, 1989, p. 19. ; John Fiske/박만준 옮김, 같은 책, 2005: 25쪽.

이로부터 피스크는 자본주의적 '대중문화'를 '민간문화'의 관점에서 해석하는 일체의 시도를 비판한다.

> 산업 사회의 사람들은 민중(the folk)이 아니며, 대중문화[도] 민간문화가 아닌 것이다.[81]

> 자본주의 사회에서 대량문화(mass culture)의 '비진정성'을 평가할 수 있는 진정한 민간문화(folk culture)라는 것은 존재하지 않는다. 그러므로 진정성의 상실을 슬퍼하는 것은 낭만적인 향수에 젖는 헛된 짓일 뿐이다.[82]

비(또는 전)자본주의 사회의 '민중'/'민간문화'와 자본주의 사회의 '대중'/'대중문화'는 이처럼 분명한 형태로 구분된다. 하지만 피스크는 역설적으로 '민간문화'가 자본주의 사회에서도 존재할 수 있다고 본다. 그것은 문화자원의 생산과 이용 주체가 일치한다는 '민간문화'의 주요 특징이 자본주의 사회 내부에서도 하나의 문화 양식으로 기능하고 있다는 사실을 때문이다. 그는 '자본주의 사회의 민간문화'가 지배 체제의 통제에 저항하는 집단 의지의 표현이자, 대립적 집단의 문화라고 평가한다.

> 우리 사회 내부에 어떤 특수한 공동체, [즉] 그 생산과 유통이 결코 자신의 범주를 벗어나지 않는 문화 양식들이 있다. 예를 들어, 동성애 집단이라는 층은 그들 스스로가 생산하고 유통시키는 문화 양식이다. 내가 사용하

---

[81] John Fiske, 같은 책, 1989, p. 169. ; John Fiske/박만준 옮김, 같은 책, 2005: 249쪽.
[82] John Fiske, *Understanding popular culture*(Boston: Unwin Hyman, 1989), p. 27. ; John Fiske/박만준 옮김, 『대중문화의 이해』(서울: 경문사, 2002;2005): 35~36쪽.

는 용어의 맥락에서, 이런 문화는 대중문화가 아니다. 동성애 집단은 지배 체제가 생산하는 자원을 자신의 이익으로 전환시킬 수 없을 정도로 [대중문화와] 거리가 멀다. 사회 질서에 대한 그들의 저항이 너무나 급진적이어서, 그것이 생산하는 어떠한 문화자원도 그들 자신의 가치관으로 오염시켜 [결과적으로] 사용할 수 없게 만들었다. 따라서 그것은 급진적 민간문화의 양식으로서 단지 자신의 하위문화만을 생산할 뿐이다.[83]

그가 여기에서 '동성애 집단'을 하나의 사례로 설명하고 있지만, 이것은 자본주의 사회 내부에서 기능하는 '이데올로기 민중'의 '민중문화(또는 노동계급문화)'를 이해하는 데 매우 중요한 시각을 제공해 준다. 왜냐하면 '민중문화' 역시 자본주의적 '대중문화'를 '대량문화'로 부정하면서, 사회주의 이데올로기에 입각해 자본주의 질서와 그 지배 체제가 생산하는 문화자원에 급진적으로 저항하기 때문이다. 이로부터 비(또는 전)자본주의 사회의 '민간문화'가 자본주의 경제시스템을 갖춘 사회에서도 동일한 문화 양식으로 존재할 수 있는가라는 문제가 제기된다. 위의 인용문에서 피스크가 자본주의 사회에서 '대중문화'와 '민간문화'의 차이를 강조하고 있지만, 그러한 주장 자체가 자본주의적(또는 현대적) 사회 내부의 민간문화의 존재를 인정하는 것이기 때문이다. 이에 스토리는 비(또는 전)자본주의 사회의 '민간문화'와 자본주의 사회의 민간문화, 즉 '민중문화'의 직접적 연관성을 부정한다.

우리가 아무리 이 정의['민중문화'를 '민간문화'로 파악하는]를 고집한다

---

[83] John Fiske, 같은 책, 1989, p. 171. ; John Fiske/박만준 옮김, 같은 책, 2005: 251~252쪽.

해도, 그들 스스로 만든 재료들을 가지고 자발적으로 문화를 만들지 않는다는 사실이 남는다. 대중문화가 무엇이든 간에, 확실한 점은 그 재료 자체는 상업적으로 제공된 것이라는 점인데, 이 접근방법은 이러한 결론을 비껴간다.[84]

스토리는 이처럼 문화자원의 생산과 이용 주체가 일치한다는 '민간문화'의 정의를 다시 끌어들여 자본주의 사회 내부에 그러한 민간문화가 존재할 수 없다고 주장한다.[85] 다시 말해서 자본주의 사회의 '민중문화'는 외형상 '민간문화'와 유사한 것 같지만, 실제 그 문화자원은 자본주의 경제시스템으로부터 제공된 것이다. 이와 같은 지적은 결국 '민중문화'도 '대중문화'와 마찬가지로 '문화상품'을 매개로 형성된다는 사실을 알려준다. 하지만 '민중문화'는 사회주의 이데올로기로부터 '반(反)자본주의'라는 문화적 성격을 취한다.

베넷은 그 사회주의 이데올로기와 '민중문화'의 상관성에 주목한다. 그는 '민중문화(popular culture)'[86]와 '군중문화(mass culture)'를 구분하면서, '민중문화'를 비(또는 전)자본주의 사회의 '민간문화'(따라서 '전통적'일 수 있는)의 '현대적 변형'으로 간주한다. 이 '민중문화'는 "'대중'이 직접적으로 자신을 표현하는 장이며, 여기서 그들의 사고와 감정은 문화산업의 왜곡을 거치지 않고 스스로에게 되돌아온다는 것"[87]

---

[84] John Storey/박모 역, 『문화연구와 문화이론』(서울: 현실문화연구, 1994;1995): 25쪽.
[85] 이러한 문제의식은 '민간문화'와 다른 자본주의 사회 내부의 민간문화에 대한 새로운 개념 설정을 요구한다. 이 책에서는 이것을 '이데올로기적 민중'에 의한 '민중문화'로 명명한 것이다. 사회주의 이데올로기에 기초한 특수한 문화 양식에 해당한다.
[86] 서구 대중문화 담론에서도 이처럼 'popular culture'라는 어휘 인식이 일치하고 있지 않다. 박명진 외 편역, 『문화, 일상, 대중: 문화에 관한 8개의 탐구』(서울: 한나래, 1996;2007): 14쪽. 다시 말해서 여기에 언급된 'popular culture'는 구체적으로 초기 버밍엄 학파가 주창한 '노동계급문화', 즉 'working-class culture'를 가리킨다.

으로 정의된다.[88] 이처럼 '민중문화'는 '계급대중'이 자본주의적 문화산업과 무관하게 스스로 창조하며 향유하는 문화를 가리킨다. 이 정의로부터 '민간문화'와 자본주의 사회의 '민중문화'는 연속된다.

따라서 사회주의 이데올로기에서의 '민중'이라는 초역사적 개념은 단지 그 사회적 구성주체라는 의미 맥락에 한정되어 운용되지 않는다. 그와 같은 관념이 문화에 투영되어 나타난 것이 바로 자본주의 사회의 '민중(또는 노동계급)문화'와 사회주의 사회의 '혁명문화'다. 베넷은 이 문화의 지배적 특징을 대중과 연관시켜 설명한다.

> 과거의 대중 전통이 가진 급진적이고 진보적인 부분을 구성함으로써 '대중'이 선조들의 투쟁을 배우고 감동받게 하는 것, 혹은 '대중'을 '위대한 문화'의 지지자로 구성함으로써 궁극적으로 그 문화를 자신의 것으로 전유할 수 있게 하는 것, 이 두 가지에 관심이 집중되었던 것이다. 두 가지 모두에서 비슷한 방향이 만들어졌다. '대중성'을 얻기 위한 투쟁이, 현존하는 '대중' 문화의 형식들을 사라지게 하여 새로운 것으로 대체하고자 하는 투쟁으로 인식되었던 것이 그것이다. 즉 '대중'의 문화를 새로운 내용으로 채우는 투쟁이라는 것이다. 첫 번째 경향의 경우, 이러한 방향은 과거 '대중'을 형성했던 가치들의 힘을 되살림으로써 현재 대중을 왜곡시킨 힘에 저항하고 압도할 수 있게 하는 방식으로 나타났다. 두 번째 경향의 경우는, '대중'을 진보적으로 이끌어 그들의 주어진 문화를 부르주아 전통의

---

87 Tony Bennett/김창남 옮김, 「대중성과 대중문화의 정치학」, 박명진 외 편역, 같은 책, 2007: 265쪽. 따라서 여기에서 대중은 자본주의적 '대중'이면서도 스스로를 '계급대중'으로 규정하는 '이데올로기적 민중'을 가리킨다. 그것은 비(또는 전)자본주의 사회의 '민중'을 '피지배계급'으로 이상화시켜 자본주의적 '대중'에게도 적용시킨다는 점에서 그러하다.
88 이 정의를 한국의 1980년대 문화 운동이 지향했던 '민중문화'와 결부시켜 파악하는 것은 매우 유의미하다. 박명진 외 편역, 같은 책, 2007: 14쪽. 왜냐하면 한국의 '민중문화'(또 다른 표현인 '운동권 문화')도 '민간문화'적 속성, 즉 그 전통 형식에 의존하고 있기 때문이다.

'살아 있는 문화'로 대체하도록 함으로써 사회주의 사회에서 보다 높은 역사의식 수준을 달성하도록 하는 것으로 나타났다.[89]

이처럼 과거의 전통으로부터 현재적 가치를 추출한 초역사적 '민중' 개념은 자본주의적 문화형식을 제거하면서도 새로운 사회주의적 문화형식을 건립하려는 문화 관념으로 반영된다. 다시 말해서 자본주의 사회의 '민중문화'와 사회주의 사회의 '혁명문화'에는 초역사적으로 완성된 이데올로기적 주체로서의 '민중'이 개입되어 있으며, 이로부터 과거와 미래를 연결하는 '피지배계급의 문화'의 성격을 획득한다.

여기에서 '민중문화'는 자본주의 사회 내부에서 자본주의 질서에 대한 저항과 극복을 지향한다.[90] 이 담론이 문제가 되는 이유는 그것이 현재의 자본주의적 '대중문화'를 부정함으로써 '민간문화'의 연장선상에서 '민중문화'를 역사적으로 이상화시키는 기능을 담당하기 때문이다. 사회주의 이데올로기라는 잣대에 의해 창조된 이상적 대중문화(과거에 이미 존재했거나 미래에 존재해야 할)는 과거나 현재의 부정적 대중문화를 목적의식적으로 지양해야 할 대상으로 간주한다. 이로부터 현실의 자본주의적 '대중'과 '대중문화'는 부정되어야 하는 또는 부정될 수밖에 없는 존재로 남게 된다.

또한 '이데올로기적 민중'에 의해 자발적으로 생산되고 향유되는 '민중문화'가 '민간문화'와 유사한 문화 양식을 취할지라도, 그것의

---

[89] Tony Bennett/김창남 옮김, 같은 글, 같은 책, 2007: 261쪽.
[90] '문화연구' 진영은 이것을 '낭만화된 노동계급문화'로 규정한다. 그것은 사회주의라는 미래 상상에 의존하지 않고서는 자신의 정체성을 스스로 구성하지 못한다는 의미를 포함한다.

기능은 기본적으로 자본주의적 '대중문화'의 대립적 측면에 국한된다. 물론 '민중문화'가 그 자체적으로 자본주의 사회 내부에서 자신의 사회적 기능을 한정시키지는 않는다. 오히려 그것의 의도는 미래 상상에 기초한 사회주의 사회를 지향한다는 차원에서 자본주의 질서('대중문화'를 포함한)와 대립·투쟁한다. 다시 말해서 '민중문화'는 상품화된 문화 소재를 활용하는 자본주의적 '대중문화'의 대립적 측면에서 '민간문화'의 비(非)자본적 성격을 반(反)자본적으로 끌어들이고 있는 것이다. 하지만 바로 그러한 이유로부터 사회주의 사회라는 미래 상상이 거세되었을 때, '민중문화'의 생명은 마감하게 된다.[91]

한편, '혁명문화'는 '민중문화'와 마찬가지로 사회주의 이데올로기에 기초한 문화 양식이자, '민중문화'가 구현하고자 하는 최종적인 문화 형태에 해당한다. '혁명문화'는 비(또는 전)자본주의 사회의 '민간문화'와 연속성을 확보하며 자본주의적 '대중문화'를 배척한다는 점에서 '민중문화'와 공통된다. 두 문화 양식의 차이는 '민중문화'가 자본주의 사회 내부에서 사회주의적 미래를 실현하고자 했다면, '혁명문화'는 그 미래가 궁극적으로 실현된 사회주의 사회 내부에 존재한다는 점에 있다.[92] 이로부터 '민중문화'가 그러한 것처럼, '혁명문화'

---

[91] 2010년 현재 한국 사회의 경우, '민중' 또는 '민중문화'라는 어휘가 그 사용 빈도수에 있어서 '死語'에 가깝게 되었다는 현실이 이를 잘 보여준다.

[92] 자본주의 사회의 '민중문화'와 사회주의 사회의 '혁명문화'가 동일한 문화적 속성을 공유하고 있음에도, 두 문화 양식을 엄격하게 구분하는 이유는 양자를 동일시할 경우, 사회주의 사회가 자신의 문화 양식인 '혁명문화'와 모순 관계에 놓이기 때문이다. 즉 '민중문화'가 미래의 사회주의 사회 건설을 위해 현재의 자본주의 사회 내부에서 자본주의 질서와 대립하고 있다면, 동일한 문화적 속성을 공유한 사회주의 사회 내부의 '혁명문화'는 무엇과 대립하고 있는가라는 문제다. 이것은 곧 '혁명문화'를 포함한 사회주의 사회의 정체성 문제와 직결된다. 이러한 문제의식은 중국에서 1932년 '평민문예'를 제창한 『潔茜』의 지식인들로부터 출발한다. 그들은 당시 현실 대중(즉 '농민')의 중요성을 강조하며, 자본주의 사회의 '혁명문예'와 사회주의 사회의 '혁명문예'를 엄격하게 구분한다. 다시 말해서 자본주의 사회의 '혁명문예'는 자본주의의 대립적 측면에서 제기된 것에 불과하며, 그것이

역시 사회주의 이데올로기와 함께 공동의 운명을 요구받는다.

이러한 문제의식으로부터 자본주의적 '대중문화'와 관련된 논의 틀을 더욱 확장시킬 필요가 있다. 그것에는 자본주의 사회의 '대중'/'대중문화'를 둘러싸고 각각 담론의 형태로 제기된 비(또는 전)자본주의 사회의 '민중'/'민간문화', 자본주의 사회의 '군중'/군중문화'(또는 '대량문화'), 자본주의 사회의 '이데올로기적 민중'/'민중문화', 그리고 사회주의 사회의 '인민대중'/'혁명문화' 등이 포함된다. 우선 '민중문화'와 '혁명문화'의 시각에 서게 되면, 자본주의 사회의 '대중'은 크게 두 가지로 구분된다. 하나는 자본주의적 '대중문화'에 투쟁하며 사회주의적 '혁명문화'를 옹호(또는 창조)하는 '의식화된' 대중, 즉 '피지배 계급'으로 설정된 '이데올로기적 민중'이다. 다른 하나는 자본주의 '대중문화'에 오염된, 말 그대로 퇴폐적이고 향락적인 '자본주의적 대중'인 것이다. 여기에서 '이데올로기적 민중'(또는 '인민대중')만이 능동적 또는 창조적 생산주체라는 문화 형상으로 그려진다.

따라서 자본주의 사회의 '사람들'을 구획하는 기준은 바로 사회주의 이데올로기의 수용과 거부에 있다. 다시 말해서 어떤 이데올로기를 선택하고 실천하는가가 '사람들'의 존재를 근본적으로 규정한다. 이로부터 자본주의 사회 내부의 '이데올로기적 민중' 또는 사회주의적 '인민대중'과 다르게 자본주의적 '대중'은 수동적·부정적 문화 형상으로 남게 된다. 자본주의적 '대중'을 수동적·부정적 존재로 간주한다는 점에서, 문화 생산의 주체를 '문화산업'으로 설정한 프랑크푸

지향하는 사회주의 사회에서는 정작 '혁명문예'의 정체성이 구성되지 않는다고 주장한다. 이들의 논리는 사회주의 사회의 혁명문화를 평가하는데, 매우 중요한 시사점을 제공한다. 또한 이것은 혁명적 지식인과 사회주의적 지식인을 구분하는 근거가 되기도 한다. 관련 논의는 제2장을 참조할 것.

르트 학파의 비판이론도 동일한 인식 기반을 공유한다. 따라서 프랑크푸르트 학파가 여전히 '좌파' 계열로 분류되는 이유가 단순히 그들의 자본주의 문화 비판에만 있는 것이 아니라, 이른바 좌파 지식인도 혁명적(또는 사회주의) 지식인과 마찬가지로 비(非)사회주의권 사회의 대중을 부정적 '군중' 형상으로 이해하고 있다는 추론이 가능해진다.

그렇다면 다음과 같은 질문이 제기될 수 있다. 만약 프랑크푸르트 학파가 스탈린주의 비판(나치즘에 비하면 훨씬 그 비판의 강도가 약하지만)과 함께 사회주의 '혁명문화'를 비판했다면, 자본주의적 문화산업이 기본적으로 존재하지 않는 사회주의 사회에서 그 '사람들'은 과연 어떠한 형상으로 남아 있을까 하는 점이다. 프랑크푸르트 학파가 미국의 자본주의 대중문화에 비판의 초점을 맞추고 있기 때문에 이에 대한 예측은 간단하지 않다. 흥미로운 점은 1990년대 후반 중국에서 출현한 '신좌파' 지식인들(사회주의 중국의 '혁명문화'를 공동으로 경험한)이 자본주의적 '대중문화'를 비판하기 위해 비판이론의 '문화산업' 개념을 이론적으로 채택하고 있다는 점이다. 이들은 '문화산업'이 '대중문화'를 생산하며, 자본주의적 '대중'은 그저 그것을 수동적으로 수용하는 존재에 불과하다는 프랑크푸르트 학파의 해석을 그대로 수용한다. '신좌파'와 프랑크푸르트 학파의 담론이 '민중문화' 또는 '혁명문화'의 그것과 구분되는 지점은 이상화된 사회주의적 미래를 포함하지 않을 뿐이다. 하지만 '신좌파'와 프랑크푸르트 학파는 혁명적(또는 사회주의적) 지식인과 마찬가지로 '반자본주의적 정서'를 공유한다는 특징을 보인다.[93]

이와 같은 논의는 보다 진전된 문제의식을 요구한다. 즉 사회주

---

[93] 구체적인 논의는 제3장의 '신좌파' 부분을 참조할 것.

의라는 미래 상상(또는 반자본주의적 정서)에 기초한 '민중문화'와 '혁명문화'가 모두 자신의 문화 양식으로 '민간문화'를 흡수하고 있다는 점이다. 여기에서 다음과 같은 질문이 가능하다. '민중문화'가 자본주의 사회에서 자본주의적 '대중문화'의 안티테제적 기능으로 자신의 정체성을 구성한다면, 그것과 명확히 구분되는 사회주의 사회에서 '혁명문화'는 자신의 정체성을 무엇으로 구성하는가라는 문제다. 다시 말해서, '민중문화'가 자본주의 사회를 계급 사회로 규정하면서 그 계급대립(또는 계급투쟁)을 자신의 문화 내용으로 삼고 있다면, 사회주의 '혁명문화'는 바로 그 계급대립이 해소된 사회에서 계급 이외의 어떤 내용('민간문화'적 요소를 제외한다면)을 설정하고 있는가다. 이 문제 영역은 곧 사회주의 중국의 '혁명문화' 정체성과 직결된 사안이 된다.

베넷의 주장처럼 '민중문화'(또는 '노동계급문화')를 비(또는 전)자본주의적 '민간문화'의 현대적 변형으로 간주하고 그것을 '혁명문화'와 동일시한다면, 사실 결론은 단순하다. 즉 '민중문화'와 '혁명문화'는 현실 결과가 보여주듯이 자본주의적 '대중문화'에 의해 모두 역사의 뒤안길로 사라져버린 일시적인(또는 임시적인) 문화 형태로 규정된다. 하지만 이 문제의 성격은 그렇게 간단하지 않다. 사회주의 사회의 '혁명문화'와 자본주의 사회의 '민중문화'가 동일한 생멸 과정을 거쳤다고 평가할 수 있을지라도, '혁명문화'라는 문화 양식이 기반한 사회주의적 생산 양식과 '민중문화'의 자본주의적 생산 양식, 그리고 '민간문화'의 비(또는 전)자본주의적 생산 양식의 관계설정이 또 다른 문제로 남게 된다. 다시 말해서 자본주의 체제의 규정을 받는 '민중문화'의 경우, 그 태생적 한계를 인정하더라도 사회주의 사회와 봉건주의 사회를 그 문화 양식의 측면에서 동일시('변형'이라고 하더라도)

한다면, 과연 사회주의 사회라는 체제와 '혁명문화'라는 문화 양식은 역사 속에서 무엇이었는가라는 근본적인 질문이 가능해지기 때문이다.

이 문제 영역을 재구성해보면, 1) 사회주의적 '혁명문화'는 사회주의적 이데올로기에 기초한 '민간문화'의 '변형'(또는 '변종')에 해당한다. 2) 사회주의 '혁명문화'는 생산 양식의 차이로부터 '민간문화'와 근본적으로 구분된다. 우선 1)의 입장에 서게 되면, '민간문화'와 '혁명문화'는 그 질적 차별성이 존재하지 않는, 외형상의 문화적 변형에 불과한 것이다. 그렇다면 결론적으로 '혁명문화'는 '현대성'을 체현할 수 없는 문화 양식이 된다. 반면 왕후이(汪暉)가 주장한 것처럼 현대화를 실현하는 두 가지 축으로 자본주의와 사회주의를 설정할 경우,[94] 2)의 입장에서 '혁명문화'와 '민간문화'는 질적으로 구별된다. 왜냐하면 문화적 내용과 형식은 사회 체제라는 생산 양식의 규정으로부터 자유로울 수 없기 때문이다. 그것은 자본주의 사회의 '대중문화'가 상품(또는 그것의 유통)을 매개로 생산되는 것과 같은 원리다.[95] 여기에서 중국의 사회주의 '혁명문화'에 대한 리쩌허우(李澤厚)의 평가는 위의 질문에 하나의 실마리를 제공해준다.

---

[94] 그는 "현대화를 실현하는 방식 혹은 중국 현대성의 주요 형식으로서의 중국 사회주의 역시 사회조직의 억압이, 특히 국가의 인간에 대한 억압이 자본주의보다 더 심했다"고 인정하면서, 자본주의적 모순을 극복하기 위해 탄생한 사회주의가 자신의 역사적 임무 완수에 결국 실패하였고, 자본주의는 사회주의적 요소를 흡수하여 더욱 공고해졌다고 평가한다. 그러면서 전통적 형식의 사회주의, 현대화 이데올로기 형태의 마르크스주의, 신계몽주의의 현실적 한계를 제기하면서 '중국 사회주의'에 대한 새로운 해석을 요청한다. 汪暉/이욱연 외 옮김, 『새로운 아시아를 상상한다』(파주: 창비, 2003): 86~87쪽 참조.

[95] 중국의 일부 지식인들은 '사회주의적 대중문화'를 주장하기도 한다. 하지만 이것은 현재 실현된 '대중문화'가 아닌 중국 대중문화가 추구해야할 하나의 이상형으로 제기된 것에 불과하다. 이 논리는 기존의 사회주의적 이데올로기가 혼합된 사회주의적 시장경제에 기초한다. 李德周·魏明, 「建設健康和諧的社會主義大衆文化心理」, 『西安政治學院學報』2007年第3期 참조.

마오쩌둥의 강연[연안좌담회]은 이후 30, 40년 동안 중국 현대문예의 실천과 이론을 지배해 왔다. 몇 년 전까지만 해도 그것은 거의 글자 하나 바꿀 수 없는 것이었다. 따라서 건국 이래 30년 동안 민간 형식과 전통 형식의 강조는 지배적인 위치를 차지하는 이론이었다. 마오쩌둥 자신도 좀 더 구체적으로 신시(新詩)는 전통적인 구시(舊詩)와 민요를 기초로 해야 한다고 이야기한 적이 있었다. 그렇기 때문에 어떤 사람들은 '민족형식'이란 몇 가지 구체적인 전통 형식과 민간형식이며, 고사화·율격시(律格詩)·민족창법(唱法)·민간무용이라고까지 생각하게 되었다. 희곡·국화(國畵)·구체 시사(舊體詩詞)·전통 수공예는 전에 없을 정도로 번영하고 활기를 띠었다. 이와 반대로 유화(油畵)·자유체 시가·국제적인 미성창법(美聲唱法)·교향악·재즈 음악·발레·모더니즘 조형예술과 문학……은 배척되거나 경시되고 깎아내려지고 초라한 위치에 자리 잡을 수밖에 없었다. 1950년대 초에 〈평화와 비둘기〉라는 무용이 공연되었을 때, "넓적다리를 내놓고 무대 위를 뛰어다니는 춤 때문에 노농병 대중이 견디기 어려웠다."는 비평이 나오고, 동시에 이른바 '프티부르주아지 사상'에 대한 비판이 가해지기도 했다.[96]

---

[96] 李澤厚/김형종 옮김, 『중국현대사상사론』(파주: 한길사, 2005): 156쪽. 여기에서 언급된 '민족 형식'은 중국 사회주의 '혁명문화'의 문화형식을 가리킨다. 관련 논의는 제2장의 '민족형식' 논쟁 부분을 참조할 것. 이처럼 '혁명문화'와 '민간문화'의 친화성은 '반자본주의'를 근간으로 구성된다. 사회주의 중국 시기, '혁명문화'에 전통과 단절하려는 시도, 예를 들어 공자에 대한 공격(批孔) 등이 있었지만 그 전통적 유제는 현재까지도 광범위하게 남아 있다. 오히려 개혁개방 이후, 다양한 문화기업들이 중국 사회에 등장하면서 자본주의적 '대중문화'의 발전을 촉진하는 소재로 '혁명문화'를 활용하는 상황이 연출된다. 이미 사회주의 '혁명문화' 자체가 '전통'이 되었고, 공자뿐만 아니라 마오쩌둥 자신도 자본주의적 '상품'이 되어 대중에 의한 소비 대상으로 전락했다. 이와 같이 중국에서 자본주의적 '대중문화'는 자신의 문화적 기세를 지속적으로 넓혀가며, '혁명문화'의 잔재를 제거하고 있다. 여기에서 1980년대 한국의 '민중문화'(또는 '노동계급문화') 또한 중국의 사회주의적 '혁명문화'와 동일한 생멸 과정을 보여준다. 한국의 '민중문화'는 진보적 내용('사회주의')으로 봉건적 '전통문화'와 스스로를 구분했지만 결과적으로 전통적 '민간문화'의 형식과 '반자본주의'적 내용이 결합된 방식으로 구성된다. 하지만 그것은 1990년대를 경과하면서 중국과 마찬가지로, 선별적으로 상품화되면서 대중의 소비를 거쳐 자본주의적 '대중문화'

사회주의적 '혁명문화'와 전통적(또는 봉건적) '민간문화'의 친화성은 단지 형식적인 면에서만 나타나는 중국의 특수한 사례(사회주의 국가 일반으로 확대하기 보다는)일 수도 있다. 이와 같은 문화 현상이 체제 양식과 관련된 것이지만 그 접근 방식에서 정치경제학(대부분 경제결정론적인) 분석에 기초하기보다는 국가권력의 정치적 성격에 의해 설명될 수 있다는 견해가 존재한다. 타오둥펑은 '민간문화'와 사회주의적 '정부공인 문화'를 구분하면서, '민간문화'와 사회주의적 '혁명문화'의 차이를 생산 양식으로부터 도출하지 않고 획일적 정치 통제에서 찾고 있다.

> 문화의 측면에서, 고도로 정치화된 집권적 정치사회의 뚜렷한 문화적 특징은 국가가 전체 사회의 모든 문화 활동을 통제하기 때문에 민간문화 활동이 기본적으로 존재하지 않으며, 설사 있다하더라도 '불법적'인 것으로 간주된다는 점이다. 모든 문화 활동은 고도로 정치화되어 심지어 직접적인 정치 활동을 표현하기도 한다. [따라서] 그것은 정치에 종속된 것으로, 그것의 임무는 단지 국가권력을 위해 합법화된 근거를 제공할 뿐이다. …… 이러한 일원화된 정치사회는 이른바 '계획경제'(시장의 측면에서 보면 어떠한 계획도 없는)를 통해 사회적 경제 활동을 전면적으로 통제했을 뿐만 아니라 문화 [차원]에서 문화 일원(一元)주의와 문화 독단주의를 강제적으로 실현시켰다. 모든 인문학의 담론 규범과 문학예술의 유희(遊戱) 규범은 정부만이 제정할 수 있었다. 그래서 정부공인 문화는 전체 사회의 유일한

로 재등장하는 과정을 거친다. 한국의 랩 가수들인 거북이의 「사계」와 MC 스나이퍼의 「상록수」·「솔아 솔아 푸르른 솔아」처럼 이러한 예는 쉽게 찾아볼 수 있다. 이로부터 '민중문화'는 한국에서 또 다른 '공동 사회', 즉 '운동권(집단)' 내부의 자기만족적 문화 실천이라는 한계를 드러낸다. 이것은 경험적 사실의 차원에서 '혁명문화' 또는 '민중문화'에 대한 하나의 평가 기준이 된다.

문화와 동일한 의미를 갖게 된다. 주류 이데올로기는 민간과 지식인 사회의 모든 문화예술 활동에 침투해 대중과 지식인의 정치적 무의식을 조성한다. [이로부터] 대중과 지식인은 실어증 상태에 빠졌고, 그들[에게] 자신의 문화와 예술은 존재하지도 않았다.[97]

이와 같은 시각은 사회주의 중국에서 '혁명문화'가 일체화된(또는 총체화된) 사회주의 이데올로기에 의해 국가가 직접 관리(또는 통제)하는 특수한 형태를 취했다는 점에서 접근한 것이다. 여기에서 사회주의 '혁명문화'는 사회주의 정부의 '공인 문화'와 동일한 의미로 사용된다. 타오둥펑은 나아가 프랑크푸르트 학파의 '문화산업' 개념은 자본주의적 '대중문화'를 비판하는 데 적절하지 않으며, 오히려 사회주의 '혁명문화' 비판에 적용되어야 한다고 주장한다. 왜냐하면 사회주의 '혁명문화'의 생산 및 소비 방식이 정확히 프랑크푸르트 학파가 지적한 문화산업 시스템과 일치하기 때문이다.[98] 이러한 해석은 문화 생산의 측면에서 사회주의적 '혁명문화'에 대한 재검토를 요구한다.

위의 논의는 다음의 중국적 '대중' 또는 '대중문화' 담론을 다루는 데 기초적 이해를 제공한다. 우선 자본주의적(또는 현대적) '대중'과 '대중문화'는 내재적 관계를 맺고 있으며, 여기에서 자본주의적 '대중'이 문화창조력을 가지고 있는가가 관건이다. 왜냐하면 그것에 대한 인정이 '대중 중심성'의 근간을 형성하기 때문이다. '대중'의 문화적

---

97 陶東風, 「官方文化與市民文化的妥協與互滲-九十年代中國文化的一種審視」, 『中國社會科學季刊』(香港)總第12期1995年秋季卷: 176쪽. 여기에서 그가 언급한 '민간문화'는 정부의 '공인문화'와 대립된 개념으로 사용되고 있다. 이처럼 현재 중국에서 '민간문화'는 비(또는 전)자본주의 사회의 문화라는 규정과 함께 '비(또는 반)정부적 문화'라는 의미를 동시에 갖는다. 하지만 이러한 시각 자체가 비(또는 전)자본주의적 생산 양식과 사회주의적 생산 양식의 불분명한 관계를 반영한다.
98 陶東風·徐艶蕊, 『當代中國的文化批評』(北京: 北京大學出版社, 2006): 85~86쪽.

창조력을 부정하는 대표적인 흐름은 '문화적 소수'를 지향한 지식인의 담론이다. 그들은 문화적 우열에 따라 '대중'과 '대중문화'를 각각 '군중'과 '군중문화'(또는 '대량문화')로 간주하면서, 지식인의 사회적 위치와 기능을 안정적으로 유지하기 위해 '고급문화'를 긍정한다는 특징을 보인다. 따라서 그것은 '지식인 중심성'의 형태로 구현된다.

반면, 혁명적(또는 사회주의적) 지식인은 자본주의적 '대중'의 문화창조력을 부정한다는 점에서 문화적 소수의 지식인과 일치한다. 하지만 그들은 사회주의 이데올로기의 계급 구분에 따라 자본주의 사회의 '사람들'을 재구성한다는 측면에서 그들과 구별된다. 다시 말해서 타락한 자본주의적 '대중'과 다르게 '이데올로기적 민중' 또는 '인민대중'만이 문화창조력을 갖춘 존재에 해당한다. 이러한 대중 구획은 그대로 문화 관념에 투영되어 '민중문화'(또는 '혁명문화')와 퇴폐적이고 상업적인 자본주의적 '대중문화'로 이어진다. 이를 통해 '인민대중'과 '혁명문화'에 역사적으로 우월한 가치를 부여한다. 이들의 시각은 이데올로기적 '인민대중 중심성'으로 정식화된다.

따라서 혁명적(또는 사회주의적) 지식인들에 의해 제출된 사회주의적 '인민대중 중심성'과 현대적(또는 자본주의적) '대중 중심성'은 명확하게 구분되어야 한다. 이 구분은 중국 현대사에서 더욱 중요한 문제로 등장한다. 왜냐하면 양자의 차이로부터 중국 대중문화 담론의 연속과 단절관계가 분명하게 드러나기 때문이다. '인민대중 중심성'을 평가하기 위해서는 혁명적(또는 사회주의적) 지식인들의 담론 내부에 설정된 대중과 지식인의 계급관계가 온전한 형태로 해소되었는지, 그로부터 그들이 의도했던 '인민대중 중심성'이 현실적으로 실현되었는지, 그것의 역사적 의미는 무엇인지, 그리고 사회주의 '혁명문화'를 현재 어떻게 평가해야 하는지가 핵심적 사안으로 제기된다.

그럼에도 불구하고 중국 현대사에서 놓쳐서는 안 될 부분이 바로 현재의 중국 자본주의 질서가 사회주의 중국을 경과한 이후에 위치하고 있다는 사실이다. 그 과정에서 개혁개방 이후, 중국 사회에 재출현한 '대중'과 '대중문화'는 문혁을 포함한 사회주의 중국의 이데올로기적 유산을 '혁명적'으로 전복시키는 기능을 수행한다. 따라서 '대중문화'의 내재적 대립성과 저항성은 문화 융합과 사회 안정을 강조하는 '전통'적 문화 개념에 도전한다는 측면에서 설정된다. 여기에서 언급한 '전통'에는 봉건주의·자본주의·사회주의 체제 모두를 포함한다. 다시 말해서 현재의 체제가 어떤 체제이든 간에 기존 체제의 지배관념에 도전하는 '대중문화'의 사회적 기능에 주목해야 한다. 이것은 '대중 중심'적 대중문화와 민주주의 문제가 불가분의 관계에 놓여 있기 때문이다.

제2장

1920·30년대 중국 지식인의 대중/대중문화 담론*

* 이 장의 기본 관점은 안인환, 「1920·30년대 중국 지식인의 '대중' 담론 연구」, 『중국현대문학』, 한국중국현대문학학회, 2010, 제52호에 기초하고 있다. 따라서 관련된 일부 내용이 중복되고 있음을 밝혀둔다.

20세기 초, 신문화 운동을 주창한 중국 지식인들은 다양한 서구 사상(자유주의, 사회주의 등을 포함한)을 수용하며, 자신들의 이상을 현실에서 실현시키고자 한다. 그 이상의 이면에는 모두 민족 국가와 미래사회에 대한 하나의 공통된 상상이 존재하고 있다. '소수'라는 태생적 한계에 놓여 있는 지식인 집단은 자신의 이상을 구현하기 위해 다수의 대중을 변화시키고자 한다. 그것은 다수의 대중을 통해서만 그들의 이상이 현실 속에서 실현될 수 있기 때문이다. 따라서 지식인들이 상상하는 미래사회의 '대중'은 현실의 대중과 대립하게 된다. 이로부터 지식인들의 다양한 '대중' 및 '대중문화' 담론은 바로 그러한 '상상된 대중'과 '현실의 대중'이라는 대립관계를 궁극적으로 해소하는 것에 초점이 맞추어져 있다. 당시 중국 지식인들에 의해 수용된 다양한 이데올로기는 현실 대중과의 관계설정을 포함한 미래사회 구현의 기획으로서 그 현실적 방도와 경로를 제공한다.[1]

당시 지식인 사회에서 진행된 '평민문학(平民文學)', '민중문학(民衆文學)', '문예대중화(文藝大衆化)', '대중어(大衆語)', '민족형식(民族形式)' 등의 논쟁들을 대중과 지식인의 관계로부터 살펴보면, 그것은 대중

---

[1] 안인환, 같은 글, 2010: 27~28쪽.

에 대한 성격 규정 및 접근 방식의 문제들로 압축된다.[2] 그런데 유의해야 할 점은 앞서 지적했던 것처럼 대중 및 대중문화 담론에 그 담론의 생산주체인 지식인이 대중과 관계 맺는 방식, 즉 관계 맺기로부터 자신의 경계를 드러낸다는 것이다. 즉 대중에 대한 지식인의 언술은 지식인 자신이 대중과 어떠한 관계를 맺어야 하는가와 함께 지식인의 사회적 기능과 역할이 어떠해야 하는가를 포함한다.[3]

대중(또는 대중문화) 담론으로부터 드러나는 당시 중국 지식인들의 인식틀을 유형화시켜보면 크게 네 가지로 구분해 볼 수 있다. 1) 소수와 다수, 2) 옛 것(舊)과 새로운 것(新), 3) 자산계급(또는 봉건귀족)과 무산계급, 4) 서구와 중국이라는 이분법적 인식 태도가 그것이다.[4]

---

[2] 여기에서는 당시 지식인 논쟁들을 대중과 지식인의 관계 변화를 전제한 지식인의 담론으로 간주하여 대중문화 담론 영역에서 포괄적으로 다루고자 한다.

[3] 안인환, 「1920·30년대 중국 지식인의 '대중' 담론 연구」, 『중국현대문학』, 한국중국현대문학학회, 2010, 제52호: 28쪽. 다시 말해서, "문맹과 반(半)문맹, 그리고 봉건적 악습에 젖어 있는 현실 대중과 지식인들이 상상하는 미래사회의 대중이라는 이분법적 인식은 타자로서 현실 대중과 동일자로서 미래 대중에 기초하고 있으며, 후자는 현실에서 미래를 선취한 지식인의 형상으로 재현된다. 즉, 이미 계몽된 지식인은 계몽이 필요한 대중이 앞으로 구현해야 하는 미래 대중의 형상인 것이다. 이처럼 현실 속에서 드러나는 미래 대중의 전형으로서 현실 지식인과 현실 대중의 차이는 미래와 현실의 간극을 반영하고 있다. '계몽'은 바로 그 간극을 뛰어넘으려는 지식인의 시도로 나타난다. 하지만 그와 같은 시도는 대중과의 차이가 크면 클수록 현실에서 지식인 자신의 독자성(또는 정체성)에 대한 다양한 혼란을 발생시키게 된다." 안인환, 같은 글, 2010: 28~29쪽.

[4] 안인환, 같은 글, 2010: 29쪽. 구체적으로 설명해 보면, 여기에서 1) 소수와 다수라는 구분은 양적 측면에서 뿐만 아니라 지식과 교양을 중심으로 한 고급(또는 순수)과 저급(또는 무지몽매)이라는 질적 특징까지 포함되어 있다. 2) 옛 것과 새로운 것이라는 인식 유형은 현대성(modernity) 담론과 연결되어 있으며, 이 유형은 반복될 수 없는 직선적 시간관념으로부터 옛 것과 낡은 것을 동일한 개념으로 파악한다. 따라서 그것을 대체하는 '새로운 것'(따라서 과거가 아닌 미래)에 특수한 가치를 부여하게 된다. 사회주의의 영향으로 형성된 3) 자산계급(또는 봉건귀족)과 무산계급이라는 인식 유형 역시 그러한 직선적 시간관념과 결합하면서 본래 그것이 의도하는 이데올로기적 효과, 즉 미래사회의 건설이라는 임무를 무산계급에게 부여한다. 또한 당시 중국의 '반(半)식민지 반(半)봉건'이라는 사회구성체(또는 사회 성질)적 성격 규정으로부터 자산계급과 봉건 귀족은 무산계급(따라서 농민·노동자 대중)과 대립적 성격을 갖게 된다. 마지막으로 4) 서구와 중국이라는 대립적 인식은 주로 서구 사상(일본을 거쳐 중국에 수용된 것을 포함한)의 중국적 적용, 그리고 그것의 기계적 수용에 대한 비판적 측면에서 작동하고 있다. '대중' 담론의 경우, 그것은

이러한 인식틀은 단순한 형태로 드러나기보다는 지식인 개개인에게 매우 중층적인 형태로 표출된다. 이처럼 4가지 인식틀은 당시 대중(또는 대중문화) 담론에 다양한 방식으로 개입하면서 분명한 현실적 효과를 발생시킨다. 따라서 그들의 담론은 본질적으로 지식인이라는 존재 자체에 대한 문제제기에 해당한다고 할 수 있다.

서구 사상의 중국적 수용을 둘러싼 자유주의적 또는 사회주의적 해석의 차이, 그리고 번역어로서가 아닌 '대중(大衆)'이라는 어휘의 중국적 기원과 유래에 대한 논의 등으로 제기된다. 안인환, 같은 글, 2010: 29~31쪽 참조.

1 중국적 '대중' 담론의 형성

대중 개념의 중국적 변천 과정

1920·30년대 중국 지식인들은 서구 어휘인 'the masses'를 '대중(大衆)'으로 번역한다. 하지만 사실 '대중(大衆)'은 아주 오래된 역사를 갖고 있는 어휘 중 하나다.[1] 중국 고대의 '대중(大衆)'은 위로부터 징발되어 병역이나 노역을 담당하는 무리, 즉 다수의 '농민'을 가리킨다.[2] 이러

---

[1] 쉬진슝은 '大衆'의 기원을 갑골문에서 찾고 있다. 그는 '衆'이 '세 사람 위에 태양(日)이 있는 모양'이라고 설명하면서, 그것의 의미가 "낮에 밖에서 세 사람이 노동하고 있"는 것이라고 밝힌다. 許進雄, 『簡明中國文字學』(臺灣: 學海出版社, 2002): 89쪽. 하지만 이와 같은 의미가 금문(金文)에는 태양이 눈(目)으로 변해 "노동 군중을 감시하고 있는 의미"로 해석된다. 許進雄, 『古文諧聲字根』(臺灣: 商務印書館, 1995): 338쪽. 이로부터 고대에서부터 '大衆'이라는 어휘가 '감시나 통제를 받는, 하층 신분의 노동하는 큰 무리'라는 의미로 사용되었다는 사실을 알 수 있다.

[2] 黎錦熙, 「序(一)論大衆語(釋名)」, 『國語運動史綱』(上海: 商務印書館, 1934): 8쪽. 리진시는 여기에서 '大衆'이 언급된 『禮記』와 『呂氏春秋』 등을 직접 인용하며 그 어원을 추적하고 있다. 그는 『예기』에서 보이는 "초봄에 …… '대중'을 모으지 마라! 성곽을 짓지 마라!(『禮記』「月令」: 孟春 …… 毋聚'大衆', 毋置城郭.)"에 대한 鄭玄(127~200)의 "농사를 방해하기 때문(爲妨農之始)"이라는 해석, "초여름에 …… 공사를 일으키지 마라! '대중'을 일으키지 마라!(『禮記』「月令」: 孟夏 …… 毋起土功, 毋發'大衆')에 대해서도 마찬가지로 정현의 "누에 농사를 방해하기 때문(爲妨蠶農之事)"이라는 해석, 그리고 "한겨울에 …… 건물을 짓지 말고, 때에 이르러 '대중'을 일으켜라!(『禮記』「月令」: 仲冬 …… 毋發室屋, 及起'大衆')"라는 구절을 인용하고 있다. 또한 그는 『여씨춘추』에서 보이는 '대중'(『呂氏春秋』「季夏紀音律」: 仲呂之月, 無聚'大衆', 巡勸農事.)에 대한 高誘(생몰연대 미상)의 해석, 즉 "仲呂는 4월이고, '대중'은 병역과 부역을 담당하는 사람들(大衆謂軍旅工役也)"이라는 것도 함께 제시한다. 黎錦熙, 같은 글, 같은 책, 1934: 8쪽 참조. 리진시의 이와 같은 설명으로부터 고대에서부터 '대중'이라는 어휘가 농사·병역·부역과 관련되어 보다 구체적으로 사용되

한 '대중' 개념은 불교가 유입되면서 어의상의 큰 변화를 거치게 된다. 리진시(黎錦熙)는 그 과정을 다음과 같이 설명한다.[3]

'대중'은 원래 문법상 하나의 무리라는 '집합 명사'였지만, 당·송시대 불문(佛門)에서는 수량의 의미로 사용된다. 『법화현찬』에서는 '중(衆)'이라는 글자를 옛 뜻에 따라 "3명 이상"[4]으로 표현한다. 하지만 『천태관경소』에서 "4명 이상 내지 수백 수천의 한계가 없다"[5]라고 하여 그 수를 확장하고 있지만, 『법화의소』에서는 다시 "4명 이상에서 만 2천 명 남짓이다"[6]라고 하여 보다 구체적인 수의 제한을 두고 있다. 따라서 한 명의 화상(和尙)[7]을 '승(僧)'이나 '중(衆)'으로 부를 수 없었던 것이다. 또한 『기귀전』[8] 3권에서는 "승(僧)을 한 명이라 할 수 없다. 승(僧)은 무리의 승(僧伽)이다. [그런데] '대중'을 보면서 차라리 하나라고 해는 것이 낫지, 어찌 갑자기 4명[만]을 말하는가? 인도에도 그러한 법은 없다."[9]고 하여 승(僧)의 특정 수량 개념인 4명을 비판한다. 왜냐하면 당시 중원[中土][10]의 언어 습관으로는 인도의 법[西法]을

고 있었다는 사실, 그리고 '모으다'와 '일으키다'라는 표현으로부터 '대중'이 '위로부터 징발된 대상이라는 점을 알 수 있다.
3 黎錦熙, 같은 글, 같은 책, 1934: 8~10쪽 참조. 참고로, 이 글은 '대중어' 운동에 대한 그의 견해를 피력하려는 차원에서 서술된 것으로서 『申報·自由談』 9월 10일자(上)와 11일자(下)에도 간략한 내용이 게재되어 있다. 黎錦熙, 「大衆語眞詮」 上·下, 『申報·自由談』, 1934.9 (上海圖書館影印, 『申報自由談』下, 1981 참조). 본문의 다음 내용은 리진시의 서술을 정리한 것이다.
4 『法華玄贊』: 三人已上.
5 『天台觀經疏』: 四人已上, 乃至百千無量.
6 『法華義疏』: 四人已上, 至萬二千人以還.
7 불교 교단에서 가르침을 내려주는 敎師를 의미한다.
8 원명은 『南海寄歸內法傳』이다.
9 『寄歸傳』3: 不可言僧某乙, 僧是僧伽, 目乎'大衆', 寧容一己, 輒道四人? 西方無此法也. 여기에서 '서구'를 가리키는 지금의 중국어 '西方'이 이처럼 인도에서 유럽으로 그 어의가 확장된 어휘라는 사실을 알 수 있다.
10 지금의 허난성 일대 또는 黃河 하류를 가리킨다.

따르기 어려웠기 때문이다. 그래서 "승(僧)을 구분하여 [한 명 한 명] 지칭해도 이치에 어그러지지 않는다."¹¹라는 표현이 나온 것이다. 현재 북방어에서 한 명의 화상(和尙)을 '一衆兒'라고 부르는 이유가 바로 여기에 있다. 이로부터 '대중'은 중국적 상황에서 한 명 한 명을 지칭할 수 있게 된다.¹²

또한 산스크리트어의 '마하승가(摩訶僧伽)'를 번역한 '대중'은 『법화경서품』에서 보이는 "석가모니(世尊, 563? BC~483? BC)가 '대중'의 앞에서 심오한 법의(法義)를 부연하고 있다."¹³는 의미와 같다. 『지도론』에서는 "대중은 부처를 제외한 나머지 모든 현성(賢聖)이다."¹⁴라고 설명한다. 이러한 주장은 원래 '대중'이 삭발[剃度]한 승니(僧尼)로 한정된 개념이었지만, 이제 문하생[及門]이라는 유마힐(維摩詰)¹⁵, 즉 '거사(居士)', '천녀(天女)'와 같은 신도들도 '대중'에 포함시키는 것이다. 또한 소승 20부(小乘二十部) 가운데 가장 먼저 분류된 '대중부(大衆部)'와 '상좌부(上座部)'가 마치 계급적 관계와도 같은 대립적인 관계로 여겨지지만, 사실 그것은 경전을 모을 때의 서로 다른 장소에서 기인한다. 석가모니가 돌아가신 해에, 굴(屈)의 안과 밖에서 경전을 수집하였다. 굴 안에서는 상좌의 스승[耆宿]들이 많이 있었다. 가섭(迦葉)¹⁶이 맨 앞에 앉았기 때문에 '상좌부'라는 이름이 만들어졌다. 굴 밖에는

---

11 『寄歸傳』3 : 分稱爲僧, 理亦無爽.
12 黎錦熙, 「序(一)論人衆語(釋名)」, 『國語運動史綱』(上海: 商務印書館, 1934): 9쪽 참조.
13 『法華經序品』: 世尊在'大衆', 敷衍深法義.
14 『智度論』: 大衆者, 除佛余一切賢聖.
15 비말라키르티의 음역으로 維摩라는 사람을 뜻한다. 여기에서는 佛門의 제자를 뜻한다.
16 迦葉은 摩訶迦葉(생몰연대 미상)을 가리킨다. 마하가섭은 석가모니의 십대 제자 중 한 사람으로, 석가모니가 세상을 떠난 뒤 제자들의 집단을 주도적으로 이끌어 '頭陀第一'이라고도 불린다.

나이가 어린 승(僧)[들]이 많아서 순서를 구분할 필요가 없었기 때문에 '대중부'라는 이름이 붙은 것이다. 훗날 이것이 발전해 종교적 의미의 분파가 형성된다. 석가모니가 돌아가신지 100년 후에 대천 비구(大天比丘)가 나타나자, 이전 굴 밖에서 일하던 학술상의 유파가 그와 함께 하였다. 그래서 옛 명칭인 '대중부'를 그대로 사용하게 된 것이다. 하지만 굴 안에서 있던 사람들의 후예들은 대천의 법의에 반대해 옛 명칭인 '상좌부'를 계속 사용한다. 이것으로부터 두 개의 부(部)가 18부로 나뉘고, 원래의 두 개 부가 더해져 모두 20부가 된 것이다.[17]

위의 설명을 정리해 보자면, '대중'이라는 어휘는 상좌부와 대중부의 예에서도 알 수 있듯이, 순서와 위아래를 가리지 않는 '평등'의 의미를 가지고 있다. 물론 여기에는 불교 신도라는 조건이 달려 있다. 엄밀하게 논리적으로 말한다면, 불교의 입장에서 비록 천마(天魔), 인귀(人鬼) 또는 말·소·닭·개 등의 축생(畜生)일지라도 이것들이 불심(佛心)을 가지고 있다면 '대중'에 포함될 수 있는 것이다. 한 절(寺)에서 공동으로 사용하는 인감인 '대중인(大衆印)', 그 밖에 정토론(淨土論)의 '대중장엄(大衆莊嚴)' 및 초학보살(初學菩薩)의 '대중위덕외(大衆威德畏)' 등과 같이 '대중'이라는 어휘를 사용한 표현들을 적지 않게 찾아볼 수 있다.[18]

한편, 근래에 들어 일상적으로 사용되는 '대중'이라는 어휘는 무리의 사람들[衆人]을 가리킨다. 여기에는 계급이나 종교 등의 제한이 없을 뿐만 아니라 하나의 무리만을 가리킬 필요도 없어졌다. 흩어져 있는 사람들도 '대중'이라고 부를 수 있게 된 것이다. 남방 방언 중에

---

17 黎錦熙, 같은 글, 같은 책, 1934: 9쪽 참조.
18 黎錦熙, 같은 글, 같은 책, 1934: 9~10쪽 참조.

심한 욕설인 '대중새'[19]도 '대중' 어휘를 활용한 예에 해당한다. 다시 말해서 '대중'이라는 어휘는 하나의 무리를 가리킬 수 있으며, 또한 흩어져 있는 사람들을 개별적으로 지칭할 수 있는 표현이다.[20]

이로부터 중국에서 'the masses'의 번역어에 해당하는 '대중(大衆)'이라는 어휘가 불교 유입 이전 '병역과 부역을 담당하는 징발된 무리의 농민들'이라는 의미로 사용되었다는 점, 그리고 불교의 영향으로 구체적인 수량의 의미를 갖는 무리를 뜻했지만 중국의 토착적 상황에서 한 명 한 명을 지칭할 수도 있는 의미로 확장되었다는 점, 또한 그것에 불교적 '평등' 개념이 포함되어 있다는 점을 이해할 수 있다. 앞서 윌리엄스의 '대중' 개념 변천을 살펴본 것처럼, 서구 사회의 '대중(mass 또는 masses)' 개념은 부정적 의미에서 긍정적 의미로 전환되기는 했지만 여전히 긍·부정적 개념 해석이 혼재된 형태로 남아 있다는 점, 그리고 그 '대중'은 고립된 수많은 개체의 형상이라는 점에서 중국의 대중(大衆) 담론과 일정한 차이를 보인다.

이처럼 중국 '대중' 개념의 변천 과정은 중국 사상사의 변천과 마찬가지로 기존의 전통 사상과 새롭게 등장한 외래 사상의 교섭·융합 과정을 통해 다양하고 풍부한 양상을 보여준다. 리진시가 '대중'이라는 어의의 역사적 변천 과정에 천착한 실제적 이유는 바로 당시의 지식인들이 역사적 '대중' 개념에 기반해 '대중' 또는 '대중문화' 담론을 생산하는 것이 아니라, 무분별하게 서구 사상과 어휘를 기계적으로 수입한 현실에 있었다.

---

19 여기에서 '大衆崽'의 '崽'는 '새끼'라는 의미의 비속어다.
20 黎錦熙, 「序(一)論大衆語(釋名)」, 『國語運動史綱』(上海: 商務印書館, 1934): 10쪽 참조.

현대에서, 또 다시 서양(西洋)의 '수입품'을 가져와 의역(義譯)한 '대중'[이라는 어휘는 영어의 'The Mass(또는 군중[群衆]으로 번역되는)'에 상응한다. [하지만] 본래 이 어휘[the mass]에는 '계급성'이 포함되어 있다(그래서 '평민'이나 '하층계급'으로 번역되기도 한다). 1886년(淸 光緖 12년)에, 영국의 수상 글래드스톤(William Ewart Gladstone, 1809~1898)이 그 어휘와 The Class(또는 '상류 사회'로 번역되는)를 상대적 개념으로 사용하면서부터 점차 [그 어휘의] 사용법이 새로운 경향을 띠게 된다(『옥스포드 신영어대사전』 6권, 207쪽). 최근, 다수의 집단적 인민이라는 의미로 점차 사용되고 있다(이른바 '노동대중'·'무산대중'·'농민대중' 등이라고 하는 것처럼, 또는 그 밖의 명사에 [대중을] 덧붙여 예를 들어, 노동조합을 '대중조직'이라 부르고, 총동맹파업을 '대중파업'이라고 부르며, 집단적인 강요나 협박을 '대중행동'이라 부르고, 오로지 [자신들만의] 일상적 이익을 도모하면서 사려 깊지 않은 집단적 운동을 '대중운동'이라고 부르는 등). [이 같은 상황은] 마치 중국의 가장 오래된 의미로 되돌아간 것과 같다(이러한 농공집단이 자발적인 것이기는 하지만 '징발'된 [경우]도 있다). 또는 당(黨)의 기본 대오(노동조합이 전위당 내부에서 '대중조직'이라 불리는 것처럼), 간부에게는 보통회원의 의미로 사용되고 있다(노동단체 역시 사용하고 있다).[21]

이처럼 리진시는 서구와 다르게, 중국의 역사적 어휘인 '대중(大衆)'에는 '계급성'이 포함되지 않다고 주장한다.[22] 따라서 그는 이른바

---

21 黎錦熙, 같은 글, 같은 책, 1934: 10~11쪽. ; 黎錦熙, 『大衆語眞詮』上·下, 『申報·自由談』, 1934.9(上海圖書館影印, 『申報自由談』下, 1981 참조).
22 우샤오리는 리진시의 이러한 평가가 리진시 자신의 정치적 견해에 기반해 대중의 집단행동을 부정적으로 묘사한 것이라 설명한다. 하지만 그는 리진시가 '대중' 개념 자체를 부정적으로 본 것은 아니라고 평가하면서, '대중' 개념은 역사적으로 '중성'적 의미를 지닌다고 주장한다. 吳曉黎, 「作爲關鍵詞的'大衆': 對二三十年代中國相關討論的梳理」, 『思想文綜』1999年 第1期: 104쪽.

'어휘의 오용'이 발생하게 된 원인을 당시 중국 지식인들의 무분별한 서구 어휘의 수입과 사용에서 찾고 있다. 그의 이러한 해석은 서구와 중국이라는 대립적 인식으로부터 중국의 역사적 맥락이 반영된 어휘를 선택하려는 시도로 이해된다. '대중' 개념에서 무산계급적 성격을 배제시킨 그의 견해가 또 다른 이데올로기적 해석이라는 평가를 피할 수 없겠지만, '대중(大衆)'에 대한 역사적 접근 방식은 충분한 학술적 의의를 지닌다고 할 수 있다. 하지만 리진시의 이러한 우려와 다르게, 당시 중국에서 '대중' 개념은 서구의 사상 자원을 바탕으로 그 외연을 더욱 넓혀나가게 된다. 왜냐하면 당시 서구 사상의 중국 지식인 사회에 끼친 영향은 이전 불교의 유입으로 야기된 사상적 혼란을 뛰어넘는 것이었기 때문이다.

대중 개념의 발전과 계몽주의적 지식인

중국에서는 신문화 운동(1915년) 초기부터 '대중'과 일정하게 연관된 어휘, 즉 '국민(國民)'·'평민(平民)'·'서민(庶民)'·'민중(民衆)' 등이 다양하게 등장한다. 이 어휘들은 모두 봉건귀족 또는 지배계급에 대한 상대적인 의미로 혼재되어 사용된다. 이것은 당시 중국에 서구 사상이 유입되었지만 분명한 형태로 그 어휘들의 개념 차이에 주목하지 못했다는 사실을 알려준다.[23] 이러한 현상의 주된 원인은 반봉건(또는

---

23 이후 루쉰의 '대중' 언급은 그를 포함한 당시 중국 지식인들이 '대중' 관련 어휘들에 어떻게 접근했는지를 잘 보여준다. 그는 "여기에서의 '대중'은 곧 원래 '군중'[이나] '민중'이라는 뜻에 따라 해석해도 무방하다. 하물며 지금 '인민대중'이라는 뜻으로도 [사용할 수] 있지 않겠는가?" 魯迅, 「答徐懋庸幷關於抗日統一戰線問題」, 『魯迅全集』6(北京: 人民文學出版社, 2006): 522~523쪽. 여기에서 그는 '대중'과 '군중'·'민중'·'인민대중'을 동일한 어의로

반전통)이라는 계몽의 자장(磁場) 내에 중국 지식인들이 존재했기 때문이다. 그럼에도 불구하고 이러한 어휘들에는 당시 지식인들의 시대적 현실 인식이 깊이 개입되어 있다. 앞서 언급한 네 가지 인식틀은 바로 그러한 현실 진단의 유형에 해당하는 것이다. 이러한 맥락에서 당시 지식인들에 의해 구획된 '평민'·'국민'·'서민'·'민중'·'인민대중', '대중' 등의 어휘들은 모두 '대중' 개념의 형성 과정(중국적 경로를 거친)에서 그 어의적 퇴적층을 구성하고 있다.[24]

1917년, 천두슈(陳獨秀, 1879~1942)는 그의 「문학혁명론(文學革命論)」에서 귀족문학을 타도하고 국민문학을 수립하자고 주장하면서 '국민(國民)' 개념을 제기한다.[25] 저우쭤런(周作人, 1885~1967)은 '평민 문학'을

취급하고 있다. 이 언급은 루쉰이 '문예대중화'와 민족혁명전쟁 시기의 '대중문예'(또는 '국방문학') 사이의 논쟁에서 '대중화'에 대한 자신의 입장을 밝힌 것이다. 루쉰의 이 발언은 李何林, 『近二十年中國文藝思潮論』(西安: 陝西人民出版社, 1981): 297~298쪽에서도 보인다. 참고로, 리허린의 이 책은 1939년 上海生活書店에서 출판되었으며, 1917년에서 1937년까지 20년 동안의 문예사조를 다루고 있다.

24 이 어휘들은 현재 중국에서 빈번하게 사용되지 않는 것이 대부분이고, 어의의 변화 양상이 나타난 것도 있다. 대표적으로, '계급대중'을 표현하는 '인민대중'은 개혁개방 이후 '인민'과 '대중'이 분리되면서 새로운 어의를 형성한다. 다이진화는 "이러한 역사적 시야 가운데, '대중'이라는 어휘는 늘 그 밖의 키워드들과 연결되어 있다. 즉 역사적 주체 [또는] '역사 창조의 동력'인 '인민'으로서, 그리고 상대적으로 다른 중성 명사들인 '군중'·'민중'과 [연관된다. 어떤 의미에서 '대중'이란 '다수의 사람들'에 대한 지칭이면서, 현대 중국 역사에서 언제나 반봉건 [또는] 사회적 민주라는 측면의 도덕적 정당성을 갖는다."고 평가한다. 戴錦華, 『隱形書寫: 九十年代中國文化硏究』(南京: 江蘇人民出版社, 1999;2004): 9쪽. ; 戴錦華/오경희 외 옮김, 『숨겨진 서사-1990년대 중국대중문화 읽기』(서울: 숙명여자대학교, 2006;2007): 50쪽.

25 여기에서 천두슈는 '三大主義'를 제창한다. "첫째, 수식하고 아부하는 귀족문학을 타도하고 평이하고 서정적인 국민문학을 건설하자! 둘째, 진부하고 과장적인 고전문학을 타도하고 신선하고 진실한 寫實문학을 건설하자! 셋째, 애매하고 난해한 山林문학을 타도하고 명료하고 통속적인 사회문학을 건설하자!" 陳獨秀, 「文學革命論」, 『新靑年』1917年第2卷第6號. ; 謝俊美 主編, 『新靑年』(鄭州: 中州古籍出版社, 1999): 165쪽. 한편, 천두슈는 이후 사회주의 이론을 받아들이면서 사상적 전환을 하게 된다. 이에 리쩌허우는 "천두슈는 구망을 위해, 정치를 위해, 철저히 국가를 개조하기 위해 계몽을 소리 높여 외쳤으며 공교를 극력 반대했다. 계몽과 공교 반대는 반드시 서구 현대의 개인주의를 무기·이론·기초로 한다. 따라서 천두슈가 '인권설'(人權說: 부르주아 개인주의)과 '사회주의'(계급적 또는 국가적 집단주의)를 열거하여 이론의 무기로 삼았을 때 그는 둘 사이의, 특히 둘을 중국에서

귀족 문학과 대립시킨다. 귀족 문학의 문언문(文言文)이 아닌 백화체(白話體)를 통해 '평민(平民)'의 진실한 생활, 즉 세상 보통 남녀의 슬픔과 기쁨 또는 성공과 실패를 표현해야 한다고 주장한다. 여기에서 '평민'은 귀족이 아닌 '일반 사람들'의 의미로 사용되고 있다.[26] 그는 서구 개인주의적 관점에서 보편적 인간성을 기준으로 '사람의 문학(人的文學)'과 '사람을 중시하지 않는 문학(非人的文學)'을 구분한다.[27] 1921년 선옌빙(沈雁冰/茅盾, 1896~1981)[28]도 세계 언어가 통일되기 이전 단계에서 문학은 한 나라의 문자로 표현될 수밖에 없으며, 그 문학은 일반 사람들, 즉 '민중'에 속하는 것이자 전(全) 인류에 속하는 것이라

실현하고자 할 때 반드시 발생할 수밖에 없는 모순을 발견하지 못했으며, 또 발견할 수 없었다. …… 천두슈가 유물사관·잉여가치론·당창립 이론·프롤레타리아 독재이론을 전면적으로 받아들인 이후 과거 그가 존중하던 '데모크라시'(德謨克拉西)와 고별했다는 점이다. 그는 서구 민주주의는 부르주아지의 독재임을 재삼 강조했다." 李澤厚/김형종 옮김, 『중국현대사상사론』(파주: 한길사, 2005): 190~191쪽. 하지만 그가 초기 서구 자유주의 사상을 신봉한 이유는 중국 전통에 대한 철저한 반감으로부터 시작되었다고 보는 것이 타당하다. 다시 말해서 반전통에 대한 이론적 무기를 찾는 과정에서 자유주의 사상에서 사회주의 사상으로 전환된 것이다. 따라서 그의 '국민문학'의 '국민' 개념은 당시 전통적 범주인 '평민'으로 보는 것이 적절하다. 조경란은 당시 중국 지식인들의 이러한 사상적 전환에 대해 "반전통·반봉건의 기치 아래 시작된 중국의 신문화 운동은 5·4 시기 직전까지만 해도 서구 문명을 지향"했지만, "사회주의는 중국 전통과 서구의 지배를 동시에 거부할 수 있다는 이데올로기로 인식되"면서 그 수용이 가속화되었다고 진단한다. 조경란, 『중국 근현대 사상의 탐색』(서울: 삼인, 2003): 131쪽.

26 仲密,「平民文學」,『每週評論』1919年第5期(第三版), 1919.5.19. 仲密는 周作人의 필명이다.

27 周作人,「人的文學」,『新青年』1918年第5卷第6號.; 謝俊美 主編,『新青年』(鄭州: 中州古籍出版社, 1999): 282~289쪽 참조. 여기에서 저우쭤런은 '사람의 문학'에서 말하는 '사람'은 영혼과 육체의 통일이며, 인도주의적 '사람', 개인주의적 '사람', 스스로 이롭고 다른 사람을 이롭게 하는 '사람'이라고 규정한다. 따라서 그의 관점에서 중국 고대문학은 '사람을 중시하지 않는 문학'에 해당한다.

28 선옌빙의 본명은 沈德鴻이고 옌빙은 그의 字다. 그는 신문학운동에 적극 가담해, 1920년 최초의 신문학 운동단체인 「文學研究會」를 조직하고 원앙호접파의 잡지『小說月報』를 인수하여 그것을 문학연구회의 기관지로 만든다. 그 역시 이후 문연회의 '민중' 문학을 거쳐 '무산계급' 문학이라는 사회주의적 사상 전환의 과정을 거치게 되는데, 이는 천두슈와 마찬가지로 당시 지식인들의 특징을 나타낸다. 그는 1927년 9월, 『소설월보』에 소설「幻滅」을 게재하면서 茅盾이라는 필명을 사용한다. 1933년에 중국 현대문학사상 최고의 현실주의 소설로 평가받는 장편소설『子夜』를 집필한다.

주장하면서 국민문학, 즉 진정한 '사람의 문학'을 옹호한다. 여기에서 '국민' 또는 '민중' 역시 귀족과 대립되는 다수의 '일반 사람들'을 지칭하고 있다.[29] 이와 다르게 리다자오(李大釗, 1889~1927)는 러시아 혁명 1주기를 기념하면서 1918년 11월 『신청년(新靑年)』에 「서민의 승리(庶民的勝利)」라는 글을 발표한다. 여기에서 '서민'에 대한 구체적인 설명을 하고 있지 않지만, 그가 언급하는 '서민'은 계급적 관점에서의 '노동계급 또는 무산계급'에 해당한다.[30]

이처럼 당시 대중 관련 어휘들은 봉건귀족 또는 지배계급에 대한 상대적 의미로 사용된다. 그것들은 '소수'의 봉건 귀족과 대립하는 '다수'의 평민, 또는 '옛(또는 낡은)' 문화에 대립하는 '새로운' 문화의 담지자로서 국민(또는 민중)이라는 맥락에서 다루어진다. 소수와 다수의 구분으로부터 계몽의 대상이 되는 '평민', 그리고 옛 것과 새로운 것의 구분으로부터 설정된 '국민' 개념은 매우 중요한 문제를 내부에 포함시킨다. 즉 소수와 다수, 그리고 옛 것과 새로운 것이라는 이분법적 구도로부터 담론의 생산주체인 지식인들의 위치가 모순적으로 드러나는 것이다.[31]

'옛' 지식인과 구분되는 '신' 지식인에 해당하는 계몽주의적 지식인들은 소수와 다수의 구분에서 '소수'(양적 또는 질적 특징을 포함한)에 위치하며, 옛 것과 새로운 것의 구분에서는 '새로운 것'에 위치한다.

---

29 沈雁氷,「文學和人的關係及中國古來對文學者身分的誤認」,『小說月報』1921年第12卷第1號. ; 賈植芳 等編,『文學硏究會資料(上)』(鄭州: 河南人民出版社, 1985): 58쪽. 이로부터 그가 '민중'과 '국민'에 대한 명확한 개념 규정 없이 '사람들'이라는 맥락에서 어휘를 선택한다는 사실을 알 수 있다.
30 李大釗,『新靑年』1918年第5卷第5號. ;『李大釗詩文選集』(北京: 人民文學出版社, 1981): 201~203쪽 참조.
31 안인환,「1920·30년대 중국 지식인의 '대중' 담론 연구」,『중국현대문학』, 한국중국현대문학회, 2010, 제52호: 33쪽.

따라서 그들은 옛 것과 새로운 것이라는 차원에서 봉건적 전통의 소수 귀족 집단과 대립할 뿐만 아니라 소수와 다수라는 차원(계급적 구분이 포함된)에서 봉건적 전통 관념에 사로잡혀 있는 다수의 평민들과도 대립하게 된다. 이와 같은 현상은 그들이 사회경제적 지위와 문화교육 정도에서 여전히 소수의 특권층으로 분류될 수밖에 없는 한계 속에서도 미래사회에 대한 상상을 현실에서 실현시키려는 지향으로부터 발생한다. 다시 말해서 귀족과 평민이라는 소수와 다수의 구분법은 그 자체로 지식인에게도 적용될 수밖에 없는 분석틀이기 때문이다. 이른바 지식인 주도의 '계몽' 운동은 출발부터 그러한 운명을 간직하고 있었다.[32]

정보치(鄭伯奇)는 그 문제점을 해결하고자 나름의 대안을 제시한다. 그는 1923년 말 「국민문학론」에서 계몽(또는 지도·교육)의 대상과 주체, 즉 대중과 지식인의 관계설정은 그 자체로 대중으로부터 지식인을 제외시키는 기능을 발생시킨다고 비판한다.

> 어떤 사람들은 일부러 빈민을 동정하는 시나 소설을 쓰면서 이것이 바로 평민문학이라고 한다. 참으로 보는 사람으로 하여금 낯간지럽게 하는 것이다.[33]

여기에서 그는 지식인과 대중의 관계에 계급적 인식틀을 적용한다. 문학가라는 지식인들은 그들만의 좁은 사회에서 '유한(有閑)계급

---

[32] 안인환, 「1920·30년대 중국 지식인의 '대중' 담론 연구」, 『중국현대문학』, 한국중국현대문학학회, 2010, 제52호: 33쪽.
[33] 鄭伯奇, 「國民文學論(上)」, 『創造週報』1923年第33號.; 陳頌聲·吳宏聰 等編, 『創造社資料(上)』(福州: 福建人民出版社, 1985): 78쪽.

의 몽상'에 갇혀 있다.³⁴ 다시 말해서 지식인은 대중과의 계급적 차이로 인해 그들의 감정과 사상을 체득할 수 없기 때문에, 결국 대중에 대한 지식인의 동정만이 남게 된다는 주장이다. 그는 이 문제를 해결하기 위해 '평민'이 아닌 '민족으로서의 국민' 개념을 제기한다. 다른 계급에 속한 사람이라 할지라도 자기 민족에 대해서는 동일한 (동포) 감정을 가지고 있기 때문에 우선 국민문학이 요청된다. 같은 민족인 '국민'을 자각한 뒤 '계급'적 자각이 이루어질 수 있으며, 이 과정을 통해 다른 계급 간의 공감대가 마련될 수 있기 때문이다.³⁵ 이처럼 그는 '민족' 정체성 확보를 통한 지식인과 대중의 계급적 차이를 해결하고자 한다.³⁶

이러한 시도는 소수와 다수의 구분법에 계급적 분석틀을 적용시켜 지식인과 대중의 현실적 차이를 부각시킨 뒤, 상상된 민족 경계를 중심으로 한 '국민' 개념을 통해 계급화된 소수와 다수의 차이를 봉합하려는 논리에 기초해 있다. 따라서 '계몽'의 과제는 그러한 동포 '감정'을 불러일으키는 것에 맞춰진다. 하지만 이와 같은 접근은 필연적으로 옛 것과 새로운 것의 경계를 불분명하게 만들게 된다. 다시 말해서 그가 주장하는 '국민'에는 신(新)지식인뿐만 아니라 봉건적 전통이라는 옛 문화를 유지하는 구(舊)지식인들도 포함될 수밖에 없기 때문이다.³⁷ 이러한 한계로부터 그는 당시 '국민'의 각성을 전제로 '국고(國故)정리' 운동을 인정한다.

---

34 鄭伯奇, 같은 글, 1923. ; 陳頌聲·吳宏聰 等編, 같은 책, 1985: 78쪽.
35 鄭伯奇, 같은 글, 1923. ; 陳頌聲·吳宏聰 等編, 같은 책, 1985: 79~80쪽.
36 안인환, 같은 글, 2010: 33~34쪽.
37 안인환, 같은 글, 2010: 34쪽.

하나의 국민도 마치 한 사람과 마찬가지로 생명을 가진 지속체다. 생명의 흐름은 앞 물결이 뒤[따르는] 물결에 유입된 것이다. 우리 옛 백성들의 전설과 신화는 모두 앞선 사람들이 남긴 정신적으로 매우 풍부하고 고귀한 유산이자 국민문학가의 수많은 감동의 원천이다.[38]

정보치가 '평민' 개념을 비판하면서 '국민' 개념을 제창하고 있다면, 이와는 다른 차원에서 '평민' 개념을 중심으로 '국민' 개념에 대한 재비판도 이루어진다. 이 흐름은 특히 1920년대 후반 '혁명문학' 운동이 본격화된 이후, 프롤레타리아 문학과 민족주의[39]를 비판하기 위해, 이전에 비해 비교적 정교한 이론적 근거를 마련하면서 등장한다. 『결천(潔茜)』은 1932년 중국에서 '농민'의 중요성을 강조하며 '평민문예'를 제창한다. 당시 중국의 대다수를 차지하는 '농민'을 '평민'으로 해석하는 관점은 창조사(創造社)[40]의 쉬싱즈(許幸之, 1094~1991)와 위다푸(郁達夫, 1896~1945)의 '농촌 예술'[41]과 '농민 문예'[42]를 통해서도 나타난다.

우선 종류(鐘流)는 많은 '국가'에서 '국민'과 '민족'이 불일치하고 있다는 점을 지적하면서 '민족'과 '국민'을 하나로 묶으려는 시도를

---

38 鄭伯奇,「國民文學論(下)」,『創造週報』1924年第35號. ; 陳頌聲・吳宏聰 等編,『創造社資料(上)』(福州: 福建人民出版社, 1985): 93쪽. 이처럼 정보치에게 있어 '국민'은 '민족' 개념과 동일하게 다루어지고 있다.
39 1930년 6월 1일 일부 국민당원과 작가들이 상하이에서 「民族主義文藝運動宣言」을 발표한다. 이들은 민족주의를 문예의 '중심의식'으로 설정하고, 프롤레타리아 문학을 비판한다. 주요 간행물로는『前鋒週報』,『前鋒月刊』,『現代文學評論』등이 있다.
40 1921년 郭沫若・郁達夫 등 일본 유학생을 중심으로 이루어진 문학 단체다. 혁명문예를 제창하다 1929년 국민당 정부에 의해 해산된다.
41 許幸之,「藝術家與農民革命」, 陳頌聲・吳宏聰 等編, 같은 책, 1985 참조.
42 郁達夫,「農民文藝的提倡」,『郁達夫文集』5(廣州: 花城出版社, 1982) 참조.

비판한다.

'국민'은 동일한 국가 통치 아래에 있는 인류 집단이기 때문에 동일한 국민 가운데 서로 다른 민족이 포함되어 있다. 그래서 '민족주의'가 자주 '국가적 통일'과 서로 충돌하는 예를 유럽에서 흔하게 볼 수 있다. 예를 들어 미국 국민이 포괄하는 민족은 대단히 복잡하기 때문에 만약 미국이 '민족주의'를 제창하면 미국의 통일은 반드시 파괴될 것이며, 국민 사이에도 충돌이 발생할 것이다. 그리고 한 국가 안에서 우수한 한 민족이 민족주의를 이용해 다른 민족을 억압하는 것 또한 옳지 않다. 이것이 바로 국가주의의 결점이다.[43]

따라서 '국민'과 '민족'의 차이를 명확하게 인식하지 못한다면, '민족주의'는 결국 '국수주의(chauvinism)'로 흐를 수밖에 없다고 종칸(仲侃)은 경고한다.

우리가 사회 대중의 해방을 포기하고 오로지 민족에만 초점을 맞추게 된다면, 결과적으로 제국주의와 같이 잘난 [나라가 되는] 것이 아니라 중세시대의 쇄국정책과 같은 낙후[한 나라가]될 것이라고 생각한다. 또한 Chauvinism으로 전락할 위험[까지] 있다. 그러므로 단순한 민족문예조차 중국 사회의 [현실적] 요구에 적합하지 않다. 왜냐하면 그것이 무의식 [상태에서] 자산계급의 도구로 이용될 뿐만 아니라(독일과 프랑스 두 나라에 이러한 사례가 가장 빈번하다) 옛날로 돌아가려는 낙후성을 가지고 있기 때문

---

43 鐘流, 「由平民文藝說到Nationalism」, 『潔茜』 1932年 第1卷 第1期: 168쪽(燕京大學圖書館 影印, 『潔茜月刊』 第1卷 第12期 참조).

이다.[44]

이들의 문제의식은 '국민'과 '민족' 개념을 추상적으로 다룬 정보치와 다르게 구체적인 현실 존재로서 중국 '평민'(주되게 농민)에 그 초점이 맞춰져 있다. 이러한 현실 인식은 서구와 구분된 중국적 이론의 필요성으로 나아간다. 다시 말해서 초기 '평민문학'이 서구 개인주의에 기초한 '평민' 개념을 제출했다면, 『결천』은 '평민'을 중국 실정에서 구체화시킨 '농민'으로 대체하면서, 그 이념적 기초를 서구 개인주의가 아닌 삼민주의(三民主義)[45]에서 찾는다. "국가주의를 보충하거나 수정할 수 있다면 삼민주의의 일부분을 형성할 수 있다. 즉 서구에서 말하는 민족주의, 국민주의(곧 국가주의)는 Nationalism과 유사[하기 때문이]다."[46] "진정한 삼민주의는 피지배 평민 군중을 위해 해방을 요구하는 이상이다."[47]

이로부터 '혁명문학' 진영의 '프롤레타리아 문예'에 대해서도 비판적 태도를 취하게 만든다. 프롤레타리아 문예는 그 문예 대상을 노동자계급에서만 찾기 때문에 미래의 해방된 사회에서는 그 대상을 가질 수 없다는 한계가 존재한다.

> 사회주의 사회는 계급이 없[는 사회이]기 때문에 프로문예는 사회주의 사회에서 대상을 가질 수 없는 것이다. 마찬가지로 우리는 중국 사회가 서

---

44 仲侃, 「平民文藝的原則提領」, 『潔茜』1932年 第1卷 第1期: 163~164쪽(燕京大學圖書館影印, 『潔茜月刊』第1卷 第12期 참조).
45 쑨원이 제창한 民族·民權·民生의 삼민주의를 가리킨다.
46 鐘流, 「由平民文藝說到Nationalism」, 『潔茜』1932年 第1卷 第1期: 166쪽(燕京大學圖書館影印, 『潔茜月刊』第1卷 第12期 참조).
47 鐘流, 같은 글, 1932: 167쪽.

구 자본주의 사회가 아니기 때문에 프로문예는 내용적으로 자기모순적이며, 외연적으로 중국의 사회적 요구에 적합하지 않은 것이라고 주장한다. 그것의 결과는 [단지] 편협함에 빠지는 데 있지 않고, 스스로 도구주의가 되어 문예의 의미를 상실했다는 데 있다.[48]

종칸(仲侃)의 이와 같은 비판은 문예의 독립성을 견지하면서 계몽의 대상인 '평민'에 접근하려는 시도에서 비롯된다. 하지만 문예의 독립성이라는 문제가 지식인의 사회적 위치 확보(또는 긍정)라는 사안과 직접적으로 연관되어 있다는 점을 감안할 필요가 있다.[49] 다시 말해서 문예의 독립성은 그들이 주창하는 '평민'에 의해 확보되는 것이 아니라 바로 그 '평민문예'를 주창하는 지식인 자신에 의해 구현되기 때문이다. 그는 '평민문예'의 계몽적 성격, 즉 지식인 주도성을 분명한 형태로 지적한다.

문예는 생활의 가장 수준 높은 표현이다. 문예의 작용은 다만 전달하는 데 있지 않고, 반드시 창조라는 시대적 요구를 대표해야만 한다. …… 특별히 감정 방면으로부터 군중(群衆)을 불러일으켜야 하고, 군중으로 하여금 [그들의] 자각력과 실행력을 더욱 강하게 해야 하며, 그들로 하여금 미래의 이상을 믿도록 만들어 현재의 어려움과 고통에서 이기게 해야 한다.[50]

탄커(坦克) 역시 '농민'으로부터 '평민' 개념을 직접 끌어내면서 지

---

48 仲侃, 같은 글, 1932: 163쪽.
49 안인환, 「1920·30년대 중국 지식인의 '대중' 담론 연구」, 『중국현대문학』, 한국중국현대문학학회, 2010, 제52호: 39쪽.
50 仲侃, 같은 글, 1932: 160쪽.

식인의 사회적 기능을 주문한다.

> 우리 중국은 지금까지 농업을 중시해왔다. 이른바 농업으로 나라를 세운 다는 것은 농민이 모든 인민의 대다수를 차지하고 있기 때문에 혁명이 성공하기를 바란다면 농민이 반드시 일어나 참여해야 하고, 피억압 노동 군중이 모두 일어나는 데 농민을 중심으로 할 수밖에 없는 것이다. …… 우리 문예가들은 모두 감각이 예민하며, 시대를 인식해야만 하는 [사람들이기 때문에] 문예가는 바로 시대의 대변자다. 그래서 [문예가들은] 현 시대에 피억압 군중이 몸을 일으키려고 할 때, 마땅히 힘껏 소리 높여 외쳐야 하며, 몽매한 노동 군중이 깨우쳐 일어나게 해야 하며, 노동하는 평민 군중이 힘을 합쳐 전진[하도록] 선도해야만 하는 것이다.[51]

이처럼 '평민문예'는 소수와 다수라는 분석틀을 지속적으로 유지하면서도 옛 것의 대안으로 제기된 새로운 것, 즉 '민족주의'와 '자본주의', 그리고 '사회주의'를 배제한다. 대신, 서구와 중국이라는 구분법이 적용되고 있다. 서구가 아닌 중국에 대한 요청은 바로 구체적 현실이 '중국'이라는 시공간을 구성하고 있기 때문이다. 하지만 이러한 접근이 새로운 것의 부정에 있지 않다. 새로움의 표현인 '미래의 이상'은 이들에게도 동일한 목표로 설정된다. 다만 '평민'의 구체화된 '농민'과 그들의 생활공간인 '중국 농촌'에 초점을 맞추고 있다는 특징을 보인다. 그럼에도 불구하고 지식인의 사회적 기능에 대한 이들의 인식은 여전히 계몽의 대상으로서 '평민'과 구분된 계몽의 주체로

---

51 坦克, 「到三叉路口去」, 『潔茜』1932年第1卷第1期: 159쪽(燕京大學圖書館影印, 『潔茜月刊』第1卷第12期 참조).

서 '지식인', 즉 다수와 소수의 관계를 전혀 극복하지 못했다는 한계를 드러낸다. 다시 말해서 정보치의 '국민' 개념이 가지고 있던 추상적 수준의 지식인과 평민의 통합 담론은 '평민문예'에서 다시금 분리된 형태로 남게 된다.

종칸의 주장 가운데 주목해야 지점은 바로 사회주의 문예가 정작 사회주의 사회에서는 존재할 수 없다는 시각이다. 다시 말해서 사회주의 사회는 계급이 없는 사회이기 때문에 계급 문제를 주되게 다루는 사회주의 문예는 존재할 수 없으며, 그와 같은 문예는 비(非)사회주의 사회에서나 가능하다는 주장이다. 이러한 해석을 현재 중국 지식인들의 대중문화 담론과 연관시켜 보면 매우 유의미한 시각이 마련된다. 즉 앞장에서 살펴본 것처럼, 사회주의적 이데올로기에 입각한 '민중문화(또는 계급문화)'가 자본주의 사회 내부로부터 안티테제적 기능을 통해 사회주의 사회를 지향하는 것이라면 사회주의가 실현된 사회에서 사회주의적 혁명문화의 내용(또는 정체성)은 계급관계의 해소 이외에 무엇으로 구성될 수 있는가 하는 문제다.

이와 같은 문제설정은 대단히 복잡한 여타의 문제들을 논의 영역 안으로 끌어들인다. 이념형의 '사회주의'와 구분되는 '현실 사회주의', 즉 현재적 관점에서 당시 사회주의에 대해 접근해본다면, 다음과 같은 질문이 가능해진다. 첫째, 사회주의적 혁명문화는 결국 자본주의적 대중문화의 단순한 대립물에 불과했던(과거형으로서) 것인가? 둘째, 사회주의적 혁명문화의 정체성은 어떤 내용과 형식으로 구성되었는가? 셋째, 현재에도 여전히 사회주의적 혁명문화는 자본주의적 대중문화의 극복 대안으로 고려될 수 있는가?[52]

---

52 이러한 문제제기는 중국 '신좌파'의 대중문화 담론과 연관되어 매우 중대한 의미를 가

여기에서 주목해야 할 사실은 개혁개방 이후의 중국 지식인들이 자본주의적 대중문화를 '문혁'의 총체화(또는 일체화)된 사회주의 이데올로기를 극복한 주역으로 인정한다는 점이다. 이 지식인들(구체적으로 '현대화이론 패러다임' 진영을 가리킨다)은 자본주의적 대중문화가 이전의 사회주의 이데올로기를 '혁명적으로' 극복했다고 주장한다.[53] 다시 말해서 자본주의 사회의 '민중문화'가 그 본래의 의도대로 자본주의 대중문화와 대립하며 그것을 극복한 뒤, 사회주의 사회의 '혁명문화'를 창조한 것이 아니다. 그것과 정확히 반대로, 자본주의적 대중문화가 사회주의적 혁명문화와 대립하며 그것을 극복했다는 점에서 사회주의 사회에서 사회주의 혁명문화의 정체성을 근본적으로 부정한 종칸의 관점은 여전히 타당성을 얻고 있다.

이처럼 신문화운동 초기부터 중국 지식인들의 '계몽' 운동은 소수와 다수, 그리고 옛 것과 새로운 것이라는 모순 관계 속에 위치한다. 이로부터 지식인의 사회적 위치와 기능이라는 문제가 발생한다. 옛 것에 대립되는 새로운 것으로서 '평민' 개념의 제출은 곧 소수와 다수의 대립으로부터, 다수 평민에 대한 소수 지식인의 동정이라는 비판에 직면한다. 하지만 정보치의 '국민' 개념 역시 추상적인 '민족' 또는 '국가' 개념과 연동되어 '평민문예'의 반론에 직면한다. 예를 들어, 종칸과 종류는 옛 것과 새로운 것에 중국과 서구를 등가적으로 적용시켰던 초기 '평민' 개념을 중국 내부로부터 옛 것과 새로운 것이라는 관계로 전환한다. 그럼에도 불구하고 그들이 초기 '평민문학'의 기본 인식을 따르고 있다는 점에서 중국 내부를 옛 것과 새로운 것으로 구

지고 있다. 신좌파는 개혁개방 이후의 중국 사회와 사회주의 중국 사회의 담론적 연속을 주장한다. 제3장을 참조할 것.
53 이에 대해서는 제3장 '현대화이론 패러다임'의 관련 논의를 참조할 것.

분하려는 시도는 불완전해 보인다.[54]

또한 지식인과 대중의 관계로부터 살펴보자면, 여전히 평민문예를 통해 계몽의 대상으로서 평민과 주체로서 지식인이라는 구도를 유지하고 있다는 한계를 드러낸다. 즉 그들이 보다 적극적으로 '바로 여기'라는 구체적 시공간으로서 중국의 구체적 '평민', 즉 '농민'을 제기하기는 했지만 기존의 소수와 다수, 그리고 옛 것과 새로운 것의 모순 관계를 뛰어넘지는 못했다. 이러한 지식인과 대중의 대립이 야기한 긴장관계는 계몽 자체에 내장된 위기인 것이다.

대중 개념을 둘러싼 지식인의 위기

서로 상이한 인식틀이 발생시키고 있는 모순 관계는 당시 지식인들에게 해결하지 않으면 안 되는 시급한 사안으로 등장한다. '민중(民衆)' 개념[55] 역시 이러한 맥락 속에 위치하고 있다. 1921년 말부터 1922년 초까지 「문학연구회(文學硏究會, 이하 문연회)」[56]는 '민중문학(民衆文

---

[54] "평민문예가 주관적으로 비록 광대한 피억압 군중의 문예일지라도 그것의 가장 중요한 핵심은 '사람'의 문예이다. 그래서 평민문예의 이상은 창조적 노동, 자유, 평등, 박애이다." 仲侃, 「平民文藝의 原則提領」, 『潔茜』1932年第1卷第1期: 161쪽(燕京大學圖書館影印, 『潔茜月刊』第1卷第12期 참조).

[55] 여기에서는 비(또는 전)자본주의 사회의 구체적 '사람들'을 지시하는 '민중'과 다르게 당시 중국 지식인들에 의해 제출된 담론 차원의 '민중'이 계몽주의와 연관된 개념이라는 점에서 양자를 일정하게 구분하고자 한다.

[56] 1921년 1월 4일 沈雁氷이 설립·발기한 단체로, 중국 현대사에서 최초의 신문학 단체로 알려진다. 朱自清(1898~1948)·兪平伯(1900~1990)·葉聖陶(1894~1988) 등이 참여하고 있다. 문연회는 당시 프랑스의 화가 밀레(Jean Francois Millet, 1814~1875)를 비판한 소설가 로망 롤랑(Romain Rolland, 1866~1944)과 일본의 프롤레타리아 문학운동을 전개하던 히라바야시 하쓰노수케(平林初之輔, 1892~1931)의 민중예술론에 주목한다. 구체적으로 반봉건 사상인 계몽주의의 입장에서 '민중을 가르치지 말라'는 롤랑의 '민중' 개념, 그리고 '무산계급의 해방'을 기치로 한 히라바야시의 민중 개념이 그들의 주요 참조 대상이 된다. 하

學)'을 통해 '민중' 개념을 본격적으로 제기한다. 문연회의 입장에서 중국에서 '민중' 개념이 갖는 의의는 오랜 역사를 통해 형성된 '낡은 사상'의 지배, 즉 봉건적 악습 아래 놓여 있는 다수의 '민중'에 대한 '계몽'의 방식으로 집중된다. 따라서 이와 같은 현실 인식은 신문화 운동으로부터 제기된 '계몽' 운동의 연장선상에 위치한다고 평가할 수 있다.

하지만 이러한 '계몽'은 사실상 '교육' 또는 '지도'와 현실적으로 큰 차이가 없다. 이런 맥락에서 '현대 교육 체제'는 '제도화된 계몽'으로 평가된다. 여기에서 말하는 '계몽'은 지식과 교양의 전달이라는 고전적 의미(마치 아널드의 '교양의 전파'와 같이)이며, 그 전달 과정이 바로 '교육'에 해당하기 때문이다. 따라서 '계몽'은 지식과 교양을 가진 자와 가지지 못한 자를 구분하고, 가진 자가 가지지 못한 자에게 그것을 전달해야 한다는 실천적 요구를 포함한다.

문제는 그러한 '지식과 교양'의 유무가 발생시키는 현실적 효과다. 즉 '지식과 교양'이라는 언표는 지식인의 사회적 집단성을 확립시켜주고 있을 뿐만 아니라 그를 통해 집단적 정체성의 공고화, 즉 제도화 과정(대학 제도를 포함한)을 지향한다. 여기에서 주의해야 할 점은 '지식과 교양의 유무'라는 기준이 단지 '지식인'과 '비지식인'을 구분하는 것에만 적용될 수 없다는 데 있다. 다시 말해서 '지식인 집단'

지만 문연회는 롤랑과 히라바야시의 '민중' 개념이 당시 중국 상황에 적합하지 않다고 본다. 다시 말해서 롤랑의 '민중'은 프랑스라는 역사적 배경으로부터 제기된 개념이고, 히라바야시의 '민중'은 '무산계급'적 민중 개념이기 때문이다. 중국 민중은 프랑스 민중이 갖춘 민주주의 의식을 아직 갖추고 있지 못할 뿐만 아니라 무산계급 해방을 위한 사회적 주체로도 성장하지 못했다는 평가다. 吳曉黎, 「作爲關鍵詞的'大衆': 對二三十年代中國相關討論的梳理」, 『思想文綜』1999年第1期: 108~110쪽 참조. 참고로, '민중문학' 논쟁은 『時事新報·文學旬刊』第19·26·27期(1921年 11月, 1922年 1月, 1922年 2月)에 실려 있다. 賈植芳 等編, 「關於民衆文學的討論」, 『文學研究會資料(上)』(鄭州: 河南人民出版社, 1985): 209~240쪽 참조.

내부에도 다양한 지식과 교양의 편차가 존재하고 있지만, 그것은 사회역사적으로 호명된 '지식인' 앞에 단지 사소한 차이 또는 집단적 정체성을 위협하지 않는 차원에서 내부적 이견 정도의 의미만을 가질 뿐이다.

더 중요한 문제는 그러한 '지식인'에 대한 호명이 지식인 자신으로부터 진행된다는 사실이다. 따라서 '계몽'은 당시 중국 지식인의 비지식인(또는 대중·평민·민중 등 그 이름이 무엇이든 간에)에 대한 호명의 또 다른 표현에 불과하다. 현실 존재인 '지식인'과 이데올로기적 호명 기능을 담당한 '지식인 중심성' 사이에는 이처럼 역사적 공모(共謀)가 존재한다. '계몽'을 중시하는 새로운 다수로서 '중국적 민중' 개념은 중국의 역사적 맥락에 대한 특수한 인식으로부터 도출된 것이다. 즉 그것에는 소수 귀족집단과 대립하는 다수의 '평민' 개념을 흡수하면서도 '평민' 속에 남아있는 봉건적 유제에 대한 명확한 반대의 입장, 즉 반전통(또는 반봉건)의 의지가 반영되어 있다. 그럼에도 불구하고 이러한 '중국적 민중' 개념 역시 서구 사상(일본을 거쳐 중국에 수용된 것을 포함한)을 학습할 수 있는 현대적 지식인들과 아직 문자도 익히지 못한 채 봉건적 사상에 사로잡혀 있는 '민중'이라는 구분을 전제로 하고 있다. 이로부터 '계몽'의 근본적 문제, 즉 지식인과 민중의 관계설정이 다시금 본격적으로 제기된다. 다시 말해서 계몽의 주체와 대상 사이에 존재하는 거리를 해소하는 것이 계몽의 궁극적 목적이라면, 그것을 현실화시킬 유일한 실천 주체인 지식인과 계몽의 대상인 민중이 어떠한 관계를 맺고 있으며, 맺어야 하는가가 관건으로 부각되는 것이다. 쉬앙뉘(許昂諾)는 여기에서 민중에 대한 계몽적 지식인의 역할을 적극적으로 개진한다.

공화제 국가는 민중을 본위(本位)로 한다지만 [지금] 민중 사상의 기초는 간음·절도 등의 온갖 나쁜 것을 가르치고, 귀신을 찾고, 노예 기질을 양성하는 소설류의 것들 위해 세워져 있다. 눈을 감고 생각해 보자. 정말 몸서리쳐지지 않는가? 우리가 모든 중국인들과 함께 인류의 평등[水平線]을 위해 노력하고 싶지 않다면 어쩔 수 없다. [하지만 그들과 함께] 타락하는 것이 달갑지 않다면 구원이라도 해야 하지 않겠는가? 구원의 방법은 민중의 심리를 다시금 새롭게 바꾸는 것이다. 즉 예로부터 내려오는 소설류의 세력을 근본적으로 제거해서 [그들에게] 새로운 생명을 주어야 한다.[57]

주쯔칭의 '민중문학'은 이러한 지식인과 민중의 관계 맺기에 대한 현실 인식으로부터 출발한다. 우선 그는 앞서 언급한 천두슈·선옌빙·저우쭤런이 주장하고 있는 '귀족문학은 낡은[舊] 문학', '평민 문학은 새로운[新] 문학'이라는 이분법적 도식을 신문학 영역 내부에 적용시켜 이를 해소하고자 한다. 다시 말해서, 신문학 내부 영역에 귀족문학과 평민문학, 아(雅)문학과 속(俗)문학이라는 이중적 구조를 대입하는 것이다. 이로부터 귀족과 대립되는 평민의 층위는 다시 지식인과 민중이라는 두 개의 층으로 구분된다.

이러한 시도의 목적이 신문학 내부로부터 지식인의 위치와 기능을 확보하려는 데 있다는 점은 분명하다. 이전까지 소수와 다수, 그리고 옛 것과 새로운 것이라는 이분법이 등가적 위치에서 상응하고 있었다면, 새로운 것의 내부를 소수의 지식인과 다수의 민중으로 재구분하고 있는 것이다. 이와 같은 구분법의 장점은 소수와 다수의 관

---

57 賈植芳 等編,「關於民衆文學的討論」,『文學研究會資料(上)』(鄭州: 河南人民出版社, 1985): 220쪽.

계를 옛 것과 대립되는 새로운 것의 영역으로 묶어낼 수 있다는 점이다. 따라서 새로운 영역에서의 소수와 다수의 관계는 대립적인 성격이 아니라 상호 의존적인 관계로 전환되어야 한다. 왜냐하면 당시의 '신'지식인이야말로 반전통·반봉건의 주체로서 봉건적 악습에 빠져 있는 '민중'을 계몽할 수 있는 유일한 집단이기 때문이다.

기존의 '평민' 개념이 가지고 있는 한계는 바로 이 지식인이 서 있을 수 있는 논리적 영역을 그 내부에서부터 부정하고 있었던 것이다. 이로부터 신문학 영역 내부에 존재하는 지식인의 지위와 역할은 긍정되고, 소수 지식인과 다수의 민중은 동등한 관계를 맺게 된다.[58]

> 엄격하게 논리적으로 말하자면, 우리도 바로 민중이다. '민중을 위하여[爲民衆]'는 단지 '우리와 동등한 다른 민중을 위하여'라는 의미다. 우리가 기회가 많아 지식[知]과 교양[情][면에서] 어쩌면 그들보다 계발이 더 되어있을지라도 결코 [우리 지식인은] 그들보다 존귀하지 않다. '민중을 위하여'에서 '위하여'라는 글자는 '친구를 위해 돕는다'의 의미일 뿐이지, 자선가가 위에 앉아 아래를 내려다보며 동정을 베푸는 어투가 결코 아니다.[59]

여기에서 지식인과 민중의 차이는 '지식과 교양'의 많고 적음으로 구분되고 있다.[60] 기존의 소수 귀족과 다수 평민이라는 대립구도에서

---

58 안인환, 「1920·30년대 중국 지식인의 '대중' 담론 연구」, 『중국현대문학』, 한국중국현대문학학회, 2010, 제52호: 35쪽 참조. 이처럼 중국에서 계몽 운동 초기 제기된 '민중' 개념은 계몽의 磁場 안에서 철저하게 지식인과의 관계로부터 정의된다.
59 賈植芳 等編, 같은 글, 같은 책, 1985: 226쪽.
60 여기에서 주쯔칭은 '지식과 교양'이라는 기준으로 '민중'을 3가지 부류, 즉 1) 농민 2) 도시 노동자와 점원, 군인 등 3) 학생과 사무직 직원 및 문자를 어느 정도 아는 문인 등으로 구체화시키고 있다. 賈植芳 等編, 「關於民衆文學的討論」, 『文學研究會資料(上)』(鄭州: 河南人民出版社, 1985): 226쪽 참조.

다수의 평민 내부를 소수의 지식인과 다수의 민중으로 재구분하는 데 '지식과 교양의 유무'라는 기준이 적용된다. 이러한 구분법은 매우 중요한 문제를 발생시키게 되는데, 계급적으로 구분된 귀족(지식인이 포함된)과 평민의 관계에 적용되던, 소수/다수 또는 옛 것/새로운 것의 이분법을 주쯔칭은 '민중' 개념을 통해 귀족과 민중(지식인이 포함된)이라는 대립구도를 전환시킨 것이다. 이러한 전환의 의의는 옛 것/새로운 것의 대립을 중심으로 지식인과 민중의 계급적 차이, 그리고 소수/다수의 대립을 해소시킬 수 있다는 점에 있다. 앞서 지적했던 것처럼 그 목적은 지식인의 존재 전이(물론 그것이 현실적으로 '담론적' 존재 전이라 할지라도)와 그 사회적 기능 확보에 있다. 이로부터 지식인은 전체 민중의 일부분인 소수의 민중이자 민중과 동일한 계급적 지위를 획득하게 된다.

하지만 이것이 지식인과 민중 사이에 존재하는 현실적 차이의 완전한 해소를 의미하지 않는다는 데 또 다른 문제가 있다. 만약 그 관계의 차이가 현실적으로 완전히 해소될 수 있다면 '계몽'은 처음부터 제기될 필요가 없는 것이기 때문이다. 따라서 여전히 남아 있는 지식인과 민중의 차이를 설명하기 위한 또 다른 구분 기준이 요구된다. 그것이 바로 '지식과 교양의 유무'라는 기준이다. 이 기준에 따르면 '지식인'(소수/새로운 것/피지배계급으로서 민중)과 '민중'(다수/새로운 것[61]/피지배계급)은 '지식인'과 '비(非)지식인'이라는 관계로 등치된다. 이런 측면에서 '지식과 교양의 유무'라는 기준을 통한 '민중' 개념의 제시는 '계몽'을 연속시키면서도 지식인의 사회적 위치와 기능을 동

---

61 새로운 것으로서 '민중' 역시 지식인들의 미래적 상상에 기반한 담론적 규정이다. 따라서 현실 존재로서 다수 민중과 분명히 구분된다.

시에 확보할 수 있게 만든다.

그렇다면 이러한 이론적 틀을 가지고 어떻게 '계몽'을 지속할 것인가가 다시금 현실적 문제로 제기된다. 다시 말해서 결과적으로 남아 있는 '지식인'과 '비지식인'의 차이를 어떻게 해소할 것인가라는 실천의 문제가 그 핵심에 해당한다. 주쯔칭은 이에 대해 지식인의 지속적인 실천 과정(즉 '계몽')이 봉건적 유제에 사로잡혀 있는 현실적 민중에게 '정화(淨化)'를 가져다 줄 것이라고 전망한다.

> 순수하고 넓은 관심으로 낡은[舊] 읽을거리와 연극 등의 불결하고 편협한 흥미를 대체해야 한다. [이를 통해] 민중의 감정이 자신도 모르는 사이에 변화되면서, 서서히 정화되고 확대될 [수] 있도록 해야 한다. 이렇게 한 걸음씩 나간다면, 자연스럽게 민중의 일시적 향락 위주의 [생활을] 한꺼번에 [바꿀] 수 없더라도 자연스럽게 서서히 이성(理性)적으로 그들을 각성시킬 수 있다.[62]

그의 언술에서 '순수하고 넓은 관심'은 분명 옛(또는 낡은) 것과 대립된 지식인만이 가지고 있는(민중도 미래에 가질 수 있는) 핵심 범주다. 주쯔칭의 계몽이라는 실천 경로는 이처럼 다수 민중에 대한 수평적 접근을 통한 지식과 교양의 '동질화'(즉 계몽 또는 '정화')다. 즉 민중과의 계급적 동질성을 획득한 지식인의 구체적 임무는 바로 민중의 자발성을 극대화시키기 위한 주도적 역할로 맞춰진다.

물론 주쯔칭이 실천적으로 제기한 이러한 '민중화(民衆化)'는 다수 민중이 소수 민중(즉, 지식인)으로 '동질화'되는 과정을 의미한다. 하

---

62 賈植芳 等編, 같은 글, 같은 책, 1985: 231쪽.

지만 이와 같은 논리는 역으로 지식인의 입장에서 지식인의 하향평준화 또는 타락화, 즉 소수 지식인 집단이 가지고 있는 정체성이 훼손될 수 있다는 한계를 포함하고 있다. 바로 봉건적 악습을 유지하고 있는 다수 민중에 대한 소수 지식인의 견인이 그 본래 의도와 다르게 오히려 '신'지식인의 '타락'을 조장할 수 있다는 우려다.[63]

바로 이 지점에서 위핑보(俞平伯, 1900~1990)는 지식인의 정체성 훼손을 경계하며, '문학(또는 예술)의 독자성'을 제기한다. 그는 주쯔칭의 '민중을 위한' 민중문학에 동의하지 않는다. 주쯔칭의 주장은 결국 현실 속에서 민중에 영합하여 오히려 문학의 질적 수준을 떨어뜨릴 수밖에 없다는 것이다. '문학의 독자성'은 결국 소수를 통해서만 유지될 수 있기 때문이다.

위핑보는 이를 위해 '민중화(民衆化)'에 대한 보다 엄밀한 개념 규정을 시도한다. 그가 보기에 '민중문학'은 3가지 방식으로 구분될 수 있다. 첫째, 민중의 문학 : 민중 스스로 창조하는 문학이다. 둘째, 민중화된 문학 : 마치 톨스토이(Aleksey Konstantinovich, Graf Tolstoy, 1817~1875)와 같이 작가의 영혼을 빌려 민중의 생활 속으로 들어가 완성하는 문학이다. 셋째, 민중을 위한 문학 : 작가가 민중의 자리에 서서 그들[민중]을 인도하려는 문학이다.[64] 그가 이러한 분류를 제시한 목적은 주쯔칭의 견해가 세 번째에 해당하는 것으로 두 번째와 구분하려는 의도에서다. 다시 말해서 민중문학의 목표가 민중의 의식(또는 문예 감상력) 제고에 있기 때문에 '민중을 위한' 문학은 '민중화' 문학

---

63 안인환, 「1920·30년대 중국 지식인의 '대중' 담론 연구」, 『중국현대문학』, 한국중국현대문학학회, 2010, 제52호: 35~36쪽. 앞서 쉬앙뉘의 언급에서 드러난 것처럼, 당시 지식인들이 '민중화'에 대해 갖고 있는 '타락'의 위기감이 그것이다.

64 賈植芳 等編, 「關於民衆文學的討論」, 『文學研究會資料(上)』(鄭州: 河南人民出版社, 1985): 233쪽 참조.

과 근본적으로 다른 것이다. 이로부터 그는 '민중화' 개념이 지식인의 독자적 정체성 유지를 전제로 해야 한다는 점을 분명히 한다.[65] 따라서 지식인의 '민중화' 문학이 '민중의' 문학과 일치되는 것을 문학의 궁극적 이상으로 삼는다.[66]

위핑보의 구분법에 따르면, 앞장에서 논의한 비(또는 전)자본주의 사회의 '민중(the folk)'에 의해 창조된 '민간문화(folk culture; 民間文化)'는 바로 첫 번째 형태의 '민중의 문학'에 해당한다. 하지만 그에게 '민중의 문학'은 계몽이 완성된, 가장 이상적인 단계에 해당한다. 그 차이는 문화적 생산물을 무엇으로 볼 것인가에 달려 있다. 위핑보뿐만 아니라 당시 민중문학 주창자들은 문학을 계몽의 매개 수단으로 설정하고 있기 때문에 민중의 문학은 민중이 문자를 통해 직접 문학 작품을 생산한다는 의미를 갖는다. 하지만 이와 같은 논리는 비(또는 전)현대사회에서 그와 같은 사회적 기능이 사회적 소수에 집중되어 있다는 점을 감안한다면, 그 자체로 지식인의 사회적 정체성을 전제로 하게 된다. 또한 '계몽'이 그것의 전달주체와 수용주체를 내재화한 개념이라는 점에 주목할 필요가 있다. 다시 말해 '민중의 문화'가 아니라 '민중의 문학'이라는 접근법을 채택한 이상, 문학의 실질적 생산자인 지식인의 사회적 위치는 그 자체로 긍정된다.

하지만 위핑보의 주장과 같이 소수 지식인의 정체성(또는 독자성) 유지라는 문제를 중심에 놓게 되면, 그것과 연관된 문제, 즉 소수/다

---

65 이에 대해 선옌빙도 위핑보의 견해에 동조하고 있다. "문학이 평민의 정신을 갖는다거나 문학이 민중화한다는 것은 가능할 뿐만 아니라 합리적이다. 하지만 [이것을] 문학이 민중에게 옮겨졌다고 말한다는 것, 다시 말해서 오로지 민중의 감상력을 기준으로 문학의 품격을 떨어뜨려 나아가는 것은 절대 있을 수 없다." 賈植芳 等編, 같은 글, 같은 책, 1985: 237쪽.
66 賈植芳 等編, 같은 글, 같은 책, 1985: 235쪽.

수의 구분법이 포함하고 있는 계급적 차이를 어떤 형태로든 해결해야만 그 논리적 정합성이 확보될 수 있다. 그는 여기에서 소수 지식인의 정체성에 내재한 계급적 특권이라는 문제를 해소하기 위해 경제적 관계에서 규정되던 계급 구분법을 포기하고, 그것을 '지식의 유무'라는 구분법으로 대체한다.[67]

> 이른바 민중이라고 하는 것은 실제 문자를 알고 있는 노동자, 농민, 귀부인들로부터 스스로 문학적 재능과 품격이 있다고 자임하는 노선생(老先生)에 이르기까지 대단히 광범위한 [사람들을] 포함하고 있다. …… 우리는 우리가 이른바 민중이라고 하는 것[에] 그들이 일부분이라는 [사실을] 인정해야만 한다.[68]

다시 말해서 "문자 지식이 있으면서도 진짜 지식이 없는 사람들"[69]이 '민중'에 포함되며, 여기에서 구분 기준은 계급이 아니라 '지식(단순히 문자가 아닌)'의 습득 정도가 된다. 그는 '구원[救濟]'의 대상은 "지식의 빈민들이지, 생계상의 빈민들이 아니"[70]라고 분명하게 밝힌다. 이 관점에 서게 되면 계급적 구분은 사라지고 지식을 충분히 갖춘 '지식인'과 그렇지 못한 '민중'만이 존재하게 된다. 이와 같은 접근은 지식인에 의한 문학의 독자성 문제뿐만 아니라 소수 지식인에 대한 정체성, 즉 사회적 위치와 기능을 논리적으로 보장해줄 수 있다

---

67 안인환, 「1920·30년대 중국 지식인의 '대중' 담론 연구」, 『중국현대문학』, 한국중국현대문학학회, 2010, 제52호: 36쪽.
68 賈植芳 等編, 「關於民衆文學的討論」, 『文學研究會資料(上)』(鄭州: 河南人民出版社, 1985): 214쪽.
69 賈植芳 等編, 같은 글, 같은 책, 1985: 215쪽.
70 賈植芳 等編, 같은 글, 같은 책, 1985: 215쪽.

는 장점을 갖는다.[71]

주쯔칭이 소수/다수과 옛 것/새로운 것, 그리고 계급적 구분의 대립관계로부터 파생된 지식인의 위치와 기능 문제를 해소하기 위해 마지막에 제기한 '지식의 유무'라는 기준을 위펑보는 전면에 내세우며 여타의 구분을 뛰어넘고 있다. 이로부터 지식인과 '비지식인', 그리고 양자의 관계(즉 계몽의 근거)만이 존재하게 된다. 위펑보의 관점에 서게 되면, 문학(또는 예술)의 독자성을 유지하기 위한 지식인의 존재는 당연히 요청될 뿐만 아니라 그로부터 정당성 또한 획득된다. 그는 더 나아가 지식인의 비지식인에 대한 지도(또는 교육, 계몽)의 역할을 강조한다.

> 우리가 [비록] 그들을 잘 알지 못하지만 우리는 여전히 그들의 인도자라고 자임한다. 내가 비록 그들이 얼마나 불쌍하고 한탄스러운지 모를지라도 나는 우리가 얼마나 불쌍하고 한탄스러운지 이미 알고 있다. 이러한 관점으로부터 제기되는 실제적인 일들은 바로 우리가 마땅히 색다른 스타일과 색다른 표현 양식, 색다른 수준의 민중문학을 창조함으로써 실제 대다수 사람들의 생활에 적절하고 [생활의] 빛과 열[과 같은] 원천을 제공해야만 한다는 것이다.[72]

---

[71] 안인환, 같은 글, 2010: 36~37쪽.
[72] 賈植芳 等編, 같은 글, 같은 책, 1985: 213쪽. 여기에서 위펑보의 관점은 아널드의 그것과 놀랄 정도로 유사하다. "다만 진정한 사유이자 진정한 아름다움이어야 하고, 진정한 단맛이자 진정한 빛이어야 한다. 많은 사람이 그들이 대중이라고 부르는 사람들에게 대중의 실제적인 조건에 적합하다고 생각하는 방식으로 준비되고 적용된 지적 음식을 주려고 노력할 것이다. 통상적인 대중문학이 대중에 대한 이러한 식의 작업의 본보기다. 많은 사람이 그들 자신의 직업이나 정당의 신조를 형성하는 이념과 판단의 틀을 대중에게 주입하려고 노력할 것이다. 우리의 종교적·정치적 조직이 대중에 대한 이런 방식의 작업의 예를 보여준다. 나는 그 어느 방식도 비난하지 않으나, 교양은 달리 작업한다. 열등한 계급의 수준으로 내려가 가르치려하지 않고 교양 자신의 이런저런 파당을 위해 기성의 판단과 구

당시 '민중' 개념을 둘러싼 지식인 담론은 필연적으로 지식인과 대중의 관계에 내재하고 있는 모순적 관계를 심화시킨다. 즉 주쯔칭과 위핑보의 논쟁의 핵심에 바로 '지식인의 사회적 기능(또는 정체성)' 문제가 자리 잡고 있기 때문이다. 지식인들이 보기에, 현실적 민중은 봉건적 사상에 물들어 있으며, (지식인 정도의) 지식과 감성을 갖추지도 못했을 뿐만 아니라 단지 저속한 문예에만 관심을 가지고 있다. 따라서 그들은 계몽의 대상에 불과할 뿐이다.

리비스주의가 문화적 전통의 연속성을 지속시키기 위해 지식인 중심의 문화적 선교단을 조직해 자본주의적 대량문화에 맞서 과거의 유기적 공동체, 즉 비(또는 전)자본주의적 '공동 사회'로 돌아가려 했다면, 민중문학의 주쯔칭과 위핑보는 계몽 운동을 통해 비(또는 전)자본주의적 특징인 봉건주의에 맞서고자 하였다. 이와 같은 접근 방식의 차이를 단지 사회역사적 맥락의 상이함에 기인한 것으로 해석할 수 있다. 하지만 여기에는 당시 시공간을 구성한 대중에 대한 지식인들의 해석 차이가 존재한다. 다시 말해서 리비스주의가 다수의 사람들을 자본주의적 대중으로 규정하고 그것에 직접적 영향을 미치는 대량문화에 대응하고자 했다면, 주쯔칭과 위핑보는 그것을 비(또는 전)자본주의적 대중으로 설정하면서 봉건주의의 극복을 통해 '계몽된 민중'의 미래사회를 지향하고 있다는 점이다. 일견 그들이

호로 그들을 획득하려고 노력하지도 않는다. 교양은 계급을 없애려고 하고, 이 세상에서 생각되고 알려진 최상의 것을 모든 곳에 통용시키려고 하고, 모든 인간을 단맛과 빛의 환경에서 살게 하려고 한다. 그 환경에서는 모든 인간이, 교양이 그러하듯이, 이념을 자유롭게 사용할 수 있으니, 그 이념에서 자양을 얻지만 거기에 종속되지는 않는 것이다." Matthew Arnold/윤지관 옮김, 『교양과 무질서』(파주: 한길사, 2006): 84~85쪽. 아널드의 『Culture and Anarchy』가 1869년에 출판되었고 '민중문학' 논쟁이 1921년 말부터 1922년 초까지 진행되었다는 점을 감안한다면, 이처럼 시공간을 뛰어넘어 지식인들에게 '지식인 중심성'이 연속되고 있다는 사실을 알 수 있다.

'계몽' 운동이라는 유사한 접근 방식을 띠고 있을지라도, 민중문학의 지식인들에게는 부정적 과거와 긍정적 미래라는 직선적 시간관념이 깊숙이 개입되어 있는 것이다.[73]

이처럼 주쯔칭과 위핑보는 미래적 상상이라는 공통분모에도 불구하고 지식인의 사회적 정체성 유지라는 현실 인식의 차이로 대립한다. 하지만 결과적으로 이들의 시도는 어떤 방식으로든 문제의 근본적 해결을 현실화시키지 못했다. 그들만의 서간문 형식이라는 의사교류가 보여주듯, 단지 지면상에서만 논의가 진행되었다는 비현실적 한계만을 노정한다. 결국 '민중문학' 지식인들과 현실적 '민중' 사이에 존재하는 간격을 해소하기 위해 채택한 '민중화'는 그 차이를 극복하지 못한 채, 지식인들만의 자족적인 신문학 운동으로 귀결되었다는 평가에 직면하게 된다.[74]

당시 지식인들의 활동이 구체적인 실천 프로그램으로 제출되지 못하고, 지식인들만의 상호 비판을 중심으로 진행되었다는 점은 민중문학 논쟁의 현실적 한계에 해당한다. 또한 '민중화'가 지식인의 민중에 대한 접근, 즉 계몽의 실천 방도라는 차원의 문제라고 할 수 있다면, 이러한 실천의 부재는 '민중화' 논쟁이 단순히 공리공담의 차원에서만 운위되었다는 비판을 피하기 어렵다.

물론 여기에서는 또 다른 현실적 한계가 존재한다. 그것은 당시 지식인들의 출판물들이 대부분 상하이에서 출판되었다는 점이다.

---

73 이에 비해 1990년대 이후 중국의 신좌파 대중문화 담론은 리비스주의적 과거 지향성을 뚜렷이 드러낸다. 이와 같은 과거 지향적 접근 방식은 신좌파가 취하고 있는 '역사주의'적 태도와 연관된다. 다시 말해서 지금은 '전통'이 되어버린 과거 사회주의 중국의 역사가 그러한 역사주의적 태도로부터 긍정되고 있기 때문이다. 제3장의 관련 논의를 참조할 것.
74 吳曉黎, 「作爲關鍵詞的 '大衆': 對二三十年代中國相關討論的梳理」, 『思想文綜』1999年 第1期: 113쪽.

상하이에는 이미 자본주의적 대중이 출현했으며, 그들의 대중문화가 형성되었다. 하지만 당시 지식인들이 계몽의 대상으로 간주했던 평민 또는 민중은 사실 비(또는 전)자본주의 사회에서 주로 봉건주의의 영향력 아래에 있는 사람들, 즉 '민중'을 지시한다. 그것은 중국의 봉건주의를 극복하려는 그들의 노력이 과연 상하이에 출현한 자본주의적 '대중'과 어떻게 조응할 수 있을까라는 문제와도 연관된다. 다시 말해서 당시 지식인들이 기고하는 잡지가 상하이에서 하나의 상품으로서 대중에 의해 소비되고 있다는 점을 감안한다면, 봉건주의의 극복을 주된 과제로 삼고 있는 계몽주의적 지식인들의 활동은 현실적으로 일정한 괴리를 발생시킬 수밖에 없기 때문이다.[75]

당시 지식인들의 다양한 '대중' 담론은 실제 수많은 문예지(지금에서 보자면 학술지와 대중지를 겸한)를 통해 개진되고 있다. 이러한 문예지의 광범위한 유통은 필연적으로 그에 상응하는 문화시장을 전제로 한다. 예를 들어, '잡지의 해[雜誌年]'로도 불리는 1934년은 새롭게 창간된 정기간행물들이 폭발적으로 증가했을 뿐만 아니라 그러한 정기간행물을 독점·판매하려는 잡지사들까지 생겨나게 된다.[76] 이와

---

[75] 양둥핑은 당시 상하이 문화적 특징을 다음과 같이 설명한다. "상하이의 문화 발전과정에서 가장 중요한 의미를 갖는 것은 '商工 문화'의 형성이었다. 상품경제에 의해 소농 경제와 자연경제는 파괴됐고, '사람의 해방'이 실현됐다. 왜냐하면 상품경제가 초래한 시장 사회는 사람들에게 기회의 평등을 부여해 주었고, 혈연·지연·특권 등 타고난 특수 신분의 중요성을 부정했기 때문이다. 또 사람의 해방에 의해 능력주의가 확고히 자리 잡았다. 대도시는 사람들에게 일확천금의 꿈을 꾸게 만들었고, 실제로 수많은 사람들의 꿈을 실현해 주었다. …… 사유재산·자유경쟁·능력주의는 모험가 정신을 불러일으켰고, 기업가 정신을 길러 냈다. 이는 곧 상공 문화의 진수였다. 그렇다고 신흥부자와 기업가들이 모험 정신·개척 정신의 이름아래 무턱대고 마구 달린 것은 아니었다. 그들은 풍부한 창조력으로 법의 테두리 아래에서 이상을 실현해 나갔다. 이 때문에 비용 계산·신용·시간·효율 따위의 관념들이 생겨났고, 동시에 일을 존중하는 정신·직업 정신·계약 정신·직업 도덕 등의 상업 윤리와 이데올로기도 발전한 것이다. 나아가 업종별 단체·사회단체가 대량으로 등장, 사회 조직의 네트워크도 만들어졌다. 이는 상하이에 이미 시민계급이 형성되고 있었음을 의미한다." 楊東平/장영권 옮김, 『중국의 두 얼굴』(서울: 펜타그램, 2008): 72~73쪽.

같은 현상은 주로 상하이 지역에 한정된다. 그 이유는 1927년 혁명이 실패[77]로 돌아간 뒤 대부분 신문화 운동 지식인들이 상하이에서 활동하게 되면서 상하이가 베이징을 대신해 새로운 문화의 중심지가 되었다는 점[78]과 1930년대 상하이가 국제적인 대도시이자 중국에서도 가장 발전한 상공업·금융업, 문화 출판의 중심지로 등장했다는 점 때문이다.[79] 이러한 상하이의 도시적 특성은 소비 '대중'의 존재를 필연적으로 포함한다.[80]

물론 이러한 시각은 당시 상하이 (소비)대중이 봉건주의와 무관한 대상이라는 사실을 요구하지 않는다. 오히려 당시 중국 지식인들의 입장에서, 상하이의 자본주의적 '대중'('민중문예'의 입장에서는 여전히 민중일 수밖에 없는)과 상하이 지역을 제외한 비(非)자본주의적 '민중'(즉 대부분이 '농민'인)에 대한 심화된 모색의 필요성을 상기시켜 준다.

---

[76] 우샤오리는 다음과 같은 현상의 원인을 3가지로 구분한다. 1) 당시 남경 국민정부가 1934년 초 '禁書令'과 '圖書雜誌審査法'을 실시하면서, 출판업계는 단행본 판매에 큰 타격을 받게 된다. 다시 말해서 잘 팔리는 책은 쉽게 발행할 수 없게 되고, 쉽게 발행할 수 있는 책은 팔리지 않는 상황이 연출된 것이다. 이런 이유로 출판업계의 자금은 큰 영향을 받지 않는 잡지 방면으로 이동하게 된다. 2) 잡지사를 운영하려는 사람들과 함께 잡지를 통해 자신의 목소리를 내고자 하는 여러 유파의 작가들이 지속적으로 증가하였다. 3) 가볍고 경제적인 잡지가 문화시장을 통해 정보·지식·오락을 얻으려는 사람들의 기대에 적합한 방식이었다. 吳曉黎, 「作爲關鍵詞的'大衆': 對二三十年代中國相關討論的梳理」, 『思想文綜』 1999年第1期: 146쪽.

[77] 1927년 무한 국민정부에서 떨어져 나온 중국 공산당이 일으킨 8월1일 南昌 봉기, 9월 湖北·湖南·江西·廣東 일대의 추수 봉기, 9월9일 湖南과 江西의 경계 지역에서의 봉기, 12월 廣州에서의 대규모 봉기가 모두 실패한 것을 가리킨다. 중국 공산당은 무장 봉기가 국민당의 탄압으로 모두 실패하면서 도시에서 영향력을 잃게 된다. 이 때문에 중국공산당은 농촌에 근거지를 마련하고 소비에트 혁명운동을 추진하는 것으로 방향을 전환하여 다시 영향력을 확대시켜 나간다. 유홍준·김지훈, 『현대 중국 사회와 문화』(서울: 그린, 2005): 38쪽.

[78] 楊東平/장영권 옮김, 같은 책, 2008: 73~77쪽 참조.

[79] 上海는 1842년 南京 조약으로부터 1943년 국민당에 반환될 때까지 열강들의 조계지로 설정된다.

[80] 李歐梵/장동천 외 옮김, 『상하이 모던』(서울: 고려대학교출판부, 2007): 50~58쪽 참조.

한편, '민중' 개념은 1920년대 후반, 당시의 무정부주의(Anarchism)에 의해 계승된 형태로 나타난다. 무정부주의자들은 '하나의 계급'만을 위한 '혁명문학'에 반대하며 '대중을 위한', '무계급적'인 '민중문학'을 제창한다.[81] 인뤄(尹若)는 프롤레타리아 문예에 대해, 무산계급 문예이론이 문학을 도구로 간주하여 민중의 문학이라는 본연의 가치가 무시되고 있다고 비판한다.

> 문화투쟁과 무산계급 문예운동은 마르크스주의자들의 혁명정책과 정권 획득을 위한 운동에 다름 아니다. 이것은 '당파적 이익'을 위해서 문화투쟁을 제창한 것이지 대중과 평민의 해방을 위한 것이 아니다. 우리는 사회 혁명가이자 문화 본연의 [역할을] 제창하는 혁명가로서 마르크스주의자의 문화투쟁이 시시할 뿐이다. 분명하게 [말해서] 그런 인식 오류의 무산계급 문화론은 사실 제창할 필요도 없는 것이다.[82]

> 우리는 투쟁의 도구로서 문예가 필요한 것이 아니다. 단지 문예 자체와 민중의 [문예에 대한 즐거움을] 필요로 할 뿐이다.[83]

그에게 '민중'은 단순히 계몽을 위한 대상도 협애한 프롤레타리아 당파성으로 규정된 존재도 아니다. '민중'은 '피지배계급'이라는 광의의 이데올로기적 주체로 상정된다. '무산계급'을 넘어선 '민중'(따라서

---

81 李何林 編, 『中國文藝論戰』(西安: 陝西人民出版社, 1984): 319~351쪽 참조. 이들의 주요 간행물로는 『現代文化』, 『民間文化』, 『文化戰線』 등이 있다.
82 尹若, 「無産階級文藝運動的誤謬」, 『現代文學』1928年 創刊號. ; 李何林 編, 『中國文藝論戰』(西安: 陝西人民出版社, 1984): 341쪽. 이 인용문에서도 드러나고 있듯이, 이들 역시 '대중'·'평민'·'민중' 개념을 분명한 구분 없이 혼용하고 있다는 사실을 알 수 있다.
83 尹若, 같은 글, 1928. ; 李何林 編, 같은 책, 1984: 340쪽.

무산계급을 포함한)이 사회 혁명의 주체이기 때문에, 문학 역시 도구화된 '무산계급' 문학이 아니라 궁극적 가치를 지향하는 '민중문학'이 되어야 한다. 이러한 견해가 제출된 배경에는 당시 '무산계급' 개념의 등장과 유행이라는 사회적 상황 변화가 놓여 있다.

또한 모멍밍(莫孟明)은 자본주의 사회의 노동문학과 혁명문학을 분명한 형태로 구분하면서 혁명문학(또는 무산계급 문학)을 비판한다.

> 나는 오늘날의 혁명문학[에 대해], 그것은 예전에 유행하던 노동문학과 큰 차이가 없다고 생각한다. 심지어 동일하다고 말할 수 있다. …… 이 노동문학의 생성은 바로 자본주의 발전이라는 진행 [과정] 가운데 나타난 현상이다. 이 노동문학이라는 표현은 이미 아름다운 성공을 거뒀다. [반면] 오늘날의 혁명문학이라고 하는 것에 대해 말하자면, 그것의 내용은 사실 노동문학과 크게 다르지 않다. 하지만 [그] 예술적 기교는 매우 뒤떨어진다. [따라서] 나는 노동문학과 혁명문학 [사이에] 차이점 역시 있다고 본다. [그것은] 대부분의 노동문학이 단지 사회생활[에 대한] 감상을 표현하고 있다면, 혁명문학(무산계급 문학)은 [그것을] 모두 표현한 후에, 다시 '지도적이고 선동(鼓動)적인 선전'을 덧붙인다[는 점에 있다]. 노동문학 가운데에서도 지도적이고 선동적인 작품이 완전히 없는 것은 아니다. 하지만 [그것은] 매우 적은 수만이 있을 뿐이다. 이렇게 볼 때, 혁명문학이라는 것은 완전히 낡은 것이고, 그 내용[뿐만 아니라] 그 형식에서도, 단지 옛 얼굴에 새로운 가면을 덧씌운 것에 불과하다. 이러한 문학은 현대적 자본주의와 정치적 강권(强權)주의를 따라 모두 소멸되어야만 하는 것이다.[84]

---

84 莫孟明,「革命文學評價」,『現代文學』1928年 創刊號. ; 李何林 編,『中國文藝論戰』(西安: 陝西人民出版社, 1984): 323~324쪽.

여기에서 모명밍의 언급은 매우 중요한 문제를 포함하고 있다. 즉 노동문학과 혁명문학이 모두 자본주의 발전과 연관되어 있다는 점, 그리고 사회생활의 반영인 노동문학과 다르게 혁명문학은 지도적·선동적 선전 기능에 치중하고 있다는 점이 그것이다. 다시 말해서, '평민문학'이 봉건주의와 연관된 평민(또는 농민)에 대한 '계몽'에 치중했다면, '혁명문학'은 자본주의와 연관된 무산계급에 대해(따라서 반자본주의적 형태로) 이른바 또 다른 계몽 즉 '지도와 선동이라는 선전'에 치중하고 있다는 점이다. 바로 그러한 측면에서 그것들은 모두 오래되고 낡은 것에 해당한다. '평민문학'과 '혁명문학'의 차이는 '혁명문학'이 '계급의식의 각성'이라는 새로운 언술(마치 가면처럼)을 제기하고 있다는 점에서만 구분될 뿐이다.

이와 같은 주장은 앞서 언급한 사회주의적 혁명문화(革命文化)가 자본주의적 '대중문화(大衆文化)'의 안티테제로서만 그 의미와 기능을 갖는다는 시각과 일치한다. 또한 이들이 제기하고 있는 '민중' 개념은 '무산계급'을 뛰어넘어 보다 확장된 '피지배계급'으로서 '민중'을 설정하고 있다는 측면에서 네그리와 하트의 '다중' 개념과 일정하게 연관된다.[85] '민중문학'의 '혁명문학'에 대한 비판의 기저에는 바로 자본주의와 연관된 '사회주의'와 '혁명'에 대한 상이한 인식이 존재한다. 첸디(謙弟)는 우선 실현된 사회주의 사회에서의 '사회주의'와 자본주의 사회에서 아직 실현되지 못한 '사회주의'를 분명한 형태로 구분하며, '혁명문학'의 성격을 규정한다.

---

85 물론 네그리와 하트의 '다중' 개념에서는 '민중' 개념의 일자성을 배격하고 있다. 여기에서는 '노동계급 당파성'의 비판 차원에서 거론한 것이다. 그럼에도 불구하고 중국 무정부주의 지식인들의 '민중' 역시 '이데올로기적 민중'으로 설정되어 있다는 점에서 사회주의의 그것과 크게 다르지 않다.

자산계급의 사회가 아직 사라지지 않은 시기에, 자산계급의 문학이 분쇄되기 이전에 무산계급 문학은 건설될 수 없는 것이다. [따라서] 우리는 자산계급 아래에서의 혁명문학을 무산계급 문학이라고 독단적으로 말할 수 없다. [그것은] 마치 우리가 아직 사회주의가 실현되지 못한 시기에, 우리가 [지금의] 사회주의자를 사회주의 사회 아래에서의 사회주의자라고 인정할 수 없는 것과 같다.[86] 극단적으로 말해서, 우리는 자본[주의] 제도 아래에서의 사회주의자를 자본[주의] 제도 아래에서의 사회주의자라고 인정할 수 있을 뿐이다. 그래서 우리가 억지로 혁명문학을 '당연히 그리고 필연적으로 무산계급 문학'이라고 인정해야만 한다면, 나는 현대적 혁명문학을 자본[주의] 제도 아래에서의 '당연히 그리고 필연적으로 무산계급 문학'이라고 말할 뿐이다. 진실로, 혁명문학을 무산계급 문학이라고 말할 수 없는 것이다.[87]

시대와 사회의 반영, 즉 구체적 시공간에서 기능하는 문학의 관점에서 첸디의 주장을 살펴보면, 그것은 현재 대중문화 담론에 많은 시사점을 제공하고 있다. 다시 말해서 그의 관점에 서게 되면, 자본주의 사회에서의 '노동계급문화' 또는 '민중문화(民衆文化)'는 마찬가지로 자본주의 사회에서 안티테제적 기능만을 담당할 뿐이다. 이와 같은 기능은 뒤에서 다룰 히스(Joseph Heath)와 포터(Andrew Potter)의 '반문화', 즉 '반자본주의적 문화'라는 정서와 깊은 연관을 맺고 있다.[88]

---

86 이 시각이 혁명적 지식인과 사회주의적 지식인의 구분 근거가 된다.
87 謙弟, 「革命文學論의批判」, 『現代文學』1928年創刊號. ; 李何林 編, 같은 책, 1984: 334쪽.
88 히스와 포터는 미국의 '반문화' 운동이 자본주의 체제에 실질적 타격을 입히기 보다는 오히려 그 자신의 의도와 다르게 자본주의 강화에 기여하고 있다고 평가한다. 관련 논의는 제3장 '신좌파' 부분을 참조할 것.

왜냐하면 사회주의 혁명문화가 시대와 사회의 반영이라면, 그것은 단지 사회주의 사회에서만 그 구성 의의를 가질 수 있기 때문이다.

하지만 앞서 밝혔듯이, 계급 문제를 주된 내용으로 다루는 무산계급 문학은 정작 사회주의 사회, 즉 무계급사회에서 자신의 대상을 가질 수 없다는 논리적 한계에 봉착한다. 만약 사회주의 사회에서도 무산계급 문학이 계급 문제(자산계급과 무산계급의 관계를 중심으로 한)를 다룬다면, 그것은 무산계급 문학이 여전히 자본주의 '대중문화'의 안티테제로서만 기능하고 있다는 반증이 되기 때문이다. 혁명문학과 무산계급문학의 상관성을 부정한 첸디는 '혁명문학'의 존재를 현실적으로 긍정하면서도, 이른바 프롤레타리아 혁명과는 다른 관점에서 '혁명'과 '혁명문학'의 성격을 규정한다.

> 혁명문학은 존재하는 것이다. …… 혁명문학의 존재는 그것의 시대성과 그것의 계급성에 있다. 일정한 시대에 일정한 혁명이 발생하고, 문학은 바로 그 시대를 대표한다. 어떤 계급이 [다른] 어떤 계급의 기득권[命]을 바꾸려 할[革] 때, 혁명문학은 자연스럽게 피지배계급을 대표하는 것이다. 그래서 우리는 그것을 다음과 같은 세 가지 방식으로 규정할 수 있다. 첫째, 문학과 혁명은 필연적 연관성이 없[기 때문에] 분리될 수 있다. 사회가 안정적이면 문학은 혁명과 분리되어 독립적으로 존재할 수 있다. 다시 말해서 혁명이 없이도 문학은 존재하는 것이다. 둘째, 문학이 영원하지 않기 때문에 혁명문학도 영원하지 않은 것이다. 이것은 사회 환경과 자연 환경의 변화로부터 늘 [그] 문학적 함의가 변화하기 때문이다. 셋째, 혁명문학은 귀족계급을 대표할 수 있고, 자산계급을 대표할 수 있으며, 소자산계급을 대표할 수 있고, 무산계급을 대표할 수 있다. 그래서 우리는 혁명문학이 무산계급 문학이라고 말할 수 없는 것이다.[89]

첸디는 이른바 프롤레타리아 혁명만을 '혁명'으로 인정하지 않는다. 오히려 그는 다양한 혁명이 존재할 수 있으며, 그것의 반영으로 '혁명문학'을 인정한다. 그의 논리를 정리해보면, 1) 혁명과 문학은 시대의 규정을 받지만 혁명과 문학의 직접적 연관성은 존재하지 않는다. 2) 시대마다 혁명의 성격이 같지 않은 것처럼 혁명문학의 성격도 변화할 수 있다. 이처럼 그는 '혁명'과 '문학'을 분리시키면서, '혁명' 자체의 개념을 전도시킨다. 이와 같은 관점에서 무산계급의 확장된 형태인 '민중'을 '피지배계급'으로 설정하고, 다양한 사회적 억압에 대한 '민중'의 혁명을 호소한다. 그리고 그것의 반영으로서 '혁명문학', 즉 '민중문학'을 제창한다. 하지만 이들은 당시 사회주의자들이 제시한 미래적 상상으로서 '사회주의 혁명'만큼이나 구체적인 미래 전망을 제시하지 않고 있다. 또한 '문학의 독자성'을 요구하면서도 그것이 의미하는 자신들의 사회적 위치, 즉 지식인의 정체성 문제에 대해서도 분명한 입장을 밝히지 않는다.

그 이유는 앞서 지적했듯이, 당시 혁명운동이 확산되면서 형성된 '사회주의' 담론이 지식인 사회에서 크게 유행한 데 있다. 다시 말해서 '민중문예'는 당시 지식인 사회에 주류로 성장한 '혁명문학' 또는 '프로문학'에 대한 비판에만 주안점을 둔 아웃사이드적 특징을 보인다. 그것은 '민중문예'가 확립한 '민중' 개념이, 당시 지식인 사회에서 주류적 위치를 차지한 '무산계급' 개념을 대체하기보다는 중국 '대중' 개념의 역사에서 점차 소멸되어간 것으로 증명된다. 이처럼 '혁명문학' 또는 '프로문학'에 대한 비판의 무기로서 사용된 '민중' 개념은 '무

---

89 謙弟, 「革命文學論的批判」, 『現代文學』1928年創刊號.; 李何林 編, 『中國文藝論戰』(西安: 陝西人民出版社, 1984): 334~335쪽.

산계급'과 일정하게 개념적 대립관계를 형성한다. 문예의 본질적 가치를 옹호하는 '민중문예'는 문예를 혁명의 도구로 전락시키고 있는 '혁명문학' 또는 '프로 문학'에 대해 적극적인 비판을 전개하지만, 결과적으로 중국에서 '대중'이나 '인민' 개념에 비해 발전된 어의적 규정성을 획득하지 못한다.

그럼에도 불구하고 당시 중국 무정부주의 지식인들은 자본주의 사회의 '사회주의'와 사회주의 사회의 '사회주의'를 명확하게 구분함으로써, 사회주의 이데올로기에 대한 현실적 인식을 가능하게 만들었다는 긍정적 의의를 지닌다. 이로부터 자본주의 사회의 '민중'('민간문화의 민중'과 구분되는 '이데올로기적 민중')의 '민중문화'와 사회주의 사회의 '인민대중'(자본주의적 계급 대립이 사라진 사회에서의 '사람들')의 '혁명문화'에 대한 담론적 차원의 구분이 가능해지며, 그것에 대한 평가 기준이 만들어진다. 현재 자본주의(또는 사회주의적 시장경제라는) 사회에서 '민중'과 '인민대중'이라는 어휘가 사라지거나 어의 변용(계급성이 탈각된)이 일어났다는 점, 마찬가지로 '민중문화'와 '혁명문화'가 자본주의 사회와 사회주의 사회라는 현실적 차이에도 불구하고 모두 동일한 생멸과정을 거치고 있다는 점으로부터 다음과 같은 사실을 알게 된다. 즉 '이데올로기적 민중'과 '민중문화', 그리고 '인민대중'과 '혁명문화'는 사회주의적 미래 상상이 현실에서 거부되었을 때, 그 생명력을 잃게 된다는 것이다.

그 이유는 그것들이 모두 사회주의 이데올로기를 공통분모로 하며, 자본주의의 대립적 측면에서 규정되고 있다는 점 때문이다. 다시 말해서 사회주의 이데올로기는 자본주의와의 대립적 성격을 자신의 정체성으로 하며, 그것은 사회주의의 미래적 상상으로부터 보증되는 논리 구조를 취하고 있다는 측면에서 그러하다. 따라서 현실에서 그러한 미래적 상상이 폐기되면 사회주의 이데올로기는 더 이상 자신의 생명력을 지속할 수 없게 된다. 특히 사회주의적 '혁명문화'의 경우, 자본주의적 대중문화를 지양 또는 극복한 형태의 문화적 정체성을 구성하기 보다는 전통적 '민간문화'의 형식과 사회주의적 내용(주로 계급 간의 대립이나 투쟁을 다루는)의 결합을 통해 구성되었다는 사실이 이를 잘 보여준다. 이러한 구성적 특징은 자본주의 사회의 '민중문화'도 동일하게 적용된다. '민중문화'를 비(또는 전)자본주의 사회의 '민간문화'의 변종으로 규정한 베넷처럼, 그 규정에서 '혁명문화'도 예외가 될 수 없는 것이다. 또한 여기에서 짚고 넘어가야 할 부분은 한국의 1980년대 '민중문화'와 사회주의 중국의 '문혁' 시기 '혁명문화'에 대한 자본주의적 대중문화의 대응 부분이다. 현재 한국과 중국은 모두 자본주의 사회(그것을 사회주의적 시장경제라 할지라도)라는 공통된 체제를 유지하고 있으며, 공히 자본주의적 대중에 의한 대중문화가 창조되고 있다.

현재 한국과 중국의 대중에게 1980년대 '민중문화'와 문혁 시기의 '혁명문화'는 각각 공통된 '기억' 또는 '추억'으로 남아 있다. 다시 말해서 사회주의 이데올로기가 구성한 문화적 형식과 내용은 모두 '전통'의 범주 안에서 자본주의적 상품경제를 경과하며, 선별적으로 문화 상품화하고 있다. 이것이 사회주의적 가치에 대한 현실적 복원이 아니라는 점은 분명하다. 오히려 하나의 공통된 '기억'이 자본주의적 대중의 유관성으로 작동하는 지점에서 그것들이 문화 자원으로 기능하고 있다는 평가가 더 적절하다. 이와 같은 해석은 자본주의가 사회주의에 비해 이데올로기적 또는 체제적으로 우월하다는 것을 강조하려는 것에 있지 않다. 오히려 그것은 자본주의에 대한 사회주의 이데올로기의 안티테제적 성격이 갖는 현실적 한계를 드러내는 데 있다.

1920년대 계몽 운동의 차원에서 전개된 '민중' 개념 논쟁은 1930년대를 경과하며('문예대중화' 논쟁이 대표적인 예다), 더욱 지식인과 대중의 관계를 모순적으로 발전시켜 나간다. 중국 지식인들이 자본주의와 사회주의라는 이데올로기의 각축과 함께 여전히 자신의 미래적 상상을 실현하려는 의도를 견지하면서 그 과정은 더욱 심화된 양상을 띠게 된다. 따라서 1930년대 지식인들이 제기한 '대중' 담론 역시 지식인의 정체성 문제로부터 자유롭지 않다. 이른바 '현대적 대중'과 '사회주의적 대중' 담론의 제출은 당시 중국 지식인의 정체성을 직접적으로 위협하는 계기로 기능한다.

2 중국적 '계급대중'과 사회주의적 혁명문화 담론

'계급대중'과 타자화된 지식인

① '계급대중'과 지식인

1920년대 후반, 즉 1928년부터 '혁명문학' 또는 '무산계급(또는 프롤레타리아) 문학' 활동이 본격화되면서, 중국적 대중 개념은 '무산계급 대중'이라는 특정한 계급적 함의를 부여받게 된다.[1] "조직과 강령을 가지고 프롤레타리아 계급이 영도하는 …… 혁명문학이 프롤레타리아 혁명사업의 일부분임을 명백"[2]히 하려는 사회주의 운동에는 프롤레타리아 계급의 영도성(또는 노동계급의 당파성)이 그 중심 논리로 기능하고 있다. 프롤레타리아 계급의 영도성은 곧 지식인과 대중의 관계에서 '대중'의 우선성을 인정하는 것이다.[3] 이와 같은 인식 전환(또는

---

[1] 이 시기부터 「創造社」와 「太陽社」를 중심으로 진행된 '혁명문학' 논쟁과 함께(1930년 '좌익작가연맹'의 설립을 거치며) '문예대중화' 운동이 본격적으로 진행된다. '무산계급'·'무산대중'이라는 어휘는 이전부터 사용되고 있었지만 여기에서는 당시 지식인들의 논쟁을 경유하면서 무산계급이라는 사회주의적 '대중' 개념이 하나의 고정적 의미를 획득했다는 측면에서 다룬다. 또한 '혁명문학'의 등장은 1925~1927년 국민혁명운동과 관련되어 있다. 유흥준·김지훈, 『현대 중국 사회와 문화』(서울: 그린, 2005): 31~32쪽 참조.

[2] 임춘성 편역, 『중국근현대문학운동사』(서울: 한길사, 1997): 116쪽.

[3] 참고로, 당시 '민중문학'을 주도하던 선옌빙은 1925년에 이르러 기존과 다른 입장을 취하게 된다. 세계는 서로 다른 계급으로 구성되어 있으며, 기존의 예술은 자산계급이 자신의 지위를 유지하기 위한 하나의 도구에 불과하다고 평가한다. 이러한 입장 전환으로부터 그

심화)은 필연적으로 지식인의 정체성(또는 독자성)에 대해 강한 의문을 동반하게 된다.[4] 1928년 청팡우(成仿吾, 1897~1984)는 당시 지식인들에게 다음과 같은 태도 변화를 요구한다.

> 자신[지식인]의 소자산계급적 근성을 극복하고, 앞으로 지양[奧伏赫變; aufheben]될 계급에게 당신의 등을 돌리고 더러운 농민·노동자 대중(大衆) 앞으로 걸어가십시오! 분명한 의식으로 당신의 작업에 노력하면서 자산계급 '이데올로기'가 대중(大衆)에게 미치는 해독과 영향을 몰아내 대중을 획득하고, 끊임없이 그들에게 용기를 주어 그들이 자신감을 유지하도록 하십시오! 당신이 전체 전선의 한 부분에 서 있다는 것을 잊지 마십시오! 진지한 열정으로 전장(戰場)에서 보고 들은 사실을, 농민·노동자 대중의 격렬한 비분을, 용감한 행위와 승리의 환희를 묘사하십시오! 그러면 당신은 최후의 승리를 보장받을 수 있고, 수훈을 세워 부끄럽지 않은 전사(戰士)가 될 것입니다. 당신들의 족쇄가 사라지는 것을 근심하지 말고, 혁명적 '인텔리겐치아(intelligentsia)'[여] 단결하라![5]

이로부터 지식인의 소자산계급(또는 쁘띠부르주아지)적 근성, 즉

는 앞서 언급한 '민중문학'의 출발점, 즉 로망 롤랑의 '민중예술'을 '유산계급인 지식인 사회가 추구하는 하나의 유토피아적 사상'이라고 비판하면서 '민중예술' 대신 '무산계급 예술'을 본격 제창한다. 그는 고리키(Maxim Gorki, 1868~1936)와 같이 절실하게 무산계급의 아픔과 영혼을 표현해야 하며, 무산계급의 위대한 사명을 제시하는 작품의 중요성을 강조한다. 茅盾,「論無産階級藝術」,『茅盾全集(中國文論一集)』(北京: 人民文學出版社, 1989): 499~519쪽 참조.
4 안인환,「1920·30년대 중국 지식인의 '대중' 담론 연구」,『중국현대문학』, 한국중국현대문학학회, 2010, 제52호: 39~40쪽.
5 成仿吾,「從文學革命到革命文學」,『創造月刊』1928年第1卷第9期: 7쪽(燕京大學圖書館 影印,『創造月刊』第1卷第7~12期 참조) ; 陳頌聲·吳宏聰 等編,『創造社資料(上)』(福州: 福建人民出版社, 1985): 170쪽.

이중성과 동요성은 부정의 대상이 되고, 지식인은 노동계급의 우선성에 종속된다. 이것은 지식인의 독자적 정체성이라는 의식에 대한 부정을 의미하며, 대신 지식인에게 '무산계급의 입장', 또는 '무산계급의 계급적 의식'이 요구된다. 이 관점은 소자산계급인 지식인이 '의식적 혁명 투쟁'을 통해 자신의 계급적 한계를 벗어나 무산계급의 계급의식을 자본주의적 발전 단계와 무관하게 확보할 수 있다는 논리의 기초 위에 서 있다.[6] 다시 말해서 지식인과 대중이 맺고 있던 계급적 차이는 사회주의 혁명이라는 미래의 목표 아래 해체되면서 (종속적인) '동역자(同役者)' 관계로 변형된다.

대중이 '무산계급'의 의미를 획득하며 봉건적 대중(평민이나 농민)에서 사회주의 혁명을 위한 역사적 주체로 설정되고 있다면, 지식인은 대중 의식(또는 문예 감상력)의 제고와 같은 기능에서 사회주의 혁명의 지원군 내지 예비군이라는 의미로 전환된다. 소수의 자산계급/봉건 귀족과 다수의 무산대중을 구분하는 계급 구분은 옛 것과 새로운 것에 대해서도 등가적으로 적용된다. 즉 낡은 소수와 새로운 다수를 만들어내고, 그 '새로움'은 미래의(따라서 아직 실현되지 않은) 사회주의 사회에 의해 보증된다.[7]

사회주의 이데올로기에 의해 역사적·변혁적 주체로 설정된 '계급대중'은 이후 1942년 마오쩌둥(毛澤東)의 「연안 문예좌담회의 담화(在延安文藝座談會上的講話)」를 기점으로 현실적인 함의를 획득하게 된다. 마오쩌둥의 담화는 당시 지식인들이 지향했던 '대중화', 즉 대중의 의식 제고라는 방향을 대중에 대한 지식인의 '인식 변화'로 대체

---

6 안인환, 같은 글, 2010: 40~41쪽.
7 안인환, 같은 글, 2010: 41쪽.

한다.⁸ 1949년 사회주의 중국의 건설은 바로 그러한 사회주의적 '계급대중' 개념의 현실적 확정을 의미한다. 이로부터 그 개념은 평민이나 민중이 가지고 있던 부정성('무지몽매'와 같은)을 넘어서 명확한 긍정성을 획득하며, 중국의 '대중' 개념사에서 중요한 한 축을 담당한다. 이처럼 혁명문학은 '무산계급'이라는 이데올로기적 해석을 통해, 계몽의 대상이었던 무지몽매하고 봉건적인 '평민'과 '민중'을 '피지배계급'인 '농민·노동자 대중'(農工大衆)이라는 역사적 주체로 탈바꿈시킨다. 당시 자주 사용되었던 '농민·노동자 대중'이라는 표현에서도 알 수 있듯이, 무산계급 개념 안에서도 대다수를 차지하고 있는 농민을 맨 앞에 위치시킨다. 그것은 여전히 중국에서 절대 다수를 차지하는 농민의 존재에 대한 현실 인식과 무관하지 않다.⁹

1930년대 초 '대중(大衆)' 어휘가 크게 주목받게 된 것은 당시 혁명문학 진영이 추진했던 '문예대중화(文藝大衆化)'¹⁰ 논쟁과 연관이 깊다. '문예대중화' 논쟁에서 당시 혁명적 지식인들은 '대중'이라는 어휘에 적극적으로 '무산계급'이라는 함의를 부여한다. 이처럼 '대중화' 논쟁은 혁명문학 진영 내부로부터 시작되는데, 그 이유는 문학이 무산계급의 정치에 복무하기 위해서는 반드시 '대중'에게 다가가야 하고, '대중'을 획득해야 했기 때문이다.

두궈샹(杜國庠, 1889~1961)은 '프롤레타리아 문학의 대중화'를 제창

---

8 毛澤東, 「在延安文藝座談會上的講話」, 1942.5. ; 北京大學 等主編, 「延安文藝界的整風運動和'在延安文藝座談會上的講話'的發表」, 『文學運動史料選』4(上海: 上海教育出版社, 1979) 참조.
9 吳曉黎, 「作爲關鍵詞的'大衆': 對二三十年代中國相關討論的梳理」, 『思想文綜』第1期, 暨南大學出版社, 1999: 115쪽.
10 '문예대중화'는 제2차 국내 혁명전쟁 시기, 혁명적 지식인들이 문학과 대중의 사회주의적 결합을 위해 추진했던 운동이다. '문예대중화 토론', '문예대중화 운동'이라고도 한다.

한다. 그는 일본 무산계급 문예이론가인 구라하라 고레히토(藏原惟人, 1902~1991)의 관점[11]에 입각하여, 혁명문학의 실천적 요구로 인해 그 독자 대상이 국한되는 것은 이미 세계적으로 보편적인 현상이라고 평가한다. 즉 독자 대상을 일반적 독자층이 아닌 구체적이고 특정한, 즉 계급적 독자층을 설정하는 것이다. 특히, 중국에서 문화 교육의 문제는 매우 심각한 것이기 때문에 '대중화'는 더 이상 미룰 수 없다고 판단하면서[12], '대중' 개념을 다음과 같이 정의한다.

> 사회에서의 계급 구성은, 특히 복잡한 현 단계의 중국에서 [대중이] 결코 노동하는 노동자·농민 대중만을 가리키지 않는다. 또한 추상적이고 무차

---

[11] 구라하라는 프롤레타리아당의 貧農 정책은 빈농 계급에 프롤레타리아 이데올로기를 기계적·명령적으로 주입하는 것이 아니라, 구체적 실천에 의해 빈농 계급을 '감화'시키는 것이라고 주장한다. 또한 농민 문학의 목적이 프로 문학과 궁극적인 차원에서 일치하더라도 프로 문학의 하위 범주가 아닌 프로 문학의 동맹 문학으로서 그 독자적인 지위를 보장해야 한다고 역설한다. 주요 저서로는 『新寫實主義論文集』, 『新俄의 文藝政策』, 『日本民主主義文化運動』, 『藝術中의 階級性與民族性』, 『藏原惟人評論集』 등이 있다. http://blog.naver.com/neoarmada/10003609283과 http://baike.baidu.com/view/945322.htm 참조.

[12] 두궈상은 여기에서 구체적인 실천 방안을 제시한다. 그는 과거, 즉 옛 문학 형식에 대한 비판적 수용의 필요성을 언급하면서, "이것은 말할 필요도 없이, 고급 [수준의] 독자를 위해 작품을 쓰는 작가를 부정하는 것이 아니라, 우리가 '문화적 오만'으로 수많은 사람들에게 감동을 주는 '단순하고 초보적인 수준의 작품'을 멸시함으로써 프로문학의 대중화에 방해가 되어서는 안 된다는 것이다. 작가의 작품을 대중화하기 위해서는 첫째, 작가 자신의 생활을 프롤레타리아화해야만 한다. 이렇게 해야 작가는 비로소 진정한 프롤레타리아의 의식을 얻게 된다. 둘째, 작가는 세밀하게 묘사하고자 하는 대상(이 대상은 동시에 그의 작품이 [이해될] 때를 기다리는 독자이기도 하다)에 접근 및 관찰해야만 한다." 林伯修, 「1929年急待解決的幾個關於文藝的問題」, 『海風週報』1929年 第12號: 8쪽(燕京大學圖書館影印, 『海風週報叢刊』1929年 第1~17期 참조). 참고로, 林伯修는 杜國庠의 필명으로, 또 다른 필명으로는 杜守素가 있다. 하지만 이와 같은 논리는 여전히 지식과 교양의 유무를 중심으로 지식인과 대중을 구분하는 방식에 불과하다. 유사한 맥락에서 1928년 청팡우는 "우리가 만약 혁명적 '인텔리겐치아'의 책임을 지려고 한다면, 우리는 다시 한 번 자기 [자신]을 부정(부정의 부정)해야만 한다. 우리는 계급의식을 얻기 위해 노력해야 하고, 우리는 우리의 매체를 '농민·노동자 대중'[이 사용하는] 용어에 근접시켜야 하며, 우리는 농민·노동자 대중을 우리의 대상으로 삼아야 한다."고 주장한다. 成仿吾, 「從文學革命到革命文學」, 『創造月刊』1928年 第1卷 第9期: 6쪽(燕京大學圖書館影印, 『創造月刊』第1卷 第7~12期 참조).; 陳頌聲·吳宏聰 等編, 『創造社資料(上)』(福州: 福建人民出版社, 1985): 169쪽.

별적인 일반 대중 - 이른바 By The People, for the People, of the people의 The People이라는 것도 아니다. [대중은] 각각의 노동자·농민·병사(兵士)·소유산자(小有産者) 등으로 구성된 다양한 종류의 대중층(大衆層)을 가리킨다. 우리는 여기에서 마땅히 과학적이고 구체적으로 그것들을 상세하게 분석해야만 하는 것이지, 절대 모호하고 추상적으로 해서는 안 된다.[13]

그에게 '대중' 개념은 이처럼 노동자와 농민에 한정되지 않을 뿐만 아니라 추상적이고 무계급적인 일반 대중, 즉 서구 어휘인 'the people'과도 구분된다. 따라서 그의 '대중' 개념은 바로 지배계급과 구분되는 피지배계급 일반(그의 표현대로 소유산자를 포함한)을 지칭하며, 그 내부를 대중의 다양한 층(層)으로 분류한다.[14]

이와 같은 분류 방식은 사실 주쯔칭의 '민중' 개념과 대단히 유사하다. 다시 말해서 '평민' 개념이 소수와 다수, 옛 것과 새로운 것이라는 구분법으로부터 정립되었다면, '민중' 개념은 '평민' 개념과 소수이자 새로운 것의 담지자인 '신'지식인의 관계 문제를 해결한 것이다. 이른바 '신'지식인을 '민중'에 포함시킨 주쯔칭의 구분법과 비슷하게 두궈샹 역시 대중층에 지식인(명확하게 지식인의 존재를 언급하고 있지는 않고 소유산자로 표현했지만)을 포함시키고 있다. 또한 두궈샹의 '대중층' 개념과 주쯔칭의 '민중' 개념은 현실 '대중(또는 민중)'의 사회적

---

13 林伯修,「1929年急待解決的幾個關於文藝的問題」,『海風週報』1929年第12號: 7쪽(燕京大學圖書館影印,『海風週報叢刊』1929年第1~17期 참조).
14 여기에서 주목해야 할 것은 중국에 수용된 외래 사상, 즉 사회주의를 포함한 서구 지식에 대한 연구가 이미 다양한 형태로 진행되었다는 사실이다. 두궈샹이 구라하라를 검토한 것도 이러한 차원에서 평가할 수 있다. 물론 두궈샹의 '대중' 개념이 그의 언급처럼 '노동자 대중'과 '농민 대중'에 국한되지 않는다고 할지라도, 당시 프로문학 내부, 즉 혁명적 지식인 사회에서 대중 개념은 현실적으로 '근로대중/농민·노동자 대중/무산대중'이라는 범주로부터 크게 벗어나지 못했다.

역량 제고라는 측면에서도 그 유사성을 공유한다.

하지만 두궈샹은 여기에서 주쯔칭의 '민중' 개념과 구분되는, '프롤레타리아 의식'을 중심에 둔 계급적 구분법을 제시한다.

> 프로문학의 대중화는 작품을 통해 대중에 접근하는, 다시 말해서 대중이 이해할 수 있도록 해야 하기 때문에 [작품의] 문장은 평이하면서도 이해하기 쉬워[顯淺易懂]15야 한다. 하지만 [그것에] 그쳐서는 안 되며, 반드시 프롤레타리아 의식을 갖춰야만 한다. 이 의식에 기초해 현실을 관찰하고 묘사해야만 한다. 이른바 '대중에 접근한다', '대중에게 이해시킨다'는 것[이 필요한 이유]는 단지 문화 수준이 낮은 독자들에게만 한정되지 않기 때문이다. [그것은] 문화 수준이 비교적 높으면서도 지배계급의 의식에 마취되어 있는 독자들에게도 [필요하기] 때문이다. 프롤레타리아 출신의 작가가 거의 없는 중국에서 이 점은 더욱 주의를 요한다.16

따라서 이 계급 구분법은 바로 '계급의식'이라는 기준으로부터 작동한다. 지배계급의 '의식'과 본질적(또는 선험적)으로 구분되는 피지배계급의 '의식'으로서 '프롤레타리아 의식'이 중심에 놓인다. 따라서 '프롤레타리아 의식'을 선취한 사람은 그 계급적 현실로부터 자유롭게 사회주의라는 미래사회를 지향하게 된다. '프롤레타리아 당파성'이라는 사회주의 이데올로기에 의해 표현된 그의 '대중' 개념은 혁명적 지식인이 그들의 주요 독자 대상인 무산계급과 소유산자에게 접

---

15 '顯淺易懂'는 중국에서 '통속' 개념의 형성 근거에 해당한다. 혁명적 지식인들에게 그것이 대중을 전취할 목적에서 긍정된다면, 위핑보와 같은 계몽주의 지식인들에게 그것은 지식인의 정체성을 타락시키는 원인이 된다. '顯淺易懂'의 시각에서 대중을 이해하려는 태도는 개혁개방 이후의 중국 지식인에게서도 동일하게 나타나고 있다.

16 林伯修, 같은 글, 1929: 7쪽.

근하기 위한 이론적 기초를 제공한다.

　이처럼 무산계급(계급대중)과 소자산계급(지식인)이라는 현실적 계급 관계는 '계급의식'의 선차성으로부터, 그것의 획득 여부에 따라 수평적으로 해체된다. 이 지점에서 그의 '대중' 개념은 주쯔칭의 '민중' 개념과 구분된다. 다시 말해서 주쯔칭의 '민중' 개념이 문예의 감상수준 자체를 제고시키는 데 그 목적이 있다면, 두궈샹은 '대중층'을 통해 혁명 주체와 혁명운동의 인입 대상을 확정하려는 의도를 갖는다는 점이다. 그럼에도 불구하고 양자는 모두 여전히 계몽의 자장(磁場) 내에 위치한다는 점에서 일치한다.

　여기에서 언급된 '계급의식'은 당시에도 많은 논란을 야기한다. 계급이라는 존재가 자본주의적 체제로부터 규정되는 것이라면, 그것과 직접적으로 연관된 '계급의식'은 계급 구분을 초월할 수 있는 근거일 뿐만 아니라 과거와 미래를 연결하는 초역사적 매개로서 현실 극복의 주요 개념이 된다. 이와 관련해 두궈샹의 담론은 두 가지 측면에서 중요한 논의를 담고 있다.

　하나는 바로 서구의 지식을 흡수한 당시 지식인들이 본격적으로 '대중'과 'the people'이라는 개념에 대해 본격적인 고찰을 시도하고 있다는 점이다. 당시 지식인들이 'the people'을 'the masses'와 함께 서구의 특수한 개념으로 파악했는지, 'the people' 개념에 상응하는 실체가 당시 중국에 존재했다고 이해했는지, 아니면 '무산계급' 개념에 대항하기 위해 의도적으로 계급성을 탈각시켜 사용하고 있는지에 대해서는 불분명하다. 하지만 'the people' 개념이 당시 지식인들의 '대중화' 논쟁에서 중요한 축을 담당했다는 점은 부정할 수 없는 사실이다.

　다른 하나는 앞서 살펴본 것처럼 '계급의식', 즉 '프롤레타리아 의식'이 그의 대중 개념에서 뿐만 아니라 당시 혁명적 지식인들에게 주요 이데올로기적 자원으로 기능하고 있다는 점이다. 이러한 이유로 당시 '대중어(大衆語)' 운동 주창자들, 특히 푸둥화(傅東華)의 'the masses'에 대한 새로운 해석은 혁명적 지식인들의 '계급'/'계급의식'과 완전히 상반된다는 점에서 크게 두드러진다. 그것이 바로 현대적 '대중' 개념이다. 이에 대해서는 다음 절에서 다시 다루도록 하겠다. 여기에서는 당시 중국 지식인 사회에서 서구 어휘인 'the people'과 'the masses'의 해석이 지식인 자신의 사상적 지향성과 깊은 관련을 맺고 있다는 점만을 지적하고자 한다.

이처럼 두궈샹의 '대중' 담론은 당시 혁명적 지식인들 사이에서 진행된 '계급대중'에 대한 다양한 개념적 정의의 일환으로 제기된 것이다. 예를 들어, 궈모뤄(郭沫若, 1892~1978)는 "대중은 무산대중이고, 중국의 노동자·농민[工農] 대중이며, 전 세계의 노동자·농민 대중이다."[17] 또한 타오징쑨(陶晶孫, 1897~1952)은 "대중은 무산계급 안에 있는 다수의 사람들"[18]이라고 정의한다. 그리고 왕두칭(王獨淸, 1898~1940)은 "여기에서 이른바 '대중'이라는 것은 결코 '전체 사람들[全民]'이 아니다! 이른바 '대중'이라는 것은 마땅히 우리의 대중, 즉 새롭게 형성된 계급적 대중이다."[19]라고 하며, 대중의 계급적 성격을 분명히 한다. 반면, 펑나이차오(馮乃超, 1901~1983)는 대중 개념에 이러한 피지배계

---

17 郭沫若, 「新興大衆文藝的認識」, 『大衆文藝』1930年 第2卷第3期(新興文學專號上): 632쪽(大成老舊刊全文數據庫, http://www.dachengdata.com 참조).; 丁易 編, 『大衆文藝論集』(北京: 北京師範大學出版部, 1951): 44~45쪽.

18 陶晶孫, 「大衆化文藝」, 『大衆文藝』1930年 第2卷第3期(新興文學專號上): 633쪽(大成老舊刊全文數據庫, http://www.dachengdata.com 참조).

19 王獨淸, 「要製作大衆化的文藝」, 『大衆文藝』1930年 第2卷第3期(新興文學專號上): 638쪽(大成老舊刊全文數據庫, http://www.dachengdata.com 참조).

급의 제한이 존재할지라도 그 내부는 여전히 수많은 계층으로 구성되어 있다고 밝히면서, 문화 의식의 유무를 기준으로 "우리가 현재 논하는 대중은 마땅히 의식적인 노동자로부터 소시민을 포괄해야 한다."[20]고 주장한다.

'계급대중' 관련 정의들은 이른바 '사람들'과 '계급'의 관계설정, 즉 '계급' 범위의 확정이라는 문제와 연관된다.[21] 계급 분석으로부터 도출된 무산계급이라는 동일자는 무산계급 이외의 계급을 타자화시키면서 계급 대립의 적대적 해소라는 궁극적 목표를 지향한다. 따라서 '계급대중' 담론은 일차적으로 '무산계급'을 중심으로 사회주의 혁명운동의 세력을 확보하려는 현실적 필요로부터 제기된 것이다.

② 계급대중으로서 '인민대중'

여기에서는 사회주의 중국의 '대중' 담론을 최종 확정한 마오쩌둥의 '대중' 담론을 살펴보고자 한다. 그의 '대중' 담론인 '인민대중'은 기본적으로 계급적 대립관계로부터 구성되며, 혁명·정치·군사·문화에 대한 통일적 계급 인식에 기초한다. '봉건·매판문화와 신문화', '봉건·매판문화와 혁명문예', '반동파와 혁명파' 등으로 구분되는 이분법적 대립항은 그의 사상 전반에 있어 일관된 형태로 관철된다.

1925년의 「중국사회의 계급분석(中國社會各階級的分析)」과 1940년의 「신민주주의론(新民主主義論)」에서 이러한 관점이 잘 드러난다.

---

20 乃超, 「大衆化的問題」, 『大衆文藝』1930年第2卷第3期(新興文學專號上): 634쪽(大成老舊刊全文數据庫, http://www.dachengdata.com 참조).; 丁易 編, 『大衆文藝論集』(北京: 北京師範大學出版部, 1951): 47쪽.
21 이러한 시도들은 사회주의가 중국에 유입된 이후 다양한 형태로 제기되었다. 예를 들어, 취추바이는 1923년 12월 중국 공산당 중앙의 이론 간행물인 『新靑年』 季刊 第2期에 "무산계급의 투쟁은 전체 평민을 위한 것"이라고 하며, '평민'과 '무산계급'의 관계에 주목한다. 瞿秋白, 「自民權主義至社會主義」, 『瞿秋白選集』(北京: 人民出版社, 1985): 71쪽.

제국주의에 결탁한 군벌·관료·매판 계급·대지주 계급 및 그들에게 속한 일부 반동 지식계가 우리의 적이라는 사실을 알 수 있다. 산업 무산계급은 혁명의 영도 역량이다. 모든 반(半) 무산계급, 소자산계급이 가장 가까운 친구다. 중간계급 가운데 동요하지 않는 우익과 좌익은 각각 우리의 적과 친구에 해당한다. 그러나 우리는 그들이 우리의 전선을 혼란시키지 않게끔 그들에 대한 경계심을 늦춰서는 안 된다.[22]

새로운 정치 역량, 새로운 경제 역량, 새로운 문화 역량은 모두 중국의 혁명 역량으로 낡은 정치·낡은 경제·낡은 문화를 반대한다. 이러한 낡은 시대의 유산은 두 부분으로 구성되어 있다. 하나는 중국 자체의 반(半) 봉건적 정치·경제·문화이고, 다른 하나는 제국주의의 정치·경제·문화로 후자가 더 큰 위세를 떨치고 있다. 이것은 모두 타도의 대상으로 철저히 파괴해야 한다. 중국 사회에서 새로운 것과 낡은 것의 투쟁은 바로 인민 대중(각 혁명계급)이라는 새로운 세력과 제국주의 및 봉건계급이라는 낡은 세력 간의 투쟁이다. 또한 혁명과 반혁명의 투쟁인 것이다. 이와 같은 투쟁은 아편전쟁으로부터 시작하여 이미 100년이라는 시간이 흘렀으며, 신해혁명으로부터 거의 30년이라는 시간이 지났다.[23]

마오쩌둥은 이전 계몽주의 지식인들이 설정한 경계, 즉 낡은 봉건성과 새로운 계몽이라는 대립구도를 중국 내부적으로 수용한다. 그러면서 중국 외적으로 존재하는 제국주의를 계급적 관점에서 통일시킨다. 다시 말해서 제국주의와 봉건계급은 낡은(또는 옛) 세력으

---

22 毛澤東,「中國社會各階級的分析」,『毛澤東選集』1(北京: 人民出版社, 1991;2009): 9쪽.
여기에서 '반 무산계급'은 자산계급과 무산계급의 중간에 위치한 계급을 뜻한다.
23 毛澤東,「新民主主義論」,『毛澤東選集』2(北京: 人民出版社, 1991;2009): 695~696쪽.

로 규정되며, 이 낡은(또는 옛) 세력에 대립 투쟁해야 할 새로운 세력의 형성에 주목하는 것이다. 이처럼 그에게 자본주의와 봉건주의는 모두 청산해야 할 낡은 시대의 유제에 해당한다. 새로운 시대는 새로운 세력, 다시 말해서 낡은 시대로부터 억압받고 있는 세력에 의해 건설되어야 한다. 여기에서 새로운 시대는 낡은 시대를 지양한 형태, 즉 새로운 시대(또는 미래)의 사회주의 국가로 설정된다.

중국의 미래사회인 사회주의 국가의 건설은 새로운 역사적 주체 형성으로부터 가능해진다. 따라서 사회주의 혁명을 주도할 세력의 확정은 당시 중국 사회에 온존하던 사회적 서열의 전복으로부터 시작된다. 기득권을 지닌 제국주의 세력과 봉건계급에게 현실적으로 가장 크게 착취당하고 있는 노동자·농민이 새로운 미래사회 건설의 주역, 즉 사회주의 혁명의 영도세력(또는 근본역량)으로 부각된다. '인민대중'은 바로 이러한 영도세력을 중심으로, 사회주의 혁명에 동의하거나 계급적으로 근접한 기타 계급을 포괄한 개념에 해당한다. 다시 말해서 '인민대중'은 영도계급과 동맹세력으로 구성된다.[24]

항일 전쟁의 승리와 사회주의 혁명의 달성이라는 당시 특수한 정치 정세로부터 제기된 '인민대중' 개념은 이처럼 계급 분석을 토대로 기존의 수직적 계급 관계를 전복시키는 방식을 통해 정립되고 있다.

---

24 "중국 민주혁명의 완성은 일정한 사회적 세력에 의존하고 있다. 그 사회적 세력은 [다름 아닌] 노동자계급, 농민계급, 지식인, 진보적 자산계급이다. 다시 말해서 혁명적 노동자·농민·병사·학생·상인을 가리키지만 혁명의 근본 역량은 노동자와 농민이기 때문에, 노동자·농민 계급이 혁명적 영도계급에 해당한다. 만약 이 혁명의 근본 역량, 즉 노동자·농민 계급이 [그 자신의] 영도로부터 이탈한다면 반제반봉건 민주혁명은 불가능할 것이다. 현재 혁명의 적은 일본제국주의와 매국노이기 때문에, 혁명의 정책도 항일민족통일전선으로 맞춰져야 한다. 통일전선 조직은 일본제국주의에 대항하는 모든 노동자·농민·병사·학생·상인으로 구성되며, 항일 전쟁의 최후 승리는 노동자·농민·병사·학생·상인으로 구성된 통일전선이 더욱 강화되고 발전될 때만이 가능한 것이다." 毛澤東,「五四運動」,『毛澤東選集』2(北京: 人民出版社, 1991;2009): 559쪽.

이러한 계급 관계의 전복은 사회주의 미래사회라는 새로운 가치에 의해 도덕적으로 정당화된다. 또한 그것은 계급 담론이 창조한 적대적 계급과 계급투쟁이라는 역사적·현실적 요구로부터 이론화된다. 따라서 중국의 '인민대중'은 사회주의 혁명이라는 역사적 임무를 담당할 주체로 형상화된다.

여기에서 주목해야 할 것은 '인민대중'이 영도계급을 중심으로 주변에 동맹세력을 배치하는 동심원적 계급 구조를 이룬다는 점이다. 다시 말해서 '인민대중'은 영도계급과 동맹세력을 포괄하는 개념으로, 인민대중 자신의 경계 밖에 '비(非)인민대중'이라는 타자화된 계급을 전제한다. 따라서 인민대중 내부의 영도계급은 계급적 동일성을 유지하고 있는 반면, 동맹세력은 영도계급과 비(非)인민대중의 적대적 관계로부터 완충적 역할을 담당하면서 영도계급의 외연을 형성하게 된다.

현실 사회구조에 대한 계급 분석은 이른바 '사람들'을 출신 계급으로 구획하면서, 각 계급에 서로 다른 계급성을 선험적으로 부여한다. '사람들'이 이러한 규정을 벗어나기 위해서는, 다시 말해서 출신 계급의 속성이라는 선험적 한계를 벗어나기 위해서는 무엇보다도 사회주의 이데올로기(또는 프롤레타리아 의식)에 대한 동의가 요구된다. 이것은 '계급'이라는 프리즘으로 해체된 '사람들'이 다시 그 '계급'을 통해 '인민대중'이라는 '계급대중'으로 재구성되는 과정에 해당한다.

따라서 '비(非)인민대중'이라는 타자의 존재로부터 '인민대중' 내부의 구성원은 타자로 배제될 가능성이 상존하게 된다. 이처럼 '인민대중' 내부는 언제나 '비(非)인민대중'으로 전환될 수 있는 가능성을 포함하기 때문에, '인민대중'은 권력 담론이 된다. 왜냐하면 '인민대중'은 '인민대중'과 '비(非)인민대중'이라는 이분법적 구도로부터 '인민대중' 내부를 통제 또는 배제하는 권력 기능을 담당하기 때문이다.

이와 같은 이분법적 구도의 '인민대중'과 '비(非)인민대중'의 관계는 다양한 언술로 표현된다. '적과 아(我)', 혁명과 반혁명, 연안(延安) 혁명근거지와 국민당 통치구[25] 등은 본성적으로 타협할 수 없는, 하나로 섞일 수 없는 양자의 적대적 관계를 상징적으로 보여준다. 이처럼 양자는 적대적 모순관계로 통일되며, 그 중간에서 동요하는 사회

---

25 계급 대립이라는 이분법은 당시 중국 사회의 특수한 상황으로부터 형성된 이중적 정치 공간, 즉 연안으로 대표되는 사회주의 혁명의 근거지와 국민당의 통치 지역에도 적용되고 있다. 상이한 지역적 정치 공간의 출현으로부터 매우 특수한 공간 관념이 형성된다. 마오쩌둥은 혁명근거지와 국통구의 관계를 다음과 같이 설명한다. "많은 동지들이 상하이의 亭子間에서 왔다. [그들의] 정자간에서 혁명근거지까지 [단순히] 두 지역만을 거친 것이 아니라 서로 다른 두 가지 역사 시대를 거쳐 온 것이다. 하나는 대지주와 대자산계급이 통치하고 있는 半봉건·半식민지의 사회이고, 하나는 무산계급이 영도하는 혁명적 신민주주의의 사회다. 혁명근거지에 도착했다는 것은 바로 수천 년의 중국 역사에서 일찍이 없었던 '인민대중'이 권력을 잡고 있는 시대에 도달했다는 의미다." 毛澤東, 「在延安文藝座談會上的講話」, 北京大學 等主編, 『文學運動史料選』4(上海: 上海教育出版社, 1979): 544쪽. 이와 같은 인식은 직선적 시간관념을 기준으로 국민당 통치 지역의 자본주의 사회와 연안 지역의 사회주의 사회를 구분하며, 후자에 역사적 정당성을 부여하는 것이다. 당시 대도시를 중심으로 발전한 자본주의와 다르게 농촌 지역에 사회주의 근거지가 만들어졌다는 역사적 사실은 당시 중국 내부에서 자본주의적 대중문화와 사회주의적 혁명문화가 분립적 형태의 공간 구조를 형성하고 있다는 점, 그리고 비(또는 전)자본주의적 민간문화와 사회주의적 혁명문화가 일치된 하나의 공간, 즉 혁명근거지에서 공존했다는 점을 알려준다. 이로부터 이들 문화 간 상관관계의 유추적 해석과 함께 다음에서 논의할 '민족형식' 논쟁에 대한 문화적 접근이 가능해진다. 참고로, 상하이의 '정자간'은 석고문(당시 상하이의 하층 계층이 거주하던 주거형태)에서도 가장 좋지 않은 방을 말하는데, 가운데 방과 바깥 방 사이의 복도 계단에 붙어 있는 쪽방을 가리킨다. 여기에서는 최하층민들의 거주 공간을 비유적으로 사용한 것이다. 李歐梵/장동천 외 옮김, 『상하이 모던』(서울: 고려대학교출판부, 2007): 80쪽 참조. 이에 원구이량은 연안 혁명근거지와 국민당 통치구가 지역 공간적으로 중국 대륙에 함께 존재했지만, 역사적 또는 시간적으로 혁명근거지가 국민당 통치구를 극복·발전한 것이라 평가한다. 다시 말해서 혁명근거지는 '인민대중' 권력이 형성된 (또는 그 과정에 위치한) 사회로서 국민당 통치구보다 체제적으로 우월했다는 것이다. 혁명근거지라는 지역적 정치 공간은 그것과 다른 지역을 정치적으로 구분하는 폐쇄성을 지니면서도, 국민당 통치구에 거주하는 사람들이 다양한 경로를 통해 혁명근거지로 들어올 수 있는 개방성이 함께 존재했다. 정치 공간적 폐쇄성이 국경과도 같은 의미의 폐쇄성이 아니었기 때문이다. 지역 분할의 이러한 폐쇄성과 개방성은 지식인들을 혁명근거지로 모이게 할 뿐만 아니라 혁명근거지는 그 자체로 국민당 통치구 내부에서 진행되던 혁명 투쟁에 정당성을 부여하는 상징적 기능을 담당한다. 文貴良, 「大衆話語: 生成之史—三四十年代的文藝大衆化描述之一」, 『中國現代文學研究叢刊』2002年第3期: 130~131쪽 참조.

적 세력은 동맹세력(또는 동역자)이든 '비(非)인민대중'든 어느 한 쪽을 선택해야 하는 운명에 처한다. 여기에서 지식인 또한 예외가 될 수 없다. 이처럼 '인민대중'은 '아(我)와 주적[公敵]', 그리고 혁명의 주력군과 동맹군이라는 이분법으로부터 생성된 개념이자 그것에 의해 내부적 동일성을 유지하는 개념인 것이다.

따라서 '인민대중'은 하나의 권력 담론으로서, 외부로부터 설정된 (정치정세의 변동과 같은) 개념 경계의 가변성을 자기 속성으로 한다. 마오쩌둥은 당시 중국 사회에서의 '인민대중'에 대해 다음과 같이 정의하고 있다. "누가 인민대중인가? 가장 광범위한 인민, 즉 전체 인구의 90% 이상을 차지하는 인민은 노동자·농민·병사·도시소자산계급이다. …… 이 네 종류의 사람들이 바로 중화민족의 최대 부분이자 가장 광범위한 인민대중이다."[26] 또한 1949년에 발표한 글에서 "인민은 누구인가? 중국의 현 단계에서 [인민은] 노동자계급·농민계급·도시소자산계급·민족자산계급이다."[27]

---

26 毛澤東, 「在延安文藝座談會上的講話」, 北京大學 等主編, 같은 책, 1979: 526쪽. 그는 이러한 '인민'에 대한 구체적 정의를 기반으로 혁명문예의 역할을 규정한다. "문예의 [임무] 첫 번째는 혁명의 영도계급인 노동자를 위한 것이다. 두 번째는 혁명 과정에서 가장 광범위하고 가장 굳건한 동맹군인 농민을 위한 것이다. 세 번째는 혁명전쟁의 주력[부대]인 무장한 노동자·농민, 즉 팔로군·신사군·기타 인민무장 대오를 위한 것이다. 네 번째는 장기적 차원에서 우리에게 협조할 혁명의 동맹자인 도시 소자산계급의 노동군중과 지식인을 위한 것이다." 毛澤東, 같은 글, 같은 책, 1979: 526쪽. 이처럼 혁명문예의 역할은 '인민대중'의 동심원적 구조를 기초로 설정된다.

27 毛澤東, 「論人民民主專政」, 『毛澤東選集』4(北京: 人民出版社, 1991;2009): 1475쪽. 중국적 '인민대중'의 개념 변동에는 격화된 내전 상황이 반영되어 있다. "이러한 계급들이 노동자계급과 공산당의 영도 아래 [서로] 단결하여 스스로의 국가를 구성하고, 스스로의 정부를 선택하며, 제국주의의 앞잡이인 지주계급·관료자산계급, 이러한 계급을 대표하는 국민당 반동파와 그 공범자들이 [함부로] 망언망동을 일삼지 못하게 강제하는 전제 또는 독재 정치를 시행해야 한다. 만약 [그들이] 망언망동을 한다면 즉각 단속하여 제재를 가해야 한다. 인민 내부적으로는 민주적인 제도를 실행하여 인민에게 언론·집회·결사 등의 자유권을 보장한다. [이] 선택권은 단지 인민에게만 있고, 반동파에는 있지 않다. 이와 같은 두 측면이 인민 내부에서 민주주의와 반동파에 대한 전제 정치가 상호 결합된 인민민주주의 전제정치인 것이다." 毛澤東, 같은 글, 같은 책, 2009: 1475쪽. 참고로, 이 글은 1949년 6

앞서 지적한 것처럼 영도계급인 노동자와 농민은 변함없이 중심 지위를 유지하고 있지만, 동맹세력의 대상은 변화하고 있다. 다시 말해서, 노동자와 농민을 제외한 동맹세력의 규정은 정치적 정세의 외부 변화와 밀접한 상관성을 지니면서 동심원적 구조의 확장(또는 축소) 과정을 거치게 된다. 그것의 외연이 소자산계급과 민족자산계급을 포괄하고 있는 것처럼, 민족모순이 고양되어 가는 시기에 '인민대중' 개념은 계급 담론에서 민족주의 담론으로 확장된다.

변화 가능한 집합적 '인민대중' 개념에서 노동자와 농민이 영도계급이라는 상대적으로 안정된 지위를 갖는 이유는 항일 전쟁의 실질적 주력군에 해당하기 때문이다. 반면, 그 동맹세력으로 분류되는 기타 계급은 적대적 모순 관계라는 외부 설정과 비적대적 모순 관계라는 내부 설정에 의해 '인민대중' 개념 안에서 불안정한 지위를 노출한다. 왜냐하면 그러한 외부 경계가 인민대중 내부의 통제 기제로 작동하기 때문이다. 영도계급인 노동자와 농민은 아(我) 세력의 불변적 구심 또는 인민대중에 항상적 동일성을 부여하는 근거로 기능하며, 외부의 적대적 계급과 대립·투쟁한다. 하지만 인민대중 내부의 동맹세력은 영도계급과 비적대적 관계를 형성하지만 언제든 외부의 적대적 관계로 전환될(따라서 배제될) 가능성을 안고 있다.

이처럼 마오쩌둥의 '인민대중' 개념은 그 경계 변화의 가능성을 전제하면서, 주로 정치정세의 흐름에 따라 혁명적 전략전술의 형태로 표출된다. 그럼에도 불구하고 '인민대중'의 어휘에는 초역사적 집단 주체의 함의가 지속적으로 유지된다. 다시 말해서 구체적인 정치

월 30일에 발표된 것으로 시기상 '중화인민공화국', 즉 신중국 건설 이전이다. 이처럼 그는 정치정세의 변동에 따라 지주계급·관료자산계급과 민족자산계급을 구분하면서 민족자산계급을 '인민대중' 개념으로 포함시킨다.

정세의 변동에 따라 적대적 계급과 비적대적 계급을 새롭게 규정하면서 비적대적 계급을 '인민대중'의 범주에 포함시키지만 여전히 '인민대중'의 개념적 틀은 안정적으로 유지되는 것이다. 여기에서 누가 '인민대중'이 될 수 있는가는 혁명과 그 혁명을 수행하는 주체, 즉 누가 영도계급에게 이익이 되는가로 결정된다. 하지만 이러한 사회적 위치의 경계변동이 갖는 특징은 바로 그 개념적 정의(또는 판단)의 화자가 '인민대중'이 아니라 외부, 즉 마오쩌둥으로부터 호명된다는 데 있다. 만약 마오쩌둥이 아닌 화자가 또 다른 형태로 '인민대중'의 개념 경계를 정의하려고 한다면, 그러한 시도 자체가 필연적으로 현실의 권력 투쟁을 동반하게 된다.

따라서 '인민대중' 개념은 혁명 정치의 필요성으로부터 형성된 임시적 개념이자, 구체적 정세에서 '적(敵)과 아(我)'를 구별하는 판단 기준에 해당한다.[28] 또한 '인민대중'(또는 '인민')이라는 어휘에는 수량 개념으로서 절대 다수의 인구, 즉 '무리의 사람들'을 지시한다.

> 중국의 혁명, 그것이 반대하고자 하는 것은 무엇인가? 혁명의 대상은 무엇인가? 모두 주지하고 있듯이 하나는 제국주의이고, 다른 하나는 봉건주의다. 현재, 혁명의 대상은 무엇인가? 하나는 일본 제국주의이고, 또 다른 하나는 매국노[漢奸]다. 혁명이 반드시 일본 제국주의를 타도하고자 한다면 반드시 매국노를 타도해야만 한다. 혁명은 누가 담당하는가? 혁명의 주체는 누구인가? 바로 중국의 백성들이다. 혁명의 동력은 무산계급·농민계급, 그리고 기타 계급 중에서 반제반봉건[이라는 투쟁 목표]에 동의하

---

28 李建軍, 「現代中國'人民話語'考論-兼論'延安文學'的'一體化'進程」, 華中師範大學文學院 博士學位論文, 2006: 84쪽.

는 모든 사람들에게 있다. 그들이 모두 반제반봉건의 혁명역량에 해당되기는 하지만 그들 중에서 누가 [혁명의] 근본적 역량이자 혁명의 근간이 될 수 있는가? [그것은] 바로 전국 인구의 90%를 차지하는 노동자와 농민이다.[29]

중국의 무산계급·농민·지식인과 기타 소자산계급을 막론하고 이들이 국가 운명을 결정하는 기본 세력이다. 이들이 이미 각성되었든 아니면 현재 각성되고 있든 간에 중국민주공화국이라는 국가와 정권을 구성하는 기본 동력이 되어야 한다. [여기에서] 무산계급이 영도적 역량을 담당한다. 현재 중화민주공화국은 무산계급의 영도 아래 모든 반제반봉건을 [주장하는] 사람들이 연합하는 전제 정치의 민주공화국이다. 이것이 바로 신민주주의적 공화국이고, 진정한 혁명적 3대 정책의 신삼민주의 공화국이다.[30]

이처럼 마오쩌둥의 대중 인식은 소수와 다수의 대립 또는 낡은 것과 새로운 것의 대립이라는 전통적 이중 구도를 계급적 관점에서 재해석하면서도, 사회주의 사회라는 미래가 보증하는 가치 관념에 의해 현실적 가치 체계를 전복하는 과정에서 재구성된다. 따라서 그에게 사회주의 혁명의 주체로서 설정된 '인민대중'은 '인민'과 동일한 어의를 갖는다. 하지만 여기에서 '인민대중'은 단순히 인구의 절대다수라는 측면만이 강조되지 않는다. 오히려 그것은 서로 다른 체제 성격을 갖는 당시 중국의 노동자와 농민을 사회주의 이데올로기로부터 '피지배계급'이라는 계급적·역사적으로 통일시킨 개념에 해당한

---

29 毛澤東,「靑年運動的方向」,『毛澤東選集』2(北京: 人民出版社, 1991;2009): 562쪽.
30 毛澤東,「新民主主義論」, 같은 책, 2009: 674~675쪽.

다. '인민대중'이 갖는 강한 정치적 성격은 여기에 기초하며, 구체적인 시기와 연동된 집합적 개념으로 기능한다. 마오쩌둥의 '인민대중' 개념은 이와 같이 이분법적 계급 대립(또는 계급투쟁)이라는 이론적 정합성 위에 설정된 것이다.

여기에서 지적해야만 할 것은 동일한 사회주의 이데올로기의 영향으로부터 자본주의 사회에 출현한 '이데올로기적 민중'과 당시 중국 사회에 제기된 '인민대중'의 관계 문제다. '이데올로기적 민중'은 앞서 살펴본 것처럼, 자본주의 사회 내부에서 그 이데올로기적 지향성에도 불구하고 '대중'이라는 일차적 규정을 받는 '사람들'이다.[31] 중국적 '인민대중' 역시 이데올로기적 지향성이라는 점에서 그것과 공통되지만, '인민대중'은 '이데올로기적 민중'과 다르게 자본주의적 '대중'의 규정성이 부분적 차원에서만 적용된 개념이다. 그것은 '인민대중'이 당시 중국 사회의 특수한 경제 구조에 기반하고 있기 때문이다. 다시 말해서 연안 근거지와 국통구가 상징하듯, 당시 중국 사회의 경제 구조는 지역적으로 자본제와 봉건제가 일정하게 분립된 형태를 취하면서도 '중국'이라는 공간에서 동시대에 존재했기 때문이다. 자본주의 사회에서 혁명적 지식인들은 직선적 시간관념과 사회주의적 계급 분석을 통해 비(또는 전)자본주의 사회의 '민중'과 자본주의 사회의 '대중'을 관통하는 초역사적 주체이자 계급적 동질성을 획득한 '이데올로기적 민중'을 형상화한다. 반면, 당시 중국의 혁명적 지식인들은 자본제와 봉건제의 공존으로부터 체제 차이를 갖는 '노동자'와 '농민'을 '인민대중'(또는 '인민대중의 영도계급')이라는 형상으

---

31 히스와 포터는 자본주의 사회의 '이데올로기적 민중'(즉 노동자계급)이 사회주의 이데올로기보다 오히려 자본주의적 '대중'으로부터 규정된다고 주장한다. Joseph Heath and Andrew Potter/윤미경 옮김, 『혁명을 팝니다』(서울: 마티, 2006;2009): 47쪽 참조.

로 주조한다. 혁명의 주력군으로서 다수를 차지했던 '농민'이라는 현실적 존재가 이러한 중국적 특수성을 강제하게 된다.

이로부터 하나의 중요한 문제가 도출된다. 그것은 당시 혁명적 지식인들이 중국 사회구성체의 성격을 '반(半)식민지 반(半)봉건' 사회로 규정했다는 점이다.[32] '반식민지 반봉건' 사회라는 진단은 물론 농민이 절대 다수를 차지하고 있다는 현실 판단에 따른 것이다. 다시 말해서 그것에는 질적 기준이 아닌 양적 기준이 적용되어 있다. 네그리와 하트는 그러한 양적 인식의 문제점을 지적한다. 한 사회(또는 세계)에 새로운 질적 부분이 출현했을 때, 단순히 양적 차원에서 새로운 질의 출현을 양적 일부로 간주하여 양적 비중에 초점을 맞추는 것이 아니라 새로운 질의 발전 가능성에 주목해야 한다는 시각이다.

> 양적 지표로는 하나의 패러다임으로부터 또 하나의 패러다임으로의 진전에서 나타나는 질적 변형이나 각 패러다임의 맥락 안에서의 경제 부문 사이의 위계를 파악할 수 없다. …… 농업이 산업의 지배 아래 들어왔을 때, 심지어 농업이 여전히 양적인 측면에서 지배적이었을 때조차도, 농업은 산업의 사회적이고 재정적인 압력에 종속되었고, 게다가 농업 생산 자체가 산업화되었다. 물론 농업은 사라지지 않았다. 농업은 현대 산업 경제들의 본질적 구성 요소로 남아 있었지만, 그러나 그것은 이제 변형되고 산업화된 농업이었다.[33]

네그리와 하트는 이처럼 자본주의가 세계무대에 등장할 당시, 전

---

32 김대환·백영서 편, 『중국사회성격논쟁』(서울: 창작과비평사, 1988): 97~100쪽 참조.
33 Michael Hardt and Antonio Negri/윤수종 옮김, 『제국』(서울: 이학사, 2001;2007): 371쪽.

세계는 여전히 농업 사회였지만 질적인 측면에서 자본주의의 세계사적 보편성이 인정된다고 주장한다.[34] 이와 같은 논리를 동일하게 당시 중국 사회에 적용시켜보면, 중국 사회의 대부분이 농업 사회로 구성되었을지라도 상하이 등 일부 대도시에 나타난 자본주의적 특징은 상당 정도의 수준까지 매우 분명한 것이었다. 예를 들어 현재 상하이라는 한 도시를 놓고 본다면, 상하이는 1949년 신중국 건설로 중단되었던 자본주의가 개혁개방 이후 재출현한 것이고 지금까지도 전 중국에서 질적 헤게모니를 획득하는 과정에 있다.

또한 '반식민지 반봉건'이라는 양적 접근법은 또 다른 인식상의 문제를 노정한다. 그것은 당시 혁명적 지식인들의 '평균주의'적 인식 태도다. 다시 말해서 중국이라는 경계선으로부터 사회 내부의 다양한 차이를 차이 그 자체로 남기지 않고, 평균적으로 재단하는 시각을 가리킨다. 오르테가의 '평균인'을 빌려 표현하자면, '평균적 중국'이라는 인식 태도가 이에 해당한다. 당시 중국 사회에서 자본주의와 봉

---

34 그들은 자본주의의 등장을 자본주의가 질적 헤게모니를 확보한 과정으로 이해한다. "150년 전 산업 노동이 전 지구적 생산의 작은 부분만을 차지하고 세계의 몇 안 되는 지역에 집중되었지만 그럼에도 불구하고 다른 모든 생산 형식들에 대해 헤게모니를 행사했던 때에 차지했던 것"이다. Michael Hardt and Antonio Negri/조정환·정남영·서창현 옮김, 『다중』(서울: 세종서적, 2008): 160쪽. 그들의 이러한 주장은 이른바 탈현대를 자본주의의 재구조화와 패러다임의 전환의 시기로 설정하려는 데 그 목적이 있다. 다시 말해서 자본주의 재구조화에 해당하는 탈현대의 질적 헤게모니를 강조하기 위해 자본주의의 등장을 하나의 사례로 제시한 것이다. 탈현대 시기는 "그 당시에 모든 노동 형태들과 사회 자체가 산업화되었던 것과 꼭 마찬가지로, 오늘날 노동과 사회는 정보화될 수밖에 없으며, 지적으로 되고, 소통적으로 되며, 정동적으로 될 수밖에 없다." Michael Hardt and Antonio Negri/조정환·정남영·서창현 옮김, 같은 책, 2008: 160쪽. 여기에서 언급된 정동(affect)은 스피노자(Baruch de Spinoza, 1632~1677)에게서 나온 개념으로, "신체의 일정한 상태를 사유의 일정한 양태와 함께 표현하며, 삶의 활력의 현재 상태를 보여준다." Michael Hardt and Antonio Negri/조정환·정남영·서창현 옮김, 같은 책, 2008: 535쪽. 이것이 '탈현대화, 즉 생산의 정보화'라고 명명하면서 탈현대 시대의 패러다임 전환을 강조하는 이유다. Michael Hardt and Antonio Negri/윤수종 옮김, 같은 책, 2007: 제3부 4장 참조. 그들의 시각은 질적 접근법에 해당한다.

건주의적 질서가 일정하게 분립된 형태로 공존했다는 사실이 곧 '반식민지 반봉건'이라는 시각에 타당성을 부여하지 않는다. 오히려 양적 인식은 자본주의(또는 '대중')와 봉건주의(또는 '민중')의 차이에 주목하지 못하게 만들 뿐이다. 이처럼 당시 혁명적 지식인들은 '반식민지 반봉건'이라는 개념을 통해 질적으로 구분되는 자본제와 봉건제를 기계적으로 결합시켜 평균화한다. 이것은 두말할 나위 없이 사회주의적 미래를 위해 자본주의와 봉건주의를 '지양해야 될 현재'로 삼았기 때문이다.[35]

여기에서 고려해야 할 점은 바로 이러한 당시 '반식민지 반봉건'이라는 양적 인식과 '인민대중' 개념의 상관성이다. 중국적 '인민대중'은 베넷의 주장처럼 사회주의 이데올로기로부터 상상된 미래사회를 그 중심에 놓고 과거와 현재를 긍·부정적으로 해체하면서, 현재의 구체적 '사람들'을 초역사적 '피지배계급'으로 형상화한 개념에 해당한다. 하지만 이러한 '인민대중' 개념의 미래지향성은 역으로 그 내부의 영도계급을 구성하는 현실의 '노동자'와 '농민'의 차이를 무시하게 만든다. 현실적으로 노동자와 농민이 각각 자본주의와 봉건주의의 담지자라는 규정에서 자유롭지 못하다는 점을 감안한다면, 노동자와 농민의 이러한 '양적' 결합은 이후 중대한 문제를 발생시키게 된다.

---

[35] 이러한 '평균주의'적 인식 태도는 현재까지도 중국 지식인들에게 매우 광범위하게 나타나고 있다. 즉 중국은 여전히 현대화 과제를 충분히 수행하지 못했기 때문에 탈현대적 조건을 논하는 자체가 무의미하다는 입장 또는 탈현대 담론을 '현대화의 보충'이라는 차원에서 접근하는 입장 등이 대표적이다. 하지만 네그리와 하트의 설명처럼, 정보화라는 탈현대적 조건의 특징이 중국에도 명확한 형태로 등장했고, 그러한 정보화는 새로운 경제변동을 야기하고 있다. 물론 평균적(또는 양적) 인식 태도로부터 정보화가 중국 사회에서 극히 일부분의 대중에게만 해당된다고 주장할 수도 있다. 하지만 그것은 이미 질적인 차원에서 자신의 '새로운 질'을 드러냈으며, 점차 강력하게 자신의 운동을 전개하고 있다. 아직까지 수적 다수를 차지하고 있는 농민을 상대로 현대화 과제의 우선을 주장하는 것은 이러한 양적 차이와 질적 차이를 구분하지 못하는 것이다.

물론 사회주의 이데올로기는 영도계급에 역사적·도덕적 정당성을 부여하면서 이러한 양적 결합을 질적 결합으로 치환한다. 하지만 자신의 노동력을 '상품'으로 판매하는 '노동자'와 '공동 사회'에 근거한 '농민'의 일상생활은 근본적으로 상이한 질적 특성을 드러낸다. 이것은 곧 '인민대중' 개념이 그 내부로부터 자본주의와 봉건주의의 제한을 동시에 받고 있다는 의미로도 해석된다. 1949년 사회주의 중국의 건설이 자본주의 경제시스템과 다른 경제 구조를 채택하면서 '인민대중' 개념 내부의 그러한 자본주의적 제한을 벗어나게 만들었다면, 결국 남는 문제는 '인민대중' 개념의 봉건주의적 제한이다. 앞서 '인민대중'의 '봉건성' 문제를 지적한 리쩌허우의 언급을 이러한 맥락에서 평가할 필요가 있다.[36] 계몽주의적 지식인들이 극복하고자 염원했던 봉건주의는 이처럼 사회주의 이데올로기가 주조한 이상화된 '인민대중'에 의해 연속되며, 뒤에서 다룰 '민족형식' 논쟁의 초점을 구성한다.

③ '계급대중'과 지식인의 자기 부정, 그리고 반발

독자적인 지식인의 집단적 정체성이 부정되고, 무산계급에 대한 종속적 지위로 그것이 재규정되는 과정은 당시 지식인 집단에 대한 사회적 평가와 일정한 연관을 맺고 있다. 지식인이 매국노로 취급되고 있는 현실에 대한 양쉬(楊朔, 1913~1968)의 실존적 고뇌[37]와 "전선에서,

---

36 봉건주의 사회의 '봉건성'과 자본주의 사회의 '봉건성' 차이에 주목해야 하는 것처럼, 사회주의 사회의 '봉건성'과 봉건주의 사회의 '봉건성'이 맺는 관계 문제는 경제시스템의 차이로부터 매우 중요한 논의 지형을 구성한다.
37 양쉬는 "1938년 동관이라는 여인숙에 머무르고 있을 때, 경찰의 심문을 받게 되자 八路軍 증명서를 꺼내 경찰에게 보여준다. 경찰은 만족하며 돌아가다 되돌아서며 말하길 '미안하다. 당신들이 [지식인이래] 지식인일수록 매국노가 많아 [오해했다].'"고 하며 당시 지식인에 대한 사회 인식의 일단을 보여준다. 楊朔, 「潼關之夜」, 1938. ; 延安文藝叢書編委

[그리고] 후방의 구석진 농촌·도시 빈민촌·난민 수용소·부상당한 병사들의 병원에서 고무신을 신고, 장삼(長衫)을 입고, 이리저리 바쁘게 돌아다니며 무시당하고 미움 받는 사람들은 노동자도 농민도 상인도 관리도 아닌 '지식인'이라고 할 수 있다."[38]는 마오둔의 비관은 바로 그러한 맥락에서 이해된다. 이러한 사회적 평가는 지식인 자신에게 지식인 존재에 대한 근본적 회의를 불러일으킨다. 우위장(吳玉章, 1878~1966)의 "우리가 자신을 속이고 다른 사람들을 속이지 않는다면 우리는 소자산계급의 지식인[에 불과하다]. [우리가] 국가와 민족에 대해 어떤 책임을 다할 수 있겠는가? 이런 것을 반성해보면 부끄러워 진땀나는 공포를 느끼지 않을 수 없다."[39]와 양너웨이(楊訥維, 1912~1982)의 "나는 이 시대에 있어서 / 하나의 낭비[와 같은 존재]다."[40]라는 자기 토로는 바로 이러한 인식을 반영하고 있다.

이처럼 계급 담론은 항일 전쟁을 거치며, 지식인의 타자화를 보다 강력하게 요구하게 된다. 이것은 곧 모든 지식인들에게 새로운 인식상의 변화를 강제한다. 다시 말해서 지식인들이 설정했던 '지식인과 대중'이라는 개념적 범주가 항일 전쟁의 실질적 주력부대인 '인민 대중', 즉 '역사적·변혁적 주체'라는 이데올로기 앞에서 해체되기 때문이다. 여기에서 1933년 발표된 아이칭(艾青, 1910~1996)[41]의 「대언

會 編, 『延安文藝叢書』4散文卷(長沙: 湖南人民出版社, 1984): 71쪽.
38 茅盾, 「知識分子'試論之一―正名篇」, 『立報』, 1938.4.; 文貴良, 「大衆話語: 生成之史―三四十年代的文藝大衆化描述之一」, 『中國現代文學研究叢刊』2002年第3期: 138쪽 재인용.
39 吳玉章, 「以思想革命来紀念抗日五周年」, 『解放日報』, 1942.7.7(人民出版社影印, 『解放日報』合訂本3, 1942年7月1日~12月31日, 新華書店, 1954 참조).
40 訥維, 「思念」, 『文藝陣地』1939年第3卷第11期: 1165쪽(大成老舊刊全文数据庫, http://www.dachengdata.com 참조).
41 아이칭은 필명으로, 그의 본명은 蔣海澄이다. 중국에서 白話 新詩를 개척·정립한 시인으로 높이 평가받고 있다.

하, 나의 보모(大堰河 – 我的保姆)」이라는 시(詩)는 또 다른 차원의 의미를 제공해준다.

> 대언하(大堰河), [그이]는 나의 보모다. / 그이의 이름은 그가 태어난 마을의 이름으로, / 그이는 민며느리[42]다. / 대언하, [그이]는 나의 보모다. / 나는 지주의 아들이자, / 대언하의 젖을 먹고 자란 대언하의 아들이다. / 대언하는 나를 키워서 그이의 집안을 돌봤고, / 나는 당신의 젖을 먹고 길러졌다. / 대언하여, 나의 보모[여]. / …… / 나는 지주의 아들이다, / 나는 대언하 당신의 젖을 떼고 난 뒤, / 나를 낳아준 부모에 의해 나의 집으로 돌아갔다. / 아, 대언하, 당신은 왜 울어야 하는가? / 나는 나를 낳아준 부모집의 새 손님이 된 것이다. / …… / 당신에게 바치는 한 편의 찬미시를 쓰고 있다, / …… / 당신의 아들들, 나의 형제들에게 바친다, / 대지의 모든 것에 바친다, / 대언화와 같은 내 보모와 그이들의 아들이, / 나에 대한 사랑이 마치 그이의 아들에 대한 사랑과 같았던 대언하에게 바친다. / 대언하, / 나는 당신의 젖을 먹고 자라난 / 당신의 아들, / 나는 당신을 존경하고 / 사랑한다![43]

서정적 주체인 '나'는 소자산계급의 지식인이고, '대언하'는 고난과 역경의 인민대중을 묘사하고 있다. 은유적 표현을 통해 지식인과 인민대중의 관계는 생명의 원천인 '젖'으로 연결되고, 인민대중은 이 '젖'을 통해 지식인에게 생명력과 의식을 제공한다. 아이칭은 '나'라는 지식인을 '젖'이라는 매개를 통해 '대언하'인 인민대중과 혈연적

---

42 장차 며느리를 삼으려고 민머리인 채로 데려와서 기른 여자 아이를 가리킨다.
43 艾青,「大堰河–我的保姆」,『半月選讀』2009年第12期: 86~87쪽 참조. 참고로, 이 시는 1934년 5월『春光』第1卷第5號에 처음 발표되었다.

관계로까지 발전시키는 것이다.

　이러한 접근 방식은 기존의 계몽주의적 지식인들이 견지하던 '지식인 중심성'과 명확하게 구분된다. 다시 말해서 아이칭은 지식인의 사회적 위치와 기능을 전제한 '대중' 담론이 아니라 지식인의 그것을 부정하고 '인민대중'을 중심에 놓고 있다. 하지만 이것의 문제점은 앞서 지적했듯이, 동일자로서 '인민대중'의 동일성을 위해 기타 계급의 타자화를 요구하는 시각과 태도라는 점에 있다. 당시 혁명적 지식인들의 이와 같은 이데올로기적 '인민대중 중심성'은 이분법이 적용되지 않는 자본주의적 '대중 중심성'과 다른 차원의 것이다. 다시 말해서 이데올로기적 '인민대중 중심성'이 이처럼 타자화를 전제로 자신의 동일성을 구축하고 있다면, 자본주의적 '대중 중심성'에는 그와 같은 동일성의 요구가 존재하지 않을 뿐만 아니라 그로부터 비(非)대중의 타자화가 성립되지 않는다.

　민족적 위기 상황에서 당시 혁명적 지식인들이 스스로 아무 것도 할 수 없는 무능한 존재로 인식했던 기저에는 계급 구분에 기초한 항일 전쟁의 현실적 참여 능력이라는 기준이 존재한다. '인민대중'의 동일성 유지를 위해 계급적으로 타자화될 수밖에 없던 지식인은 스스로 그 타자화를 수용함으로써 '인민대중'에 소속된다. 즉 그것은 현실적으로 긴박한 정치적 정세가 조성한 영도계급의 위치와 기능, 즉 항전의 실질적 담당자 또는 역사적 주체로서의 노동자와 농민에 대한 현실적 인정을 의미한다. 이로부터 계몽 운동을 통해 유지되었던 지식인들의 사회적 위치와 기능은 사실상 부정된다.[44]

---

44 마오쩌둥은 지식인의 현실적 필요성을 주장하면서도 그들의 한계를 지적한다. "우리가 지식인을 중시하는 것은 전적으로 타당하다. 혁명적 지식인이 없다면 혁명은 불가능할 것이다. 하지만 우리는 [또한] 알고 있다. 수많은 지식인들이 스스로 많은 지식을 가지고

물론 지식인의 이러한 인식 전환이 계몽주의 지식인들이 추구했던 계몽의 현실적 완성을 의미하지 않는다. 대중의 의식 제고라는 문제는 여전히 남겨진 채, 무지몽매하고 봉건적 악습에 젖어 있던 그래서 계몽이 필요했던 '평민'과 '민중'은 "하룻밤 사이에 완전히 각성되고 [어떠한] 결함도 없"[45]는 존재로 다시 태어난 것이다.

> 어제까지 뒤떨어져 있었지만 오늘 발전을 이루었다. 어제까지 무지몽매했지만 오늘에서야 각성하게 되었다. 어제까지 소극적이었지만 오늘 적극적으로 바뀌었다. …… 현재, 아Q들이 일어나고 있다. 각성한 아Q들에 관해 더욱 수준 높은 작품을 쓴다는 것은 가치 있[는 일이]다.[46]

지식인과 대중의 관계로부터 '인민대중' 개념의 현실적 문제점을 살펴보면 다음과 같다. 우선 네그리와 하트의 비판처럼, 무산계급의 영도성(또는 중심성)을 중심으로 '인민대중' 또는 '비(非)인민대중'을 구분하는 방식 자체에 배제의 논리가 깊숙이 개입되어 있다는 점이다.[47] 또한 베넷의 지적처럼 사회주의 미래의 긍정, 그로부터 형성된

있다고 생각하면서 그 지식을 크게 뽐내지만 [사실] 그러한 허세가 좋지 않다는 것, 해롭다는 것, 그들의 전진에 방해가 된다는 것을 모른[다는] 사실이다. 그들은 마땅히 하나의 사실을 알아야만 한다. [그것은 수많은 이른바 지식인이라고 하는 사람들이 실제적으로 비교적 가장 지식이 없다는 것, 노동자나 농민의 지식이 어떤 때에는 오히려 그들의 [그것]보다 더 많다는 점이다." 毛澤東, 「整頓黨的作風」, 『毛澤東選集』3(北京: 人民出版社, 1991; 2009): 815쪽. '인민대중' 개념이 구체적 정세와 연동되어 있다는 점을 감안한다면, 이 주장은 현실 정치의 맥락에서 인민대중의 외연 확장을 위해 제기된 것에 불과하다.

45 文貴良, 「大衆話語: 生成之史-三四十年代的文藝大衆化描述之一」, 『中國現代文學研究叢刊』2002年第3期: 138쪽.

46 周揚, 「新的現實與文學上的新的任務」, 北京大學 等主編, 『文學運動史料選』4(上海: 上海教育出版社, 1979): 43쪽. 여기에서 '아Q'는 루쉰의 작품인 『阿Q正傳』의 阿Q를 가리킨다. 저우양(1908~1989)의 이 글은 출처가 구체적으로 확인되지 않고 있다. 『文學運動史料選』에서는 이 글이 『抗戰文藝論集』에 수록되어 있다고 설명한다.

47 Michael Hardt and Antonio Negri/조정환·정남영·서창현 옮김, 『다중』(서울: 세종서적,

과거의 긍·부정적 구획은, 하나의 총체적 이데올로기로서 현재에 개입하는 기능을 담당한다는 점이다. 현실에 대한 이데올로기적 재단은 지식인과 대중의 관계를 근본적으로 재구성하며, 지식인과 대중은 사회주의 이데올로기에 대한 동의 여부로부터 긍정적 또는 부정적 존재로 재분류된다. 다시 말해서 대중과 지식인이 사회주의 이데올로기에 동의하면 '선진대중'과 '혁명적 지식인'으로 거듭날 수 있지만, 만약 그것을 회피하거나 거부하게 되면 '후진대중'과 '비(또는 반)혁명적 지식인'으로 전락할 뿐이다. 이러한 일련의 과정을 통해 지식인의 담론 중심은 '대중에 대한 계몽'에서 '동의해야만 하는 인민대중'으로 전환된다.[48]

이러한 흐름과 다르게 지식인의 독자적 정체성을 유지하려는 시도가 지식인 내부로부터 제출된다. 앞서 언급했던 위펑보의 관점, '문학의 독자성' 유지를 통해 지식인의 정체성을 확립하려 했던 것이 여기에 속한다. 또한 동일한 맥락에서 량스츄(梁實秋, 1903~1987)는 보다 강화된 형태로 지식인의 사회적 독자성을 제창한다. 그는 "대중(大衆)은 문학적 취향이 없[을 뿐만 아니라] 비교적 취향이 있는 [사람도] 소수"[49]에 불과하다고 밝히면서, "내가 말하는 '대중'은 결코 무산 대중만을 가리키지 않으며, 재산이 있는 사람도 문학과 무관하다. 내가 말하는 '대중'과 다수의 사람들은 문학 취향의 유무로 구분되는 것이지, 결코 그들의 경제적 지위로 구분되는 것이 아니"[50]라고 주장한다.

2008): 19~20쪽·156쪽 참조.
48 안인환, 「1920·30년대 중국 지식인의 '대중' 담론 연구」, 『중국현대문학』, 한국중국현대문학학회, 2010, 제52호: 43~44쪽.
49 梁實秋, 「文學與大衆」, 『新月』1930年第2卷第12號: 10쪽(燕京大學圖書館影印, 『新月刊』第2卷第9~12號 참조).
50 梁實秋, 같은 글, 1930: 11쪽.

량스츄 역시 위핑보와 마찬가지로 소수/다수의 관점으로부터 문학적 취향을 가진 소수와 그렇지 못한 다수 대중을 구분하면서도, 더 나아가 경제적 계급관념의 폐기를 요구한다. 왜냐하면 문학적 취향을 결핍한 '대중'은 단순히 무산계급 대중뿐만 아니라 '자본가'와 '소자산계급'에도 존재하기 때문이다. 그는 문학적 취향을 가진 사람들이 소수인 이유를 두 가지로 해석한다. 첫째, 취향은 본래 모든 사람이 가지고 있는 것이 아니다. 둘째, 자본주의적 경제생활로 인한 대중의 물질적 향락 추구 때문이다.[51] 그는 대중의 물질주의적 추구 현상을 구체적으로 묘사한다.

> 하루 종일 힘들게 먹고 사는 것을 쫓는 사람에게 일하는 시간 이외에 약간의 한가한 시간이 있다면, 그가 필요로 하는 것은 결코 무슨 문예적 감상[과 같은 것이 아니라 돈도 들지 않고, 신경도 쓰이지 않으며, 힘도 들지 않는 약간의 오락물이다. 그가 필요로 하는 것은 자극적인 것이기 때문에 도박·영화·춤·이묘환태자(狸貓換太子)[경극]·칠협오의(七俠五義)[통속소설]·성(性)의 역사 등으로, [이것들을] 모든 대중이 원한다. 하지만 문학은 그러한 부류가 아니다.[52]

따라서 그의 '취향' 개념은 사람에 따라 선천적으로 구분되며, 자본주의적 물질생활과 근본적으로 대립한다. 여기에서 주목해야 할 점은 그가 묘사하는 자본주의적 '대중'의 형상이다. 량스츄가 문학적 취향의 소수 지식인(즉 문화적 소수)을 옹호하기 위해 다수 대중을 부

---

51 梁實秋, 같은 글, 1930: 11쪽.
52 梁實秋, 梁實秋, 같은 글, 1930: 11쪽.

정적 존재로 형상화시키지만, 그가 다루는 대중은 도시적·오락적·소비적·향락적 성격이라는 분명한 특징을 드러낸다. 당시 지식인들의 주된 계몽 대상이 봉건적 대중이었다는 점을 고려해보면, 이러한 대중 묘사는 역설적으로 이른바 '현대적 대중' 개념을 직접적으로 드러낸 것이라 할 수 있다.

이처럼 문학(예술)의 독자성과 지식인의 정체성 정립을 위해 계급 구분법을 채택하고 있지 않다는 점에서 위핑보와 량스츄는 동일한 인식을 공유한다. 차이점은 위핑보가 지식인과 대중의 관계를 '지식'의 유무로, 량스치우는 그것을 선천적인 '취향'의 유무로 구분한다는 데 있다. 그들에게 소수와 다수의 관계는 바로 지식인과 비지식인으로 귀결되고 있기 때문이다. 여기에서 앞서 언급했던 오르테가의 군중관을 다시 상기할 필요가 있다. 오르테가는 '선택된 소수(selected minorities)'와 '다수'의 구분법을 통해 사회를 소수와 대중의 통일체로 파악한다. 여기에서 소수는 특별한 자격을 갖춘 개인이나 집단에 해당하고, 대중은 그러한 자격을 갖추지 못한 사람들로 형상화된다.[53] 그 역시 사회적 소수와 다수를 구분하는데 계급적 틀을 적용하지 않는다. 대신 소수의 우수성이라는 기준을 제시하고 있다.[54]

위핑보의 '지식'과 량스츄의 '취향', 그리고 오르테가의 '우수성'은 모두 대중과 지식인을 차별화시키면서 지식인의 사회적 위치와 기능을 보장해주는 기준으로 기능한다. 서구와 중국에서 지식인과 대중의 형성, 그리고 그 관계의 변천 과정에 대한 맥락적 차이를 인정한다고 하더라도 지식인의 대중담론이 갖고 있는 이와 같은 유사성

---

[53] Jose Ortega y Gasset/황보영조 옮김, 『대중의 반역』(서울: 역사비평사, 2008): 19쪽 참조.
[54] Jose Ortega y Gasset/황보영조 옮김, 같은 책, 2008: 22쪽 참조.

은 하나의 사실을 알려준다.⁵⁵ 그것은 소수/다수라는 이분법에 내장된 질적 우열의 차이(그 구분 기준이 무엇이든 간에)가 지식인의 존재 욕구와 맞물려 있다는 점이다. 다시 말해 대중의 타자화를 통한 지식인의 동일성 유지는 바로 지식인의 자기 존재에 대한 긍정을 전제로 한다. '결핍(또는 열등)'된 대중에 대한 '보충(또는 우등)'으로서 지식인이라는 규정은 지식인 자신의 진정성(대중에 대한 동정이나 자선이 아니라는)에도 불구하고 서구와 중국을 관통하는 하나의 공통된 인식 기반으로 작동하고 있다. 이런 맥락에서 '문학을 위한 문학', '예술을 위한 예술'은 곧 지식인 존재를 긍정하는 또 다른 표현에 해당한다.⁵⁶

두헝(杜衡, 1907~1964)의 '제3의 인간(第三種人)'이라는 문제의식은 이와 같은 지식인의 사회적 존재 부정에 대한 반발로부터 정식화된다. 두헝은 우위장의 고백처럼 소자산계급의 한계에 지식인 스스로 무력감을 느끼는 것이 아니라, 이분법적 계급 구분을 비판하면서 지식인의 존재 긍정으로 나아간다. 그에게 있어 "'제3의 인간'이라는 작가"⁵⁷(즉 지식인)는 자산계급도 무산계급도 아닌 존재다.

'제3의 인간'[에게] 유일한 출구는 결코 아름다움을 위해 자신을 [상품으로] 파는 것에 있지 않다. 그리고 [다른 사람을] 기만하거나 위조품을 만드는

---

55 량스츄의 글과 오르테가의 저서가 같은 1930년에 나왔다는 점 역시 흥미롭다.
56 안인환, 「1920·30년대 중국 지식인의 '대중' 담론 연구」, 『중국현대문학』, 한국중국현대문학학회, 2010, 제52호: 39쪽 참조. 앞서 살펴본 것처럼 서구에서도 이러한 시각은 현재까지 뿌리 깊은 인식론적 유제로 남아 있다. 참고로, 문학 작품과 작가(지식인)의 권위 생산 구조에 대해서는 일찍이 '문화연구' 진영에서 비판한 바 있다. 신광현, 「'문화연구'의 전개와 특징: 개괄적 설명」, 『비평04』, 2001년/상반기(서울: 생각의 나무, 2001)에서 '라. 문화연구와 문학비평' 부분을 참조할 것.
57 蘇汶, 「'第三種人'的出路」, 『現代』1932年第1卷第6期: 776쪽(燕京大學圖書館影印, 『現代』第1卷 참조). 蘇汶은 杜衡의 필명이다.

것은 미래에 속하는(왜냐하면 그들[에게] 현재는 불필요한 것이기 때문에) 것을 창조하는 것만 못하다.[58]

여기에서 아름다움을 파는 행위는 자본주의 체제의 인정을 의미한다. 또한 지식인이 무산계급을 인정하는 것도 다른 사람들을 기만하고 위조품을 만드는 가식적인 행위에 불과하다는 것이 그의 주장이다. 그는 지식인이 계급적 구분법으로부터 자유로울 수 없다면 그것을 현실 그대로 인정하고 미래로 나가자고 호소한다.

내 생각에 이것은 자신을 분명하게 아는 것이 아니며, 하나의 소극적 허무주의다. 우리는 문학의 임무가 다만 [혁명의] 무기(武器)에 있지 않다는 것을 알고 있다. 무기의 문학이 비록 현재 가장 필요한 것이라 할지라도 [그것을] 감당할 수 없다면, 그 다음으로 중요한 일을 담당하면 된다. 우리가 문학의 계급성이 그렇게 단순하지 않다는 점을 인식한다고 해서], 완전무결한 무산계급의 작가가 될 수 없기 때문에 반드시 자산계급의 작가라고 생각할 필요는 없다. 당연하게도 작가의 환경은 모두 같지 않고, 그래서 그들[지식인들]이 좌익 문단의 이론을 수용할 수 있는 용량도 모두 같지 않다. 수용할 수 있을 때, 가능한 한 수용하면 되는 것이다. [그것은] 마치 '극복[가능]'하다면, 가능한 한 '극복'[하려는] 것과 같다. 하지만 만약 수용할 수도 없고 '극복'할 수도 없는데 [자신에게] 강요할 수 없는 것이다. 이러한 강요는 당신에게 단지 다른 사람을 속이고, 진실이 아닌 것을 만들게 하기 때문이다. 우리가 [현실적] 효과를 필요로 하는 것처럼 [우리는] 진실도 필요로 한다. 이와 같은 간절한 글쓰기 태도[로부터] 우리는 비로소 진실한

---

58 蘇汶, 같은 글, 1932: 778쪽.

것을 창조할 수 있고, '미래에 속하는 것'들을 창조할 수 있다. 현재 당신도 어쩌면 비난을 받을 수 있고, 심지어 공격을 당하거나 늘 '숙청당할' 위험에 놓일 수도 있다. …… 진정한 무산 작가가 될 수 없다고 낙심할 필요는 없다. 이것은 우리가 자본[주의]에서 할 수 없는 것이다. [그렇게 억지로 만드는 것은] 단지 위조품일 뿐이다. 하지만 마찬가지로 다른 사람이 당신에게 자산계급의 작가라고 평가하기 때문에 [당신이] 마지막까지 자산계급의 작가로 남을 필요도 없다. [그것은] 결국 자신을 파는 짓일 뿐이다.[59]

두헝의 이와 같은 관점은 계급 구분으로부터 타자화된 지식인의 자기 정체성을 회복하려는 시도로 이해된다. 그는 자산계급과 무산계급으로부터 '제3의 존재'라는 지식인을 끌어내고 있다. 다시 말해서 자산계급과 무산계급이라는 계급 구분에 결합된 옛 것과 새로운 것이라는 대립구도에서 그는 제3의 영역을 통한 새로운 것의 지향을 제기한다. 이 새로운 것 역시 '미래'에 의해 보증되고 '진실'에 의해 매개된다. 이로부터 독립적 존재로서 '제3의 인간'은 자산계급 또는 무산계급과 무관하게 자신의 영역 내에서 자신의 이상을 도모하게 된다.[60]

계몽주의 지식인들의 '지식인 중심성'이 '계몽'이라는 방식으로 지식인의 사회적 위치와 기능을 유지하고 있다면, 마오쩌둥을 위시한 혁명적 지식인은 계급적 분류에 기반한 '인민대중'을 통해 이데올로기적 '인민대중 중심성'을 제기하면서 지식인의 그것을 부정한다.

---

59 蘇汶, 「「第三種人」的出路」, 『現代』1932年 第1卷 第6期: 777쪽(燕京大學圖書館影印, 『現代』第1卷 참조).
60 안인환, 「1920·30년대 중국 지식인의 '대중' 담론 연구」, 『중국현대문학』, 한국중국현대문학학회, 2010, 제52호: 45~46쪽 참조.

전자가 대중의 타자화로부터 지식인의 동일성을 구축한다면, 후자는 비(非)인민대중의 타자화라는 형태로 '인민대중'의 가변적인 계급 동일성을 확보하고자 한다. 이처럼 양자 모두 이분법적 구분을 적용시켜 하나의 사회 권력으로 기능하고 있다. 따라서 '인민대중' 개념으로부터 부정된 지식인의 사회적 위치와 기능을 다시금 복원하는 과정은 '인민대중' 개념이 기초한 계급분류 방식에 대한 거부를 통해서만이 가능하다. 위펑보와 량스츄, 그리고 두헝의 시각은 바로 이 지점에서 출발한 것이다.

사회주의 혁명문화 담론의 형성과 혁명적 지식인

① 계급대중 담론의 '대중'과 '대중문화' 비판[61]

1930년대 마오둔(茅盾/沈雁氷) 역시 사회주의 이데올로기의 '계급 분석'에 기초해 자본주의적 대중문화를 '소부르주아 문화'로 비판한다. 그는 '소시민'이 소자산계급, 즉 중간계급이라는 점을 분명하게 밝힌다.

> 이 [무협] 소설들의 독자는 대부분 소시민(小市民)인 이른바 소자산계급이고, 이러한 [무협] 영화의 관객은 더욱 예외 없이 소시민이다. …… 이러한 '무협 신드롬'이라는 현상은 우연이 아니다. 한편으로 이것은 봉건적 소시민이 '출구'를 요구하는 것이자, 다른 한편으로 이것은 또한 봉건세력이

---

61 이 부분은 안인환, 「중국 '신좌파(新左派)'의 대중문화 담론 고찰 – 재현된 계급적 대중문화 담론과 좌파 지식인」, 『중국현대문학』, 한국중국현대문학학회, 2010, 제53호에 발표한 내용을 수정한 것이다.

동요하는 소시민에게 제공한 정신을 잃게 하는 한 그릇의 약이다. ……
지난 봉건시대에서 이러한 소극적 통제는 대부분의 혼란을 막고 평정하는 데 충분했지만, 단순한 봉건이 아닌 현대 중국에서 이러한 소극적 통제는 충분하지도 않고 경제적이지도 않다. 소시민층의 '출구'를 요구하는 격한 감정을, 그것의 방향을 바꿔 지배 계급에 적극적으로 유리하게 만들 [필요가] 있다. …… 어떻게 소시민층을 안정화시킬 것인가는 현재 지배 계급의 중대한 문제가 되었다. 특히 중국에서 [그러하다]. 또한 어떻게 소시민층을 전취할 것인가도 현재 크고 작은 일에서, 정부와 민간에서 각 정치단체가 매우 노심초사하는 하나의 큰 사안이다.[62]

여기에서 그는 '무협 소설과 영화'를 '봉건적 소시민 문예'로 지목하면서,[63] 그것을 소시민의 진보적 요구와 지배 계급의 통제적 힘이 교차하는 영역으로 이해한다. 이 관점은 대중문화를 "사회 피지배층의 저항력과 지배층의 통합력이 상호 투쟁하는 장"[64]으로 이해하는 방식과 유사하다. 이 관점에서 대중문화는 피지배집단의 저항력과 지배집단의 통합력 사이에서 다양한 문화적 역량이 투쟁하는 장소로 설정된다.[65]

---

62 茅盾, 「封建的小市民文藝」, 『東方雜誌』1933年第30卷第3號: 17~18쪽(燕京大學圖書館 影印, 『東方雜誌』第30卷第1~6號 참조).
63 마오둔은 내용적 측면에서 그것들을 봉건적 문예로 규정한다. 다시 말해서 지배 계급을 대신해 탐관오리 등을 응징하는 정의로운 존재의 부각, '백성을 위해 해로움을 제거'하는 영웅적인 협객과 그들의 '충효절의', 그리고 '비과학적이고 신비한 무예', '선함에는 선함으로, 악함에는 악함으로 보답'하는 운명론 등이 그것이다. 茅盾, 같은 글, 1933: 17쪽 참조. 하지만 이러한 내용적 측면과 무관하게 그 당시 무협 소설과 무협 영화가 어떠한 경제 시스템 속에서 작동한 것인가라는 점은 또 다른 문제로 남는다. 당시 소자산계급(또는 소부르주아·중간계급·소시민 등)이 자본주의적 경제 시스템과 연관된 개념이라면 봉건적 경제에서의 봉건성과 자본주의적 경제에서 상품화된 '봉건성'은 엄밀하게 구분되어야 한다.
64 John Storey/박모 역, 『문화연구와 문화이론』(서울: 현실문화연구, 1994;1995): 26~27쪽.

마오둔은 이처럼 소시민(또는 중간계급, 소자산계급)을 진보적 가능성을 가진 사회적 존재로 형상화하면서도 그것을 지배계급의 계급적 통제라는 대립적 힘의 관계 속에서 파악한다. 이러한 인식은 그가 '혁명문학' 논쟁이 제기된 1928년 당시, 소자산계급에 취했던 입장의 연장선상에 있는 것이다.[66] 하지만 소시민에 가졌던 그와 같은 기대[67]는 현실로부터 부정되고, 그는 이후 소자산계급을 반동적 형상으로 묘사한다.

　　1934년 그는 량더쒀가 편집장을 맡고 상하이 대중사(大衆社)에서 출판된 월간 『소설(小說)』을 직접적으로 비판하면서 '소시민'에 대한

---

[65] 이 관점은 그람시의 헤게모니 개념에 기초한 것이다. 여기에서 '헤게모니'는 바로 "사회의 지배계층들이 '지적이고 도덕적인 리더십'의 과정을 통해 피지배 계층들의 동의를 얻어 내는 것"에 해당한다. John Storey/박모 역, 같은 책, 1995: 26쪽. 그람시의 헤게모니론과 관련해 그 속에 내장된 '공간'(또는 '장') 개념에 대한 주의가 필요하다. 그람시주의는 프랑크푸르트 학파와 같이 대중문화를 단순한 지배이데올로기로 파악하지 않는다. 그것이 사회적 장이라는 공간화된 영역 내부에서 대중문화를 대중과 지배권력 간의 헤게모니 투쟁으로 이해하게 만든 점은 분명 기존의 '지식인 중심성'을 뛰어넘는 이론적 성과다. 하지만 헤게모니 각축의 '장'이라는 개념은 필연적으로 '분석 대상'으로서의 '장'이라는 이론적 태도와 연동된다. 이것의 문제점은 분석 대상에 대한 '객관적 접근'이라는 이론적 태도로부터, 지식인 자신이 그 사회적 '장'에서 스스로 배제된다는 데 있다.

[66] "현재 소자산계급은 고통을 받고 있지 않는가? 그들은 착취당하고 있지 않는가? 그들이 분명 고통을 받고 착취당하고 있다면, 혁명문예는 그들을 외부의 사람들로 여기기 때문에 당신들[지식인들]의 신성한 붓 끝을 더럽힐 가치가 없다고 생각하는 것인가? 혹시 누군가 '혁명문예'도 소자산계급 청년의 다양한 고통을 묘사한다고 말한다면 나는 다시 묻겠다. 일찍이 어떤 작품에서 소상인·중소농민·타락한 학자 집안 등이 받은 고통을 묘사하고 있던가? 없다, 결단코 없다!" 茅盾, 「從牯嶺到東京」, 『小說月報』1928年第19卷第10號: 1145쪽(大成老舊刊全文數據庫, 『小說月報』1928年第19卷第7~12期, http://www.dachengdata.com 참조).

[67] "만약 당신[지식인]이 그들[소시민]의 생활 속으로 들어가 그들의 감정과 사상을 이해하고 그들의 고통과 즐거움을 비교적 비서구화된 백화를 사용해 [글을] 써낸다면, 설사 당신의 事實 가운데 대단히 많은 新사상이 포함되어 있어 어쩌면 그들에게 욕을 먹을지라도 그들은 당신을 좋아하게 될 것이고, 지금처럼 그렇게 고개를 돌려 외면하지 않을 것이다." 茅盾, 같은 글, 1928: 1145쪽. 이러한 마오둔의 소시민에 대한 긍정적 기대는 1930년대 중반부터 소시민이 이미 자신들이 좋아하는 새로운 문예 간행물을 가지고 있다는 현실을 목도하게 되면서 부정적인 평가로 바뀌게 된다. 吳曉黎, 「作爲關鍵詞의'大衆': 對二三十年代中國相關討論的梳理」, 『思想文綜』1999年第1期: 151쪽 참조.

자신의 입장을 전환시킨다.

> [『소설』은] 소시민이 가장 경탄하는 '구성의 기괴함'을 사용해 형식[餅皮]을 만들었고, 소시민의 '인과응보에 대한 불편함'이라는 도덕관념을 가지고 내용[餡子]을 만들었다. 이것은 소시민이 가장 좋아하는 간식이다. ……소시민은 '아무런 의미 없이[醉生夢死]' 시간을 보내는 데 가장 능숙한 사람들이며, 중국의 소시민은 더욱 심각하다.[68]

여기에서 그는 '구성의 기괴함'과 '인과응보에 대한 불편함'을 거론하며, '아무런 의미 없이' 시간만을 때우는 존재로서 '소시민'을 표현한다. 이러한 소시민의 평가에는 어떠한 진보성도 존재하지 않는다. 그에게 의미 있는 글이란 '내용'이 있어야 하고, 그 내용은 바로 "중요한 사회적 의의를 가지고 있을 뿐만 아니라 '인생'에 대해서도 선진[前進]적 작용"[69]을 하는 것이다. 이처럼 그는 '내용'을 기준으로 소시민에게 이전과 다른 상반된 평가를 내린다. 이후 이러한 부정적 형상의 소시민은 더욱 강화된 형태로 제기된다.

> 시간을 때우는[有閒] 소시민의 '사치스러운 예술품'에 대한 수요도 늘 한결같은 것은 아니다. 보다 편안히 살면서 즐겁게 일할 수 있으며 스스로 행운이 따르는 사람이라고 생각하는 소시민은 '우아하고', '가볍고', 사치스럽게 시간을 때우는 '예술'품을 좋아한다. 하지만 한편으로 오늘은 내일의 일을 모른다와 같은 두려움을 느끼면서도, 다른 한편으로 오늘은 내일의

---

68 惕若, 「小市民文藝讀物的岐路」, 『文學』1934年 第3卷第2期: 627쪽(文學社編輯, 『文學』 第3卷, 1934年7月~12月, 生活書店發行 참조). 惕若은 茅盾은 또 다른 필명이다.
69 惕若, 같은 글, 1934: 625쪽.

일을 모르기 때문에 아예 오늘 술을 마시고 오늘 취해버리려 한다. [이처럼] 타락한 소시민은 특히 광란적이고 자극적이며 저급한 취향의 '사치스러운 예술품'을 좋아한다. 이 때 그들의 예술적 사치품에 대한 요구는 일종의 변태적 심리다. 동시에 그들 가운데 일부 사람들은 '변태적 심리'의 또 다른 한 쪽에서, 약화된 탈속적 분위기의 사치스러운 예술품을 요구하고 있다. 전자는 스스로의 의식이 마비되기를 원하는 것이고, 후자는 오로지 도피하고 싶은 것이다.[70]

마오둔은 '광란적이고 자극적이며 저급한 취향'이라는 표현을 사용해가며, 소자산계급인 소시민의 소비적 성격을 극단적으로 비판한다. 여기에서 그의 '소시민'은 자본주의적 '대중'을 가리킨다. 마오둔에게 『소설』의 편집장인 량더쒀와 '소시민'인 '대중'의 관계는 프랑크푸르트 학파 비판이론의 문화산업과 '군중'의 그것과 정확히 일치한다. 이처럼 마오둔을 포함한 당시 혁명적 지식인들은 계급 분석에 기초한 '피지배계급'이라는 상상된 역사적 주체 인식으로부터 자본주의적 '대중'을 '소자산계급' 또는 '소시민'으로 형상화한다. 이것이 사회주의적 이데올로기에 내재한 미래지향성으로부터 보증되고 있다는 점은 명확하다. 미래적 상상과 대립된 대상으로 남겨진 자본주의적 '대중'과 '대중문화'는 '미래를 위한 현실'로부터 거부되거나 견인되어야 할 그 무엇일 뿐이다.

사실 량더쒀의 대중관은 마오둔의 계급적 소시민과 다른 차원에 존재한다. 다시 말해서 량더쒀는 자본주의적 '대중'과 '대중문화'를

---

70 愷, 「奢侈的消閒的文藝刊物」, 『文學』 1935年 第4卷 第3期: 416쪽(文學社編輯, 『文學』 第4卷, 1935年 1月~6月, 生活書店發行 참조). 愷는 茅盾의 필명이다.

'소자산계급' 또는 '소자산계급의 문화'로 해석하는 태도에 반대한다. "스스로 특수한 계급에 포함될 수 없는 것이 바로 대중이다. 이러한 문예들은 당연하게도 오직 장삼(長衫)을 입은 사람만 읽는 것도, 오직 장삼을 입지 않은 사람만 읽는 것도 아니다."[71] 이처럼 량더쒀에게 '대중'은 중간계급이라는 특수한 계급에 국한되지 않을 뿐만 아니라 지식인을 의미하는 '장삼을 입은 사람'과 비지식인을 망라한 다수의 '사람들'을 의미한다. 계급 분석에 기초한 '계급대중' 개념을 거부한다는 점에서 량더쒀의 이와 같은 해석은 앞서 언급된 위핑보·량스츄·두헝의 입장과 유사하다. 하지만 량더쒀는 그들과 다르게 '지식인 중심성'을 직접적으로 제기하지 않고 있다. 다시 말해서 그에게 자본주의적 '대중'과 '대중문화'는 당시의 시공간을 구성하는 구체적인 '사람들' 또는 '그들의 문화'라는 의미에서 긍정된다.

마오둔은 계급대중 개념을 고수하며, 량더쒀의 무계급적 '대중' 개념을 다시금 비판한다. 그에게 자본주의적 '대중'은 '소시민'에 불과할 뿐이다.

> 양선생의 '대중'이라는 어휘 해석도 일반적으로 말하는 '대중'과 다르다. 양선생의 '대중'이라는 것은 일반적으로 '소시민'이라고 말하는 것과 같다.[72]

여기에서 마오둔이 언급한 '일반적으로'라는 표현으로부터, 사회주의 이데올로기가 당시 중국 지식인 사회에 미쳤던 영향력을 짐작할 수 있다. 다시 말해서 그는 당시 대다수의 지식인들에게 '일반적

---

71 惕若, 「小市民文藝讀物的岐路」, 『文學』1934年第3卷第2期: 625쪽 재인용(文學社編輯, 『文學』第3卷, 1934年7月~12月, 生活書店發行 참조).
72 惕若, 같은 글, 1934: 625~626쪽.

으로' 계급대중 개념이 통용되었기 때문에, 량더쒀의 무계급적 대중 개념은 '일반적으로' 인정될 수 없는 것이다. 이처럼 마오둔이 동일한 기의(signifie)의 현실 존재를 상이한 기표(signifiant), 즉 '대중'과 '소시민'으로 구분하면서 '소시민'에 비판을 집중한 것에는 이유가 있다. 그것은 '의식(또는 내용) 있는 대중'이라는 마오둔 자신의 상상된 '미래 대중'을 현실 속에서 지키고자 했기 때문이다.[73]

따라서 '미래 대중'이라는 긍정적 존재와 다르게 그것에 현실적으로 대립하는 '소시민'(또는 '소자산계급')은 그에게 부정되어야 하는 대상에 불과하다. 그러한 이유 때문에 마오둔은 량더쒀의 무계급적 '대중' 개념을 계급적 '소시민'으로 비판하면서, 그에게 긍정적일 수밖에 없는 '대중'이라는 어휘의 전용(轉用)을 막고자 한 것이다.[74] 하지만 '미래 대중'을 위해 '현재 대중'을 부정하는 태도는 사실 미래의 사회주의를 위해 현실의 자본주의를 부정하는 그것과 동일한 논리 구조를 갖추고 있다. 사회주의 이데올로기가 자본주의의 안티테제적 속성으로부터 자신의 정체성을 구성한다는 점을 상기한다면, 이와 같은 접근 태도는 사회주의 이데올로기의 근간에 해당하는 긍정적 미래관이 부정되는 순간 자신의 생명력을 다하게 된다.[75]

---

[73] "미래의 진정 웅장하고 아름다운 문예는 '비판'적일 것이며 …… '창조'적일 것이며 …… 그래서 '역사'적일 것이다. 미래의 진정 웅장하고 아름다운 문예는 말할 필요도 없이 '대중'의 것이다. 작가는 더 이상 대중의 '대변인'이 아닐 뿐만 아니라 작가가 대중을 '창조'하지도 않는다. [오히려] 대중 [자신이] 내용과 정서, 그리고 기술을 제공한다." 茅盾, 『我走過的道路(上)』(北京: 人民文學出版社, 1997): 566쪽. 마오둔은 여기에서 인용한 이 글이 원래 1932년 「我們這文壇」에 실린 것이라고 밝힌다.
[74] 吳曉黎, 「作爲關鍵詞的'人衆': 對二三十年代中國相關討論的梳理」, 『思想文綜』1999年 第1期: 151쪽.
[75] 마오둔에게 '대중'/'대중문화'가 '소시민(또는 소자산계급)'/'소시민의 문화'로 이해되고 있는 것처럼, 뒤에서 다룰 신좌파의 그것도 '중간계급(또는 화이트칼라)의 문화'로 파악된다는 점에서 1920·30년대 혁명적 지식인과 1990년대 이후 '신좌파'의 '대중문화' 담론은 연속된다. 이들의 인식 저변에는 '소시민(또는 중간계급으로서 대중)의 저급한 취향'이라는

또한 여기에서 주의해야 할 것은 '인민대중'이 지식인의 자기 부정을 전제한 개념이면서도, 타자화된 '비(非)인민대중'에 대한 혁명적 지식인의 '지식인 중심'적 태도가 유지되고 있다는 점이다. 다시 말해서 '인민대중'은 지식인을 혁명적 지식인과 비(또는 반)혁명적 지식인으로 구분하면서 혁명적 지식인을 자신의 개념 내부로 흡수한다. 따라서 '인민대중'으로 전환된 혁명적 지식인은 지속적으로 '비(非)인민대중'에 대한 타자화 과정에 개입하게 된다.

이처럼 계급 분석에 따른 각 계급별 성격의 선험적 규정, 그리고 사회주의 이데올로기에 대한 동의(또는 수용)라는 두 가지 기준은 동전의 양면을 이루며, 이른바 '사람들'을 구획하는 기능을 담당한다. 이로부터 혁명적 지식인은 이중적 모순이라는 특징을 갖는다. 앞서 계몽주의 지식인들의 논쟁에서 살펴보았듯이, 지식인은 계급 분석에 따라 소자산계급(또는 소시민)으로 분류된다. 반면, '혁명적'이라는 수식어가 알려주듯 혁명적 지식인은 사회주의 이데올로기를 동의(또는 수용)하면서 '인민대중'의 동맹세력으로 분류된다. 이러한 모순 관계는 '인민대중' 내부로부터 지식인의 자기 부정을 요구받게 될 뿐만 아니라 '인민대중' 외부, 즉 '비(非)인민대중'에 대해 '지식인 중심성'을 유지하는 이중적 태도로 드러나는 것이다. 여기에서 지적해야만 할 것은 이 같은 모순 관계가 내적 연관성을 지니고 있다는 점이다. 다시 말해서 혁명적 지식인은 '인민대중' 내부에서 영도계급과 질적으로 동질화되지 못한다. 하지만 마오쩌둥이 혁명적 지식인의 존재와 역할을 여전히 요구했던 것처럼, 그들은 '비(非)인민대중'에 대한 지

문화적 행태가 뿌리 깊게 자리 잡고 있다. 이들 간의 차이는 신좌파가 그러한 사회주의적 미래 상상이 배제된 채 현실 '대중'에 대한 비판을 수행한다는 점에 있다. 이 지점에서 혁명적(또는 사회주의적) 지식인과 현재의 좌파 지식인이 구분된다.

도(또는 선전)라는 역할을 통해 영도계급의 동맹세력이라는 사회적 위치와 기능이 보장받게 된다.

마오둔의 자본주의적 대중과 대중문화 비판을 이러한 맥락에서 이해할 수 있다. 자본주의적 대중과 대중문화를 부정적 형상으로 묘사할수록 그에 대한 비판의 필요성은 증대되고, 이것은 역으로 '인민대중' 내부에서 혁명적 지식인의 필요성을 긍정하는 과정으로 귀결된다. 따라서 이것은 한편으로 마오둔이 개인적으로 기대했던 '의식(또는 내용) 있는 대중'이 현실에서 저급한 취향을 가진 '소시민'으로 전락했다는 실망의 표현이기도 하지만, 다른 한편으로는 소시민에 대한 혁명적 지식인의 '지식인 중심'적 태도를 보여준다고 할 수 있다.

> 우리는 마땅히 그들에게 얼마간의 자극[76]을 주어야 한다.[77]

'우리'는 '혁명적 지식인'을, 그리고 '그들'은 '소시민'을 지시한다. 이와 같은 언술은 혁명적 지식인 역시 계급적으로 소시민이자 중간계급일 수밖에 없다는 사실을 은폐하면서 지식인 스스로를 자신의 계급 담론에서 분리하는 기능을 담당한다. 다시 말해서 지식인 자신에게 적용했던 계급 분석에 따른 계급적 성격 규정과 사회주의 이데올로기에 대한 동의(또는 수용)라는 두 가지 기준을 다시금 소시민인 자본주의적 대중에게 적용시키면서 그 담론 구조로부터 혁명적 지식인을 제외시키는 것이다. 이러한 혁명적 지식인의 계급적 비판은 이후 1990년대 후반 등장한 '신좌파'의 계급 담론으로부터 연속된다.

---

76 마오둔은 여기에서 자극의 비유적 표현으로 '고추'를 사용하고 있다.
77 楊若, 「小市民文藝讀物的岐路」, 『文學』1934年第3卷第2期: 627쪽(文學社編輯, 『文學』第3卷, 1934年7月~12月, 生活書店發行 참조).

② '민족형식'과 사회주의 혁명문화 담론

마오둔이 계급 담론을 중심으로 자본주의적 대중과 대중문화를 비판하고 있다면, '민족형식' 논쟁은 중국적 사회주의 혁명문화 담론을 구성하는 또 다른 축에 해당한다. 이 논쟁의 핵심은 바로 전(또는 비)자본주의 사회의 '민간문화'와 사회주의 '혁명문화'의 관계에서 규정된다. 다시 말해서 '민족형식' 논쟁에는 항일 전쟁이라는 긴박한 정치정세로부터 이데올로기적 '인민대중'을 효과적으로 조직하려는 강한 목적이 개입되어 있다. 계몽주의적 지식인들의 '계몽' 운동이 옛(또는 낡은) 봉건 관념을 극복하기 위해 새로운 문화적 내용과 형식을 제창했다면, 혁명적 지식인들은 정치정세가 조성한 현실에 효과적으로 개입하기 위해 전(또는 비)자본주의 사회의 '민중'에게 익숙한 옛(또는 낡은) 문화적 형식을 그대로 유지하고자 한다. 따라서 이 논쟁은 좌련(左聯) 초기부터 전개된 '대중화' 논쟁의 연장선상에 위치하며, 중국적 사회주의 '혁명문화'의 주요 특징을 드러낸다.

1938년 10월, 마오쩌둥은 사회주의 이데올로기의 내용과 중국적 민족형식의 결합을 주장한다.

> 양팔고(洋八股)[78]는 폐지해야 하며, 공허하고 추상적인 논조도 줄여야 하고, 교조주의도 없애야 한다. 중국의 일반 사람들[老百姓]이 좋아하는 새롭고 활기찬 중국적 작풍과 중국적 기풍으로 그것을 대체해야 한다. 국제주의적 내용과 민족형식을 분리시키는 것은 국제주의를 전혀 모르는 사람들이 하는 방식이다. 우리는 [이] 두 가지를 긴밀히 결합시켜야만 한다. 이

---

78 서구 사상을 내용보다 형식에만 치중해 받아들인 글이나 작품을 가리킨다. 따라서 '양팔고'는 '형식주의'적 태도를 의미하고 있다.

문제에 대해 우리 대오(隊伍) 내에 일부 심각한 오류들이 존재하고 있[기 때문에] 마땅히 철저히 극복해야만 한다.[79]

이로부터 '민족형식'에 관한 연안근거지와 국민당 통치 지역(국통구) 문예계의 광범위한 논쟁이 촉발된다. 여기에서 마오쩌둥의 이분법적 계급 인식은 계급적 문화 관념으로 확장·적용되고 있다. 우선 그는 옛 또는 낡은(따라서 전통적인) 문화의 두 가지 형태인 아(雅)문화와 속(俗)문화에 초역사적 '피지배계급'의 문화 관념을 대입해 속 문화를 긍정한다. 따라서 속 문화는 계급적으로 상상된 이데올로기적 '인민대중'의 영도계급인 농민의 현재적 문화에 해당한다. 그는 새로운 사회주의적 내용에 속 문화의 형식을 결합시키려 하는 것이다. 영도계급인 노동자와 농민이 각각 자본주의적 대도시와 봉건주의적 농촌 지역에 분립적 형태로 거주하고 있었다는 사실을 상기한다면, 마오쩌둥의 이러한 시도는 연안근거지를 중심으로 제출된 하나의 '대중화' 방식으로 평가될 수 있다.

자오지빈(趙紀彬/向林冰)은 이러한 맥락에서 '옛(또는 낡은) 형식'의 결함을 지적하면서도 새로운 해석을 시도한다. 우선 '옛(또는 낡은) 형식'의 결점은 다음과 같다. 1) 발전 관념이 결핍된 형식이다. 2) 비[反] 생산적인 지배 형식을 갖추고 있다. 3) 저항과 투쟁의 철저성을 결핍한 형식이다. 4) 숙명론적 결말의 형식을 갖는다. 그럼에도 불구하고 '옛(또는 낡은) 형식'에는 간과할 수 없는 장점이 존재하고 있다고 설명한다. 1) 민간(民間)의 자연발생적 형식이다. 2) 집단적 군중

---

79 毛澤東,「中國共産黨在民族戰爭中的地位」, 北京大學 等主編,『文學運動史料選』4(上海: 上海教育出版社, 1979): 383~384쪽.

(群衆)의 형식을 갖는다. 3) 스토리화된 형식을 갖추고 있다. 4) 직접적 설명이라는 형식을 갖는다. 5) 민중(民衆) 자신의 형식이다.[80]

이로부터 샹린빙(向林冰)은 "이른바 옛 형식이라는 것은 순수한 봉건 이데올로기가 아닐 뿐만 아니라 순수한 대중의 선진적 이데올로기도 아니다. [그것은] 자신의 내부에 두 가지 대립이 결합한 또는 두 가지 지향이 가능한 모순적 통일체"[81]라고 결론짓는다.[82] 나아가 문예의 대중화를 위해 민간문화의 '옛(또는 낡은) 형식', 즉 '민간(民間) 형식'의 비판적 운용을 통해 중국 문예의 '민족형식'을 창조해야 한다고 주장한다.

새로운 민족형식의 창조가 민간형식의 비판적 운용을 출발점으로 삼지 않는다면, 낡은 형식의 내적 자기부정 속에서 새로운 형식의 싹을 발견하

---

80 向林冰, 「舊形式的新評價」, 『全民週刊』1938年第2卷第2期: 20~21쪽(大成老舊刊全文數據庫, http://www.dachengdata.com 참조).

81 向林冰, 같은 글, 1938: 21~22쪽.

82 '민족형식' 논쟁 이전부터 이미 취추바이에 의해 '옛(또는 낡은) 형식'의 활용 문제가 적극적으로 제기된 바 있다. "혁명적 선봉대는 군중(群衆)의 대오를 벗어나 혼자서 무슨 '영웅적이고 고상한 활동'을 한다고 해서는 안 된다. 모호하게 무슨 새로운 내용에는 반드시 새로운 형식을 사용해야 한다느니, 무슨 군중의 수준을 높여야만 예술을 감상할 수 있다느니 하면서 예술의 수준을 낮춰서 군중에게 영합해서는 안 된다고 말하는 것은 '대문학가'의 잘난 체에 불과하다. 혁명적 대중문예는 반드시 옛(또는 낡은) 형식의 장점(즉 군중이 자주 읽고 보아 익숙한 小說·詩歌·戲劇과 같은)을 이용하는 것으로부터 시작해서 점진적으로 새로운 부분을 결합시켜 군중의 새로운 습관을 기르면서 군중과 함께 예술의 수준을 높여야 한다. 옛(또는 낡은) 형식의 대중문예는 형식상에서 두 가지 장점이 있다. 하나는 그것과 구두문학의 연관성이고, 다른 하나는 그것이 평이한 서술방식을 사용한다는 점이다. 이 두 가지 점을 혁명적 대중문예에서는 마땅히 주목해야 한다. 說書[스토리를 갖춘 시대물이나 역사물을 唱이나 대사를 통해 전달하는 문예]식의 소설은 글자를 알지 못하는 군중에게도 보급될 수 있는 것이다. 이것은 혁명문예에서 매우 중요한 지점이다." 宋陽, 「大衆文藝的問題」, 『文學月報』1932年第1卷第1期: 5쪽(大成老舊刊全文數据庫, http://www.dachengdata.com 참조).; 丁易 編, 『大衆文藝論集』(北京: 北京師範大學出版部, 1951): 136쪽. 宋陽은 瞿秋白의 필명이다. 취추바이는 이 글을 통해 사회주의 이데올로기와 결합된 '옛(또는 낡은) 형식'의 사용을 적극적으로 주장하면서, 그것의 사용에 유보적이나 부정적인 혁명적 지식인들을 비판한다. 샹린빙의 관점 역시 취추바이의 그것을 계승하고 있다.

지 못한다면, 이것은 완전히 주관적이고 뜬구름 잡는 문예발전의 공상(空想)주의 노선이다. [또한] 이것은 '중국의 일반 사람들[老百姓]이 좋아하는 중국적 작풍과 중국적 기풍'이 대중 생활 가운데 익숙하게 보고 듣던 자신의 작품과 자신의 기풍, 즉 민간형식을 기초로 한다는 점을 전혀 이해하지 못해는 것이]다.[83]

여기에서 비(또는 전)자본주의 사회의 문화형식, 즉 '민간형식'은 비판적 운용을 전제로 긍정되고, 이것은 초역사적 '피지배계급'의 문화형식인 중국적 '민족형식'의 근간을 형성한다. '민간형식'의 비판적 운영은 사회주의 이데올로기의 상상된 미래에 의해 그 '내용'을 제공받는다. 다시 말해서 샹린빙은 '내용이 형식을 결정한다.'는 변증법적 기본 원리에 따라 사회주의적 내용의 일차성을 강조하면서 민간문화의 형식을 부차적으로 다루는 것이다.

우리의 '헌(또는 오래된) 병에 새 술을 담는[舊瓶裝新酒]' 방법은 무엇인가? 첫째, 우리는 민간형식에 낙후되거나 반동적인 요소가 긴밀하게 함유되어 있다는 것을 인정한다. 이 때문에 그것은 과거 봉건사상과 결합되어 줄곧 대중을 마취시키는 작용을 해왔다. 하지만 또 다른 측면에서 우리는 그 가운데 '자유로운 형태'의 민족형식이라는 변혁적 싹이 존재해왔으며, 그것이 과거 '대중생활에 필수불가결한 식량'이었다는 점을 인정[해야만] 한다. '헌(또는 오래된) 병에 새 술을 담는 방법은' '내용이 형식[方式]을 결정한다.'는 원리에 '근거'한다. 민간에서 유행하는 예술 형식과 항전 건국

---

83 向林冰,「民間形式的運用與民間形式的創造」,『中蘇文化』1940年第6卷第1期: 68쪽(大成老舊刊全文數據庫, http://www.dachengdata.com 참조).

(建國)이라는 변혁적 내용을 결합시키고 현실주의의 비판적 운용을 통해, 민간형식의 지양을 끌어낸다면 민족형식의 창조는 점진적으로 완성될 것이다. 이것이 우리가 말하는 민간형식의 운용이 바로 민족형식의 창조적·과학적 출발점이라는 것이고, 우리가 말하는 민족형식의 창조가 바로 민간형식 운용의 합리적 귀결인 것이다.[84]

'헌(또는 오래된) 병에 새 술을 담는다.'[85]는 표현에서 '헌(또는 오래된) 병'과 '새 술'은 각각 민간문화의 형식과 사회주의적 내용을 지시한다. 봉건주의가 내재한 민간문화의 형식은 사회주의적 내용에 의해 변증법적 지양의 과정을 거치며, 궁극적으로 중국적 피지배계급의 문화형식인 '민족형식'의 기초가 된다. 여기에는 사회주의 이데올로기의 직선적 시간관념과 변증법적 역사주의가 개입되어 있다. 다시 말해서 민간형식은 과거의 봉건주의와 미래의 사회주의라는 대립물의 모순과 통일로 구성되며, 그것은 부정의 부정이라는 지양 과정을 통해 궁극적으로 중국적 사회주의의 문화형식인 '민족형식'으로 완성된다. 따라서 '민간형식'은 '민족형식'의 중심 원천에 해당한다.

대중 주체의 항전 건국[이라는] 새 내용을 민간문예의 옛(또는 낡은) 형식과 결합하고, [그것의] 비판적 운용 과정으로부터 도출되는 것은 내용의 왜곡이나 질곡이 아니다. [그것은] 형식의 지양과 변화인 것이다. 또한 민

---

84 向林冰, 같은 글, 1940: 69쪽.
85 '헌(또는 오래된) 병에 새 술을 담는다.'는 표현은 원래 '새 술은 새 부대에 담아야 한다.'를 고쳐 사용한 것이다. 『신약성경』「마태복음」 9장 17절에 보인다. "새 포도주를 낡은 가죽 부대에 담는 사람도 없다. 그렇게 하면 부대가 터져 포도주도 쏟아지고 부대도 못 쓰게 된다. 그러니 새 포도주는 새 부대에 넣어야 둘 다 보전된다." 하용조 편찬, 「신약성경」, 『우리말 성경』(서울: 두란노, 2009): 10쪽.

간형식은 봉건적 내용과 결합(예를 들어 과거 중국의 민간문예)하거나 제국주의 사상과 결합(예를 들어 현재 일본군 점령지의 통속선전물)하면 반동적인 것이 된다. [하지만] 혁명적 사상과 결합하면 강력한 혁명의 무기가 된다. …… 이로부터 우리는 저급한 형태에서 고급 형태로 전환하는 구체적 경로 및 전자와 후자의 연관성을 보게 된다. 이것이 민간형식의 비판적 운용이 민족형식 창조의 출발점이며, 민족형식의 완성은 민간형식 운용의 귀결이라는 것이다. 다시 말해서 현실주의자는 민간형식 속에서 민족형식의 중심 원천을 발견해야만 한다.[86]

이와 같은 '민간문화'의 접근은 베넷이 앞서 지적했던 것처럼, 상상된 미래로부터 과거와 현재를 긍·부정적으로 재단하는 사회주의 이데올로기의 기본 인식이 문화적 형태로 관철된 것이다. 이로부터 사회주의 '혁명문화'의 문화형식이 결정된다. 리비스주의가 현재의 자본주의적 대중문화를 부정하기 위해 과거의 비(또는 전)자본주의적 '민간문화'를 이상적인 공동체 문화로 형상화한다면, 중국의 혁명적 지식인들은 항일 전쟁과 사회주의 혁명이라는 당면 과제로부터 이데올로기적 '인민대중'을 주조하기 위해 과거의 '민간문화'를 형식적 측면에서 긍정한다.

이처럼 양자는 과거 문화에 긍정적 태도를 유지한다는 점에서 공통되지만, 후자가 봉건적 '민간문화'를 내용과 형식으로 구분하면서 부분적으로 수용한다는 점에서 전자와 구분된다. 이로부터 당시 자본주의적 대도시와 일정한 분립 상태에 놓여 있는 연안근거지, 즉 농

---

[86] 向林冰, 「論'民族形式'的中心源泉」, 『大公報·戰線』, 1940.3.24. ; 徐迺翔 編, 『中國文學史資料全編現代卷-文學的'民族形式'討論資料』(北京: 知識産權出版社, 2010): 157~158쪽.

촌 지역을 중심으로 중국적 사회주의의 '혁명문화'라는 기본 형태가 마련된다. 그것은 '민간문화'에 내재한 봉건주의적 내용을 새로운 사회주의적 내용으로 대체하고, 그 문화적 형식은 그대로 유지하는 것이다. 다시 말해서 중국적 사회주의 혁명문화의 문화적 형식이라 할 수 있는 '민족형식'은 비(또는 전)자본주의적 '민간문화'의 '민간형식'을 근간으로 한다.[87]

1940년 후펑[88]은 샹린빙의 '내용이 형식을 결정한다.'는 관점을 비판하며 '옛(또는 낡은) 형식'에 대한 투쟁의 필요성을 호소한다. 그는 '내용과 형식의 통일'이라는 관점에 기초해 '옛(또는 낡은) 형식'과 '새로운 내용'의 결합이 가능하지 않다는 점을 제기한다.

만약 형식이 내용의 본질적 요소이고, 특정한 문예 형식의 메커니즘이 특

---

[87] 이러한 진단을 중국적 사회주의의 문화적 특징으로 간주할 수도 있다. 하지만 궈모뤄의 다음과 같은 언급은 사회주의 '혁명문화'와 '민족형식'의 관계를 일반적 차원에서 접근하도록 만든다. "'민족형식'의 제기는 분명 소련으로부터 시사[점]을 얻은 것이다. 소련에서 '사회주의적 내용과 민족적 형식'이라는 호소가 있었다. 하지만 소련의 '민족형식'은 소련 공화국의 각 민족이 동일한 [사회주의적] 내용을 자유롭게 표현하는, [즉] 다양한 형식으로 표출하는 것을 뜻한다. [그] 목적은 내용의 보편성으로 민족의 특수성을 지양하는 데 있다. [그렇지만] 중국에서 제기된 '민족형식'이라는 것은 [이것과] 약간 다른 의미를 갖는다. 여기에서 나는 [중국의 민족형식이] 단지 '중국화' 또는 '대중화'와 동의어라고 믿는다. [그] 목적은 민족의 특수성을 반영함으로써 내용의 보편성을 추진해야만 한다는 데 있다. 이른바 '마르크스주의는 반드시 민족형식을 통해서만 실현될 수 있다.'는 한 마디가 이 주제를 매우 의미심장하게 정리해준다." 郭沫若, 「民族形式'商兌」, 『中國文化』1940年第2卷 第1期: 6쪽(大成老舊刊全文數據庫, http://www.dachengdata.com 참조). 그는 소련의 사회주의 혁명문화가 내용적 보편성으로 민족적 특수성을 지양했다면, 중국의 그것은 민족적 특수성으로부터 사회주의적 내용이라는 보편성을 재구성하고 있다고 평가한다. 보편성과 특수성에 관한 이론적 논의를 차지한다면, 그의 주장에서 비(또는 전)자본주의적 '민간문화'에 대한 사회주의 이데올로기의 유사한 인식과 태도를 엿볼 수 있다. 다시 말해서 사회주의 이데올로기로부터 규정된 사회주의적 '혁명문화'는 비(또는 전)자본주의적 '민간문화'와 매우 높은 친화력을 공유하고 있다. 마찬가지로 자본주의 사회의 '민중문화' 역시 이러한 특징을 분명한 형태로 드러낸다.

[88] 후펑의 본명은 張光人이고, 張光瑩이라고도 불린다. 루쉰의 계보를 잇는 중국의 현대 문예 이론가·시인·문학번역가다.

정한 사회 일부의 메커니즘, 예를 들어 분위기·정서·작풍·기풍의 반영이라고 할 수 있다면 새로운 문예 운동은 세계관과 내용 일반에서의 투쟁 이외에 형식 자체로서의 옛(또는 낡은) 형식과도 투쟁할 필요가 있다. 특히 옛(또는 낡은) 세력이 마치 새 형식만을 반대하고 새 내용은 결코 반대하지 않는 것과 같은 얼굴로 드러날 때(5·4 시기 '백화시[白話詩]'에 대해, 현재 자유시에 대한 공격처럼), 특히 완성된 옛(또는 낡은) 형식이 장기간의 지배 상태에 있었기 때문에 마치 내용과 무관하게 스스로 장점을 갖춘 것처럼 할 때(일부 사람들이 옛 또는 낡은 극[劇] 형식을 옹호하는 것처럼), 특히 옛(또는 낡은) 형식이 '비판'을 받아들이려 하고 '새 내용'에 기대어 자리를 조금 내어주려는 것처럼 할 때, 이 투쟁은 더욱 필요하고 [그만큼] 더 어렵다. 이러한 필요와 어려움은, 형식이 '새로운 질은 옛 또는 낡은 질의 태내에서 발생한다.'[고 주장하는 이론가들[89]에게 이해될 수 없을 뿐만 아니라 받아들이기도 어려운 것이다.[90]

후펑과 샹린빙의 견해는 변증법의 기본 원리, 즉 '내용이 형식을 결정한다.'는 명제를 둘러싼 해석의 차이로 표출된다. 다시 말해서 샹린빙은 내용이 형식을 결정하기 때문에 사회주의적 내용과 과거의 민간형식이 결합될 수 있다고 주장한 반면, 후펑은 동일한 이유로 사회주의적 내용에 걸맞은 새로운 형식을 요구하고 있다. 후펑의 입장에서 내용과 형식은 분리될 수 없는 통일적 관계로 구성되기 때문

---

89 "민간문예의 출현은 봉건 사회의 자기모순의 산물이며, 민간문예의 대두는 봉건 사회의 자기 분열의 지표다. 결국 그것은 봉건문화의 대립물이지, 동일한 사물이 아니다. [또한 그것은 완성되지 못한 상태에서 완성을 향하는 발전의 씨앗이지 ……, 남겨진 상태에서 소멸로 향하는 잔해가 아니다." 向林冰, 「封建社會底規律性與民間文藝底再認識-再論民族形式的中心源泉之一」, 『新蜀報·蜀道』第101期, 1940.4.21. ; 徐迺翔 編, 『中國文學史資料全編現代卷-文學的'民族形式'討論資料』(北京: 知識産權出版社, 2010): 189쪽.
90 胡風, 「論民族形式問題」, 『胡風評論集(中)』(北京: 人民文學出版社, 1984): 227~228쪽.

에 과거 봉건주의적 내용을 포함한 민간형식은 인정될 수 없는 것이다. 이러한 태도는 '민족형식'의 건설 문제로 확장되어 적용된다.

> '민족형식'은 독립적으로 발전하는 형식일 수 없으며, 민족 현실이라는 신민주주의(新民主主義)[91]적 내용이 요구되고 포함된 형식이다. 내용이 요구되고 포함된 것일지라도 형식에 대한 이해는 내용에 대한 이해를 쫓을 수밖에 없다. 또는 형식에 대한 이해가 내용에 대한 이해의 한 경로라고 할 수 있다. 현실 발전이 인류의 주관적 실천 역량을 거칠 수밖에 없다고 한다면 내용(형식)에 대한 진정한 이해는 마땅히 주관적 실천 역량으로 여겨지는 정확한 방법을 거쳐야만 한다. 그것이 현실주의다.[92]

따라서 후펑에게 중국적 '민족형식'의 '중심원천'으로서 과거 '민간형식'을 채택하자는 주장은 단지 "'중국 학문을 토대로 삼고, 서구 학문을 실용으로 삼는다[中學爲體, 西學爲用].'라는 주의(主義)의 재현"[93]에 다름 아닌 것이다. 중국이라는 공간에서의 '종적 시간관념'(즉 연속된 관계로서 과거와 현재)은 현재라는 시간에서의 '횡적 공간관념'(즉 중국과 서구라는)과 대립하게 된다. 다시 말해서 중국이라는 상상된 공간으로부터 구성된 과거와 현재의 연속성은 '전통'(따라서 '중국적')이라는 이름으로 정당화되며, 현재(또는 현대)라는 시간으로부터 사

---

91 중국에서 신민주주의 또는 신민주주의 혁명은 식민지나 半식민지 국가에서 무산계급의 영도 아래 진행된 자산계급 민주주의나 그 혁명을 가리킨다. 따라서 17~18세기 유럽에서 봉건주의를 전복한 자산계급(즉 부르주아지) 주도의 민주주의 혁명은 舊민주주의 혁명에 해당한다. 신민주주의 혁명은 무산계급 영도 아래 인민대중이 수행한 反제국주의·反봉건주의·反관료자본주의적 혁명을 가리키며, 이로부터 신민주주의 혁명은 사회주의 혁명을 위한 과도기적 형태(또는 단계)로 분류된다.
92 胡風, 같은 글, 같은 책, 1984: 258쪽.
93 胡風, 「論民族形式問題」, 『胡風評論集(中)』(北京: 人民文學出版社, 1984): 260쪽.

회주의 등 서구의 사상은 중국의 보편적 '새로움'으로 긍정된다. 여기에서 '전통'은 중국과 서구를 대립시키는 기능을, 보편적 '새로움'은 중국의 과거를 현재로부터 단절시키는 기능을 담당한다.

후펑에게 보편적 '새로움'은 '시민'·'진보'·'민주'·'해방'·'혁명'이라는 어휘로 표현된다.

> 시민을 기본[盟主]으로 하는 중국 인민대중의 5·4 문학혁명 운동은, 시민사회가 출현한 이후 수백 년 동안 누적된 세계 진보문예 전통의 새로운 지류다. 그것은 추상적인 '서구 문예'가 아니라 민주적 요구라는 관점에서 봉건 전통에 대항한 다양한 경향의 현실주의(및 낭만주의) 문예다. [그리고] 민족 해방의 관점에서 독립 해방을 쟁취하려는 약소민족의 문예다. [또한] 노동인민을 인정하는 관점에서 임금 노예의 운명을 탈피하려는 자연발생적 신흥 문예다. 5·4 신문예가 [새로운] 사상·방법·형식을 받아들였기 때문에, [중국적] 사상은 현실 사회의 투쟁적 입장이 더욱 견고해졌고, [중국적] 방법은 창작이라는 면에서 중국 현실을 인식하는 방향이 개척되었으며, [중국적] 형식은 형상(形象)을 조직하는 능력이 배양되었다. 민주 혁명이라는 실천적 요구로부터 그것들을 받아들였[기 때문에] 그것은 민주 혁명이라는 실천적 요구로부터 내재[血肉]화 된 것이다.[94]

'전통'과 보편적 '새로움'이라는 인식을 내용과 형식이라는 관계에 적용시키면, 우선 샹린빙과 후펑은 사회주의적 내용을 긍정하고 있다는 공통점을 보인다. 그럼에도 불구하고 샹린빙이 '새로움'의 형식으로 '전통'의 형식을 끌어들인다면, 후펑은 '전통'의 형식이 그 내

---

94 胡風, 같은 글, 같은 책, 1984: 234~235쪽.

용(즉 봉건주의적 내용)과 분리될 수 없다는 시각에서 보편적 '새로움'의 내용에 걸맞은 형식을 다시금 제기하고 있는 것이다. 후펑의 이와 같은 접근은 사실 사회주의 '혁명문화'의 정체성과 연관된다. 다시 말해서 보편적 '새로움'이라는 사회주의적 내용에 걸맞은 사회주의적 형식이 통일적으로 요구되기 때문이다.

> '민간형식'의 '중심원천'론 또는 '헌(또는 오래된) 병에 새 술'[이라는] 주의(主義)는 본질적으로 현실주의에 대한 반발이다. 그것은 '내용이 형식을 결정한다.'는 원칙을 위반했고, 예술 구조를 외부의 기계적 형태로 간주했기 때문에 그것에 긴밀하게 결합된 내용이 전혀 없을 [뿐만 아니라] 형식(체재[體裁])을 실체로 전환시켰다. 이러한 이론에 구속된 이론가들은 특정한 형식이 특정한 내용(현실주의자인 작가의 주관 작용을 통해 이해되는 것)을 떠날 수 없으며 외부의 것을 작가의 '운용'으로 간주한다는 점을 이해하지 못한다. 형식이 바로 작가의 주관과 통일된 객관 현실의 합리적 표현인 것이다.[95]

여기에서 '외부의 것'은 보편적 '새로움'을 의미하며, 그것은 '특정한 형식과 내용'의 불가분성으로부터 긍정된다. 하지만 '전통'의 강조는 필연적으로 그 '전통'(내부라는 의미에서)과 대립된 '외부의 것'을 설정하게 되면서 '외부의 것'을 배척한다. '전통'을 중시하는 '내재적 역사 접근법'[96]은 바로 당시 중국 계몽주의가 기반한 보편적 '새로움'의

---

95 胡風, 같은 글, 같은 책, 1984: 261쪽.
96 내재적 역사 접근법은 당시 중국의 혁명적 지식인들에게만 국한되지 않는다. 서구(주되게, 미국)의 중국 현대사 연구에 '서구 중심적' 시각이 깊숙이 개입되었다는 점을 비판한 코헨(Paul A. Cohen)이 대표적이다. 그는 '서구 중심적' 중국 현대사 연구를 크게 '충격-반응 접근법', '전통-근대성 접근법', '제국주의 접근법'으로 구분하면서 '중국 자신에 입각한

근간을 부정하는 것에 해당한다. 후펑이 '민간형식'의 근원을 다름 아닌 숙명론이나 인과응보와 같은 봉건주의 사상(또는 내용)이라고 주장한 것은 이러한 맥락에서 이해된다.[97]

당시 혁명적 지식인들의 '전통' 인식은 보편적 '새로움'을 상징하는 5·4 신문화 운동과 연관되어 매우 다양한 형태로 드러난다.[98] 예

(China‐centered) 접근법'을 대안으로 제시한다. Paul A. Cohen/이남희 옮김, 『학문의 제국주의』(서울: 산해, 2003)에서 특히, '제4장 중국 연구의 새로운 흐름' 부분을 참조할 것.
97 胡風, 「論民族形式問題」, 『胡風評論集(中)』(北京: 人民文學出版社, 1984): 242쪽 참조.
98 5·4 '신문화' 운동에 대한 비판은 혁명적 지식인 내부에서 이미 일정한 흐름을 형성해 왔다. 취추바이는 "중국의 5·4 문화운동은 본래 자산계급이 영도하는 문예부흥 운동이지만, 자산계급의 문화혁명 부분은 [사실] 정치혁명의 부분과 동일하다. [현재 자산계급은] 조금의 부끄러움도 없이 배신하며, 반혁명의 힘으로 변했다. 문화혁명에서 자산계급의 배신은 5·4 시기 붕괴하기 시작한 '만리장성'을 다시금 새롭게 고쳐 형식적으로 새로움을 만들었지만, 사실 여전히 봉건적 잔재를 유지하는 지배 [형태에 불과하다. 이러한 만리장성은 노동민중과 문화생활의 장벽을 통해 [양자를] 단절하려는 시도[에 해당한다. 이 만리장성은 무엇인가? 바로 5·4식의 새로운 文言이다(지금의 白話문학이라는 것). 새로운 문언의 기초에서 어떻게 통속화를 할 것인가를 막론하고, 새로운 시대의 과학예술이라는 모든 지식은 줄곧 1·2 만 명의 지식청년들에게만 영향을 미쳤을 뿐이다. 이 때문에 만약 프로 문예의 대중화도 여전히 이러한 기초 위에 있을 수밖에 없다면, 그것 [역시] 자연스럽게 그다지 중요하지 않은 부분적 활동에만 [머무를] 것이다. 현재의 임무는 반드시 의식적이고 체계적으로 무산계급 영도 아래 문예부흥운동과 무산계급 영도 아래 반봉건적 의식 지배[에 대한] 문화혁명, [즉] '무산계급의 5·4'를 전개하는 것이다. 다시 말해서 이것은 자산계급에 반대하는 문화혁명이면서도 이 문화혁명은 현 단계에서 자산계급의 민권혁명이라는 임무에 해당한다. 혁명적 대중문예의 창조는 이러한 문화혁명의 한 부분이면서도 매우 중요한 부분이다. 이것은 지극히 엄중한 전투다." 瞿秋白, 「大衆文藝의 問題」(初稿片斷), 『街頭集』; 丁易 編, 『大衆文藝論集』(北京: 北京師範大學出版部, 1951): 143~144쪽. 참고로 「大衆文藝的問題」가 실린 『文學月報』의 1932년 第1卷第1期, 즉 창간호는 1932년 6월 10일 발간된 것이다. 따라서 이 글은 그 이전에 작성된 초고에 해당한다. 여기에서 문화혁명에서의 '자산계급'은 '계몽주의적 지식인'을, 그리고 '만리장성'은 '봉건주의적 잔재'를 가리킨다. 이처럼 취추바이는 중국적 '자산계급의 5·4'와 '무산계급의 5·4'를 구분한다. 이를 통해 부르주아 민주주의 혁명, 즉 구민주주의 혁명과 다른 차원의 중국적 신민주주의 혁명을 지향한다. 다시 말해서 서구의 경우, 봉건주의 의식을 일소하는 투쟁은 본래 자산계급의 민권주의가 담당한 임무였다. 하지만 중국에서의 자산계급은 그러한 문화혁명에 반대하는 세력으로 존재한다. 그들은 서구의 그것과 다르게 봉건주의적 의식과 봉건 경제의 문화생활을 유지하면서 무산계급에 대한 착취를 강화하고 있을 뿐이다. 丁易 編, 같은 책, 1951: 140쪽 註 참조. 참고로 이 註는 원문인 宋陽, 「大衆文藝의 問題」, 『文學月報』1932년 第1卷第1期(大成老舊刊全文數據庫, http://www.dachengdata.com 참조)에서는 보이지 않는다. 이로부터 무산계급의 문화혁명에는 反자본주의적·反봉건주의라는 이중적 성격과 함께 자본주의를 거치지 않고 사회주의로 직접 이행해야 하는 임무가 부여된다. 자산

를 들어 허치팡(何其芳, 1912~1977)은 절충적 관점에서 전통적 '구(舊)문학'과 보편적 새로움을 추구한 5·4 '신문학'에 접근하면서 양자를 연속적 관계로 파악한다.

> 나는 5·4 운동 이후의 신문학이 구(舊)문학의 정당한 발전이라고 생각한다. 중국 구문학의 낙후성과 구문학의 형식을 어떤 사람은 천년 넘게 이용된 것이라고 하고, [또] 어떤 사람은 수백 년간 이용된 것이라 대부분 더 이상 이용할 것이 없다고 한다. 그래서 유럽 문학의 영향을 크게 받을 [수밖에] 없었다고 말할지라도, 그것[신문학]을 구문학과 어떤 조금의 혈연관계도 없는 계승자[라고 말할 수는] 없다. …… 이후 [신문학은] 형식적으로 더욱 유럽화되었을 뿐만 아니라 내용적으로[도] 더욱 현대화·중국화되었다. 이것은 일종의 진보다. 또한 구문학 안의 영양분을 완전히 배척하지도 않았다. 왜냐하면 그 영양분은 문학 자체에 의해 자연스럽게 남겨지는 것이기 때문이다. 현재 제기된 민족형식은 단지 의식적으로 구문학과 민간문학에서 더 많은 영양분을 찾으려는 것이다. [이것은] 의심할 바 없이 신문학의 향후 발전 방향인 것이지 신문학을 다시 새롭게 세우는 것이 아니다. 따라서 그것[민족형식]의 기초는 의심할 바 없이 신문학에 놓일 수 있는 것이다.[99]

계급의 봉건적 타락으로부터 이끌어낸 자본주의와 봉건주의의 동일시는 중국적 특수성에 해당한다. 이러한 특수성은 샹린빙과 마찬가지로 '옛(또는 낡은) 형식'의 활용이 사회주의 혁명을 위한 '대중화'의 방식이라는 차원에서 긍정된다. 주의해야 할 것은 취추바이의 이와 같은 시각이 중국에서 자본주의 및 현대적 대중의 출현을 봉건주의의 맥락에서 해석하게 만든다는 점이다. 하지만 그의 주장과 다르게 사회주의 중국 사회에서 자본주의와 봉건주의 모두가 극복되었다고 이해하기보다는 사회주의가 봉건주의와 결합되었다고 보는 것이 더욱 현실적이다.

99 何其芳, 「論文學上的民族形式」, 北京大學 等主編, 『文學運動史料選』4(上海: 上海敎育出版社, 1979): 407쪽.

결국 허치팡의 '정당한 발전'은 전통에 기반한 새로움의 수용 과정으로 해석된다. 이러한 관점은 샹린빙이 '대중 생활 가운데 익숙하게 보고 듣던 자신의 작풍과 자신의 기풍'을 거론하며, 5·4 신문화의 문예 형식을 대립적으로 이해한 것과 분명한 대비를 이룬다. 다시 말해서 허치팡은 중국의 옛(또는 낡은) 문화와 서구의 새로운 문화 모두를 긍정적으로 이해하면서, 그것을 중국 문화의 발전과정에 위치시킨다. 궈모뤄 역시 이와 같은 시각에서 접근하고 있다. 그는 5·4 신문예를 중국 내부의 민간형식과 사대부 형식, 그리고 외부의 서구문화 형식이 상호 결합된 형태로 파악한다.

> 중국의 신문예는 사실 중국에서 예전부터 존재하던 두 가지 형식, 즉 민간형식과 사대부 형식의 종합적 통일이다. 민간형식으로부터 그 통속성을 취하고, 사대부 형식으로부터 그 예술성을 취하고 있다. 그리고 여기에 외부의 요소가 더해져 예전부터 존재하던 형식과 외부 형식이 종합적으로 통일되었다.[100]

이처럼 '민족형식'을 둘러싼 논쟁은 전통적 '민간문화'에 대한 인식 차이로부터 분명하게 드러난다. 다시 말해서 전통적 '민간문화'에 봉건주의와 대립적 측면이 존재하는가 아니면 그것은 단지 봉건주의의 산물인가가 논쟁의 핵심을 차지한다. 전자는 이상화된 초역사적 '피지배계급'의 문화로서 과거의 '민간문화'를 긍정한다. 여기에서 '민간문화'는 '민중의 문화'라는 긍정적 측면과 함께 봉건주의라는 부

---

100 郭沫若,「民族形式'商兌」,『中國文化』1940年第2卷第1期: 7쪽(大成老舊刊全文數据庫, http://www.dachengdata.com 참조).

정적 측면이 모순적 통일관계를 형성한다. 그렇다면 문제는 '민간문화'에 존재하는 봉건적 요소를 어떻게 극복할 수 있는가에 있다. 하지만 혁명적 지식인들은 봉건주의적 내용을 사회주의 이데올로기로 대체하면서 민간문화의 외적 형식을 유지할 뿐이다. 하지만 후펑의 지적대로 봉건주의적 내용과 민간문화의 형식이 분리될 수 없는 것이라면, 사회주의적 내용과 민간문화형식의 결합은 결국 사회주의적 '혁명문화'를 기형적인 형태로 변형시키는 결과를 초래할 것이다.

또한 '민간문화'를 봉건주의적 내용과 형식의 통일체로 파악하고 계몽 운동의 연장선상에서 그것을 극복 대상으로 설정한다면, 다시 말해서 사회주의 '혁명문화'가 사회주의적 내용과 그에 걸맞은 문화형식을 요구한다면 그것은 바로 '민간문화'와 질적으로 구분된 사회주의 '혁명문화'의 정체성에 해당한다. 하지만 이 역시 사회주의 이데올로기가 자본주의의 안티테제적 성격에서 자신의 기능을 찾고 있다는 한계로부터 아직까지 그 현실적 모습을 드러내지 못한 채 추상적 담론 수준에 머물러 있을 뿐이다.

양자의 한계는 변증법적 기본 원리의 단순한 해석상의 차이라는 점 이외에도 비(또는 전)자본주의 사회의 '민간문화'와 사회주의 사회의 '혁명문화'를 직접적으로 연계시키려는 혁명적 지식인들의 의도에 기인한다. 다시 말해서 자본주의를 전제로 하는 사회주의 이데올로기에 기초해 그 문화적 내용과 형식을 구성하려는 시도에서 차이가 발생하고 있다. 그럼에도 불구하고 양자가 지향한 중국적 '민족형식'의 창조가 사회주의 '혁명문화'의 기본 형식이라는 점에서는 동일한 인식을 보인다.

한편, 사회주의 이데올로기를 통한 '민간문화'의 재구성 과정은 과거의 '민중'을 현재의 '인민대중'으로 주조하는 과정과 정확히 일치한다. 지식인 일반을 '혁명적 지식인'과 '비(또는 반)혁명적 지식인'으로 구획했던 '인민대중'의 이분법과 동일하게 중국적 사회주의 '혁명문화'의 문화형식으로 제기된 '민족형식'은 과거의 '민간문화'를 자신의 형식으로 채택하면서 동일성을 구축한다. 이로부터 '민간문화' 이외의 문화형식은 모두 '민간문화'의 타자로 남겨진다. '민족형식' 논쟁에서 제기된 '내부의 것과 외부의 것'라는 이항대립 역시 이러한 권력 기능이 내재하고 있다.

여기에서 두 가지 지점에 주목할 필요가 있다. 하나는 이른바 '혁명적 지식인'이 '인민대중' 내부의 지위를 유지하기 위해 '비(또는 반)혁명적 지식인'에 대한 타자화 과정에 적극 개입했던 것과 마찬가지로 '민간문화' 이외의 문화형식을 주장하는 또 다른 '혁명적 지식인'을 '인민대중' 내부로부터 타자화시키는 기능을 담당하고 있다는 점이다. 이것은 이분법의 속성인 배제와 차별이 지속적으로 이루어지는 과정에 해당한다. 샹린빙은 '내부의 것과 외부의 것', 그리고 '인민대중과 지식인'라는 이분법을 통해 5·4 정신을 계승하려는 계몽주의 계열의 혁명적 지식인을 비판한다.

> 여기에서 외부 요인론이라는 문예대중화 이론을 끌어낸 것은 출발부터 대중을 순수한 교육 대상이라는 위치에 놓은 것이다. [또한] 대중의 각성을 전제로 문예를 대중에게 전달함[으로써] 대중 스스로의 문예가 된다. 이러한 문예 운동의 민중(民衆)무능론은 사실 먼저 대중의 지식 [수준]을 높이거나 문맹을 제거한 다음 대중문예를 건설하려는 대기[等待]주의인 것이다.[101]

---

101 向林冰,「論'民族形式'的中心源泉」,『大公報·戰線』, 1940.3.24. ; 徐迺翔 編,『中國文

샹린빙의 비판은 바로 계몽주의적 관점에 내재한 '지식인 중심성'을 직접적으로 겨냥하고 있다. 계몽주의는 그 자체로 교육 주체인 지식인과 교육 대상인 대중을 전제할 수밖에 없으며, 그와 같은 관계는 결국 '대중화(大衆化)'가 아닌 '화대중(化大衆)'을 지향할 수밖에 없기 때문이다.[102] 이에 후펑은 "민족형식을 대중화나 통속화로 환원하는 데 동의할 수 없다."[103]고 단언한다.[104] 다시 말해서 '민족형식'을 둘러싼 대립은 지식인의 자기부정을 요구하는 사회주의 이데올로기 내부로부터 다시금 '지식인 중심성'과 '인민대중 중심성'이라는 구도로 전환되고 있는 것이다.[105] 이데올로기적 '인민대중'이 이분법에 기초

學史資料全編現代卷-文學的'民族形式'討論資料』(北京: 知識産權出版社, 2010): 159쪽.

102 大衆化가 대중에게 맞춘 문화적 내용과 형식의 창출이라면, 化大衆은 지식인의 문화적 내용과 형식에 맞춰 대중을 변화시키는 것을 가리킨다.

103 胡風, 「論民族形式問題」, 『胡風評論集(中)』(北京: 人民文學出版社, 1984): 274쪽.

104 리쩌허우는 후펑의 '민족형식' 주장을 다음과 같이 평가한다. "후펑은 자신이 이해하고 견지한 루쉰의 전통에 따라 문예는 계속해서 적과 싸워야 할 뿐 아니라 중국 '국민성'의 약점과 병폐, 즉 인민대중의 '노예화된 정신적 상처'를 끊임없이 끄집어 드러내야 한다고 일관되게 강조했다. 그의 전체 이론의 중점은 확실히 '계몽'이었고, '대중을 변화시키는 것(化大衆)'이었지 '대중화(大衆化)'는 아니었다." 李澤厚/김형종 옮김, 『중국현대사상사론』(파주: 한길사, 2005): 152쪽. 또한 "전체적으로 보면 후펑은 5·4 신문예 전통의 수호자였으며, 서구화된 언어와 형식까지도 포함하는 외래문화의 영양분을 계속 흡수하여 중국 현실의 사회적 투쟁과 결합시킴으로써 민족문예 형식과 그 형식의 대표를 창조하는 데 중점을 두고 있었다. 그는 '계몽'에, 그리고 '국민성'을 폭로하는데, 문예의 내용과 형식이 반드시 새로운 시대의 성질과 특징을 지녀야 하는데 주목했다." 李澤厚/김형종 옮김, 같은 책, 2005: 152쪽. 그러면서 후펑의 한계점을 지적한다. 1) '내용이 형식을 결정한다.'는 점을 지나치게 강조하여 형식 자체가 가지고 있는 상대적 독립성을 무시하였다. 2) 중국 문예전통의 '스토리화' 형식 자체에 대해서도 그것이 봉건주의 '숙명론 또는 인과응보'의 근원이라는 식의 논단을 가했다. 3) 통속화와 대중화, 그리고 대중이 항상 보고 즐겨 듣는 것을 경시하는 태도를 취했다. 李澤厚/김형종 옮김, 같은 책, 2005: 152쪽 참고. 리쩌허우의 이와 같은 평가는 1980년대 그가 제창한 '계몽의 재추진'이라는 맥락에서 보자면, 후펑에 대한 부정적 평가이기 보다는 루쉰에서 후펑으로 이어지는 '계몽주의'적 전통을 다시금 확립하려는 의도를 가지고 있다. 그것의 특징은 다름 아닌 봉건적 유제에 대한 단호한 투쟁적 태도다. 다시 말해서 그는 현대화의 재추진, 즉 봉건적 유제의 청산이라는 목적을 가지고 후펑에 접근한 것이다.

105 혁명적 지식인의 '지식인 중심성'은 1929년부터 본격화된 '문예대중화' 논쟁에서도 분명히 드러난다. 이 같은 사실은 그들이 사회주의 이데올로기의 '계급대중' 담론을 계몽 운

한 이상, 혁명적 지식인을 포함한 인민대중 내부의 지속적 분화 과정은 필연적인 것이다. 그리고 주목해야 할 또 다른 하나는 사회주의 이데올로기에 기초한 '인민대중 중심성'과 자본주의적 '대중 중심성'의 상관관계다. 앞서 언급했듯이 사회주의적 '인민대중'과 자본주의적 '대중'은 체제적 차이 이외에 이분법의 적용 여부로 구분된다. 다시 말해서 사회주의적 '인민대중'이 스스로의 동일성 유지를 위해 비(非)인민대중을 타자화시키는 이분법에 기초하고 있다면, 이와 다르게 자본주의적 '대중'은 비(非)대중에 의해 타자화된다는 점이다.

이로부터 논의의 영역을 확장시켜보면, 자본주의 사회의 '이데올로기적 민중'과 비(또는 전)자본주의 사회의 '민중'의 관계 역시 이분

동의 연장선상에서 수용하고 있다는 것을 알려준다. "이것도 대중문예라는 당신의 사명이다. 당신은 대중의 문예가 아니고, 또한 당신은 대중을 위한 문예도 아니다. 당신은 대중을 가르치는 문예다! 당신은 선생이고 당신은 지도 교사이[기 때문에] 이러한 책임을 당신은 분명히 알아야 한다. 책임감을 느끼고 계급 이론을 깨우친 곳에서 당신은 마취되고 억압받으며 착취당하는 대중을 깨울 수 있는 것이다." 郭沫若, 「新興大衆文藝의 認識」, 『大衆文藝』1930年第2卷第3期(新興文學專號上): 632~633쪽(大成老舊刊全文數据庫, http://www.dachengdata.com 참조).; 丁易 編, 『大衆文藝論集』(北京: 北京師範大學出版部, 1951): 45~46쪽. 궈모뤄는 '대중'을 '무산노농 대중'으로 규정하면서도, 평민이나 민중을 교육시켜 계몽을 완수하려 했던 계몽주의적 지식인들과 동일하게 '지도'를 통해 '계급대중'을 계몽시키고자 한다. 이것은 지식인들이 '무산계급 의식'을 획득했던 것처럼 '대중'이 '무산계급 의식'을 획득할 수 있다는 논리에 기반한 것이다. 이와 같은 시각은 마오쩌둥이 이상적으로 형상화한 '인민대중'과 비교해보면 상당한 거리가 존재한다. 한편 궈모뤄는 이러한 '사회주의적 계몽'을 위해 '무산문예의 통속화'라는 방법론을 제기하고 있다. "내가 소망하는 새로운 대중문예가 바로 무산문예의 통속화다! 통속! 통속! 통속! 나는 당신을 향해 542만 번 통속을 외친다! 당신들은 俗을 통하는 것이 자신의 존엄을 훼손한 듯하고, 俗을 통하는 것이 자신의 체면을 구긴 듯 생각하면서 어정쩡한 태도를 취하지 마라. …… 대중문예의 표어는 마땅히 무산문예의 통속이어야 한다. 통속이 설사 문예[의 수준]에 도달하지 못해도 괜찮지만 당신은 [절대] 대중을 버려서는 안 된다. 당신은 [절대] 무산대중을 버려서는 안 된다. 항상 '대중'이라는 두 글자를 당신의 머릿속에 새겨야만 한다." 郭沫若, 같은 글, 1930: 632~633쪽.; 丁易 編, 같은 책, 1951: 45~46쪽. 이러한 '통속화' 주장은 당시 계몽주의적 지식인과 혁명적 지식인 모두 봉건주의 또는 상업주의에 대해 부정적 태도를 취하고 있다는 점을 감안한다면 대단히 파격적인 것이다. 문예 자체의 가치가 상실되더라도 미래사회의 주인인 '대중'을 '지도'하기 위해 문예를 통속화해야 한다는 제안이다. 이와 같은 관점은 '민중화'를 제기했던 쭈쯔칭의 주장과 대단히 유사하다. 궈모뤄의 '통속화' 주장은 샹린빙의 '민간형식'을 통한 '대중화' 또는 '통속화'와 밀접한 상관성을 보여준다. 하지만 샹린빈은 그와 다르게 '지식인 중심성'을 부정하고 있다.

법의 적용이라는 측면에서 조망이 가능해진다. 사회주의 이데올로기에 기초한 자본주의 사회의 '이데올로기적 민중'은 사회주의적 '인민대중'과 마찬가지로 자기 동일성 유지를 위해 타자화라는 배제의 원리가 작동한다. 반면, 비(또는 전)자본주의적 '민중'은 비(非)민중의 동일성을 위한 타자로 남아 있다. 다시 한 번 지적하지만 여기에서 '민중'은 사회주의 이데올로기의 계급적 분석틀과 무관한 비(또는 전)자본주의적 '사람들'로 설정되어야 한다는 점이다. 또한 이러한 관계망으로부터 '민간문화'·'민중문화'·'혁명문화'·'대중문화' 담론을 다시 중첩된 방식으로 논의할 때, 각각의 문화적 특징이 보다 분명한 형태로 드러나게 된다.

중국에서 '민족형식' 논쟁은 단지 '민간문화'의 형식과 내용에 관한 혁명적 지식인들의 논쟁에 머물러 있지 않다. 그것은 '민간문화'와 사회주의적 '혁명문화' 또는 '민간문화'와 자본주의적 '대중문화'라는 당시 중국적 상황과 밀접한 상관관계 아래 놓여 있다. 이와 같은 관계설정 문제는 개혁개방 이후 중국 지식인들에 의해 연속된 형태로 나타난다. 그 중심에 바로 자본주의적 '대중'과 '대중문화'가 위치한다. 이러한 맥락에서 '민간문화'의 내용과 형식 모두를 보편적 '새로움'으로 대체하자는 후펑의 주장은 계몽의 연속적 측면에서 타당성을 갖지만 자본주의적(또는 현대적) '대중'과 '대중문화'에 주목하지 못했다는 점에서 한계를 보인다.

3 현대적 '대중'과 '대중문화' 담론

현대적 '대중' 출현의 중국적 의의

당시 중국에서는 '대중(大衆)'에 해당하는 서구 어휘로 'the masses'와 'the people'이 함께 사용되고 있다. 두궈샹의 '대중' 개념에서 알 수 있듯이, '대중' 개념을 정립하는데 'the people'이라는 개념은 하나의 중요한 논쟁 지점을 제공한다. '대중'이라는 어휘가 포함된 '대중문예'라는 표현을 중국에서 처음 사용한 사람은 이후 '농민문예'를 주장한 위다푸로 알려져 있다. 그는 1928년 9월 루쉰(魯迅)의 적극적인 도움으로 상하이에서 『대중문예(大衆文藝)』 창간호를 발행한다. 여기에서 그는 중국에서 '대중문예' 유래와 '대중' 개념을 소개하면서 서구 민주주의의 규범적 명언인 'By the people, for the people, of the people'을 인용한다.

> '대중문예'라는 이름은 일본에서 현재 유행하고 있는 이른바 '대중소설'로부터 가져왔다. 일본의 '대중소설'은 저급하고 일반 사회심리에 영합하는 통속 연애 또는 무협 소설 등 일 뿐이다. [그러나] 현재 우리가 빌려 온 이 명칭은 [일본의 경우처럼] 협소한 범주가 아니다. 우리가 생각하기에 문예는 당연히 대중의 것이다. 어떤 사람들이 말하듯이 그것[대중]을 하나의

계급에 제한해 종속시킬 수 없다. 또한 하나의 새로운 명사(名詞)로 창조해 정부기관에 등록할 수 있는 것도 아니고, 문예를 한 단체나 몇 사람만의 전매특허 상품으로 여길 수[도] 없는 것이다. 최근 자본주의의 빠른 발전은 일부 문학단체조차 신탁회사에 묶어 놓고 문예를 마음대로 독점하려 하기 때문에 우리는 이러한 위기에 떨쳐 일어날 필요가 있다고 생각한다. 그래서 현대서국(現代書局)과 계약을 맺어 매달『대중문예』를 발간하고자 한다. 우리는 정치적 야심이 전혀 없[기 때문에] 문예를 이용해 관직에 나가려는 [마음이 없다]. 또한 우리는 명예와 이익이라는 허영(虛榮)이 전혀 없[기 때문에] 수시로 [내용을] 바꾸면서 청년들을 속이고, 독점적 명성과 이익을 거둬들이려는 [마음이 없다]. 특히 우리는 스스로 재판관·천재 또는 개인 집정관(Dictator)을 자처하며 높은 자리에 서서 밑에 있는 대중을 어리석은 무리로 간주하고, 항상 명령만 내리는 총사령관식의 글을 쓰고 싶지 않다. 우리는 단지 문예가 대중의, 대중을 위한, 대중에 관한 것이라고 생각한다. 서양인들의 'By the people, for the people, of the people'이라는 표현은 우리가 지금까지도 인정하는 진실이다.[1]

위다푸는 'the people'의 번역어로 '대중(大衆)'을 정확하게 대응시킨다. 'the people'은 사회주의 이데올로기의 계급적 구분과 무관한 '사람들'을 가리키며, 오늘날 중국에서 이 어휘는 '인민(人民)'으로 번역되고 있다.[2] 위다푸가 자본주의에 비판적 태도를 취하기는 했지만,

---

[1] 達夫, 「大衆文藝釋名」, 『大衆文藝』1928年 第1卷 第1期: 1~2쪽(燕京大學圖書館影印, 『大衆文藝』第1卷 第1~6期 참조).
[2] 'the people'의 중국어 번역어인 '인민' 역시 중국의 현대사에서 다양한 어의 변천을 겪게 된다. '계급대중' 개념으로서 '인민'과 '인민대중'은 사회주의 중국의 건설을 전후로 함께 사용되었지만, 개혁개방 이후 '인민대중'은 사라지고 대신 '인민'이 광범위하게 사용된다. 따라서 현재 '인민'과 '대중'이라는 어휘는 계급 담론을 벗어나 각기 다른 어의적 맥락으로 구성되어 있다.

그는 분명히 '대중'을 당시 '계급대중'에 대립되는 무계급적 개념으로 사용한다. 여기에서 주목해야 할 것은 『대중문예』를 발행한 '현대서국'이라는 이름에서도 나타나 있듯이, '대중'과 '현대'라는 어휘는 당시 발전한 상하이 자본주의와 밀접한 상관관계를 맺고 있다는 점이다. 다시 말해서 계몽주의적 지식인과 혁명적 지식인들이 봉건주의적 '민중'과 자본주의적 '대중'에 대한 명확한 구분 없이 대중이라는 어휘를 사용했다고 하더라도, 엄밀한 의미에서 '대중'은 자본주의 또는 서구식 현대화와 연관되어 있는 개념이라는 점을 알 수 있다.

한편, 창조사의 펑캉(彭康, 1901~1968)은 위다푸의 '대중문예'가 '혁명문예'와 비슷해 보이지만 실제로 정반대라고 주장한다. 그는 위다푸의 논리가 혁명문학을 공격하기 위해 문예의 계급성을 제거하고 프롤레타리아를 '대중'으로 대체했다고 평가하면서, 이러한 반동적 문예이론의 원천에 'By the people, for the people, of the people'식의 '모든 사람들[全民]의 민주주의'가 있다고 비판한다.

> 대중문예의 이론적 근거를 위다푸 스스로도 말한 바 없지만, 그는 문예가 마땅히 이러해야 한다고 생각할 뿐이다. 하지만 우리는 그의 근본 입장이 모든 사람들의 민주주의에 있다는 점을 알고 있다. 다시 말해서 이른바 'By the People, for the People, of the People'라는 것은 정치적 Democracy다. 이러한 Democracy가 실현될 수 있는가[에 대해] 역사라는 구체적 사실은 우리에게 하나의 부정적인 답변[만]을 알려준다. 본래 모든 사람들[이라는] 정치사상이 당시에 어떻게 생겨났는지 지금은 어떠한지에 상관없이, 그 이론은 억압된 민중(民衆)의 눈과 귀를 속여 그들의 저항을 완화시키려는 사회의 잘못된 인식 또는 실천적 동기에 기초해 있다. 이 두 가지 점은 매우 분명한 것이다. 특히 현재[와 같이] 사회적 대립이 첨예화된 시

대에 이러한 골동품을 치켜세워[도] 그 속셈을 숨길 수는 없다. People! 이것은 무엇인가? 사회의 일부분을 가리키는가? 사회의 구성 요소는 모두 동일한 생활양식 및 지위를 갖는가? 만약 이와 같다고 한다면, 그것 또한 무슨 모든 사람들의 정치[라는 것도] 필요치 않다. 왜냐하면 이러한 상황이 이미 처음부터 democratic하기 때문이다. 하지만 우리는 역사상 이러한 사회가 존재하지 않았다는 것을 알고 있다. 역사 과정에서 사회는 단순하게 일체화된 사회가 아니라 매우 복잡하게 분화된 것이고, 생활 조건이 서로 다른 수많은 집단의 총체다. 이러한 집단은 그 생활 조건이 다르기 때문에 그것의 사상과 감정 또한 다르다. 사상이 다르기 때문에 사회적 인식과 평가도 상이하다. [또한] 감정이 다르기 때문에 미적 요구와 미적 감수성도 당연히 같지 않다. 이러한 일체의 서로 다른 사회 집단은 경제적 기초에서, 다시 말해서 생산 수단의 소유 [여부]로부터 사회적 계급이 된다. 사회는 계급에 의해 구성되며, 계급의 투쟁이 사회 발전을 촉진시킨다. 이것이 자연적·필연적·본질적 진실이다. 그래서 우리는 사회에서 단지 계급만을 볼 수 있을 뿐, People과 같은 추상적인 것은 하나의 공허한 단어에 불과하다. 그래서 By the People, for the people, of the people이라는 이상(理想)도 단지 사회의 어떤 일부분인 people의 이상인 것이고, [그것을] 실현하고자 할 때도 이 일부분의 내부에서만 실현될 수 있다. 이 일부분은 경제적으로 실제 권력을 장악한 계급이며, 이른바 Democracy라는 것[도] 당연히 지배계급의 것으로 현재 자산계급의 것이다. [따라서] 만약 신중치 못하게 함부로 모든 사람들의 정치를 외치면서[도] 일정한 입장이 없다면, 그것은 자산계급을 대신해 말하는 것과 같다. 이 점은 원래 매우 단순하지만 근본적인 것이다. 위다푸는 [그것을] 정확하게 이해하지 못했기 때문에 정치 이론적으로 반동(反動)인 것이다.[3]

평캉은 계급적 관점에서 'the people'을 해석하며, 그것에 자산계급을 대응시킨다. 다시 말해서 'the people'은 '모든 사람들'이라는 추상적이고 비현실적인 의미를 지시하지만, 계급 사회라는 역사적 규정으로부터 그것은 실제 '자산계급'과 동의어에 불과하다는 지적이다. 이러한 맥락에서 'democracy', 즉 민주주의 또한 자산계급의 정치적 민주주의로 한정된다. 이와 같은 인식은 마오둔이 '대중'을 소시민으로 파악한 것과 동일한 맥락에 위치한다.[4]

여기에서 'the people'의 긍·부정적 평가를 논외로 한다면, 위다푸와 평캉은 모두 그것을 자본주의 체제와 연관시켜 해석한다는 점을 알 수 있다.[5] 사실 위다푸의 대중관은 일정한 변화를 거친 것이다. 그 역시 혁명적 지식인이었다는 점에서, 그의 비판은 계급문예가 계급대중 자신으로부터 형성되지 않고 이른바 혁명적 지식인들에 의해 선동된다는 데 있다.

현재 중국에서 몇 사람이 외국 사상을 도용해서 큰 소리로 무산계급의 문

---

3 彭康, 「革命文藝與大衆文藝」, 『創造月刊』1928年第2卷第4期: 120~121쪽(燕京大學圖書館影印, 『創造月刊』第2卷第1~5期 참조). 시기적으로 『大衆文藝』 창간호가 출판된 직후 진행된 비판이다.
4 궈모뤄 역시 동일한 계급적 시각에서 위다푸를 비판한다. "그것[위다푸의 '대중문예']은 무산문예에 대항하기 위해 생산된 것이다. 이른바 '대중'이라는 것이 무산계급을 제외한 대중이라고 한다면, [그것은] 재산이 있고 여유가 있는 대중일 것이며, 아름답게 차려 입은 젊은 남녀라는 대중"이다. 郭沫若, 「新興大衆文藝的認識」, 『大衆文藝』1930年第2卷第3期(新興文學專號上): 631쪽(大成老舊刊全文數據庫, http://www.dachengdata.com 참조).; 丁易 編, 『大衆文藝論集』(北京: 北京師範大學出版部, 1951): 42~43쪽.
5 이러한 맥락에서 당시 문학의 주류가 혁명문학이 아니라 모더니즘 문학이었다는 스저춘의 평가는 주목할 만하다. "1930년대의 문학적 주류는 좌익의 '혁명 문학'이 아니라, 마땅히 모더니즘 문학이어야 했으며, 진정한 '혁명' 문학은 또한 사회주의 리얼리즘이 아니라, 모더니즘 가운데의 '전위'(즉, avant-garde) 문학이었다." 李歐梵/장동천 외 옮김, 『상하이 모던』(서울: 고려대학교출판부, 2007): 11쪽. 왜냐하면 상하이의 모더니즘 문학의 존재는 바로 자본주의적(또는 현대적) 대중을 전제로 하고 있기 때문이다.

학을 외치거나 한두 사람이 [외국 사상의] 모방 기술을 가지고 억지로 사이비 무산계급의 작품을 만들려 할지라도, 결과는 수고스럽지만 서툴러서 분명 어떤 것도 이루어질 수 없을 것이다. [그것은] 자신에게 충실하지 못한 행위[에 불과하다. 나는 여기에서 감히 한 마디로 단언한다. 진정한 무산계급의 문학은 반드시 [혁명적 지식인이 아닌] 무산계급 자신으로부터 창조되어야 하고, 이러한 창조가 성공하는 날이 바로 무산계급의 독재가 이루어지는 때다.[6]

위다푸에게 사회주의 이데올로기는 혁명적 지식인들이 외국 사상을 기계적으로 수용한 것이다. 그러한 사회주의 이데올로기를 선동하는 혁명적 지식인은 진정한 무산계급 문예를 창조하는 데 방해가 될 뿐이다. 이처럼 펑캉이 계급적 현실로부터 '계급대중'을 끌어내고 있다면, 위다푸는 계급 담론의 근저에 개입된 '지식인 중심성'을 문제 삼는다. 위의 인용문을 통해 알 수 있듯이, 위다푸는 사회주의 이데올로기적 계급 분석을 혁명적 지식인의 '지식인 중심성'과 연관시켜 이해하고 있다. 그의 이러한 지적은 혁명적 지식인이든 비(또는 반)혁명적 지식인이든 간에 그들의 담론에 '지식인 중심성'이 다양한 형태로 개입될 수밖에 없다는 점을 알려준다.

당시 '대중(大衆)'으로 번역되던 또 다른 어휘가 바로 서구의 'the masses'다. 앞서 살펴본 량스츄의 부정적 군중관이 여기에 해당한다. 그는 대중이 자본주의적 경제생활로 인해 물질적 향락에 빠져 있다고 본다. 자본주의적 대중이 그들의 일상생활에서 원하는 것은 '도박

---

[6] 日歸, 「無産階級專政和無産階級的文學」, 『洪水』1927年第3卷第26期: 47쪽(燕京大學圖書館影印, 『洪水』第3卷第25~26·28·31期 참조). 日歸는 郁達夫의 필명이다. 이와 같은 그의 문제의식은 이후 '농민문예'의 제창으로 이어진다.

·영화·춤·이묘환태자(貍貓換太子)[경극]·칠협오의(七俠五義)[통속소설]·성(性)의 역사'와 같은 자극적인 오락물일 뿐이다.[7] 이로부터 지식인의 '취향'은 자본주의적 물질생활과 근본적으로 구분되는 개념이 된다. 다시 말해서 '취향'은 자본주의적 '대중'에게는 존재하지 않으며, 오직 지식인만이 선천적으로 갖춘 특정한 자질을 의미한다.

이처럼 량스츄의 비판 대상인 자본주의적 '대중'과 그들의 도시적·오락적·소비적·향락적 성격은 앞서 살펴본 것처럼, 프랑크푸르트학파의 '군중'적 형상과 대단히 유사하다. 프랑크푸르트 학파가 미국으로 이주한 뒤, 1930년대 후반부터 미국 자본주의 비판을 통해 '문화산업' 개념이 정립되었다면, 그것과 1930년에 제출된 량스츄의 '군중' 개념 사이에는 직접적 연관성이 없어 보인다. 오히려 이러한 공통 인식은 당시 상하이 자본주의와 미국 자본주의를 배경으로, 자본주의적 '대중'과 '대중문화'에 대한 지식인의 사회적 대응 과정으로 이해할 필요가 있다. 다시 말해서 서구와 중국 지식인들은 공히 자신의 사회적 위치와 기능을 보장하기 위해 자본주의 사회의 '대중' 또는 비(또는 전)자본주의 사회의 '민중'을 비판의 대상으로 간주하는 것이다.

자본주의적(또는 현대적) '대중' 개념과 관련하여 특별히 주목해야 할 지점이 바로 '계급의식'과 '대중의식'에 대한 푸둥화의 개념 정의다. 영어 어휘인 'the masses'에 중국어 '대중(大衆)'이 본격적으로 대응하기 시작한 것은 '대중어(大衆語)' 운동과 관련이 깊다. 푸둥화는 '대중어'의 두 가지 해석 가능성을 제시하면서 '대중적인 언어'가 아닌 '대중이 실제 사용하는 언어', 즉 '대중의 말'로 그것을 설정한다.

---

[7] 梁實秋,「文學與大衆」,『新月』1930年第2卷第12號: 11쪽 참조(燕京大學圖書館影印,『新月刊』第2卷第9~12號 참조).

'대중어'는 '대중에 속한 언어'(language of the masses)로 해석될 수 있으며, 또한 '대중적인(형용사로서) 언어'(popular language)로도 해석될 수 있다. 만약 전자의 견해를 따른다면, 우선 무엇이 '대중'인가를 알아야만 한다. 만약 후자의 견해를 따른다면, 단지 '통속적'이라는 말일 뿐이다. 현재 우리를 비판하는 수많은 사람들이 모두 후자의 견해다.[8]

'대중어'의 영문 표현에서도 드러나고 있지만, 그는 'the masses'에 '대중'을 대응시키면서 '대중어'를 '대중에 속한 언어'로 규정하고 '대중'의 정의를 요구한다. 그는 또한 원래 백화문(白話文)이 추구했던 '사실[眞]'과 '실제 생활[活]', 즉 5·4 시기 후스(胡適, 1891~1962)가 제기한 '팔불주의(八不主義)'[9]와 대중어의 구현 목표가 크게 다르지 않다고 주장한다.[10] 여기에서 주목해야 할 것은 '후자의 견해'라고 표명된 'popular language'의 번역이 '대중적인 언어'와 '통속적인 언어' 두 가지로 제시된다는 점이다. 다시 말해서 푸둥화가 그것을 '대중적인 언어'로 표현했다면, '대중어' 운동을 비판하는 지식인들은 그것을 '통속적인 언어'로 간주한다. 이로부터 당시 중국 지식인들이 'the masses'와 내용적 연관성을 갖는 'popular'에 대해 상이한 인식 태도를

---

[8] 傅東華, 「大衆語文學解」, 『文學』1934年第3卷第3期: 658쪽(文學社編輯, 『文學』第3卷, 1934年7月~12月, 生活書店發行 참조).
[9] 후스는 1917년 1월 『新靑年』에 「文學改良芻議」라는 글을 발표하며 이른바 '八不主義'를 제창한다. 1) 내용이 없는 글을 써서는 안 된다. 2) 옛 사람을 모방해서는 안 된다. 3) 문법에 맞지 않는 글을 써서는 안 된다. 4) 병도 없으면서 신음하는 글을 써서는 안 된다. 5) 진부한 상투어를 사용해서는 안 된다. 6) 전고(典)를 이용해서는 안 된다. 7) 대구를 말해서는 안 된다. 8) 속어와 속자의 사용을 피해서는 안 된다. 胡適, 「文學改良芻議」, 『新靑年』 1917年第2卷第5號: 1~11쪽(大成老舊刊全文數據庫, http://www.dachengdata.com 참조).; 謝俊美 主編, 『新靑年』(鄭州: 中州古籍出版社, 1999): 146~155쪽 참조. 후스는 이러한 '팔불주의'에 기초해 '문학혁명론'을 전개한다.
[10] 傅東華, 같은 글, 1934: 661~663쪽.

보인다는 사실을 알 수 있다.

이러한 인식 차이는 두 가지 사실을 알려준다. 첫째, '통속' 개념이 전통적 아(雅)문화(또는 사대부 문화, 고급문화)와 대립관계에 놓여 있는 속(俗)문화(또는 민간문화, 통속문화)로부터 설정된 것이라는 점을 감안할 때, 이 개념에는 '열등함' 또는 '저급함'이라는 지식인의 부정적 가치평가가 내재되어 있다. 따라서 '통속(적)'은 '지식인 중심성'이 개입된 어휘에 해당한다고 할 수 있다.[11] 둘째, 그러한 '통속'의 형용사적 용법인 '통속적'과 '대중적'이라는 어휘가 반정립 관계에 위치한다는 점이다. 다시 말해서 '대중적'은 '통속적'이 가진 부정적인 가치함의를 피하기 위해 사용된다. 윌리엄스의 지적처럼 서구에서 'the masses'가 부정적 어의에서 긍정적 어의로 발전(또는 혼재)하는 양상을 보여준다면, 중국에서 그것은 일정하게 긍정적인 의미로 남아 있다.[12] 물론 이것은 당시 대부분의 중국 지식인들이 상상된 '미래 중국의 주체'라는 함의로 '대중'이라는 어휘를 사용하고 있기 때문이다.

이로부터 푸둥화는 '대중의식'에 기초한 '대중' 개념이라는 진전된 논의를 끌어낸다. 우선 그는 "어떤 사람들은 대중의 의식이 결코 일치될 수 없기 때문에 [대중의식을] 선진적 대중의 의식으로 고쳐

---

11 "'俗'은 본래 '雅'와 대립적으로 거론된다. '通俗'의 의미는 마치 스스로 높은 '雅'라는 곳(또는 상아탑)에 서서 가끔 아래를 내려다보며 수많은 중생들을 생각하고, 진심으로 [그] 속됨을 불쌍하게 여겨 의연하게 아래로 내려가 모두를 손으로 잡아 끌어올리는 것과 같다." 南桌, 「關於文藝大衆化」, 『文藝陣地』1938年第1卷第3號: 74쪽(北京大學圖書館影印, 『文藝陣地』第1卷第1~6期 참조).

12 "어떤 의미에서 '대중'이란 '다수의 사람들'에 대한 지칭이면서, 현대 중국역사에 있어서 언제나 반봉건 [또는] 사회 민주라는 측면에서 도덕적 정당성을 갖는다." 戴錦華, 『隱形書寫: 九十年代中國文化研究』(南京: 江蘇人民出版社, 1999;2004): 9쪽. ; 戴錦華/오경희 외 옮김, 『숨겨진 서사 - 1990년대 중국대중문화 읽기』(서울: 숙명여자대학교, 2006;2007): 50쪽. 따라서 다이진화의 이러한 해석이 타당성을 얻기 위해서는 당시 지식인들이 사용한 '대중'이라는 어휘가 미래 상상적 '대중'인가 아니면 현실 '대중'인가에 의해 그 어의가 다르게 구성된다.

서술해야 한다고 생각한다. 하지만 선진과 후진 사이의 경계선 역시 분명하게 나눌 수 없는 것"[13]이라고 평가한다. 그러면서 자신의 '대중' 개념이 바로 워즈워드(William Wordsworth, 1770~1850)의 'Language really spoken by men'[14]이라는 언급과, 해블로 엘리스 부인(Mrs. Havelock Ellis/Edith Mary Oldham Lees Ellis, 1861~1916)이 『The New Horizon of Love and Life』(1921)에서 상대적인 용법으로 사용한 'the masses'와 'the classes' 개념의 영향을 받았다고 설명한다.[15]

> 사전적 정의로 the classes는 that portion of the community which is regarded, because of birth, wealth, education, etc., as being higher than, or distinct from, the masses다. 즉 사회에서 가문·재부·교육 등으로 인해 대중보다 뛰어나거나 특별한 부분으로 여겨지는 것이다. the masses는 the great body of people, as contrasted with the higher classes다. 즉 비교적 수준 높은 계급과 서로 대조되는 큰 무리의 민중(民衆)이다. 나는 현재 the masses를 '대중'으로, the class를 '계급'으로 번역한다. 이 '계급'이라는 두 글자는 일반적으로 [말하는] '자산계급'·'무산계급'·'지식계급' 등의 명사적 용법과 분명 일정한 차이가 있다. 하지만 나는 이 두 가지 명사적 대립 용법이 우리의 현재 토론에 있어서 더욱 편리하다고 생각한다.[16]

---

13 傅東華,「大衆語文學解」,『文學』1934年第3卷第3期: 665쪽(文學社編輯,『文學』第3卷, 1934年7月~12月, 生活書店發行 참조).
14 푸둥화는 워즈워드의 'Language really spoken by men'을 '사람들이 실제 말하는 언어'로 번역하면서, 여기에서 '사람들', 즉 'men'이 'humble and rustic life'(비천한 시골의 생활)를 가리킨다고 설명한다. 傅東華, 같은 글, 1934: 663쪽. 따라서 이 '사람들'은 사회적 권력 관계의 '약자'를 가리킨다.
15 傅東華, 같은 글, 1934: 663쪽.
16 傅東華, 같은 글, 1934: 665쪽.

그는 이처럼 신분·재산·교육 정도에 있어서 우월성과 특수성을 갖는 소수의 무리를 '계급'으로, 그 '계급'과 구분되는 다수의 무리를 '대중'으로 해석한다. 다시 말해서 신분상의 특권층·생산수단을 소유한 자산계급·지식을 소유한 지식인을 모두 우월성과 특수성을 갖춘 소수의 '계급'으로 분류한다. 이와 같은 접근법은 생산수단의 소유 여부로 계급 관계를 규정하던 사회주의 이데올로기와 명확하게 구별된다.

앞서 언급한 것처럼 '평민' 개념이 소수와 다수, 옛 것과 새로운 것이라는 구분법을 전제로 한다면, '민중' 개념은 소수이자 새로운 것의 담지자로서 '신'지식인의 위치 문제를 해결하고자 제기된다. 또한 두궈샹의 '대중' 개념이 주쯔칭의 '민중' 개념과 상당 부분 중첩되면서도 구분되었던 점은 '대중' 개념의 전제로 '프롤레타리아 의식'을 포함시킨 것이다. 이러한 맥락에서 푸둥화의 '계급'-'대중' 개념은 중국적 대중 개념의 변천 과정에서 또 다른 위치를 차지하고 있다.

이 '계급' 규정은 '계급' 자신을 우월하고 특수한 존재로 여기게 만드는 '계급의식'을 타자에게 요구하게 된다. 부르디외의 '구별짓기'를 연상시키는 이와 같은 해석은 소수의 '계급'을 제외한 다수의 사람들, 즉 '대중'[17]과 그들이 갖춘 '대중의식'이라는 문제로 확장된다.

---

17 푸둥화는 다른 글에서 "대중은 일체의 특수한 개인 또는 특수한 집단, 즉 황제 또는 買辦과 대립되는 名詞"라고 규정한다. 傅東華,「大衆語問題討論的現階段及以後」,『申報·自由談』, 1934.6.28(上海圖書館影印,『申報自由談』下, 1981 참조). 여기에서도 '계급'과 '대중'의 정의가 동일하게 적용되고 있다. 참고로, '매판'은 당시 서구 상인을 도와 서구와 중국의 쌍방 무역에 관여한 중국 상인들을 가리킨다. 외국 서구 상인에 의해 고용된 이들은 일반적으로 외국어 능력이 뛰어났기 때문에 서구 상인과 중국 상인의 통역뿐만 아니라 서구 국가와 중국 정부 사이에 교류 창구 역할을 담당했다. 또한 독자적으로 경영 활동을 벌여 막대한 부를 축적하기도 한다. 그래서 이들은 '매판자산계급'으로도 불린다. http://baike.baidu.com/view/84454.htm#8 참조.

첫 번째, 당연히 '대중의식'이 도대체 무엇인가를 물어야 한다. 이것은 사실 대답하기 매우 어려운데, 가장 선진적 대중과 가장 후진적 대중 사이에 무수히 [많은] 등급을 나눌 수 있기 때문에 우리는 무엇이 그들의 공통 의식인지 제기하기 어렵다. 어떤 사람은 '대중'이라는 두 글자는 단지 '근로대중'을 가리킨다고 주장한다. 그렇다면 우리의 문제는 [그] 성격이 완전히 변해거나], 적어도 [그] 범주가 대단히 좁아지게 된다. 또한 설사 근로대중의 의식이라 할지라도 [그것은] 도시와 농촌에서 여전히 큰 차이를 보이[기 때문이]다. 만약 선진적 대중만을 고려하고 후진적 대중을 배제시킨다면 대중을 '소중(小衆)'으로 바꿔야 할 것이다. 따라서 이 문제에 대해 우리는 당신에게 하나의 소극적인 해답만을 줄 수 있는데, [그것은] 특수계급의 특수의식이 아닌 모든 것을 대중의식으로 볼 수 있다[는 점이다].[18]

여기에서 '대중의식'에 대해 하나의 소극적인 해답만이 가능하다는 지적은 '인민대중'과 다르게 '대중'이 자기정체성(또는 자기동일성) 추구를 논리적 전제로 삼지 않는다는 점 때문이다. 이른바 '인민대중' 개념이 자기동일성 추구를 위해 '비(非)인민대중'에 대한 타자화 과정을 동반한다면, 푸둥화의 '대중'은 특수한 계급에 대한 상대화 작업을 거쳐 그 개념적 의의를 구성하기 때문에 그러한 타자화가 존재하지 않는다. 다시 말해서 그의 '대중' 개념은 '계급'의 자기동일성 추구를 상대화시킨 '비(非)계급'에 해당한다. 따라서 '대중의식' 역시 '인민대중' 구성에 요구되는 '프롤레타리아 의식'과 구분되는 '비(非)계급적 의식'이라 할 수 있다. 이것은 '프롤레타리아 의식'과 같이 선험적으로

---

18 傅東華,「大衆語文學解」,『文學』1934年 第3卷 第3期: 666쪽(文學社編輯,『文學』第3卷, 1934年 7月~12月, 生活書店發行 참조).

규정된 공통 의식이 '대중의식'에는 결여되어 있다는 점을 알려준다.

이로부터 그는 선진 대중과 후진 대중이라는 구분법, 즉 '프롤레타리아 의식'에 얼마만큼 근접했는가의 평가 방식에 대해서도 이의를 제기한다. 왜냐하면 대중은 선진 대중과 후진 대중이라는 두 가지 층으로만 구분될 수 있는 것이 아니라 의식적 층위에서 매우 다양한 층차가 존재하기 때문이다. 따라서 '대중'을 노동자·농민과 같이 '노동하는 대중'으로만 그 대상을 한정하게 되면, '대중'의 범주는 매우 좁아질 뿐만 아니라 현실에서 존재하는 또 다른 '대중'을 배제시키는 오류를 범하게 된다. 마찬가지로 '대중'이라는 이름으로 그들의 공통 의식인 '대중의식'을 구성하기 어려워진다.

또한 동일한 이유에서 '노동하는 대중'이라는 범주는 도시 노동자와 농촌 농민 사이의 현실적 의식 차이를 간과하게 만든다. 다시 말해서 '노동하는 대중'을 규정하는 '프롤레타리아 의식'은 그 미래지향성으로부터 현재의 차이를 모두 미래에 종속시키는 기능만을 담당하기 때문이다. 그 미래는 궁극적으로 사회주의 혁명을 의미하며, 노동자와 농민은 그 사회주의 혁명에 가장 철저하게 복무할 수 있는(또는 복무해야만 하는) 현실적 주체에 해당한다. 이에 푸둥화는 도시 프롤레타리아와 농촌 농민(마치 국통구와 연안근거지로 상징되듯)이 가진 '의식'의 현실적 차이를 거론한다.[19]

---

[19] 이처럼 '대중의식'은 '대중어' 운동 진영에서 중요한 위치를 차지하고 있다. 왜냐하면 사회의식은 그 사회의 언어를 통해 표현되며, 언어의 실질적 내용에 해당하기 때문이다. 후 위즈(1896~1986)는 '대중어'를 '대중의식을 대표하는 언어'라고 해석한다. 그에게 '대중어'와 '백화'의 차이는 바로 '대중의식'이 존재하는가의 유무에 있다. "大衆語文과 5·4 시기의 이른바 白話文이 다른 점은 백화문이 반드시 대중의식을 대변하지 않는다는 것이다. 하지만 대중어문은 타락한 사회의식을 결코 용납해서는 안 된다." 胡愈之,「關於大衆語文」,『申報·自由談』, 1934.6.23(上海圖書館影印,『申報自由談』下, 1981 참조). 그는 여기에서 예배육파의 작품과 張恨水(1895~1967)의 소설을 비판한다. 그것들이 마치 '죽은 사람의 혼이 다른 사람의 시체를 빌어 부활하는' 것처럼, 백화문의 형식을 통해 타락한 지배계층의 봉

건적 사회의식을 표현하고 있기 때문이다. 후위즈는 이처럼 단순히 언어와 문자 차원에 국한되었던 '대중어' 운동을 대중의 사회의식으로 그 논점을 확장시킨다. 예성타오(1894~1988)는 후위즈의 주장에 동의하며, '대중의식'의 확장을 위해 지식인의 사회적 역할을 강조한다. "문학이 반드시 대중의 의식을 표현할 수 있어야만 사회에서 감정의 소통이라는 기능을 다하게 된다. 당연히 대중어문학은 대중의 노력이 있어야만 만들어질 수 있지만, 특히 교육자·언어학자·문학가 등이 더욱 노력해야만 한다." 葉聖陶,「雜談讀書作文和大衆語文學」,『申報·自由談』, 1934.6.25(上海圖書館影印,『申報自由談』下, 1981 참조). 한편, 런바이거(1906~1986)는 '문언'에서 '백화'로 이어지는 언어의 진화 과정에 '대중어'를 위치시키면서, '대중의식'의 차원에서 '대중어'를 정의한다. "각 언어는 모두 그것을 대표하는 소유자가 존재한다. 따라서 그것의 내재적 함의는 그 구체적인 소유자로부터 규정된다. 文言은 귀족계급의 기본 언어이고, 白話는 시민사회의 언어이다. 이것은 '5·4' 시기의 '문학혁명'을 통해 [문언과] 더욱 분명하게 구별되었다. 그렇다면 현재 이른바 '大衆語'라고 하는 것은 당연히 시민사회 기층에 [존재하는] 수많은 대중의 언어일 것이다. 이 언어는 필연적으로 대중에게 소유된, 대중에게 필요한, 대중에게 이용되는 것이다. 다시 말해서 이 언어는 분명 대중에게 기여할 뿐만 아니라 대중에게 기여하는 데 매우 적절한 것이다. 바꿔 말하자면, '대중어'는 대중의 사상과 정서를 전달할 뿐만 아니라 대중의 사상과 정서를 전달하는 데 매우 적절한 언어다. 더 구체적으로 말해서, 대중이 쓸 수 있고, 이해할 수 있으며, 읽을 수 있고, 알아들을 수 있는 언어다." 任白戈,「大衆語底建設問題」,『新語林』1934年第1期: 11쪽(上海書店影印,『新語林』, 1982 참조). 우선 그는 봉건귀족과 시민사회의 대립을 통해 그에 상응하는 문언과 백화를 대립시킨다. 그가 시민사회의 상층을 언급하고 있지 않지만, 그것은 백화를 사용하는 '지식인'을 가리킨다. 이와 같은 논리 구조는 지식인과 대중을 시민사회로 포괄하면서 소수 지식인의 언어에서 다수 대중의 언어로 전환시키려는 의도를 갖는다. 그것은 사실상 '민중' 개념으로 지식인 문제를 해소하려 한 주쯔칭의 방식과 동일한 것이다. 다시 말해서 런바이거는 문언과 백화를 대립시키면서도 (또한 그 대립관계를 지속적으로 유지하면서) 백화에서 대중어로의 전환을 주장한다. 왜냐하면 대중에게는 자신의 의식을 획득하기 위한 자신의 언어가 요구되기 때문이다. '대중어'를 통한 새로운 '대중의식'의 창출 문제는 여전히 다수의 대중 가운데 봉건의식에 기초한 저급한 소설류가 유행하는 현실에 기인한다. "이러한 책들은 대중 자신의 언어로 대중 자신의 사상과 정서를 전달하는 것이 아니며, 대중이 이러한 언어를 배워 그것이 전하는 사상과 정서를 받아들이기 때문에 [그 책들이] 대중에게 깊이 들어가면 갈수록 대중에게 해악을 미치고 구속하게 된다. 결과적으로 대중은 더욱 어리석어지고 고통을 받게 될 뿐이다. 언어는 의식과 나뉠 수 없으며, 새로운 의식을 얻으려면 우선 새로운 언어를 획득해야만 한다. 대중이 새로운 의식을 얻을 수 있도록 우리는 대중을 위해 [그들이] 새로운 의식을 획득할 수 있는 언어를 건설해야만 한다." 任白戈, 같은 글, 1934: 12쪽. 이처럼 후위즈, 예성타오와 런바이거는 모두 '언어'와 '의식' 관계를 중심으로 사고한다. 하지만 그들이 상상한 '대중의식'은 '현실 대중의 의식'과 크게 다를 뿐만 아니라 결국 '대중의식'을 판단하는 주체가 대중 자신이 아니라 지식인일 수밖에 없다는 논리로 연결된다. 다시 말해서 '대중어'의 창조 과정은 대중에게 '새로운 의식'을 주입하는 과정이 된다. '대중어' 운동이 계몽의 연장선상에서 대중이 실제로 사용하는 언어를 통해 지속적인 계몽을 수행하려고 한 이상, 이와 같은 '지식인 중심성'은 근본적으로 배제하기 어려운 것이다. 천왕다오(1891~1977)가 현실 대중의 수준이 저급하지만 그래도 '대중'과 '대중어'의 정의 기준은 더욱 높은 수준을 지향해야 한다고 언급한 것도 동일한 맥락이다. 陳望道,「大衆語論」,『文學』1934年第3卷第2期: 569쪽(大成老舊刊全文數據庫, http://www.dachengdata.com 참조).

이처럼 푸둥화의 논의는 '대중'의 개념적 정의와 범주를 둘러싸고 '대중의식'의 성격을 조망하는 데 맞춰져 있다. 이로부터 사회적 구별 짓기를 내재적 속성으로 하는 소수의 '계급' 및 그들이 갖추고 있는 '계급의식'에 대한 정의가 시도된다. 그는 여기에서 매우 독특한 해석을 제시하는데, 그것은 바로 '여겨진다'를 통해 드러나는 사회적 인식과 그 인식의 동의 여부라는 메커니즘이다.

> 그래서 두 번째를 물어야 한다. 그렇다면 무엇이 특수계급의 특수의식인가? 이것은 '계급'의 정의에서 이미 대답되어 있다. 바로 '대중보다 뛰어나거나 특별함으로 여겨지는 것'이다. 우리가 여기에서 특별히 주의해만 할 점은 '여겨진다[被當作]'(is regarded)라는 [중국어의] 세 글자다. 왜냐하면 이미 '여겨진다'로 말했기 때문에 '계급'이 '대중보다 뛰어나거나 특별하다'는 것을 보게 되는 것이다. [이것은] 진짜 태생적으로 무슨 '뛰어나거나 특별'한 부분이 있다는 것이 결코 아니다. 단지 그들을 그렇게 '여기는' 것에 불과하다.[20]

이와 같은 언술은 매우 중요한 함의를 포함한다. 이른바 특수한 '계급'으로부터 그 특수한 '계급의식'을 끌어내는, 즉 사회적 존재로부터 사회적 의식을 규정하는 시각이 부정된다. 오히려 사회적 관계로부터 '여겨진다'는 사회적 의식이 그 사회적 존재를 결정하는 것이다. 그가 사회주의 이데올로기의 계급관념을 전복시키고 있다는 점

이와 다르게 푸둥화의 '대중의식'은 자신의 담론 내부로부터 '지식인 중심성'을 일정하게 해소하고 있다.
20 傅東華,「大衆語文學解」,『文學』1934年第3卷第3期: 666쪽(文學社編輯,『文學』第3卷, 1934年7月~12月, 生活書店發行 참조).

에 착안한다면, 이 시각은 보다 확장된 형태로 '인민대중'을 구성하는 영도계급과 동맹세력의 관계에도 적용 가능해진다. 다시 말해서 노동자·농민이라는 영도계급은 '인민대중'의 내부에서 동맹세력에 의해 특수한 '계급'으로 여겨지고, 이로부터 영도계급은 그들의 '계급의식'(우월하고 특별하다는 의미에서)인 '프롤레타리아 의식'을 갖추게 된다.

이러한 평가는 1949년 이후 사회주의 중국 사회를 이해하는 데 필요한 하나의 경로를 제시해준다. 그것은 사회주의 이데올로기에 기초한 계급대립(또는 계급투쟁)이 사라진 사회주의 사회에서 푸둥화식의 '계급'과 '대중', 그리고 '계급의식'과 '대중의식'이 존재했는가라는 점이다. 다시 말해서 사회주의 이데올로기가 생산수단의 소유 여부로 자산계급과 노동계급을 구분했다면, 그것이 실현된 사회주의 중국에서는 분명 자산계급이 존재하지 않는다. 하지만 사회주의 중국에서 여전히 스스로를 우월하고 특별하게 여기는 '계급의식'과 그것을 부정하는 '대중의식'이 존재했다면, 그것은 이른바 푸둥화식의 '계급'과 '대중'이 존재한 것이 된다. 푸둥화의 '대중'이 '계급'의 상대적 차원에서 구성된 개념이라는 점에서 '계급'과 '대중'의 관계는 사실상 사회주의 이데올로기를 뛰어넘는 것이다.

이 해석을 사회주의 중국의 문혁 시기, 지식인과 인민대중의 관계에 적용시켜보면 흥미로운 결론이 도출된다. 사회주의 사회에서 주도적 위치를 차지한 '인민대중'은 푸둥화식의 '계급'이 되며, 그 '계급'은 그들의 '계급의식'을 '대중', 즉 '비(非)계급'인 '지식인'에게 요구하게 된다. 여기에서 인민대중의 '계급의식'은 당연하게도 사회주의 이데올로기로부터 확정된 '역사적 주체라는 우월하고 특수한 의식'이다. 따라서 지식인은 '대중'으로서 이러한 '계급의식'에 동의하거나 거부하는 대상으로만 남게 된다. 바로 이것이 이데올로기적 '인민대중 중심성'의 작동 원리에 해당한다.

이처럼 푸둥화는 사회적 존재로서 '계급'이 '특수의식', 즉 '특수한 계급다움'을 결정한다는 시각을 뒤집고 있다. 다수의 '사람들'이 소수의 '사람들'을 우월하고 특별하다고 '여기기' 때문에 사회적 소수는 '계급'으로 구성된다. 마찬가지로 사회적 소수는 그 자신을 특수하게 여기기 때문에 특수한 '계급의식'을 갖추게 된다. 이로부터 '특수계급'/'특수의식'과 구분되는 상대적 차원의 '대중'/'대중의식'이 구성된다.

그는 이른바 '여겨진다'는 사회적 심리 기제의 작동 메커니즘을 그 사회적 관계 내부로부터 끌어낸다.

> 다음으로 우리는 다시 물어야 한다. 누가 그들을 '여기는' 것인가? 예전처럼 언제나 그들 스스로 먼저 '여긴' 이후에야 다른 사람들도 그들을 '여기는' 것이다. 군주(王帝)가 제위에 올라 스스로 '천자(天子)'로 '여기'면, 천천히 사람들도 그를 천자로 '여기는' 것이다. 한 사람은 다른 사람들이 그를 무엇이라고 '여긴' 이후에야 그는 이전부터 스스로 '여기'고 '여길' 뿐이던 노력을 망각하게 되고, [그에게] '마치 그런 것이 진짜 있는 것 같다[像煞有介事].'[21]는 [의식이] 형성된다. 그런데 다른 사람들이 그를 무엇으로 결코 '여기'지 않는데도, 그 자신이 억지로 스스로를 무엇으로 '여기'고자 한다면 다른 사람들은 [그저] 그[에게] '마치 그런 것이 진짜 있는 것 같다.'고 말할 [뿐이]다.[22]

여기에서 '여겨진다'는 사회적 심리 기제는 두 가지 경우로 구분

---

21 '像煞有介事'는 당시 상하이의 속어다.
22 傅東華, 「大衆語文學解」, 『文學』1934年 第3卷 第3期: 666쪽(文學社編輯, 『文學』第3卷, 1934年 7月~12月, 生活書店發行 참조).

된다. 첫째, 계급의 계급의식과 대중의 대중의식이 일치하는 경우다. 한 사람(또는 집단)이 그 사회적 위치로부터 먼저 자신을 '우월하고 특수한 무엇'으로 여기게 되고, 그 한 사람(또는 집단)을 제외한 다른 사람들이 그가 여기는 '우월하고 특수한 무엇'에 대해 마찬가지로 동일하게 여기는 경우를 가리킨다. 다시 말해서 다른 사람들의 동의(또는 합의, 인정) 과정을 거칠 때에만 그 자신의 '여김'은 현실적 효과를 발생시키게 된다. 이로부터 한 사람(또는 집단)에게 '마치 그런 것이 진짜 있는 것 같다.'는 의식은 사회적으로 인정된다. 이와 같은 사회적 의식의 형성은 이데올로기의 자연화 과정에 다름 아니다.

둘째, 계급의 계급의식과 대중의 대중의식이 불일치하는 경우다. 한 사람(또는 집단)이 여기는 '우월하고 특수한 무엇'을 다른 사람들이 '우월하고 특수한 무엇'으로 여기지 않는, 다시 말해서 다른 사람들의 거부(또는 회피)에도 불구하고 한 사람(또는 집단)이 지속적으로 자기 자신을 '우월하고 특수한 무엇'으로 여기는 경우다. 이 또한 다른 차원에서 현실적 효과를 발생시키는데, 그것은 다른 사람들이 '그 혼자만 마치 그런 것이 진짜 있는 것 같다.'고 여기는 사회적 인식이다.

따라서 푸둥화에게 '대중'은 우월하고 특수한 그 무엇, 즉 자격을 갖췄다고 스스로를 여기는 신분상의 특권층·생산수단을 소유한 자산계급·지식을 소유한 지식인을 제외한 사람들로 구성된다. 여기에서 주목해야 할 것은 바로 푸둥화가 '여김'(동의와 거부 모두를 포함한)의 평가 주체로 '특수계급'이 아닌 '대중'을 설정하고 있다는 점이다. 다시 말해서 '계급'의 '계급다움'을 요구하는 '계급의식'은 대중, 즉 비(非)계급의 시각에서 동의와 거부의 대상일 뿐이다. 이러한 관점을 다시금 당시의 지식인과 대중 관계에 적용시켜보면, '우월하고 특수한 지식인다움'이라는 '계급의식'을 갖춘 '지식인'은 '비(非)지식인', 즉

'대중'에게 그것의 인정을 요구하는 것이다. 이로부터 '인민대중 중심성'과 '지식인 중심성'이 동일한 작동 원리를 갖추고 있다는 사실이 드러난다.

그는 이 두 가지 경우를 기초로 계급과 대중의 '공통의식'의 특징을 설명한다.

> 자! 그렇다면, 이 '마치 그런 것이 진짜 있는 것 같다.'는 것이 바로 '계급'과 '대중'[이라는] 두 측면의 공통의식[을] 표현[한]다. 계급의 측면에서 진실로 받아들여지는 '마치 그런 것이 진짜 있는 것 같다.'는 것은, '대중'의 측면에서 다른 사람[계급]의 '마치 그런 것이 진짜 있는 것 같다.'를 보고 있을 수 없는 것이다. 선진 대중이든 후진 대중이든 상관없이 다른 사람[계급]의 '마치 그런 것이 진짜 있는 것 같다.'를 기뻐하지 않는 의식이 바로 그들의 유일한 공통의식인 것이다.[23]

이처럼 우월함과 특별함을 자기 근거로 하는 소수 '계급'이 '마치 그런 것이 진짜 있는 것 같다.'라는 '계급의식'을 진실로 받아들인다는 점에서, 그들은 '공통의식'을 드러낸다. 그와 다르게, 다수의 '대중'은 그들에게 '마치 그런 것이 진짜 있는 것 같다.'를 인정하지 않는다는 점에서 '대중의식'을 표현한다. 하나의 소극적인 답변으로서 '특수계급의 특수의식이 아닌 모든 것을 대중의식으로 볼 수 있다.'는 그의 주장을 상기한다면, 대중의 공통의식으로서 '대중의식'은 계급의 공통의식으로서 '계급의식'에 대한 거부(또는 회피)라는 상대적 차원

---

23 傅東華, 「大衆語文學解」, 『文學』1934年第3卷第3期: 666쪽(文學社編輯, 『文學』第3卷, 1934年7月~12月, 生活書店發行 참조).

에서 구성된다. 왜냐하면 한 사회의 '사람들' 전체가 남김없이 계급의식을 갖춘 계급 또는 대중의식을 갖춘 대중으로 단일하게 구성될 수 없기 때문이다.

'계급'이라는 동일자가 구성되기 위해 현실적으로 요구되는 '계급의식', 즉 구별짓기 또는 차별화 과정은 그들을 제외한 타자화된 '대중'을 동반한다. 따라서 '대중'의 '대중의식' 역시 '계급의식'과 대립관계에 놓이게 된다. 이러한 맥락에서 '계급의식'과 '대중의식'의 관계는 사실 '차별의식'과 '평등의식(차별을 거부하거나 배제한)'에 각각 상응한다고 볼 수 있다. 다시 말해서 '계급'이 이른바 '차별이라는 의식'을 통해 구성된다면, '대중'은 그 차별이라는 의식에 대한 '거부 의식'을 통해 형성된다.

여기에서 푸둥화는 '여김'이라는 사회적 심리 기제의 능동적 기능에 주목한다. 즉 계급의 계급의식과 대중의 대중의식이라는 상대적 '여김' 관계는 '여김'의 능동적 작용을 통해 '계급의식'과 '대중의식'의 상호 전환이라는 이론적 가능성을 제시한다. 이른바 그에게 계급과 대중은 사회구조적 측면에서 규정된 존재가 아니기 때문에 계급이 '대중의식'을 취할 수 있으며, 반대로 대중이 '계급의식'을 취할 수도 있다는 주장이다.

> 만약 이러한 견해를 따른다면, '계급'에 속한 사람들이 가문·재부·교육 때문에 '마치 그런 것이 진짜 있는 것 같다.'고 [여기는 것이] 아니라면 대중의식이 된다. 또한 대중에 속한 사람들이 비록 가문·재부·교육과 같은 것이] 없을지라도 '마치 그런 것이 진짜 있는 것 같다.'[고 여긴다면 계급의식이 된다. 이것이 유물론의 정의를 거스르는 것 같지만 결코 불가능한 [일이] 아닐 뿐만 아니라 사실 분명히 존재하는 현상이]다. 톨스토이는

귀족이지만 온전히 대중의 입장에 서서 대중의 의식을 가지고 글을 썼다. 이것은 모두 알고 있는 사실이다. [이와 다르게] 산간벽지[三家村]의 농민 [집] 자식이 도시로 와 반년 동안 책을 읽고, 장삼(長衫)을 입고서 다시는 [그것을] 벗지 않는 [등 이른바 계급의식을 가지게 된 그가] 아버지와 어머니조차 안중에 두지 않는데, 하물며 가난한 친척들이야! 이러한 일은 일상적으로 존재한다.[24]

위의 톨스토이와 농민집 자식의 사례는 '계급의 대중의식' 또는 '대중의 계급의식'이 현실적인 형태로 존재하고 있다는 차원에서 타당성을 갖는다. 그러면서 그는 이 해석이 당시 유행하던 유물론적 정의와 일치하지 않는다는 점 역시 인정한다. 다시 말해서 계급적 존재로부터 그 계급의식이 규정된다는 유물론적 정의와 다르게, 현실에서는 사회적 존재와 그에 상응하는 사회적 의식이 일치된 형태로 드러나기도 하지만 반대로 그것이 불일치되는 양상도 존재하기 때문이다. 그가 거론하고 있는 예들은 마치 사회적인 도덕적 책임을 가리키는 '계급'의 노블레스 오블리제(Noblesse oblige), 또는 '대중'의 사회적 신분의 상승 욕구를 연상시킨다. 이처럼 푸둥화는 단지 생산수단의 소유 여부에 국한되지 않고 사회적 신분의 차이와 지식의 소유 정도를 포함해 우월함과 특별함을 추구하는 '계급의식' 일반으로부터 '계급' 개념을 확정한다. 이 '계급의식'에 대한 상대적(또는 대립적) 차원에서 '대중의식'이 규정되며, 바로 그 지점에서 '대중'이라는 사회적 존재가 추출된다. 따라서 스스로를 우월하거나 특별한 그 무엇,

---

24 傅東華, 「大衆語文學解」, 『文學』1934年第3卷第3期: 666쪽(文學社編輯, 『文學』第3卷, 1934年7月~12月, 生活書店發行 참조).

즉 특수한 '계급의식'을 갖춘 '계급'으로 규정하지 않는 이상 '대중의식'을 갖춘 '대중'이 된다.

계급/대중이라는 사회적 존재와 계급의식/대중의식이라는 사회적 의식의 관계로부터 사회적 의식의 능동적 작용에 주목하는 푸둥화의 주장은 여전히 유의미한 시각을 제공해준다. '이념적 진보와 일상적 보수'라는 언술이 단지 좌파 지식인의 계급적 속성인 소자산계급(또는 쁘띠부르주아지)의 이중성으로만 해석될 수 없는 것처럼, 노동자가 자본주의 문화를 진정으로 좋아할 수도 있다는 히스와 포터의 언급[25] 또한 이러한 푸둥화의 문제의식과 맞닿아 있기 때문이다. 그가 사회주의 이데올로기의 유물론적 정의를 거부하며, 구체적 현실로부터 사회적 의식의 능동성에 주목한 것은 사실 탈현대 담론의 그것과 일맥상통한다.[26]

---

[25] Joseph Heath and Andrew Potter/윤미경 옮김, 『혁명을 팝니다』(서울: 마티, 2006;2009): 33쪽.

[26] 푸둥화의 이러한 인식은 앞서 언급한 피스크의 그것과 대단히 유사하다. 피스크의 '대중' 개념을 다시 한 번 살펴보면, "내가 말하는 '대중(the people)'은 바로 이 가변적인 일련의 사회적 충성의 종속관계를 의미하며, 따라서 계급·성·연령·인종·종교와 같은 외면적인 사회적 요소들로 기술되기보다는 대중이 느끼는 집단성(people's felt collectivity)으로 기술되는 것이 더 나을 것이다. 이러한 충성의 종속관계는 계급 및 다른 사회적 범주들과 부합할 수도 있으나 반드시 그런 것은 아니다. 왜냐하면 때로는 그것이 이러한 범주들을 파괴할 경우도 있고, 때로는 아예 그것들을 무시하기 때문이다. 그러므로 사회적 시스템의 구조와 문화적 충성의 종속관계 사이에 상호연관성이 있는 것은 분명하지만, 그것들은 결코 경직된 관계가 아니다." John Fiske, *Understanding popular culture*(Boston: Unwin Hyman, 1989), p. 24. ; John Fiske/박만준 옮김, 『대중문화의 이해』(서울: 경문사, 2002; 2005): 30~31쪽. 피스크의 '대중'은 '사회적 충성의 종속관계'로부터 규정되며, 또한 그것은 '대중이 느끼는 집단성'으로 표현된다. 사회적 충성은 다양한 사회적 범주와 연관된 개념으로, 대중은 그 사회적 범주들에 대한 문화적 충성이라는 종속 관계를 형성한다. 한편, 푸둥화의 '대중' 개념은 소수와 다수라는 구분으로부터 사회주의적 이데올로기의 계급구분 방식인 생산수단의 소유 여부라는 기준을 뛰어넘어 신분적 차이와 지식의 소유 여부를 포함하는 사회적 범주의 확장을 보여준다. 다시 말해서 피스크와 푸둥화가 거론하고 있는 사회적 범주의 내용이 정확히 일치하는 것은 아니지만 사회주의 이데올로기가 설정한 계급 범주라는 유일무이한 틀을 벗어나고 있다는 점에서 동일하다. 또한 피스크의 '사회적 충성의 종속관계'와 '대중이 느끼는 집단성'이 사회적 의식의 차원에서 기능하면서 동의와 거부라는 기능을 포함하고 있는 것처럼, '여김'이라는 사회적 과정을 통해 형성된 '마치 그런 것이

'평민문학'·'국민문학'·'민중문학'의 지식인들이 '소수'와 '다수', '옛 것'과 '새로운 것', 그리고 '계급' 관계를 중심으로 지식인과 대중의 관계설정에 주력했다면, 푸둥화는 우월함과 특별함을 의미하는 사회적 '계급의식'을 배제함으로써 누구나 '대중의식'을 갖출 수 있다고 주장한다. 이와 같은 논리적 설정은 피스크와 그로스버그와 같이 지식인 자신을 '대중'으로 간주하는 의식적 형태와 유사하다. 다시 말해서 지식인도 '계급의식'을 배제한다면 '대중의식'을 취할 수 있으며, 이로부터 '대중'이라는 존재로 간주될 수 있게 된다.

푸둥화에게 지식인과 대중의 관계는 '대중어' 문학의 영역에서 '작가'와 '독자'의 관계로 형상화된다.

> 어떤 사람은 대중어 문학이 대중 스스로 만드는 것이며, 지식인이 [그것을] 대행할 필요가 없다고 한다. 일반적 의미에서 이 말은 당연히 잘못되지 않았다. 하지만 앞서 살펴본 해석에 의하면, 원래 지식인은 대중과 나뉠 수 없는 것이다. 왜냐하면 지식인이 대중의 의식을 가진다면, 그들도 대중의 일부분이 되기 때문이다. [따라서] 스스로를 '대중보다 우월하거나 특별하다고 여기는' 지식인은 대중어 문학을 하기에 부적합할 [뿐만 아니라] 대중어 문학을 만들어 낼 수도 없다. 이러한 이유에서 대중어 문학의 독자가 반드시 지식인이 아닐 필요도 없다.[27]

진짜 있는 것 같다.'라는 사회적 의식과 그것에 동의 또는 거부를 포함시킨 푸둥화의 주장 역시 일치한다. 이처럼 피스크와 푸둥화는 '계급'과 '대중'을 사회구조적 측면에서 결정된 존재로 보지 않고, 그것을 '대중의식' 또는 '계급의식'과 단절적으로 연결시킨다는 측면에서 탈현대적 문제의식을 공유한다. 이러한 문제의식은 대중의 구획을 내적 기능으로 하는 현대적 담론과 다르게, 탈현대적 담론이 대중에 가해지는 다양한 구획을 대중 스스로 극복해나가는 과정으로 이해한다는 것으로 이어진다.(네그리와 하트의 '다중' 담론이 대표적이다) 다시 말해서 탈현대적 시각은 '대중 중심성'의 사회적 실현 문제에 타당성을 부여한다.

27 傅東華, 「大衆語文學解」, 『文學』 1934年 第3卷 第3期: 667쪽(文學社編輯, 『文學』 第3卷,

이처럼 그는 '대중의식'의 입장에서, 지식인과 대중의 경계를 부정한다. 하지만 여전히 남아 있는 문제는 현실적으로 지식인과 대중의 사회적 힘의 크기 차이가 존재한다는 점이다. 푸둥화의 표현을 빌려 말하자면, '마치 그런 것이 진짜 있는 것 같다.'는 소수의 '여김'은 다수의 동의 여부와 무관하게 물질화된 형태로 사회적 영향력을 행사하고 있다. 이것은 단순히 의식적 층위에서만 '계급'으로 규정되지 않는다는 점을 알려준다. 다시 말해서 소수의 자신을 우월하고 특별하게 간주하는 '마치 그런 것이 진짜 있는 것 같다.'는 자기규정은 다수의 거부(또는 회피)에도 불구하고 사회제도라는 물질화된 형태로 유지되고 있다. 예를 들어, 대학과 학술지 등과 같은 제도적인 물적 기반은 지식인들에게 대중의 동의와 거부(또는 회피)라는 사회적 표현과 무관하게 그들의 사회적 발언권(또는 '계급의식'의 유지)을 안정적으로 보장하는 기능을 제공한다.

따라서 "'계급'이 진짜 태생적으로 무슨 '뛰어나거나 특별'한 부분이 있는 것이 아니라 단지 그들을 그렇게 '여기는' 것에 불과하"[28]기 위해서는 '계급'의 물적 조건에 대한 현실적 검토가 요구된다. 당연하게도 이것은 '민주주의', 즉 '대중'의 사회적 힘의 증대가 사회제도라는 물적 기초의 정립과 연관되어 있기 때문이다. 대중의 '계급의식'에 대한 사회적 거부(또는 회피) 인식이 현실적 영향력을 갖추기 위해서는 '대중의식'을 갖춘 '대중'의 힘이 제도화된 형태로 정착되어야 한다. 하지만 이러한 사회적 물질화 과정은 기존 '계급'이 기반한 사회질서에 균열을 가져오기 때문에 '계급'과 '대중' 사이에는 대립적 긴

1934年7月~12月, 生活書店發行 참조).
28 傅東華, 같은 글, 1934: 666쪽.

장관계가 형성된다. 톨스토이의 '계급의 대중의식', 그리고 농민집 자식의 '대중의 계급의식'이라는 사례는 바로 이러한 긴장관계의 반영으로 해석할 수 있다. 따라서 '대중의식'에 기초한 '대중' 중심의 사회질서가 수립되기 위해서는 '계급'의 물적 근거가 '대중'과 무관하게 독립적으로 존재하는 것이 아니라 '대중'의 선택, 즉 동의와 거부(또는 회피)가 행사될 수 있는 안정적인 구조의 확립이 요구된다. 왜냐하면 특권적 신분·생산수단·지식을 소유한 '계급'이 그것을 우월하고 특별한 '계급의식'으로 여기는 이유는 '대중'과 무관한 사회질서가 다양하게 유지되고 있기 때문이다.[29]

푸둥화 역시 '대중의식'의 사회적 확산을 염두에 두면서 '대중'의 사회적 정당성을 확보하고자 한다. 이를 위해 '대중의식'에 기초한 대중어 문학을 제창한다.

---

[29] 여기에서 주목해야 할 것이 바로 '市場'이다. '시장'은 이러한 '대중'의 일상적 선택을 가능하게 하는 구조에 해당한다. 물론 '시장'에 대한 편견과 왜곡(사회주의 이데올로기가 대표적이다)이 아직까지도 자본주의 사회 내부에 남아 있지만 히스와 포터의 지적은 '시장'의 필요를 다시 한 번 환기시킨다. "개인들이 다양한 생활양식들 가운데 자신들이 원하는 것을 골라 채택하기를 바라는 사회에서는 시장의 필요를 피하려 해야 소용없다." Joseph Heath and Andrew Potter/윤미경 옮김, 『혁명을 팝니다』(서울: 마티, 2006;2009): 411쪽. 그들은 나아가 자본주의 체제 자체를 부정하는 좌파 지식인들을 거론하면서 자본주의적 시장 질서를 분명한 형태로 옹호한다. "시장에서 재화의 가격이 결정되는 것은, 사회가 어떤 사람의 일이 더 혹은 덜 중요한가를 판단할 위치에 있지 않다는 사실에 대한 불가피한 반응이라고 할 수 있다.(민주적 의사결정 과정이 그 대안이 될 수 없다는 것은 분명하다. 가격이 정해져 있지 않으면 문제가 너무 복잡해진다.) …… 물론 좀 더 좋은 환경에서 태어난 덕에, 원하는 것을 갖는다는 점에 관한한 남들보다 더 유리한 위치에 있는 사람들이 있다는 사실을 인정할 수밖에 없다. 그들에게는 더 많은 돈을 지불하는 것이 돈을 덜 가진 사람들에 비해 희생이 덜 따르는 것이다. 하지만 부의 분배 또는 교육과 같은 다른 '이점'의 분배를 비판하는 것과 자본주의를 비판하는 것은 같지 않다는 것을 인식해야 한다. …… 우리는 이런 종류의 비판과 시장 자체에 대한 비판을 구별해야 한다. 좌파 비판가들이 자본주의의 주요한 결점으로 드는 것의 대부분이 실제로는 시장 '실패'의 문제이지 시장이 원래의 취지대로 작동한 결과는 아니다. …… 잘못은 체제가 아니라 '체제 내에 존재하는 허점' 때문이다. 해결책은 허점을 없애는 것이지 체제를 무너뜨리는 것이 아니다." Joseph Heath and Andrew Potter/윤미경 옮김, 같은 책, 2009: 412~413쪽.

이로부터 대중의 입장에 서서 대중의 이해(利害)를 [자신의] 이해로 간주하는 것이 대중어 문학의 내용이 된다. 이러한 내용의 정당성은 대중이 항상 사회에서 가장 많은 수를 차지한다는 사실로부터 구성된다. 따라서 내용적 측면에서 대중어 문학의 비평 기준은 단지 한 가지다. [그것은] 바로 가장 많은 수의 사람들을 위한 이익인지 아닌지를 보고 변호하는 것이다. 따라서 타고난 재능 또는 뛰어난 정신 등을 변호하기 위한 모든 개인주의, 그리고 소수 사람들의 이익을 변호하기 위한 모든 계급주의는 대중어 문학의 비평 기준에서는 배척받게 된다.[30]

사회적 소수가 아닌 다수라는 공리주의적 관점으로부터 '대중'은 그 정당성을 획득한다. 그리고 '대중의 입장에 서서 대중의 이해를 지식인 자신의 이해로 간주할 것'과 '가장 많은 사람들의 이익을 옹호할 것'을 각각 대중어 문학의 내용과 비평 기준으로 삼는다. 이와 같은 시각은 '대중'의 부정적 형상화를 통해 자신의 사회적 위치와 기능을 긍정하는 계몽주의적 지식인들의 '지식인 중심성'과 명확히 구별된다. 이처럼 그는 다수의 대중에 우선성(또는 긍정성)을 부여하면서 '대중의식'을 중심으로 대중과 지식인이 맺고 있는 관계의 문제를 해소한다. 이러한 그의 '대중의식 중심성'은 '계급의식'과 '비(또는 반)계급의식'(즉 '대중의식')의 관계로부터 '계급'과 '대중'이라는 사회적 존재를 조망했다는 점에서 당시 사회주의 이데올로기의 계급 담론을 뛰어넘는 새로운 패러다임에 해당한다. 또한 담론의 무게중심을 다수의 '대중'과 '평등의식'으로서의 '대중의식'에 위치시켰다는 점도 '민

---

30 傅東華, 「大衆語文學解」, 『文學』1934年 第3卷 第3期: 666쪽(文學社編輯, 『文學』第3卷, 1934年 7月~12月, 生活書店發行 참조).

주주의'에 대한 진전된 인식을 보여준다.

그럼에도 불구하고 푸둥화의 '계급의식'과 '대중의식'의 구분법에는 일정한 한계가 존재한다. 그것은 그가 '계급의식'과 연관된 현대적 개인주의에 반감을 보일지라도 대중들 사이에 존재하는 우월함과 특별함의 추구 욕구를 감안할 필요가 있다는 점이다. 다시 말해서 계급의 우월함과 특별함의 추구가 자신의 물적 기초와 직접적 상관성을 맺고 있다면, 그것과 구분되기는 하지만 대중 또한 다양한 사회적 층에서 자신만의 우월함과 특별함, 즉 '개성'을 추구하고 있기 때문이다.[31] 물론 대중의 이러한 추구 욕구가 계급에 의해 다시금 새로운 형태의 지속적인 '구별짓기'가 진행되는 원인이 되기도 한다. 하지만 푸둥화의 '계급의식'이 '차별화된(또는 차별화시키는) 의식'과 동일한 의미라는 점에서, 그것은 자본주의 경제시스템의 '계급'뿐만 아니라 '대중'에게도 적용되는 사안에 해당한다.[32] 이와 같은 논리적 한계는 바

---

[31] 리프킨은 이러한 우월함과 특별함의 추구 현상을 '개성'의 사회적 등장이라는 측면에서 설명한다. "개성personality의 등장은 사람들의 의식이 갑작스레 변했다는 것을 보여 주는 증거였다. 사람들은 도덕적인 고매함보다는 남에게 호감을 주는 것에 더욱 관심을 기울였다. 주변 사람들에게 영향을 끼치는 것은 바람직한 일이었다. 개성이 있다는 것은 카리스마가 있고 여럿 가운데 돋보이며 관심의 중심에 선다는 뜻이었다. 갈수록 개인의 비중이 약해지고 관료화되어 가는 사회는 산업의 효율적 조건에 맞는 모범 시민을 요구했기 때문에, 사람들은 그런 답답한 굴레에서 벗어나 자신만의 개성을 드러내고 싶다는 생각을 하기 시작했다. 남에게 깊은 인상을 주어 인정받는 것이 도덕적이 되는 것보다 더 중요했다." Jeremy Rifkin/이경남 옮김, 『공감의 시대』(서울: 민음사, 2010): 493쪽.

[32] 히스와 포터는 대중의 우월함과 특별함 추구를 자본주의적 소비 구조와 연관시킨다. "특별히 이웃들보다 더 뛰어나야 한다고 생각지 않지만 남부끄럽지 않은 생활수준을 유지하길 원하는 사람들도 결국 해마다 더 많은 돈을 지출해야만 한다. 이들의 소비는 대체적으로 창피를 면하기 위한 것이므로 '방어적 소비' 형태를 띤다. 이들은 이웃 사람들에 비해 뒤떨어지지 않으려 애쓴다. 그러나 군비경쟁의 예가 생생히 보여주듯, 군비 축적이 방어용인지 공격용인지는 상관이 없다. 한 사람이 괜찮은 정도의 생활수준을 유지하려고 노력하면 이웃 사람들은 우월한 지위를 얻기 위해 더 많은 것을 소비할 수밖에 없게 된다. 소비 습관은 하층이 사람들이 점점 더 열심히 모방함에 따라 사회 계층구조를 통해 아래로 퍼져 가는 경향을 띤다." Joseph Heath and Andrew Potter/윤미경 옮김, 『혁명을 팝니다』(서울: 마티, 2006;2009): 147쪽. 이런 맥락에서 푸둥화의 '계급의식'과 '대중의식'이라는 구분을 대중의 '대중의식' 내부로 돌린다면 네그리와 하트가 주장한 다중의 '특이성-공통성'

로 그가 '계급' 개념을 기존의 방식과 다르게 설정하면서, '차별의식'과 '평등의식'이라는 대립구도에 각각 '계급'과 '대중'을 대응시킨 것에 기인한다.

푸둥화가 당시 '대중어 문학'(즉 대중의식이 반영된 대중 언어의 문학)을 통해 '대중의식'의 전 사회적 확장을 지향한 목적은 '전통'이 아닌 보편적 '새로움'의 범주에서 '순(純)문학'과 '잡(雜)문학'이라는 아속(雅俗)의 경계를 타파하려는 데 있다.³³ 이를 위해 그는 '민중'에게 익숙한 옛(또는 낡은) 문체를 '대중어 문학'에서 사용해서는 안 된다고 주장하면서, '대중어 문학'을 일반문화의 발전이라는 시각에서 '대중의 문화' 또는 '대중의식에 기반한 문화'로 긍정한다.³⁴

1) 문학 용어로서 '대중어'(이하 '문용 대중어')는 대중이 실제 사용하고 있는 언어를 정화함으로써 대중의식을 정확하게 대변하는 언어 문자다. 2) '대중적', '통속적' 또는 '보편적'과 같은 형용사는 단지 문용 대중어의 부분적 속성만을 드러낼 뿐이지, 전체적인 속성[을 드러내지] 못한다. 따라서 문용 대중어는 [백화(白話)에] 한정되지 않을 뿐만 아니라 백화보다 더 통속적이고 보편적일 필요도 없는 것이다. 3) 이러한 문용 대중어는 선진적 대중으로부터 점차 자연발생적으로 생겨나지만 인위적 추동 역시 필요하다.

개념과 일정한 유사성을 갖는다.
33 傅東華, 「大衆語文學解」, 『文學』1934年 第3卷第3期: 667쪽(文學社編輯, 『文學』第3卷, 1934年7月~12月, 生活書店發行 참조). 이러한 '순문학'과 '잡문학'의 관계는 '고급문화'와 '대중문화'의 그것에 정확히 대응한다.
34 당시 푸둥화 자신이 편집위원이기도 했던 『太白』은 대중문화의 정립을 목표로 報告文學·科學小品·雜文이라는 3가지 문체를 제창하며, 옛 문체에 대한 차별화를 시도한다. 『태백』은 '대중어' 논쟁 기간 중인 1934년 9월 20일에 창간되었고, 천왕다오가 주편을 맡고 있다. 격주로 발행된 『태백』은 당시 지식인 사회에서 광범위한 영향력을 갖춘 잡지로 자리잡는다. 『태백』은 1935년 9월 5일 정간될 때까지 上海生活書店에서 모두 2卷24期가 간행된다. http://baike.baidu.com/view/310970.htm 참조.

그러므로 '대중어'를 '창조' 또는 '건립'한다는 것은 바로 이러한 문용 대중어의 빠른 성장을 추동한다[는 의미다]. 4) 문용 대중어를 건립하기 위한 수단은 문학 이외에 다른 어떠한 것도 없다. 따라서 대중어 운동이 문학을 벗어난다면, [아무런] 의미도 없을 뿐만 아니라 확실한 [현실적] 효과도 없는 것이다. 5) '대중어 문학'은 정화된, [그리고] 대중의식을 대변한 현실 언어를 통해 서술된 기록 문학 또는 구두 문학이다. 6) 대중어 문학의 목적은 바로 현실 대중어의 속성을 개선하는 것이다. [즉] 현실 대중어의 내용을 충실히 하고, 현실 대중어의 수준을 제고하는 것이다. 이를 통해 대중의식을 몽롱(朦朧)한 [상태]로부터 점차 명확한 [상태]로 만들고, 일반문화의 진보(進步)를 보다 더 촉진시킨다.[35]

이처럼 그는 '대중의식'을 반영한 현실 언어, 즉 '대중어'를 통해 형성되는 문화와 일반문화를 연결시킨다. 그의 시각은 윌리엄스가 고급문화가 아닌 대중문화를 일반문화(또는 공통문화; common culture)로 규정하려는 시도와 유사하다. 다시 말해서 윌리엄스가 사회적 다수인 대중으로부터 그들의 문화를 일반문화로 인정한다는 것은 '계급의식'에 기반한 '계급의 문화'를 배척하려는 푸둥화와 그 기본 인식을 같이 한다. 이것은 서구와 마찬가지로 중국 사회 내부로부터 현대적(또는 자본주의적) '대중'의 출현과 그 사회적 힘의 증대 과정이 문화적 측면에 투영된 데 그 원인이 있다. 따라서 일반문화로서 대중문화를 주장한 푸둥화, 그리고 1930년대 중국 사회에서 문학의 주류가 혁

---

35 傅東華, 「大衆語文學解」, 『文學』1934年 第3卷 第3期: 658-659쪽(文學社編輯, 『文學』第3卷, 1934年 7月~12月, 生活書店發行 참조). 여기에서 '정화'·'인위적 추동'·'개선'·'보충'·'제고' 등의 언표들은 대중 내부의 지식인 역할에 해당한다. 이처럼 지식인이 '대중의식'을 갖추었다는 전제는 지식인을 대중으로 간주하게 만든다.

명적 지식인의 '혁명문학'이 아니라 '모더니즘 문학'이라는 스저춘의 주장은 대중문화의 사회적 확산이 지식인의 변화된 '대중' 인식을 추동한 것으로 해석된다. 그것은 당시 상하이를 중심으로 주류문화의 위치를 점한 대중문화가 대중문화의 생산(또는 문화상품의 소비) 주체인 '대중'에 국한되지 않고, 우월하고 특별한 '계급'으로까지 확장되었다는 점에 근거한다.[36]

또한 이 같은 사실은 사회적 구별짓기를 진행하던 '고급문화'의 사회적 기능(또는 영향력)이 현저히 약화되었다는 점을 반영한다. 왜냐하면 '고급문화'는 '계급'과 '계급의식'이라는 범주 안에서만 그 의의를 찾을 수 있기 때문이다. 대중문화가 사회적 공간에서 자신의 영향력을 늘려간 것이 곧 대중의 사회적 힘의 증대 또는 대중의식의 사회적 확장을 의미한다면, 이것은 필연적으로 '계급'의 '계급의식'과 '대중'의 '대중의식'에 서로 다른 의미를 부여하던 '고급문화'와 '대중문화'의 경계를 해체시키게 된다. 다시 말해서 대중문화는 선택적 수용 과정(또는 상품화 과정)을 거쳐 고급문화를 자신의 문화로 흡수하며, 그 경계를 해체한다.

당시 마오둔 등 혁명적 지식인들이 현대적(또는 자본주의적) 대중

---

[36] "엘리트 문화와 세속 문화를 각각 양극단으로 한다면, 해파 문화는 그 사이에 있는 넓은 중간 지대를 차지하고 있었다고 할 수 있다. 상하이의 지식인이 창출한 해파 문화의 가장 큰 공헌은 아(雅)와 속(俗) 양쪽이 함께 즐길 만한 우수한 대중문화를 발전시켰다는 점일 것이다. 예를 들어 1930년대 상하이의 영화·문학·미술·연극 등은 대중들만이 좋아한 것이 아니었다. 그 중 우수한 작품은 지식인들 사이에서도 공감을 불러일으켰으며, 불후의 명작으로 후세에 전해지고 있다." 楊東平/장영권 옮김, 『중국의 두 얼굴』(서울: 펜타그램, 2008): 79~80쪽. 여기에서 언급된 '해파'는 당시 상하이를 중심으로 활동한 문인 집단과 작가들을 가리킨다. "상하이 문화에는 '해파(海派) 문화'라는 호칭밖에 없다. 왜냐하면 상하이인들은 다른 사회 계층에 속하고 다른 직업을 갖고 있다 하더라도, 하나의 대도시 속에서 이른바 시민 생활이라 불리는 동질의 생활양식을 가졌기 때문이다. 시장의 수요와 대중의 취미에 어울릴 만한 동질성 높은 시민 문화를 만들어 낸 것이다." 楊東平/장영권 옮김, 같은 책, 2008: 19~20쪽.

과 대중문화를 '소시민' 또는 '소시민의 문화'로 비판하고, 이른바 사회주의 이데올로기의 '대중화'를 위해 옛(또는 낡은) 민간형식을 이용하자는 주장[37]의 배경에는 이러한 사회적 변화가 개입되어 있다. 이처럼 '대중의식'을 중심으로 '대중'의 사회적 영향력을 확보하려는 푸둥화의 시각은 '평민'·'국민'·'민중' 개념과도 구분될 뿐만 아니라 두궈샹의 '프롤레타리아 의식'과도 명확하게 구분된다. 하지만 여기에서 그가 대중어 문학의 내용과 비평 기준으로 제시한 '대중의 입장에 서서 대중의 이해를 지식인 자신의 이해로 간주할 것'과 '가장 많은 사람들의 이익을 옹호할 것'과 같은 언술은 '계급대중' 담론에서도 동일하게 사용되는 것이다. 다시 말해서 소수의 지식인은 푸둥화식의 '대중의식'이든 두궈샹의 '프롤레타리아 의식'이든 그와 같은 의식의 동의를 통해 다수의 '대중' 또는 '인민대중'으로 '존재 이전'이 가능해진다. 따라서 사회적 다수의 개념 규정에 타자화(또는 배제와 차별)를 동반한 자기동일성 추구가 적용되고 있는가가 바로 '대중'과 '인민대중'을 구분하는 현실적 기준에 해당한다.

이로부터 푸둥화는 '문예대중화' 운동을 주장한 좌련의 '대중문학'을 겨냥하며, 그것과 '대중어 문학' 사이에 존재하는 근본적 차이를 지적한다.

---

37 "사실 20년 동안 舊形式은 단지 新文學 작가들에 의해 부정되었지만, 아직도 신문학에 의해 부정되지는 못했다. 대중에 의해 부정된 적도 없었다. 이것은 우리 신문학 작가들의 수치다. 마땅히 용기를 내어 인정해야만 한다. 7·8년 전 문단에서 대중화라는 요구가 처음 나왔을 때 구형식의 이용이라는 문제를 토론한 적이 있다. 당시는 불리한 객관적 조건 때문에 결국 '탁상공론'을 피할 수 없었다. …… 신문학 작가들을 두렵게 하는 것은 [구형식이 아니라] 오히려 신문학이 오랫동안 협소한 울타리 안에 머물러 있다는 것이다. 그래서 대중화는 현재(까지되) 가장 중요한 임무(라 할 수 있다. 사실 이미 분명하게 언급했다. 대중화를 완성하려면 구형식의 이용이라는 과제를 완전히 무시해 내버릴 수 없다! 내버리는 것이 가장 손쉬울지도 모르지만 [결국 대중도 당신을 외면할 것이다." 茅盾,「大衆化與利用舊形式」,『文藝陣地』1938年第1卷第4期: 121쪽(大成老舊刊全文數據庫, http://www.dachengdata.com 참조).

대중어 문학은 [좌련의 대중문학처럼] 곧바로 '민중(民衆) 속으로 들어간다' 또는 '민간(民間)으로 간다'는 야심(野心)이 절대 없다. 그것은 그것을 읽을 수 있는 사람들에게 읽혀지는 것이다. 다시 말해서 문맹(文盲)과 교육을 받지 못한 하층 대중은 당연히 그것과 직접적으로 연결될 수 없다. 하지만 이와 같을지라도 그것 또한 그것의 임무를 다할 수 있다. 이 말을 대중이 듣는다면 분명 믿지 않겠지만 함께 생각해보자. 우리의 이전 서적들이 선전했던 '도통(道統)'[이라는 것] 역시 소수의 독서인들에게만 직접적으로 전달될 수 있었지만, '도통'의 사회적 영향력은 오히려 책을 읽을 수 없었던 다수의 대중 가운데로 확장되었다. 이로부터 '대중어 문학'은 '대중문학'과 결코 같지 않다. 대중문학은 조급하게 대중 속으로 들어가려 하기 때문에 옛 문체를 사용하자고 주장하지만, 대중어 문학은 문체와 의식을 나눌 수 있는 관계가 아니라고 인정하기 때문에 옛 문체의 사용을 주장하지 않을 뿐만 아니라 조급하게 대중 속으로 들어가려 하지 않는다. 따라서 만약 어떤 사람이 우리를 '멍청한 대중을 숭배한다'와 같은 말로써 비판한다면, 우리 또한 그와 같은 비판을 단지 '이상한 남쪽 사투리[蠻腔]' 정도로 취급해버려야 [할] 것이다.[38]

그는 혁명적 지식인들의 계몽 기획, 즉 '문예대중화'를 목표로 한 '대중문학'을 비판한다. '대중문학'이 무지몽매한 민중을 계몽하고자 하고, 그를 위해 민간형식인 옛(또는 낡은) 문체를 사용하려 하지만 그것은 현실적으로 가능하지도 않고 타당하지도 않다. 왜냐하면 현실 속의 '민중'은 문맹(文盲)일 뿐만 아니라 현대적 교육을 받지 못한

---

38 傅東華, 「大衆語文學解」, 『文學』1934年第3卷第3期: 667쪽(文學社編輯, 『文學』第3卷, 1934年7月~12月, 生活書店發行 참조).

'하층 대중'에 불과하기 때문이다. 또한 옛(또는 낡은) 문체와 옛(또는 낡은) 의식은 서로 떨어질 수 없는 관계이기 때문에 그것으로는 보편적 '새로움'을 추구할 수 없는 것이다.

이러한 현실 진단으로부터 그는 '하층 대중'을 '대중어 문학'의 독자 대상에서 제외시킨다. 하지만 이것이 발생시키는 문제점, 즉 '대중의식'을 갖춘 대중 내부를 다시금 지식 유무로 구분하는 논리적 한계를 보완하기 위해 전통적 개념인 '도통'을 비유로 끌어들인다. 그것은 봉건적 전통 사회에서 소수의 '독서인'들이 그 사회적 영향력을 행사했던 방식이다. 다시 말해서 봉건주의 사상이 글을 아는 지식인들을 통해 '도통'이라는 계승 관계를 형성하면서 글을 알지 못한 '민중'에게 그 영향력을 행사했던 것처럼, 지금의 '대중어 문학'도 현대적 '대중의식'의 전 사회적 확산을 통해 '하층 대중'에 대한 사회적 영향력을 형성해야 한다는 것이다. 그가 대중어 운동이 오직 문학이라는 매체를 통해서만 가능하다고 규정한 이상, 이러한 현실 진단과 논리 설정 사이의 충돌은 피할 수 없는 문제가 된다.[39]

마지막으로 푸둥화의 '대중' 개념은 또 다른 차원의 논쟁 중심에 서 있다. 그것은 그도 인정하고 있듯이, 그의 '대중' 개념이 워즈워드와 해블로 엘리스 부인의 'the masses'에 '대중(大衆)'이라는 중국어 어휘를 직접 대응시켰다는 사실에 기인한다. 바로 '전통'에 근거한 관점으로부터 보편적 '새로움'이 서구 사상의 기계적 수용으로 비판받는 경우다. 이것은 당시 '대중어 문학' 주창자들에게 공통된 현상으로 간주된다. 푸둥화 역시 '대중어'라는 어휘 채택이 언어학적 접근이

---

39 傅東華, 「大衆語文學解」, 『文學』1934年 第3卷 第3期: 659쪽 참조(文學社編輯, 『文學』第3卷, 1934年 7月~12月, 生活書店發行 참조).

아니라 문학적 접근임을 스스로 인정하고 있지만[40], 당시의 언어학자 리진시는 이 문제를 단순한 언어학적 성격 이상의 사회 문제로 평가한다. 왜냐하면 앞서 살펴본 것처럼 서구 어휘인 'the masses'와 중국어 어휘인 '대중(大衆)'은 역사적 맥락에서 큰 차이를 보이기 때문이다.

> 하지만 우리가 대중을 형용사적 [용법으로] 기타 명사와 같이 사용할 경우에는 영어의 popular('평민적' 또는 '통속적'으로 번역되는)에 상응한다. '대중어'가 바로 하나의 [예]다. 나의 부족한 식견으로는 영어에서 popular-language는 있어도 mass-language라는 [표현은] 아직 발견하지 못했다. (mass-literature: '대중문학'은 있지만 이것은 특별한 의미를 가지고 있다. 다른 장에서 다시 설명하겠다.) 사실 우리가 '[중]국어' 운동을 하는 것은 오직 실질적 연구와 활동만을 고려해야 한다. 흔하지 않다고 할 수 없는 '대중어'라는 부류의 새로운 명칭은 한자(漢字)를 임의로 복잡하고 중첩되게 만들었기 때문에 나타난 현상이다. 하지만 옛 사람들이 말한 "원래의 명칭을 따라 새로운 이름을 짓는"[41] [방식이] 좋은 것이다. 모든 사람들이 '새로운 명칭'을 제창하고, 열띤 토론을 하는 것에 대해 그럴 수 있다고 생각한다. 하지만 '새로운 명칭'을 정의할 때는 먼저 [공통의] 약속이 있어야 한다. [그 약속은] 바로 앞에서 열거한 다양한 어원설에 대한 것이다. [내] 생각에 어떠한 부류의 '대중'에 상관없이 '어(語)'라는 글자 앞에 [그것을] 덧붙인다면, [불교에서 말하는] '적과 우리를 차별하지 않는다[冤親平等]'는 [의미가]

---

40 "부끄러운 것은, 내가 언어학을 연구해 본 적이 없[기 때문에] '語'의 일부분에 관한 언급이 문외한[의 주장이라는 사실을 피할 수 없다. 하지만 나는 이 문제가 주되게 문학의 문제이지 언어학의 문제가 아니라고 여기기 때문에, 스스로 언어학적 지식이 부족하더라도 크게 문제가 되지 않는다고 생각한다." 傅東華, 같은 글, 1934: 657쪽.
41 『荀子』 「正名」: 必將有循於舊名, 有作於新名.

'대중화(popularization)'라는 [서구의] 의미로 바뀌게 된다. 왜냐하면 이 '어(語)'라는 글자의 의미는 '언어'의 '어'이지 '표어(標語)'의 '어'가 아니기 때문이다. "사물은 주인이 정한 이름을 따른다."[42] '대중'의 정확한 이해는 현재 중국 대중들이 이미 사용하고 있는 '대중은 곧 무리의 사람들[衆人]'이라는 의미가 적절하다. [이로부터] '대중어'의 진정한 의미를 알 수 있다.[43]

리진시는 이처럼 당시 대중어 논쟁에서 대부분의 지식인들이 무분별하게 서구 개념을 차용하고 있는 것에 반대하면서 중국적 '대중'의 어원적 맥락을 추적한다. 이를 통해 서구의 'the masses'가 아닌 중국어 '대중(大衆)'으로부터 '대중어' 논쟁이 진행되어야 한다고 주장한다. 하지만 이러한 내재적 역사접근법에 의한 중국적 어휘의 선택은 불가피하게 서구와 중국이라는 대립적 인식이 개입될 수밖에 없다는 한계를 지닌다.

여기에서 보다 중요한 문제를 고려할 필요가 있다. 그것은 리진시의 중국어 '대중(大衆)'이 불교적 '평등' 개념을 의미한다면, 푸둥화는 'the masses'를 '대중'으로 번역하면서 서구적 '평등' 개념을 도출한 점이다. 서구와 중국이라는 맥락적 차이를 인정한다고 하더라도, 중국적 '대중' 개념은 모두 '평등 의식'을 표현한다. 다시 말해서, 서구의 '대중' 담론과 다르게 리진시나 푸둥화는 '대중'을 '차별 의식'의 대립(또는 거부) 개념으로 선택함으로써 중국에서 그것은 본격적으로 '민주주의'라는 의제와 연결될 기반을 마련하게 된다. 이러한 측면에서 개혁개방 이후 대중과 대중문화의 재등장과 사회적 활성화는 중국

---

42 『春秋穀梁傳』 「桓公二年」: 名從主人.
43 黎錦熙, 「序(一)論大衆語(釋名)」, 『國語運動史綱』(上海; 商務印書館, 1934): 11쪽.

의 민주주의 담론에 연속성을 제공한다.

이처럼 푸둥화의 '대중' 개념은 명확하게 현대적 '대중' 또는 자본주의적 '대중'에 합법적 지위를 부여하고 있다. 당시 중국 지식인 사회에 사회주의 이데올로기가 미친 영향을 감안한다면, '대중의식'을 중심으로 한 '대중' 및 '일반문화로서 대중문화'라는 담론은 매우 중대한 의의를 갖는다. 왜냐하면 자본주의적 '대중'과 '대중문화'를 옹호한 그의 이론적 작업은 중국 현대사에서 '사회주의 이데올로기'와 그것이 현실화된 '사회주의 중국'의 대척점에 위치하기 때문이다. 이 시각은 이후 '현대화(또는 자유주의) 패러다임' 진영에 의해 다시금 담론의 형태로 등장한다.

현대적 '대중문화' 담론의 양상

위다푸의 『대중문예』 제창 이후, '대중문예'의 성격을 둘러싼 다양한 담론들이 출현한다. 이와 같은 논의들은 당시 중국에서 현대적 '대중'과 '대중문화'의 성격을 규정하는 데 매우 중요한 시사점을 제공하고 있다. 우선 선충원(沈從文, 1902~1988)은 「위다푸와 장쯔핑 및 그 영향」을 통해 위다푸와 장쯔핑(張資平, 1893~1959)을 직접적으로 거론하며 비판에 나선다.[44]

---

[44] 여기에서 언급된 장쯔핑은 창조사에서 신문학가로 명성을 얻은 사람이다. 1928년 상하이에 들어가 '樂群書店'을 설립하고 삼각관계나 사각관계를 소재로 한 대량의 연애 소설을 제작한다. http://baike.baidu.com/view/259014.htm 참조. 당시 그의 대중적 명성은 상하이의 출판시장 및 소비문화와 밀접한 상관관계를 맺고 있다.

이 두 사람은 중국 젊은이들이 모두 알고 있는 사람들이다. [모두들] 앞의 사람이 감상(感傷)적인 소설을, 뒷사람이 연애 소설을 쓴 것을 잘 알고 있다. [이 소설들이] 사람들에게 공감을 불러일으키는 이유는 이것이 젊은이들에게 가장 절실한 두 가지 문제이기 때문이다.[45]

그는 이처럼 당시 자본주의적 '대중', 특히 청년세대에 큰 영향을 끼친 두 사람이 감상적이고 연애를 중시하는 청년세대의 특성에 호응해 대중적인 공감을 이끌어냈다고 평가한다. 그는 먼저 위다푸의 감상 소설에 비판의 초점을 맞춘다. 위다푸의 소설이 그 자신의 지나친 충실함(또는 솔직함)에 기인하고 있으며, 그것이 '세상에 대한 병약한 태도'에 불과하다고 평가한다.

가난하다는 [또는] 경제적인 [이유로] 괴롭다는 위다푸 스스로의 고백은 모든 젊은이들에게 좋은 기회를 준 듯하다. 이 기회는 자신의 글로 독자들에게 하소연하면서 독자들에게 [마치 동병상련의] '동지(同志)'라는 감정을 느끼게 만든다. 이 감정은 절실한 것이다. …… 작가의 그러한 태도는 분명하게 '자신을 표현한다'는 하나의 '가장 협소한 의미'로부터 긍정된다. 자기 마음으로부터 모든 감동을 써내는 것이 [작가의] 가장 큰 의무라면, [그것은] 자연주의 문학의 표현 방식이다. 위다푸는 그런 사람이다. 그는 이 방법적인 독단 때문에 손을 놓지 못하고 처음부터 지금까지도 여전히 늘 같은 모습이다. 그의 성공은 가장 순수한 성공인 셈이다.[46]

---

45 沈從文, 「郁達夫張資平及其影響」, 『沈從文文集』11(廣州: 花城出版社, 1984): 139쪽.
46 沈從文, 같은 글, 같은 책, 1984: 139~140쪽.

선충원은 위다푸의 감상적인 '자기표현'의 집착이 청년세대에게 사회적 유약함만을 양산하고 있다고 비판한다. 또한 그는 장쯔핑의 대중에 대한 이해가 위다푸의 그것보다 뛰어나다고 평가하며 그의 연애 소설을 겨냥한다. 장쯔핑이 비판받는 지점은 그가 창조사 출신이면서도 혁명적 지식인의 문학적 열정과 숭고함을 포기하고, 해파(海派)와 같이 저급한 대중영합적 작품만을 생산한다는 것이다.

장쯔핑이 쓴 것은 연애[에 관한 것]이다. 일상적 상황에서도 삼각 또는 사각 [관계가] 끊임없이 지속되며, 그 가운데 추상적 정욕[이라는] 반응을 부족하지 않을 만큼 불러일으켜 희롱하더라도 거기에서 청년의 마음을 사로잡는다. 그렇지만 예술·사상·힘·아름다움이라는 측면에서 그의 작품을 좋은 작품이라고 인정하는 이들은 매우 드물다. …… 그래서 장쯔핑 또한 성공했다. 그는 '대중을 이해'하고 있을 뿐만 아니라 '대중'을 장악하고 있다. 또한 '대중이 무엇을 원하는지'를 잘 알고 있다. [그런 면에서] 대중문예를 주창한 위다푸보다 더 뛰어나다. 그러한 [대중의] 요구에 따라 [그는] 저질스럽고 저급한 취향[이라는] 하나의 기준을 만들었다.[47]

장쯔핑의 작품이 확보한 '대중'은 루쉰의 작품[이 확보한 대중]보다 훨씬 많다. 그러나 [그의] 작품은 해파 문학과 뒤섞여버렸다. [이로부터] 중국에서 새롭게 형성된 문학적 태도와 추세는 모두 열정적이고 숭고한 희망에서 저급한 취향의 생산[이라는 것]으로 넘어갔다. 독자와 작가 모두에게 영향을 끼친 사람 또한 바로 이 한 사람[뿐]이다. 젊은 독자들은 장쯔핑의 작품으로부터 관능[이라는] 추상적인 만족을 쉽게 얻는다. [하지만] 이 본

---

47 沈從文, 같은 글, 같은 책, 1984: 141~142쪽.

능적이고 아래로부터 발산된 흥미는 원래 상하이 예배육파[48] 문학이 조성하고 이룩한 흥미[에 불과하]다. 장쯔핑은 여기에 수정을 가해 약간의 다른 의미를 수많은 청년들에게 제공하는 것이다. [그의] 성공에 비록 타락한 곳이 보일지라도 상품[이라는] 의미에서 [그는] 여전히 성공했다고 말할 수 있다.[49]

이처럼 그는 장쯔핑이 혁명적 지식인의 문학적 '지조'를 버리고, 저질스럽고 저급한 대중의 품으로 '변절'했다고 진단한다. 하지만 이른바 '연애 소설'이 봉건주의에 대해 보인 저항성(또는 혁명성)을 감안한다면, 이러한 평가는 봉건주의와 자본주의 모두를 타락한 사회의식의 전형으로 동일시하는 것이다. 마치 혁명적 지식인들이 미래지향적 사회주의 사회를 위해 현실의 봉건주의와 자본주의를 극복의 대상으로만 간주했던 것처럼 선충원은 문학의 예술성 옹호라는 차원에서 그의 작품을 폄하한다.

여기에 지식인의 사회적 위치와 기능을 내재한 '지식인 중심성'이 작동하고 있다는 사실은 분명하다. '열정적이고 숭고한 희망이라는 문학적 태도와 추세'의 지식인과 '저질스럽고 저급한 취향'의 대중은 하나의 대립구도를 형성하며 지식인의 사회적 존재를 긍정한다. 이와 같은 평가는 량스츄의 자본주의적 물질주의를 탐닉하는 '대중' 비판을 통해서도 살펴본 바 있다. 문제는 대중의 유관성(또는 심미취향)

---

48 예배육파는 원앙호접파의 영향으로 민국 초기에 등장한 문학유파다. 1914년 6월 6일 토요일에 창간, 주간 『禮拜六』을 발행하였다. 대표적인 작가로는 周瘦鵑(1894~1968) · 王鈍根(1888~ ?) 등이 있으며, 오락적이고 소비적인 취향의 문학을 추구했다. 당시 대내외적 상황으로 인해 1916년에 정간, 1921년 복간, 1923년 폐간 등의 과정을 거친다. http://baike.baidu.com/view/836099.htm 참조.
49 沈從文,「論中國創作小說」,『沈從文文集』11(廣州: 花城出版社, 1984): 171~172쪽.

을 질적으로 저급한 것으로 바라보는 시각에 있다.

주목해야 할 것은 장쯔핑에 대한 당시의 비판이 '통속문화'와 관련되어 진행되었다는 점이다. 당시 통속문화를 둘러싼 논쟁의 주요 특징이 개혁개방 이후 대중문화 담론에서도 동일하게 출현하고 있다는 점에서, 통속문화의 정의는 자본주의적 '대중문화' 또는 비(또는 전)자본주의적 '민간문화'의 그것과 밀접한 상관성을 맺는다. 쑤쉐린(蘇雪林, 1897~1999)의 장쯔핑 비판은 선충원의 그것보다 더 강도 높게 진행된다.

> 장쯔핑의 소설을 논하기 전에 우리는 그가 한 명의 '통속소설가'(The popular novelist)일 뿐이라는 점을 알아야만 한다. …… 장쯔핑이 자칭 신문학가라고 하지만 그는 오로지 저급한 취향과 음란함[色情] 또는 자극성이 풍부한 소재를 제공해 일반 중간계급을 즐겁게 만들어 주었다. 이를 통해 [그는] 명성과 이익 두 가지를 모두 얻은 [사람들 가운데] 대명사가 되었다. 그의 작품량이 비록 많다할지라도 열의 아홉은 조잡하게 대충대충 만들어 예술적 가치라고 할 만한 것이 하나도 없다. 그래서 지금 사람들에게 '해파'나 '소설상(小說商)' 등으로 불린다. …… 이미 신문학계에 그의 자리는 존재하지 않는다. 만약 이후에도 [자신의] 작풍을 바꾸지 않는다면 그는 영원히 통속작가의 생활에 안주하고 있다고 해도 무방할 것이다.[50]

쑤쉐린의 언술 가운데 '저급한 취향과 음란함'·'자극성이 풍부한 소재'·'중간계급'·'명성과 이익'·'조잡하게 대충대충 만든 것'·'해파'·

---

50 蘇雪林,「多角戀愛小說家張資平」,『青年界』1934年第6卷第2期: 77~78쪽(大成老舊刊全文數據庫, http://www.dachengdata.com 참조).

'소설상'·'통속작가'라는 어휘들은 부정적 의미의 동일한 범주 안에서 다뤄진다. 반면 '예술적 가치'와 '신문학계'는 그것들과 대립된 긍정적 의미 범주를 구성한다. 여기에서 그는 선충원과 마찬가지로 장쯔핑의 대중적 성공을 '통속성'과 '상업성'에서 찾고 있다. 다시 말해서 저급한 대중의 심미취향에 영합한다는 '통속성'과 '소설상'과 같이 이익만을 추구한다는 '상업성'이 장쯔핑을 통속소설가로 규정하는 근거가 된다. 이와 같은 평가는 장쯔핑의 연애 소설을 신문학으로부터 배제시키려는 의도를 담고 있다.

'통속성'과 '상업성'은 당시 신문학 지식인들(新派)이 이른바 구파(舊派)의 소설을 비판하기 위해 사용한 개념이다. 구파 소설로는 청말민초(淸末民初)의 화류계 소설인 협사소설(狹邪小說)[51], 원앙호접파[52]

---

[51] 협사소설은 주로 기녀의 생활을 소재로 하는 중국 현대소설의 한 유파다. 당나라와 명나라 시대에도 유사한 소설이 있었으나 현대에 들어 크게 유행한다. 현대 협사소설은 명·청시기의 장편 통속소설의 영향을 받아 단편에서 장편으로 점차 발전하는 양상을 보인다. http://zhidao.baidu.com/question/24027800.html 참조.

[52] '鴛鴦蝴蝶派'는 청말민초 시기의 애정소설을 발전시킨 20세기 초 상하이 중심의 문학유파다. 그들은 당시 신문학계의 수많은 비판에도 불구하고 광범위한 대중 독자층의 지지를 얻는다. '세상에 영합하는 저급문화'를 비판하기 위해 원앙호접파의 작품을 들고 다녔다는 얘기가 있을 정도로 당시 그들의 사회적 영향력은 매우 컸다. 다시 말해서 그들의 소설은 현대화된 도시와 인쇄출판업 및 대중매체 시스템을 통해 출현한 도시문학 간행물로 평가된다. 그들은 도시 시민대중의 '여가' 또는 '오락'이라는 요구에 부응하면서 출판 시장과 독자층을 만들어냈을 뿐만 아니라 인생의 문제만을 주되게 다루던 전통적 지식인이 현대적 직업작가로 거듭나는 데 큰 기여를 한다. 이와 같은 지식인의 직업적 전환은 잡지와 출판 시장, 그리고 원고료로 생활하는 '작가'라는 조건이 결합되었기 때문에 가능한 것이다. 전업 작가의 출현은 신해혁명 이전부터 시작되었다고 알려진다. 하지만 당시 지식인들은 신분상 자신이 직업작가로 바뀌었을지라도 스스로 그것을 사회적 현대화의 결과로 인식하지 못했으며, 작가의 직업화를 명확하게 또는 공공연하게 지향하지 못했다. 하지만 신해혁명 직후 500여종에 이를 정도로 간행물이 크게 증가하면서 전업 작가에 대한 지식인들의 사회적 인식이 보다 분명해진다. 그 이전까지 소설이라 이름붙일 수 있는 간행물이 30여종에 불과했다는 사실을 감안한다면, 이와 같은 증가는 사회의 현대화 과정을 직접적으로 반영하고 있다. 그것은 문화적 생산 및 소비 시스템의 형성, 매체 시스템의 발전, 그리고 '문화적 공공 공간'의 형성을 의미한다. 신해혁명 이후에 출현한 원앙호접파는 이러한 시스템을 통해 도시 시민문화라는 요구에 부응했을 뿐만 아니라 이로부터 원앙호접파의 소설 제작자들도 본격적으로 직업작가를 지향하게 된다. http://baike.baidu.com/view

(또는 예배육파) 소설 등이 여기에 속한다.[53] 봉건적 구문학과 계몽적 신문학을 구분하는 하나의 중요한 척도로 기능하던 '통속성'과 '상업성'이 장쯔핑의 소설에도 동일하게 적용된 것이다.[54] 여기에서 '봉건

/64351.htm 참조. '자본주의'라는 표현을 직접적으로 사용하고 있지 않지만 위의 설명으로부터 당시 상하이 자본주의가 신해혁명을 전후로 크게 발전했다는 사실을 알 수 있다. 양둥핑 역시 "전업 작가의 출현에 의해 중국의 작가들은 이제까지 없었던 창작의 자유를 손에 넣었고, 자유로운 문화인으로서 독립된 인격을 만들 수 있었다. …… 문화의 상품화에 힘입어 문학은 드디어 문인들의 관상물(觀賞物)에서 풀려나 사회를 날아다니게 됐다."고 평가한다. 楊東平/장영권 옮김, 『중국의 두 얼굴』(서울: 펜타그램, 2008): 74~75쪽.

[53] 1917년 신문학 운동은 봉건적 정통문학(雅/俗문학)에 대항하기 위해(또는 계몽을 위해) 새로운 문학 형식인 소설·희곡·백화문을 주창한다. 하지만 신문학 진영은 자신의 반봉건적 태도에 합리성을 부여하기 위해 민국 초기의 '黑幕소설'과 '舊희곡'에 비판의 초점을 맞추게 된다. 이로부터 소설과 희곡 방면은 新派와 舊派로 양분되면서 서구의 문학적 형식과 사상을 각각 흡수하게 된다. 다시 말해서 구파는 신파와 다르게 기존의 통속문예의 기조를 유지하며 서구의 새로운 내용과 형식을 받아들인 것이다. 이에 대해 신파는 '예술의 독립적인 지위와 가치'를 기준으로 자신을 구파와 구분한다. 嚴肅문학/純문학과 소일(消閑)문학/通俗문학의 대립은 이처럼 신파와 구파의 대립을 반영하고 있다. 吳曉黎, 「作爲關鍵詞的'大衆': 對二三十年代中國相關討論的梳理」, 『思想文綜』1999年第1期: 143~144쪽 참조. 봉건적 아/속 경계로부터 서구의 형식과 내용을 습득하며, 기존의 통속문학을 발전시킨 구파는 이처럼 신파에 의해 기존 통속문학의 '변종'이라는 비판에 직면한다. 이로부터 '통속' 개념에는 '봉건성'·'저속함'·'상업성'이라는 부정적 어의가 개재된다. 참고로, 여기에서 언급된 '흑막소설'은 중국 현대소설의 한 유파로 1915~1918년 동안 상하이에서 크게 유행한다. 당시 대부분의 잡지나 크고 작은 신문의 문화면은 모두 이러한 소설들로 채워졌다. 흑막소설은 오락적이면서 소일적인 취향의 문학관을 반영한다. 대표적 작품으로는 1918년에 출판된 『中國黑幕大觀』 등이 있다. 이 소설은 사회 각계의 인물과 사건을 다루지만 모두 연애 사건이나 사창가의 비밀스러운 이야기에 불과하다는 평가를 받는다. 흑막소설은 사회의 각종 추악한 현실을 폭로하기 위해 적나라한 표현 기법을 사용하지만, 오히려 군벌이나 정치인들에 의해 중상모략이나 비방의 수단으로 전락된다. http://baike.baidu.com/view/78682.htm 참조.

[54] 여기에서 선옌빙(즉 마오둔)의 인식 변화는 매우 중요한 사실을 포함한다. 그는 1922년 7월 당시 '예배육파'를 舊派로 분류하면서 新派(신문학 진영)와 대립시킨다. 그가 예배육파 소설을 비판하는 근거는 바로 拜金主義다. "배금주의라는 독은 진정한 예술의 적이다. 예술에 충실하지 않은 태도 [가운데] 이해 [관계를 표현하는 것]만큼 [나쁜 것이] 없다. …… 사상적인 면에서 가장 큰 잘못이 바로 유희적이고, 소일적이며, 금전주의적인 문학 관념이다." 沈雁氷, 「自然主義與中國現代小說」, 『小說月報』1922年第13卷第7號: 5~6쪽. 참고로, 『小說月報』의 판본은 上海商務印書館이 影印한 1921년~1931년의 『小說月報』第12~22卷(北京: 書目文獻出版社, 1981)을 참조했다. 그는 이처럼 예술의 독립적 가치를 기준으로 구파와 신파를 구분한다. 따라서 예술적 가치와 상업적 가치는 근본적인 대립관계에 서게 되며, 신파는 상업적 가치를 비판하며 구파와 구별되는 자신의 정체성을 확립한다. 하지만 그는 같은 해 11월 저우쭤런이 행했던 예배육파 비판 내용을 그대로 인용하며 예배육파를 다시금 구파로부터 배제한다. "'예배육'과 같은 출판물들이 대변하는 것은 舊文化 내

성'과 '통속성', 그리고 '상업성'은 하나의 범주 안에서 부정적 의미로 운용된다. 문제는 이 세 가지 개념이 동일한 범주에서 논의될 수 있는가에 있다.

우선 혁명적 지식인들은 앞서 살펴본 '민족형식' 논쟁처럼 사회주의 이데올로기의 '대중화'를 위해 '통속화'에 주목한다. 이와 같은 논리는 '봉건성'과 '통속성'을 일정하게 분리시키는 데 초점이 맞춰져 있다. 사회주의 이데올로기를 수용한 마오둔은 '통속'을 정의하면서, '통속성'과 '봉건성'을 동일시하는 계몽주의적 지식인들을 비판한다.

현재 쟁점을 형성하고 있는 부분은 통속적이면 '수준이 저급'[하기 때문에] 질적 제고를 위해 통속을 희생시켜야만 한다는 것이다. 하지만 이 쟁점은 통속을 저속[庸俗]으로 오해한 것에서 비롯된다. 통속은 절대 저속이 아니다. …… '통속'이라는 중국어 두 글자는 어쩌면 처음부터 고상한 사람들이 악

지 舊文學이 결코 아니다. [그것은] 단지 현대의 못된 취향, 즉 세상을 경시하고 욕심[만을 쫓는 [등] 모든 것이 망가져버린 인생관일 뿐이다. …… 중국 국민에 대한 '예배육'파(상하이의 모든 정기적 통속간행물을 포함한)의 해악은 [국민의] 취향을 악화시킨 데 있다. …… [따라서] 애석하게도 [현재] 중국에는 변태적인 사람들이 많아졌다. 예배육파 문인들은 바로 [변태적인] 이들의 예언가다. 즉 [예배육파는] 인생을 유희·장난·농담으로 여기게 만들었다. 그들이 인생을 [처음부터] 즐기려고 한 것이 절대 아니다. 단지 그것[예배육파]의 갖가지 괴롭힘과 오염 [때문에 악화된 취향을 가진 국민이] 빠르게 늘어난 것이다." 子嚴, 「惡趣味的毒害」, 『晨報附刊』, 1922.10.2. ; 雁氷, 「眞有代表舊文化舊文藝的作品麼?」, 『小說月報』1922年第13卷第11號: 2~3쪽 재인용. 子嚴은 周作人의 또 다른 필명이다. 이로부터 선옌빙은 "문학상에서 그들의 악영향을 쉽게 무시할 수 없을 듯하다. 적어도 역사적으로 풍부한 가치를 가진 중국 舊文藝에 예상 밖의 심각한 모욕을 입힐 것이다! 나는 진정으로 중국 舊文學을 소중하게 여기는 사람들이 떨쳐 일어나 [이를] 바로잡기를 희망한다." 雁氷, 「眞有代表舊文化舊文藝的作品麼?」, 『小說月報』1922年第13卷第11號: 3쪽. 참고로 선옌빙은 예배육파에 대한 경멸감을 표현하기 위해 자신의 姓을 사용하지 않고 있다. 그가 정치적 의도를 가지고 구파와 예배육파를 대립시켰는가는 여기에서 그리 중요하지 않다. 중요한 점은 그가 예배육파를 비판하면서 예배육파의 소설과 봉건적 구문학을 구분한 데 있다. '현대의 못된 취향'은 현대적(또는 자본주의적) '대중'의 취향을 가리키며, 그것은 봉건적 '민중'의 취향과 현실적으로 구별된다. 하지만 선옌빙은 '민중'과 '대중'의 취향을 서로 다른 경제 체제와 연관시켜 평가하지 않는다. 따라서 그의 평가는 '예술적 가치' 추구를 옹호하기 위한 '지식인 중심성'의 수사적 표현으로 보아야 할 것이다.

의적으로 창조한 것일지도 모른다. 하지만 시(詩)를 지을 때 '아낙네와 아이들이 이해할 수 있게' 노력한 시인이 고상한 위치에서 사람들에게 저속함을 준 적이 있었는가? '통속'이라 부르는 것은 당연히 형식적으로 '아낙네와 아이들이 이해할 수 있'으며, 내용적으로는 대중의 정서 또는 이상(理想)인 것이다. 다시 말해서 [그것은] 새로운 용어인 '대중화'와 어떤 본질적 차이도 없다. 물론 '대중화'라는 의미가 더 넓고 깊어야만 한다. '질적 제고'에 대해서도 종종 여러 오해들이 있는데, 가장 큰 오해는 '높다'라는 것을 '심오하다'로 이해하는 것이다. [그것은] 교양을 갖춘 사람[만]이 그 가운데 [들어 있는] 오묘함을 알 수 있다[는 오해다]. 이로부터 이른바 '심오하다'라는 것도 종종 문자와 사상의 이해만을 가리키게 되었다. 이러한 오해가 가져온 결론은 질적 제고와 통속이 양립할 수 없다는 것이다. 하지만 '질적 제고'는 결코 무슨 오묘한 것이 아니다. 이것은 단지 첫째, 인물은 살아있는 사람이어야만 한다. [그것은] 밀랍인형도 아니며, 분장한 배우도 아니다. 둘째, 무엇을 쓰던지 그것답게 써야만 한다. 농촌의 풍경을 쓴다면 진정한 농촌의 풍경이어야 한다. 영화관에서의 가식적 농촌을 만들면 안 된다. 셋째, 어휘 사용에 적절해야 한다. 문장 배치가 타당해야 되고, 의미는 분명해야 하며, 글은 간결하고 힘이 있어야 한다. 이 세 가지 점을 만족시킬 수 있다면, [그것은] 당연히 '통속'일 뿐만 아니라 '질' 또한 '높을' 것이다! 청년 문예활동가의 노력하는 마음은 정말 존경할 만하다. 비평가들이 '질적 제고'를 추구해야 한다고 말하면, 청년들은 서둘러 [그들의 말을] 따르고자 한다. 하지만 불행하게도 비평가들은 [통속에 대해] 자세한 설명도 하지 않을 뿐만 아니라 [심지어 통속을] 오해하고 있는데도 [청년들은] 마치 사물과 그림자의 관계처럼 [비평가들의 말을 따르고 있다]. 그래서 '제고'를 쉽게 이해할 수 없는 것으로 만들었다. 문학은 더 이상 협소한 울타리 안에 머무를 수 없으며, '통속'은 필수적이다. 하지만 동

시에 '질적 제고'를 추구해야만 한다. 양자는 한 사물의 두 측면으로 결코 모순되지 않는다.⁵⁵

마오둔은 아/속(雅/俗)의 대립구도로부터 형성된 '통속'을 '저속'이라는 개념과 구분하며, '통속화'를 '대중화'와 일치시킨다.⁵⁶ 이로부터 그의 '통속화'가 자본주의적 '대중'이 아니라 비(또는 전)자본주의적 '민중'을 그 대상으로 하고 있다는 사실을 알 수 있다. 여기에서 '아낙네와 아이들도 이해할 수 있는' 것이라는 '통속' 개념은 런바이거의 '대중이 쓸 수 있고, 이해할 수 있으며, 읽을 수 있고, 알아들을 수 있다'는 '대중어'의 그것과 유사하다. 그럼에도 불구하고 이것에는 여전히 '대중화'와 '통속화'를 근본적으로 구분시켰던 '봉건적 의식(또는 봉

---

55 玄珠, 「質的提高與通俗」, 『文藝陣地』1938年第1卷第4期: 121~122쪽(大成老舊刊全文数据庫, http://www.dachengdata.com 참조). 玄珠는 茅盾의 또 다른 필명이다.
56 '通俗'의 중국적 함의와 관련해 검토해야 될 것이 바로 '通俗小說'이다. 원래 '통속소설'은 元末明初 시기의 『三國演義』・『水滸傳』 등과 같은 장편 章回體 소설을 가리킨다. 가장 먼저 '통속'이라는 명칭을 사용한 소설은 『三國演義』의 최초 판본인 『三國志通俗演義』다. 여기에서 '小說'은 본래 '소설의 의미이며 정통적 문학양식을 벗어난 문학을 뜻한다. 다시 말해서 '소설'은 '小道를 말하는 책'이고, '小道'는 '자신을 다스리고 집안을 관리한다'는 의미다. 明代의 西陽野史(유양야사는 필명으로 본명은 알려져 있지 않다)는 소설의 성격을 다음과 같이 규정한다. "小說이라는 것은 저작거리의 통속적인 이야기일 [뿐] 國史政綱[을 다루는 것이 아니다. [그것은 단지 길고 긴 낮과 밤을 소일하거나 답답함과 우울함을 풀어주는데 [필요한] 일시적 기분 [전환]일 뿐이다." 西陽野史, 『新刻續編三國志引』; 陳大康, 『通俗小說的歷史軌迹』(長沙: 湖南出版社, 1993): 5쪽 재인용. 천다캉은 이로부터 통속소설의 문자가 평이하기 때문에 사람들의 주의를 쉽게 끄는 것이라고 평가하면서, 이것을 '통속'의 중요한 함의로 파악한다. 陳大康, 같은 책, 1993: 5쪽. 그래서 '평이해서 이해하기 쉽다'는 '통속' 개념은 고상함이라는 개념과 함께 雅/俗이라는 대립관계를 형성하면서 저속함 또는 세속적이라는 의미로 고정된다. 또한 일반 사람들의 광범위한 수용이라는 '통속'의 성격 때문에, '통속소설'은 清末民初 시기 독자들에게 소일거리나 오락 제공을 위해 상업적으로 대량생산되는 특징을 나타낸다. 참고로, 여기에서 언급된 장회체 소설은 고전 장편소설의 한 형식으로, 宋・元代의 '講史話本'이 발전된 것을 가리킨다. '강사'는 역대 흥망과 전쟁에 관한 이야기를 풀어내는 것이며, 일정한 순서에 따라 이야기가 완성된다. 장회체 소설과 화본의 밀접한 관계로부터, 장회체 소설에서는 이야기를 시작할 때의 발어사인 '話說'와 '독자여러분!'이라는 의미의 '看官' 등이 자주 등장한다. http://baike.baidu.com/view/682422.htm.

건성)'이 남겨져 있다. 다시 말해서 '통속'이 '봉건적 의식'과 구분될 수 있는가가 관건인 것이다. 혁명적 지식인들이 '통속'과 '봉건적 의식'의 구분을 통해 '통속화'와 '프롤레타리아 의식'이라는 새로운 조합을 추구했다면, '대중어' 운동 지식인들은 '대중화'와 '현대적 대중의식'을 통해 '통속화'와 '봉건적 의식'을 대체하고자 한다. '타락한 의식'이라는 표현이 의미하듯이, '대중어' 운동 지식인들에게 '통속화'와 '봉건적 의식'은 계몽주의적 지식인들의 그것과 마찬가지로 구분불가능한 관계일 뿐이다.

이처럼 마오둔은 '통속'과 '질적 제고'를 통일적으로 인식하면서, 그 양자를 대립시킨 계몽주의적 지식인들의 '지식인 중심성'을 비판한다. 계몽주의적 지식인들이 '통속화'에 반대하는 이유는 그것이 '대중화'가 아니라 지식인의 '질적 타락'만을 가져온다는 인식 때문이다.[57] 계몽주의적 지식인들 역시 새로운 현대적 의식에 기초한 '대중화'를 모색했다는 측면에서 그것은 대중어 운동 지식인들과 일치하고 있다. 하지만 푸둥화도 언급했던 것처럼, 계몽주의적 지식인들은 '명청한 대중을 숭배한다'고 '대중어' 운동 지식인들을 비판한다. 이와

---

[57] 정보치는 '통속화'와 '대중화'를 엄격하게 구분하면서 통속화에 반대한다. "'통속화'라는 명사의 의미는 높은 곳에 서서 연민의 정을 가지고 문예를 통속적으로 만드는 것인데, 그것은 양보[라 할 수 있다. 그로부터 이익을 취하는 것 [또한] 통속화]라 할 수 있다. 예술이 마땅히 대중의 것이고, 문학이 마땅히 노동계급의 것이라면 작가의 태도는 [문예] 수준을 떨어뜨리는 것이 아니라 당연히 대중이 [문예를] 이해하고 창조하는 데 [맞춰져야 한다. …… 통속소설은 봉건적 의식이다. [그것은] 有閑계급과 小商人 부인 등의 것이며, [그것에는] 수없이 많은 기이한 봉건적 유산이 들어 있다." 鄭伯奇,「文藝大衆化問題座談會」,『大衆文藝』1930年第2卷第3期(新興文學專號上): 642쪽(大成老舊刊全文數據庫, http://www.dachengdata.com 참조).; 丁易 編,『大衆文藝論集』(北京: 北京師範大學出版部, 1951): 57~58쪽. 이로부터 그는 대중문학이 곧 계몽문학이라는 사실을 명확하게 밝힌다. "우리는 [다음과 같이] 결론내릴 수 있다. [즉] 중국에서 현재 요구되는 대중문학은 진정한 계몽문학이다." 鄭伯奇,「關於文學大衆化的問題」,『大衆文藝』1930年第2卷第3期(新興文學專號上): 638쪽(大成老舊刊全文數據庫, http://www.dachengdata.com 참조).; 丁易 編, 같은 책, 1951: 54쪽.

같이 '지식인 중심성'은 당시 지식인들의 논쟁에서 핵심적 사안으로 간주된다. 반면, 혁명적 지식인들과 '대중어' 운동 지식인들은 '대중 중심성'을 추구한다는 점에서 유사한 측면을 드러낸다. 물론 '대중어' 운동의 내부 담론에 '지식인 중심성'이 다양한 편차로 개입되어 있다는 것은 주지의 사실이다. 하지만 '대중어' 운동 지식인들이 혁명적 지식인들과 다르게 '현재'적 관점에서 대중을 인정한다는 점, 그리고 계몽주의적 지식인들과 다르게 현실 대중을 긍정적 대상으로 설정한다는 점에서 그들의 대중담론은 '대중 중심'적 지향을 보인다.[58]

여기에서 보다 중요한 논쟁적 주제가 도출된다. 그것은 바로 선충원과 쑤쉐린이 장쯔핑을 비판하면서 '통속성'과 함께 제기했던 '상업성'이다. 이른바 '봉건성'이 비(또는 전)자본주의 사회의 '민중'과 연관된 개념이라면, '상업성'은 자본주의 사회의 '대중'과 보다 직접적인 상관관계를 맺는 개념이다. 그런데 문제는 '봉건성'과 '상업성'이라는 다소 이질적 개념을 결합시키는데 '지식인 중심'적 '통속성'이 개입되어 있다는 점이다. '봉건성'과 '통속성'이 비(또는 전)자본주의 사회의 '민중'에 작동하면서 '지식인 중심성'을 보장한다면, 자본주의 사회에서는 '상업성'과 '통속성'이 동일한 기능을 담당하고 있는 것이다.

통속성이 봉건성과 상업성을 매개하는 현상은 당시 중국 사회가 비(또는 전)자본주의 사회와 자본주의 사회라는 분립적 형태로 구성되었기 때문이다. 이질적인 비(또는 전)자본주의 사회와 자본주의 사회의 공존은 당시 중국 지식인들에게 비(또는 전)자본주의적 '민중'과

---

58 계몽 운동의 연장선상에서 '대중어' 운동이 출현했다는 점을 감안한다면, '대중어' 운동 내부의 다양한 '지식인 중심성'은 계몽주의적 '지식인 중심성'을 벗어나는 과도기적 단계에 위치한다고 보아야 한다. 따라서 푸둥화의 '대중 중심'적 담론은 이러한 '지식인 중심성'을 일정한 형태로 극복한 것에 해당한다.

자본주의적 '대중'에 대한 태도를 요구하게 된다. 그것은 주로 경제체제와 연결된 '사람들'을 규정하는 인식의 차이를 의미한다. 다시 말해서 체제 차이로부터 '사람들'이 어떻게 '민중'과 '대중'으로 규정되는가의 문제다. 이것은 당시 중국에서 '통속화'가 엄밀한 의미에서 비(또는 전)자본주의적 형태와 자본주의적 형태로 구분되어야 한다는 점을 알려준다.

계몽주의적 지식인들은 '민중'과 '대중'이 저급 또는 저속한 취향이라는 공통된 성격을 공유하고 있다는 측면에서 접근한다. 이들이 '계몽'을 기치로 내건 이상 이러한 인식은 필연적이다. 봉건적 악습에 물든 '민중'과 물질주의적 병폐에 찌든 '대중'은 모두 계몽의 대상에 불과할 뿐이다. '계몽'의 개념에 '지식인 중심성'이 깊숙이 내재해 있다는 점을 감안한다면, 그들의 '민중'과 '대중'의 동일시는 사실 '지식인 중심성'을 통해 '민중'과 '대중'이 연속된다는 의미를 갖는다. '통속성'이 광범위한 '민중'의 수용이라는 측면에서 규정된 개념이라면, 계몽주의적 지식인들에게 그러한 '통속성'은 '봉건성'과 동일한 개념에 해당한다. 봉건적 악습에 젖어 있는 '민중'에게 폭넓은 호응을 얻을 수 있는 것은 다름 아닌 '봉건성(또는 봉건의식)'이기 때문이다. 그들은 이러한 맥락에서 '통속화'를 반대한다.

또한 자본주의 사회의 '통속성'도 그들에게 광범위한 '대중'의 수용만을 의미하기 때문에 이러한 '통속성'과 '상업성'은 그들이 추구하려는 '대중화'와 질적으로 구분되는 개념이다. 하지만 자본주의적 '대중'을 대상으로 하는 통속화는 비(또는 전)자본주의 사회의 통속화와 다른 차원의 의미를 구성한다. 다시 말해서 그들의 '통속성'에 내재한 '지식인 중심성'을 배제한다면, 광범위한 자본주의적 대중의 '수용'이라는 '통속성'은 바로 대중의 '선택과 지지'라는 '대중성'을 뜻하게 된다. 여기에서 다시 한 번 지적해야 할 점은 앞서 쑤쉐린이 장쯔핑을 통속작가(즉 상업작가 또는 직업작가)로 규정하면서, 장쯔핑이 상업적 이익을 추구하고 있다고 그를 비판한 것이다. 이러한 태도는 '대중'의 물질주의적 추구를 비판한 량스츄의 그것과 동일한 차원이다. 상업적 이익에 대한 쑤쉐린의 거부감은 사실 봉건적 '지식인', 즉 '사대부'적 전통에 기반한 인식에 해당한다. 이처럼 '봉건성' 비판에는 바로 그 '봉건성'에 기초해 자본주의적 '상업성'을 비판하는 역설을 포함한다. 따라서 비(또는 전)자본주의 사회의 '봉건성'과 자본주의 사회의 '상업성' 비판, 그리고 양자를 매개하는 '통속성' 비판이라는 두 가지 측면은 당시 계몽주의적 지식인들에 의해 작동하는 '지식인 중심성'의 메커니즘인 것이다.[59]

분명한 점은 '지식인 중심성'을 배제한 자본주의적 '통속성'이 자본주의적 '대중성'과 정확히 일치한다는 것이다. 여기에서 양둥핑의 지적은 역설적으로 시사하는 바가 크다.

> 이른바 통속문화는 사람의 본능인 식욕과 성욕을 자극하는 오락을 즐기는 것이었다. 그 이상은 필요 없었다. 해파문화의 성격은 이러한 문화 활동 속에서 만들어졌다. 해파문화는 상품화되어 돈 냄새를 풀풀 풍겨 냈다. 그래서 해파 문화는 상인이 만들어 뿌린 것이라고 이야기되곤 한다. ……당시 상하이에는 신문학 관련 간행물이 무척 많이 나왔는데, 이는 상하이

---

[59] 이와 다르게 혁명적 지식인들은 당시 중국에서 다수를 차지하던 비(또는 전)자본주의적 '민중'의 '통속'을 긍정한다. 다시 말해서 계몽주의적 지식인들이 '봉건성'·'통속성'·'상업성' 모두를 거부한다면, 혁명적 지식인들은 '통속성'만을 긍정하면서 '봉건성'과 '상업성'을 거부한다. '민간형식'이라는 언표에서도 드러나지만, 그들의 '혁명문화'는 자본주의적 문화 양식이 아닌 비(또는 전)자본주의적 '민간문화'를 계승한다는 점이다. 그들의 '통속' 개념은 이러한 맥락에서 이해될 수 있다. 또한 이 과정은 '민중'이 이데올로기적 '인민대중'(그래서 '중국적인')으로 주조되는 과정에 해당한다.

에 문화시장이 발달한 덕이었다. 그러나 한편으로 문화의 상품화는 상하이 문화의 두 가지 기본적인 방향을 결정하는 결과를 낳았다. 그것은 '영리를 지향하여 더욱 더 상품화한다'는 것과 '대중을 지향하여 더욱 더 세속화한다'는 것이었다. 영리 추구가 예술을 압도해 버리는 상황이 되어 버리자, 시장은 보이지 않는 손으로 문화를 선별하고 조종하기 시작했다. 그 결과 예술적 면에서 수준 저하가 초래됐고, 이로부터 문화의 위기가 비롯됐다.[60]

양둥핑의 시각 역시 '지식인 중심성'이 깊숙이 개입되어 있다. 이른바 자본주의적 '통속문화'는 '식욕'과 '성욕'이라는 대중의 저급한 취향을 반영한 문화 양식에 불과하며, 이것은 예술적 가치와 근본적으로 대립한다. '돈'이라는 영리 추구를 위해 저급한 대중의 취향에 영합하는 통속문화는 그 '문화상품의 제작자'(즉 그의 관점에서 '문화산업'에 해당하는)를 요구하며, 바로 그 지점에서 작가(또는 지식인)는 타락하는 것이다.[61]

하지만 통속문화에 대한 기본시각을 '지식인 중심성'에서 '대중 중심성'으로 전환시키면 문제의 성격은 달라진다. 다시 말해서 문화상품의 제작자와 소비대중이 문화시장을 매개로 연결되는 자본주의적 문화 양식은 피스크의 2중 경제 구조로 설명이 가능하다. 당시 상하이의 문화시장에 2중 경제 구조를 대입하면, 이른바 '원앙호접파' (또는 '예배육파')와 그들의 '소설'은 각각 문화상품 제작자와 문화상품

---

60 楊東平/장영권 옮김, 『중국의 두 얼굴』(서울: 펜타그램, 2008): 74~75쪽.
61 여기에서 『중국의 두 얼굴』의 원서 초판이 1994년에 출판되었다는 사실은 당시 신문학 진영의 시각이 개혁개방 이후의 중국 지식인들에게도 동일하게 연속되고 있다는 점을 증명한다. 楊東平, 『城市季風: 北京和上海的文化精神』(上海: 東方出版社, 1994) 참조.

에 대응하면서 문화상품을 생산하는 재정경제 영역에 속한다. 또한 '저급한 취향의' 대중은 문화경제 영역에서 그러한 '대중영합적' 문화상품의 선택적 소비과정을 통해 '대중문화'라는 자신의 문화를 생산하는 것이다.

여기에서 주목해야 할 점은 신파에 의해 '구파'로 규정된 '봉건적 구문학 진영'의 성격 문제다. 20세기 초반, 특히 1917년 문학혁명으로부터 신파와 구파의 대립구도가 형성되었다면, 이미 19세기에 출현한 상하이 자본주의는 구파의 성격을 다른 차원에서 규정하게 된다. 다시 말해서 신파에 의해 구파의 성격으로 규정된 '봉건성'·'통속성'·'상업성'은 평면적인 관계로 연결된 것이 아니라 '상업성', 즉 자본주의적 '상품성'은 '봉건성'과 '통속성'을 그 내부로부터 포함한다. 그것은 '상품성'이 자본주의 경제체제의 기초를 이루기 때문이다. 이로부터 비(또는 전)자본주의 사회의 '봉건성'·'통속성'과 자본주의 사회의 '봉건성'·'통속성'은 구분된다. 비(또는 전)자본주의 사회의 '통속성'과 자본주의 사회에서의 '대중성'이 맺는 관계와 마찬가지로 비(또는 전)자본주의 사회의 '봉건성' 역시 자본주의 사회에서 '상품화된 봉건성'으로 새롭게 규정된다.

> 도시의 시민들은 끊임없는 긴장, 빠른 속도, 복잡한 거리, 비좁고 답답한 주거 환경에 둘러싸여 살아가야 했다. 이들의 삶의 조건은 향촌 사회에서 자연과 더불어 살아가는 사람들과 달랐다. 결국 도시 생활 속에서 문화에 대한 일정한 수요가 발생했고, 도시민의 미적 취향이 형성되어 갔다. 도시의 시민은 한가할 때 스트레스를 풀 수 있는 여유가 필요했다. 이는 시민들이 문화를 소비하는 원초적 동기이자. 시민문화가 나아갈 방향을 결정하는 기본적인 요소였다. 오락문화에 대한 소비자의 수요에 대응하여

상업화한 문화시장은 문화계 종사자들에게 돈벌이의 기회를 제공했다. 이렇게 오락 기능을 위주로 한 시민문화는 그 나름의 합리성과 정당성을 획득하게 됐다.[62]

상하이라는 도시의 자본주의적 '대중문화'를 '오락문화' 또는 '시민문화'로 규정한 양둥핑의 평가가 일면적이라는 지적을 벗어나기 힘들지만, 그는 여기에서 '향촌 사회에서 자연과 더불어 살아가는 사람들'과 '도시민'의 체제적 차이를 명확하게 구분하고 있다. 그것은 각각 비(또는 전)자본주의 사회의 '민중'과 자본주의 사회의 '대중'을 가리킨다. 이로부터 '통속성' 역시 비(또는 전)자본주의 사회와 자본주의 사회라는 차이를 동반하게 된다. 예를 들어, 앞서 마오둔이 봉건적 문예로 지적한 무협소설이 그것을 잘 보여준다. 탐관오리를 응징하는 정의로운 존재, 백성을 위한 영웅적인 협객, 충효절의, 비과학적 무예, 운명론 등의 봉건적 요소[63]는 비(또는 전)자본주의 사회의 '민중'과 자본주의 사회의 '대중'에게 각기 다른 사회적 '의미'를 구성한다. 자본주의 경제체제의 '봉건성'은 그 자체로 '상품화된 봉건성'이다.

'봉건성'과 '상품화된 봉건성'에는 글자 그대로 자본주의적 '상품성'이라는 차이가 존재한다. 중요한 것은 그 '상업성' 또는 '상품성'에 문화시장이 전제되어 있다는 점과 대중의 선택(또는 지지)이 그 문화시장에서 이루어진다는 점이다. 다시 말해서 '상업성'과 '상품성'은 대중의 선택(또는 지지)을 필연적으로 요구하는 개념일 뿐만 아니라

---

62 楊東平/장영권 옮김, 『중국의 두 얼굴』(서울: 펜타그램, 2008): 73~74쪽.
63 茅盾, 「封建的小市民文藝」, 『東方雜誌』1933年 第30卷 第3號: 17쪽 참조(燕京大學圖書館 影印, 『東方雜誌』第30卷 第1~6號 참조).

문화상품에 대한 대중의 선택(또는 지지)은 그것의 소비과정과 동일한 의미를 갖는다. 이와 같은 시각은 자본주의 사회에서 '지식인 중심성'의 존립 근거 역시 '대중의 선택(또는 지지)'을 거쳐야만 가능하다는 점을 알려준다. 그것은 대중의 선택(또는 지지)로부터 배제된 '지식인 중심'적 담론이 지속적인 형태로 자신의 사회적 기반을 마련하기 어렵다는 이유 때문이다.[64]

따라서 이른바 아(雅)/속(俗)과 옛(또는 낡은) 것/새로운 것을 경계로 구획된 봉건적 구문학(또는 통속문학)과 계몽적 신문학(또는 순문학)의 대립구도는 재평가의 대상이 된다. 그러한 대립구도는 지식인과 대중의 우열관계를 반영한(대중을 끊임없이 저속한 대상으로 형상화시키는) '지식인 중심성'의 생산 시스템인 것이다. 이런 맥락에서 문화상품에 대한 대중 중심적 접근, 즉 문화상품에 대한 '대중의 선택(또는 지지)'에 기초해 '대중문화'가 생산된다는 인식이 필요하다. 당시 구파의 통속문학은 계몽주의적 지식인과 혁명적 지식인들의 비판에도 불구하고 현대적(또는 자본주의적) 대중문화의 특징을 분명한 형태로 공유하기 때문이다.[65]

창조사 출신인 예링펑(葉靈鳳, 1905~1975)의 시도는 매우 흥미롭다.

---

[64] 이 문제는 보다 세밀한 고찰이 필요하다. 현대적(또는 탈현대적) 자본주의 사회에서 지속적으로 생산되는 '지식인 중심'적 담론은 재정경제와 문화경제라는 2중 경제와 다른 경제구조를 물적 기초로 하고 있다. 따라서 이러한 담론이 대중의 문화경제와 직접적인 관계를 맺는 구조의 창출이 요구된다. 이 문제는 '학술 자본주의' 개념과 관련이 깊다. 이에 대해서는 제3장을 참조할 것.

[65] "5·4 이후 문학의 대중화는 전통문학의 문이재도(文以載道)적 메커니즘을 계승하였고 계몽과 혁명의 관점에서 끊임없이 대중(大衆)을 주체가 아닌 객체로 간주하였다. 이에 반해 통속소설은 현대 공업문화와 시민사회의 수반물로서 자신 특유의 정신적 내용과 가치 지향을 가지게 된다. 그것은 오락성과 취미성을 의식적으로 추구하고 현실적인 보편 이상을 반복적으로 제시한다. 그리고 인간의 호기심을 적절하게 배양하는 연속극 구조(章回體)를 자신의 고유한 양식으로 삼는다." 임춘성, 「중국 근현대문학의 대중화와 무협소설」, 『중국인문과학』, 중국인문학회, 2002, 제24집: 213쪽.

그는 1933년 상하이의 『시사신보(時事新報)』에 『시대의 아가씨(時代姑娘)』라는 장편소설을 게재하면서, 그것을 '대중소설'이라 명명한다.

> 이것은 내가 의식적으로 시도한 최초의 대중소설[로서], 일반 독자들을 통속소설로부터 신문예의 영역으로 이끌어내기 위한 일종의 기획이다. 그래서 [글을] 처음 시작할 때 나의 습관적인 필치를 버리지 못했다는 점을 제외한다면, 나는 대단히 통속적인 구성을 이용해 [이] 글을 썼다. 생각했던 것만큼 내 노력은 상당한 성과를 거두었다. 이 소설이 나간 지 보름 후에 매일[같이] 신문사에서 전해준 독자 편지, 편집자의 말, 수많은 친구들의 이야기는 모두 내가 매일 급하게 써낸 이 소설에 대해 큰 흥미를 가지고 있다는 것이었다. 신경질적으로 이것[의 내용]이 진짜 사실인가, [또는] 작가 자신의 체험이 아닌가를 계속해서 묻고 있다. 이러한 독자들의 [관심 때문에] 작가 자신[의 상황]이 이전과는 아주 다른 처지에 놓이게 되었다. …… 지금까지 이러한 표현 기법을 전혀 사용해본 적이 없기 때문에 수많은 친구들로부터 심한 비난을 받았을 뿐만 아니라 결국 이것은 작가의 타락[에 불과하다]는 말까지 듣게 되었다.[66]

예링펑의 『시대의 아가씨』는 신문학 소설이 통속소설로 향하는 하나의 실험적 작품에 해당한다. 그가 사용한 '대중소설'이라는 표현으로부터 그러한 성격이 잘 드러난다. 당시 대부분의 중국 지식인들에게 '대중'이라는 어휘는 미래사회의 상상으로부터 긍정되고 있지만, 앞서 거론했듯이 '통속'이라는 어휘는 부정적 어의로 사용되었기 때문이다. 그리고 통속적인 구성과 기법은 구파의 '통속소설'에서 사

---

66 葉靈鳳, 「自題」, 『時代姑娘』(上海: 四社出版部, 1933): 1~2쪽.

용되는 방식을 가리키며, 예링펑은 그러한 방식을 통해 구파의 영향권 아래 있는 자본주의적 '대중'을 신문학의 영역으로 끌어들이려는 의도를 분명히 한 것이다.

따라서 그의 소설은 신문학 영역에서의 '통속'에 위치한다고 평가할 수 있다. 그 스스로도 밝히고 있지만, 이 소설이 당시 자본주의적 '대중'으로부터 큰 호응을 받았다는 사실에 주목할 필요가 있다. 왜냐하면 그의 '독자'와 구파 '통속소설'의 독자는 사실 동일하기 때문이다. 통속소설과 마찬가지로 그의 대중소설은 대중의 유관성과 결합되면서 이른바 '대중성'을 갖추게 된 것이다. 이처럼 독자라는 자본주의적 '대중'은 계몽을 통해 앞으로 완성될 '대중'도 아니며, 역사적 주체로서 설정된 '인민대중'도 아니다. 그들은 바로 '문화시장'을 통해 소설이라는 '문화상품'을 구입하는 '소비대중'이다.[67] 하지만 그의 '지식인' 친구들은 그의 작품을 '작가의 타락'이라고 비판한다. 당시 지식인들이 '통속'과 '작가의 타락'을 동일하게 이해하는 이면에는 이처럼 '현실 대중'(따라서 저속한 취향의 대중)에 대한 뿌리 깊은 불신이 개입되어 있다. 자본주의적 '대중'에 대한 부정적 태도는 계몽주의적 지식인뿐만 아니라 혁명적 지식인들에게도 공통적으로 남아 있다. 이

---

[67] 우푸후이는 '소비대중'에 해당하는 海派 소설의 독자를 두 가지 집단으로 분류한다. "하나는 원앙호접파의 오래된 고객들로 상하이의 다세대 주택[弄堂房子]에 거주하는 시민들이다. 문화수준은 초등학생 정도이거나 독학으로 대강 글을 읽을 수 있는 정도다. 세속적인 취향을 가진 이들을 '石庫門의 독자'라고 부른다. 다른 하나는 상하이 중심부[洋場]의 샐러리 계층이다. 외국상점·은행·해관·우체국·철도부의 직원들을 포함해서 회사의 임시직 직원, 중고등 교원(학생 포함) 등 사무실에서 근무하는 사람들로 대표된다. 문화수준은 중등 이상이며, 문학적 취향이 대단히 서구화되어 세계의 정세를 이해할 수 있을 정도이다. 그들은 아파트에 살 수 있는 능력이 있으며, …… '사무실 독자 또는 아파트 독자'라고 부른다." 吳福輝, 『都市漩流中的海派小說』(長沙: 湖南敎育出版社, 1995): 29쪽. 洋場은 十里洋場으로, 상하이의 외국 租界地를 의미한다. 십리양장의 중추는 와이탄이며, 항구 어귀로부터 황포강에 면해 있는 긴 제방을 가리킨다. 그것은 항구일 뿐만 아니라 영국 식민 세력의 창구였다. 와이탄의 스카이라인은 영국식 건물들로 이루어져있다. 李歐梵/장동천 외 옮김, 『상하이 모던』(서울: 고려대학교출판부, 2007): 39쪽 참조.

처럼 '지식인 중심성'은 지금까지도 이데올로기적 간극을 뛰어 넘어 다양한 형태로 연속된다.

여기에서 '대중 중심성'의 핵심 사안인 '대중의 선택(또는 지지)'이 이루어지는 '문화시장'을 다시 살펴볼 필요가 있다. 왜냐하면 문제는 결국 지식인들이 자본주의적 '대중'의 유관성(또는 취향)을 어떻게 파악하면서 문화시장에 개입하는가에 달려 있기 때문이다. 앞서 살펴본 것처럼, '문화시장'에서 이루어지는 대중의 선택은 '문화상품'을 매개로 표출된다. 따라서 문화기업의 문화상품은 반드시 대중의 선택을 끌어낼 수 있도록 대중의 유관성을 확보해야만 한다. 이로부터 문화시장에서는 문화기업이 생산한 문화상품 간의 경쟁이 치열하게 전개된다. 대중의 선택을 받는다는 것은 곧 문화기업의 입장에서 상업적 성공을 의미하기 때문이다. 이와 같은 경쟁은 단지 경제 영역에 국한되지 않는다. 현대적(또는 탈현대적) 자본주의 사회의 정당 또한 정치인(하나의 상품가치를 지닌)을 통해 그것을 확보하려는 시도를 보인다. 대중의 선택과 지지는 이처럼 정치와 경제 영역의 경계를 뛰어 넘어 관건적 사안으로 등장한다. 이 지점에서 '대중'의 사회적 힘의 확장, 즉 민주주의 문제와 연결된다. 대중의 선택과 지지를 둘러싼 이와 같은 현상은 네그리와 하트가 '다중'을 통해 언급한 '자본의 실질적 포섭단계'와 불가분의 관계를 맺는다. 또한 '시장'이 인류에게 최선의 제도가 아니라 사람들의 문제를 해결하는 데 역사상 효과적인 장치라는 히스와 포터의 지적도 이러한 맥락에 위치한다.

당시 중국 지식인들은 대중의 유관성 확보와 문화시장 개입을 위해 일련의 시도들을 전개한다. 장쯔핑의 연애 소설이나 원앙호접파(또는 예배육파) 소설을 이러한 맥락에서 평가할 수 있다. 여기에서는 1934년과 1935년에 각각 출판되기 시작한 『소설(小說)』[68]과 『신소설

(新小說)』⁶⁹에 주목하고자 한다. 우선 당시 '대중문예'를 제창한 『소설』

---

68 『小說』은 상하이에서 1934년 5월 창간되어 1935년 3월 정간될 때까지 모두 19期까지 발행되었다. 대중출판사에서 출판했으며, 1・2기는 월간으로 발행하다가 3기부터 격주 간행으로 바뀌었다. 그래서 각각 『小說月刊』과 『小說半月刊』으로 불린다. 참고로, 량더쒀는 1927~1933년까지 『良友』 화보집의 편집장이기도 했다. 『양우』는 1926년 2월에 창간되자마자 대중의 폭발적인 인기를 누린 화보집이다. 창간호 3,000부가 2・3일 만에 모두 팔리자 2,000부씩 2회에 걸쳐 4,000부를 더 찍기도 했다. 1945년 10월 정간될 때까지 20년 동안 모두 172기를 발행한다. 당시 한 평론가는 "『양우』를 손에 들고 있어도 학자나 전문가가 천박하게 느끼지 않았고, 시골 아낙네도 그 고상함을 싫어하지 않았다."고 한다. '세상 어느 곳에나 『양우』가 있다.'는 말이 생길 정도로 대중적 인기가 대단하였다. http://baike.baidu.com/view/1130531.htm 참조. 또한 '대중출판사'라는 명칭에도 알 수 있듯이, 이 시기부터 '대중'이라는 용어가 광범위하게 사용되기 시작한다. 이후 대중출판사는 1942년 11월 대형 통속문예 잡지인 『大衆』을 발행한다. 『대중』의 창간호에 실린 「발간헌사」에 그들의 창간의도가 잘 나타나 있다. "우리는 오늘날 왜 정치를 말하지 않는가? 정치는 하나의 전문적인 학문이기 때문에 전문가들만이 언급할 수 있는 것이다. 우리의 천박하고 비루한 식견으로는 사실 말할 수 없는 것이라 생각한다. 우리는 또한 남녀 간의 애정 이야기를 논하지 않는다. 도처에서 전쟁이 벌어지고 있어 전국이 매우 혼란스럽기 때문에 우리의 아둔함조차 그것을 말할 용기가 나지 않는다. 우리는 정치와 애정 이야기 외에 영원한 人性의 문제, 그리고 일상생활에 유익한 문제들을 말하고자 한다. 우리가 대화하려는 대상은 '대중', 다시 말해서 대중이라고 명명된 사람들이다. 우리는 거리에서 [대중과] 이야기할 때도 있고, 학계와 논쟁을 피할 수 없을 때도 있을 것이다. 우리는 거리의 독자들이 시의 적절하지 않다고 [우리를] 질책하거나, 학계의 독자들이 우리의 저급한 취향을 욕하지 않기만을 바랄 뿐이다."「發刊獻辭」,『大衆』1942年第1期. ; 錢理群,「'言'與'不言'之間 -『中國淪陷區文學大系・總序」」,『中國現代文學研究叢刊』1996年第1期: 28쪽 재인용. 이처럼 『대중』은 독자 대상으로 '대중'을 설정하면서도 지식인을 배제시키지 않는다. 또한 내용면에서 '정치'와 '애정 이야기'를 배제시키고, '인성'과 '일상생활'의 문제를 지향하고자 한다. 항전이라는 시대적 상황을 감안한다면 그들의 이와 같은 방향 설정은 '대중의 유관성'을 확보하려는 나름의 획기적인 시도에 해당한다.

69 『新小說』은 1935년 2월 15일에 창간되어 같은 해 7월15일에 종간될 때까지 모두 6기가 발행되었다. 良友圖書印刷公司가 출판을 맡고, 鄭伯奇가 편집장을 담당한다. 정보치는 여기에서 鄭君平이라는 이름으로 활동한다. 그는 창간호「편집후기」에서『신소설』을 맡게 된 이유를 소상히 밝히고 있다. "양우가 통속잡지를 출판한다면서 나를 불러 편집을 맡겼다. 잡지를 편집하는 것에 나는 적당치 않다. 더군다나 통속잡지를 편집하는 것에 나는 문외한일 뿐이다. 하지만 먹고 살려면 일을 해야 되기 때문에, 경험이 없어도 배워[나갈 요량으로] 내키지 않았지만 맡게 되었다." 鄭君平,「編輯後記」,『新小說』1935年第1期: 80쪽(大成老舊刊全文數據庫, http://www.dachengdata.com 참조). 앞서 살펴보았듯이 '통속화'를 적극 반대하며 '계몽주의'적 태도를 견지했던 정보치가 통속잡지의 편집장을 맡았다는 사실은 무척 흥미롭다. 하지만 그의 이러한 설명에도 불구하고『신소설』에는 루쉰・위다푸・예성타오・스저춘・張天翼(1906~1985)・陳子展(1898~1990) 등 당시 유명한 문인들이 필진으로 다수 참가하고 있다. 다시 말해서 이것은 정보치가『신소설』을 통해 통속화와 관련된 일련의 실험을 의도했다는 점과 관련된다. 실제『신소설』에서는 통속과 예술 또는 통속과 인기영합의 관계, 일본의 통속소설 논쟁 등이 다루어진다.

은 앞서 마오둔이 '소시민, 즉 소부르주아의 문예'로의 비판했던 바로 그 잡지다. 량더쒀가 편집장을 맡은 『소설』은 창간호의 「창간취지」와 제2기의 「편집실」을 통해 '대중문예'의 중요성과 그 성격을 강조한다.

> 대중문예는 적지 않은 시간 동안 토론되었지만, 만들어진 작품은 지금까지 매우 적다. 그 이유 가운데 하나는 문예대중화의 구체적 조건이 분명하지 않아 지속적인 연구를 필요로 한다[는 점이]다. 하지만 문예 자체의 목적은 연구가 아니라 감상에 있다. 먹고 싶어 하지만 먹을 것이 마땅하지 않은 대중에게 한 장의 메뉴판을 펼치는 것은 한 접시의 간식을 주는 것만 못하다. 지금 이 문예 간행물은 메뉴판과 같은 글들을 버리고, 간식과 같은 작품을 담고 있다. 실생활 이외[의 시간]에 문예를 필요로 하는 모든 독자들에게 [이 잡지를] 바친다.[70]

> 우리는 내일의 문예가 '대중문예'라고 믿고 있다. 우리는 운동의 확산을 위해 실험적인 노력을 기울여야 한다. 우리는 작가가 [누구인지] 묻지 않고 오직 작품만을 본다. 잘난 척해[기 위해] 어렵게 쓰는 것이 아니라 내용[자체]에 주목하는 창작가들은 [우리의] '대중문예' 실험에 참여하길 바란다.[71]

이와 같은 량더쒀의 언급은 '지식인 중심'적 태도를 배척하면서

---

70 「創刊旨趣」, 『小說』1934年第1期. ; 惕若, 「小市民文藝讀物的岐路」, 『文學』1934年第3卷第2期: 625쪽 재인용(文學社編輯, 『文學』第3卷, 1934年7月~12月, 生活書店發行 참조).
71 「編輯室」, 『小說』1934年第2期. ; 吳曉黎, 「作爲關鍵詞的'大衆': 對二三十年代中國相關討論的梳理」, 『思想文綜』1999年第1期: 147쪽 재인용.

대중의 유관성을 확보하려는 목적을 갖는다. 그가 주창한 '대중문예'는 혁명적 지식인들의 '문예대중화' 또는 '대중문예'와 유사해 보인다. 그 역시 혁명적 지식인과 마찬가지로 대중이 참여하는 문예 활동을 지향하고자 한다. 우샤오리는 그의 말을 인용하며, 량더쒹의 '대중문예'를 다음과 같이 평가한다.

> 그 역시 좌익 문인들과 마찬가지로 '직업 작가 이외에 대중이 보다 많은 작품을 생산할 수 있도록' 대중이 참여한 창작 [활동]을 주창한다. 그는 '만약 이 보잘 것 없는 간행물이 함께 만들고 함께 즐기는 것을 위해 조금이라도 도움이 될 수 있다면 [우리는] 대중문예라는 미래를 얻게 된다. 어쩌면 [이것은 예전부터 진행된] 많은 실험이 가졌던 기대다.' 제2기에서 편집자가 '독자 스스로 생산한 적지 않은' 작품을 '게재했다'는 선언과 [그것들이 수록된] 간행물을 소개하는 것은 점진적으로 [대중과] '함께 만들고 함께 즐기는 것'이 가능하다는 점을 보여준다.[72]

량더쒹가 주창한 '함께 만들고 함께 즐기는' 대중문예는 혁명적 지식인뿐만 아니라 계몽주의적 지식인 모두 공유하는 대중문예의 이상적 목표에 해당한다. 하지만 그가 다른 지식인들과 확연히 구분되는 지점은 바로 그러한 목표에 접근하는 방식이다. 이와 같은 접근 방식은 곧 대중문예를 생산하는 구체적 기준에 해당한다. 마오둔은 이러한 량더쒹의 대중문예 기준을 세 가지로 소개한다.

---

72 吳曉黎, 「作爲關鍵詞的'大衆': 對二三十年代中國相關討論的梳理」, 『思想文綜』1999年 第1期: 147쪽.

첫째, '내용을 중시해야 한다.' 즉 '글에는 반드시 내용이 있어야 한다. 소설은 반드시 스토리를 갖춘 내용이 있어야 한다. 만약 [글의] 구조가 없거나 줄거리가 빈약한데도 쓸데없이 유행하는 표현만 많이 사용해 억지로 글을 늘린다면, 그것은 우리 대중이 읽어야 할 작품이 아니다.' 둘째, '난해한 문자를 사용해서는 안 된다.' 즉 '문예는 당연히 기교를 갖춰야 하지만 문맥적 기교를 갖춰야만 반드시 문예가 되는 것도 아니다. 특히 대중문예는 미사여구나 군더더기 말로 내용의 본 뜻을 해쳐서는 절대 안 된다.' 셋째, '주제는 자유롭게 선정할 수 있지만 [대신] 건전해야 한다.' 즉 '문예는 형식의 구애를 받지 않아야 하며, 작가의 의식 또한 [작가의] 성격이나 견해에 따라 다양하게 나타날 수 있다. …… 하지만 여러 사람들에게 널리 읽히는 작품이 사회적 영향을 발생시키는 이상, [작품은] 최소한도의 해롭지 않은 조건을 갖추어야만 한다. …… 우리의 사상은 자유로워야 하지만 건전한 범위를 벗어나서는 안 된다.'[73]

여기에서 마오둔은 량더쒜가 제기한 첫 번째 대중문예의 조건, 즉 '내용 중시'를 문제시한다. 마오둔에게 '내용'은 단순한 스토리에 한정되지 않는다. "우리가 일반적으로 '내용을 갖춘' 소설이라고 말하는 것은 소설의 '스토리'에 중요한 사회적 의식이 담겨야 할 뿐만 아니라 '인생'에 진보적인 작용을 미치는 것을 가리킨다."[74] 이처럼 량더쒜와 마오둔의 '내용'은 '사회의식'의 주입이라는 '지식인 중심'적 태도를 견지하고 있는가의 여부로 구분된다. 량더쒜가 현실 대중에

---

73 惕若, 「小市民文藝讀物的岐路」, 『文學』 1934年 第3卷 第2期: 625쪽(文學社編輯, 『文學』 第3卷, 1934年 7月~12月, 生活書店發行 참조). 이 부분은 마오둔이 량더쒜의 내용을 재서술한 것이다. 「創刊旨趣」, 『小說』 1934年 第1期를 참조할 것.
74 惕若, 같은 글, 1934: 625쪽.

게 사회적으로 해롭지 않은 최소한의 건전성을 제시하고 있다면, 마오둔에게 대중은 미래사회의 주체로서 그에 합당한 진보적 의식을 갖춰야만 하는 대상인 것이다. 이와 같은 시각 차이는 바로 현실 대중과 그와 연관된 접근 방식의 상이한 인식에 기인한다.

한편, 『신소설』은 '통속문학'을 본격적으로 주창하면서, '통속'과 '예술'이라는 대립적 관계의 극복가능성을 모색한다. 그것은 사실 지식인이 대중과 결합하는 방식의 문제이기도 하다. 『신소설』은 이를 위해 「작가·독자·편집자」라는 란을 만들어 3자간의 안정적인 소통구조를 확립하는 동시에 통속과 예술을 대립시키는 통념에 본격적으로 도전한다. 여기에서 정보치는 '편집자의 말'이라는 형식으로 자신의 의견을 개진하고 있다.

> 처음 『신소설』의 출판을 결정했을 때, 우리는 일반 독자들에게 다가가는 한 권의 통속적 문학잡지를 출판해야 하지만 동시에 하나하나의 작품이 모두 예술적 품격을 갖춰야만 한다고 생각했다. 우리는 진정으로 위대한 예술 작품은 모두 통속적이고, 일반 독자인 대중 속으로 들어갈 수 있다고 믿는다. 괴테(Johann Wolfgang von Goethe, 1749~1832)의 『파우스트』, 휴고(Victor Hugo, 1802~1885)의 『레미제라블』, 졸라(Emile Zola, 1840~1902)의 『나나』, 톨스토이의 『부활』, 도스토예프스키(Fyodor Mikhailovich Dostoevskii, 1821~1881)의 『죄와 벌』은 모두 당시 새로운 예술 기준이었지만 지금까지도 일반 사람들에게 인정받는 문학작품이다. 마찬가지로 생명력이 있는 통속작품들도 모두 예술 방면에서 성공하였다. 『춘희』·『작은 아씨들』·『톰아저씨의 오두막』과 같은 [작품들이] 좋은 사례[에 해당한]다.[75] [따라

---

75 『춘희(La dame aux camélias)』(1852)는 피스 뒤마(Alexandre Dumas fils, 1824~1895)의

서] 작품을 예술과 통속으로 구분하는 것 자체가 일종의 변태[적인 태도]다. [우리는] 『신소설』의 발간을 통해 이러한 불합리한 모순 [관계]를 통일시키고자 한다. 우리는 작가와 독자들이 이러한 방향으로 함께 노력하길 희망한다.[76]

정보치의 이와 같은 언급은 마치 파바로티의 클래식이 대중적인 인기를 얻어 고급문화와 대중문화의 경계를 허물었던 것을 연상시킨다. 그는 명확하게 '아문화와 속문화' 또는 '고급문화와 대중문화'의 경계를 부정한다. 다시 말해서 지식인들의 예술적 기준이 대중의 선택과 지지를 획득하지 못하면 진정한 예술이 될 수 없으며, 대중의 선택과 지지를 획득한 작품이라면 예술성을 갖추고 있다는 주장이다. 따라서 '어떤 사람이라도 다 같이 감상할 수 있다'는 '아속공상(雅俗共賞)'의 중심에 바로 이러한 대중의 유관성이 놓여 있다.

그의 주장은 매우 중요한 사실을 포함한다. 그것은 대중의 선택과 지지가 이루어지는 지점으로부터 '지식인 중심성'이 배척된다는 점이다. 푸둥화의 표현을 빌려 말하자면 스스로를 대중과 차별화시키는 '계급의식'은, 궁극적으로 대중의 선택과 지지를 받을 수 없기 때문이다. 혁명적 지식인들이 계몽주의적 지식인들의 '지식인 중심

작품이다. 피스 뒤마는 『몬테크리스토 백작』(1845)을 지은 페르 뒤마(Alexandre Dumas père, 1802~1870)의 아들이다. 이들의 이름이 같기 때문에 각각 아들과 아버지를 뜻하는 피스와 페르를 사용한다. 또한 小뒤마와 大뒤마로도 불린다. 『춘희』는 1853년 베르디(Giuseppe Verdi, 1813~1901)에 의해 오페라 '라 트라비아타(La Traviata)'로 만들어진다. 그리고 『작은 아씨들(Little women)』(1868)은 얼컷(Louisa May Alcott, 1832~1888)의 작품이며, 『톰아저씨의 오두막(Uncle Tom's Cabin)』(1852)은 스토(Harriet Beecher Stowe, 1811~1896)의 작품이다. 이처럼 정보치는 당시에 대중적 인기를 끌던 통속소설들을 예술 작품의 영역으로 포함시키고 있다.

76 「作者, 讀者和編者」, 『新小說』1935年 第1卷 第2期: 1쪽(大成老舊刊全文數據庫, http://www.dachengdata.com 참조).

성'을 비판하면서 '통속화'를 주장했던 기저에는 이러한 '지식인 중심'적 담론이 대중의 선택(또는 지지)과 무관하게 지식인들 사이에서만 유통되는 현실 때문이었다. 하지만 정보치의 '통속화'는 이른바 '계몽주의적 대중화'와 '사회주의적 통속화'의 경계를 해체시키면서, 지식인이 생산하는 담론(또는 작품)의 방향을 대중의 유관성에 맞추게 한다. 물론 『신소설』의 독자층은 자본주의적 '대중'(따라서 '고객'일 수밖에 없는)에 해당한다. 혁명적 지식인들의 '통속화'가 주로 비(또는 전)자본주의적 '민중'에서 '인민대중'으로의 전환을 의미한다면, 『신소설』의 그것은 자본주의적 '대중'을 대상으로 계몽주의적 지식인들이 구상했던 그 미래적 '대중'의 실현을 뜻한다. 양자의 차이는 바로 이데올로기와 시장에 있다. 따라서 대중의 유관성이 이데올로기와 시장이라는 사회적 기제 가운데 어느 곳에서 효과적으로 작동하는가 하는 문제는 대단히 중요하다.

분명한 것은 『신소설』의 이러한 '통속화' 시도가 문화시장을 매개로 자본주의적 '대중'의 유관성을 확보하고 있다는 점이다. 이와 같은 사실은 일반 독자들이 『신소설』에 보내 온 편지에서도 드러난다.

> 현대적 문학계는 확실히 통속화된 작품들을 크게 결핍하고 있다. 귀 잡지의 발간은 진정 우리의 요구에 정확히 부합한다. 하지만 몇 작품들은 여전히 고증적 성격[을 지니고 있]거나 지식인들의 분위기[名士氣]에서 벗어나지 못하고 있다. 잡지의 이름이 신소설이라면 당연히 스토리가 있는 작품을 많이 게재함으로써 대중적이고 일반적인 도서로 만들어야만 한다. 이렇게 해야지만 …… 원앙호접파와 같은 것들을 사라지게 할 수 있다.[77]

---

[77] 「作者·讀者·編者」, 『新小說』1935年第1卷第4期: 1쪽(大成老舊刊全文數據庫, http://www.

나는『신소설』을 좋아하는 독자[로서]『신소설』에 아주 큰 관심을 가지고 있다. 이러한 통속문예 간행물은 대중 독자들에게 심금을 울리게 한다. 내가 아는 몇 친구들 모두 중국 문단의 고상함, [그리고] 문예 서적들 대부분이 통속적이지 못한 점을 한탄하고 있다.『신소설』이 출판된 뒤, [『신소설』은] 그들의 생각을 바꾸었고, [그들에게] 풍부한 미적 감각을 [제공]했다. 이것 [때문에] 대다수 사람들이 통속화 [또는] 대중화를 환영한다고 말하지 않을 수 없다.[78]

독자들이『신소설』의 팬이라는 점을 감안하더라도 이러한 의견 제시로부터 다음과 같은 사실을 알 수 있다. 첫째, '지식인들의 분위기' 또는 '문단의 고상함'이라는 표현처럼 '지식인 중심'적 태도에 대한 대중의 거부감이다. 이것은 '차별의식'을 배척하는 푸동화의 '대중의식'의 전형적 사례에 해당한다. 여기에서 '차별의식'과 '대중의식', 또는 '지식인 중심성'과 '대중 중심성'이라는 것은 사실 지식인과 대중의 서로 다른 유관성을 의미한다. 다시 말해서 지식인들의 '차별의식'과 '지식인 중심성'에 그들의 유관성이 개입되어 있다면, '대중의식'과 '대중 중심성' 또한 대중의 유관성이 작동하고 있는 것이다.

둘째, 이와 관련하여 '통속'이라는 어휘가 대중에 의해 긍정적인 의미로 사용된다는 점이다. '통속'은 앞서 살펴보았듯이 지식인들이 '지식인 중심성'의 지속적인 사회적 유지를 위해 생산한 어휘에 해당

---

dachengdata.com 참조). 이 편지는 王浩祥이라는 독자가 보낸 것이다. 이에 대해 편집부는 다음과 같이 화답한다. "우리는 이러한 편지를 많이 받고 있다. [이것은] 대중이 통속문학을 절실하게 필요로 한다는 점을 말해 준다. 우리가 희망하는 그러한 통속화를 본 잡지가 여전히 만들지 못해 죄송스러울 따름이다. 앞으로 더욱 이러한 방향으로 노력할 것이고, 또한 여러분들도 우리를 도와주었으면 한다." 같은 글, 1935: 1쪽.

78 「編輯室往來」,『新小說』1935年 第2卷 第1期(通號第6期): 90쪽(大成老舊刊全文數據庫, http://www.dachengdata.com 참조). 이 편지는 阿艾라는 독자가 보낸 것이다.

한다. 따라서 '통속'에는 처음부터 부정적 함의가 개입되어 있다. 하지만 대중은 그러한 부정적 의미의 '통속'을 배척하기 보다는 오히려 그것을 통해 자신의 유관성을 확보하려는 의도를 보인다. 다시 말해서 자본주의적 '대중문화'가 지식인에 의해 '통속문화'로 호명되었다면, 대중은 그 '통속'을 탈접합(disarticulation)과 재접합(rearticulation)의 과정을 통해 자신의 어휘로 선택한다. 위의 인용문에서 '통속화'와 '대중화'이라는 어휘가 함께 사용된 것처럼 당시 자본주의적 '대중'은 지식인이 생산한 부정적 어의를 자신의 유관성을 중심으로 긍정적 어의로 변용시킨다. 이것은 윌리엄스가 밝힌 서구의 '대중' 개념, 즉 'the masses'가 초기의 부정적 함의에서 긍정적 함의로 전환되고 있는 경우와 유사하다.

이로부터 자본주의적 '대중'의 '통속화'와 혁명적 지식인들의 '통속화'는 구분된다. 혁명적 지식인들이 '통속화'에 긍정적 의미를 부여했더라도, 그것은 비(또는 전)자본주의적 '민간문화'에 대한 이데올로기적 재해석에 해당한다.[79] 반면, 자본주의적 '통속화'는 '대중'이 문화시장의 메커니즘을 거친 『신소설』(따라서 문화상품인)을 선택하는 과정을 의미한다. 따라서 자본주의적 '통속문화'는 대중이 스스로의 유관성을 확보한다는 점에서 '대중문화'와 동일 개념인 것이다.

또한, 『신소설』은 「잡담바구니[閑話簍]」라는 별도의 란을 만들어 통속문학에 대한 이론적 모색을 시도한다. 이로부터 당시 『신소설』이 작품의 발표와 평가라는 선순환 구조의 확립을 통해 통속문학을

---

[79] 마오둔이 자본주의적 '대중'과 '대중문화'를 각각 '소시민'과 '소시민의 문화'로 규정했던 것처럼, 사회주의 이데올로기에 입각한 혁명적 지식인들에게 자본주의적 '통속화'는 근본적으로 성립될 수 없는 영역에 해당한다. 자본주의 사회의 '이데올로기적 민중'의 문화적 형태가 '민간문화'의 그것과 유사하다는 것이 이를 반증한다.

이론적으로 정립시키고자 했다는 사실을 알 수 있다. 논의의 핵심은 바로 '진정한 통속성', 다시 말해서 '진정한 통속소설'은 무엇인가라는 정체성이다. 그것은 현재의 자본주의적 '대중성'과 '대중문화'와 동일한 의미를 갖는다. 물론 『신소설』의 지식인들이 계몽의 연장선상에서 완벽하게 '지식인 중심성'을 벗어나지는 못했지만, 자본주의 '통속문화'을 긍정적으로 해석하려는 그들의 시도는 중국 현대사에서 '대중의 대중문화'를 정립하는 데 큰 기여를 한다.

그렇다면 무엇이 통속적인가? 무엇이 예술적인가? 두 가지의 경계는 무엇인가? 문제는 다시 처음으로 돌아가야만 한다. 일반 사람들이 '예술적'이라는 표현에 대해 갖는 생각은 상당히 모호하다. 뿐만 아니라 서로의 생각 또한 그렇게 일치하는 것도 아니다. 어떤 사람들은 단지 문장이 아름답기만 하다면 예술적이라고 인정한다. 어떤 사람들은 예술 작품의 특징을 분위기 차원으로 국한시킨다. 어떤 사람들은 예술 작품이 인생과 연결된 것이라고 생각한다. 어떤 사람들은 예술 작품의 기준을 작가의 글쓰기 태도에 귀결시킨다. 앞의 두 가지 논조는 지나치게 형식에 치중한 것이다. 뒤의 두 가지 설명은 비교적 적확하지만 여전히 예술 작품의 특징을 밝히지 못하고 있다. 게다가 어느 누구도 통속 작품이 인생과 연결되면 안 된다고 제한할 수 없으며, 어느 누구도 통속작가의 태도가 엄숙하지 못하다고 단정할 수 없다. 예술 작품의 가장 큰 특징은 아마도 그것의 독창성에 있을 것이다. 여기에서 말한 독창성은 형식적 측면에 국한되지 않는다. 물론 예술 작품은 형식적 독창성이 매우 현저할 뿐만 아니라 작품의 내용과 작가의 태도 면에서도 [그] 독창성은 주목할 만하다. 최근 수십 년 동안, 자본주의의 침투는 예술가들에게 독창성을 더욱 중대한 사안으로 만들었다. 지나친 독창성은 수많은 예술가들을 자신들만의 세계[象牙之塔]

로 몰아넣어 민중과 완전히 격리시켰다. 결과적으로 아주 수준이 높은 예술작품은 단지 극소수의 전문가들만 감상할 수 있는 것이 되었으며, 일반 사람들은 그 밖의 다른 것들을 통해서만 이러한 [예술 감상의] 결핍을 보충할 [수 있게] 된다. 영화·음악·댄스와 저급한 취향의 소설은 이에 따라 발전한 것이다. 문학 가운데 통속문학이 있는 것은 마치 철학 안에 상식이 있는 것과 같다. 물론 이것이 그렇게 적절한 비유는 아니지만 통속문학과 상식은 확실히 밀접한 관계를 맺고 있다. 예술 작품이 독창성을 중시하고, 통속 작품이 상식을 중시한다는 것은 확실히 하나의 좋은 대비를 이룬다. 통속 작품이 형식면에서 상투적 방법을 답습하지 않았다는 것이 새로운 견해를 제출해[기 위해] 작품의 내용과 작가의 태도[를] 일부러 상식과 유리되[게 만들었다는 의미가] 결코 아니다. 또한 통속작가가 상식을 비판할 수 없다는 것도 절대 아니다. 『춘희』나 『불여귀』[80]와 같은 작품들도 옛 가정제도를 비판하지 않는가? 다만 예술 작품만큼 그 정도로 심오하게 [상식을] 비판하지 않았을 뿐이다.[81]

예술과 통속을 각각 독창성과 상식에 대응시키는 필자(平)는 양자의 대립을 중심으로 그 소통을 강조한다. 여기에서 주목해야 할 점은 자본주의와 연관된 해석이다. 그에게 자본주의적 상업성과 예술가의 독창성은 대립적 관계에 위치하며, 자본주의의 발전으로부터 예술가와 대중의 간격이 심화된 것이다. 따라서 예술가·전문가·작가는 상식을 중시하는 통속문학(또는 통속예술)을 생산함으로써 자본주의적 '대중'과 벌어진 간격을 좁혀야 한다는 논리로 연결된다. 이처럼

---

80 『不如歸』(1900)는 일본의 도쿠도미 로카(德富蘆花, 1868~1927)의 베스트셀러다.
81 平, 「通俗的和藝術的」, 『新小說』1935年第1卷第3期: 36~37쪽(大成老舊刊全文數據庫, http://www.dachengdata.com 참조).

그의 견해는 예술과 자본주의적 통속의 '관계 좁히기'에 맞춰져 있다.

이와 같은 논리 구조에서 자본주의적 '상업성'은 '통속성'과 동일한 의미를 갖는다. 하지만 이것은 예술과 통속이라는 대립구도가 야기한 필연적 결과에 불과하다. 다시 말해서 '예술성'·'독창성'과 '상업성'·'통속성'·'상식'은 대립적 범주로 분류되며, 그것은 각각 '지식인'과 '대중'을 대변한다. 문제는 영화·음악·댄스와 일부 저급한 소설 등으로만 자본주의적 상업성에 기초한 통속문화를 규정할 수 없다는 점이다. 예술 또한 자본주의적 경제시스템과 무관한 그 무엇이 아니라 그 시스템 내부에 존재하는 것이다. 따라서 이러한 대립적 인식에서 그가 아무리 양자의 소통을 강조한다하더라도 계몽주의 또는 '지식인 중심성'이라는 결과를 벗어날 수 없게 만든다.

상식이 다수 '대중'의 사회적 통념에 해당하더라도, 자본주의적 '대중'의 상식은 봉건주의적 요소만으로 설명되지 않는다. 그 '봉건성'은 '봉건 사회의' 봉건성이 아니라 이미 '상품화된' 봉건성이기 때문이다. 따라서 그가 바라는 이상화된 '예술적 통속성'은 예술과 통속의 대립으로부터 형성되는 것이 아니라 '대중'의 유관성이 작동하는 영역 내부에서만 찾을 수 있다. 다시 말해서 예술에 상식을 지도해야만 하는 고유한 임무가 부여된 것이 아니라 당시 대중의 유관성이 '옛 가정제도라는 봉건적 유제'에 대한 비판을 새로운 상식으로 채택한 것이다. 『춘희』나 『불여귀』의 사례를 이런 맥락에서 이해할 필요가 있다. 문제는 대중의 유관성이라는 영역 내부로 들어가려면 기존의 '예술성' 또는 '봉건성'은 상품화를 피할 수 없으며, 상품화된 그것은 대중의 유관성과 접목되는 지점에서 '통속적'일 수 있는 것이다. 봉건 사회에서 '봉건성'이 선택의 문제가 아니었다면, 자본주의 사회에서 '(상품화된) 봉건성'은 대중의 선택을 통해 소비(피스크가 '가변적인 사회적 충성관계'라고 지칭한)되는 것이기 때문이다.

한편, 이러한 한계에도 불구하고 '통속화'에 긍정적 의미를 부여하려는 시도는 '통속'과 '인기영합'의 관계로 확장된다.

무엇을 통속이라고 하는가? 무엇을 인기영합[媚俗]이라고 하는가? 그 사이에 어떤 차이가 있는가? [이 문제들을] 엄밀하게 설명하는 것은 매우 어려운 일이다. 하지만 [이것을] 정확하게 이해하지 않고 우리 스스로를 통속이라고 여긴다면, 아마도 엄격한 작자들 또는 비평가들은 우리가 타락했다고 욕할 것이다. 보통 사람들이 말하는 타락은 정당하지 못한 굴복이나 타협[을 말한]다. 문학이나 예술의 입장에서는 저급한 취향에 투항하는 것이 타락이고, 나쁜 전통과 타협하는 것도 타락이다. 한 편의 소설이 아름다운 여자와 능력 있는 남자[佳人才子]라는 진부한 이야기로 가득 차 있다면, 어떤 예술 기법을 사용한다하더라도 그것은 분명히 타락이다. 예를 들어 한 편의 소설이 옛 예교(禮敎)를 찬양하고, 그것의 인과응보를 크게 외친다면 [그것]도 당연히 타락이다. 한마디로, [그것은] 자각하지 못한 대중의 기호(嗜好)에 영합한 작품을 가리킨다. 이러한 작품이 인기영합적인 것이다. [이것도] 마찬가지로 당연히 타락에 해당한다. 통속 작품은 단지 작가의 글쓰기 태도를 일반 사람들이 이해할 수 있는 수준으로 낮추는 것뿐이다. 이것 또한 타협일 수도 있겠지만 이러한 타협은 정당한 것이다. 만약 작가라는 직분을 포기하고 그저 저급한 취향에 영합하기만 한다면 그것이야말로 인기영합이다.[82]

---

82 樂游, 「通俗和媚俗」, 『新小說』1935年第1卷第3期: 37쪽(大成老舊刊全文数据庫, http://www.dachengdata.com 참조).

필자(樂游)가 이해하는 '인기영합'은 자각하지 못한 대중의 기호에 대한 영합, 즉 저급한 취향의 대중에 영합하는 것을 의미한다. 이 점은 위핑보가 우려했던 것이기도 하다. 지식인이 저속한 대중에 그 수준을 맞추는 것 자체가 '타락'이자 '굴복'이다. 하지만 필자는 작품에서 '아름다운 여자와 능력 있는 남자'라는 진부한 이야기, 예교(禮敎)와 인과응보와 같은 봉건주의적 전통을 그 내용으로 다루지 않는다면, 대중이 이해할 수 있는 수준의 글쓰기는 '정당한 타협'이라고 주장한다. 그 '정당한 타협'이 바로 '통속'이다.

이처럼 그는 대중에 대한 지식인의 태도를 크게 '타락'과 '정당한 타협'으로 구분하고, 그 기준을 과거의 봉건성과 현재의 현대성에서 찾고 있다. 그럼에도 불구하고 이 접근법이 갖는 한계는 앞의 사례와 마찬가지로 여전히 '지식인 중심성'이 그 논리 내부에서 작동하고 있다는 점이다. 지식인의 사회적 위치와 기능이라는 문제는 논리 전개의 출발점으로 삼는 이상, 이와 같은 결론은 필연적이다. 이른바 푸둥화식의 '대중 중심'적 접근 방식이 아니라 대중에 대한 지식인 중심적 접근 방식의 '다양화'라는 차원에서 설정된 '통속화'는 근본적으로 '지식인 중심성'을 벗어나기 어렵다.

『신소설』의 지식인들이 이처럼 '지식인 중심성'을 유지하면서도 '통속'의 필요성을 제기하는 이유는 '통속'을 통해서만이 그들이 궁극적으로 이루고자 하는 '계몽'에 다가설 수 있기 때문이다. 하지만 보다 근원적 차원에서 이러한 해석을 강제한 사회적 힘은 바로 '문화시장'을 매개로 표출된 당시 상하이 자본주의 '대중'에게 있다. 상하이 자본주의의 발전은 문화시장의 확대와 아울러 '대중'의 사회적 힘의 확장을 동반한다. 이로부터 당시 『신소설』 지식인들은 계몽주의적 지식인들의 부정적 평가와 다르게 현실적 '통속'을 인정(또는 긍정)하게 된다.

지식인 중심적 접근 방식의 '다양화' 가운데 반드시 지적해야할 시각이 바로 지식인과 대중 모두를 비판하는 이른바 '양비론'적 태도다.

> 최근 50년 동안, 문예가 발전한 국가는 사회의 기형적 발전 때문에 문예작품을 소수의 '지식을 갖춘 선택된 사람들'이 즐기는 특별한 물건으로 바꿨고, 작가는 은연중에 '정신귀족'이 되었다. 작가의 이러한 고립은 문예를 더욱 전문적이고 이해하기 어려운 것으로 만들었다. 작품의 내용은 하루가 다르게 공허하고 빈약해졌지만, 작품의 형식은 반대로 더욱 정교해지고 기괴해졌다. …… 우리가 제창하는 통속소설은 당연하게도 스스로 '정신귀족'이라는, 홀로 고귀하고 혼자만 즐기려는 태도에 찬성하지 않는다. 마찬가지로 인기에 영합하려는 통속작가의 저급한 취향에 대해서도 찬성하지 않는다. [그렇다고 해서] 우리가 타협이나 절충적 태도를 가지고 당나귀도 아니고 말도 아닌 것을 만들자고 주장하는 것 또한 아니다. 이러한 관점으로부터 진정한 통속소설을 만들어야 한다면, 그것의 형식은 이른바 예술소설과 같이 그렇게 이해하기 어려워서는 안 된다. 뿐만 아니라 통속문학의 그와 같은 진부함을 다시금 채택할 수도 없다. 그래서 [통속소설의 형식은] 마땅히 또 다른 새로운 무엇이어야만 한다. 하나의 형식이 만들어지는 것은 반드시 오랜 진화를 거쳐야만 가능하다.[83]

필자(華尙文)는 예술소설과 통속소설을 생산하는 지식인을 '정신귀족'과 '인기영합'이라는 형태로 구분하면서 양자 모두를 비판한다.

---

83 華尙文,「通俗小說的形式問題」,『新小說』1935年第1卷第4期: 50~51쪽(大成老舊刊全文數據庫, http://www.dachengdata.com 참조).

그는 대안으로 '진정한 통속소설'을 생산할 수 있는 '진정한 지식인'의 형상을 요구한다. 사실 이와 같은 양비론은 고상한 예술소설이 대중에 의해 부정되는 현실, 그리고 저급한 통속소설을 거부하는 지식인들의 심미관이 충돌한 결과에 불과하다. 그럼에도 불구하고 사회적 소수인 지식인들은 그들의 미래 상상의 목표를 실현시키기 위해 다수 대중에 대한 입법자적 태도를 포기하지 않는다. 그 지점에 '통속화'가 위치한다.

이처럼『신소설』의 지식인 중심적 '통속화'는 '지식인 중심성'에 자족적으로 안주하던 기존의 계몽주의적 지식인들과 다르게,『신소설』이라는 '통속잡지'를 통해 문화시장에 직접 개입하면서 보다 광범위한 이론적 모색과 창작활동을 전개한다. 그들의 '통속화'는 '대중성'이라는 자본주의적 '대중'의 유관성을 확보하는 데 그 목적이 있다. 이를 위해 그들은 아(雅)문화에서 속(俗)문화로 '아속공상(雅俗共賞)'의 무게중심을 이동시키면서, '통속' 개념에 대한 지식인들의 동의를 이끌어내고자 한다. 하지만 그들의 기대와 다르게 문화시장에서 그들의 '통속잡지'는 결국 하나의 '문화상품'일 수밖에 없다는 한계가 존재한다. 그들의 '통속'에 대한 자의적 이해는 사실 문화시장의 작동 원리와 여전히 거리가 먼 개념이다. '인기영합'·'저급한 취향'에 대한 그들의 거부, 그리고 '대중의 수준에 맞춘 글쓰기' 또는 '대중이 이해할 수 있는 글쓰기' 등은 그것을 문화자원으로 요구하는 대중에게만 적용되는 것이다. 그런 맥락에서『신소설』의 '통속화'는 한정된 독자대중(또는 소비대중)만을 요구하게 된다.

독자의 편지에서도 나타나 있지만,『신소설』의 독자가『신소설』에 갖는 기대는 원앙호접파의 소설과 차별화된 작품과 활동이다.『신소설』의 독자는『신소설』을 통해(또는『신소설』이라는 문화상품의 소비를 통해) 자신만의 문화, 즉 보다 발전된 '대중문화'를 생산하고자 한다. 그러한 독자는 지식의 많고 적음 또는 취향의 고급과 저급으로 판단되는 대상이 아니다. 다시 말해서 독자 대중의 취향이 이른바 '통속화'(또는 '대중화')의 방향을 결정짓고 있을 뿐만 아니라 궁극적으로 대중의 문화적 욕구를 통해서 지식인들의 '통속화'가 발전하는 것이기 때문이다.

여기에서 정보치의 「소설의 미래(小說的將來)」는 매우 뛰어난 문제의식을 담고 있다. 그는 당시 지식인들이 진행한 '통속화'의 이론적 모색을 근본적인 차원에서 재구성해야 할 필요성을 제기한다. 그와 같은 주장의 근거로 들고 있는 것이 바로 기술발전과 그것이 가져온 현대사회의 급격한 사회 변동이다.

유성영화와 라디오방송은 현재 전 세계에서 유행하는 최신 예술이다. 가까운 미래에 텔레비전(Television)까지 출현할 것으로 기대된다.[84] 이러한 일련의 기계들이 [사람의] 목소리를 정복한 것은 틀림없이 예술의 각 부문에 거대한 영향을 야기할 것이다. 시가(詩歌)·희곡(戲曲)·소설 등의 언어예술 [가운데] 특히 소설은 이로부터 [가장] 극심한 변화를 겪을 것이라고 예상된다. 원래 언어예술과 육성(肉聲)의 언어는 분리되지 않았던 것이다.

---

[84] 텔레비전은 1939년 미국 뉴욕에서 처음 등장한다. 박영숙은 기술발전에 따른 사회변화 양상을 다음과 같이 묘사한다. "1844년에 전보가 나와서 우편물을 죽였다. 1876년에 전화가 나와서 전보를 죽였다. 그 후 인간의 의사소통은 1896년 라디오가 나오고, 1939년 텔레비전이 나오면서 엄청난 속도로 손쉬워졌다. 그리고 1935년에 나온 팩스는 이제 곧 사라질 전망인데 이를 확인 사살할 기술은 스캐너라고 한다. 1965년에 이메일이 나오고, 1973년에 무선전화가 나오고, 1985년에 인터넷이 나오고 1989년에 웹www이 나와 세계화를 급진전시켰다. 그리고 1990년에 나온 검색엔진은 교육을 완전히 송두리째 바꾸려고 한다. 교사나 교수에게 배우는 것이 아니라 웹에서 검색하는 학생이 더 많아졌다." 박영숙, 『새로운 미래가 온다』(서울: 경향미디어, 2008): 11쪽. 정보치가 이 글을 발표한 해가 1935년이라는 점을 감안한다면, 텔레비전이 아직 등장하지 않은 상태에서 미래사회의 변화를 예측한 것이다.

…… [반면] 소설은 가장 늦게 출현했지만, 당시 글쓰기와 인쇄[술]이 발달하게 되면서 [소설은] 입을 이용한 이야기 [방식]에서 인쇄물로 아주 빠르게 대체되었다. 이 때문에 현대의 최고 언어예술로 불리는 소설과 육성의 언어 관계는 매우 약할 [수밖에 없]다. 언어예술의 엄격함이라는 측면에서 보자면, [이러한 현상은] 변태적인 사건이라 할 수 있다. 이 변태적인 사건은 문학과 대중의 분리를 촉진시킨다. 현재 문예가 발달한 국가에서 이른바 '순(純)문학'·'고급문학'의 발생은 당연히 그 사회[의 발전 정도]에 근거한다. 마찬가지로 예술적 도구가 이러한 [순문학과 고급문학이라는] 편향을 촉진시킨다는 [사실도] 부인할 수 없다. 특히 소설이 그러하다. 현대[近代] 작가가 발명한 수많은 예술적 기법은 모두 육성의 언어를 벗어나면서 시작된 것이다. 기술적인 면에서 단지 비정상적인 발전만을 고려한다면, 소설 자체는 하루하루 대중과 더욱 멀어질 것이다. 인류가 도구를 발명했지만 인류의 발전은 항상 도구의 제한을 받아왔다. 이것은 인류의 물질생활이라는 면에서 분명할 뿐만 아니라 예술적인 면에서도 동일하다.[85]

정보치는 기술의 발전이 소설의 출현을 가져왔지만, 그 기술이 지속적으로 발전하면서 소설의 위기도 발생했다고 진단한다. 예를 들어 인쇄술의 발달이 소설의 발생에 직접적인 영향을 미쳤던 것처럼, 유성영화나 무선방송과 같은 새로운 기술의 등장은 소설이라는 언어예술의 변화와 함께 새로운 예술양식을 요구하게 된다. 따라서 소설에 근거한 '순문학'과 '고급문학'의 예술적 지위의 변동은 불가피하다. 이처럼 기술발전이 가져온 사회문화적 변동은 기존의 예술구

---

85 鄭伯奇,「小說的將來」,『新小說』1935年第1卷第5期: 14쪽(大成老舊刊全文數據庫, http://www.dachengdata.com 참조).

조를 변화시키면서 새로운 구조의 창출을 동반하게 된다.[86]

그는 언어예술의 미래 방향이 육성의 언어에서 소설을 구분시켰던 과거의 방식과 다르게, 육성의 언어로 다시금 회귀하고 있다고 이해한다. 또한 이러한 예술 구조의 변동을 긍정적 현상으로 이해하면서, 소설 역시 이러한 사회적 추세에 맞춰 문학의 대중화를 준비해야 한다고 촉구한다.

이른바 '순문학 소설' [또는] '고급소설'이라는 것은 새로운 기계의 발달로 인해 예술의 왕좌라는 자리에서 퇴출될 수밖에 없을 것이다. [따라서] 작가 또한 [더 이상] 서재에 숨어 미사여구나 정교한 서술, 그리고 심오한 묘사들에 의존한 자기만족에 [안주]할 수 없으며, 서둘러 새로운 기계와 관계를 맺고 자신의 예술을 변화시켜야만 한다. 이 새로운 기계의 발달로 인해 문학은 대중화되지 않을 수 없다. 또한 이 새로운 기계의 발달로 인해 언어예술의 정체성을 회복할 [기회를 맞이했]으며, 육성의 언어와 관계가 깊지 않은 소설에[도] 매우 중대한 변화가 일어날 것이다. 어쩌면 어느 날 (어쩌면 텔레비전이 발명되는 그 날일 것이다) 소설은 단순히 작가 혼자서 하는 작업이 아니라, 시가나 희곡처럼 다른 예술가의 도움이 있어야만 대중과 만날 수 있을지도 모른다. 대중은 소파나 의자 위에서 아이처럼 답답하게 소설을 보는 것이 아니라, 텔레비전과 라디오의 힘을 빌린 미디어 예술가가 육성의 언어를 사용해 소설을 대중 앞으로 전달한다. 내가 [대중의] 귀로 전달한다고 말하지 않은 [이유는] 이러한 육성의 언어 예술가가 텔레비전의 힘을 빌려 동작[까지도] 대중의 눈앞에 전달할 것이기 때문이다.[87]

---

86 엄밀한 의미에서 기술발전 자체가 사회문화적 변동을 직접적으로 야기했다고 이해하기 보다는 새롭게 출현한 기술(즉 그 기술이 적용된 신상품)에 대한 자본주의적 대중의 선택과 지지 과정을 통해 사회문화적 변동이 이루어지고 있는 것이다.

정보치가 언급한 예술 구조의 변동, 즉 '순문학 소설'과 '고급소설'의 퇴출은 사실 기존 지식인의 존재양식과도 연관된 사안이다. 따라서 이것은 예술의 민주화 또는 문화의 민주화라는 문제이기도 하다. 그 중심에 기술발전 또는 대중의 사회적 힘의 성장이라는 사회적 동력이 자리한다. 여기에서 이후 문학이 대중화될 수밖에 없으며, 이에 대해 지식인의 적극적인 대응을 요구된다는 그의 주장에 주목할 필요가 있다. 그것은 기술발전이 가져온 새로운 도구를 통해 그간 지식인들의 계몽 운동에 가장 큰 장애가 되었던 '문맹(文盲)' 문제를 피해 갈 수 있기 때문이다. 다시 말해서 당시 글을 모르는 다수의 사람들이 존재하는 현실로부터 글이라는 기술 수단을 통해서만 계몽 운동을 전개할 수밖에 없었던 지식인들의 고충이 어느 정도 해결되기 때문이다. 백화문과 대중어의 출현 역시 이러한 문제와 연결시켜 이해할 필요가 있다.

따라서 유성영화·라디오방송, 그리고 텔레비전이라는 새로운 매체의 등장은 지식인들에게 글이라는 한정된 매체에 의존하지 않고서도 지속적인 운동 동력을 마련해준다. 예를 들어 '대중어' 운동 지식인들이 제기한 '대중의식'은 글이라는 제한을 벗어나 이른바 육성의 언어와 동작 행위를 통해 대중에게 전달될 수 있기 때문이다. 이처럼 그는 평면적 시각문화에서 입체적 시청각문화로의 전환이라는 시대적 상황에서 지식인들에게 능동적인 대응을 요구한다. 물론 이와 같은 시도를 『신소설』의 통속화 방안의 하나로 평가할 수도 있지만, 당시 기술발전이 야기할 근본적인 사회변동에 대한 그의 예측은

---

87 鄭伯奇, 「小說的將來」, 『新小說』1935年第1卷第5期: 17쪽(大成老舊刊全文數據庫, http://www.dachengdata.com 참조).

대단히 탁월한 것이었다.[88] 그가 예측한 미디어 예술가(또는 미디어 지식인)의 출현은 이후 보다 전문화된 문화상품 생산시스템을 갖춘 문화기업의 출현과 대중문화의 발전, 그로부터 촉발될 지식인 사회의 균열을 예고하고 있다. 이처럼 혁명적 지식인들의 '대중문예'와 다르게, 1930년대 중반 『소설』의 '대중문예'와 『신소설』의 '통속문학'은 '현대적(또는 자본주의적) 대중'과 '통속' 개념에 사회적 합법성을 부여한다. 여기에서 보다 중요하게 고려해야 할 것은 이들의 활동이 '문화시장'을 매개로 현대적 '대중'과 연결되어 있다는 점이다. 이것은 '원앙호접파'(또는 '예배육파')의 그것과 함께 당시 중국 사회에서 현대적 '대중'에 의한 '대중문화'라는 분명한 흐름을 인정하게 만든다.

개혁개방 이후 대중문화가 당시 대중문화와 동일하게 문화시장의 요구를 포함한다는 점에서 중국의 대중문화는 연속되고 있다. 또한 다양한 문화상품이 자본주의적 대중의 대중문화창조를 위해 문화자원으로 기능한다는 측면에서도 그러하다. 따라서 당시 기술발전이 가져온 사회적 변동으로부터 문화의 현대화와 민주화를 예견했던 정보치의 주장은 현재에도 여전히 유효하다.[89] 다시 말해서 자

---

[88] 정보치의 이와 같은 미래 진단은 현재까지 그 타당성을 잃지 않고 있다. "그런데 2002년 아이팟이 나오고, 2004년 팟캐스팅이 나와 드디어 방송도 2022년이면 사라진다고 하고 완벽한 음성인식기가 나오는 2018년에는 '아직도 뉴스를 읽으십니까?'라고 하면서 뉴스를 움직이면서 듣는다고 한다. 그러면서 한편으로 인간은 개인주의, 물상주의에 반대하는 역트렌드를 일으켜 미래의 도서관, 식당 등 인간이 모이는 모든 장소는 문화센터로 변한다고 한다. 문화가 없으면 사람들이 모여들지 않는다는 것이다." 박영숙, 『새로운 미래가 온다』(서울: 경향미디어, 2008): 11쪽.

[89] 여기에서 계몽 운동에 대한 쉬번의 평가는 무척 흥미롭다. "중국에서 계몽 운동은, 미디어 문화처럼 그렇게 광범위하게 전통 생활과는 다른 생활을 민중에게 요구하면서 [민중을] 계몽시킨 적이 없었다. 군중 미디어 문화는 광범위하게 서민들 속에서 5·4운동 이후 소수의 지식인들만이 느꼈던 현대 사상의 충격을 현재[까지도] 진행시키고 있다. 이런 의미에서 군중 미디어 문화는 고급문화와 상관없는 수천수만의 사람들 가운데 계몽 기능을 수행하고 [있다고 볼 수] 있다." 徐賁, 『文化批評往何處去: 一九八九年後的中國文化討論』(香港: 天地圖書有限公司, 1998): 172~173쪽. 쉬번의 이와 같은 진단은 정보치가 예측한 기

본주의의 재구조화 과정에 해당하는 탈현대적 자본주의 사회의 대중문화 역시 동일한 작동 원리를 갖추고 있기 때문이다. 개혁개방 이후 다시금 중국 사회에 출현한 대중과 대중문화를 문화의 민주주의라는 차원에서 이해해야 할 이유가 여기에 있다.

술발전이 야기할 미래사회의 정경과 정확히 일치한다.

제3장

개혁개방 이후 중국 지식인의 대중문화 담론

1 연속되는 대중문화 경계境界 담론

대중문화와 민간문화, 그리고 통속문화

중국 대중문화 담론에서 대중문화와 민간문화의 관계를 보다 명확한 형태로 정의(定義)해야 하는 이유는 앞서 살펴본 것처럼 통속문화가 그것들과 맺고 있는 관계 때문이다. 1920·30년대 등장한 '통속' 개념이 개혁개방 이후 대중문화 담론에서도 여전히 등장한다는 점에서 그러하다. 대중문화와 민간문화가 문화적 생산양식의 차이에 근거한다면, 중국에서 '통속'이라는 어휘가 사용된 '통속문화'는 크게 두 가지 경우로 구분된다. 첫째, 지식인 중심성이 내재된 '통속' 개념에 사회주의 이데올로기가 결합되면서 그 부정적 의미가 제거된 경우다. 주로 비(또는 전)자본주의 사회의 '민간문화'에 초점이 맞춰져 있다. 둘째, '통속'이 자본주의적 생산양식(즉 문화시장)과 결합되어 내용적으로 '대중문화'와 동일한 어의를 구성한 경우다. 이 경우 긍·부정적 의미가 혼재된 형태로 드러난다.

우선 중국 바이두(百度)의 백과사전에서 최근의 정의를 살펴보면, 'folk culture'는 '민간(民間)문화' 또는 '민속(民俗)문화'로 번역된다. '민간문화'는 사회 기층의 노동인민이 창조한 민간 전통 가운데 존재하는 자발적 민중 통속문화로 정의된다. 다시 말해서 사회 내부의 기층으로부터 평민(또는 민중)이 자발적으로 창조한 문화가 민간문화에 해당한다. 이것은 농업사회를 배경으로 비교적 전통적 색채가 많이 남아 있는 문화로, 자발성·전승성·통속화·규격화 등의 특징을 갖는다.[1]

반면, '민속문화'는 인민의 생활·습관·정감·신앙에 기초한 문화양식으로, 사회적 일체감을 조성하는 문화의 집단적 성격이 강조된다. 즉 민속문화는 민족적 동질감과 민족정신을 강화할 뿐만 아니라 민족의 품격·집단 존중·반복성·지속성 등을 특징으로 한다.[2]

두 가지 해석 모두 현대 자본주의 사회와 구분된 비(또는 전)자본주의적 문화라는 점, 그리고 아래로부터 형성된 자발적인 '민중'의 문화라는 점에서 공통된다. 다만 민속문화가 민간문화보다 '민족' 개념에 더 가깝다는 부분에서 양자는 구분된다.[3] 이 책에서는 개혁개방 이후의 대중문화 담론에 접근하기 위해 '민간문화(folk culture)'라는 용어를 지속적으로 선택하고자 한다. 그것은 '민족형식' 논쟁에서도 드러났듯이, 비(또는 전)자본주의적 '민간문화'가 자본주의적 대중문화와 분명한 개념적 대비를 이루기 때문이다.

여기에서 주목해야 할 것은 중국에서 스토리의 『An Introductory Guide to Cultural Theory and Popular Culture』의 중문 번역서 명칭에 대한 문제다. 이 책은 1991년 양주산(楊竹山) 등에 의해 『문화이론과 통속문화입문』[4]이라는 이름으로 중국에 소개되었다. 중문 번역본은

---

[1] http://baike.baidu.com/view/40718.htm 참조.
[2] http://baike.baidu.com/view/556712.htm 참조.
[3] 이러한 구분과는 다르게 '민간문화'와 '민속문화'를 '비물질문화의 유산'이라는 관점에서 동일하게 취급하려는 견해도 존재한다. 같은 곳.
[4] John Storey/楊竹山·郭發勇·周輝 譯, 『文化理論和通俗文化導論』(南京: 南京大學出版社, 1991;2006) 참조할 것.

'popular culture'를 '통속문화'로 번역하고 있는 것이다. 이에 타오둥 펑은 그의 『현재 중국의 문화비평』에서 다음과 같이 밝힌다.

> 중국어 학계에서는 일반적으로 popular culture를 '유행문화'(또는 '대중문화'로 번역된 것도 있다)로 번역하고, mass culture를 '대중문화'(개별적으로는 '군중문화'로 번역한다)로 번역한다. 사실상 본서 및 그 밖의 일련의 대중문화를 논의한 서구 저술들은 popular culture 또는 mass culture를 선택할 때, 보다 많은 [경우] 입장과 평가 차원에서 고려한다. 예를 들어 피스크가 그의 『대중문화의 이해』에서 popular culture를 사용하고 mass culture를 사용하지 않은 이유는 후자가 부정적 의미의 '대중'이기 때문이다. 하지만 [서구의] popular culture와 mass culture가 언급하고 있는 대상은 기본적으로 같은 것이다. 즉 현재[當代] 산업 사회에서 대량생산되는 상업적 유행문화는 전(前) 산업 사회의 민간문화와 같지 않기 때문이다(당연히 중국 '문혁' 시기의 혁명적 군중문화와도 다르다). 그래서 스토리는 대중문화에 관한 6가지 정의를 소개한 뒤, 결론적으로 '대중문화가 그 밖의 어떤 모습이건 간에 의심할 바 없이 그것은 산업화와 도시화의 출현으로부터 발전한 문화'라고 언급한 것이다.[5]

타오둥펑은 이와 같은 문제의식에서 번역본 『문화이론과 통속문화입문』을 인용할 때마다 모두 『문화이론과 대중문화입문』으로 고쳐 서술한다. 여기에서 '평가'와 '입장'은 바로 지식인의 관점을 가리킨다. 지식인들은 자신의 관점에 따라 '대중문화'의 상이한 이해를 바

---

5 陶東風·徐艶蕊, 『當代中國的文化批評』(北京: 北京大學出版社, 2006): 116~117쪽 주3 참조.

탕으로 '대중문화 담론'을 생산한다. 나아가 "일련의 서로 다른 이해 방식은 '대중문화'를 정의하는 다양한 가능성 및 대중문화 함의가 갖는 풍부함을 드러내준다. 대중문화를 어떻게 정의하고 이해하느냐는 항상 당신의 시각 및 당신의 가치 태도에 달려있지만, 그 기본적인 대상은 서로 같은 것이다."[6]라고 주장한다. 그 대상이 자본주의적 '대중문화'라는 사실은 의심의 여지가 없다. 다만 그는 popular culture와 mass culture의 차이에 주목하기 보다는 그것을 모두 자본이 개입된 '상품화된 문화'로 이해한다는 점이다.

이러한 해석이 의도적인 것인지는 차치하고, 여기에서 보다 중요한 문제는 popular culture와 mass culture를 산업화 또는 도시화와 관련된 자본주의 문화로 규정하게 되면, '통속문화'는 그것과 다른 무엇이 된다는 점이다. 그의 관점에 서게 되면 피스크의 주장과 다르게, popular culture와 mass culture는 모두 '대중문화'로 번역된다. 결국 그에게 '통속문화'는 '대중문화'와 질적으로 구분되는 비(또는 전)자본주의 사회의 '민간문화'와 동일 개념인 것이다. 이와 같은 인식의 근저에는 바로 1920·30년대 중국의 혁명적 지식인들이 조성한 '통속' 개념이 자리하고 있다. 다시 말해서 당시 혁명적 지식인들이 '민중'을 이데올로기적 '인민대중'으로 주조하는 과정에서 '민간문화'와 '통속문화'를 일치시킨 '민족형식'이 대표적 사례다. 이후 사회주의 중국이라는 시기를 거치면서 이러한 관점은 주류적 인식으로 남게 된다.

따라서 개혁개방으로부터 출현한 자본주의적 '대중문화'의 형상은 이러한 '통속문화' 개념과 근본적으로 대립하게 된다. 이 지점에서 시대의 단절이 문화적 단절의식으로 이어지는 현재 지식인들의 단

---

6 陶東風·徐艷蕊, 『當代中國的文化批評』(北京: 北京大學出版社, 2006): 62~63쪽.

면을 엿볼 수 있다. 하지만 1920·30년대에 자본주의적 '통속문화'가 존재했다는 역사적 사실은 이러한 인식에 동의하기 어렵게 만든다. 따라서 중국에서 '통속문화'의 해석 차이는 중국 자본주의 역사의 연속성 문제이기도 하다. '통속문화'를 '민간문화'와 동일시하는 태도는 개혁개방이라는 잣대로 그 전후를 비(또는 전)자본주의 사회와 자본주의 사회로 각각 구분시킨다.[7]

이처럼 '대중문화'에 관한 논의는 사회체제 성격을 분석하는 데 하나의 주요한 시각을 제공하고 있다.

중국 대중문화의 개념적 경계

타이완(臺灣)의 항즈(杭之)는 1991년 출판된 『일위집』에서 명확하게 '대중문화'를 '민속문화' 또는 '통속문화'와 구분한다.[8] 그는 「대중문화의 유행은 무엇을 드러냈는가?」에서 중국 지식인들의 대중문화 인식이 서구 사회학의 영향 아래 있다고 진단하면서, 많은 사람들이 "문화를 우수한 문화(refined culture), 평범한 문화(mediocre culture), 저속한 (감각적인) 문화(brutal culture)로 구분한다. 앞의 것은 상층문화이고, 뒤의 두 가지는 비(非)상층문화이거나 하층문화다. 많은 사람들이 직접적으로 평범한 문화와 저속한 문화, 통속문화(popular culture), 대중

---

7 이와 같은 시각은 '현대화이론 또는 자유주의' 진영으로부터 명확하게 드러난다.
8 타오둥펑은 항즈가 중국 학계에서 최초로 대중문화의 정의를 시도했다고 본다. 陶東風·徐艶蕊, 『當代中國的文化批評』(北京: 北京大學出版社, 2006): 71쪽. 엄밀한 의미에서, 이러한 평가는 개혁개방 이후로 한정된다. 또한 중국의 대륙 정치권에서 타이완을 중국의 일부로 인식하고 있는 것처럼, 타이완 학계를 대륙 학계의 일부로 봐야할지는 1949년 이후 타이완과 대륙의 역사적 변천 과정이 상이하다는 점에서 대중문화 담론 역시 구분하는 것이 타당할 것이다.

문화(mass culture) 등을 상호 대체가능한 명사로 간주하면서, 우수한 문화와 상대적 [차원에서] 대중문화 또는 통속문화로 통칭"⁹하고 있다고 주장한다.¹⁰ 나아가 이와 같은 구분이 혼란만을 야기하고 있다고 밝히면서, 문화의 생산과 운영 방식으로부터 비(非)상층문화를 대중문화·통속문화·민속문화(folk culture)로 각각 구분한다.

대중문화는 도시 산업사회 또는 대중 소비사회의 특수한 산물을 가리키는데, 대중 소비사회에서 인쇄매체와 전자미디어 등의 매스미디어를 통해 실리고 전달되는 문화상품이다. 이것은 합성되고(合成, synthetic) 가공된(processed) 문화상품이다. 그것의 분명한 특징은 '주로 대중소비를 위해 만들어져 나온 것'이기 때문에 그것은 표준화와 의사 개성(pseudo-individuality)이라는 특징을 가지고 있다. '통속문화는 사회의 대다수 사람들의 실제 생활로부터 생겨나온 것으로, 그것의 내적 함의는 인류학이 이해하고 있는 문화에 가깝다. 통속문화는 한편으로 사회적인 계승이자, 다른 한편으로 서민의 일상생활 중에서 창조성을 획득한 자원이기도 하다.' 이것은 현실 생활로부터 추출되어 나온 생활 문화(lived culture)다. '민속문화에 대해 말하자면, 일반적으로 사회 주변에 위치한 소수 집단들이 소유

---

9 杭之, 『一葦集』(北京: 三聯書店, 1991): 140쪽.
10 항즈가 이러한 이분법적 문화관의 형성 원인을 서구 사회학의 영향에서 찾고 있지만, 앞서 살펴본 것처럼 'popular'의 중국어 번역어인 '通俗'이라는 어휘의 역사는 중국에서 매우 오래되었다. 문제는 '지식인 중심성'을 체현한 '통속' 개념이 현재까지도 다양한 방식으로 연속되고 있다는 점에 있다. 통속을 의미하는 '淺顯易懂', 즉 '이해하기 쉽다'는 것이 '이해하기 어렵다'는 대립적 어의를 전제로 삼고 있는 이상, 통속 개념은 그 자체로 대중과 지식인의 존재를 반영하고 있는 것이다. 그것은 '이해하기 어려운' 영역이 지식인의 존재에 의해 보증되기 때문이다. 사실 양주산의 '통속' 개념도 자본주의 통속문화를 직접적으로 지시하기 보다는 이러한 맥락에 위치하는 것이다. 하지만 지식인에 의해 재단된 '이해하기 쉬운 것'이 곧 '대중성'을 보장하지 못한다는 점에서 문제는 간단하지 않다. '대중성', 즉 '대중의 유관성'은 지식인이 상상하는 그런 단순한 차원을 넘어선다.

한 문화에 속한다.'[11]

항즈가 통속문화에 인류학적 문화 개념을 끌어들이고 있지만 이러한 구분은 사실 대중문화를 비판하는 것에 목적이 있다. 프랑크푸르트 학파를 언급하고 있지 않지만, 그는 그들의 영향을 직접적으로 받고 있다고 볼 수 있다.[12]

우선 천리쉬는 「현 유행음악 문제에 대한 토론[對當前流行音樂問題的討論]」[13]을 인용하면서 개혁개방 직후, 즉 1980년대 초·중반에 중국 대륙 지식인들이 대중문화에 보인 반응을 다음과 같이 설명한다.

1980년대 초·중반의 대중문화 현상은 이미 일부 중국학자들에 의해 전통적 이론구조 안에서 해석되고 있었다. 1980년대 초, [대륙에서] 새롭게 일어난 유행음악을 놓고 [벌어진] 격렬한 토론이 이 점을 전형적으로 드러낸다. 어떤 사람은 홍콩과 타이완의 유행음악이 자본주의[라는] 기형적 사회의 산물[에 불과하며], 그 가운데 약간의 민요[民歌]와 고향을 그리워하는 노래가 있기는 하지만 "대부분 부정적이고 퇴폐적인 내용과 저급하고 저속한 정서의 케케묵은 작품들"이라고 주장한다. 따라서 우리가 안정과 단결을 강조하고 4가지 현대화[四化][14] 건설을 촉구하는 오늘날, 그 위험성을

---

11 杭之, 같은 책, 1991: 141쪽.
12 陶東風·徐艷蕊, 『當代中國的文化批評』(北京: 北京大學出版社, 2006): 72쪽. "이 대중사회에서 소수의 대중문화 제작자들은 [자신들의] 독점적인 의견을 조작해 표현하[기 위해] 대중의 필요를 만들어내고, 사회의 집단적 정서를 제공한다. 광범위한 '대중'은 단지 擬似 개성의 연막 아래 문화시장에서 수동적으로 이러한 의견들을 수용할 뿐이다. 그들이 직접적으로 수용한 의견에 반응하는 것은 어렵거나 불가능하다. 그래서 대중은 건설적인 참여 의식이 없을 뿐만 아니라 공통의 경험도 존재하지 않는다. 그들은 모두 고립적이고 수동적인 '수용자'다." 杭之, 같은 책, 1991: 141쪽. 이처럼 항즈의 대중문화(또는 대중) 관점은 정확히 프랑크푸르트 학파의 그것에 일치한다.
13 『新華文摘』1981年 第6期 참조.

충분히 고려해야만 한다. 유행음악의 범람이라는 사회적 문제는 "각 방면에서 '종합적인 대책'을 필요로 한다." 중국에서 유행음악을 발전시켜야 하는가라는 문제에 대해 어떤 사람은 유행음악을 발전시키는 것이 자본주의 세계의 폐단을 좋은 것으로 간주하게 만든다고 주장한다. "자본주의 세계의 유행음악에 인민의 생활과 사상·감정이라는 것이 미약하나마 반영되어 있다고 할지라도 그것은 음악의 상품화라는 기본성격을 바꾸지 못한다. 인민의 생활과 사상·감정을 반영하는 데 이미 우리는 [여러] 실천을 통해 풍부하고 다양할 [뿐만 아니라] 검증된 음악예술의 수단을 창조했다. [그런데] 기존 성과를 발전시킨다는 기초 위에서 [음악예술을] 창조하고 발전시키려는 것이 아니라 왜 굳이 자본주의 세계의 병폐로부터 [그것을] 찾고자 하는가?" 유행음악은 "저급한 것을 넘어 아주 저열한 것"이다. "이러한 음악을 통해 수준 높은 사회주의 정신문명을 창조할 수 있다는 것인가?" 유행음악을 포함한 대중문화 현상에 대한 이러한 비난은 항상 '좌(左)'라는 이데올로기를 이론적 자원으로 한다. 이로부터 대중문화 현상은 늘 사회성과 정치성이라는 함의를 결핍한 [채] 오락성[만]을 갖춘 것으로 간주되었다. 그래서 [그것에] '자본주의'라는 딱지를 붙여 일괄적으로 거부하거나, "사실을 은폐하고 투쟁의지를 마비시키는" 정신적 마취제로 취급해 부정한다. 이 관점들은 명확하게 '계급투쟁'이라는 사상적 흔적을 가지고 있다. 물론 1980년대 초에 유행음악에 대한 비난의 목소리만 있었던 것은 아니다. 어떤 사람들은 의도적으로 그것을 변호한다. 그들은 [다음과 같이] 주장한다. "우리의 '새로운 스타'는 자신의 공연스타일에 맞

---

14 '四化'는 산업의 현대화·농업의 현대화·국방의 현대화·과학기술의 현대화라는 4개의 현대화를 가리킨다. 1964년 12월 전국인민대표대회에서 마오쩌둥의 제안을 근거로 周恩來(1898~1976)가 제출한 것이다. 20세기 안에 4개 분야를 현대화시켜 중국을 사회주의 강국으로 만들려는 계획이다.

취 적당한 노래를 선택한다. '가곡[嚴肅音樂]'이든 '통속음악'이든 그것은 절대적으로 자신이 선택할 자유[의 문제이기 때문에], 어떤 사람도 과도하게 관여할 수 없는 것이다." "문화[라는] 화원에 100송이의 꽃들이 피어 있다[고 하자]. [그것들은] 때로 균형이 맞지 않게 드러난다. 다시 말해서 빨간색 꽃이 적을 수도 있고, 하얀색 꽃이 적을 수도 있는 것이다. 빨간색 꽃과 하얀색 꽃이 많이 있으면 되는 것이지, [색이 다르다고 해서] 다른 꽃들을 없애서는 안 된다." 하지만 대중문화 현상에 대한 비난과 옹호에 불구하고 그 이론적 자원의 기초가 모두 전통적 사유 구조에 기인한다.[15]

천리쉬가 '전통적 사유구조'의 범위를 구체적으로 밝히지 않았지만, 분명한 것은 그 '전통' 안에 사회주의 이데올로기가 포함되어 있다는 점이다. 이러한 측면으로부터 개혁개방 초기인 1980년대 지식인들이 개혁개방 조치를 사회주의 중국의 연장선상에서 이해하고 있다는 사실을 알 수 있다. 따라서 당시 지식인들에게 중국 대륙에서 크게 유행한 홍콩과 타이완의 대중문화는 하나의 이질적인 외래문화이자 반사회주의적인 자본주의 문화일 뿐이다. 이 지점에서 대중문화에 대한 1980년대와 1990년대 지식인들의 태도가 구분된다. 다시 말해서 1980년대 대중문화 담론이 홍콩과 타이완의 대중문화를 대상으로 한다면, 1990년대 이후의 대중문화 담론은 중국에 토착화된 형태의 그것을 상대하게 된다.

중국 대륙에서 토착적인 '대중문화'에 관한 본격적인 논의는 1994년 12월 7일 『문예보(文藝報)』가 거행한 학술토론회를 들 수 있다. 참

---

15 陳立旭,「重佔大衆的文化創造力 – 約翰·費斯克文化哲學理論硏究」, 復旦大學外國哲學專業博士學位論文, 2007: 177~178쪽.

가자들은 1990년대 들어 '대중문화'라는 사회적 현상이 크게 확산되면서, 중국 내 전문가와 학자들의 광범위한 주목을 끌기 시작했다고 평가한다. 이로부터 당시 대중문화에 대한 중국 지식인들의 기본 인식이 드러난다.

> 회의 참가자들은 현재 운위되고 있는 '대중문화'는 우리가 [이전에] 제창했던 문예'대중화'가 아니라고 주장한다. 그것의 이론적 유래는 서구 개념의 차용이고, 현실에서는 대량으로 서구 문화를 수입·모방하는 현상 [안]에 존재하는 것이다. 그래서 현재 '대중문화'의 부정적 영향을 무시할 수 없다. 예를 들어 성(性)과 폭력에 대한 찬양, 정신적 산물을 상품화하는 경향 등은 모두 경고가 필요한 문제들이다. 동시에 [일부] 회의 참가자들은 '대중문화'가 현재의 세계성과 시대성을 동반한 문화 현상이라고 주장한다. 그것이 표현하는 법칙성은 문화발전의 일반적 법칙과 시대적 내용에 속하는 것들이며, 특히 첨단기술과 결합된 대중문화 상품의 대량화·유형화된 제작과 전달 [방식]은 문화발전을 촉진시키는 긍정적인 영향을 가지고 있을 뿐만 아니라 문화발전이 가져온 새로운 도전이라는 점 역시 제기하고 있다.[16]

여기에서 중국 지식인들이 가졌던 인식은 이처럼 크게 두 가지로 대별된다. 하나는 중국 대중문화를 서구문화와 동일시하는 시각이고, 다른 하나는 세계 문화발전의 일반성 속에서 중국 대중문화를 사

---

16 寧逸, 「'大衆文化'硏究槪述」, 『文藝報』1995年3月25日, http://www.lw23.com/paper_144996571. 참고로, 이 글은 『人民大學複印資料·文藝理論』1995年第5期에도 실려 있다. 이로부터 중국에서 1920·30년대와 개혁개방 이후의 대중문화 연속성 문제는 중국의 사회체제 성격과 맞물려 매우 중대한 사안으로 남게 된다. 그것은 문화시장과 '대중'의 존재가 중국 사회에서 자본주의의 연속성이라는 문제를 요구하기 때문이다.

고하려는 시각이다. 앞서 논의했던 1920·30년대 논쟁의 근간을 형성했던 이른바 '전통'과 보편적 '새로움'이라는 대립적 인식이 1980년대뿐만 아니라 1990년대 이후에도 지식인들에게 연속되고 있는 것이다. 따라서 이러한 시각 차이는 '대중문화'의 개념 정의에 있어서도 불일치를 야기하게 된다.

> '대중문화'의 명칭과 개념적 사용은 여전히 통일된 견해를 [형성하지] 못하고 있다. '대중문화'를 '엘리트문화'나 '주류문화'의 병렬적 개념으로서 사용하는 [이도] 있고, 그것을 '통속문화'와 혼용하는 [이도] 있다. 또한 그것을 중국 1940년대 이후의 문예'대중화'·'민족적·과학적인 대중의 문화'와 혼동하는 [이도] 있다. [이들은 모두] '대중문화'로 그것들을 대체할 수 있다고 주장한다. 그리고 '대중문화'의 또 다른 명칭으로 '시민문화'·'시정(市井)문화'·'오락문화'·'상업문화'·'소비문화' 등도 상당히 유행하고 있는 실정이]다.[17]

이와 같은 인식상의 불일치 현상에 여러 원인이 존재할 수 있겠지만, 그러한 불일치를 관통하는 지식인의 공통적 인식은 바로 대중문화가 지식인이 인정하고 추구하는 문화 형상과 근본적 대립(또는 병렬) 관계를 유지한다는 점이다. 다시 말해서 지식인들이 대중문화를 비호감의 대상으로 평가하든 객관화된 사회적 분석대상으로 평가하든 간에 동일하게 지식인 자신의 문화적 형상과 무관한 그 무엇에 불과할 뿐이다.

타오둥펑은 이러한 대중문화 개념의 혼란상에 대해 중국의 역사

---

17 寧逸, 같은 글. 같은 곳, 1995.

적 맥락에서 대중문화 관련 개념들을 정리해야 한다고 강조한다.[18]

대중문화를 연구하는 전제는 '대중문화'와 같은 개념 정의다. '대중문화'와 '통속문화', [그리고] '민간문화' 등의 개념은 늘 쉽게 뒤섞이는 것이다. 특히 이 개념은 중국적 맥락에서 '대중문예', '문예대중화', '군중문화' 등 1930년 이후 일시적으로 유행한 개념들 사이에서, 중복되면서도 서로 다른 의미 관계[로 존재했다는 사실]을 고려한다면, [이] 개념의 명확한 정리는 [중국에서] 특별히 중요하다고 할 수 있다.[19]

그는 중국 대중문화 담론에서 대중문화 정의가 지닌 중요성을 매우 분명한 형태로 인식한다. 왜냐하면 중국적 맥락에서 대중문화 정의는 항상 여타의 문화담론과 함께 매우 복잡한 관계망 속에 위치하기 때문이다. 이와 같은 문제의식으로부터 그는 민간문화와 통속문화, 그리고 대중문화에 대한 개념 정리를 시도한다.

---

18 이에 앞서 그는 1993년에 「욕망과 타락-대중문화 비판」이라는 글을 통해 현대 산업사회의 상업문화와 소비문화를 대중문화로 정의한 바 있다. 제목에서도 알 수 있듯이, 여기에서 대중문화는 허위적 만족만을 제공하는 것 또는 현실 감각과 비판성을 상실한 것으로 이해된다. 따라서 대중문화는 결국 지배계급의 이익을 강화시켜주는 기능만을 담당하게 된다. 대중문화라는 텍스트 역시 기계적인 복제화·평면화의 형태를 취하고 있기 때문에 창조성을 결여한, 즉 저급한 내용이 주를 이룬다. 따라서 이와 같은 관점에 서게 되면 대중(또는 수용자)은 능동성과 비판성을 결여한, 다시 말해서 대중문화에 대해 적극적이고 선택적인 텍스트 읽기를 수행할 수 없는 존재로 남게 된다. 陶東風, 「慾望與沈淪-大衆文化批判」, 『文藝爭鳴』1993年第6期 참조. 여기에서 제기된 허위만족론, 텍스트의 내용 결핍, 독자 무지론 등은 사실 프랑크푸르트 학파의 '문화산업' 개념과 동일하다. 타오둥펑은 이후 당시 자신의 이 글이 프랑크푸르트 학파의 비판이론 패러다임을 최초로 중국 대륙에 적용한 것이라고 평가한다. 하지만 그는 이후 이 시도가 단지 서구의 분석 방법을 중국에 기계적으로 적용한 것에 불과하다고 자평하면서, 당시 중국 대중문화에 대한 토착적 안목을 갖추지 못했다고 술회한다. 陶東風·徐艶蕊, 『當代中國的文化批評』(北京: 北京大學出版社, 2006): 75쪽. 여기에서 언급된 토착적 안목은 내재적 역사접근법을 의미한다.
19 陶東風·徐艶蕊, 같은 책, 2006: 60쪽.

'민간문화(folk culture)'는 주로 전(前)현대사회의 공인되지 않은[非官方] 문화 유형이며, 주로 농촌에 존재한다. [이것은] 인민(人民) 스스로 창조한 문화로서, 상업화와 산업화를 포괄한 문화산업이라는 생산체계를 가지고 있지 않다. 이 정의는 대중문화를 다른 일련의 개념들과 구분시킨다. 대중문화와 민간문화(folk culture) 모두 통속적이고 이해하기 쉬우며 수용자의 수[量]가 많다는 특징을 갖지만, 민간문화는 예로부터 지금까지 민간전통 가운데 자발적인 민중(民衆)의 통속문화로 존재하고 있다. 그러나 대중문화는 현대적 산업화와 도시화라는 진행과정을 수반하며, 매스미디어[라는] 수단을 통해 제작될 뿐만 아니라 상품 소비라는 특징을 갖는 시민문화의 형태다.[20]

그의 구분법을 따르면, '민간문화'는 전(前)현대사회·비공인성·농촌 지역·민간 전통·민중의 자발적 창조라는 특징을 보인다.[21] 한편, 이와 다르게 '대중문화'는 상업화·산업화·문화산업 생산체계·매스미디어·상품 소비·시민문화라는 특징을 지닌다. 그가 자본주의라는 어휘를 선택하지 않았을 뿐, 그의 '현대'는 자본주의와 동의어다.

---

20 陶東風·徐艷蕊, 같은 책, 2006: 72쪽. 이 주장은 원래 타오둥펑이 「官方文化與大衆文化的妥協與互滲 - 89後中國文化的一種審視」이라는 글에서도 밝혔던 것이다.
21 가오빙중은 보다 구체적으로 민간문화를 정의하고 있다. 민간문화는 "일정한 집단 내에서 자발적으로 널리 전해지고, 습관적으로 일상으로 여겨지는 가치관과 행위 방식, 그리고 정신문화의 생산품이다. 그것은 다음과 같은 속성을 갖는다. 자신의 이름이 남아 있지도 않고, 직업적이지도 않으면서 누가 그로부터 금전과 명예를 얻을 수 없는 것이다. 특정한 상황과 연관되어 있고, 상황 이외의 기능을 포함하고 있지 않은 것은 상황 안에 있는 사람들 및 그들의 활동을 위한 것이다. 그 중의 일부분은, 특히 풍속습관과 상징기호는 영원한 전통이다. 민간문화는 민속문화(모든 folk culture를 가리킨다), 향토문화(중국에서 그것은 향토 사회에서 정형화된 것이다), 구전문화(그것이 주되게 구술언어와 사람들의 교류를 통해 전파된 것이기 때문이다)로도 불린다. 민간문화가 비록 새로운 내용을 끊임없이 생산하고 있다더라도 그것은 전체적으로 역사적 산물이기 때문에 그것은 농업사회에서 산업사회로의 전환 과정에서 늘 개조의 대상이 된다." 高丙中, 「精英文化·大衆文化·民間文化: 中國文化的群體差異及其變遷」, 『社會科學戰線』1996年第2期: 112쪽.

따라서 전(前)현대사회와 현대사회라는 구분은 비(또는 전)자본주의적 '민간문화'와 자본주의적 '대중문화'로 대응된다.

여기에서 주목해야 할 것은 타오둥펑이 비(또는 전)자본주의 사회의 '인민(人民)'과 '민중(民衆)'이라는 어휘를 혼용해 사용한다는 점이다. 이것은 현재 중국에서 'the people'의 번역어로 '인민(人民)'이 대응한다는 것에 기인한다. 이것은 피스크가 'the folk'와 'the popular'를 'the people'로 연속시키면서, 자본주의적 '대중'에 'the people'과 'the popular'를 함께 사용하는 것과 유사해 보인다. 하지만 타오둥펑의 '인민(人民)'이 피스크의 'the people'에 대응하는 것은 사실이지만, 그것은 '인민대중(人民大衆)'과 동일 개념으로 설정된다.[22] 앞서 살펴본 것처럼 '인민대중(人民大衆)'은 사회주의 이데올로기가 강하게 개입된 어휘로서, 주로 사회주의 사회를 지향하기 위해 주조된 또는 그 사회주의가 실현된 사회의 '사람들'을 가리킨다. 따라서 그가 '인민대중(人民大衆)'을 탈이데올로기적 개념으로 운용하고자 하더라도 그것은 중국적 맥락에서 그것이 갖는 함의, 즉 '초역사적 계급 규정성'으로부터 '인민(人民)' 개념을 자유롭지 못하게 만든다. 다시 말해서 이와 같은 동일시는 과거의 '인민대중(人民大衆)'과 현재의 자본주의적 '대중'

---

[22] 타오둥펑은 피스크의 'the people'에 대해 '인민대중'과 '인민'이라는 어휘를 혼용해 사용한다. 대중(the people)은 "즉 인민대중이다. 지적해야 할 것은 피스크가 고정된 사회 계급 범주를 가지고 '인민'을 정의하는 것에 반대한다는 점이다. 특히 단지 한 사람 또는 한 사회 집단의 경제적 지위에 근거해서 그것이 '인민'에 속하는지를 판단할 수 없다고 본다. 그에게 '인민'의 근본적 상징은 지배를 받는 그들의 지위[또는 위치]다. 한 사람이 처한 사회 공간은 대단히 변화가 심하고 복잡한 것이기 때문에 그 [사람]은 어떤 하나의 특정한 사회관계에서 지배를 받는 자이면서 그 밖의 사회관계에서는 지배자로 변하게 된다. 하나의 분명한 사례가 바로 공장 노동자가 공장 안에서는 지배를 받는 사람이지만 [동시에] 집에서는 마초주의자이거나 독단적인 가장인 것이다. 이러한 의미에서 그 [사람]은 때로는 인민이거나 때로는 지배자이기도 하다." 陶東風·徐艷蕊, 『當代中國的文化批評』(北京: 北京大學出版社, 2006): 117~118쪽 주19. 이처럼 그는 피스크의 'the people' 개념이 권력관계로부터 규정된다는 점을 설명하면서 '인민대중'과 '인민'을 동일 개념으로 사용하고 있다.

을 단절이 아닌 연속 관계로 해석할 수 있는 여지를 제공한다.[23]

또한 그는 '민간문화'와 '대중문화'의 공통점으로 통속적, 이해하기 쉬운, 대다수가 수용한다는 점을 지적한다. 이것은 '민간문화'와 '대중문화'를 문화적 생산방식 또는 생산주체 간의 관계로 해석하는 피스크의 방식과 다른 맥락을 보여준다. 그 이유는 소수와 다수, 이해하기 어려움과 쉬움이라는 대립구도를 통해 그것을 파악하기 때문이다. 이것이 1920·30년대 계몽주의적 지식인들과 동일하게 '지식인 중심성'에 근거한다는 점은 분명하다. 그가 앞서 프랑크푸르트 학파의 비판이론을 기계적으로 중국 대중문화에 적용한 사실에 대해 자기반성을 진행했을지라도, 비판이론에 내재한 '지식인 중심'적 태도는 여전히 해소되지 않고 있다. 따라서 그의 '대중문화'·'민간문화'·'통속문화'에 대한 개념 정리는 필연적으로 '지식인 중심성'이라는 인식 구조 아래 놓이게 된다.

이와 연관되어 지적해야할 것은 1920·30년대 중국 사회가 비(또는 전)자본주의 사회와 자본주의 사회의 분립적 형태를 취했다면, 개혁개방 이후 전일적인 자본주의 질서가 확립되었다는 점이다. 앞서 거론했듯이 비(또는 전)자본주의 사회와 자본주의 사회의 분립적 공존은 '봉건성'과 '상업성'의 혼재를 의미하며, 당시 지식인들은 '지식인 중심성'이 반영된 '통속'을 통해 양자를 연결시켜 해석한다. 다시 말해서 그들은 1920·30년대의 대중문화의 상업적 성격을 비판하기 위해 기존의 전통적 해석 수단이었던 '통속' 개념을 끌어들였던 것이다. 이로부터 '통속문화'는 '민간문화'와 '대중문화' 모두를 지칭할 수

---

[23] '人民大衆'으로부터 '대중'을 연속시키는 입장은 사회주의 문화로부터 자본주의적 문화를 창조적으로 발전시킨다는 이른바 '특색적 사회주의' 문화관과 일치하는 것이다. 馬龍潛·高迎剛, 「大衆文化與人民大衆的文化」, 『文藝理論與批評』 2005年 6期 참조.

있었다.

　하지만 개혁개방 이후 '상업성'의 전(全) 사회적 관철은 개혁개방 이전과 명확하게 구분되는 사회 질서를 구축하면서 '통속문화'는 더 이상 상업적 '대중문화'와 동일한 개념으로 사용되지 않고 있다. 그것은 중국적 맥락으로부터 형성된 1920·30년대 '통속문화'의 주요 특징, 즉 '원앙호접파'(또는 '예배육파')처럼 '상업성'을 중심으로 '봉건성'과 '통속성'을 동시에 추구했던 흐름과의 단절을 의미한다. 다시 말해서 '상업성' - '통속성' 대신 '통속성'을 '봉건성'과 연결시켜 함께 배제시키는 방식이 등장한다. 개혁개방 이후 중국 지식인들의 이와 같은 이론적 작업은 대중문화 담론을 1920·30년대의 그것과 단절시키며, 중국 사회에 현대적(또는 자본주의적) '대중문화'가 개혁개방 이후에 최초로 출현했다는 인식의 계기를 마련한다.[24]

　여기에서 개혁개방 이후 지식인들이 1920·30년대의 통속문화(또는 대중문화) 담론과 현재의 그것을 단절시키는 방식에 주목해볼 필요가 있다. 예를 들어 타오둥펑은 중국 고대의 '엘리트문화'를 기준으로 그것과 상대적 차원에서 구분되는 '비(非)엘리트문화'로서 '통속문화'와 '민간문화'를 동일시한다. 이러한 동일시로부터 다시금 통속문화를 현대 산업사회의 상업화된 소비문화와 구분한다.[25] 즉 통속문화는 민간문화로서 그것은 옛 것에 위치하며, 그것은 새로운 '상업화된 소비문화'와 대립한다. 이를 통해 1920·30년대 자본주의적 '통속문

---

24 이것이 '통속'이라는 어의 자체의 변화를 의미하지 않는다. 현재 중국 바이두 백과사전의 '통속' 정의는 사실 1920·30년대 지식인들의 인식과 크게 다르지 않다. 통속은 일반적이고 보편적이며, 대중에 의해 광범위하게 수용되는 것이다. 따라서 군중의 수준과 필요에 적합하면서도 군중이 이해하고 받아들이기 쉬운 것을 가리킨다. http://baike.baidu.com/view/609983.htm 참조. 이로부터 '통속' 개념은 당시나 현재에도 유사한 이해의 방식으로 지식인 사회에서 연속되고 있다는 사실을 알 수 있다.
25 陶東風·徐艶蕊, 『當代中國的文化批評』(北京: 北京大學出版社, 2006): 72~73쪽 참조.

화'의 실체는 부정된다.[26] 이 과정은 옛 것과 새로운 것이라는 대립관계로부터 옛 것을 배제할 뿐만 아니라 현재의 '상업성'과 '소비성'을 부정적으로 취급하려는 의도를 포함한다.[27]

현재 중국 지식인들에게 1920·30년대 자본주의적 '통속문화'를 비판하는 것 자체가 그 존재의 승인을 동반하기 때문에 오히려 '통속문화'를 '민간문화'와 동일시하는 시각이 불필요한 논란을 사전에 차단하는 효과적인 접근 방식에 해당한다. 이처럼 1920·30년대 '민간문화'와 '대중문화' 모두를 포괄하는 어휘로 채택되었던 통속문화는 이제 '대중문화'와 구분된 문화 형태로 남게 된다. 그럼에도 불구하고 1920·30년대 당시 지식인들이 자본주의적 통속문화를 비판하기 위해 근거로 사용했던 '상업성'은 여전히 현재 지식인들에게도 자본주의적 '대중문화'를 비판하는 데 동일한 근거로 활용된다.

하지만 이러한 '지식인 중심'적 태도는 역으로 당시 통속문화가

---

[26] 리퉈 역시 대중문화연구의 분석대상에 해당하는 대중문화를 현대 자본주의와 밀접한 상관관계를 맺는 개념으로 파악하면서, 그것을 통속문화(또는 민간문화)와 구분한다. "전통적 문화형식(즉 통속문화 또는 민간문화과 비교해보면 대중문화는 노골적인 상품성을 지닌다. 그것은 자신과 자본의 관계를 숨기지 않고 대량생산이 가능한 문화상품의 소비를 통해 많은 돈을 벌려고만 한다. 뿐만 아니라 다른 상품생산과 똑같이 이윤을 극대화하려는 본래의 목표를 실현하고자 한다. …… 그러나 이런 문화와 경제의 양면성이라는 특수성이 대중문화를 전통적 문화형식에 비해 더 쉽게 일반대중의 일상생활로 들어가게 만든다." 戴錦華, 『隱形書寫: 九十年代中國文化硏究·序』(南京: 江蘇人民出版社, 1999;2004): 3쪽. ; 戴錦華/오경희 외 옮김, 『숨겨진 서사-1990년대 중국대중문화 읽기』(서울: 숙명여자대학교, 2006;2007): 18쪽.

[27] 1920·30년대에도 혁명적 지식인들에 의해 자본주의적 대중문화가 부정된 역사가 존재한다. 마오둔의 '소시민 문학' 비판이 대표적이다. 이로부터 사회주의적 계급문화와 민간문화(또는 비자본주의적 통속문화)의 관계 역시 중대한 사안으로 제기된다. 앞서 살펴본 것처럼 두궈샹은 계급문화와 통속문화가 평이하면서도 이해하기 쉽다는 공통점이 존재하지만 통속문화에 '프롤레타리아 의식'이 결여되어 있다고 비판한다. 林伯修, 「1929年急待解決的幾個關於文藝的問題」, 『海風週報』1929年第12號: 7쪽 참조(燕京大學圖書館影印, 『海風週報叢刊』1929年第1~17期 참조). 다시 말해서 그는 '프롤레타리아 의식'을 기준으로 계급문화와 통속문화를 구분한다. 이와 다르게 혁명적 지식인들은 계급문화와 민간문화의 친화성을 제기한다.

'대중의 문화'라는 사회적 의미를 확보했던 것처럼, 현재의 대중문화도 '문화의 민주화'라는 차원에서 바라보게 만든다. 그것의 가능성은 1920·30년대 '통속' 개념이 이른바 접합 – 탈접합 – 재접합의 순환 과정을 거쳐, 대중에 의해 '지식인 중심성'이 배제된 긍정적 어의로 기능했다는 역사적 경험에 근거한다. 당시 지식인이 창조한 '통속'이라는 어휘를 대중 자신의 어휘로 전환시키면서 '통속문화'를 정립했던 과정은 현재에도 여전히 유효하기 때문이다. 다시 말해서 그것은 현재 지식인들의 자본주의적 '대중문화' 비판이 직접적으로 대중문화의 현실적 부정으로 연결되지 않으며, 대중은 어의 전환의 방식을 통해 대중문화의 부정적 담론을 뛰어넘어 '대중문화'를 자신의 문화로 접합시키고 있다.

대중문화 정의와 관련된 타오둥펑의 이와 같은 개념 구분은 중국적 맥락에서 또 하나의 중요한 문제를 거론한다. 그것은 '상업적 대중문화'와 '혁명적 대중문화(군중문화)'의 차이다.[28] 그는 대중문화를 이처럼 두 가지 형태로 구분하고 있지만 자본주의와 대중문화의 내재적 상관성을 고려한다면, 사실 '혁명적 대중문화'라는 어휘는 성립되지 않는다. 그가 대중문화를 상업성·대량생산·매스미디어·오락성으로 규정했기 때문에 '혁명적'라는 수식어는 대중문화와 모순 관계에 위치한다. 그가 언급한 '혁명적 대중문화(군중문화)'[29]는 다름 아닌 '사회주의 혁명문화'를 가리킨다.

그런데 문제는 그가 1930·1940년대의 '대중화(大衆化)'·'대중문예

---

[28] 陶東風·徐艶蕊,『當代中國的文化批評』(北京: 北京大學出版社, 2006): 73쪽.
[29] 현재 중국에서 '群衆'이라는 어휘가 '사람들'이라는 가치중립적 의미로 사용되고 있다는 점을 감안한다면, 그것은 사회주의 중국의 '사람들의 문화'로서 '대중문화 또는 군중문화'의 의미를 갖는다. 이것은 한국에서 현재 '군중' 또는 '군중문화'가 부정적 어의를 갖추고 있다는 사실과 일정하게 구분된다.

(大衆文藝)'와 1950년대의 대중화 또는 통속화된 문학예술, 즉 새로운 민간가요 등을 모두 '혁명적 대중문화'로 개괄한다는 점이다. 그리고 그 근거를 광범위하게 알려졌으며, 텍스트가 간단하면서 쉽고 통속적이라는 점에서 찾는다. 이로부터 '혁명적 대중문화'는 이윤을 추구하는 자극적인 '상업적 대중문화'와 구분된다.[30] 물론 이와 같은 해석을 혁명적 지식인과 사회주의적 지식인이 사회주의 이데올로기로 연속되는 것처럼, 동일하게 민간문화와 사회주의 혁명문화(즉 혁명적 대중문화)가 연속된다는 측면에서 이해할 수 있다.

하지만 그가 앞서 통속성과 상업성으로 각각 민간문화와 대중문화를 구분했던 것에 주목한다면, 결과적으로 '상업적 대중문화'(새로운 것으로서)의 상대적 차원에서 '사회주의 혁명문화와 민간문화'(옛 것으로서)는 통속성 또는 비상업성이라는 범주로 묶이게 된다. '상업성'을 갖춘 개혁개방 이후의 대중문화를 부각시키기 위한 그의 작업은 결국 '통속성'을 자본주의적 '대중문화' 이외의 문화 양식, 즉 민간문화와 사회주의 혁명문화 모두에 적용시키는 결과를 낳게 된다.[31]

'대중문화'와 같은 어휘는 중국적 맥락에서 막 출현한 것이 아니다. 사실 해방[1949년] 이전 '대중화' 운동에서 '대중문화'·'대중문학' 등의 용어들은 매우 유행하였다. '5·4' 시기에도 이미 '대중의 문학'이라는 표현이 있었다.

---

30 陶東風·徐艷蕊, 같은 책, 2006: 73쪽 참조.
31 중국 대중문화의 역사에서 문화상품이 가진 '상품성'은 '원앙호접파'(또는 '예배육파')에 머무르지 않는다. 그들이 상품성을 중심으로 민간문화적 요소 등을 재가공했던 것처럼, 이른바 개혁개방 이후의 '상품성' 또한 사회주의적 혁명문화까지도 재가공하고 있다. 개혁개방 이후 등장한 마오쩌둥의 상품화 현상, 그리고 그것의 유행은 사회주의적 혁명문화의 온존이 아니라 사회주의적 혁명문화의 상품화 과정으로 이해된다. 다시 말해서 자본주의적 문화기업이 이윤추구의 과정에서 '사회주의'라는 역사적 소재를 하나의 상품으로 선택한 것이고, 또한 대중이 그것을 활용해 자신의 문화(즉 대중문화)를 창조한 것에 불과하다.

그러나 오늘날의 논의 맥락에서 대중문화는 아주 다른 함의를 가지고 있다. 그것은 주로 서구로부터 이식된 개념으로, 영어의 mass culture에 해당한다. 그 밖의 어휘, 즉 popular culture는 때때로 '대중문화'로 번역되기도 하지만 보다 일반적으로 그것은 '유행문화'로 번역된다. 피스크는 『대중문화의 이해』에서 mass culture가 아닌 popular culture[를 통해] 상업적인, 그리고 매스커뮤니케이션이 매개하는 현대 산업사회의 소비문화를 지칭한다. [그] 이유는 mass culture가 부정적 의미의 색채를 어느 정도 분명하게 가지고 있[기 때문이다].[32]

그가 1920·30년대와 개혁개방 이후의 대중문화를 역사적으로 단절시키기 위해 제시한 '대중문화' 개념이 단지 서구로부터 이식된, 그리고 그것이 영어의 'mass culture'에 해당한다는 지적은 매우 흥미롭다. 이와 같은 해석으로부터 'the masses'를 긍정적으로 해석했던 1930년대 '대중어' 운동의 역사는 간과된다. 다시 말해서 중국 현대사에서 자본주의적 '대중문화'의 역사적 연속성은 부정되고, 1930년대 서구 개념의 이식을 비판했던 리진시로 되돌아간 것이다. 물론 이것은 리진시와 같이 서구 개념의 사용을 비판하는 데 있지 않다. 오히려 옛 것과 새로운 것의 구분으로부터 개혁개방 이후의 '대중문화'를 새로운 서구의 것으로 이해하려는 데 목적이 있다. 이처럼 그에게 'mass culture'라는 어휘는 개혁개방 이후 중국에 최초로 출현한 신(新)개념일 뿐이다.

또한 이것은 'mass culture'라는 서구 개념뿐만이 아니라 서구의 담론 자체를 이식한 결과에서 비롯된다. 이와 같은 시각은 리퉈에게

---

32 陶東風·徐艷蕊, 『當代中國的文化批評』(北京: 北京大學出版社, 2006): 60~61쪽.

서도 동일하게 반복된다.

여기에서 말하는 '대중문화'와 1930년대 '대중어 운동' 및 이후의 '대중문예'는 완전히 다른 층차의 개념이다. 전자는 주로 방대한 문화산업이 지지하는 것을 가리킨다. 또한 산업적 방식을 통해 광대한 문화시장의 대량복제와 소비적 문화상품을 생산하는 문화형식으로, 베스트셀러·상업영화·드라마·통속가요·레저간행물·만화영상 복제품이나 잡지 또는 이익을 추구하는 스포츠 경기 및 패션모델 쇼 등이 이 문화의 주요 성분이다. 대중문화는 현대 산업과 시장경제가 충분한 발전 이후의 산물로, 완전히 하나의 새로운 문화적 단계다.[33]

1930년대 '대중문화'가 자본주의적 경제시스템과 밀접한 상관관계를 맺고 있다는 점을 상기한다면, 타오둥펑이나 리퉈와 같은 지식인들이 상업적 기준을 적용하면서도 1930년대와 현재의 대중문화가 다르다고 주장하는 것은 결국 1949년 이전에 존재했던 중국의 자본주의적 '대중문화'를 의도적으로 단절시키기 위한 시도로밖에 볼 수 없다.

중국 현대사에서 대중문화와 엘리트문화의 관계 변화를 역사적으로 개괄한 가오빙중의 언급으로부터 현재 중국 지식인들의 기본 인식이 드러난다.

50년 전, 대중문화의 형성은 주로 시민(市民)문학을 답습하고, 민간문화를 발양하고, 외래의 통속문예와 오락 형식을 수입하는 것에 의지해 수많은

---

33 李陀,「'文化研究'研究誰?」,『讀書』1997年 第2期: 16~17쪽.

지식인들을 흡수하였다. 뿐만 아니라 일정 시기 [동안] 엘리트문화의 인정과 지지를 얻었다. 신문화 운동의 평민문학에 대한 인정, 1940년대 전국적인 문예대중화와 민족화 토론, [그리고] 해방구의 연안문예좌담회 이후에 형성된 노선들은 뛰어난 엘리트들을 자극하여 고상한 목표를 마음에 품고 대중문화의 발전에 협조하게 만들었다. 대중문화는 엘리트문화가 기꺼이 받아들이고 선의(善意)로 육성한 흐름이다. 1950년대에서 1970년대 중반까지 대중문화와 엘리트문화는 사회주의 이데올로기가 설정한 영역 안에서 하나로 합쳐졌다. 문화는 노동자·농민·병사를 위한 것이고, 사회주의 사업을 위한 것이[기 때문에] 대중문화와 엘리트문화의 구분은 당연히 존재하지 않았다. 이 시기가 지난 뒤 개방 정책은 대중문화와 엘리트문화에게 각자의 길을 가게 만들었다. 이 때 국내외의 사회적 조건은 모두 대중문화의 발전에 더욱 유리해졌다. …… 이 시기 대중문화의 도입과 발전은 지속적으로 엘리트문화[로부터] 무분별한 형태라는 비판을 받았고, 대중문화의 제작자들은 뛰어난 엘리트들이 [제시한] 의견을 대부분 꺼려했다. 1990년대 들어 엘리트문화는 그대로 무너져버렸고, 대중문화는 그 틈을 타고 들어와 순조롭게 주류문화의 지위를 차지했다.[34]

여기에서 언급된 대중문화는 엘리트문화를 제외한 문화 양식 모두가 포괄된다. 따라서 대중문화는 엘리트문화가 보충하는, 즉 엘리트문화의 보증 관계로부터 그 의의가 인정된다. 그의 주장을 재구성해보면 다음과 같다. 1) 1949년 이전까지 중국 사회의 주류문화인 엘리트문화는 계몽주의(또는 사회주의)의 기치 아래 대중문화를 '선의'

---

34 高丙中, 「精英文化·大衆文化·民間文化:中國文化的群體差異及其變遷」, 『社會科學戰線』 1996年 第2期: 111쪽.

로 육성한다. 2) 1949년 이후 사회주의 혁명문화는 사회주의 이데올로기의 정당성으로부터 사회적 주류문화로 확립된다. 따라서 엘리트문화는 자신이 누렸던 이전의 지위를 그것에 양보한다. 3) 중국의 개혁개방은 엘리트문화와 대중문화를 다시금 구분하지만 대중문화는 보다 유리한 사회적 조건을 기반으로 급속히 확장된다. 엘리트문화는 자신의 위치를 유지하기 위해 대중문화에 저항하지만 결국 붕괴된다. 대중문화는 그 빈자리를 메우며 중국 사회의 주류문화로 등극한다.

다소 추상적인 그의 언술은 철저히 '지식인 중심성'에 기초한 것으로, 사실 많은 문제점을 포함한다. 우선 1920·30년대 당시 계몽 운동은 마오둔과 루쉰이 우려했던 것처럼 결과적으로 실패했다는 평가를 받고 있다. 문예'대중화'는 대중의 유관성을 확보하지 못한 채 진행된, 다시 말해서 지식인들만의 자족적 계몽 운동이라는 현실적 한계를 명확하게 보여준다. 또한, '민족형식' 논쟁에서도 나타나고 있듯이 당시 혁명적 지식인들이 추진한 사회주의 이데올로기와 비(또는 전)자본주의적 민간문화의 결합은 이데올로기적 '인민대중' 담론과 마찬가지로 이분법의 지속적인 적용을 근간으로 한다. 즉 이분법을 내장한 '중국적' 사회주의 혁명문화는 그 자체로 엘리트문화를 자신의 문화로 요구하지 않기 때문에 엘리트문화의 배제는 필연적이다. 그가 사회주의 혁명문화와 엘리트문화의 이러한 역사적 관계를 무시하고, 양자의 관계를 지식인들의 '선의'로 해석하는 것은 낭만적인 진단에 불과하다.

이로부터 사회주의 중국에서 엘리트문화와 사회주의 혁명문화가 사회주의적 정당성을 기준으로 일치되었다는 두 번째 주장 역시 설 자리가 없어진다. 특히, 문혁을 정점으로 표출된 지식인(또는 엘리트문화)에 대한 이데올로기적 '인민대중'(또는 사회주의적 혁명문화)의 공격은 그와 같은 일치가 지식인의 '선의'가 아니라 사회주의 이데올로기라는 '권력 담론'에 의해 진행되었다는 사실을 일깨워준다.[35] 바로 그러한 이유 때문에 세 번째 주장에서 밝힌 엘리트문화가 개혁개방 이후 다시 출현하게 된 것이다. 다시 말해서 개혁개방 이후 시장경제 질서의 전(全) 중국적 확립은 중국 현대사에서 자본주의적 대중과 대중문화의 재출현뿐만 아니라 지식인들의 사회적 위치 복원과 '신계몽주의'라는 엘리트문화의 재등장을 동반한다. 하지만 자본주의적 대중문화는 1920·30년대에도 그랬던 것처럼 지식인들의 엘리트문화(또는 지식인들의 저항)와 무관하게 자신의 발전 경로를 따라 확장된다. 따라서 가오빙중의 이러한 '지식인 중심'적 시각은 결과적으로 자본주의적 현실 속에서 대중으로부터 외면당한 무기력한 지식인(또는 엘리트문화)의 자화상만을 보여줄 뿐이다.

여기에서 개혁개방 이후, 특히 1980년대와 1990년대라는 시기 구분이 중국 지식인과 맺는 관계를 살펴볼 필요가 있다. 두 시간대는 바로 1989년 '천안문' 사건으로부터 구분된다.[36] 1980년대가 '신계몽의

---

35 앞서 언급한 왕웨이궈의 진술이 이를 뒷받침한다. 王維國, 「'大衆話語'的轉換與生成」, 『河北學刊』 第24卷 2004年 第6期: 127쪽 참조.
36 이정훈은 개혁개방 이후 중국 지식인들의 지식 담론 형태가 천안문 사건을 중심으로 1980년대와 1990년대가 명확하게 준별된다고 평가하면서 그에 상응하는 인식을 요구한다. "文革이라는 역사적 혼란으로 귀결된 毛澤東 노선에 입각한 낡은 방식의 사회주의와 대비되는 '개혁·개방'의 시기로서의 이른바 文革 이후 시기의 상대적 통일성과 연속성에 대한 믿음은 1980년대 이후 정치권과 知識分子, 그리고 대다수 인민들에 별다른 의심 없이 받아들여진 역사(시간)관념이었다. 그러나 이 두 시기의 대비를 근저에서부터 회의하게 만드는 정치적 사건의 발생은 이러한 역사 관념의 기본 구도를 근본에서부터 뒤흔들어 놓았다. 보다 철저한 개혁·개방을 요구하며 천안문 광장에서 농성을 벌이던 학생과 시민들을 탱크와 특수부대를 앞세워 유혈 진압하는 사태가 발생함으로써 文革 이후 1989년까지의 새로운 모색과 실험은 정치적으로 비참한 종말을 맞이하게 된 것이다. …… 이 시기의 전환적 의미에 착목할 때 80년대 이후의 역사는 새로운 해석을 필요로 하게 된다. '毛澤東 노선'에 입각한 과거 역사에 대한 부정과 청산이라는 공통의 요구에 기반한 80년대 이

시대'로 불리며 '국가권력'과 '지식인' 간의 공모 관계를 반영한다면, 이른바 '천안문' 사건은 그 관계를 해체하며 정치적·경제적 민주주의 요구가 거세된 1990년대를 규정한다. 이러한 시간적 대비는 1990년대 중국 지식인들에게 새로운 태도를 요구한다. 다시 말해서 1980년대 국가권력이 '사회적 발화자'로서의 지식인을 보증했다면, 국가권력의 틀을 벗어난 1990년대의 지식인은 자신의 힘만으로 기존의 사회적 기능과 위치를 유지해야만 하는 조건에 처한 것이다.[37]

래의 모색을 의심 없이 현재에까지 연속되는 것으로 받아들이기 어려워지는 것이다. 文革과 달리 지금에 이르기까지 공식적으로 중국공산당 중앙에 의해 역사적 평가와 반성이 이루어지지 않은 천안문 사건은 공산당(권력)과 전체 인민(의 요구를 대변한다고 생각되어진 학생 및 여타 계층 출신의 시위군중) 사이의 유혈 대립을 통해 역사의 불연속과 균열을 드러내 보이는 지점이 되는 것이다. 이러한 균열의 역사적 의미를 되물을 때 80년대와 90년대의 연속적, 동맹적 관계는 해체되고 두 시기 사이의 본질적 단절에 대한 사유가 요구된다." 이정훈, 「90년대 중국 문학 담론의 확장과 전변」, 서울대학교박사학위논문, 2005: 20쪽. 이로부터 그는 1980년대와 1990년대를 각각 제1차 개혁개방과 제2차 개혁개방으로 구분한다.

[37] 타오둥펑 또한 1980년대와 1990년대를 각각 지식과 지식인의 구조 전환이라는 시각에서 설명한다. "1980년대 초부터 중국의 사회문화 구조는 중대한 전환의 시기로 접어든다. 지식사회학과 지식인 사회학으로부터 보자면, 이러한 전환이 지식과 지식인에 끼친 영향은 매우 본질적인 것이다. 즉 그것은 지식과 지식인의 분화를 유발시켰으며, 서로 다른 지식 시스템의 중심과 주변[이라는 틀 그리고 지식인의 엘리트 구조와 사회적 위치를 변화시켰고, 지식/지식인과 권력 장[場域]의 관계를 다시금 서술했다. 개혁개방과 시장경제가 야기한 사회 변화 및 지식·지식인의 구조 전환은 밀접하게 연관되어 있을 뿐만 아니라 두 가지 단계로 구분해 볼 수 있다. 첫 번째 단계의 전환은 대략 1970년대 말부터 1980년대 초·중반까지, 주로 사상과 관념의 전환에서 드러난다. 당시 '[문혁의] 혼란을 평정하고 질서를 회복함'과 '사상을 해방시킴'이라고 불렸던 것은 지식계에서 '신계몽 운동'으로 불린다. 당시 중국의 사회 변화는 기본적으로 관념의 전환과 여론의 준비 단계에 머물러 있었으며, 아직 실천적 단계(농촌을 제외하고)에 본격적으로 들어서지 못했기 때문에 사상 혁명과 이데올로기적 조정이라는 뚜렷한 색채를 갖는다. '사상해방' 또는 '신계몽' 운동이 지식계에 끼친 영향은 주로 지식(자연과학 지식과 인문과학 지식을 포함한)과 지식인 계층(인문 지식인과 과학기술 지식인을 포함한)의 사회적 작용·사회적 역할·사회적 지위 및 계급적 귀속[이라는 측면에서] 전체적으로 재평가되었다는 점에 있다. [이 때까지도] 지식인은 명확하게 '노동자계급의 일부분'으로 정의된다. 이러한 재정의와 재인식은 당시 지식인의 경제적 지위를 문제 삼지 않았다. 개혁개방이 시작된 후 몇 년 동안 지식인의 경제적 지위에 어떤 분명한 변화도 없었[기 때문이]다. 더욱 [명확히] 제기해야만 할 것은 이러한 모든 사상 관념의 전환이 기존의 이데올로기(정치를 중심으로 해거나 계급투쟁을 핵심으로 하는)를 해체·전복한 새로운 이데올로기 담론으로 간주되었지만, [여전히] 인문 지식인이 주로 해석하고 구축한 것이라는 점이다. 당시 사상계·이론계의 활기찬 몇 차례의

주요 논쟁, 예를 들어 진리 기준 논쟁과 인도주의 논쟁 [등]은 모두 인문 지식인이 위에서 아래로 제기하고 주도한 것이다. 이처럼 사회 전환 초기, 인문 지식과 인문 지식인은 여전히 과학기술 지식 및 과학 기술 지식인보다 더 중요한 여론 주도의 기능을 연출했고, 보다 더 중요한 공공적 의제를 제기했다. 문학·미학·역사학·철학 등의 인문과학은 순간적으로 유명한 학설이 되었고, 그것들과 함께 일어난 이른바 '문화열'(사실은 '인문열')이 사상 해방의 선구자 [역할]을 담당하게 된다. 진리 기준과 인도주의의 논쟁 외에도, 당시 문학·철학과 역사학 분야에서는 傷痕 문학·反思 문학·주체성 논쟁, 그리고 전통문화와 현대화 관계에 [관한] 논쟁 등도 있었다. 이 논쟁들의 주요 특징은 바로 그 간학문이라는 [성격으로부터 조성된] 광범위한 영향력과 참여도에 있다. 그것들은 모두 사상 해방과 혼란을 평정하고 질서를 회복한다는 시대 주제와 긴밀히 결합되었을 뿐만 아니라 정치권력의 중심에 개입하면서 일반 대중이 함께 관심을 기울인 중대한 문제로 부각된다. 아주 큰 의미에서 그것들의 성행은 강렬한 정치적 관심에 기원할 뿐만 아니라 그것이 담당했던 정치 비판·사회 비판·문화 비판 등의 다양한 사명에 기원한다. [하지만] 이 시기에 그러한 인문 지식과 인문 지식인 중심의 전통적 중국 사회의 지식 구조 및 지식 엘리트 구조를 타파하지 않았기 때문에 그것은 지속적으로 연속되었다. 이 또한 중국의 당시 지식인으로부터 일반 대중에 이르는 사회 각계가 대단히 높은 정치적 열정과 이데올로기적 열정을 여전히 견지하고 있었다는 점을 보여준다. 정치적 이상과 인생 가치를 재구성하려는 그들의 열정은 물질적 개선과 경제 발전의 열정에서 벗어나 있었고, 실제에 대한 관심과 오로지 돈만 쳐다보는 사회적 분위기도 아직 나타나지 않았으며, 중대한 사회적 현실 문제를 반영한 소설이나 報告 문학에 보인 그들의 관심 [또한] 기술발전에 보인 관심을 훨씬 뛰어넘고 있었다. 인문 지식이 과학 지식보다 당시 중국 정치문화의 중심 또는 대중의 생활 중심에 더 근접했다는 사실은 인문 지식 및 인문 지식인이 여전히 중심 지위를 차지할 수 있었던 사회문화적 분위기[를 보여준다]. 1980년대 후반, 중국의 사회 전환은 두 번째 단계로 진입한다. 지식과 지식인의 상황에서 가장 주목해야 할 이 단계의 변화는 인문 지식과 정치 장, 그리고 인문 지식인과 권력 엘리트 간의 '밀월기'가 종료된 것이다. 두 번째 단계의 사회 전환은 이미 사상 관념이라는 측면에서 실천적 조작이라는 측면으로 진입했을 뿐만 아니라 경제 영역을 핵심으로 하는 전방위적인 [영향력이] 사회생활의 각 방면에 파급되어 사람들의 일상생활을 매우 분명하게 바꾸어 놓았다. 이 때, '경제 건설이라는 중심'은 더 이상 일종의 구호나 이데올로기적 담론이 아니었으며, 더 이상 여론의 준비 [단계]가 아니라 전국적인 실천 행위와 생활 방식으로 실현된다. 경제 건설과 직접적이면서도 밀접한 관계를 맺고 있는 과학 지식은 단지 구호상의 '일차적 생산력'이 아니라 경제 발전과 사회 변화의 실제적이고 가장 중요한 생산력이 되었다. 사회 발전의 방향은 확실히 관념적으로만 변화되는 것이 아니었다. 더욱 중요한 점은 1990년 이후 정치권력의 합법화 기초가 혁명 시기의 유토피아적 색채를 갖는 이데올로기적 승인도 아니었고, 더 이상 1980년대 초의 새로운 이데올로기적 담론도 아니라는 사실이다. [그것은] 예측 가능한 국가 경제의 성장과 느낄 수 있는 물질생활 수준의 향상이었다. 1990년대는 수량화의 시대이자 지표의 시대이고, 쌀자루와 장바구니의 시대였다. 이것이 인문 지식인이 시작하고 추진했으면서도 이후 많은 인문 지식인들이 비난했던(특히 1990년대의 '인문정신' 논쟁에서 보여준) [그] 변혁이었다. 그것은 1980년대 인문 지식과 인문 지식인이 유지할 수 있었던 중심 지위를 심각하게 위협했다. 지식사회학은, 지식 생산의 자율성을 충분히 확보하지 못한 상황에서 어떤 유형의 지식과 지식인도 단지 정치권력과 시장 수요, 또는 대중의 생활 사이에서 [그것들과] 긴밀한 관계를 맺어야만 사회에서 중심 지위를 확보할 수 있다는 점을 우리에게 알려준다. 1990년대 인문 지식과 인문 지식인의 주변화는 근본적으로 그것이 정치하지만 1990년대부터 다시금 본격화된 '시장'경제 질서의 확립과 그에 기반한 대중문화의 발전은 그러한 지식인의 사회적 권위를 근본적으로 부정할 뿐만 아니라 지식인 사회를 분화시키는 요소로 기능하게 된다.

> 정부의 개혁 조치 가운데 문학과 지식 담론의 판도에 가장 큰 영향을 미친 것이라면 역시 '매체 개혁'과 관련된 조치를 들 수 있을 것이다. …… 이 조치는 광범위한 언론 잡지 그리고 출판 매체들에 대해서도 예외 없이 적용되었는데, 이는 언론과 출판의 존재 방식을 완전히 뒤바꾸는 결과를 초래한다. 이전까지 정부의 보호와 관리 안에서 충실히 정부의 입장을 선전하던 언론의 기능에 심각한 변화가 불가피해진 것이다. 정부의 입장을 충실히 전달하는 뻔한 내용으로는 더 이상 생존을 지속하기 어렵다는 판단이 서자 상당수의 매체들은 과감한 변신을 시도하게 된다. 즉 시장에서 살아남을 수 있는 잘 팔리는 '콘텐츠'의 생산에 목을 매게 된다. 정부의 통제가 아니라 시장의 원리가 언론 매체에 있어서도 가장 중요한 행동준칙이 된 것이다. 언론의 시장화와 자본화가 대세로 자리 잡았고 이에 적응하지 못한 많은 매체들은 통폐합되거나 심지어 도태되기도 하였다. 이러한 조치를 통해 각종 매체들은 우선 양적으로 규모의 확대를 추구했다. 지면을 늘림으로써 판매 부수와 광고 수입을 늘리는 것이 일차적인 생존의 방책이었고, 늘어난 지면을 채우기 위해 자체 기사 외에 상당량의 외부 기고를 받아들였다. 매체 간의 경쟁도 점차 강화되어 독자들에게 어필할 수

중심과 본래 맺었던 '연맹'의 해체에 근원할 뿐만 아니라 시의 적절하게 그것이 시장 및 대중과 새로운 연맹을 건립하지 못한 점에 기인한다." 陶東風, 「新時期三十年中國知識份子的結構轉型」, 『中國圖書評論』2008年第2期: 11~12쪽. 이와 같은 타오둥펑의 인식은 앞서 지식인과 국가 권력의 관계를 역사적으로 조망한 바우만의 진단과 대단히 유사한 특징을 보인다. 강수택, 『다시 지식인을 묻는다』(서울: 삼인, 2001;2004): 155~179쪽 참조.

있는 콘텐츠들, 특히 '사회적 명망가'와 '유명 문인'들의 원고는 매체들 사이의 쟁탈 대상이 되기도 했다. 이런 현상은 문학 및 지식 담론이 새롭게 사회적 영향력을 확대할 수 있는 기회를 제공하였다. 즉 매체 공간의 확장을 통해 담론 공간이 회복되었고 종전보다 더 넓고 강력한 사회적 유통 채널을 확보할 수 있는 조건이 열리게 된 것이다. 그러나 이런 상황이 그 자체로 문학 담론에게 유리한 국면을 열어준 것은 아니었다. 그것은 어떤 점에서는 문학 담론이 직면한 하나의 새로운 도전이었다. …… 문학 담론은 천안문 이후의 침묵에서 채 회복되기도 전에 문학의 전면적 시장화 현상이라는 강력한 도전에 부딪히게 된 것이다.[38]

1990년대 지식인들은 1980년대 국가권력의 지지에 상응하는 사회적 권위를 대중에게 요구하지만, 자본주의적 대중은 자신의 유관성에 기초해(따라서 '시장'이라는 사회적 기제를 통한) 지식인(또는 지식인이 생산한 담론)을 하나의 선택적 소비의 대상으로 만든다.[39] 자본주의적 대중과 토착적 대중문화의 출현은 더 이상 1990년대 중국 지식인들에게 서구와 중국이라는 이분법이 적용되지 않는 매우 낯선 것이었다. 그들이 1920·30년대와 개혁개방 이후의 자본주의적 연속 관계를 의도적으로 외면했는지 여부와 상관없이 그들에게 이러한 상황은 대응의 필요성을 각인시키는 계기가 된다. 이후에 등장한 '인문정신', 그리고 '신좌파' 논쟁은 이와 같은 맥락에 위치한다.

---

38 이정훈, 「90년대 중국 문학 담론의 확장과 전변」, 서울대학교박사학위논문, 2005: 26쪽. 참고로, 여기에서의 인용문은 약간의 윤문 작업을 거친 것이다.
39 "대중적 베스트셀러의 출현은 문학과 교양, 지식에 대한 기존의 관념을 완전히 바꾸어 놓았다. 대중들은 사회주의 시기의 교양이나 80년대 풍의 啓蒙主義적 태도와 차별화된, 자신이 소비할 수 있는 문화상품을 요구했고 또 시장의 판매부수로 이를 확실히 보여주었다." 이정훈, 같은 글, 2005: 28쪽.

1920·30년대와 1990년대 지식인들은 '통속성'과 '상업성'이라는 기준을 가지고 자본주의적 대중문화에 접근한다는 점에서 공통된다. 하지만 이들은 담론의 내용적 측면에서 확연히 구분된다. 다시 말해서 1920·30년대 계몽주의적 지식인들이 자신들의 고급문화(또는 엘리트문화)를 위해 '통속성'과 '상업성'을 무기로 비(또는 전)자본주의적 민간문화와 자본주의적 대중문화 모두를 비판했다면, 1990년대 지식인들은 옛 것과 새로운 것의 구분으로부터 '통속성'을 비(또는 전)자본주의적 민간문화(또는 사회주의 혁명문화)의 개념으로 이해하면서 '상업성'을 자본주의적 대중문화의 주요 특징으로 설정한다. 하지만 시대를 뛰어넘어 중국 지식인들의 사회적 위치와 기능을 보장하려는 그들의 욕구는 공통적으로 그들이 생산한 담론의 기저를 형성하고 있다.

2 '중국적 비판이론' 패러다임의 지식인 중심성

프랑크푸르트 학파 '비판이론'의 중국 유입

중국에 프랑크푸르트 학파의 비판이론이 들어온 것은 1980년대 '사상해방' 운동의 일환으로 진행된 '서구 마르크스주의[西方馬克思主義; 西馬]'의 유입 과정에서다.[1] 프랑크푸르트 학파의 자본주의적 대량문화, 즉 '문화산업' 이론은 그들의 비판이론 가운데 중요한 부분을 차지한다. 서구 마르크스주의의 초기 중국적 논의 가운데, 프랑크푸르트 학파의 '문화산업' 이론을 직접적으로 거론하면서 '대중문화와 문화산업'을 다룬 지식인으로는 어우양첸(歐陽謙)과 리샤오빙(李小兵)이 대표적이다.

호르크하이머와 아도르노는 '문화산업'을 새로운 사회적 통제형식의 일종으로 간주하면서, 이와 같은 '의식 조종'이 현재의 자본주의적 지배형식이

---

[1] 쉬충원은 1982년 출판된 『'서구 마르크스주의'』에서 루카치·그람시·알튀세르 등 다양한 서구 마르크스주의 사조를 소개하면서 제7장에서 프랑크푸르트 학파의 비판이론을 다루고 있다. 徐崇溫, 『西方馬克思主義』(天津: 天津人民出版社, 1982) 참조. 그는 중국에서 서구 마르크스주의에 대한 연구 의의를 다음과 같이 밝힌다. 서구 마르크스주의는 "무산계급의 마르크스주의적 세계관이 아니라 소자산계급 급진파의 세계관"(徐崇溫, 같은 책, 1982: 52쪽)이며, "우리가 마르크스주의를 지키고 발전시키는데 도움"(徐崇溫, 같은 책, 1982: 55쪽)이 된다고 평가한다.

라고 강조한다. 마르크스주의가 중시하는 정치경제적 지배형식은 이미 '의식 조종'에 의해 대체되었다. 따라서 그들은 사람들의 자아의식과 부정적 사유를 불러일으키는 물화된 구조를 타파하는 것이 근본 전제라고 본다.[2]

'문화산업'은 자본주의적 합리화 과정의 구성 부분이다. 그것은 때때로 '이데올로기적 통제'[라는] 작용을 일으키면서 현대 자본주의 문명을 강화하지만, [그것에] 질문하고 비판하며 폭로하는 것은 아니다. 그들[아도르노와 호르크하이머]은 '문화산업'을 새로운 사회적 통제형식의 일종으로 간주하면서, 이와 같은 '의식 조종'이 마르크스주의가 중시한 정치경제적 형식을 대체해 현재의 자본주의적 지배형식이 되었다고 강조한다.[3]

이처럼 '문화산업'은 서구 마르크스주의를 중국에 소개하기 위한 차원에서 이루어진다. 따라서 이것은 1990년대 중국 대중문화가 본격화되면서 촉발된 중국 지식인들의 '대중문화'에 대한 관심과 일정하게 구분된다.[4] 프랑크푸르트 학파의 '문화산업'과 '군중문화' 개념이 중국 지식인들에게 주목을 받으면서, 중국 대중문화연구라는 이름으로 대중문화 담론에 적용되기 시작한 것은 1992년 이후부터다. 프랑크푸르트 학파의 비판이론은 개혁개방 이후 중국 대중문화 담

---

[2] 歐陽謙, 『人的主體性與人的解放―西方馬克思主義的文化哲學初探』(濟南: 山東文藝出版社, 1986): 82쪽.

[3] 李小兵, 『資本主義文化矛盾與危機-當代人文主義思潮硏究』(北京: 中共中央黨校出版社, 1991): 160쪽. 그는 아도르노의 이론을 제5장에서 다루면서 '대중문화와 문화산업'을 별도의 소제목으로 정해 논의를 전개시킨다. 참고로 『계몽의 변증법』의 중국어 번역본은 Theodor W. Adorno and Max Horkheimer/洪佩郁・蘭月峰 譯, 『啓蒙辨証法』(重慶: 重慶出版社, 1990)와 Theodor W. Adorno and Max Horkheimer/渠敬東・曹衛東 譯, 『啓蒙辨証法』(上海: 上海人民出版社, 2006)가 있다.

[4] 劉小新, 「文化工業槪念與當代中國的文化批評」, 『福建論壇・人文社會科學版』 2002年 第4期: 90쪽 참조.

론에 가장 먼저, 그리고 가장 일반적인 형태로 도입된 패러다임에 해당한다.[5]

'인문정신'과 비판이론 패러다임

중국에서 프랑크푸르트 학파의 비판이론 패러다임을 중국의 대중문화 담론에 적용시킨 지식인들은 이른바 '인문정신'을 주창한 지식인들과 실제적으로 중복된다. 다시 말해서 '인문정신'을 주창한 지식인들이 대중문화를 비판하기 위한 무기로서 '비판이론'을 사용한 것이다. 중국에서 토착화된 형태의 대중문화가 본격화된 1993년[6]에 거의 동시적으로 그 대중문화를 비판하는 '인문정신' 논쟁이 시작된 것은 우연이 아니다.[7] 당시 지식인들의 '인문정신' 제기 배경에는 자신의

---

[5] 陶東風·徐艶蕊, 『當代中國的文化批評』(北京: 北京大學出版社, 2006): 75쪽.

[6] 중국 지식인들에게 1993년은 매우 큰 의미를 갖는다. 바로 1993년을 기점으로 그 이전과 이후가 분명히 구분되는 문화적 전환이 이루어지기 때문이다. 1992년 6월에 발표된 중국 공산당 중앙 국무원의 「關於加快發展第三産業的決定」과 1993년 10월에 제출된 방송·영화·TV部의 「全民所有制工業企業轉換經營機制條例」는 중국 문화기업의 기본 방향과 확대를 결정하고 있다. 이로부터 중국 문화기업이 발전할 수 있는 토대와 함께 지속적 발전의 환경이 조성되었다. 쾅신녠은 1993년과 중국 대중문화가 지식인들에 끼친 영향을 다음과 같이 묘사한다. "[중국] 지식인들에게 1993년은 치명적인 한 해다. 그들이 소유하던 지식은 이 때 전반적으로 붕괴되거나 [그] 효력이 상실되어 이른바 '실어증'이라 [불리는 것이] 발생했다. 그것과 더불어 대중문화/매스미디어가 홍수와도 같이 넘쳐났으며, 빠르게 기의[表意]적 공간을 메웠다. 대중문화/매스미디어는 '역사'를 대신해 현실의 이미지[表象]가 되었다." 曠新年, 「作爲文化想象的'大衆'」, 『讀書』1997年第2期: 12쪽.

[7] 대중문화의 빠른 발전과 그로 인한 일상생활의 놀랄만한 변화는 중국의 지식인들에게 새로운 과제로 다가온다. 천리쉬는 1990년대 초 중국의 대중문화연구가 그러한 시대적 배경으로부터 시작된다고 진단한다. 그는 陸揚·王毅와 타오둥펑을 언급하며, 그들 사이에 중국 대중문화연구가 시작된 시점에 대해 약간의 차이가 있기는 하지만 프랑크푸르트 학파의 비판이론이 중국에 유입된 시점이 곧 중국 대중문화연구의 출발점이라는 점에서 동일한 인식을 보인다고 평가한다. 陳立旭, 「重估大衆的文化創造力 - 約翰·費斯克文化哲學理論研究」, 復旦大學外國哲學專業博士學位論文, 2007: 7쪽 주2 참조. 이러한 평가는 이른

사회적 위치와 기능을 복구하려는 의도가 개입되어 있다. 따라서 1920·30년대 '계몽주의'가 그러하듯이, 1990년대의 '인문정신' 역시 '지식인 중심성'을 자신의 기본 관점으로 한다.

> 1990년대 초반 숨 가쁘게 전개된 '시장체제로의 개혁'과 '물질만능'적 사회 풍조는 지식인이라는 사회 집단을 배제하는 방향으로 전개되기 시작한다. 이런 급격한 변화에 대해 지식인들은 자기 존재의 주변화에 대한 불안감을 느끼는 한편, 지나치게 급속한 방식으로 자본주의화해 가는 사회 현실에 대해 본연의 비판적 입장을 개진하고픈 욕구를 갖게 된다. 따라서 이전의 인식론적 입장과 가치 기준으로는 유효하게 개입하기 힘든 새로운 현실에 효과적으로 개입할 수 있는 비판적 담론을 재구성함으로써, 지식인의 사회적 존재를 부각시킴으로써 다시 '무대의 중심'으로 복귀해야 할 필요성이 대두되었다. 그러나 무서운 속도로 눈앞에서 전개되는 새로운 현실의 운동 메커니즘을 비판적으로 인식할 새로운 이론적 도구를 찾아내는 것은 손쉬운 것이 아니었다. '문학주의'적 견지에서 새로운 사회 현실을 천박한 '상업주의'나 '배금주의'로 규정하고, 이에 대한 반정립으로서의 '인문정신'의 가치를 강조하는 방식으로 현실에 비판적으로 개입해 들어가는 것은 다소 '나이브(naive)'하지만 상당히 직관적인 방식으로 대중적 호소력을 불러일으킬 수 있었다.[8]

바 '중국적'(또는 '토착적') 대중문화가 1990년대 이전까지 분명한 형태를 갖추지 못했기 때문에 '중국적' 대중문화연구 역시 존재하지 않았다는 점을 알려준다. 다시 말해서, 개혁개방과 함께 서구 비판이론이 유입된 이후에 비로소 실질적인 현재의 '중국적' 대중문화연구가 시작되었다고 볼 수 있다.

8 이정훈, 「90년대 중국 문학 담론의 확장과 전변」, 서울대학교박사학위논문, 2005: 38쪽. 참고로, 여기에서의 인용문은 약간의 윤문 작업을 거친 것이다.

    '인문정신' 지식인들의 이러한 태도는 통속성·상업성·배금주의를 가지고 자본주의적 '대중문화'를 비판했던 1920·30년대의 많은 지식인들과 크게 다르지 않다. 따라서 결국 '인문정신'은 그들만의 고급문화 또는 엘리트문화의 정수에 해당하는 것이다. 그 지점에서 프랑크푸르트 학파의 비판이론과 '인문정신'이 만나고 있다. 여기에서 주의해야 할 것은 홍콩과 타이완의 대중문화가 크게 유행했던 1980년대와 다르게 1990년대는 이른바 '중국적'인 대중문화가 출현했다는 사실이다. 당시 토착화된 대중문화의 전형적 사례로 거론되는 것이 바로 왕쉬(王朔)의 이른바 '건달[痞子] 문학'과 TV 드라마로 제작된 그의 〈갈망(渴望)〉이다. 〈갈망〉의 대유행과 왕쉬의 상업적 성공은 '인문정신' 논쟁을 촉발시킨 주된 원인으로 거론된다.[9]

    1993년 하반기『상해문학(上海文學)』에서 주최한 한 토론[10]에서 왕쉬 소설의 '건달화' 경향을 비판하고, 1994년 상반기『독서(讀書)』에 관련 논의가 이어지면서 이른바 '인문정신' 논쟁이 본격화된다.[11]

---

[9] 다이진화는 당시 〈갈망〉의 대유행을 다음과 같이 묘사한다. "1990년[1989년 천안문 사건 직후], 엘리트 지식계의 돌연한 침묵과 발맞추어 '대중문화' 또는 '통속문화'는 점차 들끓게 된다. 우선 '중국 최초의 대형 TV 드라마' 〈갈망〉은 중국 대륙에서 제작한 최초의 멜로드라마다. 이는 선을 보이자마자 순식간에 전 중국을 〈갈망〉의 충격파'로 몰아넣었다." 戴錦華,『隱形書寫: 九十年代中國文化硏究』(南京: 江蘇人民出版社, 1999;2004): 51쪽.; 戴錦華/오경희 외 옮김,『숨겨진 서사-1990년대 중국대중문화 읽기』(서울: 숙명여자대학교, 2006;2007): 99~100쪽.

[10]『上海文學』1993년 第6期에「광야 위의 폐허[曠野上的廢墟]」라는 이름으로 실려 있다.

[11] 이 논쟁은 왕샤오밍에 의해 한 권의 책으로 출판된다. 王曉明 編,『人文精神尋思錄』(上海: 文匯出版社, 1996) 참조. 한국어 번역본인 백원담 편역,『인문학의 위기』(서울: 푸른숲, 1999)에 그 주요 내용이 담겨 있다. 참고로, 왕샤오밍은『인문학의 위기』의 한국어판 발간 서문에서 '인문정신'의 제기 의의를 다음과 같이 밝히고 있다. "20세기는 바야흐로 종결되고, 다국적 자본과 미개발지구의 각종 세속 권력은 서로 이용하며, 이들 지역의 인민 생활-육체적 욕망에서 정신현상에 이르기까지-을 조종하는 거대한 역량을 드러내고 있다. 이러한 엄준한 현실에 직면하여 여하히 '세계화' 흐름이 획정한 시야의 바깥에서, '인간'을 새롭게 이해하고, 인간적 생활을 체험하고 상상하며, 인간의 생존의의를 탐구·확인하고, 아울러 여기에 의거하여 개인과 사회의 발전 목표를 다시 새롭게 확립할 것인가? 이것은 바로 우리가 새로운 세기 동안 반드시 답변해 나가지 않으면 안 되는 가장 절박한 문

그 논쟁의 중심에는 토착화된 중국 대중문화 발전에 내재한 문화의 '세속화(secularization)'·'시장화'·'상업화'가 비판의 초점을 구성한다. 타오둥펑은 '인문정신' 지식인들의 이러한 엘리트주의·도덕이상주의·심미주의적 태도에 대해 '5·4 운동' 이후 문화를 통해 사회 문제를 해결하려는 중국 지식인의 전통과 함께 프랑크푸르트 학파의 '문화산업'이라는 서구 이론이 개입되었다고 평가한다.[12] 다시 말해서 자본주의적 '대중문화'에 대한 이들의 기본시각은 1920·30년대 계몽주의적 지식인들의 그것과 연속되며, 프랑크푸르트 학파의 비판이론은 그러한 '지식인 중심성'을 이론적으로 보증하는 기능을 담당하게 된다.

따라서 '인문정신'은 '세속정신'[13]과 대립할 뿐만 아니라 다시금 사회적 주류로 돌아가고픈 지식인의 욕구를 상징한다. 대중문화의 사회적 확산, 그리고 그에 대한 지식인들의 부정적 인식에는 '시장경제'라는 자본주의 시스템이 위치한다. 주의해야 할 것은 사회주의 중국이라는 특수한 역사적 맥락으로부터 당시 중국 지식인들이 가진 시장경제에 대한 인식이 별로 풍부하지 못했다는 점이다.

> 하나의 중요한 문제는 시장경제에 대한 우리의 인식이 너무 단순하고, 너무 표면적이며, 너무 천박하다는 것이다. 단지 그것을 하나의 경제발전 수단으로만 간주할 뿐, 그것이 사회경제적 현상이자 사회문화적 현상이

제다." 백원담 편역, 같은 책, 1999: 7~8쪽. 또한 이정훈은 관련 논쟁의 전개 과정을 비교적 상세히 소개하고 있다. 이정훈, 「90년대 중국 문학 담론의 확장과 전변」, 서울대학교박사학위논문, 2005: 36~42쪽 참조.

12 陶東風·徐艷蕊, 『當代中國的文化批評』(北京: 北京大學出版社, 2006): 75쪽 참조.

13 '세속정신'은 도덕의 상실·신념의 위기·가치의 타락을 초래한 대중문화의 이념적 구현을 가리킨다. 뒤에서 다룰 '현대화(또는 자유주의)' 패러다임 지식인들이 여기에 속한다.

라는 점을 보지 못한다. 그것은 사람들이 배를 채우기 위해 어쩔 수 없이 코를 막고 하수구로 달려가는 것이 아니라, 인류의 문화 진보라는 하나의 단계이자 문명이라는 과정의 한 방식이다. 그것은 인간의 사유와 행위 방식이라는 보편적이고 심오한 변화를 조성할 수밖에 없는 것이다. 개방·개혁·현대화·사회주의 시장경제를 [진정한] 인문정신의 시각에서 본다면, [그것들은] 문명의 진전이자 민주의 역정(歷程)이다. 현실과 개혁에 관심을 갖고 발전과 번영을 촉진한다는 것은 우리의 생존 방식을 바꾸면서 우리의 국가와 민족, 그리고 개인의 가치를 제고할 뿐만 아니라 지식인의 가치도 제고하는 것이다. 개혁의 운명은 오늘날 중국 지식인의 운명이다! 현재 수많은 문제들이 모두 상품경제로부터 나온 것은 아니다. [그것은] 상당 부분 시장이 불완전하고, 법제(法制)가 온전하지 못하며, 개혁이 불철저했기 때문에 조성된 것이다.[14]

이처럼 친진(秦晉)은 자본주의적 시장경제에 대한 '인문정신' 지식인들의 비판이 무지와 편견에 기초한다고 본다. 1980년대의 '신계몽주의' 지식인들이 자유주의와 시장경제라는 현대화 담론을 내세우기는 했지만 당시 그들은 시장경제에 대한 정확한 지식과 체험을 가지고 있지 못했다. 그와 같은 한계가 1990년대 '인문정신' 지식인들에게도 이어지고 있다. 다시 말해서 '인문정신'은 1980년대 신계몽주의의 유효성을 인정하면서도 1990년대 급격한 사회 변화가 야기한 부정적 측면을 비판하는 과정에서 제출된 것이다.[15]

1980년대가 문혁에 대한 반발과 예술/문학의 자율성(또는 정체성)

---

[14] 秦晉,「關注與超越」,『作家報』1995年6月7日, http://www.lw23.com/paper_144962401.
[15] 이정훈,「90년대 중국 문학 담론의 확장과 전변」, 서울대학교박사학위논문, 2005: 39쪽 참조.

이 동시에 긍정된 시기였다면, '인문정신' 지식인들에게 1990년대는 시장경제와 대중문화의 발전으로 예술의 자율성이 다시금 억압되는 시기로 간주된다. 위민메이(于閩梅)는 대중문화와 예술의 변화된 관계를 다음과 같이 설명한다.

> 1990년대로부터 지금에 이르기까지 중국 문화시장의 형성 과정 가운데 대중문화는 이 시대의 중요한 문화 권력을 획득했으며, 이 시대의 문화적 영웅이라는 역할을 담당하고 있다. 대중문화가 어떻게 이처럼 '휘황찬란한' 승리를 얻을 수 있었는가? [그 이유는] 한편으로 대중문화가 시장 내부에서 시장의 운행[법칙]을 따르는 것, [즉] 시장의 교환을 통해 전 사회적으로 유통되는 문화상품이[기 때문이]다. 다른 한편으로 대중문화는 감정에 대한 회의, 그리고 초현실적인 개인 가치를 가지고 자신의 시장성을 은폐했[기 때문이]다. 예술과 생활의 경계는 이미 사라졌다. 예술은 완벽하게 일상생활로 들어갔을 뿐만 아니라 수많은 소비품 가운데 하나가 되었다. …… 그래서 반역은 침묵으로 변했고, 창작은 제작(制作)에 자리를 내주었다. 대중문화에서 예술은 더 이상 영혼의 필수가 아니라 단지 유용한 것일 뿐이다. 예술은 존재하지만 자율적인 것이 아니다. 따라서 대중문화가 성행하는 오늘날, 사람들이 받아들이고 있는 것들에 대해 그들이 어떻게 경각심을 유지할 것인가 [그리고] 대중문화에 대해 [어떻게] 이성을 유지하게 만들 것인가 하는 [문제는] 대단히 중요하다.[16]

시장경제와 대중문화의 발전은 1990년대 지식인들, 특히 '인문정신' 지식인들에게 '인문정신'으로 상징되는 예술(또는 문학)의 자율성

---

16 于閩梅, 「意義欠失的大衆化時代的藝術」, 『文藝理論研究』 2001年 第3期: 55~56쪽.

훼손을 의미한다. 이는 곧 지식인 자신이 차지하던 문화 권력으로부터 배제되었다는 사실을 포함한다. 이와 같은 인식은 Q. D. 리비스가 대중민주주의의 발흥과 동시에 문화적 소수의 전통적 권위가 붕괴되었다는 주장과 그 궤를 같이 한다. 다시 말해서 자본주의적 시장경제와 연동된 대중과 대중문화의 형성 과정은 전통적인 문화적 권위의 붕괴와 소수 지식인의 사회적 주변화를 동반하고 있다.

또한 리비스주의가 대중문화의 극복 대안으로 이상화된 과거 공동체 문화로의 회귀를 주장했던 것에 비해 위민메이는 이성과 비이성이라는 다소 추상적인 범주를 제시한다. 그가 이성의 측면에서 문학(또는 예술)의 자율성을 긍정적인 것으로 승인하는 순간, 시장경제와 대중문화는 그 자율성을 반대하는 또는 억압하는 무엇으로 남게 된다. 그가 문학(또는 예술)과 대중문화를 대립적 범주에서 다루고 있다면 타오둥펑은 역사적 맥락의 변화로부터 1980년대와 1990년대의 문학(또는 예술) 자율성이 갖는 의미가 각각 다르다고 주장한다.

> 1980년대 지식인들의 문학의 자주성과 자율성 요구는 '문혁' 시기의 정치 '도구론'적 문예학에 반발하면서 제기된 것이다. 1990년대 이후 이러한 자주성과 자율성의 요구는 문화의 시장화에 [그] 논의 초점을 맞추게 된다. …… 하지만 시장화를 단순히 문화(문예)적 의미에서 규정하는 것은 오히려 문제가 된다. 이론적으로 문예의 자주성 요구는 본래 두 가지 부정적 대상을 갖는다. 첫째는 정치권력이고, 둘째는 시장 또는 상업이라는 힘이다. 만약 1980년대 문예학의 자주성 추구가 그 정치적 노예라는 지위 탈피를 요구한 것이라면, 맥락의 변화로부터 1990년대 문예자주성 추구의 비판대상도 시장 또는 상업으로 전환된 것이다. 주의해야 하지만 때때로 간과되고 있는 것이 정치의 문예 억압과 경제의 문예 견제가 다르다는 점

이다. 특정한 상황에서 문예와 시장의 연합은 문예가 정치권력의 종속으로부터 벗어나는 것을 도와준다. …… 중국의 특정한 역사적 시기에 시장도 예술가에게 정치권력의 간섭을 탈피할 수 있는 가능성을 제공했다. 바로 문화 예술시장(아직 성숙되지 않았다 하더라도)의 출현과 발전은 새로운 시기 이후[개혁개방 이후]의 문화예술 활동을 상대적으로 다원화시켰고, 문화예술의 시장화(비공인[非官方] 또는 어느 정도 공인된[半官方半民間] 다양한 예술 기구의 출현과 다양한 자유 작가들의 출현)는 작가와 예술가에게 이전보다 더 많은 선택의 가능성을 제공했다. 우리는 시장의 부작용과 시장이 예술가의 자유를 은폐된 [형태로] 제약하는 것을 적절하게 경계하면서도 동시에 시장이 작가와 예술가에게 이전보다 더 많은 선택 기능을 부여했다는 점을 마땅히 역사적으로 인정해야만 한다.[17]

타오둥펑은 이처럼 문화예술이 정치 또는 경제와 맺는 관계를 구분하며 접근한다. 문혁 시기에 문화가 정치에 종속된(따라서 선택의 여지가 없는 획일적인) 관계로 남아 있었다면, 개혁개방 이후의 문화는 이전과 다르게 상대적 자율성을 확보하고 있다는 평가다. 그 중심에 자본주의적 시장경제가 있다. 그는 자본주의적 시장경제의 문화 양식, 즉 대중문화가 획일적 사회주의 혁명문화와 다르게 사회적 능동성을 갖추고 있다고 인정한다. 하지만 '인문정신' 지식인들에게 획일적인 정치체제와 시장경제 체제는 모두 역사적 맥락의 변화와 무관하게 문화(엄밀하게 말해서 지식인들이 옹호하는 고급문화 또는 엘리트문화)를 억압하는 기제에 불과하다.

이로부터 '인문정신' 지식인들은 이른바 인문정신을 수호하기 위

---

17 陶東風·徐艶蕊, 『當代中國的文化批評』(北京: 北京大學出版社, 2006): 81~82쪽.

해, 시장경제와 대중문화를 비판하기 위한 방법론적 도구를 찾게 된다. 중국에서 1990년에 출판된 『계몽의 변증법』은 바로 이 지점에서 이들과 만나고 있다. 엘리트문화와 대중문화의 대치 상황에서, 대중문화를 부정적으로 형상화하고 있는 '문화산업' 개념은 당시 중국 지식인들에게 자신의 문화적 권위를 지키는 데 더없이 훌륭한 무기로 간주되어 당시 대단히 큰 공감을 얻게 된다.[18] 이러한 양상은 앞서 살펴본 것처럼, 1920·30년대 계몽주의적 지식인들이 자신의 집단적 정체성(즉 사회적 기능과 위치)을 지키기 위해 '문학을 위한 문학' 또는 '예술을 위한 예술'이라는 무기를 잡고자 했듯이 1990년대 '인문정신' 지식인들 역시 '비판이론'이라는 무기를 찾아낸 것이다.

인홍(尹鴻)은 중국에서 프랑크푸르트 학파의 비판이론을 사용해 중국의 토착적 대중문화를 심미적·도덕적으로 비판한 대표적 지식인에 해당한다.

> 1980년대 중반으로부터 시작하여 중국 사회의 정치와 경제에 근본적인 변화가 발생했다. 중국 민중에게 오랜 기간 약해지지 않을 것 같던 정치적 열정이 퇴조하기 시작했고, 소비주의 관념이 문화의 창조와 전파 과정에 침투하기 시작했다. 이로써 중국 주류문화에 하나의 거대한 역사적 전환이 시작되었다. 국가이데올로기 문화이든 계몽주의적 지식인들의 문화이든 모두 조용히 사라지거나 중국 문화라는 무대 중앙에서 내침을 당했다. [반면] 그 오색찬란하지만 덧없이 사라져버리는 문화적 '패스트푸드'가 거의 모든 중국의 문화시장을 독점하였다. …… [다시 말해서] 배설하고 분출하는 것을 목적으로 하는 소비문화가 세상을 뒤엎으며 [세상을] 휩

---

18 陶東風·徐艷蕊, 『當代中國的文化批評』(北京: 北京大學出版社, 2006): 76쪽 참조.

쓸어버렸다.[19]

인홍은 개혁개방 이후 1980년대와 1990년대 대중문화를 구분하지 않고, 대중문화(또는 소비주의)가 1980년대 중반에 출현했다고 진단한다. 이러한 연속적 관점에서 "중국 문화가 대중문화 시대에 진입했다"[20]는 사실을 분명한 형태로 인정한다. 그것은 곧 "중국 문화가 정치와 계몽의 문화로부터 오락문화로 향하는 전환을 상징"[21]한다. 이로부터 그는 현 중국 대중문화의 특징을 구체적으로 개괄한다.

> 현재[當代] 중국의 대중문화, 기능 면에서 그것은 유희적 오락문화이며, 생산방식 면에서 그것은 문화산업이 생산하는 상품이고, 텍스트 면에서 그것은 깊이가 없는 평면문화이며, 전달 방식 면에서 그것은 차이가 없는 평범한 시민문화다. …… 이러한 대중문화[라는] 텍스트는 궁극적 의의·절대 가치·생명 본질·역사의식·미학적 개성에 대한 성실한 탐구를 포기했으며, [그것은] 더 이상 세상과 백성을 구하고 중생을 제도(濟度)하는 [마치] 신이 내려준 보물[과도 같은 것으로] 문화를 여기지 않게 만들었다. [따라서] 더 이상 예술을 통해 지식인의 정신적 우월과 지적 능력의 우월을 드러낼 수 없게 되었다. …… [대중문화는] 사람들을 흥분시키[거나] 어지럽게 만드는 시·청각적 공간일 뿐이다. 이러한 텍스트들은 사람들에게 소비를 제공할 [뿐이]지 사람들에게 해석을 제공하지 않으며, 사람들에게 오락을 제공할 [뿐이]지 사람들에게 판단을 제공하지 않는다. 그것들은 화

---

19 尹鴻,「大衆文化時代的批判意識」,『文藝理論研究』1996年第3期: 76쪽.
20 尹鴻,「爲人文精神守望:當代中國大衆文化批評導論」,『天津社會科學』1996年第2期: 76쪽.
21 陳立旭,「重估大衆的文化創造力-約翰·費斯克文化哲學理論硏究」, 復旦大學外國哲學專業博士學位論文, 2007: 181쪽.

려하고 풍부하지만 [실상] 아무 것도 없는 것이다. 여기에서는 단지 현상만이 존재할 뿐 본질은 존재하지 않고, 우연만이 존재할 뿐 필연은 존재하지 않는다. 모든 것이 매우 빠른 시간 동안 눈 깜짝할 사이에 사라져 버려 역사의식과 미학적 개성[과 같은 것]은 존재하지 않는다. ······ [마치 드라마와 같은] 예술은 결국 당연한 [결과겠지만] 예술적 유희가 되어버렸다.[22]

이처럼 그의 시각은 프랑크푸르트 학파의 '문화산업'과 정확히 일치한다.[23] 실제로 그는 「인문정신을 위한 감시: 현재 대중문화의 비평입문」이라는 글에서 상당히 많은 분량을 할애해 프랑크푸르트 학파의 비판이론을 소개하고 있다.[24] 물론 그것은 비판이론에 입각해 토착화된 중국 대중문화를 비판하려는 데 목적이 있다. 이 때문에 그가 설령 "대중문화의 위안 기능과 오락 기능은 사람들의 심리 구조[에 대한] 평형(平衡)과 조정, 사회 질서의 건립과 유지에 대한 문화적 결합 기능을 발휘하고 있다. [따라서] 일정 정도 문화적 민주화와 평민화의 과정을 촉진할 수 있다."[25]고 언급하더라도, 그것은 그에게 그리 중요한 측면이 아니다. 보다 중요한 것은 이러한 논리가 가져오는 현실적 요구에 있다. 다시 말해서 그는 중국 대중문화를 극복(또는 해결)하기 위해 지식인의 사회적 역할을 대안으로 주문한다.

인문지식인은 역사적 참여자다. 뿐만 아니라 더욱 중요한 점은 그들이 역

---

22 尹鴻, 「爲人文精神守望:當代中國大衆文化批評導論」, 『天津社會科學』1996年第2期: 77쪽.
23 陳立旭, 「重估大衆的文化創造力 - 約翰·費斯克文化哲學理論研究」, 復旦大學外國哲學專業博士學位論文, 2007: 181쪽.
24 尹鴻, 「爲人文精神守望:當代中國大衆文化批評導論」, 『天津社會科學』1996年第2期 參照.
25 尹鴻, 「大衆文化時代的批判意識」, 『文藝理論研究』1996年第3期: 77쪽.

사적 맹종자가 아니라 의식적 성찰자이고 비판자라는 것에 있다. 그들이 단지 존재의 합리성을 위해 변호하는 것이 아니라, 더욱 중요한 것은 합리성의 존재를 위해 예언을 해야만 한다는 점이다. 그런 이유로 그들은 책임과 의무를 가지고 대중문화의 발전에 비평 기제 – 이러한 기제는 줄곧 문화 진보의 현실적 조건이었다 – 와 초월적 이상을 제공해야만 한다. 이러한 이상은 문화 발전의 미래 전망에 대한 참조점이다. 따라서 대중문화를 위해 인문주의 – 상품숭배주의가 아닌 – 적 궁극 가치를 제공해야 한다.[26]

이처럼 '인문정신'과 비판이론은 마치 동전의 양면과도 같은 논리적 관계를 형성한다. '인문정신'을 위협하는 '대중문화'(대중문화 자체에 그러한 의도가 들어 있는지와 상관없이)에 대항하려는 지식인들에게 비판이론은 정확히 그 요구에 부응하고 있다.[27] 하지만 이러한 풍경이 결코 낯설게 다가오지 않는 것은 바로 1920·30년대 그들의 선배들이 보여준 역사적 경험, 즉 봉건주의(또는 자본주의)를 공격하기 위해 서구의 자유주의와 사회주의를 이론적 무기로 했던 사실과 크게 다르지 않기 때문이다. 여기에 분명한 공통점이 존재한다. 그것은 바로 지식인의 사회 비판(그 구체적 대상이 무엇이든 간에)이 인홍의 언급처럼 '존재의 합리성을 위해 변호하는', 즉 지식인의 존재 긍정이라는 현실적 효과를 동반한다는 점이다.[28]

---

26 尹鴻,「爲人文精神守望:當代中國大衆文化批評導論」,『天津社會科學』1996年 第2期: 82쪽.
27 통칭빙은 프랑크푸르트 학파가 처했던 상황과 당시 중국의 상황의 유사성을 거론하며 중국에서 비판이론의 필요성을 역설한다. "나는 프랑크푸르트 학파와 같은 관점이 우리에게 오늘날에도 여전히 실용적이라고 생각한다. 왜냐하면 우리가 오늘날 직면한 상황과 당시 아도르노와 같은 사람이 직면한 상황이 매우 유사하기 때문이다." 童慶炳,「'人文精神與大衆文化'筆談-人文精神: 爲大衆文化引航」,『文藝理論研究』2001年 第3期: 53쪽.
28 리튀는 중국 지식인들이 대중문화를 경시하는 풍조의 원인을 다음과 같이 지적한다. "역사적으로 오랫동안 형성된 '고급문화'라는 문화 영역에 대한 주재, '소수'의 '대중'에 대

인홍의 위 언술에서 드러나는 기표들을 구체적으로 분석해보면, '인문주의'·'역사적 참여'·'의식적 성찰과 비판'·'합리성의 존재'·'예언'·'(사회적) 책임과 의무'·'비평 기제'·'문화 진보'·'초월적 이상'·'미래 전망'·'궁극적 가치' 등은 모두 지식인을 존재론적으로 보장하는 동일한 기의에 해당한다. 다시 말해서 1920·30년대에도 당시 지식인들이 선택했던 이데올로기가 무엇이건 간에 그것이 보증했던 지식인의 사회적 기능과 위치라는 문제는 여전히 현재에도 적용된다. 이런 맥락에서 1920·30년대의 계몽주의적 지식인과 현재의 '인문정신' 지식인들은 연속적 관계에 놓여 있다.

중국에서 나타난 '인문정신'과 비판이론의 결합은 '중국적 비판이론'으로 규정된다. 왜냐하면 '인문정신'을 내적 근거로 하는 '중국적 비판이론'은 프랑크푸르트 학파의 비판이론과 명확히 구분되는, 즉 중국의 역사적 맥락 속에서 형성된 특수한 패러다임이기 때문이다. 프랑크푸르트 학파의 비판이론과 '인문정신'의 삼투 과정을 통해 형성된 '중국적 비판이론'이 비판이론과 구분되는 첫 번째 차이점은 앞서 타오둥펑도 지적하고 있지만, 1920년대 '5·4 운동' 이후 문화를 통해 사회 문제를 해결하려는 지식인의 태도와 1990년대의 '인문정신'이 연속된다는 점에 있다. 하지만 1920년대와 1990년대 사이의 '지식인 중심성'에는 하나의 큰 단절이 존재한다. 바로 1920년대부터 본격화된 사회주의 운동과 그 결과로서 현실화된 사회주의 중국, 특히 문화대혁명 시기가 그 단절의 핵심이다. 따라서 1980년대의 '신계몽주

한 불평등 관계, '문화 엘리트'의 특정 지식 점유과정[에 대한] 감독 및 통제 등이다." 戴錦華, 『隱形書寫: 九十年代中國文化硏究·序』(南京: 江蘇人民出版社, 1999;2004): 2쪽. ; 戴錦華/오경희 외 옮김, 『숨겨진 서사 – 1990년대 중국대중문화 읽기』(서울: 숙명여자대학교, 2006;2007): 17쪽.

의' 출현은 사회주의 이데올로기에 의해 정초된 계급대중 담론(즉 '인민대중')으로부터 부정된 지식인 집단의 정체성이 다시 복원되었다는 사실을 의미한다. 다시 말해서 중국에서 진행된 '신계몽주의' 운동은 역사적으로 부정되었던 지식인의 사회적 정체성이 다시금 회복되는 과정에 해당한다.

지식인의 정체성 복원은 지식인의 사회적 위치와 기능에 대한 새로운 모색에 해당하며, 이것은 중국 현대사에서 '지식인 중심'적 시각과 태도의 재등장과 밀접한 관계를 맺는다. 물론 지식인의 사회적 위치와 기능 설정이라는 문제가 곧바로 '지식인 중심성'과 직접적인 연관성을 갖는 것은 아니지만, 1990년대 '인문정신' 지식인들의 출현이 '지식인 중심성'으로 귀결되고 있다는 점에서 '중국적 비판이론' 역시 '계몽주의'의 범주를 근본적으로 벗어나기 어려운 것이다.

다이진화는 이른바 '인문정신' 논쟁이라 불리는 '인문정신'과 '세속정신' 진영의 대립을 다음과 같이 묘사한다.

> 확실히 '인문정신'의 논쟁은 …… 분명한 기치를 내세우거나 대열이 정비된 양대 진영['인문정신'과 '세속정신']이 결코 아니었다. 이와는 반대로 논쟁의 시작 지점과 논쟁의 주체로만 보면, 충돌한 두 팀은 사실상 옛 [사회주의] 사회 체제에 대한 거부, '혁명과의 결별[告別革命]'[29]이라는 공통인식, 진보와 발전이라는 역사 청사진에 대한 공감대 등 중요하고도 많은 기본 전제를 공유하고 있었다. 때문에 그들의 분기점은 그 의도를 실현하는 경로와 수단이 계몽 아니면 시장에 있는 듯했다.[30]

---

29 '혁명과의 결별'은 리쩌허우와 류짜이푸의 대화록이 담긴 책이름을 상징적으로 사용한 것이다. 李澤厚·劉再復, 『告別革命 - 回望二十世紀中國』(香港: 天地圖書有限公司, 1995); 李澤厚·劉再復/김태성 옮김, 『고별혁명』(서울: 북로드, 2003) 참조.

이처럼 1990년대 대중문화를 둘러싸고 형성된 '인문정신'과 '세속정신' 지식인들의 대립은 모두 1980년대 '신계몽주의'의 사회주의 체제 부정이라는 태도를 공통분모로 하고 있다. 사실 당시 중국 지식인들에게 미래의 중국 사회를 전망하기 위한 선택지는 그리 넓지 않았다. 다시 말해서 부정적인 역사 경험으로 남아있는 사회주의 사회의 시기를 제외하고, 그들이 접근할 수 있는 대상은 전통(포괄적 의미에서)이라 불리는 사회주의 중국 이전의 담론이거나 개혁개방 이후 새롭게 유입된 서구 담론에 한정될 수밖에 없기 때문이다. 따라서 '중국적 비판이론'은 5·4 운동으로부터 형성된 계몽주의, 1980년대 신계몽주의를 '지식인 중심'적 태도로 계승한 '인문정신'과 서구의 대중문화 담론인 '비판이론'이 방법론적으로 결합된 형태로 볼 수 있다.

타오둥펑은 우선 비판이론이 현재까지도 중국 지식인들에게 하나의 패러다임으로 지속될 수 있었던 원인을 3가지로 분석한다.[31] 첫째, 서구 이론의 기계적 수용 풍토다. 그것은 서구와 중국이라는 사회역사적 맥락 차이의 인식 부재를 의미한다. 예를 들어, 중국의 1970년 말에서 1980년대 초까지의 대중문화와 1990년대 이후의 대중문화가 어떻게 구분될 수 있는지와 중국 대중문화의 부정적 측면에 특수성이 존재하는지에 대한 고민이 부족했다. 다시 말해서 국가권력의 간섭이 대단히 심했으며, 시민사회는 성숙되지 못했고, 현대 계몽운동이 불철저했다는 등의 중국적 원인에 대한 고려가 없다.

둘째, 엘리트문화를 기준으로 대중문화를 판단하는 경향이 존재

---

30 戴錦華,『隱形書寫: 九十年代中國文化硏究』(南京: 江蘇人民出版社, 1999;2004): 64쪽. ; 戴錦華/오경희 외 옮김,『숨겨진 서사 - 1990년대 중국대중문화 읽기』(서울: 숙명여자대학교, 2006;2007): 116쪽.
31 陶東風·徐艷蕊,『當代中國的文化批評』(北京: 北京大學出版社, 2006): 79쪽 참조.

한다. 이와 같은 태도는 대중문화라는 텍스트 내부로 들어가는 것을 어렵게 만든다. 이로부터 엘리트문화의 기준을 단순히 반복하거나 대중문화에게 '감당하기 어려운 짐'을 부여하게 만든다.[32] 셋째, 추상적인 도덕 비판과 심미 비판이 갖는 구체성의 결핍이다. 도덕적·심미적 비판은 구체적인 사회역사적 맥락의 이해를 방해한다. 특히, 비판의 주체로 설정된 것은 다름 아닌 추상적 '인문정신'과 추상적 대문자[大寫]로서 '인간(인류)'이다. 그것은 특정한 계급·시대·민족의 범주 안에 존재하는 소문자[小寫]로서의 '인간'이 결코 아니다. 프랑크푸르트 학파의 비판이론을 수없이 인용하며 대중문화를 비판한 글에서 '인간은 무엇인가', '인생의 의미는 무엇인가', '인간의 궁극적인 관심은 무엇인가' 등의 추상적인 질문들[33]과 '인간'·'인생'·'문화'·'이상' 등의 광범위하면서도 종잡을 수 없는 어휘를 자주 만나게 된다.[34] 이처럼 추상적인 문화주의 또는 도덕주의, 그리고 심미주의에

---

32 왕셴페이와 쉬민은 대중문화에 사상적 부담감을 지워서는 안 된다고 주장한다. "20세기 후반부터 세계화가 저항할 수 없을 [정도로] 빠르게 진행되어 문화는 [하나의] 상품으로서 다른 나라에 이데올로기를 수출하는 기능[까지] 담당하게 되었다. [그것은 더 이상 이론가들의 상상에만 머무는 것이 아니라 날이 갈수록 살아 있는 현실인 것이다. 대중문예의 수용자는, 교육 수준이 낮은 민중과 생활 경험이 비교적 부족한 청소년을 대상으로 한다는 특징을 갖지만 그것은 성장·발전하는 대중문예가 상당 정도에서 우리 민족의 가치관과 문화일체감을 형성하는 데 도움을 준다는 시각이다. 그 효과는 정치적 선전[이나] 직접적인 가르침을 훨씬 능가한다. 보다 많은 인민의 심리가 반영된, 시대적 정서가 반영된 훌륭한 대중문예 작품이 대량으로 출현할 수 있[기 위해서] ⋯⋯ 대중문예[에 부과한] 사상적 부담감을 줄여줌으로써 그것이 간편한 차림으로 경쟁에 나가게끔 해야 한다. 이러한 기초 위에서 그 상품성을 힘껏 발전시켜야 하며, 그 심미성을 제고하는 데 노력해야 한다. [이로부터] 중국 대중문예의 발전을 위한 새로운 세상을 열어야 할 것이다." 王先霈·徐敏, 「爲大衆文化減負增能」, 『文藝報』 2003년 1월 23일 (第2版).

33 퉁칭빙은 대중문화와 구분되는 '인문정신'의 특징을 다음과 같이 정식화한다. "1) 인간은 무엇인가? 2) 인간의 삶은 무엇을 위한 것인가? 3) 인간과 타인의 관계 또는 사회와의 관계는 마땅히 어떠해야 하는가? 인문정신의 핵심은 [바로] 규범적인 인생의 의미다." 童慶炳, 「人文精神與大衆文化'筆談 - 人文精神: 爲大衆文化引航」, 『文藝理論硏究』 2001년 第3期: 53쪽.

34 타오둥펑은 여기에서 계급분석 또는 정치학적 분석을 중시하는 '신좌파'의 대중문화 비

경도된 '인문정신'과 프랑크푸르트 학파의 비판이론이 '중국적 비판이론'의 핵심 내용을 구성한다.

'중국적 비판이론'과 프랑크푸르트 학파의 '비판이론' 모두 자본주의적 '대중문화'를 비판한다는 점에서 유사하지만, 양자는 그 역사적 형성 과정과 내용적 측면에서 명확하게 구분된다. 이것이 두 번째 차이점에 해당한다. 다시 말해서 '중국적 비판이론'은 상당 기간의 사회주의 체제를 경과한 중국 지식인들이 시장경제를 직접 만나면서(몸소 체험하면서) 추상화된 인문주의 성향을 보인다면, 프랑크푸르트 학파의 '비판이론'은 자본주의 체제(특히 미국 자본주의)를 거치며 만들어진 것이다. 따라서 프랑크푸르트 학파의 비판이론, 특히 '문화산업' 개념에는 '중국적 비판이론'과 같은 추상화된 인문주의적 성향이 포함되어 있지 않다.

> 대중문화의 관계자들은 문화산업을 기술적 용어로 설명한다. 그들은 문화산업에 수백만이 참여하기 때문에 수많은 장소에서 동일한 상품에 대한 동일한 욕구를 충족시키기 위해서는 어떤 방식이든 재생산 과정이 필요하다고 주장한다. 생산의 중심지는 몇 안 되지만 수요는 여기저기 산만하게 흩어져 있다는 기술적 문제가 경영에 의한 조직과 계획을 필요하게 만든다고 얘기한다. 규격품이란 본래 소비의 욕구에서 나왔다는 것이며 그 때문에 규격품은 별 저항 없이 받아들여진다는 것이다. 이러한 주장 속에 가려져 있는 것은 문화산업의 조종과 이러한 조종의 부메랑 효과인 수요가 만드는 순환 고리로서 이러한 순환 고리 속에서 체계의 통일성은 사실 점점 촘촘해지고 있다. 이러한 기술적 설명 뒤에 은폐되어 있는 것은

판이 '중국적 비판이론'의 그것과 대비된다고 평가한다. 陶東風·徐艶蕊, 같은 책, 2006: 80쪽.

기술이 사회에 대한 통제력을 획득할 수 있는 기반은 사회에 대한 경제적 강자의 지배력이라는 사실이다. 오늘날 기술적 합리성이란 지배의 합리성 자체다. 이러한 합리성은 스스로로부터 소외된 사회가 갖게 된 강압적 성격이다. 자동차나 폭탄이나 영화는 전체가 해체되지 않도록 근근이 유지시켜주고 있지만 그러한 유지의 한계는 그것이 벌이는 끝없는 평준화 작업이 결국에는 빚어낼 수밖에 없는 불의 속에서 자신의 힘을 확인할 때까지다. 문화산업의 기술은 규격화나 대량생산을 가능케 하며 그 대신 일의 논리와 사회 체계의 논리를 구별시켜줄 수 있는 무엇을 희생시켰다. 그러나 이것은 기술의 운동법칙에서 빚어진 결과라기보다는 현대 경제에서 기술이 행하는 기능에서 비롯된 것이다. 중앙 통제로부터 벗어나려는 욕구는 개인들의 의식 내부에서 이루어지는 통제에 의해 사전 봉쇄된다.[35]

프랑크푸르트 학파의 문화산업 개념은 자본주의 체제의 일부분으로서 또는 그 내부로부터 형성되어 나온 것이다. 다시 말해서 문화산업이 만들어내는 순환 고리로부터 자본주의 체계의 통일성은 지속적으로 강화된다. "개개의 계열들은 경제적으로 서로 얽혀 있는데 그 비근한 예로는 방송 산업들이 전기 산업에 종속되어 있다든지 영화 산업이 은행업에 매여 있다는 사실을 들 수 있을 것이다. 모두가 서로 간에 너무나 긴밀히 뒤엉켜 있기 때문에 그들의 공통된 정신은 전혀 다른 업종이나 기술이 만들어내는 경계선 정도는 거리낌 없이 넘나든다."[36] 이처럼 프랑크푸르트 학파의 비판이론은 미국 자본주의

---

35 Theodor W. Adorno and Max Horkheimer/김유동 옮김, 『계몽의 변증법』(서울: 문학과지성사, 2001;2008): 184~185쪽.
36 Theodor W. Adorno and Max Horkheimer/김유동 옮김, 같은 책, 2008: 187쪽. 제이(Martin Jay)는 프랑크푸르트 학파의 이러한 '문화산업' 개념이 나치즘과 동일하게 취급되고 있다고 평가한다. 다시 말해서 그들은 독일의 나치즘과 미국의 대중문화를 구별하지

라는 서구의 역사적 맥락으로부터 도출된 것이다.

그렇다면 '인문정신' 지식인들이 자본주의적 대중문화 비판을 위해 프랑크푸르트 학파의 비판이론을 직접적으로 선택한 이유는 무엇일까? 그것은 1980년대 중국 지식인들이 사회주의 혁명문화의 전통으로부터 홍콩과 타이완에서 수입된 대중문화를 비판했던 것과 분명한 차이를 가지고 있다. 그 이유는 위에서 타오둥펑이 지적한 '서구 이론의 기계적 수용 풍토'라는 설명과 연관된다. 다시 말해서 '중국적 비판이론'은 '인문정신'이라는 '지식인 중심성' 유지의 내적 필요성과 함께 당시 지식인들의 서구 담론 추수라는 현상이 동시에 개입된 결과를 반영한다.

앞서 1930년대 '대중어' 논쟁에서 서구 개념 직수입과 기계적 사용을 비판한 리진시의 주장을 상기해 본다면, 1990년대 중국 지식인들의 서구 담론 추수 현상을 중국 사회에 새롭게 출현한 현상이라고 볼 수는 없다. 주쉐친(朱學勤)은 1990년대 중국 지식인들 사이에서 나타난 비판이론의 유행 현상을 직설적인 표현으로 비판한다.

> 프랑크푸르트 학파에 대해 말하자면, …… 학문적 기호(符號)에서만 보면, 이 학파 사람들의 '문화비판'이 아주 뛰어나 마치 그들의 몇 세대 전 사람들보다도 심오할 [뿐만 아니라] 정치구조·사회구조·경제구조를 초월해

않고 있다. "나치의 경험이 연구소 성원들에게 깊은 상처로 남아 그들로 하여금 파시스트적[변화] 가능성에 근거해 미국 사회를 판단하게 했을 뿐이다. 그들이 미국 사회로부터 벗어나 이와 같은 방향에 나아갔기 때문에 미국의 선진자본주의와 대중사회가 유럽에서 그들이 겪었던 독특한 역사적 요인과 다르다는 것을 보지 못했다. 연구소는 줄곧 전체주의가 자유주의 산물이지 그 반동이 아니라고 주장했지만, 미국에서 자유주의적 부르주아 계급사회는 확실히 이러한 변화(자유주의에서 전체주의로의 변화를 가리킨다)에 저항하고 있었다. 왜 이와 같이 되었는가? 연구소는 심도 깊은 논의를 해 본 적이 없다." Martin Jay/ 單世聯 譯, 『法蘭克福學派史(1923-1950)』(佛山: 廣東人民出版社, 1996;1998): 336~337쪽.

모든 종류의 구조 아래에서 문화비판의 깊은 근원[水井]을 파헤친 것 같다. 중국에서 그렇게 문화 문제를 논하기 좋아하는 친구들의 눈에는, 프랑크푸르트의 기호로 문화를 논할 수 있다는 것이 당연히 선진(先秦) 고서를 인용하는 사람들보다 더 우아할 뿐만 아니라 시대에 부합할 것이다. [이러한 병폐는 선진 고서를 인용하는 사람들보다 더 한층 심해졌다고 할 수 있다.][37]

그는 1990년대 당시 중국 지식인들에게 나타나고 있는 전통 또는 서구 이론의 중시 경향을 지적한다. 물론 이러한 경향이 중국 현대사에서 사회주의 시기의 계급담론을 배제하려는 의도를 갖는 이상, 그것은 피할 수 없는 선택이기도 하다. 하지만 주쉐친이 비판하는 지점은 중국 지식인들의 이러한 지적 '유행'이 경쟁적인 양상을 보인다는 것이다. 여기에서 경쟁이 의미하는 것은 유행의 폭과 넓이, 그리고 그 확산 속도를 가리킨다.

이로부터 지식인 사이의 유행은 대중의 그것과 어떻게 구분되는가라는 의문이 제기된다. 다시 말해서 지식인들 사이에 존재하는 '유행'(학문적 유행 또는 지적 유행 등)과 대중의 '유행'(일반적으로 상품소비의 유행)은 같은 것인가 아니면 다른 것인가라는 문제다. 대중의 유행, 즉 대중의 유관성에 의한 대중의 광범위한 선택은 문화경제를 중심으로 형성되어 재정경제에 직접적으로 영향을 미치는 사회적 현상에 해당한다. 하지만 지식인들의 유행은 문화경제 또는 재정경제와 상대적으로 독립된 학술 분야(주로 대학이라는) 내부의 지식인들(또는 그 영향권 아래 있는 예비 지식인으로서 대학원생과 대학생) 사이에

---

37 朱學勤, 「在文化的脂肪上搔痒」, 『讀書』 1997年 第11期: 33쪽.

나타나는 유행이다.[38]

중요한 점은 이러한 독립된 학술 분야가 갖춘 경제적 특징으로부터 지식인들 사이의 유행도 하나의 상품논리로 설명될 수 있다는 것이다. 대중의 유행과 지식인의 유행이 일시성과 빠른 변화 양상을 보인다는 점에서 유사한 특징을 드러내지만 대중의 유행이 문화상품을 직접적으로 소비하는 형태라면, 지식인들의 유행은 담론(또는 이론을 포함한 광범위한 학술 분야)이라는 상품을 소비한다는 점에서 일정하게 구분된다. 문제는 지식인과 대중 사이에 존재하는 사회적 위치의 차이만큼이나 지식인과 대중의 유행 역시 지적(따라서 우월한) 유행과 대중적(또는 저급한) 유행이라는 질적 차이가 존재한다는 점에 있다.

이러한 질적 차이를 전제한 '지식인 중심성'의 자연화 과정은, 예를 들어 엘리트주의나 푸둥화의 '계급의식'처럼 역사적으로 매우 다양한 형태를 취하고 있을 뿐만 아니라 지금까지도 전 사회적으로 지속되고 있다. 이처럼 '지식인 중심성'은 지식인의 사회적 위치와 기능을 안정적으로 보장하려는 시각과 태도로부터 입법자적 기능을 갖춘 현대적 지식인과 (리오타르의) 직업화된 탈현대적 지식인을 가로지른다. 다시 말해서 탈현대사회에서 지식인의 사회적 위치 분화(지식 자본가와 지식 노동자, 또는 지식 자본가 사이의 분화 등)가 지속적으로 진행되고 있지만, '지식인 중심성'은 여전히 다양하게 존재하고 있다. 따라서 '지식인 중심성'은 물질화된 하나의 권력 이데올로기에 해당

---

[38] 이러한 지식인들의 유행이 대중에게 파급되기 위해서는 대중의 유행과 동일한 경로를 거쳐야 한다. 즉 재정경제에서 문화경제로 인입되어야만 지식인들의 유행이 대중의 유행으로 나타날 수 있다. 이 책에서는 이것을 '학술경제' 개념으로 정식화시킨다. 이에 대해서는 뒤에서 다시 다루도록 하겠다.

한다.

'인문정신'과 프랑크푸르트 학파의 '비판이론', 그것의 결합체인 '중국적 비판이론'은 모두 '지식인 중심성'을 근간으로 한다. '지식인 중심성'을 하나의 이데올로기적 기제로 이해할 때, 1990년대(또는 현재에 이르기까지) 대중문화에 대한 중국 지식인들의 기본 태도가 분명한 형태로 드러난다.

> 대중문화는 하나의 복제활동으로 지금까지도 창조적 기준이 되지 못하고 있다. 우리는 여기에서 창조적이라 할 만한 것을 찾을 수 없다. 그래서 이 문화는 필연적으로 표준화되고 규격화된다. [여기에] 하나의 근심이 존재하는데, 그것은 [문화가] 대규모적으로 복제되고 소비될 수 없다는 점이다. 문화적 기준에서 말하자면, 대중문화의 유일한 기능은 바로 조금도 꺼림 없이 [다른 문화를] 파괴한다는 것이다. 문화의 유통 속에서 [대중문화는] 화폐의 유통과 마찬가지로, [다시 말해서] 마치 그레샴 법칙(Gresham's law)처럼 저급한 것이 우수한 것을 몰아내고 있다. 왜냐하면 저급한 것이 이해되기 쉽고 사람들을 즐겁게 해주기 때문이다.[39]

'중국적 비판이론'과 중국 대중문화연구의 토착화

'인문정신'과 비판이론의 결합으로 등장한 '중국적 비판이론'은 중국 대중문화연구사에서 1920·30년대의 계보를 잇는 것으로 평가될 수 있다. 하지만 1990년대 이후의 대중문화연구는 1920·30년대 연구성

---

39 陳剛, 『大衆文化的烏托邦』(北京: 作家出版社, 1996): 36쪽.

과를 직접적으로 받아 안기 보다는 서구 담론, 특히 비판이론의 영향 아래 놓여 있다. 이로부터 타오둥펑을 포함한 일련의 지식인들은 서구 비판이론을 중국 상황에 기계적으로 적용할 수 없다며, 그것에 반대하기 시작한다.[40] 기계적 적용의 주된 비판 지점은 바로 역사적 맥락으로부터 서구와 근본적인 차이를 보이는 중국의 특수한 상황에 맞춰진다. 따라서 이러한 내부 비판 과정은 곧 '중국적' 대중문화연구의 토착화 과정이라는 의미를 갖게 된다.[41]

이처럼 1990년대 이후 중국에 대량으로 이식된 프랑크푸르트 학파의 비판이론을 통해 중국 지식인들은 대중문화에 대한 기본시각을 확보한다. 타오둥펑은 1990년대 중국의 대중문화 관련 비평 저서들과 논문들이 예외 없이 프랑크푸르트 학파의 비판이론, 특히 아도르노의 인용이 두드러진다고 평가한다.

> 그러나 부정할 수도 없으며 매우 유감스러운 것은 프랑크푸르트 학파의 비판이론을 인용해 중국의 1990년대 대중문화를 분석한 저서들이 그 방법상에서 정도 차이는 있겠지만 [모두] '기계적 적용법[搬用法]'에 속한다는 점이다. 다시 말해서 프랑크푸르트 학파의 대중문화 비판이론의 서술, 즉 평가 구조를 중국의 대중문화비평에 적용할 때, 이 구조가 중국에서 적합성과 효율성[을 갖는지] 정확한 문제제기와 반성이 결여되어 있다. 그래서 많은 경우 그 저서들은 '외국에서 생산한' 기록인 것이다. [이처럼] 프랑크

---

40 陶東風・徐艶蕊, 『當代中國的文化批評』(北京: 北京大學出版社, 2006): 122쪽 주60 참조.
41 陳立旭, 「重估大衆的文化創造力 - 約翰・費斯克文化哲學理論研究」, 復旦大學外國哲學專業博士學位論文, 2007: 7~8쪽 참조. 천리쉬는 2000년대 이후 이러한 토착화 양상이 두드러진다고 평가하면서, 그 대표적 사례로 包亞明・王宏圖・朱生堅 等, 『上海酒吧 - 空間・消費與想像』(南京: 江蘇人民出版社, 2001)을 들고 있다. 하지만 여전히 대중문화연구의 비판적 분석 구조가 체계적으로 정립되지 않았다고 평가한다.

푸르트 학파의 대중문화 비판이론이 중국 대중문화비평의 '지식/담론형' 대부분을 만들어냈다. 이 비평적 글들은 모두 프랑크푸르트 학파라는 비판적 이론가들의 대중문화와 문화산업의 특징을 반복적으로 서술한다. 예를 들어 대중문화의 상업화·표준화·규격화·왜곡된 개성·반예술·대량화·평면화 등. 또한 가치 취향의 면에도 프랑크푸르트 학파의 결론을 반복한다. 즉 비현실적 이해를 야기하는 형상 복제, 사람들의 타협과 도피를 강화하는 환상적 특징, 심미 능력의 퇴화를 야기하는 대량생산 등이 그것이다. 이러한 서술과 평가를 중국 내부의 대중문화 현실에 대한 정확한 해석이라고 말하는 것은 차라리 프랑크푸르트 학파의 비판이론적 '계시(啓示)'라고 말하는 것만 못하다. 이 이론은 본래 서구, 특히 미국 대중문화의 것이다.[42]

나아가 그는 "서구의 어떠한 학술 담론과 분석 시스템도 진공 [상태]에서 존재하는 것이 아니라 모두 특정한 사회문화적 맥락의 산물이라는 점이다. 따라서 중국의 토착적 문제와 토착적 경험에는 [서구와 다른] 어느 정도의 상이한 전도와 괴리가 존재할 수밖에 없는 것

---

42 陶東風,「批判理論與中國大衆文化批評-兼論批判理論的本土化問題」,『東方文化』2000年第5期, http://www.studa.net/2003/4-30/2003430140638.html. 타오둥펑은 이러한 자신의 견해를 증명하기 위해 구체적으로 서적명과 논문명을 제시하고 있다. 그는 불충분한 통계자료에 근거하고 있다고 전제한 뒤, 1990년대 대중문화 또는 대중문화연구와 관련된 저서 중에서 관련된 서적과 논문을 선별하고 있다. 예를 들어 陳剛,『大衆文化的烏托邦』, 作家出版社, 1996年. ; 肖鷹,『形象與生存-審美時代的文化理論』, 作家出版社, 1996年. ; 黃會琳(主編),『當代中國大衆文化硏究』, 北京師範大學出版社, 1998年. ; 王德勝,『擴張與危機-當代審美文化硏究』, 中國社會科學出版社, 1996年. ; 姚文放,『當代審美文化批判』, 山東文藝出版社, 1999年 등. 이 서적들은 모두 프랑크푸르트 학파의 비판이론을 상당부분 인용하고 있다, 특히『啓蒙辨証法』중 '문화산업' 관련 부분의 인용이 가장 많다. 또한 이와 관련된 대표적 논문으로는 尹鴻,「爲人文精神守望:當代中國大衆文化批評導論」,『天津社會科學』, 1996年第2期. ; 金元浦,「試論當代的文化工業」,『文藝理論硏究』, 1994年第2期. ; 姚文放,「文化工業:當代審美文化批判」,『社會科學輯刊』, 1999年2期. ; 張汝論,「論大衆文化」,『復旦大學學報』, 1994年第3期 등이 있다. 陶東風, 같은 글, 같은 곳, 2000 참조.

이다. 만약 전환을 거치지 않은 기계적 적용이라면, [그것은] (서구의) 이론을 위해 (중국의) 경험을 희생하는 결과를 야기하게 될 것이다."[43] 다시 말해서 역사적 맥락이 다른 서구의 경험을 중국에 적용할 수 없으며(중국의 입장에서 '비맥락화'된 것이기 때문에), 따라서 중국 대중문화를 분석하기 위해서는 중국의 토착적인 이론(또는 분석 구조)이 필요하다는 점이다.

그는 또한 비판이론의 역사적 맥락을 추적하면서 그것을 중국적 맥락과 다른 형태로 연결시킨다.

프랑크푸르트 학파의 문화산업 비판이론은 그 초기 형성 과정에서 나치 독일의 파시즘적 군중(群衆)문화를 주된 경험 자원으로 한다. 그리고 미국에 도착한 이후, 그들은 이 이론을 당시(1940년대) 미국 대중문화를 비판하는 데 응용한다. 하지만 [이것은] 독일의 파시스트 군중문화와 미국 대중문화의 차이를 보지 못했거나 파시즘(또는 국가자본주의)·스탈린주의와 미국 대중문화의 전체[全權]주의 [사이에 존재하는] 중요한 차이를 보지 못한 것이다. 이것은 한 편으로, 이러한 측면 자체로부터 프랑크푸르트 학파에 비맥락화된 문제가 존재한다는 점을 드러내준다. 다른 한 편으로, 나는 [이런 이유 때문에] 비판이론을 중국적 맥락 가운데 어떻게 응용할 것인가라는 문제에 대해 중점적으로 논의했다. 나는 프랑크푸르트 학파의 이데올로기 비판이론이 파시스트 독일의 국가주의를 [그] 경험적 기반과 분석 대상으로 하고 있기 때문에 그것은 [중국의] 개혁개방 이전, 특히 '문혁' [시기] '극좌' 이데올로기의 독단과 군중문화를 분석·비판하는 데 더 적합하다고 본다. 왜냐하면 아주 분명하게 그 당시 중국의 상황이 나

---

43 陶東風·徐艷蕊, 『當代中國的文化批評』(北京: 北京大學出版社, 2006): 85쪽.

치 독일 또는 소련과 매우 유사하기 때문이다. 프랑크푸르트 학파가 분석한 전체주의적 통치의 특징은 개혁개방 이전의 중국에서 어렵지 않게 발견되는 것이다. 프랑크푸르트 학파가 분석한 파시스트 군중심리(피학주의[masochism] 심리나 '아버지'를 찾는 갈망과 같은)는 '문혁' 시기의 '지도자 숭배' [현상]을 분석하는 데도 매우 적합하다. 전체주의와 밀접한 상관관계를 갖는 '총체성'과 '동일성'에 대한 아도르노의 분석은 '문혁' 시기 '크게 공평하여 사사로움이 없다'· '집단주의'와 얼마나 유사한가. '문혁' [시기] 독단주의의 합법적인 근거도 이러한 '총체성'의 요구이자 허위적인 자유와 해방의 승인이다.[44]

그는 프랑크푸르트 학파의 비판이론이 파시즘이라는 특수한 역사적 맥락으로부터 형성되었기 때문에 중국의 현재, 즉 개혁개방 이후의 사회에 적용될 수 없다고 평가한다. 오히려 파시즘과 '문혁'의 극좌 이데올로기의 공통 지점, 즉 총체화 또는 일체화 이데올로기라는 측면에서 비판이론의 이론적 타당성이 존재한다고 주장한다. 다시 말해서 비판이론은 당시 독일과 사회적 맥락이 유사한 중국의 '문혁' 시기에 적용가능하다는 것이다. 따라서 "총체화 이데올로기를 대상으로 한 프랑크푸르트 학파의 비판이론을 가지고 '문혁' 시기의 혁명적 군중문화를 분석하고 해부하는 것은 상당히 좋은 무기라고 할 수 있다. [하지만] 그것을 가지고 중국의 새로운 시기의 대중문화, 특히 1970년대 말과 1980년대 초에 출현한 중국 대중문화를 비평하는 것은 오히려 거리감과 억지스러움만을 드러낼 [뿐이]다."[45]라고 결론

---

44 陶東風·徐艶蕊, 같은 책, 2006: 85~86쪽.
45 陶東風 · 徐艶蕊, 『當代中國的文化批評』(北京: 北京大學出版社, 2006): 86쪽.

짓는다.

　물론 타오둥펑의 의도는 파시즘이라는 전체주의를 분석했던 비판이론을 가지고 개혁개방 이후의 중국, 다시 말해서 총체화 이데올로기로부터 막 벗어난 중국 사회나 대중문화에 적용해서는 안 된다는 점에 있다. 하지만 이러한 문제의식에도 불구하고 그는 파시즘과 중국 극좌주의의 상관관계에 대한 분석을 구체적으로 진행하지 않는다. 다만 양자의 현상적인 비교를 통해 그 유사성을 확인하는 데 머물러 있을 뿐이다. 파시즘과 스탈린주의, 그리고 중국의 극좌주의를 하나의 전체주의로 묶고 이것들을 비교하기 위해서는 역사적 현상의 유사점뿐만 아니라 그의 언급처럼 총체화 이데올로기가 동일하게 작동할 수 있었던 맥락, 즉 사회 구조의 유사성에 대한 이론적 검토가 요구된다.[46]

　여기에서 파시즘과 스탈린주의라는 '두 개의 전체주의'를 논하고 있는 지젝(Slavoj Žižek)의 주장은 타오둥펑의 인식과 그 궤를 같이 한다.

　　지금까지도 스탈린주의는 나치즘이 배격 당하듯이 간단히 거부되지는 않는다. 물론 우리는 스탈린주의의 끔찍한 면면에 대해 잘 알고 있다. 그러나 사회주의에 대한 향수(Ostalgie)[47]는 아직도 허용되고 있다. …… 나치와

---

[46] 비판이론의 '문화산업' 관점에서 '사회주의 혁명문화'의 생산과 소비과정에 관한 연구는 매우 큰 의의를 갖는다. 특히 자본주의 사회의 '대중문화'를 분석하기 위해 제출된 '문화산업' 개념이 사회주의 사회의 '혁명문화'에 적용 가능한지, 그리고 그 개념에 내재한 부정적 대중관을 사회주의의 '인민대중' 개념에도 적용할 수 있는지 등은 보다 심화된 연구가 요구되는 사안이다. 이와 같은 접근 방식이 비(또는 전)자본주의 사회의 '민간문화'와 사회주의 사회의 '혁명문화'의 연속성과 단절성 규명에 필요한 하나의 중요한 준거를 제공해주기 때문이다.

[47] Ostalgie는 Ost+Nostalgie, 즉 동쪽과 향수의 의미가 결합된 합성어다. 통일 독일에 실망한 동독 지역 사람들이 옛 사회주의 시절을 그리워한다는 뜻한다. Slavoj Žižek/김서영 옮김, 『시차적 관점』(서울: 마티, 2009): 569쪽 참조.

스탈린의 세계가 다르다는 것은 분명하다. 스탈린주의적 인민재판에서 고발당한 사람이 공개적으로 그의 죄를 고백하고 죄를 저지르게 된 이유를 설명하는 것은 쉽게 떠올릴 수 있다. 하지만 나치는 유태인에게 독일 민족을 향한 유태인의 음모에 어떻게 연루되었는가를 고백할 것을 요구하지 않았다. 그 이유는 간단하다. 스탈린주의는 스스로를 계몽주의의 전통에 놓인 것으로 보았다. 이러한 전통에 따르면 진리는 이성적인 사람이라면 누구나 이해할 수 있는 것이다. 얼마나 타락했든 상관없이 모든 사람은 자신의 죄에 대해 책임을 지는 것으로 간주되었다. 그러나 나치에게 있어 유태인의 죄악은 유태인의 생물학적 구성의 한 요소였다. 따라서 그들의 죄를 증명할 필요는 없었던 것이다. 그들은 유태인이라는 이유만으로 죄를 진 것이다. 스탈린주의의 이데올로기적 허상을 살펴보면 보편적 이성은 역사적 진보라는 무정한 법칙의 외양을 통해 객관화된다. 지도자를 포함한 모두는 그러한 법칙의 노예다. …… 스탈린 치하에서는 지도자와 그를 따르는 인민이 역사적 이성에 종속된 자들로서 함께 만나는 공간을 지배이데올로기가 상정했음을 입증해준다. 스탈린 치하에서 모든 인민은 적어도 이론적으로는 평등했던 것이다. …… 우리는 스탈린주의적 숙청이 어떤 의미에서 파시스트의 폭력보다 더 '비합리적'이었다고 정직하게 인정해야 한다. 그 숙청의 과도함은 스탈린주의가 파시즘과 달리 인증된 도착적 혁명의 예라는 사실에 대한 명백한 흔적이다. 파시즘 치하에서는 ─ 나치 독일에서조차 ─ 정치적 반대파로 활동하지만 않는다면 '평범한' 일상의 삶의 외관을 유지하며 생존하는 것이 가능했다(물론 그가 유태인이 아닐 경우에). 1930년대 후반의 스탈린 치하에서는 반대로 아무도 안전하지 않았다. 누구라도 돌연 고발당하고 체포되어 반역자로 총살당할 수 있었다. 나치즘의 비합리성은 반유태주의, 즉 유태인의 음모에 대한 믿음에 '농축'되어 있었다. 반면 스탈린주의의 비합리성은 사회전체에 퍼져있었다. 그러한 이유에서 나치 경찰 조사관은 반국가 행위의 증거와 흔적을 밝히려 한 반면, 스탈린의 조사관은 기쁜 마음으로 증거를 조작하고 음모를 발명해 내었다.[48]

지젝의 서술 의도가 타오둥펑과 다르다하더라도 그가 묘사하고 있는 스탈린주의와 중국 극좌주의(특히 문혁 시기)가 유사한 것은 분명한 사실이다. 문혁에 대한 쉰할스(Michael Schoenhals)의 묘사 역시 지젝의 그러한 진단과 정확히 일치하기 때문이다.

1966년 수정주의에 대한 선제공격을 시작할 때, 마오쩌둥은 대중이라는 카드를 사용한다. 당시 마오쩌둥의 측근이었던 공안부장은 1966년 8월 이른바 '대중의 전위'라고 불렸던 북경의 홍위병과 관련해 경찰 간부들에게 이렇게 말했다. "그들이 나쁜 사람들을 때리는 것에 대해 잘못했다고 이야기하지 마라. 설령 그들이 분노에 차서 나쁜 사람들을 때려 숨지게 했다할지라도, 그들이 잘못했다고 말한다면 그것은 나쁜 사람들을 옹호하는 것이 된다. 어쨌든 나쁜 사람들은 나쁜 사람들이며 그런 사람들이 죽도록 얻어맞더라도 그게 무슨 대수겠는가."[49]

자본주의 사회가 아니라 사회주의 사회에서도 '계급투쟁'은 필연적으로 '계급대중'과 '계급의 적'을 이분법적으로 설정하고 있으며,

---

[48] Slavoj Žižek, "The Two Totalitarianisms", http://www.lrb.co.uk/v27/n06/zize01_.html. 참고로 이 글은 http://club.cyworld.com/club/main/club_main.asp?club_id=51613295에 한국어 번역본이 실려 있다. 동일한 논조의 내용이 Slavoj Žižek/김서영 옮김, 『시차적 관점』(서울: 마티, 2009)의 5장, 특히 '스탈린주의 뮤지컬 이론에 대하여'에서도 집중적으로 서술되어 있다.
[49] Michael Schoenhals/고원 옮김, 「이단재판 떠넘기기 - 중국 문화혁명기의 대중독재」, 임지현·김용우 엮음, 『대중독재3: 일상의 욕망과 미망』(서울: 책세상, 2007): 124쪽.

그와 같은 선험적 규정은 도덕관념과 등치된다. 이것은 1932년 『결천』의 지식인들, 특히 종칸의 우려(또는 예상)처럼 사회주의 이데올로기가 마침내 실현된 사회주의 중국에서 사회주의는 과연 무엇이었는가라는 의구심을 들게 만든다. 다시 말해서 자본주의 또는 봉건적 사회에서 혁명적 지식인들이 주장하던 '계급투쟁'이 여전히 이분법적 대립항을 유지한 채 사회주의 사회에서도 반복되었던 것이다.

파시즘이 계급투쟁을 '인종투쟁'으로 대체했다는 지젝의 주장을 따르면, 파시즘·스탈린주의·극좌주의는 그 이데올로기적 구분을 떠나 동일한 현상적 특징을 드러낸다. 따라서 프랑크푸르트 학파의 비판이론은 파시즘을 넘어 전체주의로 확대 적용된다. 타오둥펑은 이처럼 사회주의를 전체주의라는 맥락에서 읽어내면서, 비판이론의 적용 대상이 대중문화가 아니라 전체주의 문화라고 주장한다. 대중문화는 더 이상 "일률적으로 확정된, 저항성을 완전히 결여한 지배적 문화이거나 전체주의 이데올로기"[50]와 동일한 의미가 아니다. "이와는 정반대로, 이 '유행 음악'들은 '극좌' 시기의 다양한 형식과 스타일을 결핍한, 오직 한 가지만으로 세상을 통일시킨 '혁명문예'와 '혁명가곡'에 대한 반발과 부정으로부터 출현한 것이다. 그에 따라 현재[當代], 중국 대중의 매우 단조롭고 빈약했던 문화생활도 확실히 번창하게 된다."[51]

'역사적 맥락' 중시 입장은 중국 대중문화연구의 토착화라는 흐름을 정초하는 데 상당한 역할을 담당한다.[52] 타오둥펑의 주장은 중국

---

50 陶東風·徐艷蕊, 『當代中國的文化批評』(北京: 北京大學出版社, 2006): 86쪽.
51 陶東風·徐艷蕊, 같은 책, 2006: 86쪽.
52 타오둥펑은 중국어 학계에서 프랑크푸르트 비판이론에 대한 반성이 미국 국적의 중국학자인 쉬번으로부터 가장 먼저 시작되었다고 밝힌다. 陶東風·徐艷蕊, 같은 책, 2006: 122

지식인들에게 긍정적 반응을 얻고 있다. 차오이(喬藝)와 왕정(汪政)은 '역사적 맥락' 중시라는 타오둥펑의 인식과 동일한 관점에서 중국 대중문화에 상품논리가 아닌 체제 저항성(또는 부정성)을 부여한다.

프랑크푸르트 학파가 후기 자본주의 사회의 대중문화를 모두 '문화 산업'으로 만들어, 이 개념은 현대 서구의 문화연구 가운데 가장 [큰] 비판성과 부정성을 갖춘 개념이 되었다. [하지만] 중국 대중문화연구는 마땅히 토착적 맥락으로부터 탐구해야만 한다. 중국 사회의 상품화, 세속화 및 대중문화의 발전은 오랜 기간의 사상적 구속과 이데올로기적 일체화가 타파되었을 때 출현한다. 대중문화는 분명 부정적인 문화 형태로 등장한 것이다. 만약 프랑크푸르트 학파와 마찬가지로 저항성을 완전히 결핍한 [채] 지배 문화 또는 [중앙]집권적 이데올로기로서 대중문화를 정의하고, 대중문화가 권력이 없는 사람들이나 수동적인 사람들에게 강요된 것이라고 주장한다면 이것은 맥락을 벗어나 역사를 왜곡하는 것이다. 중국의 상품경제 역사는 매우 짧[기 때문에], 상품논리와 그것에 근거한 대중문화가 서구 자본주의 사회와 마찬가지로 사회생활에 매우 광범위한 영향을 끼칠 수 없었다. 중국 사회의 체제 개혁은 대단히 복잡한 특수성을 가지고 있[기 때문에], 대중문화의 사회적 생존 환경은 그것이 단일한 상품 논리를 좇을 수 없게 만들었다.[53]

20세기 개혁개방 이후 중국에서 대중문화와 전위[先鋒]문화는 일부 사상

쪽 주60. 참고로 쉬번은 「현 대중문화 비평의 심미주의적 경향을 평함」이라는 글에서 아도르노의 문화산업 관점이 더 이상 대중문화를 분석하는 데 적합하지 않다고 평가한다. 徐賁, 「評當前大衆文化批評的審美主義傾向」, 『文藝理論研究』1995年第5期: 13~15쪽 참조.
53 喬藝, 「試論大衆文化的審美特質」, 『齊魯藝苑(山東藝術學院學報)』總第76期2003年第1期: 65쪽.

가들의 시야에서 의외로 일치된 기능을 담당한다. 외지에서 적이 된다는 것은 오히려 이곳에서 가장 먼저 친구가 되는 것이다. 나는 리쩌허우가 '신감성(新感性)'⁵⁴을 제기할 때, [그리고] 그의 눈에 강력한 계몽적 색채를 띠고 20세기 중국 예술을 논할 때, 실험미술(實驗美術)과 몽롱시(朦朧詩), 그리고 통속 음악을 모두 함께 언급하였다는 것을 분명하게 기억하고 있다. 내 생각으로는 이 모든 말들을 프랑크푸르트 학파 사람들이 들었다면, 그들은 틀림없이 많은 의혹과 함께 이해되지 않았을 것이다. 왜냐하면 중국 상황에 대한 그들의 이해가 그다지 밝지 않으며, 특히 중국의 20세기 초에서 1970년대에 이르는 독단적 이데올로기와 종교 문화의 우상숭배 사상이라는 구속에 대해서 깊이 이해할 [수] 없기 때문이다. 중국에서 어쩌면 대중문화와 이데올로기의 동맹을 가장 먼저 걱정할 것이 아니라 대중문화가 [담당했던] 사람들의 심리 해방, '신(神)'의 망각, 정치 중심의 해체·조롱·냉소, 세속적 인생에 대한 관심 및 감성 존재[로서의] 자기 확인, 특히 [대중문화] 자체가 '즐거움[享樂]'이라는 체험을 환기시켰다는 점을 고려해야만 한다.⁵⁵

차오이는 자본주의 경제시스템과 대중문화를 일정하게 분리시키면서, 개혁개방 직후의 대중문화에 저항성을 부여한다. 그 근거가 바로 중국적 맥락이다. 또한 왕정의 언술 중 주목해야 할 부분이 바로 '개혁개방 이후 중국에서 대중문화와 전위문화는 일부 사상가들

---

54 '新感性'은 인류의 심미적 심리구조에 대한 리쩌허우의 묘사로서, 동물의 '舊感性'과 구분된다. 신감성이라는 '건물'은 인간화된 '感官'과 인간화된 '情欲'이라는 두 가지 층으로 구분된다. '感官層'은 의심할 바 없이 '기반'에 해당한다. 리쩌허우의 '감관의 인간화설'은 인간의 생리감각을 동물의 생리감각과 구분시킨다는 것과 '노동'이 인간의 생리감각을 인간화시킨다는 것을 묘사하고 논증한다. http://emuch.net/journal/article.php?id=CJFDTotal~ZXZD200505016 참조.

55 汪政, 「立場的選擇與闡釋的介入」, 『上海文學』1998年 第1期: 71쪽.

의 시야에서 의외로 일치된 기능을 담당'했다는 점이다. 여기에서 천샤오밍(陳曉明)의 언급은 주목할 만하다. 그는 당시 중국 대륙에 유행한 타이완 가수 덩리쥔(鄧麗君, 1953~1995)을 예로 들면서, "어느 정도 감상(感傷)적인 덩리쥔의 음악은 바로 국가 담론으로부터 개인을 분리시키는 작용과 일치한다. 이것은 당시 모든 지식인의 요구와도 일치하는 것이다."[56] 개혁개방 이후, 즉 1980년대 '신계몽주의' 지식인들의 이른바 '사상해방' 운동과 홍콩·타이완의 대중문화의 사회적 확산은 모두 중국에서 일원화된 사회를 거부하고 다원화된 사회를 지향한다는 점에서 공통된다. 다시 말해서 '신계몽주의'와 대중문화가 갖는 서로 다른 성격에도 불구하고 양자는 당시 일치된 사회적 기능을 담당한 것이다.

이처럼 1980년대 일부 지식인들이 사회주의 혁명문화의 전통으로부터 자본주의적 대중문화에 대해 비판적 시각을 가지고 있었을지라도 개혁개방이라는 특수한 시기에 대다수의 지식인들과 대중문화 사이에는 일정한 역사적 공조 관계가 존재한다. 하지만 여기에 해석의 차이가 있을 수 있다. 그것은 '개혁개방이라는 특수한 시기'와 '지식인들과 대중문화 사이에 형성된 일정한 역사적 공조 관계'가 맺는 상관성 여부다. 다시 말해서 시기적 특수성이라는 전자를 강조하게 되면 후자, 즉 역사적 공조 관계의 전제로 부여된 대중문화의 저항적(또는 능동적) 성격은 가변적 대상이 된다. 반면, 후자를 중시할 경우, 대중문화는 '특수한 시기'에 국한되지 않고 자신의 고유한 속성으로 그 저항성(또는 능동성)을 인정받게 된다.

---

56 陳曉明,「文化控制與文化大衆」,『鍾山』1994年第2期. ; 陶東風,「批判理論與中國大衆文化批評 – 兼論批判理論的本土化問題」,『東方文化』2000年第5期, http://www.studa.net/2003/4-30/2003430140638.html 재인용.

피스크는 분명 후자의 입장에 서 있다. 문화기업이 생산한 문화상품을 문화자원으로 대중이 자신의 대중문화를 창조한다는 그의 주장은 대표적으로 바로 이러한 대중문화(또는 대중)의 능동성과 적극성을 인정하는 것이다. 따라서 그의 시각은 대중문화의 고유한 속성을 드러낼 뿐만 아니라 이로부터 대중문화를 '문화산업'이 생산하는 것으로 이해하는 프랑크푸르트 학파의 시각과 근본적으로 대립한다. 하지만 피스크나 비판이론 모두 대중문화를 가변적인 대상으로 해석하지 않는다는 점에서 공통된다. 다시 말해서 피스크와 비판이론이 대중과 대중문화를 각각 능동적(긍정적) 또는 수동적(부정적)으로 해석하지만 그것은 각각 대중과 대중문화라는 대상의 고유한 속성으로 규정된다.

따라서 1990년대 이후 중국 대중문화연구의 토착화 과정에서 타오둥펑이 제창한 '역사적 맥락' 중시라는 시각은 매우 독특한 위치를 차지한다. 그것이 현재 중국 대중문화연구의 '중국적' 성격을 잘 드러내기 때문이다. 1920·30년대에도 '민중문학·농민문예·민족형식' 논쟁 등을 통해 다양한 서구 담론(계몽주의와 사회주의를 포함한)의 중국적 토착화 문제가 제기된 바 있다. 당시 논쟁 구도는 내부로서의 중국과 외부로서의 서구라는 인식틀을 유지하고 있다. 이와 같은 인식틀은 서구라는 역사적 배경으로부터 도출된 서구 담론이 구체적인 중국 실정에 적용 가능한 것인가를 둘러싼 차이를 반영한다.

하지만 타오둥펑의 '역사적 맥락' 중시는 단순히 내부와 외부라는 논리 구조에 한정되지 않는다. 그의 관점에는 서구와 중국의 맥락 차이뿐만 아니라 중국 내부의 맥락 차이도 포함된다. 다시 말해서 그가 내부와 외부라는 맥락 차이로부터 비판이론의 기계적 적용을 거부했다면, 그는 다시금 중국 내부의 역사적 맥락 차이에 주목하는 것이다.

그것은 대중문화의 소비주의라는 성격이 1980년대와 다르게 1990년대 이후 역사적 맥락의 차이로부터 변화되었다는 점에 근거한다.

> 1980년대 초반의 소비문화(예를 들어 덩리쥔의 유행 음악)는 강한 비판 정신을 가지고 있다. 왜냐하면 당시의 사상해방·인성 추구 및 주류문화 비판이 [그것과] 함께 결합되었기 때문이다. 하지만 1990년대 [들어] 소비주의의 비판성은 상실된다. 사람들은 정치적 권리가 없는 생활의 영위라는 한복판으로 추락했다. 이것이 1980년대 후반과 1990년대 초반 다양한 힘들이 모여 소비주의의 의미를 한 차례 크게 고쳐 쓰[게 된 이유]다.[57]

타오둥펑이 언급을 회피하고 있지만 이러한 진단의 중심에는 천안문 사건이 자리 잡고 있을 뿐만 아니라 개혁개방 초기에 유행한 홍콩·타이완의 대중문화와 다르게 토착화된 중국 대중문화가 출현했다는 점이 맥락 변화의 주요 원인이 된다. 천안문 사건 이후 탈정치적 분위기의 사회적 만연과 대중문화의 오락적(또는 향락적이라 할 수 있는) 성격이 결합되면서 1980년대 대중문화에 부여했던 저항성은 상실된다. 중국의 특수한 '역사적 맥락'으로부터 규정된 1990년대 이후의 대중문화는 이제 기형적 소비주의라는 특징만을 갖추고 있을 뿐이다.[58]

> 소비 방식에 대한 관심, 일상생활의 심미 양상에 대한 집중[이라는 면에서] 현재의 새로운 지식인과 일반 대중의 유행 관념은 그렇게 큰 차이를

---

57 陶東風 等, 「日常生活的審美化:一個討論 – 兼及當前文藝學的變革與出路」, 『文藝爭鳴』 2003年第6期: 31쪽.
58 陶東風·徐艷蕊, 『當代中國的文化批評』(北京: 北京大學出版社, 2006): 105쪽 참조.

보이지 않는다. 그들이 비록 지도하고 지도받는 관계일지라도 모두 유행 담론의 중요성을 인정하고, 이러한 오락의 중요성을 인정한다는 의미에서 그들은 공모 관계를 갖는다. 심미화에 대한 이 같은 집중이 정치 참여의 열정을 탈색시킬 수 있는가, 또는 상처받은 기억을 잊게 할 수 있는가? 그리고 사회 기층과 멀어지게 할 수 있는가? 참된 현실 문제를 잊게 할 수 있는가? 중국[의 경우] 확실히 매우 특수한 맥락 안에서 소비주의가 출현한다. 한마디로 그것은 1980년대의 정치 참여의 열정이 점점 탈색되었기 때문이다(비록 현재 열기를 더해가는 흔적이 [보이는 것] 같지만 여전히 세상을 뒤덮은 소비주의를 상대하기에는 부족하다). 내가 느끼기에 1990년대의 지식인은 [정치적] 광장에서 서재로 돌아간 것이 아니라 광장에서 신체로 돌아갔다. 여러분 모두 자신의 신체에 관심을 가지고 있는데, 신체는 소비의 주체이자 소비의 대상이 된다. 내 생각에 신체에 대한 극도의, 심지어 변태적인 이와 같은 미련은 하나의 고립적인 현상이 아니다. 오늘날의 공공 공간은 신체를 핵심으로 하는 각종 영상과 문자들로 가득 차 있다. 미용실과 휘트니스(fitness) 센터들이 우후죽순 생겨나는 것처럼 사람들은 즐겁게 피곤함을 잊은 채 자신의 신체를 아끼고 만들며 가꾸고 있다. 이것의 결과는 잘못된 상황을 야기할 수도 있다. 다시 말해서 현재 우리는 실제로 기본적인 정치적 권리를 여전히 획득해야만 하는 사회 환경 안에서 생활하고 있다. 하지만 여러분은 모두 [자신의] 눈을 스스로의 신체와 생활 방식에만 집중한다. 이것은 좀 우스꽝스러우면서[도] 슬픈 [현실이]다.[59]

이처럼 그는 현재의 중국 대중문화를 소비주의와 일치시키면서 그것에 반대한다. 그 이유는 다름 아닌 소비주의로부터 정치적 현실

---

59 陶東風 等, 같은 글, 2003: 32쪽.

에 대한 망각과 무관심이 조성(또는 강화)되고 있기 때문이다. 1980년대와 다르게 정치적 욕구 분출이 사라진 1990년대에도 정치적 권리를 획득하기 위한 대중의 투쟁이 여전히 유효함에도 불구하고 대중문화(또는 소비문화)가 그것을 가로막고 있는 것이다. 그의 '역사적 맥락' 중시라는 시각은 분명 서구 대중문화 담론 또는 중국의 1920·30년대 그것과 구분된 현 중국 대중문화 담론의 토착적 특징을 드러낸다. 하지만 그 시각의 중심에는 바로 '정치적 국면'이라는 특정 사안이 놓여 있다. 다시 말해서 그의 '역사적 맥락'의 차이라는 주장은 정치적 국면에 따라 유동적으로 변화하면서 대중문화를 상반되게 해석하는 것이다. 이와 같은 태도는 다음에서 다룰 '신좌파' 패러다임의 주요 특징이자 '지식인 중심성'의 일종인 '정치주의'와 밀접한 상관관계를 맺고 있다.

여기에 보다 근본적인 문제가 있다. 그것은 '역사적 맥락'이 의미하듯이, 시간의 추이에 따른 사회 구조의 변화라는 인식이다. 구조적 차원에서 규정된 대중문화는 그 구조의 변동으로부터 상이한 의미 규정을 받게 된다. 다시 말해서 '특수한 시기'의 '특수한 사회 구조'를 강조하면, 대중문화의 성격은 이른바 '천사'와 '악마'를 오가게 되는 것이다.[60] 또한 대중문화의 소비주의적 측면이 중국의 특수한 문화 현상으로 간주되면, 중국에서 '정치'와 대중문화는 필연적으로 대립 관계에 놓이게 된다. 이로부터 대중문화의 저항성(또는 능동성)은 대중문화의 고유한 속성이 아니라 특수한 시기의 사회 구조로부터 규정된 가변적(또는 한시적) 성격에 불과한 것으로 규정된다.

---

60 흥미롭게도 타오둥펑은 1998년 「문예시장: 천사인가? 악마인가?」라는 제목의 글을 발표한다. 그는 여기에서 중국 문화시장의 특수성을 거론하고 있다. 陶東風, 「文藝市場: 天使耶?魔鬼耶?」, 『文學自由談』 1998년 第3期 참조.

하지만 자본주의적 '대중문화'가 문화상품의 소비과정을 통해 형성된다는 점은 1980년대와 1990년대, 그리고 현재까지도 동일하게 나타나는 현상이다. 또한 그것은 1920·30년대 중국 사회뿐만 아니라 서구 사회에서도 마찬가지다. 이것은 '대중문화'와 자본주의 경제시스템이 맺는 불가분의 관계를 반영한다. '대중문화'는 문화상품을 소비하는 '대중'에 의해 창조되는 것이기 때문이다. 따라서 소비는 '대중문화'의 창조 과정과 분리시킬 수 없는 그것의 본질적 속성에 해당한다. 타오둥펑이 1980년대 대중문화의 저항성을 인정하면서도 1990년대와 현재까지 그것의 기형적 소비주의를 비판한다는 이면에는 여전히 그의 사고 속에 다원화된 형태가 아니라 일원화된 '정치' 관념이 깊숙이 자리 잡고 있다는 사실을 알 수 있다. 그의 정치 중심적 시각에 진보와 보수라는 이분법을 대입해 보면 보다 분명한 결과가 드러난다. 1980년대라는 특수한 정치적 국면으로부터 중국에 유입된 홍콩·타이완 대중문화는 진보적 대중문화로서의 '사상해방'이라는 역사적 임무를 담당하는 데 일조했지만, 천안문 사건 이후 보수화된 사회적 분위기(즉 맥락의 변화)로부터 1990년대 토착화된 중국 대중문화는 보수적인 역할만을 수행하고 있을 뿐이다.

문제는 중국에서 현재를 살아가는 구체적 사람들(즉 '대중')에게 1980년대와 1990년대 이후의 대중문화가 이처럼 다른 성격의 그 무엇으로 남아 있는가 하는 점에 있다. 여기에서 1980년대 대중문화의 저항성과 능동성에 주목했던 입장들을 다시 한 번 돌아볼 필요가 있다.

모든 유행음악, 그것이 표현하는 것은 개성이자 자신의 내적 감정에 대한 개인적 체험이다. 그것은 확실히 어떤 사상 해방적 느낌을 가지고 있다.[61]

덩리쥔의 노래를 들었을 [때] 조금의 과장도 없이 말하자면, 인간성의 한 측면이 소생하면서 일종의 단단하게 굳어졌던 것들이 부드러워지고 녹아내리는 것을 느꼈다. …… 좋은 노래는 확실히 듣기에 좋을 뿐만 아니라 어떤 문학성까지 가지고 있다. 다시 말해서 사람의 마음 속 깊은 곳에 있는 맑고 깨끗함을 일깨운다. 나는 그들의 노래가 나의 감정을 풍부하게 만들었다고 말해야만 한다.[62]

유행음악이라는 문화상품이 '대중'의 소비를 거쳐 '대중문화'로 드러나는 과정은 대중문화가 단순히 구조적 맥락에서만 규정될 수 있다고 보기에는 많은 무리가 따른다. 오히려 대중문화에 내재한 고유한 속성이 타오둥펑이 주장하는 '역사적 맥락' 또는 구조적 맥락과 결합하면서 구체적인 사회성을 갖춘 대중문화가 형성된다고 이해하는 것이 더 타당하다. 그 중심에는 여전히 '대중'이 위치하고 있다. 천샤오밍과 왕쉬의 위의 언급은 대중문화의 속성이 바로 대중의 그것(즉, 개성·감정·체험)과 연결되어 있다는 사실을 알려준다. 대중문화의 이해는 결국 '대중'과 '대중문화'의 관계로부터 시작될 수밖에 없기 때문이다.

---

61 陳曉明,「文化控制與文化大衆」,『鍾山』1994年第2期. ; 陶東風,「批判理論與中國大衆文化批評 - 兼論批判理論的本土化問題」,『東方文化』2000年第5期, http://www.studa.net/2003/4-30/2003430140638.html 재인용.
62 王朔,「我看大衆文化」,『天涯』2000年第2期: 6쪽.

3 '신좌파新左派' 패러다임의 지식인 중심성[1]

'신좌파'의 형성과 계급적 대중문화 담론의 재출현

'신좌파'의 대중문화 담론 역시 비판이론 패러다임을 통해 중국 대중문화를 비판한다는 점에서 '중국적 비판이론'과 유사하다. 하지만 추상적인 도덕(또는 심미) 비판의 '중국적 비판이론'과 다르게 '신좌파' 진영은 정치경제학적 분석과 계급 분석을 중시한다는 점에서 차이가 있다. 앞서 살펴본 것처럼, '중국적 비판이론' 패러다임은 대문자로서의 주체적 '인간'을 중심에 놓고, '시장'과 '자본' 등을 추상적인 악(惡)으로 묘사한다. 따라서 시장과 자본에 의해 추상적 인간의 도덕적·심미적 능력은 타락하게 된다. 반면, 정치경제학적 분석과 계급 분석을 중시하는 '신좌파' 패러다임에서는 사회 기층 집단 또는 약자의 이익에 초점을 맞추기 때문에 추상적 인간과 같은 범주는 근본적으로 존재하지 않는다.[2]

자본주의적 '대중문화'에 대한 '신좌파'의 비판은 『독서(讀書)』

---

[1] 이 절은 안인환, 「중국 '신좌파(新左派)'의 대중문화 담론 고찰 - 재현된 계급적 대중문화 담론과 좌파 지식인」, 『중국현대문학』, 한국중국현대문학학회, 2010, 제53호에 발표한 내용을 이 책의 논지 전개에 맞게 재구성한 것이다.
[2] 陶東風·徐艷蕊, 『當代中國的文化批評』(北京: 北京大學出版社, 2006): 98쪽 참조.

1997년 제2기로부터 시작된다.³ 『독서』는 여기서 '대중·문화·대중문화(大衆·文化·大衆文化)'라는 별도의 섹션을 마련해 '신좌파' 진영의 대중문화 담론을 소개하고 있다. 그들의 기본시각은 기본적으로 대중문화를 중간계급 또는 화이트칼라의 문화로 파악한다는 점에서 공통된다.⁴ 우선 한샤오공(韓少功)은 직접적으로 '대중(大衆)' 개념을 문제 삼는다. "서로 다른 시·공간에서 상이한 정치·경제·문화 등의

---

3 타오둥펑은 '신좌파'의 출현과 관련하여 다음과 같이 묘사한다. "중국의 인문학계, 특히 문학 비평계는 한동안 계급 분석과 정치경제학적 분석에 매우 무관심하거나 심지어 거부하였다. [그] 원인은 한 편으로 외국의 탈현대주의의 영향을 받은 것이기도 하지만 보다 중요한 것은 새로운 시기의 사상해방 운동으로부터 사람들은 '극좌' 시기의 '계급 문예학'에 상당한 반감을 가지고 있었고, 동시에 문학 연구에서 계급적 시각과 정치 분석을 피하는 것이 좋지 않을까하는 [태도]였다. [그래서] 학술계에 유행한 것이 인도주의와 인성론 및 '내재적 접근'였다. 이러한 상황은 줄곧 1990년대 초·중반까지 지속되었다. …… [하지만] 1990년대 후반에 이르러, 이러한 상황에 주목할 만한 변화가 발생했다. [바로] 중국 사회 현실의 모순이 날로 급변하면서 계급 분석이 다시금 나타난 것이다. '신좌파'가 수면 위로 부상한 것이 이런 측면에서 가장 두드러진 하나의 상징이[라 할 수 있]다. 여기에 서구 좌파 사상의 영향도 있겠지만, 가장 주된 동력은 아마도 중국 내에서 날로 심각해지고 있는 사회 계급의 분화 상황일 것이다." 陶東風·徐艷蕊, 『當代中國的文化批評』(北京: 北京大學出版社, 2006): 102쪽. 여기에서 언급된 '내재적 접근'은 웰렉(Rene Wellek, 1903~1995)에 의해 제기된 것이다. 그는 『문학의 이론』에서 문학을 비본질적(외재적) 접근과 본질적(내재적) 접근으로 구분하면서 내재적 접근을 강조한다. http://blog.naver.com/love1set?Redirect=Log&logNo=6173530 참조.
4 『독서』의 편집자는 이 섹션을 소개하면서 다음과 같이 밝히고 있다. "대중문화(Mass culture)는 역사상 일찍이 존재했던 민간문화(Popular Culture)가 아니다. [그것은 문화생산이라는] 산업화와 상업화의 산물이며, 상인들이 산업화[라는] 수단으로 대중의 한가로움에 영합하면서 대량으로 제작·판매하는 '패스트푸드 문화'인 것이다. …… 산업화 사회에서 이것을 전문적으로 고민한 사람들을 '문화연구'(Culture Studies)라는 범주로 분류한다. 우리에게는 과거에 이러한 의미의 문화연구가 없었고, 다만 문학비평(Literary Criticism)만이 있었다. 분명히 문화연구가 문학비평의 내용보다 더 광범위할 뿐만 아니라 더 많은 지식인[文化人](단지 문학 비평가만이 아니라)들이 그것과 대중문화 자체에 관심을 가져야만 할 것이다." 「大衆·文化·大衆文化」, 『讀書』1997年第2期: 3쪽. 자본주의적 '대중문화'를 mass culture로 규정하는 시각으로부터 대중문화에 대한 그들의 기본 인식이 유추된다. 여기에서 지적해야 할 것은 그들이 자본주의적 '대중문화'와 문화연구의 관계를 확정하면서 과거 중국에 단지 문학비평만이 있었다는 주장이다. 이 주장은 산업화된 사회가 중국에 존재하지 않았다는 논리와 밀접히 연관된다. 물론 1920·30년대 지식인들의 문화담론이 주로 문학이라는 영역 또는 형식을 통해 운위된 것은 사실이지만, 그것은 당시 문학 이외의 다양한 매체가 발전하지 못한 데 기인한다. 앞서 살펴본 푸둥화나 정보치 등의 담론은 이미 문화 일반을 지향하려는 움직임을 보인다.

조건과 연관되어 있는 이른바 대중이라는 것은 다양한 형태와 성질 및 성격을 드러낼 수 있다. 단지 인구 통계로부터 다수[라는 점]에 주목하면서 대중 [개념]에 많고 적음의 의미를 부여할 수는 없는 것이다."[5]라고 주장한다. 다시 말해서 '대중' 개념이 쉽게 추상화될 수 있기 때문에 그것은 구체적인 시공간적 해석이 요구된다. 그는 이로부터 '대중' 개념의 계급적 성격 변화를 제기한다.

> 대중은 대부분 줄곧 빈곤[과] 동의어였고, 비참한 운명[과] 동의어였다. 단지 이 하나가 대중에게 신성한 지위를 얻게 하였을 뿐만 아니라 엘리트들이 [스스로] 양심의 가책을 느끼는 이유가 되었다. 하지만 이러한 역사적 콤플렉스를 현대 산업소비 사회에 대입시키면 어느 정도 의심스럽기도 하고 우스꽝스럽기도 하다. 이 사회는 재산과 이익의 분배 구조를 근본적으로 재구성을 하고 있다. 정상적이고 순리적으로 발전한다면 가난한 사람들은 [앞으로] 소수(小衆)가 될 것이다. 많은 국가와 지역에서 중산계층으로 정의된 집단이 처음에는 5%이었지만 [이미] 70% 또는 그 이상으로 확대되었으며, 이 계층을 확충하는 광범위한 시민이 지속적으로 늘어나고 있다. 부유하고, 풍요하며, 충분한 소비능력을 가진 대중이 출현하고 있는 것이다. '화이트칼라 귀족'·'컴퓨터 귀족'·'광고 귀족'·'주식 귀족' 등이 그들의 또 다른 이름이다.[6]

과거 '가난한 사람들'이라는 의미에서 사용되던 다수의 무산 '대중' 개념은 이제 소수의 사람들이라는 '소중(小衆)'으로 변했기 때문

---

5 韓少功,「哪一種'大衆'?」,『讀書』1997年 第2期: 4쪽.
6 韓少功, 같은 글, 1997: 5쪽.

에, '대중'은 '귀족'이라는 신분적 표현이 상징하듯 '중간계급'으로 대체되었다. 따라서 '대중'은 크고(大) 많다(衆)는 추상적인 통계상의 다수 개념으로부터 명확한 계급성을 띠게 된다. 다시 말해서 이전의 무산계급을 뜻하던 노동자·농민·병사[工農兵] '대중'에서 소부르주아지 '대중'이라는 계급적 어의 전환이 일어난 것이다. 한샤오공은 나아가 이러한 '대중' 정의로부터 '대중문화'를 '중간계급의 문화'로 새롭게 정의하면서 과거의 '민간문화'와 구분한다.

> 대중은 부유해졌을 뿐만 아니라 유행과 동맹을 맺기 시작했다. 이것도 어쩌면 또 다른 측면에서 변화된 상황일 것이다. 대중은 지난날 귀족의 지배 아래 있었다. [대중은] 기본적으로 학문에 관련된 일과 상관이 없었고, 다양한 전달 매체와도 거리가 멀었다. [그래서] 당연하게도 문화 유행의 외부에 존재했다. 유행은 상류 사회의 현상일 뿐이었다. …… 그 당시 대중문화 또는 속(俗)문화라고 불렸던 것은 민간문화의 또 다른 이름일 뿐이다. [그것은] 스스로 생겨나고 스스로 사라지는, 그리고 자급자족[이라]는 특징을 갖추고 있을 뿐만 아니라 소박하고 진실한 생명의 모습을 드러냈다. 일종의 자연의 생태 군락(群落)과 유사하게 100년 내지 1,000년이 지나도 항상 변함이 없었다. 민요가 한 번 불리면 몇 세대의 사람들 또는 수십 세대의 사람들에 의해 불려졌다. 이러한 민간문화는 산업소비 시대의 시민문화와 크게 다르다.[7]

'민간문화'에 대한 그의 해석은 앞서 언급했던 내용과 크게 다르지 않다. 그가 '민중(the folk)'이라는 표현을 직접적으로 사용하지 않

---

7 韓少功, 「哪一種'大衆'?」, 『讀書』1997年 第2期: 6쪽.

고 있지만, 여기에서 과거 대중은 '민중'을 가리킨다. 이로부터 상류층의 고급문화로부터 배제된, 민중 스스로 창조하고 향유하던 '민간문화(folk culture)'라는 과거의 대중문화와 다르게 현재의 대중문화는 산업소비 시대의 '시민문화'로 설정된다. 이처럼 그가 민간문화와 시민문화 모두를 어휘적 측면에서 '대중의 문화'로 파악하지만, 그의 변화된 '대중' 개념으로부터 두 문화는 내용적으로 구분된다. 다시 말해서 현재의 '대중문화'는 소부르주아지 또는 중간계급인 '시민의 문화'인 것이다.

지적해야 할 것은 그가 민중(또는 민간문화)과 봉건귀족(또는 고급문화, 귀족문화)에 적용되었던 과거의 계급대립 구도를 현재도 동일하게 적용하고 있다는 점이다. 다시 말해서 민중(또는 민간문화, 예전의 대중문화)이 중간계급인 대중(또는 그들의 대중문화)과 맺는 관계에서도 이전과 동일한 계급대립이 적용된다. 이로부터 이전의 계급 담론을 활용해 현재 대중문화에 과거 민간문화를 대립시키려는 그의 이데올로기적 의도를 읽을 수 있다. 따라서 과거의 대중인 '민중'과 산업사회의 현재 '대중'인 중간계급은 다수라는 점에서 공통되지만 시공간적 변화에 따라 계급적으로 구분되면서 각각 민간문화와 대중문화라는 상이한 문화 양식으로 귀결된다.

이처럼 그에게 민간문화의 형상은 봉건귀족의 고급문화와 대립된(또는 고급문화로부터 소외된) 것이지만 여전히 자신만의 소박함과 진실성을 갖춘 존재로 이상화되어 있다. 이와 같은 관점은 상상된 미래의 요청으로부터 과거 역사를 긍·부정적으로 구분하고 그것을 현재에 적용한 사회주의 역사관에 불과하다는 베넷의 지적, 산업화된 자본주의 대중문화의 출현이 야기한 사회적 위기로부터 이전 전통시대의 민간문화를 동경한 F. R. 리비스의 문화관, 그리고 1930년대 민간문화의 형식에 주목한 혁명적 지식인들의 '민족형식' 담론 등을 연상시킨다.

중국의 사회주의 '혁명문화'가 민간문화와 사회주의 이데올로기의 결합을 통해 구성되어 있을 뿐만 아니라 민중과 민간문화에 역사적 정당성을 부여한다는 점에서 베넷의 분석은 여전히 타당하다. 또한 현재의 자본주의 대중문화를 부정(또는 비판)하기 위해 과거의 이상화된 공동체 문화, 즉 민간문화를 요청한다는 점에서 한샤오공의 인식은 리비스주의의 그것과 정확히 일치한다. 하지만 이른바 진보와 보수라는 패러다임으로 구분해보면, 한샤오공과 리비스 부부는 각각 신좌파 지식인과 보수주의적 지식인에 해당한다. 이처럼 이데올로기적 차이에도 불구하고 이들은 자본주의적 '대중'과 '대중문화'를 둘러싸고 공통된 견해를 드러내고 있는 것이다.

여기에서 사회주의 이데올로기를 수용한 중국 지식인들 간의 연속과 단절관계를 살펴볼 필요가 있다. 왜냐하면 샹린빙 등 혁명적 지식인들이 보여준 민간문화에 대한 긍정적 태도가 한샤오공의 시각을 통해 다시금 연속된 형태로 등장하기 때문이다. 1949년 사회주의 중국의 건립을 기준으로 각각 그 이전과 이후를 혁명적 지식인과 사회주의적 지식인으로 구분할 수 있다면, 개혁개방(엄밀하게 말해서, 신좌파가 등장한 1990년대 후반)을 전후로 다시금 '구좌파'(즉 사회주의적 지식인)와 '신좌파' 지식인으로 나뉜다. 이들은 모두 과거의 민간문화에 긍정적 태도를 유지한다는 점에서 공통된다.

사회주의 중국이 출현하기 이전의 혁명적 지식인들은 사회주의 이데올로기와 민간문화의 형식을 결합시킨, 이른바 '민족형식'이라는 '중국적' 사회주의 혁명문화의 기본 방향을 제시한다. 따라서 1949년 사회주의 중국(또는 '신중국')의 건립은 곧 그러한 사회주의 '혁명문화'의 완성을 의미한다.[8] 혁명적 지식인들이 비(非)사회주의 사회에서 사회주의 '혁명문화' 건설을 자신의 목표로 했다면, 사회주의적 지식인들은 그러한 사회주의가 실현된, 즉 계급 대립이 해소된 사회에서 사회주의 혁명문화의 유지·확산을 담당하게 된다. 하지만 비사회주의 사회와 다르게 사회주의 사회의 '혁명문화'가 여전히 계급투쟁(또는 계급대립)을 기본 내용으로 한다는 점에서 이것은 사회주의 혁명문화의 정체성 문제를 야기한다.

만약 계급대립을 완전히 해소한 문화적 양식으로서 '공산주의' 혁명문화를 설정하고 그러한 공산주의 혁명문화로 이행하는 과도기적 형태로서 사회주의 혁명문화를 다루고자 한다면, 이러한 주장 역시 사회주의 '혁명문화'와 비사회주의 사회에서 사회주의 이데올로기와 결합된 문화 양식, 즉 '민중문화'의 차이를 불분명하게 만들 뿐이다. 다시 말해서 공산주의 혁명문화와 다르게 사회주의 사회의 혁명문화에 계급대립의 요소가 불가피하게 포함될 수밖에 없다는 시각은 사회주의적 미래로부터 보증된 '혁명문화'가 결국 자본주의적 '대중문화'를 극복하지 못하고 자본주의 사회의 '민중문화'와 동일한 문화 양식에 불과하다는 논리로 귀결된다. 이 시각을 확장시키면 사회주

---

[8] 사회주의 '혁명문화'의 대표적인 사례로 '樣板戲'를 들 수 있다. "양판희의 형성과정은 이른바 '大破'와 '大立'으로 요약된다. 신편역사극을 위시로 하는 전통극을 자산계급문예라고 하여 '대파'한 다음, 남은 현대희 가운데 일부를 선별하여 무산계급문예의 대표로 '대립'해낸 것이 바로 양판희다. …… 치밀하게 꾸민 비판을 통하여 문혁주도세력이 신편역사극을 매도하고 일부 '경극양판희'를 양판희로 만들어가는 과정은, 문화와 정치권력을 장악하고 이를 바탕으로 권력을 재생산하는 과정이었다. 신편역사극 비판을 빌미로 문화와 정치권력을 장악한 문혁주도세력은 그것의 확대 재생산을 위하여 양판희를 제작·보급하였는데, 그들이 내세우는 '양판'은 계급투쟁의 틀로 담아내는 중국공산당(모택동이 영도하는) 혁명사라는 내용과 '高·大·全'하게 소조된 공·농·병의 영웅인물형상으로 요약된다." 양회석, 「文化大革命의 상징: 樣板戲」, 『中國人文科學』 第35輯, 2007: 275쪽. 여기에서 '양판'은 '표준틀'을 가리키며, 따라서 양판희는 모범적인 예술을 의미한다. '경극양판희'는 경극이 현대화하는 과정에서 만들어진 극 양식으로, 사회주의 중국의 혁명 역사를 찬양하는 내용을 담고 있다.

의 체제는 자본주의 체제와 마찬가지로 계급 사회가 된다. 이른바 '일국적 사회주의'의 자본주의적 안티테제성은 이로부터 분명해진다.

따라서 개혁개방 이후의 중국을 사회주의 사회가 아닌 자본주의(또는 사회주의적 시장경제) 사회로 이해할 경우, 한샤오공을 포함한 신좌파의 시각은 자본주의 사회에서 사회주의적 미래문화를 지향한 '민중문화'와 유사한 면을 드러낸다. 하지만 신좌파의 사회주의 이데올로기에는 그러한 상상된 사회주의 미래를 포함하지 않다는 점에서 기존의 혁명적 지식인 또는 사회주의적 지식인들과 구분된다. 혁명적 지식인과 사회주의적 지식인(또는 '구좌파')이 사회주의 이데올로기를 통해 민중과 민간문화를 '인민대중'과 '사회주의 혁명문화'로 연속시켰다면, 신좌파의 시각은 중국의 현실로부터 부정된 인민대중과 사회주의 혁명문화 대신 예전의 '민중'과 '민중문화'로 회귀하고 있는 것이다. 이처럼 혁명적 지식인과 사회주의적 지식인이 미래사회의 긍정적 상상으로부터 과거 민간문화를 긍정적으로 해석했다면, 신좌파는 자본주의적 현실을 부정(또는 비판)하기 위해 과거를 이상화시킨 리비스주의의 문화관과 동일한 인식을 보인다.[9]

이를 위해 한샤오공은 '중국적 비판이론' 진영과 마찬가지로 프랑크푸르트 학파의 '문화산업' 개념을 끌어들여 자본주의적 대중문화(또는 중간계급의 문화로서 대중문화)를 비판한다.

사실 '대중'이 듣기 좋아하고 보기 좋아한다는 점에서 같을지라도, 시민문

---

9 '신좌파'가 이제는 '과거'가 되어버린 사회주의 중국에 호의적인 역사 인식을 보인다는 점 역시 이러한 맥락에 서 있다. 따라서 왕후이가 개인적으로 '신좌파'라 불리는 것에 대해 반감을 가지고 있지만 그의 개인적 바람과 다르게 '구좌파'와 구분된 '신좌파'라는 호칭은 타당하다. 汪暉 외/장영석·안치영 옮김, 『고뇌하는 중국』(서울: 길, 2006): 90쪽 참조.

화는 비자연적인 특징을 가지고 있[을 뿐만 아니라] 문화산업의 제약과 지배를 받고 있다. 대부분 문화산업의 산물일 [뿐이]다. …… 근본적으로 말해서 이것[대중문화]은 대중이 처음부터 직접 생산한 문화가 아니라 시대 추세에 따라 소수의 문화 제작자들로부터 대중이 수용한 문화이자 기껏해야 시대 추세에 의해 대중이 변화된 다음 다시 나타난 문화에 불과하다.[10]

그에게 '문화산업'은 중간계급의 대중문화를 비판하기 위한 핵심 개념에 해당한다. 민간문화의 대립물로서 현재 대중의 시민문화(즉 mass culture)는 문화산업의 영향 아래 존재한다. 문화산업은 소비자의 모든 욕구가 실현될 수 있는 것처럼 '약속'하지만, 실상 그 욕구들도 문화산업에 의해 사전 결정된 것일 뿐만 아니라 문화의 주체로서 문화 전 과정을 통제하고 관리한다. 이로부터 대중은 필연적으로 수동적이고 무비판적인 문화산업의 객체, 즉 소비자로서의 '군중'으로 전락하게 된다. 이것이 '신좌파'의 시각을 비판이론 패러다임에 포함시킬 수 있는 근거다.

소비자는 자신을 영원한 소비자로서, 즉 문화산업의 객체로서 느끼게 되는 것이 체계의 원리다. 문화산업은 자신이 행하는 기만이 욕구의 충족인 양 소비자를 설득하려 들 뿐만 아니라 이를 넘어 문화산업이 무엇을 제공하든 소비자는 그것에 만족해야 한다는 것을 소비자에게 주입시킨다.[11]

문화산업 개념에 내재한 부정적인 대중 형상, 즉 수동적인 군중은

---

10 韓少功,「哪一種'大衆'?」,『讀書』1997年第2期: 6쪽.
11 Theodor W. Adorno and Max Horkheimer/김유동 옮김,『계몽의 변증법』(서울: 문학과지성사, 2001;2008): 215쪽.

단지 문화산업이 생산하는 군중문화(또는 대량문화)를 매개로 지배체제에 결합 내지 포섭되어 있는 존재에 불과할 뿐이다. 한샤오공의 대중문화 비판이 리비스주의 또는 프랑크푸르트 학파의 비판이론과 구분되는 특징은 바로 계급적 분석을 적용한다는 점에 있다. 다시 말해서 중간계급 또는 소부르주아지인 시민이 곧 '대중'에 해당하며, 그들의 문화가 바로 '대중문화'인 것이다. 앞서 언급했지만 이와 같은 계급 담론이 중국에서 결코 새롭게 제기된 것은 아니다. 대중문화를 소부르주아문화로 비판한 것은 이미 1930년대 마오둔 등 혁명적 지식인들에 의해 진행된 바 있다. 한샤오공 등 신좌파의 대중문화 담론은 사회주의 이데올로기가 지향한 미래적 상상을 배제시키면서도 기존의 계급 담론을 계승하고 있다는 점에서 사회주의 이데올로기와 연속된 관계를 갖지만, 프랑크푸르트 학파의 '문화산업'과 이상화된 민간문화의 결합을 비판의 무기로 하고 있다는 점에서 그것과 구분된다.

이러한 부정적 대중(또는 대중문화)관은 '지식인 중심성'이라는 또 다른 문제와 연관된다. 왜냐하면 혁명적 지식인들이 '인민대중' 개념 정립을 통해 부정했던 지식인의 사회적 위치와 기능이 개혁개방 이후 신계몽주의 지식인들에 의해 다시금 복원되는 과정을 거쳤기 때문이다. 따라서 '신좌파'의 대중문화 담론이 '지식인 중심성'과 맺는 관계는 무엇보다 중요한 사안이 된다. 결론적으로 '신좌파'는 혁명적 지식인들의 계급 담론을 계승했으면서도 1990년대 '인문정신' 지식인들과 동일한 '지식인 중심성'을 견지하면서 계급 담론 내부로부터 지식인 자신을 배제시킨다.

한샤오공은 대중문화의 출현으로 나타난 '인문정신' 지식인의 정체성 혼란, 즉 주변화의 위기의식을 드러낸다.

이러한 대중 또는 곧 대중이 될 집단과 비교해보면, [다시 말해서] 그들의 활기찬 생활과 비교해보면 문학과 철학은 초라한 느낌이 든다. 모든 인문 분야의 관심은 늘 청빈한 곳에서만 생존할 수 있다. …… 재미있는 것은 지난날의 대중이 [고급문화라는] 유행의 밖에 있었던 것과 마찬가지로 [이것이] 현재 일부 엘리트에게 옮겨와 이러한 적막하면서도 소외된 역할을 [일부 엘리트들이] 담당하고 있다는 점이다. 자신의 정신적 개성을 보호하기를 바랐던 철학자·작가·예술가 모두 가장 일반적인 음식점의 여종업원보다 유행하는 유명 가수와 새로운 스타일의 가구(家具)에 관한 지식을 결핍하고 있을 것이다.[12]

여기에서 '문학'·'철학'·'인문'·'청빈'은 하나의 범주로서, 지식인(즉 철학자·작가·예술가)의 존립 근거를 제공하는 기표로 기능한다. 이로부터 문화산업이 제공한 중간계급의 대중문화라는 텍스트를 수용한 독자(즉 음식점 여종업원)와 '정신적 개성'의 보호를 위해 그것의 수용을 거부(또는 회피)하는 지식인은 대립관계에 위치하게 된다. 문화적 주류였던 지식인의 고급문화를 대중의 대중문화로 대체시킨 사회적 역전 현상은 필연적으로 지식인의 사회적 주변화를 야기하며, 지식인의 사회적 기능을 부정하게 된다.

이러한 자괴감이 '인문정신', 즉 '중국적 비판이론' 지식인들뿐만 아니라 '신좌파' 지식인들에게서도 나타나고 있다는 점에서 하나의 사실을 알 수 있다. 그것은 지식인들이 어떤 사상적 입장(또는 태도)을 취하든 간에 지식인의 공통기반인 자기 정체성을 전제로 하는 순간, 대중과 대립한다는 점이다. 피스크와 푸둥화와 같이 자신을 대중

---

12 韓少功, 「哪一種'大衆'?」, 『讀書』1997年第2期: 5~6쪽.

으로 분류하면서 지식인의 역할을 모색한 경우와 다르게, 지식인 자신의 사회적 의미를 비(非)대중적 존재로부터 찾고 있다. 그는 이로부터 지식인에게 명확한 현실적 결단을 요구한다.

> 그들[엘리트]과 대중의 관계에서 앞으로 그들이 직면해야만 하는 두 가지 어려움은 그들이 줄곧 몸과 마음으로 동경했던 대중을 거부할 것인가, 아니면 대중의 그곳에서 그들이 줄곧 견지했던 반역을 중단해야만 하는가다.[13]

이러한 양단논법적 요구는 지식인과 대중이 맺고 있는 관계변화 필요성을 함축하면서도 변화된 계급적 현실이 야기한 '대중', 그리고 그들의 '대중문화'에 반영된 지식인의 상이한 관점을 보여준다. 분명한 사실은 그가 동경한 '대중'은 '무산계급'이었으며, 지식인의 역사적 임무였던 반역(또는 혁명)을 포기하게 만든 대상은 계급적 어의변화를 거친 중간계급으로서 '대중'이라는 점이다. 이처럼 그에게 계급담론과 '지식인 중심성'은 동전의 양면과도 같은 구조를 이루고 있다.

리퉈 역시 대중문화의 급속한 확산을 경계하며, 중국 지식인들의 적극적인 대처를 주문한다. 대중문화가 오늘날의 이데올로기와 가치 관념을 주요 동력(또는 기제)으로 하고 있기 때문에, 대중문화연구는 이미 서구를 중심으로 일반화된 현상에 속한다고 주장한다. 이로부터 대중문화를 회피하는 중국 지식인(대표적으로 '인문정신' 지식인)의 각성을 촉구한다.

특히 오랫동안 전통문화를 자신의 문화적 자원으로 간주하던 [중국] 지식

---

13 韓少功,「哪一種'大衆'?」,『讀書』1997年 第2期: 7쪽.

계는 더욱 그것[대중문화]을 쉽게 무시하곤 한다. 그래서 대중문화는 많은 지식인들에게 줄곧 저급하고 통속적인 주변문화일 뿐만 아니라 현대사회 문화와 관련된 이론 연구에서도 하나의 주변적 위치에 머무를 뿐이다. 1·2년 동안 수많은 사람들의 주목을 끈 인문정신 토론에서 '인문정신의 상실'을 강조한 논자들 대다수가 모두 이러한 경향을 가지고 있다. 그러나 대중문화가 충분히 발전한 서구 국가들에서도 지식인과 대중문화의 충돌은 더욱 분명하게 드러나는 [현상]이다.[14]

그는 이를 통해 고급문화와 저급문화, 엘리트문화와 통속문화라는 이분법에서 벗어나 대중문화연구가 하나의 사회학적 영역이 되어야 하며, 그것이 중국 지식인들의 임무라고 역설한다.[15] 나아가 중국 대중문화연구에 '대중' 개념을 포함시켜야 하는 당위성을 논증하기 위해 미국의 계급별 분포 현황을 사례로 제시한다.

『미국의 계급구조』[16][에서 제시된] 자료는 우리에게 알려준다. 즉 대중문화의 수용자가 이미 더 이상 '노동 대중'이 아니[라는 점이]다. 이것은 대중문화를 분석·연구하는데 단지 문화만을 볼 것이 아니라 사람도 고려해야 하기 때문이]다. '대중'에 의해 발생하고 있는 변화에 주목해야 한다는 의미다. 최근 중국의 사회 구조는 시장경제의 빠른 발전으로부터 야기된 일

---

14 李陀,「'文化硏究'硏究誰?」,『讀書』1997年 第2期: 17쪽.
15 '지식인과 대중문화의 충돌'이 함의하고 있는 것은 대중이 자신의 문화로 대중문화를 설정하는 과정, 즉 대중성 자체의 발현이 사회적으로 지식인의 고유한 기능(계몽이든 교육이든 간에)을 근본적으로 배제시키는 데서 발생하고 있다고 보아야 한다. 그런 차원에서 지식인들의 대응이 요구된다.
16 Dennis Gilbert and Joseph A. Kahl, *The American Class Structure: A New Synthesis*(Belmont: Wadsworth Pub Co, 1992) 참조. 참고로, 이 책은 中國社會科學出版社에 의해 1992년 『美國階級結構』라는 이름으로 번역·출판되었다.

련의 조정과 분화를 거치고 있다. 따라서 대중문화연구 역시 '대중'을 연구 대상으로 간주하지 않을 수 없다. 다시 말해서 '대중'이라는 이름 아래 진행되고 있는 다양한 사회적 변화에 대한 고찰과 분석이 마침내 문화연구의 중점 과제가 되었다(는 의미다).[17]

그의 시각은 '대중'을 중간계급으로 해석하는 한샤오공의 그것과 일치한다. 그럼에도 불구하고 현재 중국의 '대중', 즉 자본주의(또는 사회주의적 시장경제) 사회의 '대중'을 대중문화연구 영역에 포함시켜야 한다는 그의 주장은 매우 중요한 의미를 갖는다. 1920·30년대 혁명적 지식인들이 사회주의 미래를 위해 '대중'에 중간계급 또는 소부르주아지라는 계급적 낙인을 찍었다면, 그리고 프랑크푸르트 학파의 비판이론이 '문화산업' 개념으로 그것을 '군중'이라는 수동적 존재로 형상화했다면, 대중문화연구가 중국 '대중'을 포함해야 한다는 그의 주장이 어떠한 목적을 갖든 간에 현재 자본주의적 '대중'에 의해 발생된 '대중문화'를 하나의 사회적 변화 현상으로서 다룬다는 점에서 유의미하다. 왜냐하면 이러한 접근 태도는 단순히 자본주의적 '대중'과 '대중문화' 비판에 한정되지 않고, '대중'과 자본주의(또는 사회주의적 시장경제) 체제의 관계, 사회주의적 '인민대중'과 자본주의적 '대중'의 개념적 연속과 단절, '인민대중'과 '사회주의 혁명문화' 또는 '대중'과 '대중문화'의 상관성 문제 등 대단히 광범위한 연구 대상을 포함할 수밖에 없기 때문이다. 그것은 '대중' 또는 '대중문화'에 대한 연구가 중국의 역사적 맥락에서 재해석되어야 하는 이유이기도 하다.

---

[17] 李陀,「'文化硏究'硏究誰?」,『讀書』1997年 第2期: 20~21쪽.

'신좌파' 패러다임의 자기모순

한샤오궁의 계급적 '대중'관은 쾅신녠(曠新年)에 의해 보다 분명한 언술로 표현된다. "대중문화 개념이 출현함에 따라 '대중'의 함의가 변했기 때문에 '대중'이라는 역사적 주어는 이미 화이트칼라 대중으로 변형되었다."[18] 나아가 현재의 대중문화가 단지 화이트칼라 대중을 위한 이데올로기에 불과하다고 평가하면서, 직접적으로 탈현대주의와 대중문화를 비판한다.

> 탈현대주의[後現代主義]가 끊임없이 해체를 공언하고 있으나 어느 곳에서 해체하고 있는가? 정상적 사회에서 중심과 전위[先鋒]는 없을 수 없는 것이다. 그러나 누가 '오늘날의 전위인가?' 대중문화는 애매모호하고 혼란한 시장에서 한 폭의 아름다운 기치를 치켜세웠는데, [그] 위에 쓰인 것이 화이트칼라다. 신흥부호·화이트칼라 계층·저임금 노동자 계층·도시로 온 젊은 여성노동자·젊은 아르바이트 여성노동자·실업 여성노동자·도시로 온 노동자 [등의] 사회적 서술(敍述)을 위해 대중문화는 풍부한 기표[能指]를 제공하고 있다. [탈현대주의의] 차이성이 계급투쟁을 대신하여 [계급화합적인 일상생활의 이데올로기를 만들었다.[19]

그는 이처럼 개혁개방 이후 중국 사회에 새롭게 등장한 계급을 구체적으로 호명하면서 '대중문화'를 '화이트칼라 대중의 문화'로 정의한다.[20] 이른바 사회주의라는 거대 담론이 탈현대주의에 의해 해체

---

18 曠新年,「作爲文化想象的'大衆'」,『讀書』1997年 第2期: 12쪽.
19 曠新年, 같은 글, 1997: 14쪽.
20 여기에서 '중국적 비판이론' 뿐만 아니라 '신좌파' 진영에도 모두 비판의 대상이 되고 있

되고 있는 현실은 다른 한편으로 이전에 없던 새로운 계급들의 지속적 출현을 동반한다. 하지만 대중문화라는 계급화합적 이데올로기가 그 적대적 계급대립의 문제를 동등한 차이의 문제로 희석화시키고 있는 것이다.

여기에서 쾅신녠은 두 가지 차원에서 비판을 진행한다. 즉 '문화산업' 개념과 결합된 대중문화, 그리고 탈현대주의의 사회적 전파를 직접적으로 담당하고 있는 지식인을 함께 비판하는 것이다. 우선 그는 한샤오공과 마찬가지로 자본주의적 대중문화인 '화이트칼라 문화'를 비판하기 위해 기존의 사회주의 혁명이론 대신 프랑크푸르트학파의 '문화산업' 개념을 요청한다.

는 왕쉬의 대중문화관을 살펴볼 필요가 있다. 흥미로운 점은 왕쉬도 대중문화를 '중간계급의 문화'로 파악한다는 것이다. 하지만 그는 다른 지식인들과 다르게 중간계급을 사상 의식이라는 측면에서 정의한다. "확실히 내 작품 가운데 진정으로 가치 있는 것은 …… 중간계급-만약 '자산계급'이 중국에서 지나치게 정치적 표현이라고 한다면-과 규율에 순종적인 그들의 생활방식 [및] 문명 관념이다. 진정한 대중문화의 주류는 모든 진선미 [뿐만 아니라] 예의에 맞지 않으면 보지도 듣지도 않는 教化된 문명이며, [그것들은] 모두 중간계급 가치관을 반영한다. 전 세계의 지식인과 건달들 모두 대중문화의 주류라는 것이 중간계급 가치관과 동의어라는 점을 알고 있다. …… 사실 중간계급은 경제적 수입의 정도로 구분될 수 있는 것이 아니다. [오히려] 현재 상황에 안주하면서 기존의 사회 등급과 도덕규범을 존중한다면 모두 관념상에서 중간계급에 포함된다. 그래서 …… 정부 입장[이나] 엘리트 입장에 서서 대중문화[라는] 쓸데없는 것을 비판한다고 말하는 것보다 중간계급의 대중문화라는 주류적 입장에 서서 자신과 다른 문화 정신이 마음속으로부터 저절로 생겨나는 것에 대해 공포와 반감을 느낀다고 말하는 것이 더 솔직하다." 王朔, 「我看大衆文化」, 『天涯』2000年第2期: 9~10쪽. 이처럼 그는 중간계급을 경제적 차원이 아니라 사상 또는 의식적 차원에서 구분한다. 다시 말해서 경제적 기준으로부터 중간계급이 분류되는 것이 아니라 누구나 중간계급의 가치관을 수용하거나 동의한다면 중간계급이 될 수 있는 것이다. 이러한 접근법은 1930년대 사회적 의식을 기준으로 '계급'과 '대중'을 구분한 푸둥화의 그것과 일정하게 유사해 보인다. 하지만 푸둥화가 사회적 의식을 계급의식과 대중의식(또는 차별의식과 평등의식)으로 이해하고 있다면, 왕쉬는 중간계급 의식을 선진화된 문명의 가치관으로 바라본다는 점에서 차이가 있다. 그럼에도 불구하고 그의 관점은 정치경제학적 관점에서 계급적 분류를 시도한 '신좌파'의 그것과 확연히 구분된다. 참고로, 왕쉬는 이 글에서 중국 지식인들이 '인문정신' 논쟁 당시 자신의 작품을 '건달' 문학에 비유했던 것을 다시금 비판하고 있다.

텔레비전·신문을 주된 매체로 하는 대중문화는 우리의 마음과 몸에 이르기까지 많은 위안을 주고 있을 뿐만 아니라 우리[21] 내면의 잠재의식에[까지] 침투하고 있다. 다시 말해서 오늘날 우리는 더 이상 책꽂이에서 마음대로 책 한 권을 뽑아 '읽을' 수 없게 되었다. 텔레비전과 신문은 이미 우리에게 입체적인 규율과 지도를 하고 있다. 또한 사실 우리는 이미 문학 작품과 현실 세계의 읽기 능력을 상실했다. 텔레비전을 켜거나 신문을 펼치는 [순간] 우리는 사심 없는 어린 아이의 상태로 돌아가고, 우리의 두뇌는 수동적으로 잘 돌아가는 채널이 된다. 대뇌를 거치지 않는 사유[로]의 전환과 끊임없는 직관적 형상은 지속적이고 직접적으로 우리의 망막에 충격을 가한다. 그것은 문자[가 갖는] 가능성의 견해 차이를 배제할 뿐만 아니라 우리에게 절대적이고 객관적인 '진실'을 [만들어] 주었다. 텔레비전과 신문은 세계에 대한 우리의 감각 방식을 변화시켰다.[22]

이러한 해석은 프랑크푸르트 학파의 '문화산업'과 수동적(따라서 무비판적) '군중'이라는 인식에 기초한 것이다. 특정 계급의 가치가 투영된 자본주의적 이데올로기로서 대중문화는 전 사회적으로 능동적 운동을 전개하며 수동적으로 대상화된 군중을 남기고 있다. 이처럼 '신좌파'의 대중문화관은 사회주의적 계급 규정과 '문화산업'의 결합이라는 특징을 보인다. 다시 말해서 화이트칼라에 의한, 화이트칼라를 위한, 화이트칼라의 대중문화라는 성격 규정과 동시에 그것을 수

---

21 그의 언술에서 '군중'은 '우리'로 사용된다. 군중적 '우리'는 분명한 형태로 구분될 수 있는데, 즉 대중문화라는 중간계급 이데올로기의 무차별적 공세를 '사심 없는 어린 아이'처럼 수용하는 다수의 '군중'과 그것을 인식하고 분별할 수 있는 화자, 즉 쾅신녠 자신이다. 이러한 해석이 중요한 이유는 '우리'라는 언표 뒤에 은폐된 지식인으로서 쾅신녠의 비판적 역할(또는 사회적 기능)에 정당성을 부여할 수 있다는 점 때문이다.
22 曠新年, 「作爲文化想象的'大衆'」, 『讀書』1997年 第2期: 14쪽.

동적으로 수용하기만 하는 군중으로 구조화된다.

> 대중문화의 가장 재미있는 점은 그것이 지금도 형성되는 상황 가운데에 있다는 것과 그것의 거대한 통합 능력에 있다. …… 대중문화는 이미 하나의 '지식'으로 결정화되었고, 하나의 원기 왕성한 이데올로기이[자] 담론 헤게모니가 되었다. 대중문화는 모든 것에 도전해 [이제] 더 이상 그것에 도전할 수 있는 어떠한 힘도 없게 만들었다. 대중문화는 이미 일상생활의 이데올로기이[자] 상업주의라는 투명한 논리로 전대미문의, 조금의 음지도 없는 행복한 양지를 창조하였다.[23]

대중문화는 다른 모든 사회적 힘들을 자신의 내부로 통합하면서 주류적 이데올로기로 부상한다. 쾅신녠은 이 과정에 보다 본질적인 문제가 개입되어 있다고 본다. "그러나 문제는 성숙된 [그리고] 규모 있는 대중문화 또는 대중문화의 생산이 존재하는가가 아니다. [문제는] 왜 대중문화가 오늘날 하나의 문제로 부각되었는가에 있다."[24] 그는 지식인 사회의 내부로 비판의 초점을 맞추면서, 대중문화라는 자본주의 이데올로기가 사회적으로 강화되는 과정에 일련의 지식인 활동이 개입되어 있다고 판단한다. 다시 말해서 대중문화가 계급대립 자체를 무력화시키거나 계급 구분을 은폐하는 과정에 지식인 또는 그들의 '탈현대주의'가 존재한다고 지적한다.

탈현대주의는 의심할 바 없이 1990년대의 가치를 재구성하는 데 중요한

---

23 曠新年, 「作爲文化想象的'大衆'」, 『讀書』1997年第2期: 13쪽.
24 曠新年, 같은 글, 1997: 12쪽.

기능을 담당했을 뿐만 아니라 대중문화의 주요 내용을 차지한다. …… 그들이 지식/권력을 해체하는 가운데 역사적 정의(正義), 지식 [또는] 진리의 대변인으로 간주되는 계몽주의와 지식인은 [그] 합법적 지위를 상실했고, 대중문화와 '한 패[同流合汚]'가 되었다. 탈현대주의는 지식의 권력성·담론의 욕망성·언어의 폭력성을 남김없이 폭로하는 가운데 '일체의 가면을 벗기'고, '상업적 논리'와 욕망의 합법성을 구축했다.[25]

세계화를 배경으로 권력과 엘리트가 오늘날처럼 대중문화와 이렇게 가깝게 결합된 적이 없었다. 대중문화는 담론의 분열을 통합하며 한 목소리로 부르는 대합창이자 백전백승의 이데올로기적 신화로 바뀌었다. …… 지식인과 문인들은 마치 힘이 미치지 못하는 것처럼 떼를 지어 다니며 문명의 새벽시장(또는 중고품을 파는 벼룩시장)에서 '문명의 파편들'을 목이 쉬도록 내다팔고 있다.[26]

그는 이처럼 탈현대주의가 사회주의와 같은 기존의 담론을 해체시키면서 자본주의적 대중문화 발전에 이론적으로 기여하고 있다고 비판한다. 이것은 지식인의 주변화 현상이 발생한 원인을 지식인 사회 내부에서 찾고 있다는 특징을 보인다. 하지만 여기에서 보다 주의해야 할 것은 그 역시 지식인 비판 이외에 계급적 관점에서 대중문화의 계급적 해결 방안을 명확한 형태로 제시하지 않는다는 점이다. 오히려 못한다고 평가하는 것이 더 적절할 것이다. 다시 말해서 한샤오공과 쾅신녠 등 '신좌파' 지식인들은 자신을 포함한 계급 분석 또는

---

[25] 曠新年, 같은 글, 1997: 13~14쪽.
[26] 曠新年, 같은 글, 1997: 15~16쪽.

계급적 실천 방도를 다루지 않는다. 다만 현실적으로 무기력한 좌파 지식인의 자화상만을 보여줄 뿐이다.

자본주의적 '대중문화'에 신좌파의 계급 분석이 실천적 의미를 가지려면, 사회주의(또는 마르크스주의)가 계급 담론을 통해 그 사회적 실천을 강조했듯이, 신좌파는 자신을 포함한 현실 계급 관계에 대한 '분석'뿐만 아니라 계급적 '실천'을 강제할 수 있는 담론을 형성해야만 한다. 다시 말해서 1920·30년대 혁명적 지식인들이 사회주의 미래라는 목표를 위해 지식인과 대중의 관계를 수평적으로 해체(결과적으로 종속된)하면서 '동역자' 관계를 설정했다면, 미래 비전을 제시하지 않고 있는 '신좌파'의 경우 그들의 계급 담론에서 지식인과 대중의 관계가 어떻게 설정되는지를 밝혀야만 한다. 왜냐하면 중국의 무산계급 담론이 지식인의 정체성을 부정하고 있을 뿐만 아니라 개혁개방 이후 사라진 계급 담론으로부터 혜택을 받은 집단 가운데 지식인을 빼놓을 수 없기 때문이다.

따라서 '신좌파'가 계급 관계로부터 벗어난 두헝식의 제3영역에 자신들을 위치시키고 사회주의적 계급 '지식'에 기초한 '담론적 실천'에만 머물고자 한다면, 그들의 계급 담론은 결국 좌파 지식인들의 사회적 위치를 확인하는 수사적 표현에 불과하거나 그들이 규정한 '피지배계급'(또는 권력으로부터 배제된 '약자')을 '동정'하는 것에 불과하게 된다. 또한 그들과 '중국적 비판이론' 지식인들 사이의 차이가 사라져 추상적인 '대문자로서 인간'과 마찬가지로 추상적인 '계급'만이 남게 될 것이다. 이런 맥락에서 어쩌면 그들의 계급 담론이 그들 스스로 비판하는 자본주의 질서에서 '계급'이라는 하나의 '상품'으로 틈새시장을 형성하고 있는지도 모른다. 그것은 '신좌파'의 비판이 대중문화의 계급적 성격에 초점을 맞추고 있다는 점에서 여타 담론과 구분되는 차별성(즉 상품성)을 갖기 때문이다. 따라서 '목이 쉬도록 내다팔고 있'는 지식인들에 대한 쾅신녠의 비판은 그를 포함한 신좌파 자신에게도 적용될 수밖에 없는 문제다.

  1990년 후반 신좌파의 등장이 중국에서 사회주의 이데올로기를 다시 한 번 연속시키는 계기가 되었다는 점은 분명하다. 하지만 그들의 담론이 대중문화 비판을 위해 비판이론의 '문화산업'을 끌어들이고, 계급 분석에서 자신들의 계급적 정체성을 은폐한다는 점으로부터 그 연속은 불완전한 연속으로 남아 있다. 혁명적(또는 사회주의적) 지식인들의 계급 담론, 즉 '인민대중'이 '지식인 중심성'을 부정하고 있다면, 신좌파 담론은 그들과 유사한 계급적 형태를 취하면서도 결국 '중국적 비판이론' 진영과 동일하게 '지식인 중심성'을 근간으로 한다는 점에서 그들의 담론은 사회주의적 계급 담론과 근본적으로 구분된다.

  이로부터 '지식인 중심성'이 자본주의적 '대중문화'와 맺고 있는 긴장관계를 이해할 수 있다. 이러한 긴장관계는 앞서 쉬번이 제기한 대중문화의 계몽적 성격과 함께 대중문화의 '문화적 민주주의'라는 속성으로부터 증폭된다. 왜냐하면 지금까지도 많은 중국 지식인들의 대중문화에 대한 편견 가운데 하나가 대중문화가 문화 간의 질적 차이를 무시(또는 제거)했다고 보기 때문이다. 장룽이(張榮翼)는 바로 그 지점에서 출발한다.

    유행문화(또는 대중문화)의 현저한 특징 중 하나는 문화의 계층을 없앤 것, 즉 그것이 전통 가운데 문화의 고급과 저급, 우아와 저속이라는 자리 매김을 부정했다는 점이다. 그것은 우수한 문화가 아니면서도 이러한 구분을 기본적으로 가치 있다고 여기지 않을 뿐 아니라 기본적으로 이러한 노력을 기울이지도 않는다. …… 유행문화에 고급과 저급의 계층 [구분]이 없기 때문에 [그것은] 문화적 지도라는 기제를 결핍하고 있다. 어떤 의미에서 [그것은] 지배라는 기제와 지식인이 일상적으로 가지고 있던 담론 권력을 박탈했다. 표현된 민주성[이라는 점]에서 그것은 혁명적 의의를 갖지만 [그것은] 무정부 상태의 가능성이기도 하다.[27]

대중문화의 사회적 확산은 이처럼 문화적 지배 기제와 지식인의 담론 권력에 대한 위기를 초래한다. 하지만 엄밀하게 말해서, 대중문화가 지식인에게 끼친 위협은 지식인이 선택한 이데올로기를 공격한 것이 아니라 지식인이 행사하던 담론 권력의 사회적 기반(즉 위치)을 침식한 것이라 할 수 있다. 그 사회적 기반은 '지도'(즉 '계몽')를 속성으로 하는 지식인 정체성의 본질을 구성한다. 다시 말해서 '중국적 비판이론' 지식인들이 대중문화와 대립하는 '고급문화'(대중문화에 대한 지도 기능을 포함한)를 자신의 사회적 기반으로 삼고 있다면, 신좌파(한샤오공의 주장처럼)는 자신의 계급 분석틀로부터 '고급문화'가 아닌 '민간문화'를 그것으로 대체했을 뿐이다.

따라서 '지식인 중심성'의 실현 방식으로서 사회적 '지도'가 갖는 의미를 명확히 할 필요가 있다. 장롱이도 언급하고 있지만 대중문화가 지닌 문화적 민주주의는 '지식인 중심성'이라는 물질화된 이데올로기를 심각하게 훼손시키고 있다. 다시 말해서 대중문화는 고급문화의 저급문화에 대한 지도(또는 그러한 이분법적 우열관계)를 근본적으로 부정하면서 스스로를 주류문화로 확장해 나간다. 이로부터 '지도'(또는 '통제')를 벗어난 대중문화는 그 자체로 '민주성'을 획득하게

---

27 張榮翼, 「關於當代流行文化特徵的思考」, 『文藝研究』2001年第5期: 15쪽.

된다. 대중문화의 자기 확장이 대중의 사회적 성장, 즉 사회적 권력의 크기 증대와 연관되어 있다는 사실을 감안한다면 이것은 분명 혁명적인 의의를 갖는다. 왜냐하면 고급문화와 저급문화 사이에 존재하는 질적 차별성이 곧 지식인과 대중의 관계에도 그대로 반영되고 있기 때문이다. 따라서 대중문화의 발전은 지식인과 대중, 고급문화와 대중문화의 대립으로 직결된다. 여기에서 개혁개방 이후의 중국 지식인들이 자본주의 경제시스템에 무지했다는 친진의 언급과 마찬가지로 민주주의적 정치체제에 대해서도 그들의 경험과 이해가 일천하다는 점을 고려해야 한다. 이런 맥락에서 중국 지식인들이 통제되지 않는 대중문화의 확장을 무정부 상태로 등치시켜 이해하는 것은 어쩌면 당연한 결과일지도 모른다. 물론 민주주의의 형성(또는 발전)을 무정부 상태로 이해하는 이러한 '지식인 중심성'은 비단 중국 지식인에게만 국한된 현상은 아니다.[28]

---

[28] 2010년 한국 사회의 사회적 이슈 가운데 하나인 '초등학교 무상급식' 논쟁이 적절한 사례에 속한다. 이 문제에 대응하는 한국 보수진영의 입장에 '지식인 중심성'이 깊이 개입되어 있다는 사실을 알 수 있다. 한국의 보수 진영에서 '무상급식'에 관련해 자주 사용하는 언술이 바로 '포퓰리즘(Populism)'이다. 여기서 포퓰리즘이 상징하는 대중은 바로 '비이성적 군중'을 가리킨다. 이런 차원에서 '포퓰리즘'에 대한 이철희의 해석은 시사하는 바가 크다. "과연 포퓰리즘의 극치라고 비판되는 그 행위가 잘못된 것인가 하는 점이다. 포퓰리즘이란 용어를 떠나, 그 행위가 정말 잘못된 것인지 따져보고 판단하자는 것이다. …… 포퓰리즘을 거론하는 의도가 대중영합주의를 경계하기 위한 것이라면, 그건 틀렸다. 민이 주인인 민주주의에서 대중의 뜻이 최종 심판자가 아니면 도대체 누구에게 그럴 권능이 있는지 묻고 싶다. 대선에서 설사 1,000만 표 차이로 이겼다고 해도 그에게 국민의 뜻을 거스를 명분은 주어지지 않는다. 나라의 100년 앞을 내다보는 선견지명의 현인이라고 할지라도 민심을 거부할 권리는 없다. …… 나라의 주인이 싫다고 하면 아무리 옳은 일이라도 못하는 게 당연하고, 또 당연하다. 이런 체제가 싫다면 백이·숙제처럼 산중에 들어박히면 된다. …… 기득권 세력은 친서민을 싫어한다. 부를 나누는 것이고, 이익을 양보하는 것이기 때문에 싫어하는 것이 정상이다. 따라서 일부에서 포퓰리즘을 들먹이며 핏대를 세우는 것이 결국 친서민을 부정하는 속내를 부지불식간에 드러내는 것이라고 풀이하는 것도 무리는 아닌 듯싶다." 이철희, 「포퓰리즘이라고? 그게 뭐 어때서?」, 오마이뉴스, http://www.ohmynews.com/nws_web/view/at_pg.aspx?CNTN_CD=A0001268592, 2009.11.26. 한편, 한국에서 극단적 '지식인 중심성'은 류근일에서 찾아볼 수 있는데, 그는 대중을 '暴民', '俗衆'으로 대상화한다. "정치인이 리드하는가, 대중이 리드하는가? 이승만·박정희 대통령 때는

'지식인 중심성'은 '대중'을 '군중'의 의미로 해석한다. '대중'을 '비이성적 군중'으로 타자화하는 과정은 그 대립물인 '이성적 지식인'의 동일성을 전제하기 때문이다. 따라서 지식인의 동일성, 즉 정체성이 유지되기 위해서는 대중의 타자화가 요구된다. 만약 지식인과 대중이 동일한 사회적 위치와 기능을 갖는다면 '지식인 중심성'은 근본적으로 존재할 수 없다. 이로부터 대중민주주의와 '지식인 중심성'은 대립적 관계에 놓이며, 대중문화의 혁명성은 바로 그 지점에 위치한다.

사실 지식인의 동일성 유지를 위한 대중의 타자화 과정에는 그 자체로 논리적 결함이 존재한다. 대표적인 역사적 사례로, 독일 나치즘과 중국 문혁 시기에 형상화된 비이성적 '군중'을 들 수 있다. 이 사례는 지금까지도 대중의 부정적 측면을 부각하는 데 자주 인용되곤 한다. 흥미로운 점은 앞서 거론했던 당시 독일의 하이젠베르크·하이데거와 마찬가지로, 중국의 사인방(四人帮)[29]과 같은 사회주의적 지식인들 역시 그러한 비이성적 태도를 취하고 있다는 것이다. 이와 같은 경험적 사실은 지식인과 군중에 적용된 이성과 비이성 또는 지식과 교양의 유무라는 기준을 의심하게 만든다. 그럼에도 불구하고 그

지도자적 정치인이 월등히 더 셌다. 그러나 1987년의 민주화 이후로는 대통령이란 사람들은 대중에 영합하는 아첨꾼 수준으로 전락했다. 대중의 눈치를 보고, 대중의 인기를 의식하고, 대중이 아우성치면 꼬리를 사타구니에 팍 처박는 겁쟁이들로 위축되었다. 이것을 눈치 챈 속중들은 더욱 더 기승을 부리기 시작했다. 이른바 폭민의 시대가 온 것이다. …… 이 폭민들의 반란에 엘리트는 물론, 그 리더라 할 대통령들도 굴복했다. 대통령들은 이미 속중들의 포로로 잡힌 지 오래다. …… 대통령보다는 폭민들의 힘과 떼거지와 땡깡이 월등히 더 센 세상이 되었다. 이렇게 되면 어떻게 되는가? 어떻게 되긴 어떻게 돼, 망하는 거지. 이런 세상은 최소한 망하기 3분 전까지는 가야 한다. 그런 다음 한 번 정말 뜨거운 맛을 보고 난 다음 그 때 다시 이야기하기로 하자." 류근일, 「엘리트가 망한 세상」, 류근일의 탐미주의 클럽, http://cafe.daum.net/aestheticismclub/4ySw/341, 2009.11.3. 류근일의 이와 같은 논리는 역으로 지식인의 사회적 기능과 위치를 안정적으로 보장하는 이데올로기적 효과를 낳고 있다.

[29] 사인방은 江青(1914~1991)·姚文元(1931~2005)·王洪文(1935~1992)·張春橋(1917~2005)를 가리키며, 문화대혁명을 주도했던 인물들이다.

지식인들을 단지 지식인의 고유 사명인 체제 비판으로부터 일탈한 '예외적 지식인'에 불과하다고 취급하면서, 여전히 대중의 타자화를 진행하려는 지식인의 태도는 타당하지 않다. 오히려 대중과 무관한 지식인 사회 내부에서 자신들의 사회적 기능과 위치를 확보하려는 방식(물론 그들 스스로 '신념'이라고 말할지라도)의 차이로 이해하는 것이 더 적절하다. 따라서 대중의 타자화로부터 지식인 정체성을 끌어내려는 시도는 하나의 권력이데올로기에 불과한 것이다.

『독서』를 통한 '신좌파'의 대중문화 비판이 진행된 뒤, '신좌파'의 대표적 견해로 인정받는 담론이 바로 다이진화의 대중문화 비판이다.[30]

1990년대의 대중문화는 의심할 바 없이 중국 문화무대의 주역이 되었다. 빛과 색의 화려함과 태평성세의 변화함이라는 상징에 있어서 [그것은] 훨씬 노골적인 은폐된 서사(書寫)가 되었다. 마치 상호저항적인 이데올로기의 담론이 서로 함께 놓여 공모[合謀]하는 것과 같은 가운데, 다양한 비(非)/초(超)이데올로기적 재현[表述] 가운데, 대중문화의 정치학은 효과적으로 새로운 이데올로기적 실천을 완성하고 있다. 어떤 의미에서 보자면, 이 새로운 합법적 과정은 진정한 문화적 저항을 만나기가 쉽지 않다. 많은 사람들이 있는 그곳에서 사회주의 시대의 정신적 유산은 폐기되었거나 상반된 목적으로 이용되고 있다. 우리는 지금 사회비판적 입장을 결핍한 시대를 살아가고 있다.[31]

---

30 陳立旭, 「重估大衆的文化創造力 - 約翰·費斯克文化哲學理論硏究」, 復旦大學外國哲學專業博士學位論文, 2007: 181쪽.
31 戴錦華, 「大衆文化的隱形政治學」, 『天涯』1999年第2期: 41쪽. ; 戴錦華, 『隱形書寫: 九十年代中國文化硏究』(南京: 江蘇人民出版社, 1999;2004): 283쪽. ; 戴錦華/오경희 외 옮김, 『숨겨진 서사 - 1990년대 중국대중문화 읽기』(서울: 숙명여자대학교, 2006;2007): 384~385

그는 중국에서 사회주의의 유산인 계급 담론이 사라져버린 현재, 자본주의적 '대중문화'에 대항할 수 있는 문화적 저항이 상실되었다고 본다. 다시 말해서 대중문화라는 새로운 이데올로기의 등장으로 계급적 시각은 사회적으로 해체되었으며, 그로 인해 자본주의를 비판할 무기도 함께 사라졌다는 설명이다. 신좌파가 대중문화를 중간계급의 문화 또는 자본주의의 이데올로기로 인식하는 이상, 이 같은 평가를 피할 수 없다. 그들의 시각에서 중간계급의 문화는 자신의 강력한 공세를 통해, 자신의 문화를 전 사회적으로 관철시키고 있을 뿐만 아니라 중국에서 중간계급이라는 공동체를 '길러내고' '만들어내고' 있을 뿐이다.[32]

다이진화는 사회주의 이데올로기가 퇴장한 개혁개방 이후, 지식인 사회에 만연한 계급 담론의 부재 현상을 다음과 같이 구체적으로 묘사한다.

> 이러한 예기치 못한, 또는 '겉치레적인[化裝]' 형식에서 빈부(貧富) 분화의 현실은 절대적으로 거의 언급되지 않고, 어쩔 수 없이 언급한다하더라도 결코 '계급'이라는 글자는 사용하지 않는다. …… 1980년대의 문화 실천과 그 비(非)이데올로기화된 이데올로기적 구조를 거치면서, '혁명과의 결별'은 1990년대 수많은 사람들에게 사회적으로 공유된 인식이 되었다. '혁명'과 함께 동시에 축출당한 것은 바로 계급·평등과 관련된 관념 및 그에 관한 토론이었다. 혁명·사회평등의 이상 및 그 실천은 아주 간단하게 황당

쪽. 다이진화의 이 글은 '신좌파'의 입장을 대표한다고 평가받는다. 陶東風·徐艷蕊, 『當代中國的文化批評』(北京: 北京大學出版社, 2006): 99쪽. 참고로 여기에 제시된 한국어 번역본은 다이진화의 저서 『隱形書寫』를 저본으로 하고 있기 때문에 『天涯』에 실린 원문과 일정한 차이가 있다.

32 陶東風·徐艷蕊, 같은 책, 2006: 99쪽.

한 소리 [또는] 재난(災難)과 동일시되었고, 심지어 '문화대혁명'의 기억과 동일시되었다. 1990년대 중국 사회에서 기이한 현상 가운데 하나로 간주되는 것은 정부로부터 공인된 스타일의 유명무실한 소수 문장들을 제외하고, 마르크스주의의 이론과 사회비판적 입장은 사실상 문화의 '부재자'가 되었을 뿐만 아니라 공개적 또는 반(半)공개적으로 중국 지식계의 문화적 '공적(公敵)'이 되었다. 이를 대체한 것이 이른바 '경제 법칙'·'공정한 경쟁'·'강자[에 대한] 환호'·'사회 진보'였다.[33]

그에게 대중문화와 자유주의는 근본적으로 공모 관계이며, 모두 계급투쟁과 빈부 격차를 없애 현존하는 권력집단에게 '합법적' 이데올로기를 제공하는 것이다. 따라서 새로운 중국 현실에서 기존의 사회주의 담론, 즉 계급과 평등을 논의하는 것 자체가 마치 개혁개방 또는 민주와 자유를 거부하거나 역사적 퇴보와 동일시되는 이데올로기적 효과를 발생시킬 뿐이다.[34] 이처럼 그는 대중문화뿐만 아니라 중국의 자유주의, 즉 현대화 진영 모두를 비판하려는 의도를 가지고 있다.

주목해야 할 것은 그가 중국 사회에서 사회주의 이데올로기의 퇴장을 자본주의 비판의 부재로 인식한다는 점이다. 다시 말해서 그에게 사회주의 이데올로기는 여전히 자본주의를 비판하는 데 가장 유력한 무기에 해당하며, 계급 또는 혁명과 같은 핵심적 가치의 소멸은 곧 자본주의 체제의 강화만을 의미한다. 따라서 사회주의 이데올로

---

33 戴錦華,「大衆文化的隱形政治學」,『天涯』1999年第2期: 38쪽.; 戴錦華,『隱形書寫: 九十年代中國文化研究』(南京: 江蘇人民出版社, 1999;2004): 273쪽.; 戴錦華/오경희 외 옮김,『숨겨진 서사- 1990년대 중국대중문화 읽기』(서울: 숙명여자대학교, 2006;2007): 371~372쪽.
34 陶東風·徐艷蕊, 같은 책, 2006: 100쪽 참조.

기의 핵심 가치들은 현재까지도 유효할 뿐만 아니라 다시금 요청되는 사안으로 강조된다. 하지만 앞서 언급한 것처럼 사회주의 이데올로기가 자본주의의 안티테제적 성격으로부터 규정된다는 점을 감안한다면, 그의 인식은 그 자체로 현실적 한계를 가질 수밖에 없는 것이다.

사회주의 이데올로기가 자본주의 비판(또는 부정)으로부터 자신의 정체성을 구성한다는 측면에서 그것은 자본주의 비판을 위한 효과적 무기임에 틀림없다. 하지만 다이진화를 포함한 신좌파의 계급 담론 내부로부터 그것이 궁극적으로 지향하는 사회주의(또는 공산주의) 사회를 배제한 것은 결국 그들의 비판이 단지 '비판을 위한 비판'에 머물러 있다는 반증이기도 하다. 이와 같은 한계는 중국의 신좌파뿐만 아니라 세계 좌파 지식인 모두에게 적용되는 문제이기도 하다. 세계 좌파 지식인들과 중국의 신좌파가 '자본주의 비판'이라는 공통된 태도를 견지하고 있더라도, 타오둥펑의 지적처럼 그 사회역사적 맥락은 매우 상이한 것이다. 자본주의 사회 내부에서 자본주의를 비판하는 대부분의 좌파 지식인들과 다르게 중국의 신좌파는 혁명적 지식인 – 사회주의적 지식인(또는 구좌파)으로 이어지는 중국의 사회주의적 전통에 위치한다. 현재 중국 사회가 자본주의(또는 사회주의적 시장경제)를 채택하고 있을지라도 그들에게는 여전히 사회주의 중국의 기억과 체험이 공통적으로 남아 있다.

자본주의적 대중문화를 소자산계급의 문화로 규정하는 계급적 시각은 이미 1930년대 마오둔 등 혁명적 지식인들에 의해 제기된 것으로, 사회주의 중국 체제의 성립은 그러한 계급적 대중문화 담론이 하나의 국가이데올로기로 확정되었다는 의미를 갖는다. 위에서 다이진화가 언급한 '혁명'·'평등'·'계급' 등은 줄곧 사회주의 중국, 즉 개혁개방 이전의 중국 사회에서 매우 광범위하게 사용된 어휘들에 해당한다. 개혁개방과 자본주의적 '대중문화'는 이러한 역사적 맥락을 전제로 출현한다. 따라서 1990년대 후반 등장한 신좌파의 계급적 대중문화 담론은 필연적으로 사회주의 중국 체제라는 실험의 실패, 그리고 사회주의 중국 체제(또는 사회주의 혁명문화)를 '혁명적'으로 전복시킨 개혁개방·자본주의적 '대중문화'와 대립할 수밖에 없게 된다. 그것은 연속적 계급 담론의 일정한 굴절(또는 변형) 과정을 동반하며 신좌파 대중문화 담론에 직접적 영향을 끼치고 있다.

이로부터 신좌파 대중문화 담론의 역사적 성격이 규정된다. 그것은 '인민대중' 개념으로 형상화된 기존의 계급 담론의 계급 분석적 시각을 외형적으로 유지하면서도 '인민대중'이 부정한 지식인의 사회적 위치와 기능을 복원시킨 것에 있다. 그것은 기존의 계급 담론에서 지식인 집단을 계급 분석의 대상에서 배제시키는 과정을 통해, 앞서 신좌파 언술에서 살펴보았듯이 혁명적(또는 사회주의적) 지식인들의 계급 담론에서 부정되었던 '지식인 중심성'이 되살아난 것이다.

이러한 신좌파의 '지식인 중심성'은 또한 비판이론의 그것과 밀접한 상관관계를 맺고 있다. 비판이론과 '지식인 중심성'을 분리시킬 수 없듯이 신좌파의 대중문화 담론 역시 비판이론을 수용한 이상, 그것으로부터 자유로울 수 없는 것이다. 따라서 그들의 대중문화 담론은 '지식인 중심성'을 거부한 이전의 계급 담론과 '지식인 중심성'에 기초한 비판이론의 기형적 결합이라 할 수 있다. 여기에서 관심을 끄는 것은 이러한 기형적인 결합을 가능케 하는 논리적 근거다. 그것은 그들의 계급 담론(또는 대중문화 담론)에 다른 지식인들에 대한 이데올로기적 비판만이 존재할 뿐 신좌파 지식인, 즉 자신에 대한 계급 분석과 비판은 근본적으로 존재하지 않는다는 데 있다.

그들이 '대중'을 중간계급으로 정의하는 순간, 그 정의는 직접적으로 그들 자신을 겨냥하게 된다. 반대로, 그들이 자신을 중간계급으로 규정하면서도 자본주의 사회라는 현재의 계급 질서를 지속적으로 비판하고자 한다면, 그들 스스로 사회주의 사회를 지향한다고 언급하지 않을지라도 그것은 다시금 무계급적 사회주의 사회를 상상하게 만든다. 왜냐하면 그들의 계급 담론이 단순히 '담론을 위한 담론'이 아니라 사회 실천적 의미의 담론이라면, 현재의 계급적 차이를 타파하기 위해서는 필연적으로 무계급적 사회가 전제될 수밖에 없기 때문이다. 이것은 계급 분석과 비판이 갖는 피할 수 없는 논리적 함정이다. 이로부터 계급 담론은 자본주의 사회에서 자본주의 비판을 위한 '담론적 실천'('실천적 담론'이 아닌)의 형태로, 또는 사회주의 사회를 향한 동경(답습을 포함한)의 형태로 드러나게 된다.

물론 그들은 사회주의 이데올로기에 기초한 이전의 사회주의 중국으로 회귀할 것을 주장하지 않는다. 그럼에도 불구하고 그들이 사회주의 중국과 그 이데올로기에 대해 호의적인 태도를 견지하고 있는 것만은 분명하다. 이러한 태도가 집중적으로 표현된 것이 바로 왕후이의 '반현대성적 현대성'이라는 개념이다. 그는 마오쩌둥의 사회주의를 현대화 이데올로기이자 자본주의적 현대화에 대한 비판이라는 이중적 모순 구조에서 파악한다.[35] 이른바 '반현대성적 현대성'에서 전자의 '반현대성'은 '자본주의적 현대성(또는 현대화)에 대한 반대'를 의미하고, 후자의 '현대성'은 '중국의 사회주의적 현대성(또는 현대화)'을 뜻한다.

왕후이는 이 개념을 통해 세계화된 자본주의 질서의 대안적 현대

---

35 汪暉/이욱연 외 옮김, 『새로운 아시아를 상상한다』(파주: 창비, 2003): 46~54쪽 참조.

성을 수립하고자 한다. 다시 말해서 사회주의 이데올로기의 반자본주의적 성격에 긍정성을 부여하고 그것으로부터 자본주의 극복의 대안을 모색하려는 시도다. 하지만 이러한 접근 방식은 여전히 무엇이 '사회주의적 현대성'인가라는 문제를 남기고 있다. 따라서 그의 주장이 타당성을 얻기 위해서, 즉 사회주의적 현대성이 또 다른 하나의 현대성이기 위해서는 전통적 봉건성과 질적으로 구분되는 그것만의 특질이 규명되어야만 한다. 구체적으로 중국적 맥락에서 '사회주의적 현대성'과 '전통적 봉건성'의 현실적 상관관계, 즉 양자의 친화성 정도에 대한 비판적 검토가 요구된다. 왜냐하면 이것은 사회주의적 혁명문화를 포함한 사회주의적 현대성의 정체성 문제와 직결된 사안이기 때문이다.

이와 같은 지적은 두 가지 측면에서 유효하다. 첫째, 리쩌허우를 비롯한 자유주의(또는 현대화) 진영이 중국 사회에 존재하는 봉건적 요소와 사회주의 이데올로기가 맺고 있는 상관성을 비판하면서 봉건성과 현대성의 단절에 주목한다는 점에서 그러하다. 둘째, 세계적으로 사회주의 이데올로기가 크게 퇴조한 현 상황에서도 세계 좌파 지식인들에게 사회주의 이데올로기의 사회주의 사회 지향이라는 '의도'(또는 '이상')와 그것의 현실적(또는 결과적) 실패라는 이중적 인식이 존재한다는 현상 때문이다. 이른바 '현실 사회주의'라는 어휘로 명명된 이와 같은 이중적 인식은 '의도'와 '현실'을 구분시키면서 '의도' 자체에는 문제가 없다는 태도를 취하게 만든다. 따라서 좌파 지식인들에게 사회주의 이데올로기는 그 '의도'로부터 여전히 현실 속에서 재추진될 수 있는 대상이 된다.

이처럼 세계 좌파 지식인들에게 사회주의가 '이념적 사회주의'와 '현실 사회주의'로 구분될 수 있는 것처럼, 왕후의의 '반현대성적 현대성' 개념은 개혁개방이 초래한 '현실 사회주의 중국'의 실패를 인정하기보다 그것을 하나의 '이념적 과거'로 인정한다는 점에서 공통된 인식을 보인다. 하지만 결과적으로 왕후이의 이러한 인식 태도는 사회주의 중국, 즉 마오쩌둥식 사회주의의 본래 기획의도와 그것의 현실적 좌절을 의미하는 '개혁개방'이 맺고 있는 상관관계를 부정하게 만들 뿐이다. 다시 말해서 세계화된 자본주의를 비판하기 위해 제기된 왕후이의 '반현대성적 현대성' 개념은 그 자신의 '의도와 다르게' 중국 사회에서 '현실 사회주의'에 불과한 마오쩌둥식 사회주의 이데올로기를 온존시키는 기능을 담당하고 있는 것이다.

현재의 자본주의 질서를 비판하기 위해 중국에서 이미 과거가 되어버린 사회주의 이데올로기로부터 대안적 요소를 찾으려는 이러한 이론적 태도는 앞서 살펴본 한샤오공에게서도 보인다. 따라서 현재를 비판하기 위해 과거를 이상화하는, 또는 현재와 대립된 과거에서 현재의 대안을 모색하려는 태도가 신좌파의 공통된 인식에 해당한다. 이와 같은 인식 태도는 과거의 전통적 공동체문화(또는 민간문화)를 이상화시켜 현재 대중문화를 대체하려는 리비스의 그것과 동일하다. 이러한 측면에서 리비스와 신좌파를 우파와 좌파 또는 보수와 진보라는 프레임으로 구분하는 것보다 이들이 공통적으로 견지한 '지식인 중심성'에 주목할 때, 이들의 담론적 성격은 더욱 분명한 형태로 드러나게 된다.

'정치주의'와 '반문화' 정서

지식인 중심성에 기초한 '신좌파'의 '담론적 실천'은 현실적으로 보다 급진적 '정치주의' 실현이라는 사회적 요구로 표출된다. 이와 관련해 반드시 언급해야 할 글이 바로 쾅신녠의 「문화연구라는 '나시(민소매 셔츠)'」다. 여기에서도 그는 대중문화를 중간계급 또는 자본주의 이데올로기로 규정하면서, 직접적으로 대중문화 연구자들에게 비판의 초점을 맞춘다. 왜냐하면 그에게 지식인들의 대중문화연구는 '사회'적 장이 아닌 '학원(또는 대학)' 안에서만 제기되는 이른바 '학원정치'에 불과하기 때문이다.

우선 그는 직설적으로 자본주의와 중간계급의 대중문화를 '남편[夫君]'에, 그리고 지식인의 문화연구를 그것의 '둘째 부인[二房]' 또는 '첩[二奶]'에 비유하며 양자의 관계를 비판한다.

> 문화연구는 애매모호함으로 가득하다. 그녀[문화연구]는 [자본주의와 대중문화에] 저항하면서도 애교를 부린다. 이러한 저항은 부드러운 자태를 가지고 있다. 그래서 이것을 항의라고 말하기보다는 연기[表演]라고 말하는 것이 더 낫다. 그녀는 잘못된 해석을 저항의 전략으로 삼고, 어찌할 바를 모르며 잘못된 해석을 자기 기만적인 '혁명'으로 편집해버렸다. …… 그녀[에게는] 체제에 대한 언어적 폭동이 충만하다. 하지만 [문화연구는] 체제를 전복하거나 와해시키려는 것이 결코 아니다. 오히려 [문화연구는] 체제의 내부에서 한 자리를 받으려 하거나 체제의 내부에서 자신이 설 자리를 찾으려는 것 같다.[36]

---

36 曠新年, 「文化研究這件'弔帶衫'」, 『天涯』 2003年 第1期: 18쪽.

이와 같은 비유는 그가 문화연구를 자본주의를 온존시키는 일종의 '개량주의'로 간주하고 있다는 사실을 알려준다. 이것은 마치 혁명적(또는 사회주의적) 지식인들의 '개량주의' 비판을 연상시키고도 남는다. 하지만 '개량주의'가 '혁명주의'와 대립되는 개념쌍이라는 점에 주목한다면, 그의 관점은 사실상 '혁명주의'의 관점에서 대중문화연구를 비판하는 것이다. 이러한 직설적 비판은 결국 '신좌파'와 '구좌파'(즉 사회주의적 지식인)가 어떤 측면에서 구분될 수 있는지에 대한 의구심과 함께 어쩌면 '구좌파'가 새로운 시대적 상황에서 '신좌파'라는 외투만을 걸친 것은 아닌가라는 인상을 주기에 충분하다.

문화연구는 중간계급의 깊고 두터운 토양과 기초 위에 건립되었다. 그녀는 중간계급의 감성 생활을 자극하는, 본능[天然]적으로 중간계급의 감성 생활을 밤새 지켜주는 사람일 뿐이다. 그녀가 인간성을 유일하게 빛나는 전망이라고 깊이 이해한 것은 인간성의 개량과 제고일 뿐이다. [또한] 정치가 유일한 출구라고 깊이 이해한 것은 학원정치를 통해 폭민(暴民) 정치를 대체한 것 [뿐]이다.[37]

그의 비판은 이처럼 문화연구, 즉 대중문화연구의 계급적 성격과 그것을 수행하는 지식인들을 겨냥한다. 계급투쟁이라는 사회정치 활동은 대중문화연구에 의해 단지 인간성의 제고 또는 학원정치로 대체되었다. 이로부터 그는 대중문화연구를 '학원정치'로 규정하고, 그것을 '사회정치'와 대립시킨다. 그에게 '학원정치'에 불과한 대중문화연구는 '계급투쟁'과 '사회정치'로부터 이탈된 지식인들이 자산계

---

37 曠新年, 『文化研究這件'弔帶衫'』, 『天涯』 2003年 第1期: 19~20쪽.

급 내부에서 진행하는 투쟁일 뿐이다.

학원정치는 어떤 진정한 정치적 목표도 없는 정치다. 정치적 목표가 없는 일탈적 분야로서의 문화연구는 빠르게 대학의 학과제도 한 가운데로 흡수되어 현대적 제도와 친밀하게 손발을 맞추었다. 문화연구의 발전은 학원정치의 진정한 성숙을 상징하며, 좌익의 비판역량 근거지가 [사회에서 학원으로] 철저히 전이되었다는 것을 상징한다. 또는 '전통적 좌익'에서 '현대적 좌익'으로 향하는 환골탈태를 상징한다고 말할 수 있다. 문화연구는 자본주의 정치와 경제 구조에 대한 폭동과 폭파를 제거했을 뿐만 아니라 동시에 무기력하게 자산계급에 대한 문화적 진지전을 개시하였다. 근본적으로 말해서 문화연구는 전장(戰場)을 외부에서 [자산계급] 내부로 전환시킨 것이다. 문화연구는 '자산계급 내부에서 자산계급을 향한 공격을 개시한 것'이라고 할 수 있다. [그것은] 계급투쟁을 더욱 무해한 것으로 만들었다. 문화연구는 무산계급과 자산계급의 생사를 건 정치투쟁에서 고무총탄으로 무장한 언어와 문화의 투쟁일 뿐이다. 포화가 매일 끊이지 않는 전쟁이라고 말하는 것보다 탈현대주의와 소비주의 시대로 장식된 현란한 불꽃놀이라고 말하는 것이 더 낫다.[38]

쾅신녠에게 여전히 정치투쟁과 계급투쟁은 전체 사회라는 거시적 측면에서 수행되는 것이다. 하지만 대중문화연구라는 '학원정치'는 대학사회 안에 갇혀 있을 뿐이다. 또한 자산계급과 무산계급 간의 적대적 모순 관계로부터 촉발되는 계급투쟁은 대중문화연구에 의해 이미 폐기되었다. 그가 제기하는 학원정치의 문제점은 학원 안에서

---

38 曠新年, 같은 글, 2003: 20쪽.

이루어지고 있는 대중문화연구가 근본적으로 사회 혁명을 위한 정치투쟁과 무관하며, 자산계급 내부에서 진행되는 지식인들의 '자족적인 투쟁' 또는 자본주의에 '협조적인 투쟁'이라는 데 있다.

이 비판에 대해 타오둥펑은 대중문화연구가 학원정치의 틀에 머물러 있다는 사실을 인정하면서도 그럴 수밖에 없는 중국 현실, 즉 중국의 현 정치적 상황에 대해 토로한다.

> 오늘날 대중문화연구의 학원 체제[내]화를 비판하는 것에 두 가지 문제점이 존재한다. 첫째, 비평자의 비평도 여전히 학원정치적 비판일 [뿐만 아니라] 여전히 학원정치적 담론이다. 필자들은 여전히 학원 안의 사람들이며, 특히 그 비평의 목소리도 여전히 학원 안에서만 전파되고 있다. 이것은 학원정치를 비판하는 사람들이 직면한 심각한 모순이다. 둘째, 사실 중국에서 학원정치를 언급하는 것 [자체]가 여전히 매우 사치스럽다는 점은 중국에서 학원이 자유롭게 정치를 논할 정도까지 발전하지 못했기 때문이다. 서구 지식인들에게 학원정치가 크게 활성화된 점은 [중국] 학원의 수많은 사람들의 마음을 아프게 한다. 여기에서의 전제는 그들이 학원 안에서 대부분 절대적인 언론의 자유를 가지고 있다는 점이다. 예를 들어 촘스키(Noam Chomsky)의 미국 정치 비판은 유명하다. 그럼에도 불구하고 [그는] 여전히 스타 교수다. 그들은 민주와 자유라는 제도적 환경을 가지고 있는데, 언론이 [그러한] 자유[에 속하는] 것이다. 그러나 중국의 학원 안에 이러한 자유가 있는가? 중국의 학원정치가 언제 그러한 비학원적 정치와 구분된 적이 있던가?[39]

---

39 陶東風·徐艷蕊, 『當代中國的文化批評』(北京: 北京大學出版社, 2006): 103쪽.

이처럼 타오둥펑은 학원정치를 비판하는 쾅신녠과 같은 지식인들의 비판 담론 역시 학원정치의 영역 안에 존재한다고 비판한다. 또한 쾅신녠이 '사회정치'적 실천과 '학원정치'를 대립시키면서 대중문화연구를 문제시하고 있다면, 타오둥펑은 서구의 학원정치를 사례로 들며 이른바 학원정치 '조차' 가능하지 않은 중국 현실을 지적한다. 타오둥펑의 언술 중에서 주목해야 할 것이 있다면, 그것은 '필자들은 여전히 학원 안의 사람들이며, 특히 그 비평의 목소리도 여전히 학원 안에서만 전파되고 있다. 이것은 학원정치를 비판하는 사람들이 직면한 심각한 모순'이라고 밝힌 부분이다. 이로부터 학원정치를 수행하든 사회정치를 주장하며 학원정치를 비판하든 간에 지식인들의 대중문화 담론이 대부분 학원 안에만 머물러 있다는 진단이 가능해진다.

그의 이러한 평가는 1928년 마오둔이 '대중화' 운동의 실패를 거론하며 언급한 내용과 정확히 일치한다.[40] 마오둔이 당시의 계몽 담론을 지식인들과 일부 학생 사이에서만 전파되었다고 평가한 것처럼, 타오둥펑 또한 현재의 대중문화 담론을 동일하게 평가할 수밖에 없다면 그것은 시간의 간극을 뛰어넘어 보다 근본적인 문제로 이해될 필요가 있다. 쾅신녠의 '학원정치' 비판은 바로 그 문제의 원인을 이해할 수 있는 또 다른 해석 가능성을 제공한다. 그의 '학원정치' 비판은 대중문화연구 자체에 대한 계급적 비판뿐만이 아니라 지식인

---

[40] "우리는 인정해야만 한다. 6·7년 동안의 '신문예' 운동이 비록 얼마간의 작품을 만들어내기는 했지만 군중 속으로 들어가지 못했고, 여전히 청년학생들의 읽을거리에 불과할 뿐이다. '신문예'가 광범위한 군중적 기초를 기반으로 삼지 않았기 때문에 6·7년 동안 사회를 추동하는 세력으로 성장하지 못했다. 현재 '혁명문예'의 기반은 더욱 좁아져, 단지 일부 청년학생들의 읽을거리로서 군중과 더욱 멀어지고 말았다." 茅盾, 「從牯嶺到東京」, 『小說月報』1928年第19卷第10號: 1145쪽(大成老舊刊全文數據庫, 『小說月報』1928年第19卷第7-12期, http://www.dachengdata.com 참조).

주도로 이루어지는 대중문화연구를 비판하고 있다. 다시 말해서 1920·30년대의 '대중화' 운동과 현재의 '대중문화연구'는 주체의 측면에서 모두 지식인 주도로 이루어진다는 점, 또한 '대중의 지지나 선택'으로부터 배제되어 있다는 점에서 일치하고 있다. 이처럼 1920·30년대와 현재 중국 지식인들이 현실의 무기력을 호소하는 근저에는 공통적으로 대중의 선택으로부터 배제되어 있다는 사실이 존재한다. 그것은 '계몽' 운동과 '대중문화연구'가 대중의 선택을 받지 못했다는, 즉 대중적이지 않다는 의미다.

여기에서 '대중의 선택'은 '대중의 유관(有關)적 선택', 즉 '대중성'을 가리킨다. 따라서 '대중'에 대한 이해는 무엇보다 관건적인 사안에 해당한다. 뛰어난 정치 팸플릿이든 지식인 사회에서 인정받는 '문화이론'이든 간에, 마치 문화상품처럼 그것이 사회 대중의 유관성에 주목하지 못한다면 그것은 결국 지식인들만의 자족적인 또는 비교적 공개된 형태로 주고받는 일종의 '편지'에 불과하다. 앞서 살펴본 것처럼, 문제는 '대중의 선택'이라는 '대중성'이 자본주의 사회에서 필연적으로 '상품성'(잠재적 상품성을 포함한)을 갖게 된다는 점이다.[41] 대중의 유관성에 기초한 지지나 선택은 '상품'의 소비과정을 통해 표출되

---

[41] 이와 같은 '대중성'과 '상품성'의 관계는 자본주의 사회의 특수한 형태로 이해되어야 한다. '민중(the folk)'과 '대중(the popular)'을 '사람들(the people)'로 연속시키는 피스크의 관점을 가지고 말한다면, 역사 속에 존재하는 '사람들'은 자본주의 사회라는 특수한 사회적 형식으로부터 '대중(the popular)'으로 형상화된다. 따라서 '대중(the popular)'이 갖는 특수성은 '사람들(the people)'이 갖는 보편성 안에서 연속되며, '민중(the folk)'과 단절된다. John Fiske, *Understanding popular culture*(Boston: Unwin Hyman, 1989): p. 171 참조. 이와 같은 논리 구조는 '민중' 개념도 동일하게 적용될 수 있다. 자본주의 사회에서 특수한 존재 방식을 취하고 있는 '사람들'이 바로 '대중'인 것이다. 다시 말해서 자본주의적 구조에 의해 규정되는 '대중'은 '사람들'에 의해 구성적 연속성을 획득하기 때문에 '대중'과 '자본주의'는 접합(articulation)된 관계로 남게 된다. 마찬가지로 '대중'은 자본주의적 '상품'과 접합되어 있다. 예를 들어, 자본주의 사회의 대중은 상품을 매개로 인간관계를 형성하기도 하지만 인간관계를 위해 상품을 활용하기도 한다.

기 때문에 지식인의 담론 역시 '대중적'일 수 있기 위해서는 상품화된 방식을 통해서만 가능한 것이다.

네그리와 하트가 제기한 '제국에 외부가 존재하지 않는다.'는 주장[42]은 자본주의 사회에서 자본의 질서 이외에 다른 질서가 존재할 수 없다는 점, 즉 자본주의 사회를 구성하는 모든 요소가 상품성을 지닐 수밖에 없다는 점을 알려준다. 따라서 타오둥펑이 쾅신녠의 학원정치 비판을 학원정치의 일부로 규정한 것과 동일한 논리로 신좌파의 '정치주의', 즉 사회정치라는 거시 정치적 시각으로부터 제기된 자본주의 또는 대중문화 비판 역시 자본주의의 상품 회로 안에 갇혀 있다는 현실 인식이 요구된다. 이와 같은 인식이 신좌파의 '자본주의 비판'이라는 '담론적 실천' 자체를 하나의 상품화 과정 속에서 파악하게 만든다.

여기에서 계몽과 정치권력의 상관성을 지적했던 1930년 루쉰의 언급을 검토해 볼 필요가 있다. 루쉰은 계몽이 그 자체로 실현가능하지 않으며, 따라서 정치권력이 수반된 계몽 운동의 필요성을 제기한다.

> 어쩌면 일정 정도 대중화된 문예를 많이 만드는 것이 현재의 긴급한 임무라고 하겠지만 [그것을] 대규모로 시행하려 한다면 반드시 정치적 힘의 도움이 있어야 한다. 한쪽 다리로만 길을 걸을 수 없는 것[처럼] 수많은 감동적 이야기들이 [정치의 도움을 받지 않는다면 그것은] 단지 문인들이 스스로를 잠시 위안하는 것에 불과할 뿐이다.[43]

---

[42] 네그리와 하트는 '제국'이 현재의 전 지구적 질서를 지칭하며, 제국주의와 구분되는 세 가지 특징을 갖는다고 설명한다. 첫째, 제국은 세계은행과 국민국가, 그리고 국지적이고 지역적인 NGO에 이르기까지 비교적 자율적인 상이한 구조 및 기구 형태들의 혼합된 구성이다. 둘째, 제국은 권력 중심이 없다. 셋째, 제국은 외부를 가지지 않는다. Michael Hardt and Antonio Negri/윤수종 옮김, 『제국』(서울: 이학사, 2001;2007): 12쪽 참조.

이 주장을 바우만의 그것에 대입시켜보면, 계몽은 지식인과 정치권력의 일치된 이해관계로부터 추동된 것이다.[44] 그렇다면 정치권력으로부터 배제된 지식인 집단은 자신의 '입법자적 의지' 실현을 위해 그에 상응하는 사회적 '권위'를 요구하게 된다. 다시 말해서 지식인 집단이 정치권력으로부터 배제되면서 지식인은 한편으로 정치권력의 '비판'을 통해 자신의 정체성을 구성하기도 하지만, 다른 한편으로 여전히 그 입법자적 기능 수행을 위해 정치권력이 아닌 대중의 '권위'를 필요로 하는 것이다. 왜냐하면 정치권력 비판에 대중적 지지가 동반되지 않는다면 그것은 단지 '찻잔 속의 태풍'에 불과하기 때문이다.[45] 이로부터 자본주의 사회에서 '대중성'과 '상품성'은 동일한 의미를 가진다. 대중의 지지 또는 선택 과정을 통해 형성되는 이른바 대중적 '권위'는 상품의 소비과정을 통해서만 드러나기 때문이다.

한편, 이러한 쾅신녠의 '학원정치' 비판은 '신좌파'를 넘어 중국 지식인 사회에서 일정한 지지를 확보한다. 쉐이(薛毅)의 경우, '신좌파'의 정치경제학적 분석과는 일정하게 차이가 있지만 대중문화연구에 사회정치적 분석이 포함되어야 한다고 주장한다. 그는 우선 학원정치라는 문화연구의 현실적 맥락을 사회와 대학이라는 두 측면에서 평가한다.

---

43 魯迅,「文藝的大衆化」,『大衆文藝』1930年第2卷第3期(新興文學專號上): 640쪽. ; 丁易 編,『大衆文藝論集』(北京: 北京師範大學出版部, 1951): 38쪽.
44 강수택,『다시 지식인을 묻는다』(서울: 삼인, 2001;2004): 161~163쪽 참조.
45 대중으로부터 형성된 '권위'는 곧 대중에게 '인기' 있거나 '유행'한다는 의미와 같다. 따라서 이것은 자본으로 전화될 수 있는 잠재적 성격을 갖추고 있다. 인터넷의 인기 블로그를 예로 들면, 그러한 대중적 권위가 언제든 상업적 활동으로 연결될 수 있다는 특징을 보인다.

전통적 인문학과 비교해보면, 문화연구에 요구되는 것은 현재 사회와의 더욱 긴밀한 관계이지 대학의 담장 안에 머무는 것이 아니다. 이러한 위치는 대학의 체제[내]화에 대한 저항을 의미하며, 이를 통해 현대 생활과의 관계를 새롭게 만드는 것이다. 하지만 [문화연구는] 대학 체제와 시장 사회에 복종하는 이중적 규범으로 뒤바뀔 가능성이 높다. 대학 안에서 그것이 다른 학문 분야를 무시할 [수] 있었던 이유는 그것이 현대사회와 밀착되어 젊은이들의 환영을 얻었기 때문이다. 그리고 사회에서 그것이 유행문화의 문제점을 들추어내는 것을 통해 대학[에서] '고귀한 신분'으로 행세할 수 있었기 때문이다. [문화연구는] 이 두 측면에서 재능을 발휘해 새로운 공간을 개척했[을 뿐만 아니라] 도전하면서도 투항하는 지식인들의 희극(喜劇)을 연출했다. 사실 문화연구의 '소부르주아화[小資化]'[46] 경향은 비교적 분명한 것이다.[47]

쾅신녠이 사회적 평가를 중심으로 문화연구자들의 '학원정치'를 비판하고 있다면, 쉐이는 대학사회 내부에 초점을 맞춰 문화연구자들을 비판한다. 이처럼 두 사람은 문화연구에 사회정치적 기능이 부재하다고 진단할 뿐만 아니라 대중문화 담론의 지속적 양산이 야기한 대학사회의 특권적 지식인들을 비판하고 있다. 쉐이에게 문화연

---

[46] '小資'는 1990년대 중국 대륙에서 유행하기 시작한 단어다. 따라서 원래 사회주의 중국에서 사용하던 '쁘띠부르주아계급 또는 小資産階級'과 구분된다. 특별히 서구의 사상과 생활을 지향하면서 마음속의 체험, 물질과 정신적 향락을 추구하는 청소년들을 가리킨다. '소부르주아'는 일반적으로 도시의 화이트칼라이며, 사회에서 일정한 지위와 부를 가지고 있다. 최근 '소부르주아'는 부정적인 의미로 사용되고 있다. 심지어 왜곡된 정서의 상징으로도 통한다. 즉 이런 사람들은 진취적으로 생각하지 않고, 국가의 중대사를 고려하지 않고, 단지 개인 생활의 편리함만을 추구한다는 의미다. 그래서 일종의 부패한 생활 방식으로도 간주되기도 한다. http://baike.baidu.com/view/452.htm 참조. 이러한 바이두의 평가 역시 거시 정치적 실천만을 중시하는 '정치주의'적 입장이 반영된 것이다.
[47] 薛毅, 「文化研究的陷穽」, 『天涯』2003年 第1期: 21쪽.

구를 진행하는 지식인들은 중간계급과 유사한 부정적 의미의 소부르주아에 불과할 뿐이다. 나아가 이러한 문제의 발생 원인이 지식인의 계급적 한계뿐만 아니라 '문화연구(또는 대중문화연구)' 자체에 내장되어 있다고 진단한다.

왜 문화연구인가, 그 밖의 것들은 소부르주아들에게 애교를 부리며 위로 기어 올라갈 장소를 제공하지 않는 것인가? 왜 문화연구는 이처럼 자유롭게 푸코와 같은 부류의 이론을 무해한 것으로 처리할 수 있으며, '전복'을 '게임'으로 변화시킬 수 있고, 정치 투쟁을 문화적 굴복으로 전환시킬 수 있는가? 나는 이것이 문화연구 자체의 결함과 무관하지 않다고 본다. 문화연구는 자신을 지나치게 대중문화연구와 일상생활 연구에 한정시키고 있다. 그것이 무의식적으로 이 두 가지를 사회정치와 분리시켰[지만 그것들은 [오히려] 스스로 만족해하는 것처럼 보인다. 또한 그것은 이른바 '일상생활의 미시적 저항'이라는 것을 지나치게 강조해 사회정치라는 전체화된 시야를 포기했다. 그래서 문화연구에서 피스크[와 같은] 부류가 출현해 마치 백화점을 쇼핑하면서도 상품을 사지 않는 것을 문화적 저항으로 만들었다. 이러한 현실영합[市儈]적이지 않으면서도 기회주의[市儈主義]적인 경향은 소자산(또는 소부르주아)계급이 자신의 세계를 세계의 전부로 간주하고, 자신의 고뇌를 인간성의 고뇌로 익명화시키며, 자신의 한계를 인류의 숙명으로 간주하고, 자신의 외부에 있는 정치 투쟁을 위험한 영역으로 간주하는 것과 서로 긴밀히 연결되어 있다. 그래서 나는 문화연구와 사회정치적 관계의 재고찰이 필요하다고 본다. [그것은] 마치 페미니즘과 여권(女權) 운동, [또는] 마르크스주의와 노동자 운동과 같은 관계이다. 레이먼드 윌리엄스와 톰슨 등과 같은 문화연구의 선구자들로부터, [또는] 프랑크푸르트 학파, 예를 들어 호르크하이머와 아도르노와 같은 마르크스주의 이론가들로부터 우리는 문화연구와 [문화]비판이 사회 전체와 거대하게 연관되어 있다는 점을 어렵지 않게 알 수 있다. 이것은 매우 좋은 유산(遺産)으로, 오늘날 문화연구가 지나치게 롤랑 바르트(Roland Barthes, 1915~1980) 등의 텍스트주의 이론에 의지하는 것은 사람들을 불안하게 만들 [뿐이]다. 넓은 의미의 텍스트주의라는 흐름 가운데, 롤랑 바르트의 이론은 '재(再)정치화'라는 노력으로부터 '탈(去)정치화'라는 언어로 고쳐진 것이다.[48]

쉐이는 이처럼 바르트에서 피스크로 이어지고 있는 '문화연구'의 '대중 중심성'이라는 전통적 맥락을 명확하게 인식하면서 그것의 근본을 비판하고 있다. 하지만 '대중 중심'적 문화연구가 사회정치적 분석을 거부했다고 보기 보다는 오히려 거시 정치와 미시 정치의 상호 연관성 및 그 발전 경로에 주목했다고 평가하는 것이 더 적절하다. 피스크의 경우, 일상생활이라는 미시 정치의 영역과 사회 변혁이라는 거시 정치의 결합을 모색하는 과정에서 대중문화의 기능과 역할을 밝히는 데 이론적 초점을 맞추고 있기 때문이다.[49]

이와 같은 시각은 중국의 1930년대 대중과 계급의 재해석을 통해 대중문화를 일반문화의 발전과정에 위치시킨 푸둥화에서도 발견된다. 그가 자본주의적 '대중문화'를 일반문화, 즉 인류의 문화 단계로 승인하고 있다는 점에서 그러하다. 따라서 그는 '통속'이라는 '지식인 중심'적 개념으로부터 '대중문화'를 부정적으로 형상화하던 여타의 지식인들과 구분된다. 여기에서 주목해야 할 지점은 고급문화가 아닌

---

[48] 薛毅, 『文化研究的陷穽』, 『天涯』2003年第1期: 21~22쪽.
[49] John Fiske, *Understanding popular culture*(Boston: Unwin Hyman, 1989): pp. 187~194 참조.

대중문화가 일반문화(또는 인류의 문화)로 승인되는 순간, 그것은 '지식인 중심성'을 벗어나 문화적 다양성을 획득한다는 것이다. 다시 말해서 고급과 저급이라는 질적 기준의 이분법에서 벗어나 사회적 다수의 문화라는 이른바 '민주성'을 얻게 된다. 이것은 대중이 사회적 다수로서 자신의 사회적 힘의 크기를 확장시키는 과정과 정확히 일치한다.

따라서 서구뿐만 아니라 중국 현대사에서도 '대중'과 '대중문화'를 어떻게 해석할 것인가의 문제는 곧 민주주의적 태도로 직결된다. 하지만 이것은 정태적 측면에서 정치권력이 어디에 있는지 또는 누가 얼마만큼 가지고 있는지에 국한되지 않는다. 다시 말해서 일상세계에 위치한 '대중'과 그들이 창조하는 문화 양식으로서 '대중문화'가 발생시키는 사회적 힘의 변동을 하나의 과정으로 이해할 필요가 있다. 이 과정은 일상적 민주화(또는 미시 정치)와 사회정치적 민주화(또는 거시 정치)의 상호 결합을 요구할 뿐만 아니라 '대중 중심성'의 사회적 확립으로 귀결된다. 왜냐하면 대중의 대중문화 자체가 그 두 가지 영역 모두에 걸쳐 있기 때문이다. 이로부터 대중 또는 대중문화의 민주주의 담론은 통시적·공시적 일반성을 획득하게 된다.

그러나 거시 정치를 강조하는 '정치주의'적 지식인들은 문화연구의 이러한 '대중 중심'적 태도를 문제시하며, 그것을 '기회주의'로 비판한다.[50] 엄밀하게 말해서 문화연구에 기회주의(그 자체의 개념적 평가를 논외로 하고)적 속성이 존재한다면, 그것은 문화연구 지식인들의 계급적 속성에 기인한 것이 아니라 대중문화를 창조하는 대중 자체

---

50 맥기건은 이와 같은 정치주의적 시각으로부터 피스크를 비판한다. 제1장의 주 45)을 참조할 것.

의 속성(즉 모순된 접합 관계)에 근거한 것이다. 이런 맥락에서 '신좌파'의 대중문화 비판이 최근 변화된 중국 대중문화의 양상, 그리고 세계 자본과 중국 내 자본 간의 상관관계를 다룬다는 긍정적 평가가 존재하기도 하지만[51], 쉐이와 신좌파의 정치주의적 시각은 사실 자본주의적 대중과 대중문화를 이해하는 데 심각한 왜곡과 편견만을 가져올 뿐이다.[52]

또한 여기에서 주목해야 할 점은 바로 '신좌파' 지식인들의 '정치주의'와 밀접한 상관관계를 맺고 있는 '반문화(counterculture)'적 정서다. 급진적 정치 변화를 추구하는 '반문화' 운동은 1960년대 미국의 주류 문화 또는 자본주의적 문화에 대항하면서 출현한 것으로 지금까지도 미국 사회에서 다양한 형태로 지속되고 있다. 이러한 '반문화' 운동에 대해 히스와 포터가 진행한 비판은 현재 중국의 '신좌파'를 평가하는 데 매우 유효한 시각을 제공해준다.

우선 '반문화' 이론에서 '체제'는 "개인의 억압을 통해서만 질서를 세울 수 있"[53]는 것일 뿐만 아니라 "노동자를 통제 하에 두기 위해서, 기술지배적 질서 틀 속에서 만족시킬 수 있는 조작된 필요와 대량생산된 욕망을 주입"[54]하는 것으로 간주된다. 이와 같은 주장은 프랑크푸르트 학파의 문화산업 개념을 연상시킨다. 히스와 포터는 제도주의적 입장에서 반문화와 자본주의 체제가 맺고 있는 현실적 맥락을 비판한다. 다시 말해서 반문화 운동은 '그 자신의 의도와 다르게' 결

---

51 陶東風·徐艷蕊, 『當代中國的文化批評』(北京: 北京大學出版社, 2006): 102쪽.
52 앞서 살펴본 것처럼 타오둥펑에게서도 이러한 정치주의적 시각이 나타난다. 따라서 이와 같은 인식 형태는 현재 일부의 중국 지식인들에게 국한되었다고 보기 어렵다.
53 Joseph Heath and Andrew Potter/윤미경 옮김, 『혁명을 팝니다』(서울: 마티, 2006;2009): 16쪽.
54 Joseph Heath and Andrew Potter/윤미경 옮김, 같은 책, 2009: 16쪽.

코 자본주의적 문화를 극복하지 못했으며, 오히려 자본주의적 체제를 강화시키는 또 다른 축으로 기능했다는 평가다.

> 60년대의 반란을 특징짓는 반문화 사상과 자본주의 체제의 이데올로기적 요건 사이에는 어떤 긴장도 없었다. 반문화 지지자와 미국 청교도 기득권 옹호자들 사이에 문화적 갈등이 있었던 것은 확실하지만, 반문화의 가치들과 자본주의 경제 체제의 기능적 요건 사이에는 어떤 긴장도 없었다. 반문화는 애초부터 지극히 기업가적이었다.[55]

히스와 포터의 반문화 비판은 '신좌파'의 대표적 인물인 왕후이의 이론적 입장에도 유사하게 적용될 수 있다. 다시 말해서 왕후이 '자신의 의도와 무관하게' 그의 이론에는 친(親)정부적 요소가 존재하며, 정치적 측면에서 결코 저항적이거나 실천적일 수 없다는 평가가 그것이다.[56] 이처럼 이른바 '반문화'와 '신좌파'는 그 본래적 의도와 다른

---

[55] Joseph Heath and Andrew Potter/윤미경 옮김, 『혁명을 팝니다』(서울: 마티, 2006;2009): 9~10쪽.
[56] 조경란, 「중국 지식인의 현대성 담론과 아시아 구상」, 『역사비평』, 2003/가을, 통권72호: 380~381쪽 참조. 한편, 타오둥펑의 '신좌파' 비판은 다른 맥락에서 이루어지고 있다. 첫째, '신좌파'는 대중문화의 구조적 복잡성을 보지 못하고 있다. 모든 대중문화가 중간계급의 이데올로기로 환원될 수는 없다. 왜냐하면 중간계급의 이데올로기에 귀속되지 않는 대중문화가 존재하기 때문이다. 보다 더 중요한 문제는 '신좌파'가 자본과 권력의 관계에 대해, 대중문화의 생산 기제에 대해 깊이 있는 분석을 진행하지 않는다는 점이나. 예를 들어, 자본이 어떻게 중국의 특수한 경제와 정치 체제에서 작동하고 있는지, 자본과 권력이나 시장이 기존의 정치 체제와 어떤 관계를 맺고 있는지 밝히고 있지 않다. 따라서 신좌파의 대중문화 담론은 진정한 의미의 자본주의 비판이라 할 수 없다. 둘째, 자유주의와 대중소비문화, 그리고 주류 문화를 단순하게 동일시할 수 없다는 점이 존재한다. '개량주의'를 제창한 '자유주의' 지식인(특히, 『혁명과의 결별』을 제창한 리쩌허우처럼)은 대중문화의 옹호자다. 하지만 그들의 목적은 자유주의를 통해 '문화대혁명'의 독단주의를 성찰하고 비판하는 데 있다. 다시 말해서 중국 '자유주의'는 대중소비주의의 긍정과 함께 독단주의 비판, 그리고 민주주의 옹호라는 측면을 동시에 지니고 있기 때문에 단순한 동일시는 불필요한 문제들만을 낳게 만든다. 陶東風·徐艷蕊, 『當代中國的文化批評』(北京: 北京大學出版社, 2006): 102~103쪽 참조.

현실적 효과(또는 결과)를 발생시키고 있다. 양자의 공통점은 바로 현존하는 자본주의적 체제와 문화를 비판(또는 부정)하는 데 있지만, 사회주의적 미래 상상이 배제된 '신좌파'의 '계급 담론' 및 '대중문화 비판'은 히스와 포터의 반문화 비판과 같은 맥락에서 단지 하나의 상품화된 기능을 담당하는 것이다.

이런 차원에서 '반문화'와 '신좌파'는 1960년대 이후의 미국과 1990년대 후반 이후의 중국이라는 역사적 맥락 차이가 존재할지라도 그 유사한 특징으로부터 위의 인용문은 '신좌파'에 다음과 같이 적용될 수 있다. ─ 1990년대 후반의 반란을 특징짓는 신좌파 사상과 중국 사회주의 시장경제(또는 자본주의) 체제의 이데올로기적 요건 사이에는 어떤 긴장도 없었다. 신좌파와 자유주의 사이에 문화적 갈등이 있었던 것은 확실하지만, 신좌파의 가치들과 사회주의 시장경제 체제의 기능적 요건 사이에는 어떤 긴장도 없었다. 신좌파는 (그들의 의도와 다르게) 애초부터 지극히 친정부적이었다.

'의도'와 '현실 결과'를 구분해 '반문화'와 '신좌파'를 평가하는 이유는 바로 그러한 '현실 결과'에 의해 그들의 본래 '의도'가 평가될 수 있기 때문이다. 개혁개방 이후 중국 공산당 정부가 정치적 사회주의와 경제적 자본주의라는 체제 운영 방식을 채택하고 있다는 점에서, 신좌파가 자본주의 경제를 비판할지라도 그들의 담론은 언제든 국가이데올로기로 전환될 수 있는 여지를 남기고 있다. 왜냐하면 중국 공산당 정부가 여전히 자신의 역사적(또는 정치적) 정당성을 마오쩌둥의 사회주의 이데올로기에서 찾고 있으며, 바로 그 지점에서 왕후이를 비롯한 신좌파의 계급담론이 조우하고 있기 때문이다.

이와 같은 접근 방식은 흡사 자본주의 사회의 일부 지식인들이 현대적 '자본주의' 또는 '민주주의'를 극복하기 위해 과거의 전통적

'유교'를 끌어들였던 '유교자본주의' 또는 '유교민주주의'를 연상시킨다. 유교 자본주의나 유교 민주주의와 마찬가지로 신좌파 역시 이미 중국에서 전통이 되어버린 '마오쩌둥식 사회주의'에 정당성을 부여하고 있기 때문이다. 하지만 '유교자본주의' 또는 '유교민주주의' 등 '아시아적 가치' 담론이 결과적으로 독재이데올로기를 강화한다는 현실 평가[57]와 마찬가지로, '신좌파' 담론 역시 중국 공산당의 일당 체제 유지에 기여할 수밖에 없다는 현실적 한계를 보인다.

또한 세계 좌파 지식인들(중국의 '신좌파'를 포함한)은 "노동자들이 실제로 자본주의를 '좋아할 수도 있다'는 결론"[58]에 동의하지 않는다. 그들의 '대중'은 쉽게 유혹에 빠지는 어린 아이와 같이 자본주의 이데올로기의 유혹에 노출된 채 방황하는 '대중'일 뿐이다.[59] 그리고 대중

---

[57] 이용주는 싱가포르를 예로 들어 '아시아적 가치'가 독재 정치를 위한 도구에 불과하다고 평가한다. 이용주, 「아시아의 가치와 사회 발전: 싱가포르의 빛과 그림자」, 『사회이론』, 한국사회이론학회, 2003가을/겨울, 제24권: 198~199쪽 참조. 한편, 유교자본주의와 아시아적 가치를 일정하게 구분하는 시각도 존재한다. "유교는 아시아적 가치의 일부임에는 분명하지만, 아시아적 가치가 곧바로 유교는 아니다. 다시 말해, 유교자본주의론과 아시아적 가치가 서로 관계없는 것은 아니지만 어디까지나 다른 맥락에 속한다." 김석근, 「유교자본주의? 짧은 유행과 긴 여운 그리고 남은 과제」, 『오늘의동양사상』, 예문동양사상연구원, 2006, 제14호: 70쪽. 하지만 아쉽게도 그는 여기에서 그 맥락 차이를 구체적으로 밝히지 않고 있다. 사실상 아시아적 가치의 내용이 유교자본주의 또는 유교민주주의와 중복된다는 점에서 그것을 현실적으로 구분하려는 시도 자체가 무의미하다고 할 수 있다. "아시아적 가치란 서구 가치의 보편성(universality)을 부정하며, 아시아의 문화에 적합한 가치를 일컫는다. 이는 유교에 뿌리를 두고 있는 것으로, 서구 자본주의와 양립되며 유교 자본주의라고 일컫기도 한다." 이용주, 같은 글, 2003: 186쪽. 이처럼 아시아적 가치와 유교자본주의 또는 유교민수수의는 서구적 가치와 대립하기 위해 전통에 주목한다는 점에서 일치된 인식을 공유한다.

[58] Joseph Heath and Andrew Potter/윤미경 옮김, 『혁명을 팝니다』(서울: 마티, 2006;2009): 33쪽.

[59] 베넷은 사회주의적 계급담론으로 자본주의적 '대중'을 해석해서는 안 된다고 주장한다. 왜냐하면 계급담론에서 자본주의적 대중은 단지 사회주의적 인간형으로 개조되어야만 하는 하나의 대상물에 불과하기 때문이다. Tony Bennett/김창남 옮김, 「대중성과 대중문화의 정치학」, 박명진 외 편역, 『문화, 일상, 대중: 문화에 관한 8개의 탐구』(서울: 한나래, 1996;2007): 256~257쪽 참조. 이러한 베넷의 평가는 사회주의 이데올로기뿐만 아니라 프랑크푸르트 학파의 대중문화 담론에도 동일하게 적용된다.

문화는 바로 그러한 '대중'을 양산하는 이데올로기에 불과한 것이다. 자본주의적 '대중'에게 계급의식을 고취시켜 '이데올로기적 민중'이라는 초역사적 존재를 통해 자본주의 질서에 맞서 싸워야 한다는 세계 좌파 지식인들의 '상상'에는 이러한 반문화 정서가 자리한다.

분명 세계 좌파 지식인들은 사회적 실천을 직접적으로 담당했던 혁명적 지식인들보다 '담론적 실천'을 중시한다. 하지만 "대중들이 진정으로 자본주의에 만족하는 것일지도 모른다는 몸서리쳐지는 의심은 반문화 반란(countercultural rebellion)이 [결과적으로] 아무 것도 한 일이 없다는 관찰로 인해 더 굳어졌다."[60]는 평가는 이와 같은 실천 방식의 한계를 드러내준다. 다시 말해서 '담론적 실천'의 현실적 결과는 그것이 가진 의도와 명확한 형태로 구분되고 있다. 세계 좌파 지식인들의 반문화적 정서는 신좌파의 그것과 마찬가지로 '학원정치'의 문제와도 연관된다.

> 반문화적 반란은 지금 수세대 동안 '불온한' 음악, '불온한' 예술, '불온한' 문학, '불온한' 의복을 쏟아내고 있고 대학들은 학생에게 '불온한' 사상을 유포하는 교수들로 가득하다. 이렇듯 불온의 기운이 넘쳐나도 체제는 아주 너그럽게 받아주는 듯 보인다. 이는 체제가 결국 그렇게 억압적이지 않을 수도 있음을 암시하는 것인가? 반문화 반란자들은 "그 반대"라고 외친다. "그것은 체제가 우리의 생각보다 훨씬 더 억압적임을 보여주는 것이다. 그런 불온성마저 얼마나 능숙하게 포섭하는지를 보라!"[61]

---

[60] Joseph Heath and Andrew Potter/윤미경 옮김, 같은 책, 2009: 48쪽.
[61] Joseph Heath and Andrew Potter/윤미경 옮김, 같은 책, 2009: 50쪽.

물론 이와 같은 평가를 타오둥펑이 앞서 쾅신녠의 비판에 답하면서 언급했던 것처럼, 언론의 자유가 보장된 미국 사회와 그렇지 못한 중국의 상황이라는 맥락 차이로 해석할 수도 있다. 하지만 히스와 포터의 언술은 또 다른 사실을 알려준다. 그것은 좌파 지식인들의 '학원정치'를 가능케 하는 물적 조건에 대한 이해다. 그것은 미국의 좌파 지식인 대부분이 학원을 거점을 활동하고 있는 것처럼 중국의 '신좌파' 지식인들 역시 동일한 경제적 기반을 공유하기 때문이다. 다시 말해서 미국의 좌파와 중국의 신좌파라는 지식인 집단은 공히 '학원경제'라는 물적 조건을 기반으로 '학원정치'를 전개하는 것이다.

지루(Henry Armand Giroux)는 바로 그 지점을 비판한다. 그는 좌파 지식인들의 '학원정치'와 '학원경제'의 상관관계를 직접적으로 거론한다.

> 진보적 지식인들은 지배 문화의 생산에 중요한 역할을 하는 대학 제도 안에서 벌어먹고 산다. 그러면서도 그들은 학생들에게 저항 담론과 비판적 사회 실천을 제공하는 것으로 자신의 정치적 입장을 밝힌다. 하지만 이런 활동은 대학과 대학이 옹호하는 사회의 패권적 역할과는 맞지 않다. 많은 경우 진보적 지식인들은 이런 모순에서 대학의 편에 서게 된다. …… 진보적 사회이론은 단지 학술지와 학회의 상품이 되고 있을 뿐이다. 그리고 대학 자신이 자유주의적 다원론에 헌신한다는 증거로 진보적 지식인들에게 던져주는 평생직장 아래서 그 지식인들은 편안한 자리를 누린다.[62]

지루의 비판은 새로운 지식인의 상 정립이라는 차원에서 제기된

---

[62] Henry A. Giroux/이경숙 옮김, 『교사는 지성인이다』(서울: 아침이슬, 2001;2003): 280쪽.

것이다.[63] 그럼에도 불구하고 그의 언급은 좌파 지식인들의 '학원정치'와 그것의 물적 기초인 '학원경제'의 현실적 관계를 이해하는 데 도움을 준다. 다시 말해서 '학원정치'는 '학원경제'라는 경제 체제에 기초한 정치적 행위에 해당한다. '학원정치'는 주로 '담론적 실천'이라는 방식으로 진행되며, '학원경제'라는 영역과 분리되어 존재할 수 없는 것이다.[64]

여기에서 '학원경제'와 연관되어 주목해야 할 점이 바로 '학원정치'의 개념 해석이다. 앞서 살펴본 쾅신녠·쉐이와 타오둥펑의 '학원정치'라는 것은 '사회정치'에 상대적인 개념으로 설정된다. 다시 말해서 그들에게 '사회정치'는 자본주의적 질서에 대항한 정치 투쟁이지만, '학원정치'는 그러한 투쟁과 무관하게 학원 내부에서만 진행되는 지식인의 자족적 정치 활동을 가리킨다. 하지만 지루의 지적처럼 그들이 발 딛고 서 있는 학원 또한 자본주의적 질서에 포함되어 있을 뿐만 아니라 그 질서를 더욱 강화시키는 역할을 담당하고 있다. 중국 지식인들이 '사회정치'를 주장하든 '학원정치'를 주장하든 간에 그들의 '학원정치'는 자본주의 질서가 동일하게 적용되는 학원, 특히 그들의 물적 기반인 '학원경제' 체제와 직접적으로 대립하지 않는다는 공통된 특징을 보인다.

물론 그들이 거시적 사회정치라는 정치주의적 관점을 취하는 이상, '학원경제'는 부차적인 또는 지엽적인 영역의 문제로 남을 수

---

[63] 지루는 그람시의 '유기적 지식인'이 현대사회에나 적합한 모델이라고 지적하면서, 변화된 탈현대적 조건으로부터 다른 유형의 지식인, 즉 '변혁적 지식인'이 요구된다고 주장한다. 변혁적 지식인은 모든 억압적 지식과 실천에 저항하는 집단에 연대할 수 있는 지식인을 가리킨다. Henry A. Giroux/이경숙 옮김, 같은 책, 2003: 279~280쪽 참조.
[64] 여기서 언급된 '학원경제'는 지식인의 담론 생산과 직접적 상관성을 맺고 있는 개념이다. 이 책에서는 '학술경제'라는 보다 확장된 개념으로 정식화된다.

있다. 그렇지만 '학원경제'는 지식인의 담론 생산의 주요 기제로서 매우 중대한 의미를 갖는다. 왜냐하면 지식인의 '담론적 실천'을 평가하기 위해서는 지식인에 의해 생산된 담론의 텍스트적 분석과 아울러 사회적 화자로서 발언하는 지식인의 물적 조건에 대한 분석이 동시적으로 요구되기 때문이다. 다시 말해서 '신좌파'의 '사회정치' 역시 '계급' 지식을 중심으로 한 '담론적 실천', 즉 '학원정치'에 불과하다는 타오둥펑의 비판의 이면에 바로 이러한 지식인의 물적 기반인 '학원경제'가 자리 잡고 있다.

이처럼 '신좌파'의 사회정치적 요구가 학원경제의 시각에서 결국 학원정치의 영역을 벗어날 수 없다면, 그들에게 현재의 자본주의적 '대중'과 '대중문화'에 대한 근본적인 시각 전환이 요구된다.

> 모든 사람이 총체적 이데올로기의 희생자라는 가정이 지닌 문제점은 찬성 또는 반대에 대한 증거를 딱히 내세우기 불가능하다는 점이다. 결국 노동자계급은 자신들의 상상력을 해방시키는 데에 그다지 관심을 보이지 않는 듯 했다. 그들은 기회가 주어지면 화랑이나 시낭송회에 몰려가기보다는 건전치 못하게 스포츠·텔레비전 방송·맥주 등에 계속해서 관심을 보였다. 이는 자연스럽게 일반 대중은 실제로는 자본주의를 '좋아할'지도 모르고, 진짜로 소비재를 '원할'지도 모른다는 성가신 의심을 키웠다. …… [죄피 지식인] 자신들의 계급 이익을 일반의 관심으로 오해한 것에 불과할 수도 있다.[65]

---

[65] Joseph Heath and Andrew Potter/윤미경 옮김, 『혁명을 팝니다』(서울: 마티, 2006;2009): 47~48쪽.

만약 대중이 자본주의를 좋아할 뿐만 아니라 원하고 있다면 세계 좌파(중국의 신좌파를 포함한) 지식인들의 이론적 출발점은 근본적으로 수정되어야 할 것이다. 이것은 자본주의를 둘러싼 태도 차이, 즉 보수와 진보라는 구분을 근본적으로 부정하게 만들기 때문이다. 또한 '제국에 외부가 없다'는 네그리와 하트의 언급을 상기한다면, 자본주의를 반대하는(또는 극복하려는) 좌파의 주장은 결국 자본주의 시스템 내부에서 하나의 상품(즉 계급이라는 '지식'을 판매하는 틈새시장의 형성)에 불과할 뿐이다. 중국에서 시간의 간극을 뛰어넘어 지식인 담론의 주요 소비층이 여전히 청년학생들에 국한되었다는 마오둔과 타오둥펑의 공통된 지적은 바로 이러한 차원에서 이해되어야 한다. 자본주의 사회에서 담론이 대중성을 갖추기 위해서는 필연적으로 그것의 상품화 과정을 거칠 수밖에 없기 때문이다.

'신좌파'의 계급적 대중문화 담론이 제기된 1990년대 후반은 중국의 사회주의적 시장경제(또는 자본주의)가 안정화 단계로 접어드는 시기와 일치한다. 다시 말해서 그들의 계급 담론은 시장경제와 연관된 문제점들이 확인되는 과정과 밀접한 상관관계를 맺고 있다. 그럼에도 불구하고 그들의 계급적 대중문화 담론은 사실 이전의 혁명적(또는 사회주의적) 지식인들이 제기한 그것과 크게 다르지 않다. 굳이 양자를 구분하자면, '신좌파'가 채택하고 있는 계급 담론에 혁명적(또는 사회주의적) 지식인들이 추구한 사회주의적 미래사회에 대한 전망이 부재하다는 점과 지식인의 정체성 부정을 내장한 혁명적 '무산계급' 개념이 그들의 담론에서 배제되어 있다는 점뿐이다. 이 지점은 사실 프랑크푸르트 학파의 비판이론에도 동일하게 적용되는 것이다.

그렇기 때문에 '신좌파'가 기존의 계급 담론으로부터 지식인과 대중의 관계를 재설정하고자 한다면, 그것은 필연적으로 그들의 담론 내부로부터 신좌파 자신의 사회적 위치와 역할을 재규정할 수밖에 없다. 만약 이 부분이 해소되지 않는다면 신좌파의 계급 담론은 '학원경제'와 '학원정치'에 머무를 수밖에 없으며, 마찬가지로 그들의 '정치주의' 또는 '반문화'적 경향 또한 벗어날 수 없을 것이다. 따라서 신좌파는 자신들의 '계급 담론'에 중층적으로 개입되어 있는 '마오쩌둥식 사회주의', 즉 중국적 '현실 사회주의'의 요소들을 비판적으로 검토해야만 한다. 바로 그 평가의 중심에 자본주의라는 현재의 중국 '대중'과 '대중문화'가 위치하고 있다.

4 '현대화이론' 패러다임과 대중 중심성

'세속정신'의 중국적 의의

'중국적 비판이론' 진영이 프랑크푸르트 비판이론과 중국 지식인들의 '인문정신'(즉 추상적 도덕/심미주의)을 결합시켜 중국 대중문화를 비판했다면, 현대화이론 진영(즉 자유주의)은 '세속정신'의 추구를 통해 그들과 대립하며 중국 대중문화 담론의 또 다른 한 축을 담당한다. 현대화이론 패러다임은 중국의 특수한 역사적 맥락, 특히 문혁을 포함한 사회주의 중국에 비판의 초점을 맞추고, 현대화 또는 세속화(secularization)라는 가치를 사회 진보적 관점에서 적극 옹호한다. 이들이 주장하는 현대화(또는 세속화)가 중국의 자본주의화를 의미할 수밖에 없다면, 그것을 긍정적으로 해석하는 시도 자체가 중국 사회변화의 주요 특징에 해당한다. 다시 말해서 중국의 역사적 맥락에서 중국 사회의 자본주의화는 사회주의 중국으로부터 유보된 현대화를 재추진한다는 명백한 의도를 갖기 때문이다. 이러한 차원에서 자본주의화는 중국 사회의 '진보'인 것이다.

하지만 '세속정신'을 옹호하는 현대화이론 패러다임은 일관된 형태로 드러나기 보다는 매우 다양한 입장들이 혼재하고 있다.[1] 현대화이론 패러다임을 대표하는 지식인들로는 리쩌허우·왕멍(王蒙)·진위안푸·타오둥펑 등을 거론할 수 있다.[2] 이들의 다양한 입장 차이에도 불구하고 이들을 현대화이론 패러다임이라는 하나의 시각으로 묶을 수 있는 지점이 바로 '역사주의'적 시각이다. 이 역사주의 시각은 사회주의 중국에서 개혁개방이 가져온 역사적 전환의 경험을 중심으로 대중문화를 이해하는 관점이다. 타오둥펑은 역사주의 시각의 중국적 의의를 다음과 같이 밝히고 있다.

> [중국에서] 세속화와 대중문화를 이해하고 평가하려면 우선 역사주의적 시각이 있어야 한다. 여기에서의 '역사주의'라는 것은 중국 사회의 역사적 전환에 근거하여 사회와 문화의 현재 문제들을 분석하고 자세히 관찰하는 시각과 방법이다. 중국[과] 연관된 역사, 특히 해방[1949년] 이후 30년 동안의 역사적 교훈을 강조하면서 중국 문화의 발전 방향을 확정짓는 것을 가리킨다. 다시 말해서 대중문화를 중국의 사회 전환이라는 역사적 과정 중에 위치시켜 파악하는 것이다. 세속화/현대성의 핵심은 귀신을 쫓아버리고 신성(神聖)을 제거하는 데 있다. 중국의 새로운 시기[개혁개방 이후]라는 맥락으로부터 세속화가 쫓아버려야 할 것은 '두 가지의 만약이라면[兩個凡是]'[3]을 대표로 하는 귀신이다. 세속화가 인간의 현존재·일상생

---

[1] 현대화이론 진영의 지식인들이 사회 진보적 태도로부터 자본주의적 대중문화를 '세속정신'으로 긍정한다고 해서 그것이 곧 그들의 심미 취향이 '세속적'이라는 것을 의미하지는 않는다. 陶東風·徐艶蕊, 『當代中國的文化批評』(北京: 北京大學出版社, 2006): 121쪽 주52 참조. 따라서 현대화이론 패러다임을 지지하는 중국 지식인들의 대중문화관은 대중문화의 팬으로 자처하는 피스크의 그것과 차이를 드러낸다.

[2] 여기에서 타오둥펑은 자신을 현대화이론 진영에 포함시킨다. 陶東風·徐艶蕊, 같은 책, 2006: 82쪽. 하지만 그의 '역사적 맥락' 중시 입장은 앞서 살펴본 것처럼, 다른 현대화이론 패러다임과 명확하게 구분된다. 다시 말해서 그의 시각은 1980년대 대중문화의 순기능을 인정한다는 차원에서 현대화이론 진영과 일치하지만 1990년대 후반 그것의 역기능에 주목한다는 점에서 그들과 구분된다.

[3] '양개범시'는 마오쩌둥 주석이 사망한 다음해인 1977년 2월 華國鋒(1921~2008)에 의해 제기된 것으로, "만약 마오 주석이 결정한 방침이라면 우리 모두 견결히 옹호해야 하고,

활과 '신성'(종교적이든 이데올로기적이든 간에) 사이의 관계를 약화시키고 해체시켰기 때문에, 사람들은 더 이상 초월적인 정신 자원을 가지고 그 일상생활의 요구(물질생활과 관련된 다양한 욕망·즐거움·소일·오락 등을 포함한)를 '변호'할 필요가 없어졌다. 그래서 그것은 대중문화의 발전에 합법화된 근거를 제공한다.[4]

이처럼 그는 중국에서 개혁개방 이후 등장한 세속화(또는 현대화)가 사회주의 이데올로기에 의해 초래된 '귀신'과 '신성'을 제거하는 데 큰 역할을 담당했다고 평가한다. 바로 그러한 성과가 세속화를 대표하는 대중문화 발전의 토양을 제공했다는 것이다. 따라서 현대화(또는 세속화)가 자본주의화를 의미할 뿐만 아니라 그것이 중국에서 봉건주의와 사회주의를 극복하는 데 결정적 기능을 담당했다는 사

또 마오 주석이 지시한 것이면 모두 시종일관 변함없이 따라야 한다."는 주장이다. 결과적으로 이 주장은 이후 '진리 기준의 대토론'을 야기하게 된다. 1978년 5월 10일 中央黨校의 내부 간행물인 『理論動態』와 5월 11일 『光明日報』에 胡福明이 작성한 「실천이 진리를 검증하는 유일한 기준이다」라는 명의의 글이 각각 실리게 되면서, 진리 기준의 대토론은 전국적으로 확산된다. 그는 이 글에서 양개범시를 교조주의로 규정해 당시 공산당 내부의 강한 반발을 받게 되지만, 1978년 11차 3중전회에서 鄧小平(1904~1997)은 '實事求是'론을 제기해 사실상 후푸밍의 견해를 지지하고 나선다. 1978년 12월 덩샤오핑은 진리 기준의 대토론을 다음과 같이 평가한다. "현재 진행 중인 실천이 진리를 검증하는 유일한 기준이라는 토론은 사실 사상을 해방시킬 것인가 그렇게 하지 않을 것인가에 대한 논쟁이다. 모두들 이 논쟁이 매우 필요할 뿐만 아니라 [그] 의의가 매우 크다는 사실을 잘 알고 있다. 논쟁의 정황을 보면 볼수록 더욱더 중요하다고 생각한다." "사상을 해방시키고 실사구시를 견지한다는 것은 단지 일체를 실제적인 것으로부터 시작해 이론을 실제적인 것에 연결시킨다는 것이다. 그래야만 우리 사회주의의 현대화 건설이 순리적으로 발전할 수 있고, 우리 당의 마르크스·레닌주의와 마오쩌둥 사상 이론도 순조롭게 발전할 수 있는 것이다. 이런 의미에서 진리 기준 문제에 관한 논쟁은 분명 하나의 사상 노선의 문제이자 정치 문제다. 또한 당과 국가의 미래, 그리고 운명에 관계된 문제이기도 하다." 楊冬權, 「眞理標準大討論」, 『廣西黨史』2004年第4期: 11쪽. 진리와 실천 개념의 관계설정을 핵심으로 한 진리 기준의 대토론은, 이후 철학 영역에서 자유·평등·박애라는 보편적 가치와 사회주의의 관계 문제를 다룬 '인도주의' 논쟁과 사회주의 사회에서도 소외가 존재할 수 있는가라는 '소외' 논쟁으로 발전된다. 이철승, 「'문화 혁명' 이후 중국 사상계의 현실 인식과 이론 논쟁의 의미」, 『시대와 철학』제14권제1호, 한국철학사상연구회, 2003: 337~348쪽 참조.

4 陶東風·徐艷蕊, 같은 책, 2006: 83쪽.

실은 중국의 역사적 맥락에서 매우 중요한 위치를 차지한다. 타오둥펑은 이러한 시각으로부터 비판이론을 통해 도덕주의·심미주의·종교적 가치를 추구한 '인문정신' 지식인들의 시장경제 또는 대중문화 비판을 문제시한다.[5]

> 만약 우리가 부인할 수 없는 역사적 합리성과 진보성이 중국의 개혁개방과 현대화 운동에 존재한다는 점을 부정할 수 없다면, 우리는 반드시 현 사회의 세속화 과정 및 그 문화적 부산물, 즉 세속 문화에 긍정적인 역사적 의미가 있다고 인정해야만 한다. 왜냐하면 그것이 중국 현대화와 사회전환에 필요한 전제이기 때문이다. 만약 1980년대 문화계와 지식계가 준(準)종교화된 정치 문화의 신성 아우라[光環]를 충분히 제거하지 못했다면, 개혁개방의 역사적 성과는 상상할 수도 없는 것이[기 때문이]다. 이러한 역사의식을 무시한 것이 인문정신 논자들의 주된 이론적 착오다.[6]

중국의 역사적 맥락으로부터 현대화(또는 세속화)를 긍정적으로 해석하는 그에게 현대화의 산물인 대중문화도 마찬가지로 긍정된다. 그의 언급에서 현대화와 동일하게 사용되고 있는 '세속화' 개념을 주목할 필요가 있다. 우선 '세속화'는 '신성화(神聖化)', 즉 '준종교화된 정치 문화의 신성 아우라'로 표현된 초자연적 힘의 상대 개념으로 설정된다. 따라서 '세속화'는 초자연석 힘의 '신성 공간'이 자연에 관한

---

5 앞서 살펴본 것처럼, 그는 일찍이 프랑크푸르트 학파의 비판이론에 입각해 자본주의적 대중문화를 비판한 바 있다. 陶東風, 「慾望與沈淪 — 大衆文化批判」, 『文藝爭鳴』1993년 第6期 참조. 그는 이후 그 관점이 비판이론의 기계적 적용에 불과하다고 스스로 비판하며, 사회역사적 맥락 중시라는 관점으로 전환을 시도한다. 陶東風, 「超越歷史主義與道德主義的二元對立: 論對於大衆的第三種立場」, 『上海文學』1996년 第3期, http://paper.dic123.com/paper_137253751 참조.
6 陶東風, 같은 글, 같은 곳, 1996.

과학적 지식의 힘을 통해 '세속 공간'으로 그 무게중심이 전이되는 '과정'을 뜻한다. 그 '세속 공간'이 자본주의적 '대중'에 의해 채워져 있다는 점을 감안한다면, '세속화'는 곧 사회적 힘이 자본주의적 대중으로 전환되는 것이다. 여기에서 '세속화'는 현대성의 자기 전개 방식인 '현대화'와 등치된다.

따라서 중국에서 '세속화'의 의미는 비단 자본주의화에 국한되지 않는다. 더 나아가 '민주화' 과정으로도 해석될 여지를 포함한다. 다시 말해서 '신성 공간'이 '일자(一者)'에 대한 '다자(多者)'의 복종을 전제로 하고 있다면, '세속 공간'은 권위적 '일자'의 해체를 통한 '다자'의 실현, 즉 다원화되고 민주화된 형태로 구성될 수밖에 없기 때문이다. 타오둥펑의 주장을 이러한 차원에서 평가할 수 있다. '신성 공간'으로서 사회주의 중국은 개혁개방 이후 '세속 공간'으로 전환되기 시작했기 때문에 중국에서 '세속화'는 '현대화'·'다원화'·'민주화'와 동일한 의미를 지니게 된다.[7]

세속화와 대중문화(특히, 개혁개방 초기의 세속화된 대중문화)는 일원(一

---

[7] 현대화이론 진영을 대표하는 친진 역시 중국 역사에서 '세속 공간'이 갖는 의의를 강조한다. 다시 말해서 그는 서구의 '인문주의'와 중국 '인문정신' 지식인들의 주장을 구분하면서, '세속화'의 세계사적 보편성을 제창한다. "나는 도덕과 문명사회의 진보를 대립시키는 것, 인간의 정신과 인간의 사회생활을 대립시키는 것, 인문 건설과 경제 개혁을 대립시키는 것, 문학과 시장을 대립시키는 것에 동의하지 않는다. …… 역사적 관점으로부터 보자면, 그것[서구 인문주의]은 상품경제 발전의 결과이며, 물질생활의 변화가 정신생활로 반영된 것이다. 뿐만 아니라 그것은 세속문화 시대의 도래를 상징하고 있으며, 서구 문명사에서 하나의 새로운 시대적 서막을 상징한다. …… [진정한] 인문정신의 시각에서 [중국 사회를] 개방하고, 개혁하며, 현대화하고, 사회주의 시장경제를 하는 것은 바로 문명의 진전이자 민주의 역사 과정이다." 秦晉,「關注與超越」,『作家報』1995年6月7日, http://www.lw23.com/paper_144962401. 이처럼 그는 역사진보의 관점에서 중국의 '개방'·'개혁'·'현대화'·'시장경제'가 갖는 문명사적 의의를 서구의 '문명'·'민주'·'상품경제'·'물질생활'·'세속문화'와 등치시킨다. 이를 통해 그는 중국의 변화가 서구의 인문주의 또는 중국의 인문정신과 대립되지 않는다는 점을 논증한다.

元)화된 이데올로기와 일원화된 문화적 독단주의를 제거하고, 정치와 문화의 다원화·민주화 과정을 추진한 긍정적인 역사적 의미를 갖는다. 또한 세속화 시대의 문화적 주류이면서 소일과 오락을 중심으로 하는 대중문화는 중국의 특정한 전환의 시기에 객관적으로 정치 문화와 정통 이데올로기를 제거하는 기능을 담당했다.[8]

특정한 전환의 시기라는 단서를 달기는 했지만, 그는 중국에서 대중문화가 수행한 혁명적 기능을 분명한 형태로 인정하고 있다. 물론 여기에는 그의 뿌리 깊은 정치주의적 입장이 개입되어 있다. 그는 "전체주의에 저항하거나 민주화를 추진하는 정치 기능을 가지고 있는지"[9]로 대중문화를 평가해야 한다고 밝힌다. 다시 말해서 대중문화가 사회적으로 민주화의 동력이 될 때만 그 긍정성이 인정되는 것이다. 이와 같은 관점은 대중문화를 정치적 기능과 소비적 기능을 분리시켜 제한적으로 긍정한다는 특징을 보인다. 따라서 그의 관점에 서게 되면 정치적 기능이 사회적으로 수행되지 못하는 상황에서의 대중문화는 부정적으로 묘사된 소비적 측면만이 부각될 수밖에 없다. 이처럼 그의 '역사적 맥락의 전환'이라는 담론은 정치주의적 태도와 밀접한 상관관계를 맺고 있다. 역사적 맥락의 전환에 따라 대중문화에 정치적 성격을 부여할 수도 그렇지 않을 수도 있기 때문이다. 그럼에도 불구하고 그의 시각은 대중문화를 사회주의 이데올로기라는 '신성 공간'에서 현대화된 '세속 공간'으로의 전환을 적극적으로 인정한다는 점에서, 그리고 세속문화인 대중문화에 현대성 담론인 '합리

---

8 陶東風·徐艷蕊, 『當代中國的文化批評』(北京: 北京大學出版社, 2006): 83쪽.
9 陶東風·徐艷蕊, 같은 책, 2006: 84쪽.

성과 진보성'을 적용한다는 점에서 제한적이기는 하지만 현대화이론 패러다임에 속한다고 할 수 있다.

한편, 리쩌허우는 대중문화의 정치적 기능, 즉 중국 사회에서 대중문화의 체제 전복적 성격에 확고한 믿음을 보인다. 그는 대중문화가 지식인의 대중문화 비판과 무관하게 자신의 발전 경로를 거치고 있으며, 그 자체가 체제 전복이라고 지적한다.

> 일부 지식인들은 '비판이라는 천부적 본성'으로부터 문화 비판을 하고 있다. 그밖의 사람들은 그렇게 하지 않지만 그것도 [그리] 중요한 것은 아니다. 대중문화는 문화 비판을 고려하지 않으며, 노래방에서 노래하는 사람들은 기본적으로 어떤 무엇을 바꿔야 한다고 생각하지 않는다. 그렇지만 이러한 태도는 오히려 어떤 것들을 바꿀 수 있는 것이다. 그것은 바로 …… 정통 체제에 대한, 정교일치라는 중심 체제에 대한 효과적인 침식과 해체다.[10]

그는 획일화된 사회주의 중국을 다원화된 사회로 바꾸는 데 대중문화가 결정적 역할을 담당하고 있다고 평가한다. 물론 이러한 평가를 거시적 정치투쟁이 아닌 미시적 문화투쟁으로 이해할 수도 있다. 그는 대중의 일상적 저항성이 대중문화에 반영되어 있다고 판단한다. 이러한 인식은 '인문정신', 그리고 '신좌파' 진영의 그것과 선명한 대비를 이룬다. 다시 말해서 '인문정신' 논자들이 대중문화 자체를 '인문정신의 상실'로 이해한다면, '신좌파'는 그것을 중간계급의 이해

---

10 李澤厚·王德勝,「關於文化現狀與道德重建的對話(上)」,『東方』1994年第5期, http://www.lw23.com/paper_147486391.

가 반영된 계급문화로 파악하면서 프랑크푸르트 학파의 비판이론을 공유하기 때문이다. 대중문화에 대한 이들의 적대적 태도와 다르게 리쩌허우는 중국 지식인들에게 대중과 대중문화에 적극적으로 다가가 그것과 공조(共助)할 것을 당부한다.

> 나는 지식인들이 진정으로 자신의 문화담론 권력을 획득하고 싶다면, 반드시 한 가지 일을 해야만 한다고 본다. [그것은] 바로 대중·대중문화와 어떻게 더욱 잘 '공모[合謀]'할 것인가다. 이러한 '공모'는 일종의 문화적 연합이며, 그 가운데 반드시 이데올로기적 문제들이 생산될 것이다.[11]

지식인의 사회적 위치와 기능을 현실적으로 보장하는 담론 권력은 대중 또는 대중문화로부터 그 정당성을 획득할 수 있다. 다시 말해서 지식인의 담론 권력의 정당성은 대중 또는 대중문화와 효과적인 연대에 달려 있다. 이와 같은 언술은 매우 중요한 의미를 포함한다. 그것은 담론 권력을 온전하게 확립하기 위해서는 무엇보다 대중에 근거한 '대중 중심성'이 전제되어야 한다는 점이다. 왜냐하면 타자화된 대중에 기반한 '지식인 중심성'이라는 담론 권력은 대중과 효과적인 연대를 어렵게 만들기 때문이다. 따라서 지식인의 담론은 이제 '지식인 중심성'에서 '대중 중심성'으로 대체되어야 한다.

장이우(張頤武)는 '세속정신'의 입장에서 '지식인 중심성'이 철지히 구현된 '인문정신'을 겨냥한다.[12] 그는 세속적 현대성이 추구한 '5·4

---

[11] 李澤厚·王德勝,「關於文化現狀與道德重建的對話(下)」,『東方』1994年第6期, http://www.lw23.com/paper_147810751.
[12] 장이우는 중국에서 '탈현대주의자'로 분류된다. 중국의 탈현대주의 진영이 '지식인 중심성'을 비판한다는 점에서 현대화이론 패러다임 진영과 인식을 같이 하지만 대중문화를 '대중의 문화'로 파악하지 않는다는 점에서 차이를 보인다. 또한 다음에서 살펴볼 현대화

정신'과 '인문정신'을 구분하면서, '인문정신'이라는 추상적 언어 속에 세속 권력을 운영하려는 지식인들의 전략이 개입되어 있다고 평가한다.

> '인문정신'은 현재의 중국문화를 철저히 멸시한 후, 어제의 주체로 다시 돌아가는 마지막 길을 제시했다. 그것은 5·4 이후 지식인들의 구체적이고 세속적인 '현대성' 목표를 포기하는 것을 대가로 은밀하게 어떤 초경험적이고 파악할 방법이 없는, 더욱 환상적인 '현대성' 목표를 환기시켰다. 이러한 목표는 '인문정신'을 지식인들이 가진 '계몽'·'대변'이라는 담론의 중심 위치[에서] '합법성'의 전제로 간주하게 만든다. 여기에는 사실 대단히 세속적인 권력 운영의 전략이 존재하고 있다.[13]

이론 패러다임 진영의 진위안푸 역시 서구의 탈현대적 조건을 중국에 적용하고 있다는 점에서 장이우의 논의를 편의상 여기에 포함시키고자 한다. 한편, 백원담은 중국의 탈현대주의 진영의 지식인 비판 담론이 지식인 자신의 담론 권력 획득을 목적으로 한 책략에 불과하다고 평가한다. "후현대문학론은 신시기 전체의 문학적 성과를 수렴, 민족문학론의 정립과 전개를 통해 문학 주체들의 요구에 부응해간 것이 아니라, 포스트모더니즘이라는 서구 다국적 문화논리와 그 이데올로기적 효과에 기대어 중국 지배담론 공간이 해체되어가는 국면을 파고들어갔다는 점에서 절충적 성격이 강하고, 그런 점에서 선도적 의미와 문화 책략이라는 양면성을 지닌다. 특히 비평의 결석이 운위되는 상황 속에서 소장학자들인 후현대문학론자들이 학원식 비평을 주창하는 것은 비평의 지위와 역할에 대한 문제제기적 성격이 강하지만, 대내적으로는 지배담론과 상업담론의 주도성 속에서 자기 입지를 확보하고자 하는 책략적 의도가 두드러지는 것이다." 백원담 편역, 『인문학의 위기』(서울: 푸른숲, 1999): 311~312쪽. 다시 말해서 탈현대주의 진영의 '지식인 중심성' 비판이 결국 '또 다른 지식인 중심성'에 불과하다는 평가다. 이것은 그들의 비판이 '대중 중심성'을 자신의 담론 기초로 삼지 않아 발생한 논리적 결함에 해당한다.

13 張頤武,「人文精神:最後的神話」, 王曉明 編,『人文精神尋思錄』(上海: 文匯出版社, 1996): 140쪽. ; 백원담 편역, 같은 책, 1999: 201~202쪽. 이 글은 원래 張頤武,「人文精神:最後的神話」,『作家報』1995年5月6日에 실린 것이다. 또 다른 탈현대주의자인 천샤오밍 역시 유사한 논지를 펼친다. "대중문화를 비난하는 것이 엘리트주의적 입장을 고집하는 일부 지식인들에게는 직업적 취미가 되었다. 이것은 지식의 좋고 싫음에 근거할 뿐만 아니라 특정 이데올로기적 입장에서 나온 것이다. 1980년대 후반부터 지식인 진영에 분화가 발생했는데, 정치적 기준에서 크게 두 집단으로 나뉘어졌을 뿐만 아니라 문화적 형태와 전문 영역에서 다수의 소집단으로 빠르게 분열되었다. 정치적 실천 기능이 약화되면서 문화적 소집단 간의 대립은 빈번한 충돌로 이어지게 된다. [그 중] 가장 대표적인 충돌을 꼽는다면 엘리트주의 입장을 견지하는 지식인들이 대중문화를 지배하는 '실력자'들에게 저항한 것이

그는 이처럼 '인문정신'이라는 담론이 결국 지식인을 위한 사회적 권력으로 작동하고 있다는 점에 주목한다. 다시 말해서 그것은 지식인을 지식인답게 하는 하나의 이데올로기로서 지식인에게 정체성과 합법성을 부여한다. 따라서 '지식인 중심성'에 기초한 여타 담론과 마찬가지로 '인문정신' 담론 역시 '대중'과 '세속 정신'을 타자화시키는 이분법을 자신의 주된 근거로 활용한다. 장이우는 '인문정신'이 이 분법을 통해 자신의 담론 권위를 패권적으로 확립하고 있다고 비판한다.

> '인문정신'의 현재 중국문화 상황에 대한 묘사는 아주 음울하다. 그것은 하나의 인문정신/세속문화[라는] 이원 대립을 설정하고, 이러한 이분법적 대립 안에서 스스로를 하나의 초경험적인 신화로 변화시켰다. 그것은 오늘[이라는] 특징을 거부함으로써 희망을 하나의 신화와 같은 '과거'에 위치시켰다. [인문정신의] '상실'이라는 말은 하나의 환상적인 신성 천국을 확정했다. 그것은 사람들과 함께 오늘을 탐색하지 않고, 꾸짖고 훈계하는

다. 이 충돌은 현재까지도 겉으로 드러나지 않거나 낯설게 하기[defamiliarization]라는 방식을 통해 진행되고 있다. 1990년대 중국문화는 일군의 '실력자들'[에 의해] 완벽하게 통제되었으며, 지식인들은 사회의 주변 지대로 밀려났다. 이른바 '실력자'들은 스스로의 확신에 차 있으며, 지식인들을 조롱하면서 즐거워하고, 조잡하게 함부로 만든 것들을 자랑스러워한다. [그것은 그들의] 돈주머니가 가득 차 있기 때문에 스스로를 대단하게 여기기 때문이다. 이것이 일부 지식엘리트에게 참지 못할 분노를 안겨주었다. 그들은 문화적 궤멸과 도덕적 타락에 놀라 소리 지르며, 다시금 엘리트문화를 건립해 계몽 주체라는 역사적 위치에 복귀하려 한다. 성문에 불이 나면 연못의 물을 사용해야 하기 때문에 그 재앙이 연못의 물고기에까지 미치듯이, '실력자'들에 대한 두려움과 비난은 지식 영역으로 전이되어 탈현대주의에 대한 공격으로 바뀌었고, 계몽 주체로 다시 돌아가고픈 소망은 지식 또는 담론 권력에 대한 다툼으로 전환되었다." 陳曉明, 「後現代: 精英與大衆的混戰」, 張頤武 主編, 『現代性中國』(開封: 河南大學出版社, 2005): 336쪽. 이 글은 원래 『東方』1994년 第3期에 실린 것이다. 이처럼 천샤오밍은 대중문화를 둘러싼 대중과 지식인의 변화 양상을 지식인과 문화기업가의 대립관계로 파악한다. 그가 이를 통해 인문지식인에 비판의 초점을 맞추고 있기는 하지만 이 관점에서 대중문화는 '대중의 문화'가 아닌 '문화기업가가 생산하는 문화'로 형상화되고 있을 뿐이다.

귀족과 같은 우월감으로 가득 차 있다. 그것은 현재 문화의 복잡함과 다원성을 두려워하고, 독단적인 패권[주의]적 태도로 자신의 담론 권위를 확립한다.[14]

'인문정신'이 설정한 이분법적 구도에서 '과거'는 '초경험적 신화'와 '신성 천국'으로 보증되면서 '현재'를 타자화시킨다. 다시 말해서 '현재'를 부정하는 방식을 통해 지식인이 자신들의 고유한 사명이라고 주장하는 '비판적 태도'가 정당화된다. 물론 장이우의 이러한 주장이 '현재'를 어떠한 문제점도 없는 상태로 미화시켰다고 해석할 필요는 없다. 오히려 그가 '현재'의 문제점을 파악하기 위해, 다시 말해서 문제를 문제로 인식하는 과정에 개입된 '지식인 중심성'을 문제시하고 있다고 보는 것이 타당하다. 보다 중요한 문제는 '현재'를 부정하는 시각이 '지식인 중심성'의 주요 특징을 이룬다는 점이다. 이것은 비단 '인문정신'을 주창한 중국 지식인들뿐만 아니라 오르테가·리비스주의와 같은 서구 지식인들, 그리고 1920·30년대 계몽주의자들의 '지식인 중심성' 모두에 해당한다. '지식인 중심성'은 이처럼 현재의 부정을 매개로 시공간을 가로지르며 연속된다.

따라서 장이우는 '인문정신' 지식인들에게 '현재'의 인정을 요구한다.

우리는 오늘을 거부할 수 없다. 우리가 오늘을 거부하는 것은 또한 과거와 미래를 거부하는 것이다. '인문정신' 안에서는 결코 구원이 존재하지

---

14 張頤武, 「人文精神:最後的神話」, 王曉明 編, 『人文精神尋思錄』(上海: 文匯出版社, 1996): 141쪽. ; 백원담 편역, 『인문학의 위기』(서울: 푸른숲, 1999): 202쪽.

않으며, [그것은] 현재 문화의 일부분[일 뿐]이다. …… 우리가 이상을 포기할 수 없지만 이러한 이상은 현재로부터만 올 수 있는 것이다. 우리가 숭고함을 거부할 수 없지만 이러한 숭고함 또한 결코 신화로 바뀔 수 없는 것이다.[15]

여기에서 '현재'를 인정하는 것은 곧 '현재'를 구성하는 '대중'과 '대중에 근거한 시각'을 포함한다는 점에 주목해야 한다. 이처럼 현대화이론 패러다임 진영의 지식인들은 개혁개방 이후 문혁의 잔재를 사회적으로 극복해나가는 과정에서 대중문화가 담당했던 역할에 주목한다. 다시 말해서 그들은 중국에서 개혁개방 이후의 대중문화가 1980년대 본격화된 중국 사회의 현대화·세속화·상업화 과정과 밀접한 상관관계를 맺고 있다는 점, 그리고 그러한 대중문화가 문혁의 산물인 사상적 통제와 일체화된 사회주의 이데올로기를 거부하고 비판하는 정치적 기능을 담당했다는 점을 분명한 형태로 인정한다.

여기에서 하나의 문제가 나타난다. 그것은 대중문화의 정치적 성격(즉 일상적인 대립적·저항적·비판적 성격이라 할 수 있는)이 내재적으로 존재하는가 아니면 외부로부터 확정되는가 하는 점이다. 이 문제가 중요한 이유는 그것이 중국에서 자본주의적 대중문화의 역사적 연속성을 밝히는 데 핵심적 사안에 해당하기 때문이다. 다시 말해서 대중문화의 정치성을 내재적 속성으로 볼 수 있다면, 중국의 대중문화는 자연스럽게 1920·30년대와 개혁개방 이후를 정치적 측면에서 연속시키게 된다. 반면 대중문화의 정치성이 외부라는 시대적 조건,

---

15 張頤武,「人文精神:最後的神話」, 王曉明 編,『人文精神尋思錄』(上海: 文匯出版社, 1996): 141쪽. ; 백원담 편역,『인문학의 위기』(서울: 푸른숲, 1999): 202~203쪽.

특히 중국의 특수한 역사적 맥락(또 다른 구조로서)으로부터 규정된 것이라면 대중문화는 그 자체로 능동적 또는 적극적 의미로 해석될 수 없을 뿐만 아니라 그것의 정치성은 개혁개방이라는 특수한 시기에 국한된 일시적 현상에 불과하게 된다.

'현대화이론' 패러다임의 대중문화 담론

이처럼 현대화이론 패러다임 지식인들은 공통적으로 대중문화에 대립적·저항적·비판적 성격을 부여한다. 이것은 일차적으로 개혁개방 이후 중국에 재출현한 대중문화와 사회주의 중국 시기의 일체화된 이데올로기 사이의 긴장관계를 반영한다. 하지만 이들이 개혁개방 이후의 대중문화를 1920·30년대의 그것과 직접적인 연속 관계로 파악하고 있지 않다는 점에서 대중문화의 정치적 성격을 규명하는 작업은 개혁개방 이후의 대중문화에 한정된다. 이로부터 개혁개방 이후의 대중문화 성격을 규명하는, 즉 대중문화의 정치성이 내재적인 것인가 아니면 외부에서 '부여된' 것인가를 밝히는 과정은 매우 중요해진다. 왜냐하면 그러한 성격 규명을 통해 중국에서 또 다른 역사적 실체로 존재했던 1920·30년대 자본주의적 '대중문화'와 현재의 그것이 연속되는 논리적 기반을 마련할 수 있기 때문이다. 또한 그것은 자본주의적 '대중문화'와 비(또는 전)자본주의 사회의 '민간문화', 그리고 사회주의 사회의 '혁명문화'의 관계설정에 도움을 준다.

이를 위해 중국 사회가 개혁개방 이후 점차 사회주의 중국의 일체화된 이데올로기적 자장(磁場)으로부터 멀어지는 과정에 주목해야 한다. 다시 말해서 사회주의 중국 이후 대중문화가 중국 대륙에 본격적으로 유입된 1980년대와 그것이 토착화 또는 안착화된 형태로 등장하는 1990년대 이후를 구분하는 것이다. 두 시기는 앞서 살펴본 것처럼 1989년 천안문 사건을 기준으로 전후가 명확하게 정치적으로 구분될 뿐만 아니라 홍콩과 타이완 대중문화가 중국 대륙의 대중문화를 구성했던 1980년대와 다르게 1990년대에 토착적 성격의 중국 대중문화가 등장했다는 점에서도 구분된다.

따라서 자본주의적 대중문화의 대립적·저항적·비판적 성격이 두 시기를 관통해 지금까지도 유지되고 있는가가 관건으로 부각된다. 만약 그것이 지속적인 대중문화의 성격으로 규정될 수 있다면 대중문화의 정치성은 내재적인 것으로 승인되며, 또한 그러한 대중문화의 정치성은 1920·30년대와 개혁개방 이후, 그리고 현재에 이르는 연속성을 획득하게 된다. 하지만 반대로 대중문화의 정치성이 외재적인 사회 조건의 변화에 따라 규정된다면 그것은 단지 일시적·가변적·단절적 현상으로 남게 된다. 이러한 맥락에서 현대화이론 패러다임의 담론은 다양한 분화 양상을 보인다.

진위안푸(金元浦)는 바로 전자의 입장, 즉 대중문화의 대립성과 비판성을 그 내재적 속성으로 파악한다. 그 역시 타오둥펑과 마찬가지로 초기 프랑크푸르트 학파의 비판이론을 통해 중국 대중문화를 비판하던 입장[16]에서 이후 대중문화를 긍정하는 입장으로 전환한다.

> 우리가 오늘날 언급하는 대중문화는 하나의 특정한 범주다. 그것은 주로 현재 도시에서 형성되고, 현재의 대공업과 밀접한 상관관계를 맺고 있으며, 세계화된 현대적 미디어(특히 전자미디어)를 매체로 하는 대량생산과

---

16 金元浦,「試論當代的文化工業」,『文藝理論研究』1994年第2期 참조.

소비이고, 유행화라는 운영 방식을 채택한 현재의 문화를 가리킨다. 대중문화가 악마인지 복음(福音)인지에 상관없이 그것은 모두 20세기 냉전이 끝난 후 인류에게 가장 중대한 역사적 사건이다. 그것의 존재는 우리의 생활을 바꾸었다. 1990년대 본격적으로 시작된 중국 대중문화는 우선 신성을 해체한 세속화 운동이다. 그것은 시장경제 아래에서 [진행된] 사회 전체 변혁의 일부분이며, 시민사회가 자신의 문화적 이익에 대한 보편적 긍정을 표현하며, 먹고 살만한(小康) 시대에 대중문화라는 생활 요구의 합리성을 표현한다. [또한] 그것은 상승(上昇)기의 내재적 동력이자 [그것에] 상응하는 비판의식으로 기능한다. 현재의 대중문화는 이미 중국 현재 사회의 제도 형태와 사람들의 일상생활에 깊숙이 개입되어 있을 뿐만 아니라 새로운 한 세대의 생활을 변화시키는 데 지속적인 영향을 미치고 있다. 이 때문에 우리는 전통적 대중문화 관념을 적극적으로 타파해야만 하고, 현재 대중유행문화의 성질과 특징을 다시 새롭게 인식해야만 한다. 아울러 합리적인 해석과 설명을 제출해야만 한다.[17]

1990년대 본격적으로 토착화된 '대중문화'는 1980년대와 마찬가지로 여전히 '신성 해체'·'세속화 운동'·'사회 전체 변혁의 일부분'으로서의 '보편성'·'합리성'·'비판성'으로 긍정된다. 그는 이처럼 '일상생활을 지속적으로 변화'시키는 동력을 대중문화의 내재적 속성으로 이해한다. 이와 같은 해석은 역사적 맥락에 의해 단절적으로 대중문화의 사회적 기능을 인정하는 관점과 근본적으로 구분된다. 다시 말해서 그의 시각을 중국의 역사적 맥락의 변화라는 차원에서 해석

---

17 金元浦,「重新審視大衆文化」,『當代作家評論』2001年第1期: 84쪽. 이 글은 진위안푸의 사상적 전환을 분명히 보여주는 글로, 원래 金元浦,「重新審視大衆文化」,『中國社會科學』 2000年第6期에 실린 것이다.

할 수도 있지만 그 역사적 맥락은 사회구조적 맥락에서 규정되는 것이 아니라 대중문화 자체의 발전적 맥락을 의미한다.

> 그것[대중문화]이 형성 초기에 보여준 비(非)정치, 비도덕가치, 비예술, 심지어 비심미라는 현상적 특징은 바로 과거 시대의 극단적인 정치적 가치관에 대한 반발과 이전의 정치-윤리적인 일원적 가치 구조에 대한 공격[을 의미한]다. 정치 일체화라는 계급투쟁 이데올로기를 변혁하는 데 그것은 희미한 것처럼 보이지만 실제로 상당히 견고한 역량을 갖추고 있다. 50년 동안 문화가 '가죽에 붙어있는 털'처럼 정치에 완전히 의존된 전통적 국면과 운영 방식이 사라진 뒤, [그것은] 중요한 역할을 발휘했다. 그것은 그것의 독특한 방식의 참여를 통해 정치와 문화의 주종(主僕) 관계를 변화시켰을 뿐만 아니라 문화가 경제와 정치를 상대로 '두 주인을 모시는 하인'이라는 현실적 경관을 드러냈다. 일정 정도 현재의 문화는 경제·정치와 삼각축을 형성해 상대적으로 독립적인 사회와 제도라는 위치를 획득했다. 또한 현재 정치·경제에 중대한 영향과 제약을 가하는 가능성이 되었다.[18]

의심할 바 없이, …… 더욱 중요한 것은 중국의 현재 대중문화가 갖고 있는 그 자체 발전의 맥락이다. 중국의 현재 문화 발전이 실제 환경과 유리되었다면 우리의 토론은 사상누각에 불과할 것이다. 중국에서 '문화연구'는 사실 일찍부터 시작되었다. 1990년부터 형성된 중국의 현재 대중문화

---

18 金元浦,「重新審視大衆文化」, http://www.cctv.com/tvguide/tvcomment/tyzj/zjwz/7771_2.shtml. 이 글은 2000년도에 발표된 그의 글과 동일한 제목으로, 정확한 발표 연도가 파악되지 않고 있다. 참고로 타오동펑은 이 글이 2003년에 발표되었다고 설명한다. 陶東風·徐艶蕊,『當代中國的文化批評』(北京: 北京大學出版社, 2006): 88쪽.

는 중국이 계획경제에서 시장경제로 전환하는 시기에 빠르게 발전된 것이다. 그것은 중국이 직면한 이데올로기 변혁과 가치 관념의 전환이라는 문제와 깊은 관계를 맺고 있다. 이전 중국 학술계는 주로 대중문화의 부정적인 측면을 비판하는 데 치우쳐 대중문화와 현대 미디어·현대 과학기술·현대 생활이 맺고 있는 상관성을 무시했다. …… 그것[대중문화]의 존재는 우리의 생활을 변화시켰다. 대중문화와 현 단계 인류의 가장 큰 변혁 - 예를 들어 경제의 세계화, 이데올로기의 변혁, 매체 혁명, 고급 과학기술과 인터넷, 새로운 경제 물결과 현재 세계문화산업의 발전은 모두 복잡다단한 상관성을 맺고 있다. 그것의 존재는 현재 사회 체계와 생활 실천, 나아가 제도적 틀을 구성하는 중요 부분에 해당한다.[19]

위의 두 인용문은 모두 대중문화가 중국의 특수한 역사적 맥락으로부터 출현했다는 사실을 알려준다. 하지만 그의 인식 중심에는 대중문화가 자리 잡고 있다. 다시 말해서 '희미한 것처럼 보이지만 실제로 상당히 견고한 역량'을 가진 대중문화는 '계획경제에서 시장경제로 전환하는 시기'에 출현해 자신의 운동(또는 전개) 방식을 통해 하나의 정치적 가능성으로 현재까지 기능하고 있다. 이처럼 그에게 대중문화의 정치성은 1980년대와 1990년대라는 상이한 시대를 경과하며 연속되는 것이다. 이로부터 그의 관심은 필연적으로 대중문화의 주체인 '대중'으로 나아가게 된다. 왜냐하면 대중문화의 내재적 정치성은 바로 대중에 의해 드러나기 때문이다. 대중을 문화산업이 생산한 문화상품의 수동적 대상으로 보지 않고 대중문화의 생산주체로 파악하려는 시도는 사실상 '대중 중심'적 시각에 해당한다. 따라서

---

19 金元浦, 같은 글, 같은 곳.

'대중 중심성'과 그것의 전개 양상은 곧 대중의 '민주주의'라는 정치적 문제로 연결된다.[20]

20 주자오즈는 명확한 '대중 중심'적 입장에서 '지식인 중심성'을 적극적으로 비판한다. 「대중문화 비판에 대한 비판」이라는 글의 제목에서도 알 수 있듯이, 그는 지식인들의 대중문화 비판을 재비판하고 있다. "중국이 개혁개방을 시행하는 데, 특히 시장경제 체제를 확립한 이후 비로소 대중문화는 [그] 싹을 피웠고 번창했다. 뿐만 아니라 빠르게 사회적으로 우월한 문화가 되었으며, 사람들의 일상생활에 일부분이 되었다. …… 현재 중국 내 이론계에 대중문화 비판의 목소리가 아주 많다. 그렇지만 이러한 비판들이 결코 대중문화의 빠른 발전을 저지할 수는 없다. …… 대중문화 비판의 무기는 주로 두 가지인데, 하나는 전통적 엘리트문화의 심판(審判)[이라는] 관념과 원칙이고, 다른 하나는 프랑크푸르트 학파의 '문화산업' 이론이다. 하지만 [이들의 대중문화 자체에 입각해야 한다는 점을] 잊고 있다. 이러한 논리적 출발점의 전도는 필연적으로 비판의 방향을 일탈시켰다. 전통적 엘리트문화의 심미(審美)라는 관념과 원칙으로부터 출발해 대중문화를 측정하고 비판한 것은 시간상의 전도다. 전통적 엘리트문화는 문화인이 창조하고, 문화인과 상류 사회에 감상을 제공하는 문화다. 그 시기에 문화 계층과 비(非)문화 계층은 엄격한 구분이 존재했으며, 일반 민중(民衆)은 문화의 밖으로 배제되었다. 그러나 현대사회는 현세화(現世化)·세속화된 사회이고, 그것의 문화적 특색이 바로 대중화이자 통속화다. …… 만약 엘리트문화의 기준으로 모든 문화를 평가하고자 한다면, [그것은] 실제 대다수 사람들의 문화적 권리를 박탈하는 것이다. 결국 대다수 사람들이 관심을 갖는 것은 현세적인 지금의 생활이다. 그래서 통속소설·유행음악·영화와 TV·노래방·MTV·록 음악·생활 광고 [등]이 현대의 인쇄 매체와 전자 미디어를 통해 편리하고 빠르게 대량으로 대중에게 전달된다. [그것들은] 이렇게 큰 차원에서 대중의 다양화된 문화적 욕구를 만족시켰다. …… 대중문화의 속성으로 많은 사례를 꼽을 수 있다. 즉 상품성·과학기술성·오락성·복제성·유행성·영합성·평면성·양식화·형식화·표준화·유형화·대량화 [등]이며, 이것들은 모두 엘리트문화가 대중문화의 병폐라고 주장하는 유력한 증거다. 하지만 사실 우리는 형이상학적으로 이러한 속성들에 대해서 함부로 비판할 수 없으며, 위의 속성들은 단지 대중문화의 특징일 뿐이지 결코 그것의 죄명이 아니기 때문이다. 그 합리성의 일면은 현대 사람들의 수준 높은 과학기술·수준 높은 정보·수준 높은 생산·수준 높은 욕구·수준 높은 소비라는 일치된 생활 구조와 긴밀히 연관되어 있어 일종의 새로운 생활 방식을 드러냈다. 우리는 분명하게 이전의 생활 방식이 현재의 생활 방식보다 좋다고 말할 수 없다. 하나의 문화 생산은 결코 우연이 아니며, 그것은 필연적으로 그것의 생존과 발전에 필요한 토양을 마련한다. 대중문화는 현대 대중소비사회의 산물이다. 그것은 기술 생산을 전제로 삼고, 현대 미디어를 수단으로 삼으며, 상품소비를 목적으로 삼는다. …… 대중문화는 그 강렬한 현대적 색채와 혁명 정신을 가지고 봉건 문화의 잔재에 충격을 가하고 전복했을 뿐만 아니라 중국 사람들의 현대적 품성에 거대한 작용을 일으켰다. 한마디로, 그것은 개방적 인격이라는 특징을 형성했으며, 사람들에게 시장에 참여해 개혁을 지향하려는 마음가짐을 강화시켰다. 즉 사람들의 심리 공간을 확대시켜 사람들의 새로운 심리적 욕구를 창조했고, 인간의 발전을 이데올로기화로 국한시키려는 [시도를] 타파해 인간의 현대화된 여러 가지 소양(素養)들을 발전시켰다. [또한] 문화의 전달방식을 변화시킴으로써 인간의 현대화된 다차원적 경로들을 끌어냈다. 우리는 현대화가 물질 영역·제도 영역과 심리 영역이라는 세 가지 영역을 포괄하고 있으며, 그 중에서 심리 영역이 가장 심오하고 근본적이며 가장 실현하기 어렵다는 점을 알고 있다. …… [이로부터] 대중문화가 이 측면에서 공헌이 있다는 점은 누구나 알고 있는 사실이다." 祖朝志, 「對大衆文化批判的批判」, 『社會科學』1998

대중문화가 단지 개혁개방 이전의 이데올로기를 공격하고 비판만 했던 것은 아니다. 더욱 중요한 것은 현재 대중문화의 주체가 대중[이라는 점] 이다. 대중문화는 본능적으로 대중에게 의지하는 것이고, 민주(民主)를 향하는 품격이고, 개방적·쌍방 소통·다원화를 지향하는 이데올로기다. 대중문화는 이전 문화자원의 분배 방식을 변화시켰고, 문화자원의 재분배를 진행했다. 그것은 새로운 공공문화 영역을 형성 또는 창조했으며, 새로운 대량의 문화자본 축적과 운영 방식을 만들었다. [또한] 이전의 단일화된 정치문화자본의 소유 방식 …… 또는 독점(전유) 방식을 크게 바꿨으며, 다양한 층차와 지위에 적합한 문화적 소비 공간과 소비 방식을 창조해 다수의 사람들에게 자유롭고 편리하며 신속하게 자신이 좋아하는 문화자원을 획득할 수 있게 하였다. 또한 대중문화는 대중의 새로운 문화 유행과 공공문화라는 주제를 창조했다. 인기 있는 한 편의 드라마와 한 장의 VCD·테이프 또는 축구 경기로부터 의상·여행·실내인테리어에 이르기까지 그것은 [너무] 일상적이어서 느끼지 못할 정도로, 현대인의 일상생활 방식을 주조할 뿐만 아니라 하나의 제도적 형태로 나아가고 있다.[21]

그는 대중과 대중문화의 상관성에 주목하면서 대중문화가 사회적으로 긍정적 효과를 발생시켰다고 평가한다. 나아가 더욱 명확한 형태로 대중문화와 대중의 관계를 정식화하고 있다. "대중문화의 형성은 현재 중국의 시장경제라는 조건에서 시민[公民] 사회의 성장에

年第4期: 45~46쪽. 그는 여기에서 다양한 사례 제시를 통해 자본주의·대중문화·대중·소비·과학기술 등을 하나의 범주로 묶으면서 '대중 중심'적 대중문화의 근거를 확보하고 있다. 이와 같은 시각으로부터 중국에서 자본주의적 '대중문화'는 1920·30년대와 역사적 연속성을 획득하게 된다.

21 金元浦, 「重新審視大衆文化」, http://www.cctv.com/tvguide/tvcomment/tyzj/zjwz/7771_2.shtml.

따른 산물"²²이며, "공공공간으로서 그것[대중문화]은 서로 다른 이데올로기의 묶음·교류·소통·공존·대립·충돌이라는 공공장이며, 또한 집단 사회, 특히 약자 집단과 주변 담론의 표현장이다."²³ 이러한 진단은 개혁개방 이후 변모한 시장경제라는 조건에서 대중문화가 사회 권력의 분화 또는 분점의 과정, 즉 사회적 약자로의 권력 이동(또는 민주주의 확대)을 가속화시키며 이미 주류 이데올로기로 등장했다는 점을 알려준다.

> 현재의 대중문화 발전은 중국에서 매우 중요한 의미를 갖는다. 바로 대중문화가 실제적으로 현재 중국의 이데올로기를 바꾸고 있기 때문이다. [그것은] 공공문화 공간과 문화의 장을 만드는 데 적극적인 작용을 하고 있다.²⁴

이처럼 대중문화는 현재 중국 사회에서 사회적 약자의 힘이 증대되는 문화적 장으로 설정된다. 그의 긍정적 대중문화 담론은 사실 서구의 논의, 특히 '문화연구' 진영의 연구성과에 크게 의지하고 있다. 사회적 약자인 '대중'은 문화상품을 소비하면서 자신의 문화, 즉 '대중문화'를 창조해나간다. 이처럼 긍정적 대중문화 담론은 대중문화에 '대중의 문화' 또는 '대중의 이데올로기'(즉 대중 중심성)라는 적극적인 의미를 부여하면서, 그것의 속성으로 개방성·소통성·다원성을 제시한다. 이러한 주장은 네그리와 하트의 '다중' 개념을 연상시킨다. 물론 '다중'과 진위안푸의 '대중' 개념의 정치적 해석 차이가 있다

---

22 金元浦, 「重新審視大衆文化」, http://www.cctv.com/tvguide/tvcomment/tyzj/zjwz/7771_2.shtml.
23 金元浦, 같은 글, 같은 곳.
24 金元浦, 같은 글, 같은 곳.

하더라도 그것이 모두 '자본주의적 대중'을 지시한다는 점에서 일치한다.

진민칭(金民卿)은 시장경제 및 자본주의적 '대중'과 '대중문화'의 관계를 직접적으로 거론하면서 대중문화를 '대중의 문화'로 승인한다. 대중문화는 대중이 직접 참여한 문화이며, 시장경제가 그 참여의 기초를 제공한다는 주장이다.

우선 시장경제는 대중문화의 수용자와 참여자, 즉 문화 대중을 형성했다. 대중문화는 대중이 직접 참여한 문화로, 대중은 대중문화의 수용자인 동시에 대중문화의 참여자이자 창조자다. 문화 대중의 창조·수용·참여가 없이 대중문화를 생산한다는 것은 불가능하다. 시장경제는 경쟁 기제를 핵심 기제로 하는 경제로서, 사회 대중의 독립적 인격과 주체의식을 만들었다. 그들은 봉건 사회의 인격적 의존[25]을 벗어나 독립적으로 사회 현실과 문화 발전에 대해 스스로 판단과 분석을 할 수 있다. 시장경제는 개인들에게 일정한 휴식 시간과 경제적 지배능력을 갖게끔 한다. [이로부터] 그들이 평등하게 교육받을 수 있는 힘을 얻게 되면서 문화창조 활동에 평등하게 참여할 수 있는 주관적 능력을 갖추게 된다. 그리고 시장경제라는 조건에서 사람들의 물질생활이 어느 정도 풍부해졌고, 생존의 조건을 마련했다는 기초 위에서 문화생활의 요구를 갖게 된다. 그들은 스스로 생활상의 느낌을 표현할 수 있을 뿐만 아니라 [그것을] 원하기까지 한다. 둘째, 시장경제는 대중문화의 시장화된 운영 기초를 창조했다. 시장을 지향하는 경제적 사유 양식과 행위 방식은 점차 사람들이 다양한 사회활동에 종

---

[25] '인격적 의존'은 농민(또는 농노)이 인격적으로 봉건적 국가·귀족·관료·지주 등에 의존하는 관계를 가리킨다.

사하는 데 [필요한] 기본 방식이 되었다. 이러한 방식이 대중문화 영역으로 들어가 대중문화의 생산·유통·소비의 기본 형식이 된다.26

그는 이처럼 대중문화를 '대중의 문화'로 정의하면서27, '대중'과

---

26 金民卿, 「大衆文化:一種新的文化生産方式」, 『安徽大學學報(哲學社會科學版)』2002年 第26卷第4期: 71~72쪽.

27 타오둥펑은 대중문화가 '대중의 문화'라는 진민칭의 관점을 비판한다. "이러한 [진민칭의] 관점은 문제가 된다. 특히, 대중문화를 대중이 창조한 것이라고 말하는 것은 완전히 사실에 부합되지 않는다. 대중문화에 긍정적 태도를 취하는 피스크 등과 같은 사람도 인정하고 있듯이, 생산의 차원에서 현대 대중문화는 문화산업의 기업들이 창조한 것이다. 대중은 직접적으로 대중문화를 창조할 수 없고, 기껏해야 창조적으로 대중문화를 이용할 뿐이다. 이것은 사실 대중문화와 민간문화의 중요한 구분에 해당한다. 중국 대중문화의 생산 상황을 조금이라도 알고 있는 사람이라면 모두 인정할 것이다. 마치 유행음악·대중 유행도서·통속극 등과 같은 전형적인 대중문화 상품은 모두 레코드 회사·출판사(출판판매상)·드라마 제작회사가 만든 것이기 때문에 대중은 기본적으로 이러한 생산 과정에 진입할 수 없다." 陶東風·徐艷蕊, 『當代中國的文化批評』(北京: 北京大學出版社, 2006): 90쪽. 하지만 오히려 이러한 타오둥펑의 주장이 사실에 맞지 않는다고 봐야 한다. 중국 대중문화연구에서 피스크 담론의 중요성을 강조하던 그가 문화산업 기업에 의해 대중문화가 창조된다고 주장하는 것은 매우 당혹스럽다. 피스크는 문화기업이 대중문화를 생산한다고 주장한 것이 아니라 앞서 살펴본 것처럼, 문화기업이 생산한 문화상품을 소재로 대중에 의해 대중문화가 창조된다고 보았다. 피스크가 재정경제와 문화경제라는 2중 경제론을 제기한 이유도 대중문화의 형성 자원인 문화상품을 문화기업이 대중에게 제공하고 있다는 점을 밝히려 했기 때문이다. 따라서 타오둥펑은 피스크의 대중문화 담론을 잘못 이해하고 있는 것이다. 이러한 잘못된 이해로부터 문화상품과 대중문화는 동일한 것으로 취급된다. 만약 대중문화가 문화기업에 의해 창조되는 것이라면, 대중에 의해 선택되지 못한 수많은 문화상품들 역시 대중문화로 설명되어야만 한다. 피스크가 『대중문화의 이해』의 첫 장에서 굳이 청바지 회사를 사례로 들며 자신의 견해를 밝히고 있는 것도 그러한 이유에서다. 청바지 회사는 이윤 추구를 목적으로 청바지를 만드는 것이고 대중은 그 청바지를 자신들의 문화, 즉 대중문화로 창조하고 있다. 청바지 회사는 처음부터 찢어진 청바지를 만들지 않았고, 대중에 의해 창조된 찢어진 청바지는 다시 청바지 회사들에 의해 동일한 이윤 추구를 목적으로 재탄생하게 된다. 핵심은 기업이 제공하는 문화상품과 대중의 선택(또는 소비) 과정이 만나는 지점을 이해하는 데 있다. 이러한 타오둥펑의 불철저한 인식은 나아가 대중문화와 민간문화에 대한 왜곡으로 확대된다. 그에 따르면, 문화의 생산 단위로부터 대중문화와 민간문화는 구분된다. 다시 말해서, 문화기업이 만들면 대중문화이고 대중이 직접 만들면 민간문화인 것이다. 그렇다면 찢어진 청바지가 대중 사이에 유행하지만 청바지 회사가 찢어진 청바지를 만들지 않았다면, 찢어진 청바지는 단지 민간문화일 뿐이다. 그래서 피스크는 민간문화가 그것을 생산한 사회적 조건을 벗어나더라도 여전히 그것을 생산한 자들의 것이고, 대중문화는 그 문화적 자원이 문화산업의 상품이라는 근본적 소외성을 가지더라도 대중의 것이라고 주장한 것이다. John Fiske, *Understanding popular culture*(Boston: Unwin Hyman, 1989), p. 171. ; John Fiske/박만준 옮김, 『대중문화의 이해』(서울: 경문사, 2002;2005): 251쪽 참조. '대중문화'와 '민간문화'의 근본적인 차이는

'대중문화'를 자본주의적 시장경제라는 하나의 범주 안에서 다루고 있다. 이를 기초로 중국의 시민사회와 민주정치로 논의를 확장시켜 나간다. 이러한 시각의 근저에는 바로 서구 사회의 경험이 존재한다.

셋째, 시장경제의 발전은 현대 도시의 출현과 시민사회의 형성을 추동함으로써 대중문화의 발전을 위해 [그것의] 생존과 발전에 [필요한] 사회정치적 공간을 제공했다. 대중문화가 생산한 사회적 기초는 시민사회와 민주정치의 환경이 된다. 현대 도시경제라는 조건에서 시민사회는 사회 성원들이 계약이라는 규칙을 통해 스스로의 선택을 전제로, 자율을 기초로 경제 활동·사회 활동·문화 활동 및 의정과 참정 활동을 진행시키는 생존과 생활 영역을 뜻한다. 그것은 사회 성원들이 생활하고 있는 [영역으로], 일부는 사적 영역이자 [일부는] 비정부 공적 영역의 종합이다. 시민사회는 현대사회 대중이 존재하고 있는 주된 공공 영역으로, 대중은 그 가운데 시장경제 활동에 종사하는 것과 동시에 비교적 자유롭게 스스로 생활상의 느낌·정치적 견해와 문화적 욕구를 표출할 수 있다. 민주정치 환경은 사람들에게 비교적 자유롭게 자신이 좋아하는 문화를 선택할 수 있게 하고, 단일한 이데올로기적 통제를 거부할 수 있게 한다. 따라서 시민사회의 형성과 발전 역시 시장경제와 점점 더 깊은 관계를 맺게 된다. 시민사회 주체의 생성·계약이라는 규칙의 확립·시민사회의 독자적 발생과 발전·시

바로 자본의 개입 여부에 있다. 대중문화는 민간문화와 다르게 자본주의적 시장경제 체제에서 (자본이 투입된) 문화상품을 불가피하게 문화적 소재로 활용할 수밖에 없기 때문이다. 반면, 민간문화는 자본이 개입되지 않았기 때문에 시·공간적 제약이라는 한계를 갖는다. 대중문화의 개념 정의가 자본주의적 '대중문화'로 이해되는 이유가 여기에 있다. 또한 중국 '문혁' 시기의 사회주의적 '혁명문화'와 한국의 1980년대 '민중(또는 운동권)문화'를 민간문화의 '변종'으로 해석하는 이유 역시 마찬가지다. 이러한 광의의 민간문화(혁명문화와 민중문화를 포함한)에 자본이 개입되면서, 다시 말해 대중문화의 창조 소재로 바뀌면서 그것은 대중의 선택과 소비과정을 거쳐 '대중문화'로 재탄생한다.

민사회[에 관한] 다양한 내용의 출현 [등]은 모두 시장경제와 떨어질 수 없는 것이다. 시장경제가 존재하는 조건에서만 시민사회는 비로소 진정한 모습으로 만들어질 수 있다. 서구 시민사회의 발전이 이 점을 충분히 증명하고 있다.[28]

이처럼 진민칭은 자본주의적 시장경제를 근간으로 한 서구 사회의 경험을 중국 사회에 동일하게 적용시킨다. 물론 역사적 맥락 변화를 중시하는 타오둥펑의 관점에서 이런 주장은 단지 서구의 논의를 중국 현실에 기계적으로 적용시킨 것에 불과할 것이다. 하지만 여기에서 고려해야 할 사안은 현대화이론 패러다임 진영의 지식인들이 자본주의적 시장경제 체제를 확립한 중국 사회에서 대중과 대중문화, 그리고 시민사회와 민주정치의 내적 상관성을 검토하고 있다는 사실이다. 중국에서 시민사회와 민주정치가 어느 정도까지 형성되었는가라는 문제를 논외로 한다면 이와 같은 시도는 그 자체로 매우 유의미하다. 왜냐하면 이들의 이론적 작업은 현대적 대중과 대중문화, 즉 자본주의적 대중과 대중문화에 사회적 합법성을 부여하고 있기 때문이다. 다시 말해서, 그것은 1930년대의 '대중어' 운동 및 『소설』의 '대중문예'와 『신소설』의 '통속문학'을 주창했던 당시 지식인들의 기본시각을 계승하면서 '대중'과 '대중문화'에 대한 긍정적 담론을 중국 사회에서 연속시킨다는 점에서 의의를 갖는다.

이처럼 현대화이론 패러다임 진영의 긍정적 대중문화 담론은 사회주의 중국 시기를 뛰어넘어 '문화시장을 매개로 현대적 대중에 의

---

28 金民卿, 「大衆文化:一種新的文化生産方式」, 『安徽大學學報(哲學社會科學版)』2002年 第26卷第4期: 72쪽.

한 대중문화'라는 흐름의 기반이 된다. 개혁개방이라는 사회적 변동으로부터 중국 사회에 다시금 나타난 대중문화는 1930년대 중반 문화의 현대화와 민주화를 예측했던 정보치의 주장과도 같이 하나의 사회적 주류로 현실화된다. 하지만 이러한 1920·30년대와 개혁개방 이후의 연속적 관계는 또 다른 차원의 검토를 요구한다. 그것은 바로 탈현대사회의 출현이 야기한 변화된 사회 조건이다. 다시 말해서 1920·30년대 당시 지식인들이 서구/중국과 전현대/현대라는 대립적 (또는 이분법적) 인식틀을 유지했다면, 1990년대 이후의 지식인들에게는 그러한 기존의 인식틀을 넘어서는 보다 확장된 이해가 요청된다.

자본주의의 재구조화 과정인 탈현대사회에 주목해야 하는 주된 이유는 그것을 통해 현재까지 많은 중국 지식인들이 견지하고 있는 '평균주의'적 인식 태도를 극복할 수 있기 때문이다. 예를 들어, '신좌파'의 왕후이는 사회주의적 현대화를 긍정하면서도 탈현대 논의에 대해서는 양적 인식만을 드러내고 있다.[29] 이러한 '평균주의'적 시각은 왕후이뿐만 아니라 현대화이론 진영에도 중국은 아직 현대화가 실현되지 않았기 때문에 현대성 자체를 문제 삼아서는 안 된다고 주장한다.[30] 현대성 담론인 '진보'에 기초한 전현대와 현대라는 대립적

---

[29] 왕후이는 이른바 '현대성'을 배리적 개념, 즉 추구와 비판이 공존하는 개념으로 파악한다. 다시 말해서 현대성의 실현 과정에는 현대성의 추구와 그것에 대한 비판이 동시적으로 존재한다는 인식이다. 따라서 그는 현대성을 내적 긴장과 모순 구조로 이해하면서, 앞서 언급한 '反현대성적 현대성' 개념을 중국 현대사상의 특징으로 추출하고 있다. 이러한 맥락으로부터 그는 중국의 탈현대주의가 현대성을 하나의 총체성으로 인식하고 있다고 비판한다. 汪暉/김택규 옮김, 『죽은 불 다시 살아나』(서울: 삼인, 2005): 39~49쪽 참조. 이와 같은 인식은 기본적으로 하버마스의 '미완의 기획으로서 현대성' 개념과 내용적으로 연결된다. 따라서 그의 현대성 인식은 탈현대 담론을 현대성의 보충으로 이해하게끔 만든다.

[30] 汪暉/김택규 옮김, 같은 책, 2005: 49쪽 참조. 그리고 현대화이론 진영의 리쩌허우도 동일한 인식을 보여주고 있다. "'현대성에 반대한다'는 구호도 적당한 시점을 고려해야 합니다. 중국과 서양이 서로 다른 시대에 처해 있다는 점을 주목해야 한다는 겁니다. 서양의 현대성은 충분히 발전되어 있습니다. 때문에 서양 학자들이 현대성에 반대한다고 주장하

인식은 결과적으로 중국 사회가 현대화를 어느 정도 달성했는가에
만 주목하게 만든다. 하지만 탈현대적 문제의식은 그러한 양적 인식
태도를 부정하며, 전현대 - 현대 - 탈현대가 공존한다는 질적 관점에
서 중국 사회를 바라보게 만든다. 천샤오밍은 '탈현대'의 중국적 의미
를 설명하면서, 순차적 시간관념으로서의 '탈현대' 개념을 부정한다.

아주 흔하게 볼 수 있는 것이 상식에 가장 위배된 비난, 즉 중국은 여전히
'현대'가 부족한데도 '탈현대'가 거리에 넘쳐나고 있다고 말하는 것이다.
이것은 당연히 과장된 표현이다. 이른바 탈현대 연구는 현 중국에서 간간
히 내리는 몇 방울의 보슬비에 지나지 않는다. 하지만 그것은 이처럼 광
범위한 두려움과 비방을 야기했을 뿐만 아니라 그 잠재력을 보여주었다.
문화라는 통화팽창의 시대에서 탈현대는 마치 '통화팽창'과도 같이 피할
수 없는 것이 되었다. 당연하게도 탈현대는 솔로몬의 병에서 나온 문화적
재앙이 아니라 완벽하게 다루지 못해 규범[화]되지 못한 것이다. 실제 '탈
[後]'은 결코 단순한 수입품이 아니며, 현재 중국은 그것을 더욱 발전시킬
수 있는 토양, 즉 일상생활과 유행문화라는 광범위한 '탈현대화[後現代化]'
[현상들]을 가지고 있다. 사람들이 그것을 보아도 알지 못해[거나] 알아도
모르는 체하고 있[을 뿐이]다. '탈'에 대한 저항과 비난은 분명 문화적 창조
정신을 가장 많이 지닌 지식엘리트로부터 기원한다. 하지만 [여러 종류의]
'탈'들 또한 문화 속에서 마치 물고기가 물을 만난 것처럼 좋아보이지는 않
는다. '탈'은 엘리트와 대중의 사이를 넘나들면서 이처럼 탈현대를 하나의

는 것은 어느 정도 일리가 있지요. 하지만 중국의 시장경제는 이제 막 걸음마를 시작한 단
계이고, 현대화의 경제적 기초도 아직은 매우 빈약한데다가 과학기술은 한참이나 낙후되
어 있는 실정입니다. 이런 상황에서 무조건적으로 현대성에 반대하다가는 본말의 전도를
초래하게 됩니다." 李澤厚·劉再復, 『告別革命-回望二十世紀中國』(香港: 天地圖書有限公
司, 1995): 52쪽. ; 李澤厚·劉再復/김태성 옮김, 『고별혁명』(서울: 북로드, 2003): 109쪽.

분야로 만들었다. 엘리트와 대중은 모두 여기에서 우스꽝스러운 얼굴을 하고 있[을 뿐이]다. '탈[後]'은 가장 오해받기 쉬운 글자로, 그것이 보통 후기산업 문명시대라는 시간적 제한에서만 표현될 [수] 있다고 여겨진다. 이것이 바로 오해를 야기한 문제 지점이다. '탈'은 물론 '~한 뒤'[라는 의미]를 드러내기도 하지만 그것의 더욱 중요한 의미는 공간화된 전도 상황을 묘사하는 데 있다. [즉] 서로 다른 시간[대]의 것이 동일한 하나의 공간이나 평면 가운데 쌓인 것이다. 그것은 이전의 경험적 존재와 어느 정도 미세한 차이를 드러내거나 어떤 변형된·왜곡된·콜라주[collage]된·지나친 또는 뒤틀린 상태를 말한다. 그것은 사람들이 습관적이고 관례적인 의미에서 어떤 사물을 묘사하거나 이해할 방법이 없는 것, 그리고 명확하게 경계를 부여할 방법이 없으면서도 불가피하게 구분하려는 것을 가리킨다. 그것은 보통 중성(中性)적이지만 그것은 자주 우스갯소리라는 의미도 가지고 있다. 이러한 시각에서 '탈'을 보면 '탈'과 경제발전 수준을 단순하게 한마디로 뒤섞을 수 없으며, 제3세계 또는 개발도상국에서도 '탈'은 출현할 수 있는 것이다. 예를 들어 탈현대의 대표작으로 알려진 1960년대 미국의 실험소설들은 경제 발전 수준이 낮은 라틴 아메리카의 소설(보르헤스[Jorge Francisco Isidoro Luis Borges, 1899~1986]와 마르케스[Gabriel Garcia Marquez]의 소설과 같은)을 모델로 삼았는데, 이 역시 탈현대 소설로 인정된다. 이처럼 현재 중국에서도 탈현대라는 것이 존재할 수 없다고 주장할 이유는 없다.[31]

　　이러한 인식 전환은 탈현대와 현대가 대중에 의해 연속되고 있으며 그 과정이 바로 대중의 민주주의와 직결되어 있다는 점, 그리고

---

31 陳曉明, 「後現代: 精英與大衆的混戰」, 張頤武 主編, 『現代性中國』(開封: 河南大學出版社, 2005): 332~333쪽. 참고로, '솔로몬의 병'은 전설에 솔로몬 왕이 마귀와 싸워 마귀를 병 안에 가두었다는 데서 비롯된 표현이다.

대중문화의 사회적 확장이 곧 문화의 민주주의라는 점을 알려준다. 진위안푸는 시장경제와 대중문화의 관계설정에 이러한 탈현대적 조건을 투영시킨다. 그는 현재의 경제양식을 '제3생산력' 단계로 파악하면서 문화와 경제의 혼종화 경향을 지적한다.

> 현재의 대중문화는 현재 경제방식의 산물이다. 1950·60년대로부터 시작하여 인류는 제3생산력 [시대]를 맞이하고 있다. 이것이 바로 전자 시대의 지식 생산력이다. 제3생산력의 두드러진 특징은 문화와 경제의 새로운 관계를 정립한다는 점에 있다. 자본주의 산업혁명 및 산업의 대규모 생산을 주로 하는 제2생산력이 경제 생산과 문화예술의 대립과 분리를 특징으로 한다면, 제3생산력의 주요 특징은 바로 '문화의 경제화'와 '경제의 문화화' 및 그것으로부터 생산된 현재의 문화경제라는 일체화 경향이다. 우리는 반드시 문화의 경제적 기능과 경제의 문화적 함량(含量)을 재인식해야만 한다. 이른바 문화의 경제화는 바로 문화가 시장에 진입하고, 문화가 산업에 진입하며, 문화 가운데 경제적·상품적 요소가 침투하고, 문화가 경제력을 갖춰 사회적 생산력 가운데 주요 성분이 된다는 것을 가리킨다.[32]

1950·60년대가 알려주듯이 그의 이러한 경제양식 구분은 분명 서구 사회를 기본 모델로 하고 있을 뿐만 아니라 서구 '문화연구' 진영의 탈현대 담론을 기초로 한다. 현재 중국이 세계화된 자본주의 경제의 일부분 또는 주축이 되었다는 사실은 이러한 탈현대적 자본주의의 요소로부터 중국 사회 역시 자유롭지 못하는 점을 일깨워준다.

---

32 金元浦, 「重新審視大衆文化」, http://www.cctv.com/tvguide/tvcomment/tyzj/zjwz/7771_2.shtml.

또한 그가 제기한 '문화의 경제화' 또는 '경제의 문화화'라는 개념은 피스크의 2중 경제론을 연상시킨다. 피스크가 대중과 대중문화의 관계를 설명하기 위해 정립한 '재정경제'와 '문화경제' 역시 그러한 기존의 경계가 뒤섞인, 즉 혼종화 경향을 반영한 개념이기 때문이다.

여기에서 지적해야 할 것은 이러한 혼종화가 대중의 유관성과 맞물려 진행된다는 점이다. 다시 말해서 자본주의 재구조화 과정으로서의 탈현대적 자본주의는 대중의 유관성을 극대화시키는 방향으로 나아가고 있을 뿐만 아니라 그러한 혼종화를 더욱 심화시키고 있다. 따라서 대중의 유관성이 변화되는 지점, 피스크의 표현을 빌리자면 사회적 충성의 종속관계가 단절적으로 연속되는 지점에 대한 이해가 요구된다. 이러한 혼종화는 비단 경제와 문화 영역에만 국한되지 않고, 모든 영역으로 확장되는 추세를 보인다. 앞서 거론한 마오쩌둥의 상품화 현상처럼 마오쩌둥이라는 정치적 인물은 대중의 유관성과 접목되면서, 즉 시장경제를 경과하면서 하나의 상품으로서 대중에 의해 소비되고 있다. 이처럼 혼종화는 탈현대사회의 주된 특징을 드러내준다.

따라서 대중문화와 관련된 탈현대적 인식은 자본주의적 대중과 분리될 수 없으며, 대중문화의 개방성·소통성·다원성이라는 내재적 속성 또한 대중에 의해 현대와 탈현대를 가로질러 연속되고 있는 것이다. 바로 이러한 대중문화의 속성으로부터 대중의 민주주의 문제가 제기된다. 이 책에서 '지식인 중심성'을 현대적 인식 형태로 규정하고, 탈현대사회에 요구되는 '대중 중심성'을 요청하는 이유가 여기에 있다. 모든 경계가 혼종화되어 가는 탈현대사회에서 '대중 중심성'을 사회적으로 확립한다는 것은 곧 대중의 사회적 힘의 확장을 의미하기 때문이다. 이런 맥락에서 중국에서 형성된 1920·30년대 '대중 중심'적 대중문화 담론은 사회주의 중국을 통해 단절되지만 개혁 개방 이후 현대화이론 패러다임 진영에 의해 다시금 연속되고 있는 것이다.

'역사적 맥락' 중시의 대중문화 담론 비판

현대화이론 패러다임 진영 내부에서 두 번째로 살펴보아야 할 것이 바로 대중문화의 정치성이 외재적 조건에 의해 규정된다는 시각이다. 이와 같은 견해는 앞서 거론한 타오둥펑의 '역사적 맥락의 변화'라는 입장으로 정식화된다. 우선 그는 진위안푸의 견해와 자신의 관점이 유사하기는 하지만 자신에 비해 진위안푸가 더 낙관적 태도로 대중문화를 바라본다고 평가한다.[33]

그는 진위안푸의 관점을 3가지 측면에서 비판한다.[34] 첫째, 체제 환경(시장과 정부의 이중 맥락)으로부터 야기되는 중국 대중소비문화에 대한 부정적 평가가 부족하다. 둘째, 공공 공간의 확장 문제는 인터넷과 같은 일부분의 매체에 한정된 것으로 매스미디어, 특히 정부가 공인한 미디어(TV·방송·신문과 같은)에 적용하는 것은 무리가 따른다.[35] 또한 진위안푸는 대중문화 가운데 존재하는 중간계급적 요소를 무시한다. 셋째, 대중소비주의와 일상생활을 이상적으로 평가하

---

33 陶東風·徐艷蕊, 『當代中國的文化批評』(北京: 北京大學出版社, 2006): 88쪽.
34 陶東風·徐艷蕊, 같은 책, 2006: 89쪽 참조.
35 타오둥펑은 중국 인터넷에 여전히 존재하는 엄격한 언론 심사 제도를 거론하며, 중국에서 공공 민주공간에 대한 회의적인 입장을 드러낸다. 인터넷이 비교적 다른 미디어들이 갖추고 있지 못한, 공공 민주공간에 대한 잠재력을 가지고 있다하더라도 진위안푸의 해석은 지나치게 낙관적이라는 평가다. 陶東風·徐艷蕊, 같은 책, 2006: 123쪽 주67 참조.

며, 그것에 대한 구체적인 분석을 결여하고 있다.

여기에서 타오둥펑은 현대화이론 패러다임 진영의 다른 지식인들과 근본적으로 구분되는 자신만의 관점을 드러낸다. 그것이 바로 '역사적 맥락의 변화'로부터 대중문화의 의미가 재규정된다는 주장이다.

우선 나는 소비주의와 일상생활에 대한 관심, 그리고 세속화가 동일한 것이고, 그 정치적 의미는 구체적인 역사적 맥락과 결합해야만 비로소 분명하게 서술될 수 있다고 본다. 왜냐하면 그것은 끊임없이 역사적 맥락에 의해 다시 쓰이기 때문이다. 1970년대 말과 1980년대 초에 일상생활에 대한 관심(이른바 '의상·여행·실내인테리어 등과 같은 일상생활의 방식')은 확실히 진보적 정치 비판이라는 의미를 획득했다. 왜냐하면 그 시기의 주류 이데올로기가 여전히 사람들의 일상생활을 억압하고 있었기 때문이다. 그러나 1990년대 이르러, 특히 1990년 후반부터 지식인과 일반 대중 모두 일상생활의 '심미화'에 몰입하기 시작했고[36], 소비주의 자체가 주류 이데올로기가 되었[기 때문에] 일상생활이라는 담론의 정치적 함의도 빠르게

---

[36] 타오둥펑은 이와 관련해 다음과 같이 소개한다. "2003년 11월 수도사범대학의 문예학과학이 『文藝研究』 잡지사와 「日常生活的審美化與文藝學的學科反思」이라는 학술토론회를 개최하였고, 관련 글들(주로 『文藝爭鳴』 잡지사의 2003년 제6기 「新世紀文藝理論的生活論話題」라는 주제에 속한 글들 및 『文藝研究』 2004년 제1기의 陶東風·曹衛東·陳曉明·高小康의 글들을 참조하라)을 편집하여 발표한 뒤, 일상생활의 심미화와 문예학의 학술적 성찰이라는 문제가 학술계의 큰 관심을 야기했을 뿐만 아니라 [그에] 상응하는 논쟁을 촉발시켰다." 陶東風·徐艷蕊, 같은 책, 2006: 115~116쪽. 그는 여기에서 일상생활의 심미화라는 주제가 대중소비문화의 한 구성 부분이기 때문에 이 논쟁에 참여하게 되었다고 밝힌다. 한편, 야오원팡은 1949년 신중국 이후 중국에서 3차례의 '미학열'이 있었다고 진단하면서, 1990년대 초부터 현재까지 논의가 진행되고 있는 '일상생활의 심미화'를 하나의 '미학열'로 설정한다. 姚文放, 「新中國的三次'美學熱'」, 『學習與探索』 2009年第6期: 179쪽 참조. 여기에서 '일상생활의 심미화'에 관한 논의 시점에 일정한 차이가 나타난다. 다시 말해서 야오원팡은 그 논의 시점을 1990년대 초, 타오둥펑은 1990년대 후반이라고 제시한 것이다. 이 차이는 '일상생활의 심미화'라는 주제가 처음 미학 분야로부터 형성되어 점차 대중문화 관련 영역으로 그 논의가 확장되었다는 점을 알려준다.

다시 쓰이게 된다. 정치적 저항이라는 의미를 갖던 일상생활의 서사(敍事)가 유행과 시장의 주위를 돌면서 탈정치화와 비정치화라는 욕망의 서사로 빠르게 퇴화된 것이다. 그것은 정치적 의미의 탈색과 함께 연결되어 후기 전체[주의] 사회[37]의 중요한 증상이 된다. 예를 들어, 1970년대 말의 '퇴폐적이고 음탕하거나 저급한 흥미의 음악'과 '기이한 옷차림'이 갖는 [사회적] 비판성은 당시 맥락에서 부여된 것이다. 소비주의 자체가 나날이 주류 문화로 변했을 뿐만 아니라 국가 이데올로기와 점진적으로 일치되는 오늘날, 사정은 달라졌다.[38]

---

37 '후기 전체주의 사회'는 체코의 극작가이자 반체제 운동가였던 바츨라프 하벨(Václav Havel, 1936~2011)이 1978년 지하 팸플릿 형태로 발행된 '힘없는 사람들의 힘'이라는 글에서, 공산 전체주의 국가의 성격을 새롭게 해석하며 제출한 '후기 전체주의론'에 기초한다. 이것은 이후 동유럽 공산권 국가에서 진행된 민주화 운동의 이념적 근거가 된다. 후기 전체주의 사회는 독재 체제 및 기존의 전체주의 체제와 그 성격을 달리한다. 독재 체제는 뚜렷한 이데올로기를 표방하지 않는 소수 집단이 국가 공권력을 장악한 후 필요할 때마다 노골적인 폭력 행사를 통해 권력을 유지해 나가는 체제이다. 따라서 제3세계 국가에서 등장한 독재 체제는 독재자의 사망 혹은 권좌 축출과 함께 소멸하고 마는 일시적 정치 현상인 경우가 대부분이다. 하지만 하벨이 말하는 '후기 전체주의'는 여전히 전체주의적 성격을 드러내면서도 붕괴 직전의 말기적 증상이 두드러진 사회적 특징을 가리킨다. http://news.donga.com/fbin/output?n=200605310040 참조. "프라하의 한 야채상이 쇼윈도에 내건 '만국의 노동자여 단결하라'는 정치 구호는 권력과 대중의 단합을 상징한다. …… 이 야채상에게 노동자 단결 구호의 정치적 의미는 조금도 중요하지 않다. 중요한 것은 권력을 향하여 보내는 그의 메시지다. '나는 내게 요구된 정치적 의식(儀式)을 충실히 재현하고 있으니 평화롭고 행복하게 살도록 내버려두라.'는 타협의 메시지가 그것이다. '포스트 전체주의' 또한 이 평범한 야채상에게 '나는 권력이 무서워 절대적으로 복종한다.'는 식의 무조건적인 항복을 요구할 만큼 어리석지 않다. 포스트 전체주의는 노동자 단결 구호처럼 적절한 명분을 지닌 정치 의례의 준수를 요구하고, 그것을 통해 체제에 대한 충성도를 가늠하는 것이다. 야채상 또한 이 구호의 정치적 명분으로 자신의 복종 의지를 포장함으로써, 복종하지 않는 듯한 복종이라는 자기기만의 메커니즘을 만들어낸다. 포스트 전체주의 체제가 공포 정치의 틀을 벗어나 정상적으로 유지되는 비결이 여기에 있다." Václav Havel, "The power of the powerless", John Keane (ed.), *The Power of the Powerless: Citizens against the state in central-eastern Europe*(London: Hutchinson, 1985).; 임지현, 「'대중독재'의 지형도 그리기」, 임지현·김용우 엮음, 『대중독재: 강제와 동의 사이에서』(서울: 책세상, 2004): 17~18쪽 재인용.

38 陶東風·徐艷蕊, 『當代中國的文化批評』(北京: 北京大學出版社, 2006): 89쪽.

그는 이처럼 '역사적 맥락의 변화'라는 차원에서 대중문화를 이해한다. 1970년대 말과 1980년대 초라는 역사적 시공간이 '대중문화'에 '혁명성'을 부여했다면, 대중문화가 중국에서 토착적 발전을 이룬 1990년대, 특히 1990년 후반이라는 시공간은 역사의 진보를 가로막는 대상으로 대중문화를 규정한다. 이것은 전형적인 구조주의 인식으로 마치 초기 자본주의가 봉건주의를 '혁명적'으로 극복했지만, 그와 다르게 현재 자본주의는 '혁명'의 대상에 불과하다는 논리와 동일하다. 다시 말해서 중국의 역사적 맥락에 의해 자본주의적 '대중문화'가 1980년대에 담당한 정치적 기능이 인정되지만, 중국 사회가 세계 자본주의 질서에 본격적으로 편입된 1990년대 이후 대중문화는 '소비주의'라는 역기능이 강조되면서 그 정치성이 소멸되었다는 주장이다.

이로부터 다음과 같은 질문들이 가능해진다. 첫째, 대중문화와 소비주의의 관계를 어떻게 이해해야 하는가다. 역사적 맥락의 변화로부터 대중문화의 정치적 기능이 인정되기도 하고 부정되기도 한다면, 이것은 결국 지식인 자신이 역사적 맥락을 어떻게 해석하고 재서술하는가에 달려 있다. 하지만 일차적으로 대중문화가 자본주의적 소비 양식과 직접적인 상관관계를 맺고 있다는 점, 즉 문화상품의 소비과정이 곧 대중이 대중문화를 창조하는 과정과 일치한다는 점에서 대중문화와 소비주의는 근본적으로 구분되지 않는다. 만약 양자가 구분될 수 있다면 그것은 대중과 대중문화를 분리시켰을 때만이 가능한 것이다. 다시 말해서 대중문화의 생산주체를 문화산업으로 설정하면서 대중을 수동적·기계적·소비향락적 대상으로 규정했을 때 그 주장은 타당성을 갖는다.

이처럼 대중과 대중문화의 관계를 어떻게 보느냐는 대중문화 담론의 '지식인 중심성'과 '대중 중심성'을 가늠하는 관건적 문제에 해당한다. 대중은 문화산업이 생산한 대중문화를 그저 수동적으로 수용하는 존재에 불과하다는 프랑크푸르트 학파의 '문화산업' 개념을 비판하면서, 피스크의 '대중 중심성'이 제기된 배경이 여기에 있다. '대중 중심성'의 입장에서 자본주의적 '대중'과 '대중문화'의 관계는 동전의 양면과도 같기 때문이다.[39] '역사적 맥락의 변화'로부터 규정되는 대중문화는 결국 지식인 자신이 역사적 맥락을 판단하고 해석하는 사회적 힘에 근거한다. 이러한 관점에서 대중문화는 결코 '대중의 문화'가 아니라 지식인이 '호명하는' 대중문화(또는 소비주의)에 불과한 것이다.

앞서 타오둥펑 자신이 대중문화와 민간문화(또는 통속문화)를 구분하면서 근거로 제시한 것이 바로 현대 자본주의 사회와 대중문화의 상관성이었다. 그럼에도 불구하고 그가 1990년대 이전의 중국 자본주의 사회에서 일체화된 사회주의적 이데올로기와 대립관계를 형성한 대중문화에 긍정성을 부여하면서도, 1990년대 이후의 대중문화를 소비주의라는 측면에서 비판하는 것은 결국 '지식인 중심성'의 또 다른 표현에 지나지 않는다. 이러한 시각 이면에는 '신좌파' 진영이 공유하는 '정치주의'적 접근 태도가 깊숙이 개입되어 있다. 그 이유는 그가 "소비주의화에 존재하는 비공공화 경향"[40]과 대중의 "공공적 관심의 결여"[41]로부터 대중소비문화의 비판 지점을 찾고 있기 때문이다. 따라서 그의 '역사적 맥락' 중시는 거시 정치적 관점에서 공공성

---

39 이러한 시각은 '대중'이 자본주의와 일정한 거리를 둘 수 있다는, 또는 자본주의를 벗어날 수 있다는 관점을 부정한다. 즉 '자본의 질서에 외부가 존재하지 않는다.'는 네그리와 하트의 관점으로부터 '사람들'이 자본주의적으로 구성된 형태가 곧 '대중'이라는 인식이다.
40 陶東風·徐艷蕊,『當代中國的文化批評』(北京: 北京大學出版社, 2006): 96쪽.
41 陶東風·徐艷蕊, 같은 책, 2006: 96쪽.

여부를 판단하는 '정치주의'적 태도에 근거한다.

이로부터 대중문화는 거시 정치적 입장으로부터 각각의 구체적 정세, 즉 사회주의 이데올로기 극복이 요구되는 상황과 1989년 '천안문' 사건 이후 변화된 1990년대의 정치적 국면에서 긍정(또는 요청)되기도 하고 부정(또는 거부)되기도 하는 수동적 문화 형태로 나타난다.[42] 이러한 태도는 앞서 살펴본 것처럼 1930년대 마오둔 등 혁명적 지식인들에게서도 제기된 바 있다. 사회주의 혁명이라는 거시 정치를 위해 자본주의적 '대중문화'를 중간계급(또는 소시민)의 소비(또는 향락)적 문화로 규정했던 시도가 그것이다. 타오둥펑이 사회주의 이데올로기 대신 사회적 공공성을 제기하고 있다는 점에서 양자는 구분되지만 거시 정치적 인식이라는 측면에서 공통된다.

여기에서 두 번째 질문이 가능하다. 그렇다면 하나의 사회 구조적 변동, 즉 역사적 맥락을 구성하는 구조(A)와 구조(A')는 어떻게 연속되고 단절되는가 하는 점이다. 다시 말해서 모든 것이 '역사적 맥락' 위에서 다시 쓰이는 것이라면, 그러한 역사적 맥락의 '변화'를 가능케 하는 동력은 무엇인가에 대한 질문이다. 아쉽지만 타오둥펑은 그것을 구체적으로 설명하고 있지 않다.[43] 설령 그가 '천안문' 사건 이

---

42 참고로, 타오둥펑은 1990년대의 대중문화를 '대중문화'라는 표현 대신 '소비주의'로 지칭하면서 그 비판의 강도를 높이고 있다.

43 그는 구조 변동을 야기한 구체적 원인을 제시하기 보다는 단지 '시간의 변화에 따라' 또는 '주류 문화의 끊임없는 조정에 따라', 즉 '맥락의 변화가 특정한 문화적 형태의 정치적 함의'를 결정한다고 주장한다. 그리고 대중문화에 대한 자신의 태도 변화 역시 그러한 '역사적 맥락'으로부터 형성된 것이기 때문에 이전의 입장과 모순되지 않는다고 역설한다. "소비주의에 대한 내 관심의 출발점과 문제의식은 사실 [다음과 같다. 오늘날의 소비문화는 여전히 그 저항성과 비판성을 가지고 있는가? 그 저항과 비판은 무엇인가? 내가 예전에 대중문화와 소비문화를 변호했던 원인 중 하나는 그것이 객관적으로 문화의 一元主義적 국면에 충격을 가했을 뿐만 아니라 '문혁' 시기의 금욕주의를 전복시켰대는 점이다. 하지만 시간의 추이에 따라, 주류 문화의 끊임없는 조정에 따라 소비문화의 정치적 의미에도 변화가 발생했다. 그 자체의 비판성이 탈색되거나 상실되었다. 내가 사실 가장 걱정하는

후 변화된 정치적 국면을 염두에 두고 있을지라도 현실적으로 그러한 구조적 '변동'을 가능케 하는 동력은 바로 '대중'에게서 나온다는 점을 인정할 필요가 있다. 예를 들어, 인터넷 등과 같은 과학기술의 발전이 직접적인 구조 변동, 즉 지식정보 사회를 출현시킨 것이 아니라 그러한 과학기술의 발전에 대중이 참여하고 그것을 수용함으로써 구조적 전환이 완성된다. 천안문 사건과 같은 정치적 격변 또한 동일한 차원에서 이해할 수 있다.

다시 한 번 지식인이 구획한 '보수'와 '진보'라는 현대성 담론에서 대중이 벗어나 있다는 점을 주목해야 한다. 보수와 진보는 현대적 '지식인 중심성'에 기초한 대립적 담론에 불과하며, 탈현대사회에서도 지속적으로 대중의 사회적 힘의 확장을 의미하는 '대중 중심성'은 그것과 처음부터 무관한 것이었다. 여기에서 대중문화 담론의 기본 방향을 제시한 왕정의 지적은 타당하다.

> 우리 문화비평가들은 '대중' 가운데로 들어가 우선적으로 '대중'[의 관점]을 분명히 해야만 비로소 대중문화를 비평할 수 있다. 최근 수많은 문화

것은 [다음과] 같은 국면이 출현하는 것이다. 즉 소비주의에 빠진 중국 대중이 물질생활의 수준 제고 때문에 점점 더 자신의 정치적 관심과 公民의 권리문제에 소홀해지는 것이다. [또한] 그들이 공공 영역의 중대한 문제를 보고도 못 본 척하고, 자신의 일상생활 가운데 (신체를 가꾸는데 바쁘고, 가정의 울타리를 꾸미고, 일상생활을 즐기는) 빠져있는 것이다. 이로부터 하나의 이론적인 문제를 끌어낼 수 있다. 어떠한 하나의 문화적 형태도 분명하고 무조건인 정치적 함의를 띠지 않으며, 맥락의 변화가 특정한 문화적 형태의 정치적 함의를 각색한다는 점이다. 그래서 나는 대중문화와 소비주의에 대한 내 견해의 변화가 결코 내적으로 모순된다고 생각하지 않는다." 陶東風·徐艷蕊, 『當代中國的文化批評』(北京: 北京大學出版社, 2006): 108쪽. 하지만 이러한 소비주의 비판이 '중간계급'의 대중문화를 비판하는 담론으로 연결된다는 점에서, 결국 그는 '신좌파'의 계급 분석에 동의하게 된다. 陶東風·徐艷蕊, 같은 책, 2006: 102쪽 참조. 따라서 그는 개인적으로 초기 비판이론 패러다임으로부터 현대화이론 패러다임과 신좌파 패러다임을 두루 거치는 입장 변화의 궤적을 보여준다. 바로 여기에 '역사적 맥락의 변화'라는 추상적 구조결정론이 자리하고 있다.

비평가들의 관점을 보자면, 이 문제는 프랑크푸르트 학파조차 제대로 해결하지 못한 것이다. 대중은 능동적인 [존재]이며, 현대화된 사회의 대중은 고전적 농경경제의 [그들과] 다르게 더욱 자유롭고 더욱 쉽게 변하는 특징을 가지고 있다.[44]

이러한 왕정의 언급을 단지 전현대(또는 비현대) 사회와 차별화된 현대사회의 대중에게만 국한시키기보다는 탈현대적 조건을 포함시켜 더욱 확장된 논의로 발전시켜야 한다. 대중이 자본주의적 현대와 탈현대사회를 연속시키고 있다면, 중국 사회에서 이러한 연속 관계는 사회주의 중국이라는 일정 시기를 뛰어넘어 진행되고 있는 것이다. 따라서 대중과 대중문화의 내적 상관성에 주목한다면, 대중문화 담론 지형에서 형성된 '지식인 중심성'과 '대중 중심성'의 긴장관계는 더욱 심화될 수밖에 없다. 다시 말해서 대중과 대중문화를 역사적 맥락으로부터 호명하는 방식이 아니라 대중과 대중문화의 내적 상관성을 강화하는 방안을 더욱 개방적이고 다양하게 확보해야만 한다. 왜냐하면 1930년대 대중이 '통속'이라는 '지식인 중심'적 개념을 탈접합시켜 자신의 개념으로 운영했던 방식과도 같이 현 대중은 현재의 구조로부터 규정되면서도, 그 규정으로부터 새로운 구조를 구성해 나가는 사회적 동력이기 때문이다. 또한 대중과 사회 구조가 맺는 이러한 접합-탈접합-재접합의 순환 과정이 그들의 대중문화에 지속적으로 투영되어 있기 때문이다.

이러한 문제의식은 세 번째 질문으로 이어진다. 그것은 앞서 타오둥펑이 '학원정치의 미성숙'을 언급하면서 제기한 '특수한 중국적

---

44 汪政,「立場的選擇與闡釋的介入」,『上海文學』1998年第1期: 71쪽.

상황', 즉 '천안문' 사건 이후 현재에 이르는 특수한 '국면(conjuncture)'을 어떻게 이해할 것인가다.[45] 그의 주장에 따르면, '역사적 맥락의 변화'에 따라 1990년대 이후 대중문화는 이전의 정치성을 상실했을 뿐만 아니라 오히려 대중의 정치개혁 열망을 희석화시키는 이데올로기적 도구로 전락했다. 여기에서 '역사적 맥락의 변화'와 '특수한 중국적 상황'이 밀접한 상관관계를 맺고 있다는 점은 분명하다. 학원을 포함한 사회 전반의 정치적 탄압, 그리고 사회주의 시장경제와 같은 변형된 이데올로기의 구사를 의미하는 '특수한 중국적 상황'으로부터 '역사적 맥락의 변화'가 야기되었기 때문이다. 하지만 이와 같은 현실 진단은 결국 거시 정치적으로 각성된 대중의 사회적 실천(또는 투쟁)을 통해 현재의 '특수한 국면'을 돌파해야 한다는 논리로 귀결될 수밖에 없다. 이것이 '정치주의'의 전형에 해당한다. '정치주의'의 한계는 대중의 사회적 힘의 확장과 민주주의의 관계를 지나치게 단순화시킨다는 점에 있다. 문제는 대중의 사회적 힘의 확장이 중국의 '특수한 국면'에서 어떠한 경로로 진행되고 있는가에 있다. 민주주의 아니면 독재(또는 혁명 아니면 반동)라는 이분법적 사고는 궁극적으로 그러한 '역사적 맥락' 전환시키는 대중의 사회적 힘의 확장 과정을 놓치게 만들 뿐이다.

이처럼 대중과 대중문화의 내적 상관성을 강조하는 입장과 그것을 무시하는 구조결정론의 차이는 대중의 유관성이 정치적으로 표출되는 방식을 어떻게 해석하는가와 연관된다. 다시 말해서 '역사적 맥락'을 중시하는 타오둥펑의 구조결정론은 1990년대 이후의 대중의

---

[45] 그는 1990년대 이후의 중국 자본주의를 "중국의 특수한 맥락에서의 기형적 변화"라고 명명한다. 陶東風·徐艶蕊, 『當代中國的文化批評』(北京: 北京大學出版社, 2006): 98쪽.

유관성이 소비주의, 즉 정치성이 배제된 대중문화를 중심으로 진행되었다고 평가한다. 하지만 이와 같은 해석은 결과적으로 대중과 대중문화, 그리고 사회 구조가 맺는 관계를 충분히 설명하지 못하는 한계를 드러낸다. 이른바 '민주화'라는 '대중의 사회적 힘의 증대'와 대중문화가 직접적인 상관관계를 맺고 있다면, 대중문화의 발전은 1980년대와 1990년대를 관통해 현재에 이르기까지 민주화의 실현 경로와 전망을 제시하는 데 무엇보다 중요한 전제가 된다. 그것은 또한 '대중 중심성'을 사회적으로 확립하기 위한 과정과도 일치한다.

따라서 대중문화의 정치성은 구체적인 사회 구조와 모순적으로 접합되어 있으며, 그러한 접합 관계로부터 자신의 정치성을 특수한 형태로 발현하고 있다는 인식이 요구된다. 다시 말해서 대중문화는 '특수한 중국적 상황'으로부터 부정적 대상으로 전환되는 것이 아니라 특수한 국면과 연동되어 특수한 형태의 정치성이 드러나는 것이다. 바로 그 대중문화의 정치성은 사회적으로 대중에게 '열린 공간'으로 기능하며, 이 과정은 대중 중심성의 실현 정도(程度)와 직결된다. 이로부터 앞서 언급한 진위안푸의 '공공 공간'은 '공공성'과 '비공공성'이라는 이항대립적 인식이 아니라 '열린 공간', 즉 대중이 확보한 (또는 대중에게 열려진) 공간이라는 의미를 갖는다. 이러한 '열린 공간'은 사회 구조의 변동과 맞물려 끊임없이 확장과 억제의 과정에 놓여 있다는 특징을 보인다. 대표적인 예가 현 중국 대중에게 강하게 표출되고 있는 '민족주의' 경향이다. 조경란은 민족주의와 민주주의의 관계를 둘러싼 현 중국의 상황을 다음과 같이 평가한다.

중국의 지금 현실에 비추어볼 때 현재 중국에 가장 필요로 하는 것은 민족주의가 아니라 민주주의다. 아니, 민족주의와 결합한 민주주의다. 민족주의를 현실적으로 부정할 수 없는 것이라면 이것을 무엇으로, 그리고 어떻게 약화시킬 것인가를 고민해야 한다. 사실 중국은 현재 민족주의의 과잉과 민주주의의 부족 상태에 있다. 중국의 민족주의가 동아시아의 주변 국가를 수평적으로 사유할 수 있다든가, 중국 기층 민중들의 정치적 욕망을 배제하지 않는다면 민주주의와 내면적 결합이 불가능한 것도 아니다. 그러나 현재의 민족주의 담론에서 그걸 기대한다는 것이 쉽지 않아 보인다. 현재 중국의 젊은이들의 '정치적 우울(鬱)'을 생각하면 중국은 민주주의에 대한 제도적, 의식적 차원에서의 준비가 긴요하고 절실하다.[46]

그는 현 중국에서 민주주의의 필요성을 역설하면서도 민족주의라는 현실적 영향력을 인정하고 있다. 또한 사상사적 측면에서 자유주의(또는 민주주의)가 중국에서 단 한 번도 주류적 위치를 차지한 적이 없다는 문제의식으로부터 자유주의가 중국의 많은 고질적 문제들을 해결할 수 있다는 주장으로 나아간다.[47] 하지만 현재 대부분의 중국 대중이 민주주의를 관념적인 형태로 인식하고 있다는 점에서 이 주장은 당위적 호소에 머물 가능성이 높다.

이와 다르게 '민족주의'를 그 이데올로기적 형상에 주목하는 것이 아니라 대중의 직접적 행동이라는 부분에 주목한다면 문제의 성격은 달라진다. 다시 말해서 현재의 '민족주의'를 긍정과 부정이라는 가치 판단의 중심에 놓는 것이 아니라 대중의 직접적 행동의 원인이자 결과로 파악하는 것이다. 이러한 시각은 대중의 사회적 실천 양상을 보수와 진보라는 틀로 해석하는 것과 구분된다. 중국의 현 민족주의

---

46 조경란, 「중국 민족주의의 구조와 성격」, 『시대와 철학』, 한국철학사상연구회, 2009, 제20권4호: 223쪽.
47 조경란, 같은 글, 2009: 226쪽.

는 과거 역사로부터 갖게 된 서구 제국주의에 대한 '굴욕감' 또는 '피해의식'으로 기호화되어 있으며, 이러한 '피해의식'은 개혁개방 이후의 경제성장에 기초한 '보상심리'의 기제로 작동하고 있다.[48] 따라서 현재의 '민족주의'를 구체적인 사회 상황(즉 타오둥펑이 '특수한 중국적 상황'이라 명명한)과 대중의 사회적 힘의 확장이 맞물린 측면에서 표출되었다는 해석이 가능하다. 대중의 직접적 행동은 대중의 자기 의사 표현을 의미하며, 대중의 의사 표현을 수용하는 장으로서 사회적 '열린 공간'이 제공된다. 이러한 '열린 공간'은 미시적 또는 거시적 차원을 망라해 작동되고 있다.

따라서 현재 중국 대중이 '민주주의'가 아닌 '민족주의'적 경향을 표출하고 있다는 사실은 '특수한 중국적 상황'에서 대중의 '열린 공간'이 확장(또는 억제)되는 방식으로 이해될 필요가 있다. 이와 같은 인식은 '대중의 정치성'이 언제든 또 다른 국면에서 '경제적 민주주의' 또는 '정치적 민주주의' 등과 같은 형태를 띨 수 있다는 개연성을 높여준다. 대중문화의 정치성은 이러한 대중의 '열린 공간'에 직접적 의미를 부여한다는 점에서 있다. 대중의 직접적 행동이자 자기 의사의 표현이 바로 대중문화이기 때문이다. 따라서 '특수한 중국적 상황'으로부터 대중문화를 소비주의로 비판하거나 대중에게 거시 정치적 사회 실천만이 '민주주의'라고 주장하는 것은 결국 대중문화로부터 그 정치성을 배제시키는 '역사적 비관주의'에 불과한 것이다.

진위안푸와 타오둥펑의 인식 차이는 서술 상에서 무엇을 주어(主語)로 사용하는가에서 극명하게 대립된다. 즉 '대중문화'의 내재적 속

---

[48] 여기에서 언급된 '민족주의'는 보다 특수한 의미를 갖는다. 즉 중국 사회가 漢族과 다양한 소수 민족으로 구성되어 있다는 점에서 개별 민족의 일체감을 지시하는 것이 아니라 한족을 중심에 둔 '中國 歷史'를 포괄적으로 공유하는 것을 가리킨다.

성으로부터 출현하는 자체의 발전 맥락을 중시하는가, 아니면 '역사적 맥락'의 중시로부터 규정되는 대중문화인가가 그 구분 지점이다. 여기에서 진위안푸의 언술을 '완성형'으로 읽을 필요는 없다. 오히려 현대화이론 패러다임을 완성형으로 이해할 경우, 대중에 의해 연속되는 현대와 탈현대의 맥락을 놓치게 될 뿐이다. 다시 말해서 대중 또는 대중문화의 정치성을 내재적 속성에 의한 자체의 발전 맥락으로 이해한다는 것이 곧 대중문화가 '저절로' 또는 '알아서' 발전하고, 그것이 중국에 민주주의를 안겨줄 것이라는 낙관과 근본적으로 다르다. 대중의 대중문화와 그 정치성은 구체적인 역사적 맥락과 결합되어 다양한 방식으로 표출되고 있기 때문이다. 따라서 사회주의 중국으로부터 단절된 '유보된' 현대화 프로젝트의 연속이 아닌 1920·30년대에 제출되었던 '대중 중심성'을 다시금 사회적으로 확립하는 것이 '현대화이론 패러다임' 진영의 과제로 부각된다. 현대와 탈현대사회의 연속은 바로 '대중 중심성'의 확립을 통해 가능하기 때문이다. 그로스버그는 '대중 중심'적 대중문화 담론이 갖는 정치적 성격을 분명한 형태로 제시한다.

> 바로 이러한 대중(the popular) – 대중적 언어·문화·논리·감정·경험·도덕성·욕구·의식들 – 으로 들어가야만 비로소 우리는 힘의 영역에 대한 좀 더 나은 의미를 획득할 수 있게 되고, 투쟁이 실제화되고 가능한 곳을 발견할 수 있으므로, 그것들을 접합하고 배양하며 지원할 수 있게 된다. 대중 속에서만 비로소 종속이 어떻게 존재하고 거부되고 있는지를 발견할 수 있고, 지배 구조 내에서 그것에 의해 열려진, 그리하여 이 구조를 뛰어넘는 종속과 저항의 가능성을 이해할 수 있게 된다. 바로 대중 – 문화와 일상생활의 장으로서 – 이야말로 우리로 하여금 사람들(people)이 자신의

삶을 영위하는 복잡한 권력의 영역을 이용하게 해준다. 대중 - 공헌과 초점으로서 - 은 우리에게 힘의 실제적 관계에서 존재하는 실제 사람들과, 전략적 관여를 강조해준다. 그들을 비난하는 것은 우리의 과업이 아닐뿐더러, 그들의 유토피아적 열망을 규정하는 것 역시 우리의 임무는 아니다. 문화연구는 지역적이고 대중적인 활동의 모든 순간들을 뜻하지도 않으며, 또한 '종속된 사람들이 말하게' 하기 위해서 자신의 지적 노력을 소모하지도 않는다. 문화 연구가 항상 유일하게 군중(the masses)의 언어로 말하는 것은 아니지만, 그것은 지속적인 자기 분석의 사치를 거부해야 한다. 문화 연구는 우리의 역사적 삶의 보다 큰 공간을 재구성하기 위해 투쟁할 수 있는 자신을 위한 장소를 발견하기 위해서, 자신의 지역적 정체성 - 지적 비판으로서, 그리고 정치적 개입으로서 - 을 접합시키기 위한 부단한 전략적 노력이다.[49]

이로부터 탈현대적 조건에서 대중문화 담론이 '대중 중심성'을 사회적으로 마련하기 위한 이론적 검토가 요구된다. 그것은 '대중 중심성'이라는 대중 중심적 시각뿐만 아니라 대중문화 담론이 하나의 상품으로서 생산되고 소비되는 전 과정을 포함한다. 따라서 주로 전현대(또는 비현대)와 현대라는 대립구도에 기초한 현대화이론 패러다임은 '대중 중심성'을 지향하는 탈현대적 대중문화 담론으로 거듭날 필요가 있다.

---

[49] Lawrence Grossberg, 「문화 연구의 순환」, John Storey 엮음/백선기 옮김, 『문화 연구란 무엇인가?』(서울: 커뮤니케이션북스, 2000): 381~382쪽. ; John Storey (ed.), *What is cultural studies?: a reader*(London: Arnold, 1996), p. 185.

'학술경제'와 탈현대적 대중문화 담론

중국에서 '대중 중심성'의 사회적 확립은 과거나 미래가 아닌 현재의 자본주의적 '대중'과 '대중문화', 그리고 그 관계를 어떻게 이해하고 인정할 것인가에서 출발한다. 따라서 그것을 반영한 탈현대적 대중문화 담론은, 이데올로기적 재단에 의해 상상된 미래를 기준으로 현실의 구체적 대중을 구획하는 계급적 방식이나 상상된 미래 대중의 전형으로서 현재 지식인의 형상을 대중에게 요구하는 계몽주의 방식에서 벗어나 있다. 다시 말해서 '바로 여기'에 존재하며 자본주의적 일상생활의 공간을 채우고 있는 '대중'과 그들의 문화인 '대중문화'에 대한 인정이 요구된다.

그것은 자본주의 '대중'을 모순적 존재로 인식하며, 그 모순성으로부터 일상생활의 역동성이 확보될 뿐만 아니라 그 역동성이 투영된 창조적 산물로서 '대중문화'를 인식하는 시각을 포괄한다. 이로부터 '대중 중심성'은 지식인이 어떠한 이데올로기를 선택하든 지식인의 사회적 위치와 기능을 보장하기 위해 대중을 타자화하는 일련의 시도와 근본적으로 배치된다. 사회주의 이데올로기의 '인민대중'이라는 개념 또한 그 계급 담론 내부로부터 타자화된 '비(非)인민대중'을 요구한다는 점에서 '대중 중심성'과 거리가 멀다.

이로부터 탈현대적 대중문화 담론에는 지식인과 대중의 사회적 관계를 '대중 중심'적으로 재해석(또는 재구성)하는 과정이 요구된다. 이것은 물론 자본주의적 '대중'과 '대중문화', 그리고 양자의 내적 상관성에 대한 재인식을 전제로 한다. 여기에서는 대중문화 담론의 생산과 소비가 맺는 관계에 주된 초점을 맞추고자 한다. 왜냐하면 탈현대적 자본주의 경제시스템에서 생산과 소비는 일차적으로 '대중'과 맺는 관계가 무엇보다 중시되는, 다시 말해서 '대중 중심성'의 지속적 확장이라는 방식에 기초하기 때문이다. 이것은 앞서 살펴본 것처럼 네그리와 하트가 주장한 탈현대적 자본주의의 이해, 즉 자본의 운동이 자신의 외부를 남기지 않는 실질적 포섭과정과도 연관된다. 따라서 자본의 실질적 포섭과정이 사회적 삶의 모든 측면들을 포함하는 것[50]이라면, 그것은 피스크가 제시한 재정경제 영역과 대중의 일상생활이 이루어지는 문화경제 영역에 다름 아니다. 따라서 자본의 실질적 포섭과정은 문화경제 영역을 통해 이루어지는 '대중'의 사회적 힘의 확장(즉 일상적인 선택과 거부)을 동반한다.

이러한 시각은 위에서 언급한 것처럼 대중문화 담론에도 동일하게 적용된다. 대중문화 담론 역시 대중문화를 원재료로 하는 담론(즉 '상품')이 생산된다는 측면과 아울러 대중의 일상생활에서 그 담론이 문화자원의 하나로 소비(또는 활용)된다는 측면을 동시에 갖기 때문이다. 이로부터 대중문화 담론을 자본과 무관한(즉 자본의 외부에 존재한다거나 자본의 형식적 포섭 단계로 보는) 그 무엇으로 파악하려는 시각은 부정된다. 탈현대적 자본주의 경제시스템이 부여한 이와 같은 성격은 대중문화 담론뿐만 아니라 사실 지식인들의 모든 지적 활동(학술 활동 포함한)에도 적용되는 사안이다.[51] 따라서 '지식인 중심성'의 극복과 '대중 중심성'의 사회적 확립이라는 문제는 탈현대적 대

---

50 Michael Hardt and Antonio Negri/조정환·정남영·서창현 옮김, 『다중』(서울: 세종서적, 2008): 149쪽 참조.
51 저우셴은 탈현대적 자본주의 사회의 변화된 지식의 특징을 다음과 같이 진단한다. "탈현대사회에서 나타나는 두 가지 분명한 경향에 주의해야만 한다. 첫째, 지식과 교육이 더욱 중요한 기능을 담당하게 된다. 그래서 지식을 가진 사람들은 사회 계층에서 유리한 위치를 차지한다. 둘째, 소비사회의 출현으로부터 지식 생산은 기호의 교환 또는 소비(서비스 경제)와 밀접한 관계를 맺게 된다." 周憲, 「後現代與知識分子」, 『江蘇社會科學』2000年 第1期: 81~82쪽.

중문화 담론의 구체적 내용에 해당하면서도 그것의 발전 방향에 관한 논의라 할 수 있다.

① '2중 경제론'에서 '3중 경제론'으로

지식인의 대중문화 담론에 크게 '지식인 중심성'과 '대중 중심성'이라는 시각이 반영되어 있다면, 대중의 일상생활은 '지식인의 대중 중심성'을 생산하는 원천에 해당한다. 이로부터 '지식인의 대중 중심성'은 현대와 탈현대를 관통하는 '대중'의 사회적 성장에 기초하며, '지식인의 지식인 중심성'과 근본적으로 구분된다. '지식인의 대중 중심성'이 '대중의 대중 중심성'으로부터 견인된다는 사실은 '지식인의 대중 중심성'이 '대중의 대중 중심성'을 지지하는 상호 보완적 관계라는 점을 알려준다. 다시 말해서 '지식인의 대중 중심성'은 '지식인의 지식인 중심성'과 다르게 '대중의 대중 중심성'을 이론적 차원에서 다양하게 재구성한다는 측면에서 그 의의를 찾을 수 있다. '대중'이 일상생활을 통해 그 자체로서 다양한 '대중 중심'적 대중문화를 창조한다면, '지식인의 대중 중심성'은 그것을 대중문화 담론의 형태로 구현하는 것이다.[52]

---

[52] 주의해야 할 점은 대중과 지식인 일부가 그와 같은 '대중 중심성'을 공유한다고 하더라도 그것으로부터 대중과 지식인의 사회적 힘의 크기가 동일하다고 주장할 수 없다는 것이다. 그것은 마치 '취향이 동일하다고해서 지식인과 대중의 사회적 기반이 동일하다고 말할 수 없는 것과 같다. '지식인의 대중 중심성'이 '결핍된 대중'과 '보충으로서 지식인'이라는 '지식인의 지식인 중심성'을 단지 대중 내부로 전환시키는 데 머문다면, 그것은 변형된 '지식인 중심성'에 불과할 것이다. 더욱 중요한 문제는 '대중의 대중 중심성'을 사회적으로 확립하는 과정에 '지식인의 대중 중심성'이 기여해야 한다는 점이다. 그것이 스스로를 대중으로 분류하는 피스크와 그로스버그 등의 '문화연구' 진영과 1930년대 '대중어' 운동 진영이 공통적으로 극복해야 할 지점이기도 하다. 또한 '다중' 개념이 현대와 탈현대의 단절적 인식을 통해 '지식인'을 흡수하는 것과 다르게, '대중'을 현대와 탈현대의 연속적 과정으로부터 파악하려는 이론적 태도는 현대의 역사적 산물인 '지식인'과 그것의 사회적 위치와 기능이 탈현대적 조건에서 더 이상 지속되기 어렵다는 인식을 요구한다. 그 이유는 '대중'의 사회적 힘이 자본주의적 현대와 탈현대를 경과하며 끊임없이 확대되고 있다는 사실로

자본주의적 현대와 탈현대사회에서 대중문화 담론을 포함한 지식인의 학술 활동이 갖는 상품성을 살펴보기 위해 피스크의 '2중 경제론'을 다시 환기할 필요가 있다. 2중 경제(Two Economies)는 자본주의 경제시스템을 재정경제(Financial Economy)와 문화경제(Cultural Economy)로 구분하면서, 대중문화를 둘러싼 대중과 문화기업이 맺고 있는 경계를 확정한다. 다시 말해서 재정경제 영역에서 독립적인 문화기업이 문화상품을 생산하지만, 문화경제 영역에서는 대중이 그 문화상품을 소비하면서 대중문화가 창조된다는 논리다. 주목해야 할 것은 자본주의적 대중문화의 주요한 특징이 바로 '상품의 소비' 과정을 통해 대중문화가 형성된다는 점이었다.

이로부터 다음과 같은 문제제기가 가능해진다. 피스크의 '2중 경제론' 역시 지식인 사회에서 생산된 하나의 대중문화 담론이라면, 그것이 어떻게 문화경제 영역에서 대중에 의해 소비되고 있는가 하는 점이다. 대중문화 담론의 상품적 성격은 그것이 재정경제 또는 문화경제와 맺는 관계로부터 규정된다. 자본의 외부가 존재하지 않는 탈현대적 자본주의 사회에서 대중문화 담론 역시 상품화 과정을 거칠 수밖에 없기 때문이다. 대중문화와 대중문화 담론은 전자가 문화상품의 지속적 소비과정을 통해 대중의 대중문화 창조로 직결되고 있다면, 후자는 창조된 대중문화를 원재료로(또는 연구대상으로) 생산된다는 점에서 구분된다. 하지만 대중문화 담론 역시 동일한 과정을 거쳐 대중에 의해 대중문화로 재창조되는 하나의 문화상품의 성격을 지닌다는 점에서 문화기업의 문화상품과 크게 다르지 않다. 다시 말해서 '지식인 중심성' 또는 '대중 중심성'을 반영한 대중문화 담론은

부터 분명해진다.

재정경제 영역에서 상품으로 생산(출판을 포함한 다양한 형식으로)되면서 문화경제 영역의 대중에 의해 대중문화로 재생산되는 것이다.

이처럼 지식인의 대중문화 담론을 자본주의적 생산과 소비과정 안에 위치시켜 평가하려는 시도는 그것의 사회적 의미와 기능을 상품 논리와 연계시켜 해석한다는 점에서 의의를 갖는다. 왜냐하면 기존의 대중문화 담론들은 자본주의 체제와 사회 현상으로서 대중문화가 맺고 있는 관계에 초점을 맞추면서 담론이 가진 상품적 성격, 즉 자본주의 경제의 생산과 소비과정이라는 특징으로부터 스스로를 배제시키고 있기 때문이다. 이것은 결과적으로 대중문화 담론을 문화경제라는 대중의 영역(또는 대중문화 영역)에서 파악하기 곤란하게 만들었을 뿐만 아니라 대중문화를 둘러싼 대중과 지식인의 관계를 애매모호한 형태로 처리했다는 점에서 한계를 드러낸다.[53]

우선 자본주의 경제 시스템으로부터 지식인의 학술 활동을 평가하기 위해서는 피스크의 '2중 경제론'에 또 다른 하나의 '장' 개념으로서 '학술경제(Academic Economy)'라는 영역을 포함시킨 '3중 경제론'이 요구된다. 그 이유는 지식인의 대중문화 담론이 재정경제 영역뿐만 아니라 학술경제 영역에서도 생산되고 있기 때문이다. '학술경제'라는 개념의 설정은 말 그대로 '학술' 영역 자체를 하나의 자본주의적 경제시스템 속에서 파악하려는 시도다. 그것은 자본주의 사회에서 지식인이 생산하는 대중문화 담론 역시 불가피하게 상품적 요소를 띨 수밖에 없다는 점으로부터 기인한다. 현재 '학술경제'는 수많은 탈

---

[53] 이와 같은 지적은 피스크의 '2중 경제론'이 갖는 한계이기도 하다. 대중과 대중문화의 관계를 재정경제와 문화경제로부터 분석했다는 점에서 그의 '2중 경제론'은 탁월한 연구 성과로 인정된다. 하지만 자신의 대중문화 담론을 바로 그 '2중 경제론'과 결부시키지 못했다는 점에서 '2중 경제론'으로부터 대중과 지식인의 관계를 설명하는 데 논리적 한계가 존재한다.

현대 담론들이 지적하고 있는 것처럼 현대 산업사회로부터 탈현대 정보화 또는 지식 사회로의 이행에서 그 중요성이 더욱 부각되고 있는 실정이다. 다시 말해서 그것은 지식인의 대중문화 담론을 생산하고 있다는 측면과 아울러 자본주의 경제시스템의 주요 축을 담당하면서 자본주의 경제를 실질적으로 강화시키고 있는 부문에 해당한다는 의미를 갖는다. 따라서 '학술경제'가 대중(또는 대중문화)과 맺는 관계는 2중 경제인 재정경제 및 문화경제로부터 규정된다.

이와 같은 접근은 앞서 언급한 '학원경제'와 '학술경제'를 구분시킨다. 학원경제가 지식인들의 '담론적 실천', 즉 '학원정치'의 물적 조건으로서 그 독립적 기능을 강조한 것이라면 학술경제는 지식인의 담론 생산과 유통이 2중 경제, 특히 문화경제와 맺는 관계에 초점을 맞춘 것이다. 다시 말해서 학술경제는 지식인의 담론 생산의 물적 기반이라는 점에서 학원경제와 공통되지만, 지식인의 담론을 대중의 일상생활과 연관시켜 해석한다는 점에서 학원경제와 구분된다.

문제는 학술경제가 지식인의 단순한 물적 조건이라는 의미를 넘어서 사회적으로 '지식인 중심성' 및 그것과 연관된 '정치주의'의 생산 근거가 된다는 점이다. 그것의 일차적 원인은 학술경제가 재정경제와 상응하는 관계를 형성하지 못한 데 있다. 학술경제는 일정 정도 재정경제와 연관을 맺으면서도 상대적으로 독립된 질서를 유지한다는 특징을 드러낸다. 학회의 학술지의 경우, 문화경제에서 상품화된 담론의 성격을 갖기도 하지만 현실적으로 지식인의 업적 평가라는 측면이 더욱 부각되고 있기 때문이다. 여기에서는 '학술경제'가 '재정경제' 또는 '문화경제'와 관계 맺는 방식을 다루기에 앞서 우선 '학술경제' 개념과 밀접한 관련을 맺고 있는 '학술 자본주의'를 살펴보고자 한다. '학술 자본주의'는 교육경제학 차원에서 진행된 논의로 '학술경제' 개념의 이론적 배경을 이룬다.

② 학술 자본주의

'학술 자본주의(Academic Capitalism)'[54]라는 개념은 슬래터(Sheila Slaughter)와 레슬리(Larry Leslie)가 1997년 『학술 자본주의: 정치, 정책과 기업형 대학(Academic Capitalism: Politics, Policies, and the Entrepreneurial University)』에서 제기한 것이다.[55] 그들은 1970년대 후반부터 서구의 4개국, 즉 미국·영국·캐나다·오스트레일리아의 공립 연구중심 대학을 중심으로 한 고등교육의 변천에 주목한다. 지식기반 또는 정보화 사회의 도래는 자본주의의 연속성과 함께 자본주의를 현대와 탈현대로 구획하는 새로운 질적 특성을 부여한다. 이와 같은 탈현대적 현상은 1990년대 세계화가 진전되면서 더욱 가속화된다. 슬래터와 레슬리는 교육, 특히 대학 교육 분야에 초점을 맞춰 그러한 변화 양상을 진단한다.

---

[54] 한국 교육학계에서는 'Academic Capitalism'을 '학문 자본주의'로 번역하고 있다. 반상진, 『고등교육경제학(아산재단 연구총서 제252집)』(파주: 집문당, 2008) 제4장 5절 참조. '학문'이 어떤 분야의 체계적 지식을 가리킨다면, 지식과 기술을 아우르는 좀 더 넓은 의미에서 '학술'이 사용되고 있다는 점을 고려하여 여기에서는 '학술 자본주의'로 번역한다. 참고로 중국에서도 '學術資本主義'로 번역하고 있다.

[55] 슬래터와 레슬리는 자신들이 가장 먼저 '학술 자본주의'라는 어휘를 사용한 것이 아니라고 주장한다. 그들은 해킷(Edward J. Hackett)이 앞서 이 어휘를 사용해 학술 과학에서의 중요한 구조 변화를 설명했으며, 더 나아가 베버(Max Weber, 1864~1920)가 의학과 자연과학을 국가 자본주의적 기업으로 묘사했다고 언급하면서 '학술 자본주의'를 보다 역사적인 개념으로 설정한다. Sheila Slaughter·Larry Leslie/梁驍·黎麗 譯, 『學術資本主義: 政治·政策和創業型大學』(北京: 北京大學出版社, 2008): 8쪽 주1 참조. 한편, 왕정칭과 쉬후이는 '학술 자본주의'의 기원을 미국의 1862년 '모릴 법(Morrill Act)' 반포로부터 찾고 있다. 王正青·徐輝, 「論學術資本主義的生成邏輯與價値衝突」, 『高等教育研究』2009年第8期: 42쪽. '모릴 법'은 남북 전쟁 중인 1862년 링컨이 서명한 법으로, 각 州와 연방에 무상으로 땅을 제공·매각하여 그 수입금으로 대학 설립을 자유롭게 한 조치로서 미국 주립 대학 설립의 기초를 이룬다. 하지만 슬래터와 레슬리의 학술 자본주의는 세계화의 진행에 따른 고등교육 기관의 변화, 특히 대학사회의 학술연구 변화 과정을 설명하기 위해 사용된다는 점에서 여타의 개념과 구분된다.

세계화로 촉발된 국가 간 경쟁은 직접적으로 지식과 정보 생산의 주요 근거지인 대학사회에 큰 변화를 야기하게 된다.

학술 활동의 구조는 세계화된 시장의 출현으로부터 [그] 변화가 시작된다. 세계 시장을 점유하려는 국가 간의 경쟁이 격화되면서 오스트레일리아·영국·미국은 국가 고등교육과 연구개발 정책을 제정하고, 이 정책들은 궁극적으로 교육연구 인력의 활동 및 대학생과 대학원생의 교육을 재구성한다. 세계의 경쟁 격화는 국가·주(州)·지방의 지출 우선항목에 영향을 끼쳐, 고등교육에서 수입이 차지하는 비율 또는 변동 없는 학생 1인당 학비[美元]라는 측면에서 [오히려] 정부로부터 받는 돈은 감소된다. 이것이 학교의 자원 의존도를 심화시킨다.[56]

이처럼 세계화의 진전은 고등교육 기관에 급격한 변화를 유발한다. 정부의 지원 감소 또는 자체의 지출 증대와 같은 현상의 초래는 결과적으로 대학사회 내부를 새롭게 구성한다. "세계화는 한편으로 일부 학술연역에게 새로운 분야를 개척해 격려와 도움을 주었지만, 다른 한편으로 일부 영역들에게 제한과 통제를 가했다. 학술 노동이 갈수록 시장을 향하면서 [대학은] 점점 더 시장화되고, 점점 더 경제적 이익 추구를 지향하게 된다."[57] 이른바 시장에 접근이 용이한 기술 관련 전공들은 빠르게 성장하는 반면, 그렇지 않은 인문학 관련 전공들은 침체를 벗어나지 못하고 있다는 진단이다.

'대학의 기업화'[58]라는 표현이 함의하듯이, 시장 친화적 학술 부문

---

56 Sheila Slaughter · Larry Leslie/梁驍 · 黎麗 譯, 같은 책, 2008: 198쪽.
57 丁安寧, 「當代美國高等教育硏究理念」, 『高等教育硏究』 2005年 第11期: 49쪽.
58 한국에서는 대학의 '기업화' 현상을 '주식회사 유니버시티'라는 표현으로 묘사하기도

과 그렇지 않은 부문의 상대적 격차는 날이 갈수록 커져가고, 이러한 세계적 변화에 대응해 대학사회는 적극적으로 자본주의적 경제시스템에 개입하게 된다.[59] 하지만 이 과정은 대학사회를 경제적 이익 창출의 동기로부터 자유롭지 못하게 만드는 원인이 되기도 한다. '학술 자본주의'는 이처럼 고등교육 시스템의 변화를 분석하는 과정에서 도출된 개념이다.[60]

한다. 김누리, 「주식회사 유니버시티」, 『안과밖(영미문학연구)』, 영미문학연구회, 2009, 제27호 참조. 김누리는 대학 기업화 현상을 시장과 대학 사이에 벌어지는 '문화전쟁(cultural war)'으로 규정한 슐츠(David Shultz)의 주장을 인용하면서, 그것을 세 가지 차원에서 정의한다. "첫째, 시장이 대학에 대해, 나아가 보수 세력이 진보 세력에 대해 벌이는 이데올로기적 공세를 반영한다. 둘째, 기업 문화가 사회적 영향력을 확장하고 있음을 의미하며, 셋째로는 시장이 총체적 지배를 완성했음을 뜻한다." 김누리, 「영혼을 팔아버린 대학」, 『안과밖(영미문학연구)』, 영미문학연구회, 2010, 제28호: 316~317쪽. 하지만 이와 같은 비판은 보수=시장 및 진보=반시장이라는 이분법적 인식에 기초한 것으로, 현재의 세계적인 학술 자본주의화 현상을 논리적으로 설명하는 데 크게 부족한 접근이라 할 수 있다.

[59] "결과적으로 고등교육 시스템의 경제적 여건에 변화가 생기게 되었다. 정부에 완전히 의존[하던 방식]에서 정부에 의존하면서도 다른 한편으로 시장에 참여하는, [즉] 자신의 학술 자본을 통해 부가적인 재원을 주도적으로 마련하는 것이다. 고등교육 기관 내부에서는 시장의 필요로부터 일부 응용성이 높은 과학기술 학과와 전공의 중요성이 높아지고(생화학·생명·공학·IT 등의 학과), 일부 전통적 인문 분야의 중요성은 하락했다. 학과의 시장가치적 정향성은 분명하게 이공계에 편향되었다. 4개국을 비교해보면 캐나다만이 학술 자본주의적 행위를 어느 정도 제재할 뿐이다. 다른 3개국(오스트레일리아·영국·미국)은 정도의 차이는 있지만 모두 학술 자본주의라는 방향으로 나아가고 있다. [그 중에서] 특히 오스트레일리아가 가장 두드러진다. 학술 자본주의는 학교와 교수의 자율권(autonomy)을 이전과 다르게 훼손시켰다." 丁安寧, 「當代美國高等教育研究理念」, 『高等教育研究』 2005年第11期: 49쪽

[60] 왕정칭과 쉬후이 역시 세계화의 진전에 따라 발생한 학술 자본주의가 기존 대학사회에 커다란 변동을 가져왔다고 진단한다. "국가 간 경쟁은 갈수록 경제력과 과학기술의 혁신 능력을 핵심으로 한 종합 국력의 비교를 의미하게 된다. 이에 따라 대학은 국가 경쟁력의 수준을 제고하는 중요한 주체로서 그 위치가 점차 강조되고 있다. 특히 1980년대 이후 지역 내 경제 발전의 '원동력'이자 지식 경제의 주된 견인차로서 대학은 과학기술의 창조 및 그 성과를 통해, 직접적으로 국가 경제발전에 개입하는 정도가 점점 더 커지면서 대학 내부의 조직 구조와 학술 문화에도 변화가 발생한다. 대학은 더 이상 폐쇄적인 '상아탑' 속에 갇혀 있지 않으며, 더욱 시장을 향하면서 대학 발전에 필요한 자금을 확보하고 있다. 대학과 시장의 관계는 지속적으로 강화되었으며, 양자의 긴밀한 관계는 '학술 자본주의(academic capitalism)'라는 현상을 배태했다." 王正青·徐輝, 「論學術資本主義的生成邏輯與價值衝突」, 『高等教育研究』2009年第8期: 38~39쪽.

우리는 고등교육 기관 및 그 교원이 외부 자금을 확보하기 위해 [수행하는] 시장 활동 또는 시장적 특징을 갖는 활동을 학술 자본주의라고 부른다.[61]

따라서 '학술 자본주의'는 고등교육, 특히 대학의 시장화를 가리키며, 그 핵심은 "이윤 동기를 확보하기 위해 [자본이] 고등교육에 침투하는 것"[62] 또는 동일한 목적을 위해 대학이 시장에 개입하는 데 있다. 다시 말해서 '학술 자본주의'는 대학사회를 둘러싼 학술과 시장의 결합 또는 그 지향으로 정의된다. 하지만 '학술'을 '자본주의'로 정의하는 슬래터와 레슬리의 시도는 많은 논란을 야기한다.

학술 자본주의라는 전문 용어에 관해 우리는 동료들과 오랜 시간 수많은 토론을 거쳤다. 어떤 사람들은 이 전문 용어가 적합하다고 주장하지만 다른 사람들은 그것이 '기업계급'과 파우스트(Faust)식의 협정을 체결한다는 의미를 강하게 지니고 있다고 주장한다(기업계급[business class]은 대기업의 대표자들을 가리키며, 그들은 이사회와 포럼에서 정기적으로 만나 국가의 정책 형성에 관심을 갖는다). 특히 오스트레일리아에 있는 사회민주주의적 경향을 가진 일부 동료들은 학술 자본주의가 학술 노동력을 착취한다는 강한 인상을 불러일으키며, 현재 고등교육 기관 내부에서 실제적으로 검증되지 않은 그러한 것이라고 주장한다. 오스트레일리아의 또 다른 사람들은 이 전문 용어가 정부의 역할을 경시하고 있다고 주장한다. 특히 많은 상황에서 정부는 고등교육기관에게 막대한 외부 자금을 제공한다. [즉] 그것

---

61 Sheila Slaughter·Larry Leslie/梁驍·黎麗 譯, 『學術資本主義: 政治·政策和創業型大學』 (북경: 北京大學出版社, 2008): 8·10·198쪽.
62 Sheila Slaughter·Larry Leslie/梁驍·黎麗 譯, 같은 책, 2008: 199쪽.

으로 기초 연구를 하든 응용 연구를 하든, 산학 협동에 사용하거나 독립 회사(arm's length corporation, 인사와 목표라는 측면에서 대학과 연관된 회사이기는 하지만 법률상 독립적인 실체로 간주되는)에 의해 추진된 영리성 투자에 사용하든 간에 상관없이 [제공된다]. 일반적으로 이(어떤 경우 뜨거웠던) 토론들은 현존의 언어가 현재의 변화, 즉 사립교육 기관과 공립교육 기관 사이에 관습적으로 남아있던 경계가 모호하게 변한 것을 표현하는 데 부족하다는 점을 알려준다. 같은 [이유로] 언어의 제한은 우리에게 사유(私有)화와 통제 완화의 시점에서 출현한 혼합 조직의 증가를 적확하게 서술할 수 없게 만들었다. 마지막으로 더욱 정확한 전문 용어를 어느 누구도 생각해 낼 수 없었기 때문에 우리는 학술 자본주의[라는 어휘]를 사용하기로 결정했다. 또 다른 이유로는 그것을 대체할 수 있는 용어, 즉 학술 창업주의나 창업 활동과 같은 학술 자본주의의 완곡한 표현을 가지고 이윤추구 동기가 학술계에 침투하는 것을 제대로 표현할 수 없었기 때문이다.[63]

이처럼 '학술 자본주의'는 학술과 시장이 강하게 결합된 시대적 추세를 반영한다. 이와 같은 논란에도 불구하고, 그들은 '학술 자본주의'라는 어휘 선택의 불가피성을 강조하면서 '학술 자본주의'의 개념적 타당성을 마련하고자 한다. 현재의 학술 또한 자본이 경쟁하는 시장 논리를 따른다는 윈스턴의 주장은 이러한 의도에서 인용된다.

현재 상황은 아주 큰 의미에서 교육연구 인력이 시장, 즉 한 국가의 시장을 활발하게 운영하고 있는 것과 유사하다. 이 시장에서 브랜드[聲譽][64]를

---

63 Sheila Slaughter·Larry Leslie/梁驍·黎麗 譯, 『學術資本主義: 政治·政策和創業型大學』(北京: 北京大學出版社, 2008): 8쪽.
64 학술 자본주의적 개념으로부터 대학의 사회적 '명예'는 '브랜드'라는 상품 가치와 동일

좇는 고등교육기관들은 서로 간의 경쟁을 통해 교육 기관의 우열을 결정한다. 교육 기관들은 주로 고용된 교육연구 인력을 통해 [그 경쟁에서 이기고자] 한다. 교육 기관들은 교육연구 인력의 슈퍼스타 …… 그리고 막 박사[학위를 받은 이들] 가운데 우수한 엘리트를 차지하기 위해 서로 경쟁한다. 교육 기관들은 돈으로 [그들을] 차지하려고 하지만 더욱 중요한 점은 …… 자유롭게 지배할 수 있는 [그들의] 시간을 차지하려는 것이다.[65]

고등교육 기관인 대학은 시장 경쟁력을 확보하기 위해 우수한 인적 자본을 축적해야만 한다. 따라서 학술 자본주의는 인적 자본(human capital)[66] 개념과 연관되어 있다. 하지만 슬래터와 레슬리는 인력을 자본의 한 요소로 파악하는 인적 자본과 학술 자본주의가 그 내용의 유사함에도 불구하고 실질적으로 구분되는 것이라고 주장한다. 그 이유는 학술 자본주의가 대학 교원과 대학의 특수한 사회적 관계

한 의미를 획득하게 된다.

[65] Gordon C. Winston, "The decline in undergraduate teaching", *change26*, 1994, p. 10. ; Sheila Slaughter·Larry Leslie/梁驍·黎麗 譯, 같은 책, 2008: 212쪽 재인용.
[66] '인적 자본'이란 미래의 금전적 소득을 창출하는 데 활용할 수 있는 인간에 내재된 자산을 말한다. 일반적으로 자본이라고 하면 자본과 토지 등 물적 자본만을 지칭하는 좁은 의미였으나, 제2차 세계대전 이후 교육이 경제 성장을 촉진하는 요인으로 주목받으면서 그 중요성이 강조된다. 인적 자본의 종류는 그 형성 과정에 따라 선천적으로 타고난 자본과 후천적으로 습득된 자본 두 가지로 나뉜다. 선천적 자본은 지능이나 천부적 재능 등의 능력과 자질을 말하며, 후천적 자본은 교육·보건·훈련·정보 등에 의해 습득된 지식과 기술이다. 인적 자본론에 의하면 교육을 많이 받을수록 개인의 능력과 노동생산성이 커져 결과적으로 경제적 이익을 얻게 된다. 이는 물적 자본에 대한 투자가 미래에 높은 경제적 이익을 가져다주는 것과 같은 이치다. 인적 자본론은 미국의 노동경제학자인 베커(Gary Stanley Becker)에 의해 특별히 강조되었다. 베커는 경제학의 분석 영역을 인간 행동과 그 상호 작용으로 확대시켜 1992년 노벨경제학상을 수상한다. 그는 한국과 타이완 등이 짧은 기간에 경제 성장을 이룩한 이유가 교육을 통한 질 좋은 인적 자본(노동력)에 의해 뒷받침된 것에 있다고 평가하면서 노동의 양보다 질을 중시한다. http://100.naver.com/100.nhn?docid=775091 참조. 따라서 인적 자본은 자본주의 사회에서 특수한 형태로 구성된 '사람들', 즉 상품화된 '사람들'의 의미를 반영한 개념이라 할 수 있다. 베커도 지적하고 있지만 한국에서 자녀에 대한 학부모의 교육 열풍 또한 이러한 차원에 위치한다.

에 근거하기 때문이다.

학술 자본주의 이념에 접근하는 또 다른 방식으로는 널리 인정된 인적 자본 개념을 통해서다. 우리가 말하고자 하는 바의 의미는 다음과 같다. 현재까지 대부분의 사람들은 노동자들이 소유한 지식과 기술이 경제 성장에 도움이 된다고 본다. 개념적으로 이러한 노동자들의 능력은 노동의 질적 제고를 통해 발휘된다. 노동력은 당연히 생산의 3대 요소 중 하나이고, 토지와 자본이 나머지 두 가지 요소다. …… 생산 활동에서 노동의 질은 주로 정규 교육과 재직 [기간 중의] 훈련을 통해 이루어진다. 우리는 이로부터 대학 교원이 경제 성장에 [끼치는] 영향을 보게 된다. 대학은 국가가 소유한 가장 희소하고 가장 가치 있는 인력 자본의 보고(宝庫)다. 이것은 가치 있는 자본이다. 왜냐하면 그것은 고급 기술과 기술 과학의 발전에 대단히 중요하며, 고급 기술과 기술 과학은 세계화된 경제에서 승리하는 데 필수불가결한 것이기 때문이다. 대학이 소유한 인적 자본은 당연히 대학이 소유한 학술 인력이다. 그래서 이러한 특수한 상품이 바로 학술 자본, 즉 대학 교원이 소유한 특수한 인적 자본인 것이다. 이 논리의 마지막은 교육연구 인력이 그들의 학술 자본을 생산하고 운영하는 데 참여할 때, 그들이 학술 자본주의로 진입하고 있다는 것을 의미한다. 그들이 소유한 희소한 전문 지식과 기술은 생산 활동에 응용된다. 이것은 대학 교원 개인에 대해, 그들이 종사하는 공립대학에 대해, 그들과 함께 하는 회사 및 더욱 광범위한 사회 모두에 대해 효과를 발생시킨다. 이것이 바로 기술적·실천적 측면에 영향을 미치는 학술 자본주의다.[67]

---

67 Sheila Slaughter·Larry Leslie/梁驍·黎麗 譯, 『學術資本主義: 政治·政策和創業型大學』(北京: 北京大學出版社, 2008): 9~10쪽.

그들은 대학 교원의 이러한 특수한 사회적 기능으로부터 대학 교원, 특히 대학 교수가 갖게 되는 자본가적 성격에 주목한다. 다시 말해서 자본가가 자본주의 경제시스템과 맺는 관계는 대학 교수가 학술 자본주의와 맺는 관계와 유사하다는 점에서 대학 교수의 자본가적 특징을 드러난다.

자본주의라는 어휘가 생산 요소(토지·노동력·자본)의 사적 소유를 의미하기에 공립 연구중심 대학의 직원을 자본가로 간주하는 것은 명백히 모순인 듯 보인다. 하지만 자본주의는 하나의 경제 제도로 정의되며, 이 제도에서는 [모든 것이] 시장이라는 힘의 추동에 의해 분배되고 결정된다. 우리가 이 새로운 어휘를 사용하는 것은 의도적이다. 학술 자본주의를 우리의 중심 개념으로 간주함으로써 우리는 공립 연구중심 대학에 새롭게 형성된 환경, [즉] 모순으로 가득 찬 하나의 환경을 정의하려는 것이다. 이 환경에서 교육연구 인력과 전문 인력은 경쟁적 조건에서 그들이 비축한 인적 자본을 더 많이 소모하고 있다. 이러한 상황들로부터 대학 직원들은 공립 부문에 고용된 [신분이]지만 점차 그것에서 벗어나 자율성을 갖게 된다. 그들이 [바로] 공립교육 기관에서 배출되어 자본가를 충당하고 있는 대학 교수다. 그들은 정부의 지원을 받는 창업가인 것이다.[68]

---

[68] Sheila Slaughter·Larry Leslie/梁驍·黎麗 譯, 같은 책, 2008: 8~9·199쪽. 여기에서 슬래터와 레슬리는 학술 자본주의에서 대학 교원이 갖는 의미를 다음과 같이 정의한다. "우리가 사용하는 전문 용어인 대학 교원(academic)은 고등교육 기관의 전문 인력 또는 准 전문 인력을 포괄한다. 다시 말해서 우리가 사용하는 전문 용어인 대학 교원은 종신적 지위의 교육연구 인력(tenure-track faculty), 학술 전문 인력과 행정 관리 인력을 포괄하는데, [그것은] 학술 자본주의가 교수, 학술 보조 인력과 행정 관리 인력 모두를 포괄한 현상이기 때문이다. 우리가 교육연구 인력(faculty)과 교수(professors)[라는 어휘를 번갈아 사용한 것은 종신적 지위에 해당하는 인력을 가리키려는 의도에서다. 특정한 직위를 언급해야 할 경우, 우리는 정교수(full professor)와 같이 분명하게 밝힐 것이다." Sheila Slaughter·Larry Leslie/梁驍·黎麗 譯, 같은 책, 2008: 9쪽 주1.

이처럼 대학 교수는 명확하게 자본가 또는 창업가로 규정된다. 학술 자본가로서 대학 교수는 자신의 브랜드 가치를 사회적으로 높이는 개인적 성공을 지향하게 된다. 이 과정은 개별 교수와 시장의 관계로부터 형성되기 보다는 개인적 인간관계에 기초한 인적 자본의 축적 형태, 즉 '학술 팀제'의 방식으로 진행된다.

> 성공한 학술 자본가들의 개인적 성공이 가장 우수한 대학원생과 박사후과정생들을 모았다는 점은 분명한 사실이다. 이 학생들은 연구와 그 밖에 완성해야 할 활동에 중요한 도움이 될 뿐만 아니라 그들의 성공 또한 지도교수에게 이로움을 가져다준다. 직장 생활을 통해 대학 교수가 점차 세상에 알려지는 [이유는] …… 대부분 연구생들과 함께 진행하는 후속 활동에 의존하기 때문이]다. 이러한 개인적 관계는 다양한 방식으로 효과를 발생시킨다. 궁극적으로 높아진 개인의 지위·수입·독립성으로부터 사람들은 학술 자본주의의 효과를 획득한다.[69]

한국에서도 대학의 연구팀이 벤처 기업으로 창업한 예가 여기에 속한다. 이것은 학술(또는 지식, 정보)에 기초한 대학 교수 중심의 학술팀이 기업화할 가능성을 포함한다. 이처럼 학술 자본주의가 자본주의의 외부를 남기지 않는 실질적 포섭과정에서 출현한 것이라면, 학술연역 또한 자본주의 경제시스템에서 하나의 경제 부문으로 분류된다. 다시 말해서 자본주의의 형식적 포섭 단계에서 지체된 영역으로서 대학이 존재했다면, 실질적 포섭과정은 대학의 지체된 비(또

---

69 Sheila Slaughter·Larry Leslie/梁驍·黎麗 譯,『學術資本主義: 政治·政策和創業型大學』(北京: 北京大學出版社, 2008): 114쪽.

는 전)자본주의적 요소를 자본의 형태로 전환시킨 것이다. 따라서 이 것은 학술연역이 탈현대적 자본주의 사회에서 자본주의와 무관하게 비(또는 전)자본주의적 형태로만 남을 수 있다는 시각을 부정한다.

학술과 시장의 긴밀한 결합은 지체된 영역에 존재하던 대학 교수들에게 자본가적 형상을 요구하게 된다. 대학 교수는 학술 자본가로서 이러한 추세에 대응해 학술팀을 조직하고 학술 자본의 증식을 도모한다. 따라서 학술 자본주의는 대학 내부의 학술팀, 즉 '지식 자본가'와 '지식 노동자'라는 하나의 독립된 생산 시스템에 의해 추동된다. 여기에서 '지식 자본가'와 '지식 노동자'의 관계는 자본가와 노동자와 같이 생산 수단의 소유 여부로 양자를 구분하던 계급 담론에 기초하지 않는다. '지식 자본가'와 '지식 노동자'의 관계는 지식이라는 생산 수단을 공유한다는 특징을 보이면서 상호 의존적 형태를 띠지만, 대학 교수와 대학원생의 관계에서 알 수 있듯이 '지식 자본가'와 '지식 노동자'에는 사회적 힘의 우열 관계가 반영된다. '지식 자본가'는 학술팀 내부에서 자원의 배분 및 운영권을 가지며, 대외적으로 학술팀을 대표한다.

하지만 이러한 대외적 대표성은 대부분의 경우, 학술팀 자체로 브랜드 가치를 획득하기 보다는 '지식 자본가'인 대학 교수의 개인적 브랜드(또는 사회적 명성) 형태로 표출된다. 이로부터 시장 경쟁력을 갖춘 지식 자본가와 그렇지 못한 지식 자본가 사이에 분화가 발생한다.[70] 현대적 지식인이 지식 자본가와 지식 노동자로 분화되고, 지식

---

70 슬래터와 레슬리는 시장이 매우 강한 보상 체계를 갖추고 있어 시장에 성공적으로 진입한 교수들로 인해 교수 사회에 분화가 발생했다고 진단한다. "대학교수 개인에게 이것은 무엇을 의미하는가? …… 개인의 명예가 성공적인 수입을 통해 제고된다는 것을 의심하는 사람은 아무도 없다. …… 분명하게 구분된 성공은 교육연구 단위의 내부 지위에 분화를 야기했다." Sheila Slaughter·Larry Leslie/梁驍·黎麗 譯, 같은 책, 2008: 112쪽.

자본가 사이에서도 분화가 발생한 근거는 탈현대적 자본주의 경제 시스템이 자리한다. 이처럼 탈현대적 조건으로부터 현대적 지식인의 사회적 위치와 기능은 심대한 변화를 맞이한다. 지식 자본가와 지식 노동자가 바로 탈현대적 지식인의 형상이기 때문이다.

계몽 시대에 확립된 지식인의 형상은 바뀌었고, 학술의 자유를 견지한 학자들도 사라졌다. 모든 연구 과정에서 그들은 정부 또는 기업에 고용된 지식 생산의 노동자에 불과하며, 그들의 신분은 코타다(James Cortada)가 언급한 '지식 노동자'로 전락되었다. 중국에서 '지식인[知識分子]'은 비아냥거림이나 각박함의 호칭이 되었다. 탈현대적 문화는 수많은 사람들의 지식 생활에 영향을 끼쳐 개개인들은 지식 네트워크의 한 영역에 위치하면서 지식을 수용하고, 지식을 소비하며, 지식을 옮기고, 지식을 생산한다. 보편적 지식이라는 시각은 이미 사라졌다. 푸코의 말을 빌리자면 '보편적 지식인'은 사라졌고, [대신] '구체적 지식인'이 전면에 등장했다. [또한] 리오타르는 '지식인은 이미 죽었다'고 간단명료하게 선언했다.[71]

'인적 자본'이 학술 자본주의의 이론적 한 축을 차지한다면, '자원 의존 이론(Resources dependency theory)'[72]은 그것의 또 다른 축으로 기능

---

71 李春萍,「學者·知識分子·知識工作者」,『學術研究』2006年第10期: 122쪽. 이와 같은 리춘핑의 언술을 지식인 일반이 모두 '지식 노동자'가 되었다고 이해하기 보다는 앞서 지식인을 '지배 계급에서의 피지배 분파'로 파악한 부르디외의 지적처럼 이 현상을 탈현대적 조건으로부터 변화된 지식인의 사회적 위치와 기능으로 해석하는 것이 보다 적절하다. 다시 말해서 대학 교수는 대학·정부·기업에 고용된 '지식 노동자'의 성격과 함께 같은 학술 팀을 구성하는 대학원생에게 '지식 자본가'가 되는 것이다. 이런 맥락에서 저우셴은 탈현대적 지식인이 풍부한 지식과 문화자본, 그리고 더욱 많은 권위와 권력을 가지고 있다고 평가한다. 周憲,「後現代與知識分子」,『江蘇社會科學』2000年第1期: 84쪽. 이 평가는 '지식 자본가'의 또 다른 측면을 강조하는 것이다.
72 "資源依存論은 조직을 환경과 상호 작용하는 주체로 보고, 상호 작용의 대상물인 광

하고 있다. 자원 의존 이론은 대학과 대학의 관계, 그리고 대학을 둘러싼 환경의 변화에 적합한 논리적 근거를 제공한다. 슬래터와 레슬리는 이를 통해 학술 자본주의의 현실적 타당성을 보다 명확한 형태로 정식화한다.

대학과 교육연구 인력은 반드시 시장 행위 또는 시장 행위와 유사한 경쟁에 참여해 핵심 자원을 확보해야만 한다. 연구 경비는 대학의 핵심 자원으로, [그것은] 대학이 브랜드의 극대화를 추구하기 때문이다. 대부분의 교육연구 인력이 교육 활동에 종사하고, 수많은 교육연구 인력이 공공 서비스를 담당하기 때문에 비교적 적은 수만이 경쟁을 통해 정부나 산업 [부문]의 연구 경비를 받을 수 있다. 이로부터 연구 활동은 대학들을 구분하는 기능이 되었다. 자원 의존 이론은 교육연구 인력이 학술 자본주의에 의존해야만 연구 자원을 유지하고 브랜드를 극대화시킬 수 있다고 설명한다. 달리 말해서, 교육연구 인력이 더 많은 자원을 제공받아 더 많은 학생들을 가르치고자 한다면, 우리는 [그것을 위한] 그들의 열정적 자금 경쟁이 정부의 우선항목 또는 상업 활동이라는 외부 연구 경비를 받기 위한 열정

의의 資源을 효율적으로 관리 통제하는 것이 조직의 목표 달성, 즉 組織의 유효성 증대에 필수적이라는 대전제 하에 조직의 행위를 분석하고 조직을 설계하고자 하는 組織-環境論的 理論이다. 이러한 자원 의존 이론의 배경이 되고 있는 기저 이론은 사회학의 交換理論이다. 현대사회학자들은 조직 변화를 설명하는 한 방법으로서 조직 환경에 관심을 두어왔다. 이와 관련된 연구 중 하나의 지류는 組織間 關係에 집중되어 왔다. 조직 간 관계에 대한 연구는 일반적으로 非營利組織이 다른 조직과 협력하게 되는 조건에 관한 것이었다. 이 조직간 관계에 관한 연구는 의존성을 중심으로 한 권력의 교환 이론으로 집약되어 영리조직인 기업 조직의 연구 시각으로 받아들여지고 있는 것이다." 신창남, 「조직 환경의 자원의존 이론에 관한 연구」, 『사회과학논집』, 동아대학교 사회과학대학, 1988, 제6호: 177쪽. 참고로, '자원'은 인적·물적·무형적 자원 개념에 포함되는 모든 투입물, 산출물 및 부산물을 가리킨다. 다시 말해서 행위자들의 자원 부족은 필연적으로 다른 행위자들과 자원 획득을 위한 관계를 요구한다. 조직은 다른 조직에 대한 의존성을 최소화시키고자 하며, 반대로 다른 조직에게 자신에 대한 의존성을 극대화하려 한다. 이러한 조직 간 관계(또는 조직과 환경) 의존성에 관한 연구가 자원 의존 이론의 기본을 구성한다.

적 경쟁과 서로 같은 것인지 다른 것인지를 결코 구분할 수 없을 것이다.[73]

한마디로 말해서, 자원 의존적 관계에 중대한 변화가 발생한 것이다. 즉 경쟁에 점점 더 많은 운영 자금이 요구되면서 대학은 시장과 유사한 영역으로 끌려가거나 밀려나게 되었다. 연구중심 대학의 경우 아주 많은 실제적 의미를 드러낸다. 교육연구 인력은 더욱 경쟁적으로 자금을 쫓을 수밖에 없게 되었으며, 이런 자금들을 둘러싼 경쟁은 [앞으로도 더욱] 격렬해질 것이다. …… 교육연구 인력은 현재 아주 많은 시간을 써서 경비를 신청하지만 적은 수만이 성공하고 있다.[74]

이처럼 학술 자본주의는 탈현대적 자본주의 사회에서 대학사회가 더 이상 지체된 영역으로 남아있을 수 없다는 현실 인식을 반영한다. 물론 슬래터와 레슬리가 학술연역을 자본주의로 개념화한 의도는 그러한 변화를 단순히 인정하는 데 있지 않다. 그들은 결론 부분에서 미래 상황의 예측이 가져올 수 있는 위험성을 인지하면서도 이후 발생 가능한 두 가지 상황, 즉 최악의 상황과 바람직한 상황을 통해 자신들의 기본 입장을 표명한다.[75] 우선 최악의 상황은 세계화가 급진전되면서 가속화되는 고등교육 시스템의 불안정이다.

---

[73] Sheila Slaughter·Larry Leslie/梁驍·黎麗 譯, 『學術資本主義: 政治·政策和創業型大學』 (北京: 北京大學出版社, 2008): 104쪽.
[74] Sheila Slaughter·Larry Leslie/梁驍·黎麗 譯, 같은 책, 2008: 204쪽.
[75] "예측의 위험성을 고려한다면, 우리는 가장 바람직한 상황과 최악의 상황을 묘사해야 할 것이다. 우리는 예측이 종종 단지 희망과 공포만을 표현할 뿐, [그것이] 과학적 예언과 마찬가지로 미래에 대한 상상이라는 것을 잘 알고 있다." Sheila Slaughter·Larry Leslie/梁驍·黎麗 譯, 같은 책, 2008: 228쪽.

최악의 상황은 정치경제가 더욱 세계화되면서, 국가(연방)와 (또는) 주(지방)가 임의로 사용할 수 있는 자원이 더욱 감소되어 고등교육 시스템에 교육 기관의 심각한 불안정이 지속적으로 나타나는 것이다. 만약 이러한 조건이 갖춰진다면, 우리는 연구중심 대학 사이에 더욱 큰 차이가 발생할 뿐만 아니라 많은 연구중심 대학이 종합 대학, [즉] 학부 교육과 석사과정 및 매우 적은 수의 박사 학위과정[만]이 개설되는 수준으로 떨어질 것이라고 본다. 우리는 각 주(州)에 하나의 연구중심 대학만 있을 [정도로] 감소할 것이라고 생각하지 않는다. 하지만 어쩌면 사립대학 또한 더 많은 연구 기능을 흡수할 것이고, 학생들은 아주 많은 등록금을 내고 각 영역의 대학원에서 공부하게 될 것이다. 마치 현재 의학 [방면]의 상황이나 갈수록 늘어나는 법률 [방면]의 상황처럼. 주로 공립 연구중심 대학들은 인구가 많고 개인 소유의 교육 기관들이 강하지 않은 주(州)에 집중될 것이다. [그리고] 학생들이 아주 비싼 등록금을 부담해야 한다는 점을 고려해본다면, 살아남은 공립 연구중심 대학들 또한 사실상 사유화될 것이다.[76]

이와 다르게 예측 가능한 바람직한 상황은 세계화가 안정적으로 진행되면서 고등교육 기관에 대한 정부의 안정적 지원이 이루어진다는 전제 아래 교육 기관 간의 학문적 조정, 즉 특성화를 통한 새로운 가능성을 제시한다.

가장 바람직한 상황에 대한 예측은 세계화 과정이 안정적이며, 국가가 재정 적자와 채무를 통제하고, 공립 대학에 대한 연방 또는 주(州)의 지원이 안정적이거나 적정한 증가를 유지하는 것이다. [이로부터] 교육기관 사이

---

[76] Sheila Slaughter · Larry Leslie/梁驍 · 黎麗 譯, 같은 책, 2008: 228쪽.

에 차이가 나타나는데, 일부 교육 기관의 지위는 하락하지만 각 주에 적어도 상대적으로 질 높은 공립 연구중심 대학은 존재하게 된다. 대학원생 교육은 전체 주(州) 차원의 사업이 되고, 각 대학은 특정 영역과 단과 대학을 책임지면서 중복되지 않는다. 어떤 상황에서는 대학원생들도 반드시 지정된 대학으로 옮겨야만 되겠지만, 많은 경우 대학원생 교육은 주 내의 각 대학에 연결된 통신 시스템의 발전을 통해 이루어질 것이다.[77]

고등교육기관 간의 학문적 중복 현상을 피하기 위한 특성화는 마치 산업 간 '구조 조정', 즉 중복된 산업 구조의 재조정을 통해 세계적인 경쟁력을 갖추려는 시도와 동일하다.[78] 그들의 이와 같은 전망이 1997년에 제기되었다는 점을 상기한다면, 지금의 현실은 그들이 우려하던 최악의 상황으로 전개되고 있다. 물론 그들의 주요 연구 대상이 당시 오스트레일리아 고등교육 기관에 한정되었다는 점, 그리고 당시 학술 자본주의 개념에 가장 근접한 미국 등 일부 국가였다는 점을 한계로 들 수 있지만 2012년 현재 학술연역의 자본주의화는 이미 전 세계적으로 확장된 추세다.[79]

---

[77] Sheila Slaughter·Larry Leslie/梁驍·黎麗 譯, 『學術資本主義: 政治·政策和創業型大學』(北京: 北京大學出版社, 2008): 229쪽. 딩안닝은 그들의 예측을 다음과 같이 평가한다. "저자들[슬래터와 레슬리]은 고등교육 기관이 [갖는] 자원 의존성 때문에, 정부 지원금이 [자원 의존성을] 상대적으로 안정화시킬 수 있을 [뿐만 아니라] 학술 자본주의를 통제하면서 제한적으로 [고등교육 기관을] 발전시킬 수 있는 가장 좋은 [해결] 방법이라고 주장한다." 丁安寧,「當代美國高等教育研究理念」,『高等教育研究』2005年 第11期: 49쪽.
[78] "우리는 대학이 직면한 거대한 변화를 마주하고 있다. 마치 경제가 세계화에 대처하기 위해 구조 조정을 진행하고 있는 것처럼, 공립 연구중심 대학도 국가의 고등교육 정책과 자원 의존성으로부터 변화에 적응하기 위해 노력하고 있는 것이다." Sheila Slaughter·Larry Leslie/梁驍·黎麗 譯, 같은 책, 2008: 227쪽.
[79] 한국의 학술 자본주의 현황에 대해서는 반상진,『고등교육경제학(아산재단 연구총서 제252집)』(파주: 집문당, 2008): 194~195쪽을 참조할 것. 한편, 슬래터는 이후 학술 자본주의 개념에 기초하여 후속 작업을 진행한다. 로즈(Gary Rhoades)와 함께 2004년에 저술한『학술 자본주의와 신경제 : 시장, 국가와 고등교육(Academic Capitalism and the New Economy:

슬래터와 레슬리가 학술 자본주의를 주창했던 1997년과 다르게, 왕정칭과 쉬후이는 세계화가 상당 정도 진행된 2009년 '중국의 학술 자본주의'를 다룬다. 왕정칭과 쉬후이는 우선 학술 자본주의를 1) 시장 지향적 지식의 생산과 전환 방식 2) 전문화 이념에 기초한 대학의 조직과 관리 양식 3) 대학 및 그 성원의 신분 위상에 영향을 미치는 문화적 시스템으로 정의한다.[80] 그리고 대학사회에서 학술 자본주의가 발생하게 된 원인을 4가지로 정리한다. 첫째, 신자유주의적 흐름과 연관된 정치적 측면, 둘째, 대학의 자원 의존적 압력과 관련된 경제적 측면, 셋째, 성과 지상주의와 자유경쟁 이념과 같은 사회문화적 측면, 그리고 마지막으로 세계화 시대에 나타나고 있는 대학 자체의 발전 논리다.[81]

이러한 학술 자본주의는 기존의 대학이 담당하던 사회적 가치와

Markets, State, and Higher Education)』은 학술 자본주의와 신경제의 관계를 다루고 있다. 그들은 여기에서 학술 자본주의와 신경제(세계화된 지식과 정보 사회를 포함한)의 결합, 그리고 고등교육과 사회가 맺는 새로운 관계에 초점을 맞춘다. 다시 말해서 학술 자본주의 및 그 지식이 새로운 순환 기제를 생산하면서, 주변 기구들과 함께 하나의 전체로서 학생·교원과 행정 인력 등의 고등교육 참여 인력이 신경제를 지속적으로 강화시킨다고 본다. 신경제의 발전이 학술 자본주의의 지식 영역에 중대한 작용을 미치며, 고등교육이 창조한 지식은 의심할 바 없이 신경제의 발전을 추동하게 된다. [또한 신경제는 대학이 창조한 첨단 지식을 원재료로 삼아 기구의 전환을 통해 시장 상품 또는 전문 서비스가 되고 있다. 신경제에서 학술 자본주의의 지식 영역(academic capitalist knowledge/ learning regime)은 다음과 같은 이념적 특징을 지닌다. 1) 세계성(global scope), 2) 원재료인 지식(knowledge as raw material), 3) 비(非)포드형 생산(non-Fordist manufacturing), 4) 교육받은 직원과 전문가적 소비자(educated workers and technology savvy consumers), 5) 신자유주의 국가(the neoliberal state), 6) 지식 순환권(circuits of knowledge), 7) 틈 조직의 출현(interstitial organizational emergence), 8) 매개 네트워크(intermediating networks), 9) 확장된 관리 능력(extended managerial capacity), 10) 전문적인 판로 확장의 전략(professional strategies)이다. 丁安寧, 같은 글, 2005: 50쪽 참조. 그들의 '신경제'는 네그리와 하트가 '제국'으로 표현한 자본주의의 재구조화 단계, 즉 '탈현대적 자본주의'와 대단히 유사하다.

80 王正青·徐輝,「論學術資本主義的生成邏輯與價値衝突」,『高等教育研究』2009年第8期: 39쪽 참조.
81 王正青·徐輝, 같은 글, 2009: 40~41쪽 참조.

충돌을 야기하는데, 그것은 1) 공공이익의 대표에서 산업 주체로의 전환, 2) 학술적 지향에서 시장으로의 지향, 3) 사회에 대한 공공의 관리 주체에서 기업화된 운영 주체로의 전환이다.[82] 이로부터 왕정칭과 쉬후이는 학술 자본주의 개념의 중국적 의의를 평가한다.

> 중국의 대학은 대학의 성과를 경비 지출과 연결시켜 표현해야 하고, 경영과 자본의 운영 수단을 통해 경비의 사용 효율을 제고해야만 한다. 그리고 연구성과를 적극적으로 제출해야 하며, 상공업계와 협력[을 위한] 동반자적 관계가 되도록 노력해야 한다. 또한 학술 인력의 보수 수준을 사회 공헌[도]와 연결시켜 지방 건설에 대학의 적극적인 참여가 있어야 한다. 교과과정이나 학과를 설치하는 데 응용 부문을 중시해야 하며, 학생의 창업 의식과 창업 능력을 배양해야만 한다. [하지만] 이것은 모두 미완의 사업들이다. 국가의 창조적 시스템 구축에 주요 주체인 중국 대학은 국가 발전 전략의 실행을 위해 자신의 힘을 보태야 할 책임이 있다.[83]

이처럼 그들은 중국의 이른바 '종합 국력'의 신장을 위해 대학의 사회적 책임을 강조한다. 다시 말해서 그들은 국가 발전이라는 목표로부터 학술 자본주의를 정당화하고 있다. 대학의 학술 자본주의화는 세계화와 마찬가지로 필연적 과정에 해당하기 때문에 그것의 근본적 대안을 모색하기 보다는 그것의 현실적 인정을 전제로 대학의 사회적 가치와 학술 자본주의의 병행에 주목하는 것이다.[84]

---

82 王正青·徐輝, 「論學術資本主義的生成邏輯與價值衝突」, 『高等教育研究』2009年第8期: 41쪽 참조.
83 王正青·徐輝, 같은 글, 2009: 42쪽.
84 "이와 동시에 우리는 반드시 학술 자본주의에 내재한 모순적 가치에도 주의를 기울여

슬래터와 레슬리가 세계화의 급진전이 야기할 학술 자본주의의 부정적 결과를 우려하고 있다면, 왕정칭과 쉬후이는 국가 간의 경쟁이라는 현실적 조건에서 중국의 경쟁력을 제고시키기 위한 방편으로 학술 자본주의를 수용하고 있다. 이들의 인식 차이는 바로 학술 자본주의의 현실적 인정 여부로부터 명확하게 드러난다.[85] 이로부터 중국 대학의 학술 자본주의화는 기존의 대중문화 담론이 생산되는 방식을 근본적인 차원에서 재규정하게 된다. 다시 말해서 개혁개방 이후 등장한 3대 패러다임 진영의 대중문화 담론과 중국 대학의 학술 자본주의가 맺는 관계가 새로운 초점을 구성한다. 이것은 '학원경제', 그리고 그것에 기반한 '학원정치'를 시장, 즉 대중과 직접적으로 연결시키는 방식을 통해 재정립한다는 의미를 갖는다.

야만 한다. 학술의 자본화 과정에서 어떻게 일관되게 대학의 핵심적 사명과 학술적 품위를 견지할 것인가라는 문제는 응용 연구 [부문]을 중시하면서도 기초 연구와 인문사회과학 연구의 합당한 지위를 보호하는 것이고, 자본화와 산업화의 큰 흐름 속에서 功利化의 함정에 빠지지 않는 것이며, 환경 변화에 적응하는 동시에 대학 발전이라는 자체 논리를 지속시키는 것이다. 이 모든 것들이 중국 대학의 학술 자본화 과정에서 마땅히 직시해야만 하는 의제들이다." 王正青·徐輝, 같은 글, 2009: 42쪽. 반상진 역시 이와 유사한 주장을 펼치고 있다. 반상진, 『고등교육경제학(아산재단 연구총서 제252집)』(파주: 집문당, 2008): 197쪽 참조.

[85] 이러한 시각과 다르게 대학의 기업화 현상을 직접적으로 비판하는 견해도 존재한다. 시장권력의 "인문사회학 분야에 대한 공격은 지배 이데올로기에 비판적인 세력을 제거하고, 시장이데올로기에 예속된 순종적인 노동자와 무개성적이고 자동인형적인 소비자를 양산하려는 이데올로기적 의도를 지닌 것이다. 대학의 기업화는 자본과 보수 세력에게는 일거양득의 수지맞는 사업이다. 대학에 만연된 진보적 이데올로기를 탈색할 수 있을 뿐 아니라, 대학의 공적 성과물들을 사적 이해를 위해 유용할 수 있기 때문이다." 김누리, 「영혼을 팔아버린 대학」, 『안과밖(영미문학연구)』, 영미문학연구회, 2010, 제28호: 317쪽. 이와 같은 비판에 프랑크푸르트 학파의 관점이 자리 잡고 있다는 점은 시사하는 바가 크다. 결국 '지식인 중심성'은 이처럼 다양한 형태로 그 명맥을 유지하고 있다. 대학의 시장화를 비판하려는 시도가 '진보'적 관점에서 정당화될 수 있다면, 동일한 맥락에서 이른바 '도제 관계'라 명명된 교수와 대학원생의 관계 또한 비판되어야 할 지점이다. 다시 말해서 보수=시장, 진보=반시장이라는 도식은 여전히 한국 대학사회에 만연해 있는 비(또는 전)현대성, 즉 지체된 영역의 문제를 해결하지 못했다. 오히려 시장 논리가 이러한 문제들을 해결하는 데 효과적이었다는 점은 주지의 사실이다.

③ '3중 경제'와 탈현대적 자본주의의 특징

학술 자본주의는 이처럼 자본주의의 재조직화 과정인 탈현대적 자본주의가 대학사회에 투영되면서 출현한다. 하지만 위에서 살펴본 것처럼, 그것에 대응하는 양상은 매우 다르게 나타난다. 여기에서는 대학의 학술 기능 변화를 설명한 학술 자본주의 개념을 피스크의 2중 경제론과 결부시켜 해석하고자 한다. 학술 자본주의가 자본주의 사회에서 학술의 경제적 특징을 드러내는 개념이라면, 재정경제와 문화경제로 자본주의 경제를 구분하고 있는 2중 경제와 직접적인 상관성을 갖는다고 판단하기 때문이다.

피스크의 2중 경제론의 관점에서 학술 자본주의 개념을 해석하면, 그것은 학술연역과 재정경제의 관계에 초점이 맞춰져 있다. 다시 말해서 재정경제의 상품 생산 기능에 적합한 지식의 제공 및 창조가 대학을 비롯한 학술연역에서 이루어지고 있는 것이다. 이로부터 학술 자본주의 개념을 2중 경제론에 결합시킨 새로운 이론구조, 즉 3중 경제론이 요구된다. 학술 자본주의가 학술연역과 재정경제 부문에 관심을 집중하고 있다면, 3중 경제는 '학술경제'·'재정경제'·'문화경제'로 대별되는 각 경제 부문의 상관성에 주목한다.

학술 자본주의 개념을 흡수한 3중 경제론은 대중문화 담론을 이해하는 데 또 다른 기반을 제공한다. 피스크의 2중 경제론이 문화기업의 재정경제와 대중의 문화경제를 포괄하는 패러다임이라면, 문화기업의 상품 생산과 대중의 문화 생산 및 양자의 관계를 다루는 대중문화 담론이 2중 경제 구조와 어떤 상관성을 맺는가라는 본질적 의구심을 해결해 줄 수 있기 때문이다. 다시 말해서 대중문화 담론의 실질적 생산자인 지식인은 바로 '학술경제' 영역에 위치하며, 학술경제를 통해 재경 경제 또는 문화경제와 연관된다.

학술 자본주의가 3중 경제론 가운데 학술경제와 재정경제의 관계 변화에 주목했다면, 3중 경제론은 지식인의 담론을 대중의 문화경제로부터 파악하고자 한다. 그 과정에서 필연적으로 지식인 담론이 갖는 실천적 측면이 드러나게 된다. 따라서 '지식인 중심성'과 '대중 중심성'은 담론의 자체 성격으로부터 구분될 뿐만 아니라 그것이 문화경제와 맺고 있는 연관성 속에서 평가될 필요가 있다. 예를 들어, 그것은 '대중 중심성'의 대표적 연구서인 피스크의 『대중문화의 이해』가 학술경제 내부를 넘어서 대중의 대중문화 생산과정(즉 상품의 소비과정)에서 '대중 중심성'을 사회적으로 확립하는 데 어느 정도의 실천적 기여를 했는가에 주목하는 것과 같다. 이러한 3중 경제론은 중국의 3대 패러다임 진영이 생산한 대중문화 담론들에도 예외 없이 적용된다. 왜냐하면 현재의 중국 사회 역시 탈현대적 자본주의를 공유하고 있기 때문이다.

3중 경제에서 학술경제가 재정경제 또는 문화경제와 구분되는 특징을 살펴보면 다음과 같다. 첫째, 학술경제는 재정경제를 통해서만 문화경제와 연결된다. 이것은 바로 학술경제 영역에서 생산되고 있는 다양한 담론(또는 지식 일반)이 재정경제의 '상품화' 과정을 경과해야만 문화경제에서 하나의 문화자원으로 기능할 수 있다는 사실을 알려준다. 그것은 단지 출판이라는 상품 형식뿐만 아니라 지식인의 미디어 참여 등 다양한 상품 형식을 포괄한다. 다시 말해서 대중으로부터 인정된 베스트셀러, 또는 지식인 자신의 상품화(스타화 또는 대중적 인기 획득) 등은 모두 대중의 문화경제와 직접적 관계를 맺게 된다.

이와 같은 특징은 3중 경제를 관통하는 자본주의 경제시스템에 기인한다. 소규모 대중을 대상으로 한 계몽운동 방식(각종 문화 강좌

등)이 아니라면 지식인(또는 그들의 담론)은 필연적으로 상품화 과정을 거쳐야만 대중의 문화자원으로 소비될 수 있기 때문이다. 따라서 재정경제의 '상업성'은 문화경제의 '대중성'과 사실상 동의어에 해당하며, 지식인이 출판한 책을 대중이 많이 읽었다는(즉 대중적이라는) 의미는 상업적으로 성공했다는 의미에 다름 아니다. '지식인 자신'의 상품화(즉 스타화)와 지식인이 생산한 '지식'의 상품화라는 것은 모두 지식인 자신의 진정성과 무관한 자본주의의 실질적 포섭과정의 일면일 뿐이다.

여기에서 주의해야 할 것은 지식(또는 지식인)의 상품화가 물질주의적으로(따라서 도덕주의적 입장에서) 단죄되어야 할 대상이 아니라 '차별화'라고 하는 자본주의적 상품 논리로부터 대중의 선택 범위를 확장시킨다는 긍정적 측면이 존재한다는 점이다. 이러한 맥락에서 지식인의 신념이 자본주의적이든 반자본주의적이든 간에 대중의 지지(또는 동의)를 이끌어내기 위해서는 상품화를 통해 문화경제에 진입할 수밖에 없다. 또한 인터넷에서 활동하는 개별 지식인들의 경우, 직접적으로 재정경제를 거치지 않고 문화경제와 연결되고 있는 것 같지만 이른바 '인기 있는(그래서 대중적인)' 칼럼들은 대부분 출판을 통해(즉 재정경제를 경과해) 문화경제에 인입되고 있다. 그 과정을 거치지 않는다하더라도 그 대중적 인기는 그 개별 지식인의 지식(또는 지식인 자신)을 '잠재적인 문화상품'으로 간주하게 만든다.

이런 측면에서 미국의 좌파 지식인을 비판한 지루의 관점은 다시 평가되어야 한다. 그는 지식인의 도덕적 타락을 비판하면서, '유기적 지식인'에서 '변혁적 지식인'으로 새로운 지식인의 형상과 사회적 임무를 요청한다. 하지만 그의 좌파 지식인 비판은 단지 지식인의 사회적 기능이 학술경제와 맺는 관계를 드러내줄 뿐이다. 보다 중요한 문제는 학술경제에서 생산된 진보적 사회이론도 결국 문화경제로 인입되기 위해서는 '상품화' 과정을 거칠 수밖에 없다는 점과 3중 경제라는 자본주의적 경제시스템에서 대중의 지지와 동의(그래서 '대중적인')가 형성되는 과정을 이해해야 한다는 것에 있다. 지식인 담론의 대중적 확산은 필연적으로 재정경제의 상품화와 문화경제의 소비과정이 동반된다. 그것이 곧 문화자원의 활용을 통한 대중문화의 생산·창조 과정이기 때문이다. 따라서 좌파 지식인들이 자본주의 경제시스템을 극복하고자 하는 바람은 '자본주의 타도'라는 반자본주의적 선언(강좌 방식의 소규모적 실천을 포함한)만으로 이루어지는 것이 아니라 지식인의 담론과 자본주의적 생산 또는 소비과정이 맺고 있는 현재적 맥락을 이해하는 것으로부터 출발해야 한다.[86]

---

[86] 여기에서 한국의 두 가지 상징적인 사례를 소개하고자 한다. 김수행은 2007년 제3회 마르크스코뮤날레의 초대 글에서 '자본주의를 타도하자'고 호소한다. http://www.ohmynews.com/nws_web/view/mov_pg.aspx?CNTN_CD=MB000016111, 2007.06.23 참조. 반면 '텁섬핑(Tubthumping)'이라는 음악으로 잘 알려진 영국의 밴드 첨바왐바(Chumbawamba)는 아주 다른 실천적 방식을 보여주고 있다. "1985년 첫 번째 음반 '革, Revolution'의 표지에 '우리의 음악이 단지 즐거움을 주고, 행동을 고무시키지 못한다면 우리의 음악은 실패한 것이다'라고 했던 그들이, 한때 폭탄과 무기를 제조했다고 비난하고 음악계에 악마와 같은 존재라고 했던 EMI와 계약을 맺었다. 팬들은 실망이 이만저만이 아니었다. …… 그러면서 팬들에게 이런 말을 했다. '착한 자본가가 있고 나쁜 자본가가 있다는 생각은 순진한 생각이었다. EMI는 무기 산업에서 손을 뗐다. 우리의 일은 선동을 퍼뜨리고 논쟁을 던지고 문제를 만들고 이 천박한 시대에 맞서는 음악을 만드는 일이다. 우리는 더 많은 대중들 앞에 나갈 자격이 있다고 생각한다.'는 입장을 밝혔다. 그 후 어떤 일이 벌어졌을까? 2002년 제너럴 모터스(GM)가 그들의 노래를 사용하기 위해 계약을 청하자 기꺼이(물론 사전 동의가 있었지만) 응한다. 광고료 7만 파운드(우리나라 돈으로 약 1억 4천만 원)를 반세계화 운동의 핵심적 역할을 하고 있는 독립 미디어 센터와 거대 기업에 맞서 반세계화, 기업 감시운동을 전개하는 시민단체에 제너럴 모터스(GM)에 대한 반대 운동에만 사용하는 조건으로 쾌척한다. 이로 인해 제너럴 모터스는 '자신을 반대한 단체에 7만 파운드를 기증한 바보기업'으로 알려지면서 조롱거리가 됐다. 이뿐만이 아니다. 자동차 회사 포드(Ford)사가 남아프리카 지역에 사용할 광고 노래를 계약한 뒤 그 돈으로 남아프리카 지역의 반자본주의 운동 단체에 기증을 하고 이탈리아 자동차 렌트 회사 광고에 노래가 쓰인 뒤 받은 광고료는 이탈리아의 아나키스트 방송국을 지원하기도 했다." 김대오, 「노컷뉴스」, http://www.cbs.co.kr/Nocut/Show.asp?IDX=1062516, 2009.2.11. 김대오의 이 글은 한국에서 2009년 초 사회적 문제가 된 가수 신해철의 입시광고 출연과 관련하여 신해철을 옹호하기 위해 쓰인 글이다. 당시 한국에서는 많은 이들이 '의식 있는' 신해철의 이러한 행동을 '변절'

이처럼 학술경제 영역에서 생산된 지식은 재정경제를 거쳐 문화경제로 인입되는 순환 구조를 갖추고 있다. 하지만 이것이 학술경제의 모든 지식이 상품화 과정을 거치고 있다는 것을 의미하지 않는다. 문화경제로의 인입가능성이 부족한 지식, 즉 재정경제에서 상품화 가능성이 희박한 지식은 학술경제 영역에 그대로 남게 된다. 슬래터와 레슬리가 학술 자본주의를 통해 지적했던 이공 계열과 인문 계열, 또는 응용 학문과 기초 학문의 차이가 그것이다. 이와 같은 차이는 문화경제로의 인입이 수월한 기술적 지식을 중심으로 재정경제에 의해 선택적으로 수용되는, 즉 상품화의 우선순위를 따르고 있기 때문이다. 문화상품이 재정경제 영역에서 생산되어 문화자원으로 문화경제 영역에서 직접적으로 소비되는 과정을 거치고 있다면, 대중문화를 연구대상으로 하는 대중문화 담론은 일차적으로 학술경제 영역 안에 존재한다. 이것이 학술경제의 두 번째 특징을 규정한다.

　둘째, 재정경제와 문화경제가 상호 대립적이면서도 보완적인 관계를 맺고 있다면, 학술경제는 두 경제 모델로부터 상대적으로 독립된 자기 완결적 구조를 구성한다. 재정경제와 문화경제가 맺는 직접적 관계와 다르게 학술경제는 문화경제와 명확한 관계가 정립되어 있지 않다. 다시 말해서 학술경제에서 생산된 대중문화 담론은 직접적으로 문화경제, 즉 대중의 일상생활에서 문화자원으로 기능하기

이라고 비판하고 있는 것에 대해 김대오는 신해철의 '좌파적 상상력'을 옹호하면서 첨바왐바의 예를 들고 있다. 위의 두 가지 사례에서 알 수 있는 것은 자본주의 극복이 반자본주의적 선언으로 이루어지기 보다는 자본주의 자체 메커니즘을 이용(또는 활용)하는 방식으로 이루어져야 한다는 사실이다. 왜냐하면 좌파 지식인의 반자본주의적 담론은 그들의 진정성을 충분히 인정하더라도 자본주의 사회에서 다른 담론들과 차별화 과정을 거쳐 상품이라는 효력을 발생시키고 있기 때문이다. 이것은 '제국'과 '다중'을 통해 보여준 네그리와 하트의 문제의식, 즉 자본의 내부로부터 그 극복의 계기들이 형성되어야 한다는 것과도 연관된다.

보다는 학술경제 내부에서 주로 지식인들에게 소비되고 있다. 따라서 문제의 핵심은 학술경제의 생산물이 학술경제 내부에서 소비되는 방식을 문화경제로 전환시키는 데 있다. '지식인 중심' 또는 '대중 중심'적 대중문화 담론을 대중의 문화경제로 인입시키는 과정이 바로 '대중 중심성'의 사회적 확립과 동일한 의미를 갖기 때문이다.

지식인들이 '학술 자본주의' 또는 대학의 기업화 현상을 우려하는 이유가 학술경제와 재정경제의 통합에 있다는 점에서 3중경제는 학술 자본주의를 비판하는 시각과 근본적으로 대립한다. 특히, '인문학의 위기'라는 지식인 담론의 문제의식이 상품화 가능성이 큰 지식(또는 기술)이 우선적으로 재정경제에 인입되고 그로부터 학술 분야의 불균형 발전이 초래된 데 있다면, 오히려 이것의 해결 방안은 대중문화 담론을 포함한 이른바 '인문학적 지식'의 적극적인 상품화를 통해 문화경제 영역에서 대중의 선택과 지지를 확보하는 것에 있다. 다시 말해서 학술경제의 이·공학적 지식(또는 기술)이 재정경제를 통해 문화경제의 문화자원으로 인입되고 있는 것처럼, 인문학적 지식 또한 동일한 경로를 거쳐야만 한다. 이처럼 '학술경제' 개념은 학술연역이 자본주의적 경제시스템과 무관한 하나의 선험적 분야라는 인식을 부정한다.

셋째, '세계화'가 재정경제의 전 세계적 통합 과정이라면, 이러한 재정경제의 통합화로부터 문화경제의 전 세계적 통합화 경향이 촉진되고 있다.[87] 재정경제의 세계적 통합 추세, 즉 글로벌 기업의 문화

---

[87] 물론 이것이 각 국가 단위의 문화경제가 동질화되고 있다는 것을 의미하지 않는다. 문화상품의 소비를 통한 전 세계 대중의 대중문화 창조 과정은 매우 다양한 양상을 띠고 있다. 예를 들어, 전 세계적으로 유행하는 한류나 2010년 촉발된 아이패드 열풍 등은 동일한 문화상품을 소비하면서도 다양한 대중문화가 창조되는 문화경제의 역동성을 잘 보여준다.

상품 생산이 가져온 문화경제의 통합화 경향은 더욱 가속화되는 양상을 보인다. 하지만 이와 다르게 학술경제는 여전히 각 국가 간의 학술 수준 차이(또는 접근 장벽)로 인해 세계적으로 불균등한 발전(또는 지체) 양상을 드러낸다. 이로부터 재정경제와 이미 높은 수준의 결합력을 갖춘 국가의 학술경제는 역으로 학술경제와 재정경제의 결합력이 취약한 국가의 학술경제를 자신의 시장으로 만드는 효과를 발생시킨다. 세계적인 학술 스타를 가지고 있는 미국·프랑스·영국 등의 학술경제가 자국의 재정경제를 통해 세계적인 학술 시장(즉 다른 국가의 학술경제 또는 문화경제)을 안정적으로 관리하는 것이 대표적인 사례에 해당한다. 한국에서 말하는 '서구 담론의 직수입' 현상은 바로 이 지점에 위치한다.

이처럼 한 국가 단위에서 학술경제와 재정경제의 결합도가 높을수록 학술경제와 문화경제의 결합력은 증대된다. 그것은 대중에게 담론의 소비를 통해 대중문화 창조의 기회를 확대시키는 과정이기도 하다. 또한 문화경제와 결합한 학술경제는 세계화된 재정경제만큼이나 세계화된 문화경제를 활성화시키는 계기를 제공한다. 각 국가별(또는 세계적 차원에서) 문화경제가 확대되는 것은 '대중 중심성' 또는 대중의 민주주의와 직결된 사안이다.

학술경제와 2중 경제론을 연결시킨 '3중 경제론'은 대중이 현대와 탈현대를 연속시킨다는 문제의식에 기초한다. 대중의 사회적 힘이 확장되기 위해서는 문화경제의 확대가 요구되며, 재정경제와 학술경제의 결합은 이 지점에서 의의를 갖는다. 1930년대 계몽 운동의 한계를 지적한 마오둔과 루쉰, 그리고 2000년대 학원정치의 한계를 토로한 타오둥펑 등 중국 지식인들은 시대를 뛰어넘어 자신들의 담론을 통해 대중의 선택과 지지를 얻고자 한다. 대중의 선택과 지지는 필연적으로 '지식인 중심성'을 거부하며, 대중의 유관성과 접목되는 지점에서 이루어진다. 또한 그것은 불가피하게 재정경제와 문화경제를 매개하는 '시장'을 경유해야만 한다. 이와 같은 논리는 자본주의적으로 구성된 '사람들'이 바로 '대중'이라는 것과 동일한 맥락이다. '3중 경제론'은 이처럼 자본주의적 '대중'과 '시장'을 분리시킬 수 없다는 시각에 근거한다.

개혁개방 이후에 등장한 중국 대중문화 담론의 3대 패러다임은 모두 학술경제 영역에서 생산되었다는 특징을 보인다. 중국의 대학 사회 역시 지식 자본가와 지식 노동자로 지식인의 분화가 이루어졌으며, 지식 자본가 간의 힘의 우열 관계가 형성되었다. 지식인의 변화된 사회적 위치와 기능은 단순히 탈현대적 조건의 출현이라는 추상적 이해에 근거하지 않는다. 오히려 중국 대중의 사회적 힘이 확장되는 과정에서 지식인의 분화가 추동되고 있는 것이다.[88] 이것은 '문혁' 시기의 '인민대중'과 다르게, 현(現) 중국 사회에서 '대중'으로 사회적 권력이 이동하고 있다는 점을 알려준다. 따라서 '대중 중심성'에 관한 중국적 논의는 중국 대중의 지속적인 사회적 힘의 확장, 즉 중국 민주주의 실현이라는 과제를 단지 미래의 문제로만 남기는 것이 아니라 과거와 현재, 그리고 미래를 아우르는 과정을 통해 이루어질 수 있다는 점에서 그 현실적 의의를 갖는다.

---

[88] 저우셴은 탈현대적 조건으로부터 계몽시대의 지식인과 구분된 탈현대적 지식인이 출현했다고 평가하면서, 탈현대적 지식인의 형상을 전문가형 지식인과 문화적 중간계급으로 구분한다. 周憲, 「後現代與知識分子」, 『江蘇社會科學』2000年 第1期: 79쪽.

마치며

이 책의 문제의식을 관통하는 하나의 주제는 바로 '자본주의적 대중과 대중문화를 어떻게 볼 것인가'다. 자본주의 사회를 살아가는 우리에게 대중과 대중문화는 어떠한 의미로 남아 있으며, 우리는 그것을 어떻게 받아들이고 해석해야 하는가다. 자본주의적 대중문화와 내재적 상관성을 맺고 있는 자본주의적 대중에 관한 담론은 지금 이 순간에도 여전히 뜨거운 논쟁거리로 회자된다. 이른바 대중영합주의를 뜻하는 '포퓰리즘(populism)'과 '대중민주주의'는 '대중'이라는 어휘를 둘러싼 극단적 평가의 한 단면을 보여준다. 이와 같은 극단적 평가의 이면에 바로 사회적 발화자로서 지식인의 시각과 태도가 깊숙이 개입되어 있다. 생산된 대중 또는 대중문화 담론에는 지식인 자신이 의식하든 의식하지 못하든 그러한 시각과 태도가 분명한 형태로 담겨 있다.

그와 같은 시각은 크게 대중과 대중문화에 대한 긍정적 또는 부정적 태도로 대별된다. 따라서 이러한 긍·부정적 태도가 반영된 대중 또는 대중문화 담론은 지식인의 사회적 위치와 기능에 대한 현실적 평가이자, 그것에 대한 지식인의 의도를 포함한다. 이와 같은 의도를 해석하는 하나의 접근 시각으로 '지식인 중심성'과 '대중 중심성'이 설정된다. 지식인 중심성이라는 개념은 부정적인 대중 또는 대중문화 담론을 통해, 대중과 구분되는 지식인의 사회적 위치와 기능을 보장하려는 의도와 연관되어 있다. 반면 대중 중심성은 대중 또는 대중문화 담론에 대한 긍정적 시각으로부터 지식인의 그것을 부정(또는 거부)하거나 변형시키려는 의도와 관련된다.

서구의 경우, '지식인 중심성'을 견지하는 지식인의 담론은 보수적 지식인과 좌파 지식인 모두에서 폭넓게 나타난다. 한편, 대중 중심성의 그것은 사회주의 이데올로기의 혁명적 또는 사회주의적 지식인과 탈현대적 지식인에게서 보인다. 이로부터 좌파 지식인과 혁명적 또는 사회주의적 지식인은 대중(또는 대중문화) 담론을 중심에 놓고 서로 상반된 위치에 서게 된다. 양자의 차이는 미래 상상으로 설정된 사회주의 사회에 대한 수용 여부에 있다.

혁명적 지식인은 '프롤레타리아트' 또는 '무산계급 대중'이라는 담론을 통해 자신의 사회적 위치와 기능을 대중담론 내부로 전환시키면서('동역자' 또는 '동맹세력'으로서) 사회주의 사회라는 공동의 미래를 지향한다. 한편, 사회주의적 지식인은 혁명적 지식인이 추구하고자 했던 그러한 사회주의가 실현된 사회의 지식인을 가리킨다. 다시 말해서 혁명적 지식인이 자본주의 또는 봉건주의 사회에서 사회주의 혁명을 추구했다면, 사회주의적 지식인은 그러한 혁명이 완성된 사회에서 사회주의의 정체성을 확립하게 된다. 하지만 이와 다르게 좌파 지식인은 미래 상상으로서의 사회주의 사회가 배제된 현실 결과로부터 자본주의적 대중에 대한 비판적 태도를 견지하며, 지식인의 사회적 위치와 기능을 긍정한다. 이처럼 혁명적 또는 사회주의적 지식인과 좌파 지식인은 사회주의적 미래에 대한 인정 여부를 중심으로 구분된다.

한편, 대중 또는 대중문화 담론을 구분하는 '지식인 중심성'과 '대중 중심성'은 단지 서구라는 시공간에 국한되지 않는다. 다시 말해서 서구와 중국에 존재하는 역사적 맥락의 차이에도 불구하고 그와 같은 시각과 태도는 1920·30년대와 1990년대 이후 중국의 지식인들에도 드러나고 있다. 이로부터 '지식인 중심성'과 '대중 중심성'은 지식인의 대중 또는 대중문화 담론 일반에 대한 하나의 접근 방식으로서 그 타당성을 획득하게 된다. 1920·30년대의 중국 지식인들은 크게 계몽주의의 자장 내부로부터 그들이 상상한 미래사회를 실현하기 위해 현실 속의 대중에게 다양하게 접근하고 있다. 대중 관련 어휘, 즉 '평민'·'국민'·'민중'·'인민대중'·'대중' 등은 이러한 지식인들의 실천적 의지로부터 생산된 대중담론들이다. 지식인과 대중의 관계를 그대로 내장한 계몽주의는 현실 속의 대중을 부정적 대상으로 설정하면서 지식인의 사회적 위치와 기능을 인정하는 '지식인 중심성'을 유지한다.

하지만 사회주의 이데올로기의 계급 담론으로부터 생산된 '인민대중'과 '대중어' 주창자들이 제기한 현대적 '대중'은 보다 대중에 적극적이고 긍정적인 의미를 부여한다. 사회주의 이데올로기, 특히 마오쩌둥주의는 노동자와 농민을 영도 계급으로 설정하고 여타의 계급을 동맹세력으로 분류한다. 여기에서 영도 계급의 동일성 유지를 위한 타자화가 그 밖의 계급에게 진행된다. 계급 담론이 사회적 구성원을 계급적으로 구분하면서 도출된 것이기는 하지만 이것은 '계급 의식'이라는 기준을 통해 계급을 재구분하는 기능 또한 갖추고 있다. 다시 말해서 계급적 분석에 따라 비(非)영도 계급에 속할지라도 영도 계급의 영도성(또는 당파성)에 대한 인정(또는 수용)으로부터 '동맹세력'에 포함될 수 있게 된다. 따라서 자신의 계급적 분류가 어떠하건 간에 사회주의 이데올로기에 대한 승인만 전제된다면, 그러한 분류로부터 벗어나게 된다. 하지만 이것은 이분법이 갖는 본질적 속성, 즉 담론 차원에서 설정된 영도 계급의 동일성 유지를 위해 현실 속의 사람들에게 지속적인 타자화를 요구한다는 점에서 지배 이데올로기적 효과를 발생시킨다. 바로 그러한 타자화 과정에 자본주의적 대중과 대중문화가 존재하며, 이로부터 사회주의적 인민과 혁명문화의 안티테제적 속성이 결정된다. 다시 말해서 사회주의적 인민과 혁명문화는 자본주의적 대중과 대중문화에 대한 이분법적 구분으로부터 자신의 정체성을 구성하기 때문에 안티테제적인 것이다.

한편, '대중어' 운동의 주창자들이 제시한 현대적 '대중' 개념은 중국에서, 물론 상하이라는 일부 지역에 국한된 특징을 보이기는 하지만 '대중 중심성'의 효시를 이룬다. 대표적으로 푸둥화는 계급 담론에서 운위되는 '계급'과 '계급의식'에 '대중'과 '대중의식'을 대응시키며, 계급과 계급의식에 대한 어의상의 전환을 시도한다. 그것은 차별의식으로서 계급의식, 그리고 평등의식으로서 대중의식이라는 해석이다. 이로부터 계급은 차별의식을 가진 사람들, 대중은 평등의식을 가진 사람들로 각각 정의된다. 계급 담론이 담론으로부터 현실 속의 사람들을 규정하고 있다면, 이와 같은 해석은 구체적인 사람들의 관계로부터 정의된다는 특징을 보인다. 따라서 대중을 중심으로 계급과 대중을 구분하는 접근 방식은 '대중 중심'적 시각에 해당한다. 이러한 패러다임 전환으로부터 자본주의적 대중문화는 일반문화의 발전과정에 위치하게 된다.

1920·30년대 중국 지식인들의 논의는 자본주의적 대중과 대중문화에 대한 이해가 보다 확장된 문제틀로 구성되어야 한다는 점을 알려준다. 다시 말해서 그것은 자본주의적 대중과 대중문화에 대한 논의가 비(또는 전)자본주의 사회의 민중에 의한 민간문화와 맺는 상관

관계뿐만 아니라 자본주의 사회 내부의 이데올로기적 민중에 의한 민중문화, 그리고 사회주의 사회의 인민에 의한 혁명문화라는 관계 속에서 조망될 필요를 제기한다. 우선 자본주의적 대중과 대중문화는 비(또는 전)자본주의 사회의 민중에 의한 민간문화와 문화적 생산 방식에서 일차적으로 구분된다. 민간문화는 민중이 직접 그 문화적 소재와 내용을 창조하는 생산 방식을 취한다면, 대중문화는 문화기업의 문화상품을 소재로 그 문화적 내용을 생산하는 형태, 즉 대중문화의 창조로 이루어진다. 따라서 자본주의 사회의 이데올로기적 민중에 의한 민중문화는 민간문화의 문화적 생산 방식과 유사하기는 하지만 그 문화적 소재가 자본주의적 문화상품이라는 측면에서 비(또는 전)자본주의적 민간문화와 구분된다. 여기에서 비(또는 전)자본주의 사회의 '민중'과 자본주의 사회의 '이데올로기적 민중'을 구분하는 이유는 사회주의 이데올로기부터 규정된 '초역사적 피지배계급으로서 민중'이라는 개념적 정의를 피하기 위해서다. 즉 비(또는 전)자본주의 사회의 '민중'은 계급 담론의 규정을 받지 않는 비(또는 전)자본주의 사회의 '사람들'을 지시하며, 자본주의 사회의 '이데올로기적 민중'은 자본주의적 대중이라는 일차적 규정을 받으면서도 사회주의 이데올로기부터 호명된 존재로서 스스로를 재규정하는 존재다.

이로부터 사회주의 이데올로기의 승인이라는 공통분모를 가진 자본주의 사회의 민중문화와 사회주의 사회의 혁명문화의 관계가 문제로 부각된다. 자본주의 사회 내부의 민중문화가 자본주의적 대중문화와 대립하며 미래 상상적 사회주의 사회를 지향하고 있다면, 사회주의적 혁명문화는 바로 그러한 지향이 완성된 사회주의 사회의 문화적 양태를 가리킨다. 이러한 현실적 차이는 사회주의적 혁명문화의 정체성 문제로 이어진다. 자본주의 사회 내부의 민중문화가 스스로를 자본주의적 대중문화의 미래적 대안으로 설정할지라도, '자본주의 사회 내부'라는 언표가 의미하듯 그것은 자본주의적 대중문화의 대립적(즉 안티테제적) 측면에서 규정된다. 따라서 이론적 측면에서 사회주의 사회의 혁명문화는 자본주의 사회의 '민중문화'와 질적으로 구분되는 독자적 정체성을 요구받는다. 하지만 현실에서의 사회주의적 혁명문화의 정체성은 자본주의 사회의 민중문화와 크게 다르지 않다. 다시 말해서 초역사적으로 설정된 피지배계급으로서 '이데올로기적 민중'은 사실상 계급이 철폐된(또는 그러하다고 여겨지는) 사회주의 사회에서의 '인민대중' 개념에도 그대로 투영되고 있다. 뿐만 아니라 그러한 초역사성으로부터 추출된 비(또는 전)자본주의 사회의 '민간문화'적 요소에 대한 이상화, 그리고 거기에 사회주의 이데올로기가 생산한 계급 대립(또는 투쟁)이라는 문화적 내용이 결합되어 있다는 측면에서 양자는 정확히 일치한다.

따라서 자본주의 사회의 '민중문화'와 사회주의 사회의 '혁명문화'는 공동의 운명을 요구받는다. 그 양자를 근저에서 규정하고 있는 것이 바로 사회주의 이데올로기이기 때문이다. 사회주의 이데올로기의 세계적 퇴조 현상과 이러한 문화적 양태의 소멸은 필연적 관계에 놓여 있다. 물론 이것을 사회주의 이론 전반으로 확대 해석해, 전 세계 사회주의 혁명이 완성되지 않은 단계에서의 '일국 사회주의'론이 갖는 한계로 이해할 수도 있다. 하지만 그것은 오히려 일국 사회주의 역시 자본주의적 질서를 자신의 안티테제적 속성으로 하고 있다는 사실을 스스로 인정하는 것밖에 되지 않는다.

보다 분명한 사실은 현재 '또 다른 전통이 되어버린' 민중문화와 혁명문화가 자본주의적 문화기업을 통해 선별적으로 하나의 문화상품이 되었다는 점이다. 이와 같은 지적은 민중문화와 혁명문화가 자본주의적 대중에 의한 대중문화 창조 과정에서 요구되는 문화적 소재, 즉 문화상품이라는 차원에서만 그 의의를 찾을 수 있다는 것을 가리킨다. 이것은 비(또는 전)자본주의적 민간문화가 문화상품화라는 과정을 통해(역시 선별적으로) 현재의 자본주의적 대중문화를 구성하고 있다는 원리와 동일하다.

이러한 현상은 '개혁개방' 이후 중국에서 매우 분명한 형태로 등장한다. 개혁개방을 통해 중국 사회에서 재등장한 자본주의적 대중과 대중문화는 사회주의적 혁명문화와 질적으로 구분되는 생산 방식으로 재구성된다. 문화기업은 대중의 유관성(또는 문화시장이라고 할 수 있는)에 주목하며, 다양한 문화상품(전통화된 사회주의 혁명문화를 포함한)을 통해 대중의 대중문화 창조 과정에 개입한다. 이로부터 이른바 중국 지식인의 위기라 불린 '인문정신' 논쟁이 촉발되고, 자본주의적 대중문화에 대한 지식인의 대응이 본격화된다.

이처럼 개혁개방은 중국에서 사회주의 이데올로기의 실질적 폐기와 자본주의적 질서의 편입이라는 의미를 동시에 갖는다. 1980년대는 사회주의적 이데올로기로부터 생산된 '무산계급 대중' 담론에 의해 타자화되었던(특히, 문혁을 경과하며) 지식인의 사회적 위치와 기능이 복원된 시기에 해당한다. 여기에는 개혁개방과 맞물려 국가권력과 지식인들 간의 일정한 '공모'가 존재한다. 다시 말해서 '신계몽'이라고도 불린 이 시기는 당시 지식인들이 국가권력과 사회 개혁의 교감을 형성하며, 그들의 사회적 위치와 기능을 재정립한 것이라 할 수 있다. 하지만 1989년 천안문 사건은 이러한 공모 관계의 파열을 가져왔으며, 국가권력으로부터 배제된 지식인은 자신의 입법자적 의지를 실현하기 위해 대중적 권위를 요구하지만, 바로 그 지점에서 본격화된 자본주의적 대중문화는 이러한 그들의 요구를 부정하게 된다. 문화기업가가 지식인의 사회적 위치와 기능을 대신하게 되면서 지식인의 위기는 심화되며, 인문정신 논쟁의 촉발에 직접적인 영향을 끼친다.

 1990년대 초 자본주의적 대중문화에 대한 중국 지식인들의 저항은 프랑크푸르트 학파 비판이론(특히, 문화산업 부분)의 직수입 현상과 그에 입각한 대중문화 비판으로 요약된다. 이러한 영향관계가 가장 분명하게 드러나는 진영이 바로 '인문정신'에 속한 지식인들이다. 그들은 '세속정신' 진영과 대립하며, 자본주의 대중문화 비판을 위해 비판이론을 수용한다. 하지만 그들의 비판이론이 추상적 도덕주의와 심미주의에 기초해 있다는 점에서 프랑크푸랑트 학파의 그것과 내용적으로 구분된다. 다시 말해서 그들은 비판이론이라는 방법적 도구를 통해 '인문정신'을 지향하려는 의도를 갖는다. 이러한 맥락에서 '중국적 비판이론'은 프랑크푸르트 학파 비판이론의 중국적 변용에 해당한다. 그들의 시각에서 자본주의적 대중문화는 '세속정신'의 구현이며, 그러한 세속정신의 극복이야말로 '인문정신'을 확립하는 데 필요한 관건적 사안으로 인식된다. 따라서 '중국적 비판이론' 패러다임은 '지식인 중심성'의 전형에 해당한다고 평가할 수 있다.

 '신좌파'는 자본주의적 대중문화를 비판하기 위해 프랑크푸르트 학파의 비판이론을 수용한다는 점에서 '중국적 비판이론'과 그 궤를 같이 한다. 하지만 신좌파가 그것과 구분되는 것은 바로 개혁개방 이후 사라졌던 '계급 분석'이라는 방법론적 틀을 다시 복원시킨 데 있다. 그들은 이전 중국에서 혁명적 또는 사회주의적 지식인들이 사용했던 계급 분석을 통해 현재 중국 사회를 구성하고 있는 사람들을 다시 계급적으로 구획하며, 소자산계급(또는 중간계급)의 문화로서 대중문화를 규정한다. 다시 말해서 그들은 자본주의 비판을 위해 계급 분석이라는 프레임과 프랑크푸르트 학파의 비판이론을 차용한 것이다.

혁명적 지식인들이 사회주의라는 미래사회의 상상으로부터 자본주의 비판을 수행했다면, 이들은 그 미래적 상상이 배제된 채 현실의 자본주의 비판에 집중한다. 신좌파의 이러한 접근은 서구 좌파의 그것과 사실 동일하다. 하지만 신좌파의 자본주의 비판으로 그 자본주의 시스템을 극복할 수 있다고 상상하는 것은 사실 불가능하다. 여기에서 자본주의 사회의 민중문화와 사회주의 사회의 혁명문화가 자본주의 사회적 대중문화의 안티테제적 속성으로부터 자유롭지 않다는 사실을 상기할 필요가 있다. 이러한 맥락에서 신좌파의 시도는 출발부터 그들의 의도와 상반된 현실적 효과를 발생시킬 수밖에 없게 된다. 신좌파의 '정치주의'와 '반문화'적 정서라는 측면은 사회주의라는 미래 상상이 배제된 그들의 담론에서 필연적인 결과다. 이와 같은 신좌파 패러다임이 '지식인 중심성'에 기초하고 있다는 점 역시 그러하다.

현대화이론 패러다임은 사회주의 중국의 유산인 일체화된 또는 총체화된 사회주의 이데올로기와 대중문화가 맺는 긴장관계로부터 출발한다. 현대화이론 진영은 개혁개방 이후 중국 사회에 등장한 대중문화에 대립성과 비판성이 갖춰져 있다고 진단하면서, 그러한 대중문화가 사회주의 이데올로기를 극복하는 데 결정적 역할을 담당했다고 평가한다. 이로부터 현대화이론 패러다임은 대중문화를 '대중의 문화'로 이해하는 '대중 중심성'을 드러낸다. 현대화이론 진영 내부에 다양한 편차가 존재하지만 크게 두 가지 관점에서 대립하고 있다. 즉 대립성과 비판성을 대중문화의 본질적 속성으로 이해하는 시각과 대중문화의 그러한 기능이 개혁개방 시기, 즉 1980년에 한정되어 있다고 평가하는 시각이다. 특히, 후자는 1990년대 이후 중국 자본주의가 안정화 단계에 접어들면서 발생한 소비주의의 만연으로 그와 같은 대립성과 비판성이 사라졌다고 진단한다. 하지만 이러한 역사적 맥락의 변화를 중시하는 입장은 그 구조의 전환을 야기한 구체적 사회 동력에 대해 침묵하고 있으며, 구분이 불가능한 대중문화와 소비주의의 관계를 나누고 있다는 점에서 한계를 드러낸다.

반면, 전자는 대중문화의 주체를 대중으로 명확히 규정하면서, 대중에 의한 대중문화 창조 과정이 민주주의와 연관된 '공공 공간'의 확장으로 나타나고 있다고 주장한다. 하지만 이 관점이 현실적 타당성을 얻기 위해서는 '대중 중심성'의 광범위한 사회적 확산이 요구된다. 왜냐하면 일상생활의 '장'에서 '살아가는' 다양한 대중의 사회적 힘은 곧 민주주의 문제로 연결되기 때문이다. 따라서 지식인 담론의 '지식인 중심성'은 '대중 중심성'으로 전환될 필요가 있으며, 이것은 대중의 사회적 힘의 확장으로 귀결되어야 한다. 이를 위해서는 현재 '학술경제'라는 영역 안에 존재하는 지식인 담론을 대중의 대중문화가 생산되는 문화경제 영역으로 연결시키려는 작업이 요구된다. 지식인과 대중의 사회적 힘의 차이는 단순히 '지식인도 대중'이라는 지식인의 자기 선언만으로 극복되지 않는다. 그것이 실질적으로 가능하기 위해서는 대중의 사회적 힘의 확장이 전 사회적으로 실현되는 과정, 즉 민주주의의 확대가 동반되어야만 한다. 따라서 '대중 중심성'의 확립은 더 이상 유보될 수 없는 사안으로 제기된다. 현대사회와 탈현대사회를 관통하며 확대되고 있는 대중의 사회적 힘의 크기는 진보와 보수라는 프레임을 뛰어넘어 민주주의적 시각에서 재조명될 필요가 있다.

현대화이론 패러다임의 가장 큰 유산은 바로 자본주의 대중의 존재와 사회적 기능 및 그 발전 가능성에 주목했다는 점이다. 하지만 대중을 사회적으로 인정하려는 이러한 태도는 중국의 현대화 과정에만 국한될 수 없으며, 자본주의 재구조화의 과정인 탈현대적 자본주의 사회로 확장되어야 한다. '3중 경제'는 바로 이런 맥락에서 요청된다. 기존의 '2중 경제'와 '학술경제'를 결합시킨 '3중 경제'는 궁극적으로 지식인이 '대중 중심성'을 실현하기 위한 내용적 기초에 해당한다. 다시 말해서 학술경제 내부의 담론이 대중의 문화경제로 인입되어 대중의 선택과 지지가 원활하게 이루어질 때, 지식인의 현대성 담론에서 기능하던 '지식인 중심성'은 그 생명을 마감하게 된다. 따라서 지식인과 대중의 관계에서 현대사회와 탈현대사회의 단절 지점은 '지식인 중심성'이 아닌 '대중 중심성'의 실현 여부에 있다. 왜냐하면 재정경제·문화경제·학술경제의 통합화 현상은 전 세계적으로 더욱 광범위하게 확산되고 있으며, 그 중심에 '대중'이 존재하기 때문이다.

대중 또는 대중문화 담론을 1920·30년대와 1990년대의 연속과 단절이라는 관점에서 접근해보면, 1920·30년대 중국 지식인들은 봉건성으로 표현되는 비(또는 전)자본주의적 요소와 현대성을 특징으로 하는 자본주의적 요소의 대립관계로부터 계몽주의와 사회주의 이데올로기, 그리고 현대화 관련 담론을 생산한다. 하지만 이와 다르게 1990년대 중국 지식인들은 봉건적 요소와 현대적 요소, 그리고 탈현대적 요소의 공존을 마주하고 있다. 1980년대 지식인들은 샤회주의 중국에 의해 단절된 계몽이라는 과제를 다시금 연속시키고자 한다. 다시 말해서 그들은 1920·30년대의 지식인들과 마찬가지로 봉건적 요소와 현대적 요소의 대립에 주목하면서 이른바 '유보된 계몽의 실현'을 주장한다. 하지만 현재 중국 사회에는 1920·30년대와 명확히 구분되는 탈현대적 조건이 존재하고 있다. 이로부터 중국은 아직까지 현대화를 완성하지 못했기 때문에 그것에 집중해야 한다는 식의 시각 또는 탈현대성을 현대성의 보충으로 바라보는 시각 등은 적합하지 않게 된다. 그러한 논리 이면에는 중국 지식인들의 '평균주의'적 관점이 깊숙이 개입되어 있다. 이러한 평균주의적 관점을 극복하기 위해서는, 현재 중국 사회에 비(또는 전)현대성·현대성·탈현대성이 공존하고 있으며, 그것이 중국 대중과 직접적 관계를 맺고 있다는 시각 정립이 요구된다.

따라서 1920·30년대 혁명적 지식인과 1990년대 신좌파 지식인의 연속 관계는 사회주의 이데올로기가 갖는 현실적·이론적 한계로부터 현재적 단절을 요구받는다. 반면, 1920·30년대 '대중어' 운동 지식인과 1990년대 현대화이론 지식인의 '대중 중심성'이라는 연속 관계는 현재의 탈현대적 조건을 고려하는 형태로 더욱 확장되어야 할 지점에 해당한다. 왜냐하면 중국에서 현대와 탈현대는 '대중'('인민대중'이 아닌)과 그들이 창조하는 '대중문화'('혁명문화'가 아닌)에 의해 연속되고 있기 때문이다. 이러한 견해는 '대중'의 사회적 힘의 확장이 민주주의이며, 그 사회적 힘이 표출되는 방식이 곧 '대중문화'라는 시각에 기초한다.

또한 이러한 연속과 단절관계의 설정은 보다 중요한 역사적 평가를 대비하기 위한 것이다. 다시 말해서 '사회주의 중국'이라는 역사적 시기를 기준으로 1920·30년대와 개혁개방 이후는 그것의 전후를 구성한다. 따라서 양자가 맺고 있는 연속과 단절관계의 규명은 이후 사회주의 중국이라는 특수한 역사적 시기를 평가하는 데 필요한 관건적 작업에 해당한다. 1980년대 중국 지식인들이 사회주의 중국을 배제하면서 1920·30년대와 연속된 관계를 형성하기 위해 '유보된 계몽'의 재추진을 시도했다면, 그것은 이제 다시금 '유보된 대중 중심성'의 추진이라는 과제로 재설정되어야 할 것이다.

참고문헌

1. 단행본

한국 문헌

강수택,『일상생활의 패러다임』(서울: 민음사, 1998)
＿＿＿,『다시 지식인을 묻는다』(서울: 삼인, 2004)
강준만,『한국 현대사 산책 - 1960년대편』1(서울: 인물과사상사, 2008)
경향신문 특별취재팀,『민주화 20년, 지식인의 죽음』(서울: 후마니타스, 2008)
김대환·백영서 편,『중국사회성격논쟁』(서울: 창작과비평사, 1988)
김창남,『대중문화의 이해』(파주: 한울, 2005)
박명진 외 편역,『문화, 일상, 대중: 문화에 관한 8개의 탐구』(서울: 한나래, 2007)
박영숙,『새로운 미래가 온다』(서울: 경향미디어, 2008)
반상진,『고등교육경제학(아산재단 연구총서 제252집)』(파주: 집문당, 2008)
백원담 편역,『인문학의 위기』(서울: 푸른숲, 1999)
신광영,『한국의 계급과 불평등』(서울: 을유문화사, 2004)
유홍준·김지훈,『현대 중국 사회와 문화』(서울: 그린, 2005)
이진경,『맑스주의와 근대성』(서울: 문화과학사, 2005)
임지현·김용우 엮음,『대중독재: 강제와 동의 사이에서』(서울: 책세상, 2004)
＿＿＿＿＿＿＿＿＿＿＿＿＿,『대중독재3: 일상의 욕망과 미망』(서울: 책세상, 2007)
임춘성 편역,『중국근현대문학운동사』(서울: 한길사, 1997)
조경란,『중국 근현대 사상의 탐색』(서울: 삼인, 2003)
천정환,『대중지성의 시대』(서울: 푸른역사, 2008)
하용조 편찬,『우리말 성경』(서울: 두란노, 2009)

중국 문헌

包亞明·王宏圖·朱生堅 等,『上海酒吧 - 空間·消費與想像』(南京: 江蘇人民出版社, 2001)

北京大學 等主編, 『文學運動史料選』4(上海: 上海教育出版社, 1979)
陳大康, 『通俗小說的歷史軌迹』(長沙: 湖南出版社, 1993)
陳剛, 『大衆文化的烏托邦』(北京: 作家出版社, 1996)
陳頌聲·吳宏聰 等編, 『創造社資料』(福州: 福建人民出版社, 1985)
戴錦華, 『隱形書寫: 九十年代中國文化硏究』(南京: 江蘇人民出版社, 2004)
_____/오경희 외 옮김, 『숨겨진 서사-1990년대 중국대중문화 읽기』(서울: 숙명여자대학교, 2007)
丁易 編, 『大衆文藝論集』(北京: 北京師範大學出版部, 1951)
杭之, 『一葦集』(北京: 三聯書店, 1991)
何其芳, 『文學運動史料選』(上海: 上海教育出版社, 1979)
胡風, 「論民族形式問題」, 『胡風評論集』(北京: 人民文學出版社, 1984)
李大釗, 『李大釗詩文選集』(北京: 人民文學出版社, 1981)
李何林, 『近二十年中國文藝思潮論』(西安: 陝西人民出版社, 1981)
_____ 編, 『中國文藝論戰』(西安: 陝西人民出版社, 1984)
李歐梵/장동천 외 옮김, 『상하이 모던』(서울: 고려대학교출판부, 2007)
黎錦熙, 『國語運動史綱』(上海: 商務印書館, 1934)
李小兵, 『資本主義文化矛盾與危機-當代人文主義思潮硏究』(北京: 中共中央黨校出版社, 1991)
李澤厚·劉再復, 『告別革命-回望二十世紀中國』(香港: 天地圖書有限公司, 1995)
_____/김태성 옮김, 『고별혁명』(서울: 북로드, 2003)
李澤厚/김형종 옮김, 『중국현대사상사론』(파주: 한길사, 2005)
魯迅, 『魯迅全集』(北京: 人民文學出版社, 2006)
陸揚·王毅, 『大衆文化與傳媒』(上海: 上海三聯書店, 2000)
羅鋼·劉象愚 主編, 『文化硏究讀本』(北京: 中國社會科學出版社, 2000)
賈植芳 等編, 『文學硏究會資料』(鄭州: 河南人民出版社, 1985)
茅盾, 『茅盾全集(中國文論一集)』(北京: 人民文學出版社, 1989)
____, 『我走過的道路(上)』(北京: 人民文學出版社, 1997)
毛澤東, 『毛澤東選集』1·2·3·4(北京: 人民出版社, 2009)
歐陽謙, 『人的主體性與人的解放-西方馬克思主義的文化哲學初探』(濟南: 山東文藝出版社, 1986)
瞿秋白, 『瞿秋白選集』(北京: 人民出版社, 1985)
沈從文, 『沈從文文集』11(廣州: 花城出版社, 1984)
陶東風 主編, 『文化硏究精粹讀本』(北京: 中國人民大學出版社, 2006)
汪暉/이욱연 외 옮김, 『새로운 아시아를 상상한다』(파주: 창비, 2003)
____/김택규 옮김, 『죽은 불 다시 살아나』(서울: 삼인, 2005)
____ 외/장영석·안치영 옮김, 『고뇌하는 중국』(서울: 길, 2006)

王曉明 編, 『人文精神尋思錄』(上海: 文匯出版社, 1996)
吳福輝, 『都市漩流中的海派小說』(長沙: 湖南教育出版社, 1995)
謝俊美 主編, 『新青年』(鄭州: 中州古籍出版社, 1999)
徐賁, 『文化批評往何處去: 一九八九年後的中國文化討論』(香港: 天地圖書有限公司, 1998)
徐崇溫, 『'西方馬克思主義'』(天津: 天津人民出版社, 1982)
許進雄, 『古文諧聲字根』(臺灣: 商務印書館, 1995)
_____, 『簡明中國文字學』(臺灣: 學海出版社, 2002)
徐迺翔 編, 『中國文學史資料全編現代卷 – 文學的'民族形式'討論資料』(北京: 知識產權出版社, 2010)
延安文藝叢書編委會 編, 『延安文藝叢書』(長沙: 湖南人民出版社, 1984)
楊東平, 『城市季風: 北京和上海的文化精神』(上海: 東方出版社, 1994)
_____/장영권 옮김, 『중국의 두 얼굴』(서울: 펜타그램, 2008)
葉靈鳳, 『時代姑娘』(上海: 四社出版部, 1933)
郁達夫, 『郁達夫文集』(廣州: 花城出版社, 1982)
張頤武 主編, 『現代性中國』(開封: 河南大學出版社, 2005)

서구 문헌

David Morley/史安斌 主譯, 『電視·受衆與文化研究』(北京: 新華出版社, 2005)
Dominic Strinati/閻嘉 譯, 『通俗文化理論導論』(北京: 商務印書館, 2001)
Ferdinand Toennies/林榮遠 譯, 『共同體與社會』(北京: 商務印書館, 1999)
F. R. Leavis, *The Common Pursuit*(London: Hogarth, 1984)
Gershom Scholem and Theodor W. Adorno (eds.), *the Correspondence of Walter Benjamin 1910~1940*(Chicago and London: The University of Chicago Press, 1994)
Henry A. Giroux/이경숙 옮김, 『교사는 지성인이다』(서울: 아침이슬, 2003)
Jean-Francois Lyotard/이현복 편역, 『지식인의 종언』(서울: 문예출판사, 1993)
Jeremy Rifkin/이경남 옮김, 『공감의 시대』(서울: 민음사, 2010)
Jim McGuigan, *Cultural Populism*(London and New York: Routledge, 1992)
_____/桂萬先 譯, 『文化民粹主義』(南京: 南京大學出版社, 2001)
John Docker/吳松江 譯, 『後現代主義與大衆文化』(遼寧: 遼寧教育出版社, 2001)
John Fiske, *Television Culture*(London and New York: Methuen, 1987)
_____, *Understanding popular culture*(Boston: Unwin Hyman, 1989)
_____/박만준 옮김, 『대중문화의 이해』(서울: 경문사, 2005)

_____/王曉珏·宋偉杰 譯,『理解大衆文化』(北京: 中央編譯出版社, 2006)
_____/楊全强 譯,『解讀大衆文化』(南京: 南京大學出版社, 2006)
_____/강태완·김선남 옮김,『커뮤니케이션학이란 무엇인가』(서울: 커뮤니케이션북스, 2001)
John Fiske et al, *Key Concepts in Communication and Cultural Studies*(London and New York: Routledge, 1994)
_____/李彬 譯注,『關鍵槪念: 傳播與文化硏究(第二版)』(北京: 新華出版社, 2004)
John Storey (ed.), *What is cultural studies?: a reader*(London: Arnold, 1996)
_____ 엮음/백선기 옮김,『문화 연구란 무엇인가?』(서울: 커뮤니케이션북스, 2000)
_____/박모 역,『문화연구와 문화이론』(서울: 현실문화연구, 1995)
_____/楊竹山·郭發勇·周輝 譯,『文化理論和通俗文化導論』(南京: 南京大學出版社, 2006)
Jose Ortega y Gasset/황보영조 옮김,『대중의 반역』(서울: 역사비평사, 2008)
Joseph Heath and Andrew Potter/윤미경 옮김,『혁명을 팝니다』(서울: 마티, 2009)
Martin Jay/單世聯 譯,『法蘭克福學派史(1923~1950)』(佛山: 廣東人民出版社, 1998)
Matthew Arnold/윤지관 옮김,『교양과 무질서』(파주: 한길사, 2006)
Michael Hardt and Antonio Negri/윤수종 옮김,『제국』(서울: 이학사, 2007)
Michael Hardt and Antonio Negri/조정환·정남영·서창현 옮김,『다중』(서울: 세종서적, 2008)
Paolo Virno/김상운 옮김,『다중』(서울: 갈무리, 2004)
Paul A. Cohen/이남희 옮김,『학문의 제국주의』(서울: 산해, 2003)
Peter Ferdinand Drucker/이재규 옮김,『자본주의 이후의 사회』(서울: 한국경제신문, 2007)
Pierre Bourdieu/최종철 옮김,『구별짓기: 문화와 취향의 사회학(上·下)』(서울: 새물결, 2006)
_____/包亞明 譯,『文化資本與社會鍊金術:布爾廸厄訪談錄』(上海: 上海人民出版社; 1997)
Raymond Williams, *Culture and Society 1780~1950*(Harmondsworth: Penguin Books, 1982)
_____/劉建基 譯,『關鍵詞: 文化與社會的詞滙』(北京: 三聯書店, 2005)
_____/성은애 옮김,『기나긴 혁명』(파주: 문학동네, 2007)
R. Samuel (ed.), *People's History and Socialist Theory*(London: Routledge & kegan Paul, 1981)

Sheila Slaughter·Larry Leslie/梁驍·黎麗 譯, 『學術資本主義: 政治·政策和創業型 大學』(北京: 北京大學出版社, 2008)
Sigmund Freud/徐洋·何桂全·郭敦福 譯, 『論文明』(北京: 國際文化出版公司, 2000)
Slavoj Žižek/김서영 옮김, 『시차적 관점』(서울: 마티, 2009)
Steven Best & Douglas Kellner/정일준 옮김, 『탈현대의 사회이론』(서울: 현대미학사, 1999)
Stuart Hall/임영호 편역, 『스튜어트 홀의 문화 이론』(서울: 한나래, 1996)
Theodor W. Adorno, *The Culture Industry: Selected Essays on Mass culture*, edited by J. M. Bernstein(London: Routledge, 1991)
Theodor W. Adorno and Max Horkheimer/김유동 옮김, 『계몽의 변증법』(서울: 문학과지성사, 2008)
Water Benjamin/張旭東·魏文生 譯, 『發達資本主義時代的抒情詩人』(北京: 三聯書店, 2007)

2. 논문류

한국 논문

김누리, 「주식회사 유니버시티」, 『안과밖(영미문학연구)』, 영미문학연구회, 2009, 제27호.
____, 「영혼을 팔아버린 대학」, 『안과밖(영미문학연구)』, 영미문학연구회, 2010, 제28호.
김석근, 「유교자본주의? 짧은 유행과 긴 여운 그리고 남은 과제」, 『오늘의동양사상』, 예문동양사상연구원, 2006, 제14호.
문성원, 「현대성과 진보의 문제」, 『시대와 철학』, 한국철학사상연구회, 1996, 7권1호.
백영서, 「인문한국학이 나아가야 할 길 : 이념과 제도」, 『한국학연구』, 인하대 한국학연구소, 2007, 제17집.
신광현, 「'문화연구'의 전개와 특징: 개괄적 설명」, 『비평04』, 2001년/상반기(서울: 생각의 나무, 2001).
신창남, 「조직 환경의 자원의존 이론에 관한 연구」, 『사회과학논집』, 동아대학교 사회과학대학, 1988, 제6호.
안인환, 「1920·30년대 중국 지식인의 '대중' 담론 연구」, 『중국현대문학』, 한국중국현대문학학회, 2010, 제52호.

____, 「중국 '신좌파(新左派)'의 대중문화 담론 고찰」, 『중국현대문학』, 한국중국현대문학학회, 2010, 제53호.
양회석, 「文化大革命의 상징: 樣板戱」, 『中國人文科學』, 2007, 第35輯.
이용주, 「아시아의 가치와 사회 발전: 싱가포르의 빛과 그림자」, 『사회이론』, 한국사회이론학회, 2003가을/겨울, 제24권.
이욱연, 「세기말 중국 지식계의 새로운 동향 - '신좌파'를 중심으로」, 『실천문학』, 1999년/가을호, 통권55호.
이철승, 「'문화 혁명' 이후 중국 사상계의 현실 인식과 이론 논쟁의 의미」, 『시대와 철학』, 한국철학사상연구회, 2003, 제14권제1호.
임춘성, 「중국 문학의 근현대성 단상」, 『중국현대문학』, 한국중국현대문학학회, 2000, 제18호.
____, 「중국 근현대문학의 대중화와 무협소설」, 『중국인문과학』, 중국인문학회, 2002, 제24집.
정남영, 「안또니오 네그리: 정치의 새로운 문법을 위하여〈1강〉」, 『자율평론』, 2009, 27호.
조경란, 「중국 지식인의 현대성 담론과 아시아 구상」, 『역사비평』, 2003/가을, 통권72호.
____, 「중국 민족주의의 구조와 성격」, 『시대와 철학』, 한국철학사상연구회, 2009, 제20권4호.
조정환, 「네그리, 협력을 생산하는 해방의 힘, 삶능력」, 『자율평론』, 2008, 26호.
하윤금, 「문화연구의 패러다임 위기」, 『진보평론』, 2002년/겨울호, 제14호.

중국 논문

艾靑, 「大堰河-我的保姆」, 『半月選讀』2009年第12期.
陳獨秀, 「文學革命論」, 『新靑年』1917年第2卷第6號.
陳望道, 「大衆語論」, 『文學』1934年第3卷第2期.
成仿吾, 「從文學革命到革命文學」, 『創造月刊』1928年第1卷第9期.
達夫, 「大衆文藝釋名」, 『大衆文藝』1928年第1卷第1期(燕京大學圖書館影印, 『大衆文藝』第1卷第1~6期).
戴錦華, 「大衆文化的隱形政治學」, 『天涯』1999年第2期.
丁安寧, 「當代美國高等敎育硏究理念」, 『高等敎育硏究』2005年第11期.
傅東華, 「大衆語文學解」, 『文學』1934年第3卷第3期(文學社編輯, 『文學』第3卷, 1934年7月~12月, 生活書店發行).
高丙中, 「精英文化·大衆文化·民間文化:中國文化的群體差異及其變遷」, 『社會科學戰線』1996年第2期.

郭沫若,「新興大衆文藝的認識」,『大衆文藝』1930年第2卷第3期(新興文學專號上).
_____,「'民族形式'商兌」,『中國文化』1940年第2卷第1期.
韓少功,「哪一種'大衆'?」,『讀書』1997年第2期.
胡適,「文學改良芻議」,『新青年』1917年第2卷第5號.
胡愈之,「關於大衆語文」,『申報·自由談』, 1934.6.23(上海圖書館影印,『申報自由談』下, 1981).
華尙文,「通俗小說的形式問題」,『新小說』1935年第1卷第4期.
金民卿,「大衆文化:一種新的文化生産方式」,『安徽大學學報(哲學社會科學版)』2002年第26卷第4期.
金元浦,「試論當代的文化工業」,『文藝理論研究』1994年第2期.
_____,「重新審視大衆文化」,『中國社會科學』2000年第6期.
_____,「重新審視大衆文化」,『當代作家評論』2001年第1期.
曠新年,「作爲文化想象的'大衆'」,『讀書』1997年第2期.
_____,「文化研究這件'弔帶衫'」,『天涯』2003年第1期.
愷,「奢侈的消閒的文藝刊物」,『文學』1935年第4卷第3期(文學社編輯,『文學』第4卷, 1935年1月~6月, 生活書店發行).
樂游,「通俗和媚俗」,『新小說』1935年第1卷第3期.
李春萍,「學者·知識分子·知識工作者」,『學術研究』2006年第10期.
李大釗,『新青年』1918年第5卷第5號.
李德周·魏明,「建設健康和諧的社會主義大衆文化心理」,『西安政治學院學報』2007年第3期.
黎錦熙,「大衆語眞詮」上·下,『申報·自由談』, 1934.9(上海圖書館影印,『申報自由談』下, 1981).
李陀,「'文化研究'研究誰?」,『讀書』1997年第2期.
李澤厚·王德勝,「關於文化現狀與道德重建的對話(上)」,『東方』1994年第5期.
_____,「關於文化現狀與道德重建的對話(下)」,『東方』1994年第6期.
梁實秋,「文學與大衆」,『新月』1930年第2卷第12號(燕京大學圖書館影印,『新月刊』第2卷第9~12號).
林伯修,「1929年急待解決的幾個關於文藝的問題」,『海風週報』1929年第12號(燕京大學圖書館影印,『海風週報叢刊』1929年第1~17期).
劉小新,「文化工業概念與當代中國的文化批評」,『福建論壇·人文社會科學版』2002年第4期.
劉欣,「階級慣習與品味: 布迪厄的階級理論」,『社會學研究』2003年第6期.
茅盾,「從牯嶺到東京」,『小說月報』1928年第19卷第10號.
_____,「封建的小市民文藝」,『東方雜誌』1933年第30卷第3號(燕京大學圖書館影印,

　　　　『東方雜誌』第30卷第1~6號).

____,「知識分子'試論之一-正名篇」,『立報』, 1938. 4.

____,「大衆化與利用舊形式」,『文藝陣地』1938年第1卷第4期.

莫孟明,「革命文學評價」,『現代文學』1928年創刊號.

乃超,「大衆化의 問題」,『大衆文藝』1930年第2卷第3期(新興文學專號上).

南桌,「關於文藝大衆化」,『文藝陣地』1938年第1卷第3號(北京大學圖書館影印,『
　　　文藝陣地』第1卷第1~6期).

訥維,「思念」,『文藝陣地』1939年第3卷第11期.

寧逸,「大衆文化'研究概述」,『文藝報』1995年3月25日.

彭康,「革命文藝與大衆文藝」,『創造月刊』1928年第2卷第4期(燕京大學圖書館影
　　　印,『創造月刊』第2卷第1~5期).

平,「通俗的和藝術的」,『新小說』1935年第1卷第3期.

謙弟,「革命文學論의 批判」,『現代文學』1928年創刊號.

錢理群,「'言'與'不言'之間-『中國淪陷區文學大系・總序』」,『中國現代文學研究叢
　　　刊』1996年第1期.

喬藝,「試論大衆文化의 審美特質」,『齊魯藝苑(山東藝術學院學報)』總第76期2003
　　　年第1期.

秦晉,「關注與超越」,『作家報』1995年6月7日.

任白戈,「大衆語底建設問題」,『新語林』1934年第1期(上海書店影印,『新語林』, 1982).

向林冰,「舊形式의 新評價」,『全民週刊』1938年第2卷第2期.

____,「民間形式의 運用與民間形式의 創造」,『中蘇文化』1940年第6卷第1期.

____,「論'民族形式'의 中心源泉」,『大公報・戰線』, 1940. 3. 24.

____,「封建社會底規律性與民間文藝底再認識-再論民族形式의 中心源泉之一」,
　　　『新蜀報・蜀道』第101期, 1940. 4. 21.

沈雁氷,「文學和人의 關係及中國古來對文學者身分의 誤認」,『小說月報』1921年第
　　　12卷第1號.

____,「自然主義與中國現代小說」,『小說月報』1922年第13卷第7號.

宋陽,「大衆文藝의 問題」,『文學月報』1932年第1卷第1期.

蘇汶,「第三種人의 出路」,『現代』1932年第1卷第6期.

蘇雪林,「多角戀愛小說家張資平」,『青年界』1934年第6卷第2期.

坦克,「到三叉路口去」,『潔茜』1932年第1卷第1期.

陶東風,「慾望與沈淪-大衆文化批判」,『文藝爭鳴』1993年第6期.

____,「官方文化與市民文化의 妥協與互滲-九十年代中國文化의 一種審視」,『中
　　　國社會科學季刊』(香港)總第12期1995年秋季卷.

____,「超越歷史主義與道德主義의 二元對立: 論對於大衆의 第三種立場」,『上海
　　　文學』1996年第3期.

_____, 「超越精英主義與悲觀主義-論費斯克的大衆文化理論」, 『學術交流』1998年第6期.

_____, 「批判理論與中國大衆文化批評-兼論批判理論的本土化問題」, 『東方文化』2000年第5期.

_____ 等, 「日常生活的審美化: 一個討論-兼及當前文藝學的變革與出路」, 『文藝爭鳴』2003年第6期.

_____, 「新時期三十年中國知識份子的結構轉型」, 『中國圖書評論』2008年第2期.

陶晶孫, 「大衆化文藝」, 『大衆文藝』1930年第2卷第3期(新興文學專號上).

惕若, 「小市民文藝讀物的岐路」, 『文學』1934年第3卷第2期(文學社編輯, 『文學』第3卷, 1934年7月~12月, 生活書店發行).

童慶炳, 「'人文精神與大衆文化'筆談 - 人文精神: 爲大衆文化引航」, 『文藝理論研究』2001年第3期.

汪政, 「立場的選擇與闡釋的介入」, 『上海文學』1998年第1期.

王獨清, 「要製作大衆化的文藝」, 『大衆文藝』1930年第2卷第3期(新興文學專號上).

王朔, 「我看大衆文化」, 『天涯』2000年第2期.

王維國, 「'大衆話語'的轉換與生成」, 『河北學刊』第24卷2004年第6期.

王先霈·徐敏, 「爲大衆文化減負增能」, 『文藝報』2003年1月23日(第2版).

王正靑·徐輝, 「論學術資本主義的生成邏輯與價値衝突」, 『高等教育研究』2009年第8期.

文貴良, 「大衆話語: 生成之史 - 三四十年代的文藝大衆化描述之一」, 『中國現代文學研究叢刊』2002年第3期.

吳曉黎, 「作爲關鍵詞的'大衆': 對二三十年代中國相關討論的梳理」, 『思想文綜』1999年第1期, 暨南大學出版社.

吳玉章, 「以思想革命來紀念抗日五周年」, 『解放日報』, 1942.7.7(人民出版社影印, 『解放日報』合訂本3 1942年7月1日~12月31日, 新華書店, 1954).

徐賁, 「評當前大衆文化批評的審美主義傾向」, 『文藝理論研究』1995年第5期.

玄珠, 「質的提高與通俗」, 『文藝陣地』1938年第1卷第4期.

薛毅, 「文化研究的陷穽」, 『天涯』2003年第1期.

姚文放, 「新中國的三次'美學熱'」, 『學習與探索』2009年第6期.

楊冬權, 「眞理標準大討論」, 『廣西黨史』2004年第4期.

葉聖陶, 「雜談讀書作文和大衆語文學」, 『申報·自由談』, 1934.6.25 (上海圖書館影印, 『申報自由談』下, 1981).

尹鴻, 「爲人文精神守望:當代中國大衆文化批評導論」, 『天津社會科學』1996年第2期.

_____, 「大衆文化時代的批判意識」, 『文藝理論研究』1996年第3期.

尹若, 「無産階級文藝運動的諤誤」, 『現代文學』1928年創刊號.

于闊梅, 「意義欠失的大衆化時代的藝術」, 『文藝理論硏究』 2001年 第3期.
日歸, 「無産階級專政和無産階級的文學」, 『洪水』 1927年 第3卷 第26期(燕京大學圖書館影印, 『洪水』 第3卷 第25~26·28·31期).
張榮翼, 「關於當代流行文化特徵的思考」, 『文藝研究』 2001年 第5期.
張頤武, 「人文精神:最後的神話」, 『作家報』 1995年 5月 6日.
鄭伯奇, 「國民文學論(上)」, 『創造週報』 1923年 第33號.
_____, 「關於文學大衆化的問題」, 『大衆文藝』 1930年 第2卷 第3期(新興文學專號上).
_____, 「文藝大衆化問題座談會」, 『大衆文藝』 1930年 第2卷 第3期(新興文學專號上).
_____, 「小說的將來」, 『新小說』 1935年 第1卷 第5期.
鄭君平, 「編輯後記」, 『新小說』 1935年 第1期.
鐘流, 「由平民文藝說到Nationalism」, 『潔茜』 1932年 第1卷 第1期.
仲侃, 「平民文藝的原則提領」, 『潔茜』 1932年 第1卷 第1期.
仲密, 「平民文學」, 『每週評論』 1919年 第5期(第三版).
周憲, 「後現代與知識分子」, 『江蘇社會科學』 2000年 第1期.
周作人, 「人的文學」, 『新靑年』 1918年 第5卷 第6號.
朱學勤, 「在文化的脂肪上搔痒」, 『讀書』 1997年 第11期.
祖朝志, 「對大衆文化批判的批判」, 『社會科學』 1998年 第4期.
「作者, 讀者和編者」, 『新小說』 1935年 第1卷 第2期.
「編輯室往來」, 『新小說』 1935年 第2卷 第1期(通號第6期).
『時事新報·文學句刊』 第19·26·27期(1921年 11月, 1922年 1月, 1922年 2月).

서구 논문

Antonio Negri/영광 옮김, 「다중의 존재론적 정의(定義)를 위하여」, 『자율평론』, 2003, 제4호.
Antonio Negri/정남영 옮김, 「근대에서 탈근대로의 패러다임 전환」, 『자율평론(촛불특집호)』, 2008, 제25호.
Erik Olin Wright, "Understanding Class: Towards an Integrated Analytical Approach", *New Left Review* 60 Nov/Dec, 2009.
Stuart Hall, "Cultural Studies: Two Paradigms", *Media, Culture and Society*, 1880, 2.

학위 논문

이정훈, 「90년대 중국 문학 담론의 확장과 전변」, 서울대학교 박사학위논문, 2005.
陳立旭, 「重估大衆的文化創造力-約翰·費斯克文化哲學理論研究」, 復旦大學外國哲學專業博士學位論文, 2007.
李建軍, 「現代中國'人民話語'考論-兼論'延安文學'的'一體化'進程」, 華中師範大學文學院博士學位論文, 2006.

기타

http://www.naver.com
http://www.baidu.com
http://mzdthought.com
http://www.dachengdata.com

■ 찾아보기

0

2중 경제(Two Economies)　565
3대 패러다임　25, 28, 585, 587, 593
3중 경제론　39, 564, 566, 586, 587, 592, 593

ㄱ

가난한 자　112, 113
가오빙중(高丙中)　415, 418
결핍　33, 65, 71, 102, 115, 120, 148, 281, 283, 296, 376, 380, 402, 441, 455, 475, 486, 489
계급대중　32, 44, 103, 149, 192, 253, 255, 256, 260, 261, 262, 265, 275, 286, 291, 316, 318, 319, 344, 439, 454
계급성　215, 248, 250, 260, 265, 284, 316, 468
계급의식　35, 246, 255, 259, 260, 261, 320, 324, 328, 329, 330, 331, 332, 333, 334, 335, 336, 337, 338, 339, 340, 342, 343, 375, 446, 513, 597, 598
계몽주의적 지식인　29, 36, 145, 147, 216, 219, 242, 275, 278, 295, 316, 339, 356, 359, 361, 362, 366, 368, 372, 375, 376, 383, 385, 423, 429, 434, 438
공통의식　332
교양　34, 82, 123, 124, 125, 126, 127, 128, 129, 133, 146, 230, 231, 233, 234, 235, 357, 488
국민(國民)　216, 217
국수주의(chauvinism)　223

국통구　271, 296, 326
군중(the masses)　39, 63, 65, 66, 83, 175, 561
군중문화(mass culture)　191
궈모뤄(郭沫若)　261, 308
그로스버그(Lawrence Grossberg)　83, 157, 560
극좌주의　452, 454, 455

ㄴ

네그리(Antonio Negri)　39
노동계급　39, 94, 99, 103, 105, 106, 107, 109, 111, 112, 114, 124, 125, 128, 129, 134, 158, 192, 219, 253, 255, 329
노동계급문화　16, 159, 190, 197, 247

ㄷ

다이진화(戴錦華)　439, 489, 490, 492
다중(multitude)　39, 103, 104, 112
당파성　21, 106, 244, 253, 259, 597
대량문화(mass culture)　63, 134, 176, 189
대중 중심성　7, 20, 21, 22, 24, 25, 26, 33, 34, 36, 37, 39, 41, 42, 46, 47, 81, 85, 94, 103, 120, 123, 139, 140, 141, 142, 149, 150, 172, 201, 202, 278, 312, 360, 363, 369, 377, 507, 508, 519, 536, 538, 547, 551, 552, 554, 555, 557, 560, 561, 562, 563, 564, 565, 587, 591, 592, 593, 595, 596, 597, 598, 603, 604, 605, 606
대중(the popular)　39, 83, 87, 88, 93, 122,

560
대중문예(大衆文藝)　314, 412
대중문화(popular culture)　160, 176, 177, 183
대중성(popularity)　166
대중어(大衆語)　207, 261, 320
대중의식　35, 320, 322, 324, 325, 326, 328, 329, 330, 331, 332, 333, 334, 335, 336, 337, 338, 339, 340, 341, 342, 343, 344, 346, 349, 359, 377, 389, 598
대중화(大衆化)　311, 412
덩리쥔(鄧麗君)　458
독단주의　25, 201, 451, 524
동맹세력　264, 265, 267, 268, 293, 329, 596, 597
두궈샹(杜國庠)　256, 258, 259, 260, 261, 314, 324, 344
두헝(杜衡)　283, 285, 286, 291, 484
드러커(Peter Ferdinand Drucker)　40, 41

ㄹ

라이트(Erik Olin Wright)　118
랑더쒸(梁得所)　35, 36, 288, 290, 291, 292, 370, 371, 372, 373
량스츄(梁實秋)　280, 281, 282, 283, 286, 291, 319, 320, 352, 362
런바이거(任白戈)　327, 358
레슬리(Larry Leslie)　47, 568
루쉰(魯迅)　314
리다자오(李大釗)　219
리비스(Frank Raymond Leavis)　34, 129
리샤오빙(李小兵)　424
리어우판(李歐梵)　32
리오타르(Jean-Francois Lyotard)　70, 446, 578
리진시(黎錦熙)　211
리쩌허우(李澤厚)　198
리춘핑(李春萍)　60, 145, 578
리퉈(李陀)　14, 20, 52, 411, 414, 415, 437, 476

ㅁ

마르크스(Karl Heinrich Marx)　72, 73, 107, 108, 117, 138
마오둔(茅盾/沈雁氷)　286
마오쩌둥(毛澤東)　255
마오쩌둥주의　42, 597
모멍밍(莫孟明)　245
무산계급　19, 24, 32, 72, 101, 149, 208, 219, 244, 245, 246, 248, 249, 253, 255, 256, 259, 260, 261, 262, 269, 270, 275, 279, 281, 283, 284, 285, 318, 319, 323, 468, 476, 484, 499, 517
무정부주의(Anarchism)　244
문예대중화(文藝大衆化)　207, 256
문학　18, 19, 25, 138, 203, 228, 251, 329, 397, 417, 419, 430, 432, 433, 450, 451, 454, 488, 519, 530, 541, 553, 593, 601
문화경제(Cultural Economy)　565
문화기업　36, 38, 47, 158, 163, 164, 166, 170, 172, 178, 188, 199, 369, 390, 413, 426, 459, 528, 540, 565, 586, 599, 600, 601
문화연구　20, 21, 37, 39, 40, 53, 83, 116, 140, 141, 142, 151, 153, 156, 456, 478, 497, 498, 499, 504, 505, 506, 507, 508, 534, 538, 546
민간문화(folk culture)　183, 189, 396, 407, 469
민간형식　45, 199, 297, 298, 299, 300, 301, 302, 303, 305, 306, 308, 344, 345
민족주의　222, 223, 224, 226, 268, 557, 558, 559
민족형식(民族形式)　207
민중(the folk)　55, 100, 189, 237, 468, 502

ㅂ

바우만(Zygmunt Bauman)　143
반문화(counterculture)　509
베넷(Tony Bennett)　43

벤야민(Walter Benjamin)　72, 74, 75
보충　33, 95, 102, 115, 148, 224, 283, 380, 416, 606
봉건성　263, 275, 287, 355, 356, 358, 360, 361, 362, 364, 365, 383, 409, 410, 495, 605
부르디외(Pierre Bourdieu)　80, 167, 169, 170, 173, 324
분별력(discrimination)　164
비대중　21, 149, 166, 167
비맥락화　450
비판이론　25, 28, 29, 65, 138, 174, 196, 290, 424, 425, 426, 428, 429, 434, 436, 437, 438, 440, 441, 442, 443, 444, 447, 448, 449, 450, 451, 452, 455, 459, 465, 473, 474, 478, 485, 493, 517, 519, 522, 526, 532, 602, 603

ㅅ

사람들(the people)　61, 83, 85, 86, 87, 88, 92, 94, 177
사회주의 이데올로기　16, 20, 21, 24, 32, 42, 43, 44, 45, 94, 95, 97, 99, 101, 102, 103, 111, 140, 149, 159, 190, 191, 192, 193, 194, 195, 201, 202, 228, 250, 251, 255, 259, 265, 270, 271, 274, 275, 280, 286, 292, 293, 294, 295, 298, 299, 300, 309, 311, 312, 313, 315, 319, 328, 329, 335, 339, 344, 349, 356, 395, 403, 408, 413, 416, 417, 418, 439, 455, 470, 471, 472, 474, 490, 491, 492, 494, 495, 496, 511, 521, 524, 530, 553, 562, 596, 597, 599, 600, 601, 603, 605, 606
사회주의 중국　6, 15, 16, 17, 18, 27, 30, 31, 32, 45, 196, 203, 251, 256, 262, 275, 329, 349, 398, 403, 417, 438, 440, 470, 492, 493, 494, 496, 519, 520, 523, 525, 531, 542, 548, 555, 560, 603, 605, 606
사회주의적 대중문화　18
사회주의적 지식인　413, 470, 471, 472,
488, 492, 498, 596, 602
상업성　172, 173, 354, 356, 360, 361, 362, 364, 365, 380, 381, 409, 410, 411, 412, 413, 423, 428, 588
샹린빙(向林冰)　297
서민(庶民)　216
선충원(沈從文)　349, 351, 353, 354, 360
세속화(secularization)　429, 519
소비대중　16, 363, 368, 385
소비주의　164, 434, 435, 460, 461, 462, 499, 549, 550, 551, 552, 557, 559, 604
쇤할스(Michael Schoenhals)　454
쉐이(薛毅)　504
쉬싱즈(許幸之)　222
쉬앙눠(許昻諾)　231
쉬충원(徐崇溫)　424
스저춘(施蟄存)　31, 343
스탈린주의　196, 450, 452, 453, 454, 455
스트리나티(Dominic Strinati)　71
슬래터(Sheila Slaughter)　47, 568
신계몽주의　418, 430, 438, 440, 458, 474
신좌파(新左派)　28
쑨원(孫文)　57, 224

ㅇ

아널드(Matthew Arnold)　33, 34, 59, 123, 124, 125, 126, 127, 129, 130, 131, 133, 134, 152, 230
아도르노(Theodor W. Adorno)　65, 72, 75, 76, 134, 136, 424, 425, 448, 451, 506
아속공상(雅俗共賞)　375, 385
아이칭(艾青)　276, 277, 278
알튀세르(Louis Pierre Althusser)　34
양녀웨이(楊訥維)　276
양쉬(楊朔)　275
어우양첸(歐陽謙)　424
엘리트(elite)　78
엘리트주의　19, 20, 66, 78, 81, 129, 133, 429, 446
역사적 맥락의 전환　28, 30, 524

연안근거지 296, 300, 326
열린 공간 557, 559
영도계급 264, 265, 268, 271, 274, 275, 278, 294, 296, 329
영도성 253, 279, 597
예링펑(葉靈鳳) 366
예배육파(禮拜六派) 326, 352, 355, 363, 369, 390, 410
예성타오(葉聖陶) 327, 370
오르테가(Jose Ortega y Gasset) 34
왕두칭(王獨淸) 261
왕멍(王蒙) 519
왕숴(王朔) 428
왕정(汪政) 456
왕후이(汪暉) 198
우샤오리(吳曉黎) 31
우위장(吳玉章) 276
원구이량(文貴良) 32
원앙호접파(鴛鴦蝴蝶派) 354, 363, 369, 376, 385, 390, 410
위다푸(郁達夫) 222
위민메이(于閩梅) 431
위핑보(兪平伯) 236
윌리엄스(Raymond Williams) 151
유관성(relevance) 36, 164
이데올로기 민중 100, 190
인뤄(井若) 244
인문정신 15, 25, 27, 28, 422, 426, 427, 428, 429, 430, 431, 433, 434, 436, 437, 438, 439, 440, 441, 442, 444, 447, 474, 475, 476, 477, 519, 522, 525, 526, 527, 528, 529, 601, 602
인민대중 18, 19, 24, 41, 195, 202, 217, 250, 262, 264, 265, 266, 267, 268, 269, 270, 271, 274, 275, 278, 279, 285, 286, 293, 294, 295, 296, 300, 309, 310, 311, 312, 313, 325, 329, 344, 368, 376, 398, 417, 418, 439, 472, 474, 478, 493, 562, 593, 597, 600
인민대중 중심성 202, 278, 285, 311, 312, 330, 332
인훙(井鴻) 434

일반문화(common culture) 154

ㅈ

자본의 실질적 포섭 47, 369, 563
자본주의 재구조화 547, 605
자산계급 208, 223, 247, 248, 254, 255, 283, 284, 285, 317, 318, 324, 329, 331, 498, 499, 500
자유주의 28, 117, 207, 349, 430, 437, 491, 495, 511, 514, 519, 558
장룽이(張榮翼) 485
장이우(張頤武) 526
장쯔핑(張資平) 349
재정경제(Financial Economy) 565
저우쭤런(周作人) 217
정보치(鄭伯奇) 220
정치주의 462, 497, 503, 508, 509, 515, 518, 524, 552, 553, 567, 603
종류(鐘流) 222
종칸(仲侃) 223
좌련(左聯) 295
주쉐친(朱學勤) 444
주쯔칭(朱自淸) 232, 234, 235, 236, 239, 240, 241, 258, 259, 260
중간계급 263, 286, 291, 294, 353, 466, 468, 469, 472, 473, 474, 475, 476, 478, 490, 494, 497, 498, 506, 525, 548, 553, 602
중국적 비판이론 25, 28, 29, 33, 34, 438, 439, 440, 442, 444, 447, 465, 472, 475, 484, 486, 602
지루(Henry Armand Giroux) 514
지식 노동자 47, 577, 578, 593
지식 자본가 47, 446, 577, 578, 593
지식인 중심성 7, 19, 20, 21, 22, 24, 25, 26, 33, 36, 46, 61, 78, 139, 140, 142, 143, 148, 149, 166, 172, 173, 231, 278, 285, 291, 311, 319, 322, 332, 339, 352, 360, 361, 362, 363, 366, 369, 375, 377, 379, 381, 383, 385, 395, 409, 412, 417, 424,

427, 429, 438, 439, 444, 446, 447, 462, 465, 474, 476, 485, 486, 487, 488, 493, 496, 497, 508, 526, 528, 529, 547, 551, 552, 554, 555, 563, 564, 567, 587, 593, 595, 596, 597, 602, 603, 604, 605
지젝(Slavoj Žižek) 452
진관타오(金觀濤) 13
진위안푸(金元浦) 30, 532

ㅊ

차별의식 35, 333, 341, 377, 598
차오이(喬藝) 456
천두슈(陳獨秀) 217
천리쉬(陳立旭) 401, 403
천샤오밍(陳曉明) 458
천쓰허(陳思和) 32
천왕다오(陳望道) 327, 341
청팡우(成仿吾) 254
첸디(謙弟) 246
취추바이(瞿秋白) 45, 262, 297, 306, 307
친진(秦晉) 430

ㅋ

쾅신녠(曠新年) 479

ㅌ

타오둥펑(陶東風) 28
타오징쑨(陶晶孫) 261
탄커(坦克) 225
탈자본주의 사회(Post-Capitalist Society) 40, 41
톰슨(Edward Palmer Thompson) 34
퇴니에스(Ferdinand Toennies) 132, 184, 185

ㅍ

펑나이차오(馮乃超) 261
펑캉(彭康) 316
평균인 69, 71, 82, 273
평균주의 352, 543, 606
평등의식 35, 333, 339, 341, 598
평민(平民) 216, 218
푸둥화(傅東華) 261
프랑크푸르트 학파 25, 28, 29, 34, 52, 65, 72, 88, 97, 102, 111, 134, 139, 159, 164, 174, 175, 180, 181, 196, 201, 290, 320, 424, 425, 426, 428, 429, 434, 436, 438, 441, 442, 443, 444, 447, 448, 449, 450, 451, 455, 456, 459, 472, 474, 478, 480, 481, 506, 509, 517, 526, 532, 552, 555, 602, 603
프롤레타리아 의식 259, 260, 265, 324, 325, 326, 329, 344, 359
피스크(John Fiske) 20

ㅎ

하틀리(John Hartley) 57
학술 자본주의(Academic Capitalism) 568, 570
학술경제(Academic Economy) 566
한샤오공(韓少功) 466
항즈(杭之) 399
허치팡(何其芳) 307
혁명문화 16, 17, 33, 41, 44, 45, 192, 193, 194, 195, 196, 197, 198, 200, 201, 202, 228, 250, 251, 295, 300, 301, 305, 309, 310, 313, 470, 471, 531, 600
혁명문화 198
혁명적 지식인 25, 30, 35, 45, 101, 256, 259, 261, 271, 272, 273, 274, 278, 280, 285, 286, 290, 293, 294, 295, 300, 306, 309, 310, 312, 313, 316, 318, 319, 343, 345, 351, 352, 356, 359, 360, 366, 368, 372, 375, 376, 378, 390, 398, 413, 417,

470, 471, 472, 474, 478, 492, 513, 553, 596, 603, 606
현대화이론　25, 30, 37, 519, 531
호르크하이머(Max Horkheimer)　65
홀(Stuart Hall)　54, 79, 154
후위즈(胡愈之)　326, 327
후펑(胡風)　45
히스(Joseph Heath)　247